LES IDÉES POLITIQUES

De Platon à Marx

LES IDÉES POLITIQUES

De Platon à Marx

par

Michel Duquette et Diane Lamoureux

1993

LES PRESSES DE L'UNIVERSITÉ DE MONTRÉAL
C.P. 6128, Succ. A, Montréal (Québec), Canada H3C 3J7

ISBN : 2-7606-1600-2

Dépôt légal, 1er trimestre 1993 — Bibliothèque nationale du Québec
© Les Presses de l'Université de Montréal, 1993

Et bientôt, d'une multitude errante et dispersée, la concorde forma une cité.

Cicéron, *La République.*

Table des matières

Introduction

Parler de « politique », c'est parler de la cité. Le concept de cité recouvre et en même temps parcourt l'idée de chose publique, donc de collectivité, par opposition à la chose privée, à la dimension individuelle. De l'époque la plus ancienne aux auteurs les plus récents, on n'a jamais cessé de répéter l'argument selon lequel la société humaine a toujours cherché à exprimer ses valeurs et à définir des modalités de collaboration — ainsi que de résolution des conflits — qui allaient assurer la stabilité de son organisation et la poursuite d'objectifs tant collectifs que personnels. On a beaucoup différé d'opinion et on continue de le faire, sur la place de l'individu et de son inviolabilité vis-à-vis la collectivité. Mais une chose se confirme dans l'histoire des idées politiques : les transformations des institutions comme de la connaissance technique ne sont concevables que dans le cadre d'une réflexion qui porte d'abord sur le sens de la condition humaine. Celle-ci comporte deux dimensions : la contribution de l'individu à sa propre existence — la recherche du bonheur personnel —, et la contribution de l'individu à son groupe, puisque cette forme particulière et dominatrice de bonheur qu'est l'ambition individuelle ne peut être atteinte qu'à travers des modalités de collaboration publique avec ses semblables dans le cadre social. De l'union de ces deux pratiques, distinctes encore que complémentaires, découle la marge de liberté personnelle qui est attribuée aux personnes.

Ensuite, si on s'éloigne de la dimension individuelle, il importe de mettre en lumière les objectifs de la société comme corps organisé, dans son souci constant de préserver l'intégrité de sa structure et le respect des principes sur lesquels sont établies les institutions péniblement mises en place au fil des siècles. Cette réflexion n'interdit nullement un

regard critique sur ces valeurs et leur efficacité en tant qu'agents d'organisation sociale. Il faut ensuite, à mesure que la société et l'économie
étendent leurs nombreuses ramifications sur la terre, ne pas perdre de
vue — ce qui est très facile car l'époque actuelle en témoigne — le sens
et la dignité de la nature, afin de comprendre ce que sont devenues les
relations des êtres humains avec elle, c'est-à-dire les formes à travers lesquelles les groupes humains s'organisent pour survivre et améliorer leur
sort en évitant la pratique de la destruction environnementale, qui tire sa
seule justification de l'ignorance des lois de la nature et de l'intolérance
envers ses semblables.

Cela nous amène tout naturellement aux institutions, qui ont pour
mission d'orienter et de canaliser ces forces contradictoires. Les philosophies qui ont abordé cette réalité complexe ont été nombreuses. Dans le
cadre de ce manuel, nous chercherons à évoquer les courants principaux
qui ont marqué les tentatives successives de traduction des principes de
justice et d'organisation sociale, et surtout nous chercherons, ce qui
n'est pas une tâche facile et les idéologies sont loin d'être unanimes sur
cette classification, à relier les unes aux autres les différentes écoles de
pensée, de façon à saisir l'originalité de chacune, la contribution de leurs
analyses à la pensée d'ensemble et, enfin, la direction — si tant est
qu'elle existe — de cette évolution philosophique, de l'Antiquité à
aujourd'hui.

Le monde moderne, cette pluralité de cités que sont les États-nations, comme l'a si bien montré Fernand Braudel, est une mosaïque
quelque peu hétéroclite. Y coexistent avec plus ou moins de bonheur des
États de démocratie élective — les plus grandes confiant à leurs dirigeants des pouvoirs pratiquement illimités —, des États de type autoritaire qui ne font aucunement appel à quelque forme que ce soit de
participation politique et divers systèmes hybrides qui tentent de contenir les aires d'application de la logique démocratique. Ce monde hybride
est la superposition et la synthèse imparfaite de différents courants de
pensée qui se sont stratifiés dans l'histoire alors qu'ils étaient appliqués
avec plus ou moins de bonheur par les sociétés et leurs chefs. Le monde
moderne est le reflet de l'insuffisance de chacune des philosophies
prises individuellement et, dans le même temps, une indication du réalisme, sinon de la sagesse croissante, de la pensée politique prise dans
son ensemble. Pour porter un regard lucide — contrairement à ce que
certains pensent, il n'est pas nécessaire d'être érudit pour cela — sur le
système politique actuel, il faut faire l'effort de se pencher sur l'origine
de ces courants, leur contenu et leur application dans la réalité du vécu
social. Cette recherche nécessaire se veut, dans le même temps, un solide exercice de jugement, car on est ici amené à évaluer la pertinence
d'opinions et de paradigmes contraires. Cette recherche exige qu'on dis-

tingue également entre conceptions en apparence opposées mais peut-être aussi complémentaires ou, à tout le moins, apparentées.

On se rendra compte, en se familiarisant avec les textes, qu'une caractéristique fondamentale de la pensée occidentale moderne est de chercher ostensiblement à s'affranchir du poids, perçu comme de plus en plus lourd, de son passé théorique. Ce passé est souvent embarrassant sur le plan éthique. Ces sursauts de la pensée contre elle-même marquent particulièrement l'époque moderne, mais ils ne sont pas vraiment nouveaux, sinon par leur ampleur. Certaines périodes ont tellement été marquées par une volonté de liberté, voire d'affranchissement intellectuel, que des changements et même des bouleversements de paradigmes sont devenus inévitables. Puis, passé la tourmente historique des révolutions — tantôt religieuses, tantôt politiques, tantôt les deux — vient comme une pause, une accalmie, une lassitude devant l'ampleur des forces ainsi déchaînées contre la pensée et l'ordre anciens. De sorte que, de même qu'elle fait souvent montre d'audace, d'iconoclasme et de rébellion, la pensée occidentale est avide de certitudes, ce qui l'entraîne à rechercher auprès des Anciens les enseignements qui indiquent le chemin du compromis et les modalités des trêves entre protagonistes. Elle ne dédaigne même pas, quand les circonstances le commandent, le syncrétisme ou synthèse des opinions. Dans cette civilisation, le souci d'ordre voisine et complète, pas toujours harmonieusement, la volonté réformatrice, voire l'instinct destructeur. Où situons-nous notre démarche au vu de ces courants de réappropriation du bagage de la pensée politique, au sein d'une tentative de légitimisation mise au service d'entreprises tantôt louables, tantôt pernicieuses et totalitaires?

La politique n'est pas une invention contemporaine. Comme beaucoup d'éléments de notre tradition intellectuelle, celle-ci a pris naissance en Grèce. Le mot français politique dérive d'ailleurs du terme grec *polis*, qui désignait le cadre dans lequel se déroulait la vie des communautés humaines de l'époque classique en Grèce. Cependant, notre conception du politique a également une origine romaine. Si les Grecs classiques ont problématisé philosophiquement le vivre-ensemble, ce sont les Romains qui nous ont légué deux idées déterminantes pour les systèmes politiques occidentaux : l'institutionnalisation et la codification juridique. Les Grecs nous ont enseigné la liberté et les Romains, l'autorité.

Cela ne signifie pas nécessairement qu'il faille en revenir aux Grecs et aux Romains pour penser politiquement, ni qu'il soit impensable de prendre position dans les débats politiques qui nous sont contemporains sans en appeler à l'ensemble de la tradition politique. Il est même plus que probable que de jeunes étudiantes et étudiants de science politique ignorants de la tradition intellectuelle soient plus susceptibles que d'autres d'entretenir des convictions politiques. Toutefois, nous pensons qu'il peut encore être utile de se pencher sur les réflexions du passé pour alimenter nos propres réflexions.

C'est dans cette optique que nous insisterons, dans un premier temps, sur la pertinence de l'histoire des idées politiques dans une formation de base en science politique. Nous ferons ensuite état des diverses approches dans le domaine pour expliquer à la fin les partis pris qui ont été les nôtres et qui ont dicté nos choix lors de la rédaction de cet ouvrage.

La politique entre l'opinion et la technique

Dans ses tentatives successives de délimiter son objet et de se tailler une place parmi les disciplines universitaires, la science politique a eu tendance à adopter une attitude condescendante vis-à-vis des théories de type normatif. Reprenant la distinction de Max Weber entre faits et valeurs, cette discipline universitaire a mis l'accent sur son côté technique et ses capacités de quantification des phénomènes politiques, refoulant dans une sorte de pré-histoire ou de pré-science ces temps peu recommandables où le discours politique prétendait prescrire les normes. Une telle distinction est dangereuse à un double titre : d'une part, il est nécessaire de comprendre ce que l'on fait, entre autres en ce qui concerne les valeurs qui sous-tendent ses actions; d'autre part, une bonne formation intellectuelle ne peut faire l'économie de sa capacité critique.

Les débats concernant l'éthique dans les sciences pures peuvent nous servir de point de départ pour montrer à quel point les faits et les valeurs, loin de s'exclure, se complètent mutuellement. Prenons deux exemples. Le premier concerne la bombe atomique tandis que le second a trait aux nouvelles technologies de reproduction humaine.

Lorsqu'Albert Einstein a énoncé la théorie de la relativité et commencé à concevoir l'univers dans sa dimension infinie, il était mû principalement par un impératif intellectuel. Ses découvertes ont eu pour conséquence d'opérer une mutation dans notre compréhension de l'univers en ce sens qu'elle a posé de nouveaux paradigmes de recherche en physique. Tant qu'on demeurait au plan strict des équations mathématiques et de la compréhension théorique de l'univers, il est vrai que les découvertes d'Einstein bouleversaient le monde intellectuel dans son domaine. Mais elles étaient encore loin de toucher notre quotidien. Il en alla autrement lorsqu'on commença à se pencher sur les conséquences pratiques de ces découvertes, telles que l'énergie nucléaire et la bombe atomique. Fallait-il taire que $E = mc^2$, puisque c'est à partir de cette base théorique que des bombes ont anéanti Hiroshima et Nagasaki?

Devait-on et pouvait-on plutôt se replier sur les seules utilisations pacifiques auxquelles une telle découverte pouvait donner lieu?

De la même façon, les nouvelles techniques de reproduction humaine ne sont pas sans soulever plusieurs interrogations d'ordre éthique et plusieurs scientifiques ont récemment sonné l'alarme à ce propos. On peut certes se réjouir du fait qu'il soit désormais possible de diagnostiquer les malformations fœtales ou encore d'opérer des manipulations génétiques permettant d'éliminer certaines malformations transmissibles génétiquement Mais qu'est-ce qui nous met à l'abri des manipulations génétiques commandées non par des considérations purement médicales mais par une conception particulière de l'humanité autorisant un authentique eugénisme?

Ces deux exemples, volontairement puisés dans le vivier des sciences dites « pures », suggèrent qu'il est difficile d'effectuer une coupure nette entre les faits et les valeurs. La coupure est encore plus problématique dans le domaine des sciences dites humaines ou encore sociales, du fait de la relative confusion entre le sujet et l'objet qui les caractérise. En effet, la recherche en ce domaine est usuellement menée par des personnes à propos des personnes, des groupes de personnes ou des institutions chargées de régler les rapports entre elles. Ainsi, il serait farfelu de prétendre à la neutralité absolue, du fait de notre expertise en science politique, dans le débat constitutionnel canadien, puisque nous sommes concernés, au même titre que nos concitoyennes et concitoyens, par ce qui pourra en émerger.

Cependant, sa (dé)formation professionnelle peut conduire le scientifique à poser un certain nombre de questions auxquelles d'autres individus n'auraient pas songé. John Dunn soulignait que la philosophie politique « est principalement une tentative de comprendre ce qui se passe réellement dans la société. En conséquence, ce qui établit l'ordre du jour de la philosophie politique, c'est ce qui se produit dans la société. Sa tâche est de comprendre le monde pratique » (Dunn, 1985 : 1). Pour le comprendre, il faut l'interpréter et prendre le risque d'exercer sa faculté de jugement.

Juger, c'est répondre à l'invitation que nous lance Dunn en ce qui a trait aux tâches de la philosophie politique, c'est-à-dire se donner les moyens de s'orienter dans le monde dans lequel nous vivons. Cela fait appel à la philosophie politique d'au moins deux manières. D'abord, il s'agit de comprendre la situation à laquelle nous sommes confrontés dans ce qu'elle a d'unique. Ensuite, nous pouvons nous forger une ligne de conduite en nous fondant sur l'expérience de celles et ceux qui ont pensé avant nous.

Chaque expérience politique se manifeste à nous sous un jour unique. Ainsi, quelle que soit la lassitude qui peut parfois nous atteindre concernant les interminables débats constitutionnels canadiens, ne pouvons-nous pas envisager la place actuelle du Québec par rapport à l'ensemble canadien exactement de la même façon que dans les années 1970. À l'heure actuelle, penser le débat constitutionnel, c'est d'abord chercher à en comprendre la spécificité, le caractère unique; c'est empêcher qu'il ne soit réduit à un simple processus d'éternelle répétition, ne serait-ce que pour se donner éventuellement les moyens d'en sortir.

La nouveauté peut s'appréhender de diverses manières, mais l'une des plus fructueuses reste la méthode comparativiste. Il s'agit, dans ce cas, de dégager la nouveauté en restant attentif à ce qui ne cadre pas avec ce que nous connaissions déjà. La nouveauté, c'est justement cette différence souvent imperceptible au premier abord, qui fait que l'eau de cette rivière vers laquelle nous penchons aujourd'hui nos yeux n'est pas exactement celle que nous avions aperçue la veille.

L'orientation que nous prenons vis-à-vis de ce « nouveau » peut quant à elle grandement s'enrichir au contact des réflexions qui nous sont antérieures. Il ne s'agit certes pas de se demander si John Locke reconnaîtrait dans la situation québécoise actuelle une de ces situations dans laquelle il devient légitime de dissoudre l'ancien lien civil pour en former un nouveau, mais de tirer parti de cette réflexion pour se demander si nous, à titre d'intellectuels et intellectuelles engagés, pouvons considérer que c'est bien le cas. Loin d'être une activité d'antiquaire, la philosophie politique bien entendue doit nous donner des balises nécessaires à l'intervention dans le temps présent.

Si bien que la responsabilité qui nous incombe en tant que philosophes politiques n'est pas de réaliser nos idées, au sens où notre profession est loin de nous prémunir contre les erreurs, mais de contribuer à créer, à entretenir et à enrichir les débats politiques et sociaux à partir des connaissances que nous avons pu acquérir non seulement dans notre fréquentation plus ou moins assidue des classiques, mais aussi dans notre vie quotidienne avec nos concitoyennes et concitoyens. Juger, c'est prendre la responsabilité et le risque de l'engagement.

Il est cependant une autre dimension de la philosophie politique qu'on ne saurait passer sous silence, c'est sa dimension pédagogique. Celle-ci contribue à conférer aux étudiantes et étudiants de science politique une certaine autonomie intellectuelle, ce qui constitue le projet fondamental de toute formation universitaire. La philosophie politique permet d'échapper à la « tyrannie du vécu » pour ouvrir nos horizons sur d'autres vécus et d'autres histoires qui permettent de relativiser les nôtres. En ce sens, elle participe pleinement d'une culture humaniste.

La confrontation avec un certain nombre de philosophes du passé contribuera, nous l'espérons, à un meilleur apprentissage de la lecture, de l'écriture et de la réflexion.

Le préalable à la pensée est l'étonnement. Il faut que les choses cessent d'être pour nous des évidences pour que s'amorce la réflexion. Notre premier objet d'étonnement sera ici la tradition de pensée occidentale sur la chose politique. On y verra que la place accordée au fait politique a grandement varié dans le temps et que bon nombre d'éléments qui nous semblent désormais aller de soi en politique, comme l'imputabilité gouvernementale ou le suffrage universel, se sont concrétisés relativement récemment après avoir longtemps constitué des sujets de controverse. Le côté historiquement construit des institutions politiques doit amener à se questionner sur leur bien-fondé.

Pour faire naître cet étonnement, le premier moyen sera la lecture. Cet ouvrage est certes un manuel scolaire, mais il inclut de larges fragments des auteurs au programme des cours d'introduction à l'histoire des idées politiques. Notre point de vue est le suivant : le manuel est un instrument d'accompagnement au cours qui permet aux étudiantes et étudiants de cheminer à leur rythme à l'intérieur du programme d'étude, mais il ne remplace ni le cours ni la lecture des œuvres elles-mêmes. Si nous avons inséré tant de fragments, ce n'est pas parce que, à notre avis, ils remplaceraient la lecture de l'œuvre en entier ; c'est plutôt dans une perspective économique et utilitaire. Nous connaissons, pour les avoir vécues, les contraintes financières de la condition étudiante. Mais c'est aussi pour piquer la curiosité et susciter l'envie d'aller plus loin. Il n'y a pas d'illusion à se faire : peu d'entre vous manifesteront un enthousiasme débridé pour *La République* de Platon. Il n'est cependant pas exclu que certaines personnes y trouvent matière à leur réflexion et soient tentées d'y revenir dans le cours ultérieur de leurs études.

Une telle formation contribuera également à l'apprentissage de l'écriture. Comment cerner un problème ? De quelle façon l'aborder ? Comment est-il possible de construire une argumentation ? Toutes ces questions sont présentes dans les textes politiques dont nous visons à susciter l'étude. Côtoyer un certain nombre de textes classiques, ce n'est pas tant évaluer la pérennité des questions politiques posées par l'humanité que mesurer la distance séparant le fait de repenser le monde autour d'une (ou plusieurs) bières de l'attitude contraire, qui consiste à ne pas penser. C'est faire l'apprentissage de la réflexion politique, non pas à partir de recettes infaillibles, mais à partir d'exemples de réflexions déjà construites et qui peuvent servir de modèles. La place d'une formation philosophique en politique est assez semblable à celle qu'assigne Jean Larose à la littérature dans l'apprentissage et la maîtrise de la langue.

La troisième fonction d'une telle formation est l'apprentissage de la pensée. Nous l'avons dit précédemment, la politique est dans son sens le plus fondamental une histoire de jugement. Or le jugement se nourrit des autres jugements en même temps que de l'expérience personnelle. Quelle meilleure école pour apprendre à se gouverner soi-même dans une situation politique que de dialoguer avec le Cicéron de *La République* ou avec le Machiavel du *Prince*. Non pas pour adopter passivement leurs solutions, mais pour apprendre à leur contact l'art de la combinatoire de la *virtù* et de la *fortuna*.

Car la philosophie politique est là pour nous rappeler que la politique ne peut se réduire à de l'administration, c'est-à-dire à des choix techniques. Pour nous apprendre à nous méfier de ces experts qui masquent leurs propres valeurs derrière une soi-disant neutralité axiologique. L'interrogation fondamentale de toute pensée politique peut généralement se ramener à la question suivante : pourquoi et comment les êtres humains peuvent-ils vivre ensemble ? Car la question du politique, c'est la question du monde commun des êtres humains, c'est celle de l'orientation normative dans notre société comme dans celles du passé.

Une passion d'antiquaire ?

La plupart des manuels d'introduction à l'histoire des idées politiques se ressemblent dans leur contenu. De façon générale, on affirme qu'un certain nombre d'auteurs méritent d'être étudiés et l'on s'entend assez bien sur le corpus en question : de Platon à Marx en passant par Aristote, Augustin, Thomas d'Aquin, Machiavel, Hobbes, Locke et Rousseau. Certes, certains manuels insistent davantage sur la contextualisation, alors que d'autres privilégient les grandes œuvres et l'accent y est mis soit sur les grands noms, soit sur les grands courants de pensée. Mais dans l'ensemble, la démarche est la même puisque l'objectif est souvent de délimiter ce qui constitue la tradition politique occidentale. De même, celui qui consulte les plans de cours en la matière risque de tomber sur une démarche similaire.

En fait, l'idée de tradition repose sur trois grands énoncés qui ne sont pas nécessairement exclusifs et que nous allons examiner successivement. Le premier concerne le caractère cumulatif de l'histoire : il s'appuie à la fois sur l'idée de progrès et sur celle d'unité de la pensée. Le second s'apparente en quelque sorte au *star system* : quelques grands textes et une poignée de grands penseurs ayant fortement marqué notre civilisation, il importe que quiconque se targue de réfléchir aux phénomènes politiques en ait au moins une connaissance générale. Le troisième s'inscrit dans la perspective de la *Bildung* telle qu'elle s'est développée dans les milieux intellectuels européens au cours de la seconde moitié du XIXe siècle et la première moitié du XXe siècle : les classiques nous servent à nous orienter dans le monde actuel puisqu'ils représentent la sagesse de l'humanité.

Pour mieux cerner l'idée de tradition, prenons pour point de départ un texte de Hannah Arendt, « La tradition et l'âge moderne » (premier texte de *La Crise de la culture*, 1972), dans lequel elle part du postulat suivant : « Notre tradition de pensée politique a un commencement bien déterminé dans les doctrines de Platon et d'Aristote. Je crois qu'elle a connu une fin non moins déterminée dans les théories de Karl Marx. »

Il y aurait donc une tradition intellectuelle dont le fil se serait rompu quelque part au XIXe siècle, tant dans la philosophie en général, puisqu'elle parle plus loin de la rupture de la tradition qu'introduisent également Kierkegaard et Nietzsche, que dans la philosophie politique. Elle poursuit en observant que « sa tradition commença lorsque le philosophe se détourna de la politique puis y revint, afin d'imposer ses normes aux affaires humaines. La fin arriva quand un philosophe se détourna de la philosophie dans le but de la "réaliser" dans le politique. »

De façon assez paradoxale, Arendt ne dit pas vraiment en quoi consiste cette tradition. Cependant, puisqu'elle oppose tradition et nouveauté, nous pouvons en déduire que la tradition est ce qui nous permet de ramener l'inconnu au connu, de comprendre ce qui survient à l'aide d'instruments hérités du passé, instruments qu'il nous appartiendrait d'augmenter pour en maintenir la valeur. Cette tradition aurait été rompue du fait que la politique est devenue non plus une affaire d'élite mais de masse et que l'expérience politique décisive de notre siècle, le totalitarisme, ne pourrait être comprise à l'aide des catégories usuelles de la pensée politique. Nous reviendrons sur ce thème dans la conclusion de cet ouvrage.

Si l'on emprunte cette logique, il y a tradition lorsque les éléments suivants se trouvent réunis : un cadre de référence plongeant ses racines dans le passé, une façon commune d'aborder les phénomènes politiques, des concepts qui transcendent les époques particulières. Ainsi, lorsque, dans *L'Esprit des lois*, Montesquieu établit une typologie des régimes politiques en parlant de monarchie, d'aristocratie et de démocratie, reprenant en cela les catégories analytiques que pouvait employer Aristote dans *La Politique*, il s'inscrit dans une tradition de réflexion politique non seulement parce que les catégories aristotéliciennes sont les siennes, mais également parce qu'elles servent à conférer une intelligibilité au monde qui est le sien. Non seulement peut-il reprendre les mêmes concepts, mais il peut les enrichir de l'expérience historique qui le sépare d'Aristote.

Revenons maintenant aux trois énoncés mentionnés rapidement au début de cette section et voyons comment ils façonnent notre interprétation de l'histoire des idées politiques. Pour certains, celle-ci nous permet de comprendre de quelle façon l'humanité a pu en arriver au type d'institutions politiques qui sont les siennes et que les pensées successives jusqu'à nos jours ont essentiellement eu des fonctions d'approximations successives de la vérité de l'ordre politique. Dans un tel contexte, la tâche de l'histoire des idées politiques revenait à montrer l'unité de la pensée politique occidentale, à la fois perçue sur un mode unitaire de l'évolutionniste, conformément aux théories de l'histoire élaborées au xixe siècle. Le mode unitaire est fourni par l'idée que certaines valeurs politiques sont supérieures à d'autres et qu'on peut identifier l'histoire de la pensée politique avec le développement de ces valeurs et la création d'un consensus autour d'elles.

Cette approche procède d'une philosophie de l'histoire d'abord énoncée par Condorcet dans son *Esquisse d'un tableau historique des progrès de l'esprit humain*. Il s'agit d'identifier des valeurs qui présentent des absolus et de voir le sort qu'elles ont connu dans l'histoire de la pensée politique. En ce sens, la pensée des divers auteurs retenus est ramenée à ces valeurs cardinales qui servent ainsi de fil conducteur, malgré ses prétentions à un relativisme social. Ainsi, les différentes propositions émises au sujet de la justice, par exemple, seront relativisées en fonction du contexte social dans lequel elles se développent. La contextualisation de l'œuvre vise donc essentiellement à faire apparaître les obstacles que les circonstances imposent au complet développement des idées. Dans cette perspective, on insistera sur le fait que Platon et Locke, par exemple, se préoccupaient de la justice, mais que le contexte dans lequel évoluait le premier l'incitait à en donner une vision autoritaire, tandis que le second l'inscrivait dans le cadre d'un gouvernement constitutionnel.

La tradition s'organise également selon un mode d'évolution linéaire des connaissances qui part du principe que l'humanité ne se pose que les questions auxquelles elle est en mesure de répondre. Ainsi, dans un tel cadre, on insistera sur le fait que ce qui caractérise la pensée antique, c'est la réalisation de soi dans le politique, que le Moyen Âge est absorbé par la question du rapport entre théologie et politique, que la Renaissance introduit la question de la souveraineté dans le débat politique, que l'âge moderne la couple avec celle de citoyenneté et que le tout prend fin alors que Karl Marx préconise la fin du politique. On peut faire un certain nombre de variantes à l'intérieur de ce schéma et dégager une continuité linéaire entre un certain nombre d'auteurs, mettant à jour certaines sous-traditions à l'intérieur de la tradition, mais il s'agit essentiellement de variations sur un même thème.

L'idée de *star system* ou de palmarès des œuvres politiques est l'une de ces variations. Elle procède d'une compréhension linéaire de l'histoire des idées à laquelle s'ajoute celle que certaines œuvres, parce qu'elles ont franchi avec succès l'épreuve du temps, mériteraient une certaine considération. Dans cette optique, il y aurait les grandes œuvres et les œuvres mineures, les premières seules devant retenir notre attention.

Une telle classification est criticable à maints égards. D'abord, elle ignore les phénomènes du hasard dans la transmission des textes : certains textes ne sont jamais parvenus jusqu'à nous parce qu'ils ont été détruits, y compris de façon non intentionnelle; le poids du hasard a pesé sur la diffusion des textes jusqu'à l'invention de l'imprimerie. On n'a qu'à songer que ce n'est qu'en 1820 que fut retrouvé le texte de *La République* de Cicéron. Ensuite, cas de figure plus important, des textes ont été détruits parce qu'ils ne correspondaient pas aux projets des détenteurs du pouvoir; l'incendie de la bibliothèque d'Alexandrie par des chrétiens obscurantistes qui ne pouvaient tolérer l'existence d'un savoir et d'une sagesse ne se réclamant pas de leur Dieu en est une illustration frappante. Dans son admirable roman intitulé *Le Nom de la rose*, Umberto Eco nous donne un bon exemple de destruction d'un texte d'Aristote sur la comédie parce qu'il ne correspond pas aux enseignements de l'Église catholique. Par ailleurs, nos manuels d'histoire des idées politiques soulignent l'étrange parcours des classiques grecs et latins qui sont revenus à la culture occidentale après un long transit dans le monde arabe, celui-ci s'étant révélé moins destructeur et intolérant que le christianisme. Enfin, ce *hit parade* varie beaucoup selon les auteurs et les préoccupations d'une époque : ainsi, il a fallu Mai 68 et ses pendants dans les autres pays occidentaux pour que l'on redécouvre que le socialisme ne se limitait pas au marxisme. Ce que nous montre cette façon de répertorier les œuvres politiques, c'est que nous nous choisissons une tradition en fonction de nos préoccupations actuelles. En outre, les analystes féministes ont mis en évidence la patrilinéarité de cette tradition et ont consacré beaucoup d'énergie à exhumer des textes politiques féminins et à réhabiliter l'idée d'une tradition féminine. Nous sommes sensibles à ce type d'argument.

Sans sombrer dans la paranoïa de la *political correctness*, il est tout de même nécessaire de maintenir une certaine vigilance dans notre appréciation des textes politiques du passé. Il est exact que l'impact politique et intellectuel de Karl Marx dans la société s'est révélé largement supérieur à celui de Flora Tristan, pour ne donner qu'un exemple. Par contre, il est loin d'être sûr que Tristan ne permette pas mieux que Marx de comprendre les enjeux d'une certaine conception de la justice sociale au XIXe siècle. Il est inquiétant qu'une discipline intellectuelle dont l'objet soit le pouvoir ait été si peu sensible, dans sa façon d'envisager les choses, aux manifestations, aux codes et aux traces du pouvoir dans la constitution de son corpus théorique.

Enfin, on ne saurait passer sous silence, dans une analyse de la tradition en science politique, l'idée que cette formation serait centrale à toute véritable formation intellectuelle. Les débats actuels, qui portent sur l'importance de réhabiliter la formation classique, nous obligent à examiner cette hypothèse. En fait, on peut en déceler deux variantes. La première est celle d'une prise de distance, nécessaire pour mieux comprendre le monde dans lequel nous vivons. S'insurgeant contre la tyrannie du « vécu » dans le système scolaire québécois, Jean Larose entreprend de défendre la culture classique comme une culture de liberté et la valeur formative de l'éducation littéraire. Il soutient que « la pratique des textes littéraires peut permettre à l'étudiant de s'affranchir de la tyrannie du moi et de l'hypocrite contrainte de la sincérité, de déjouer la censure et le conformisme social » (Larose, 1991 : 18).

Cette position se distingue de celle que défend Allan Bloom dans *The Closing of the American Mind*. Le projet de Bloom, en bon disciple de Léo Strauss, c'est le rejet de la modernité et plus particulièrement du pluralisme qui parfois l'accompagne au nom de la lutte contre le relativisme culturel. Pour lui, les grands livres nous font accéder à une forme de vie et de vérité éternelles, non pas dans le sens religieux du terme, mais en nous indiquant le sens réel de la nature humaine, l'immuabilité des choses et des êtres. Il oppose cette immuabilité au progrès qui caractérise la modernité (Bloom, *The Closing of the American Mind*, 1987).

Cependant, l'histoire des idées politiques ne se limite pas à l'organisation d'un certain nombre de textes rangés au sein d'une tradition. Elle comprend également toute une approche fondée sur l'interprétation qui est loin de se réduire à de l'exégèse. L'approche interprétative se distingue de l'approche « traditionnelle » en ce qu'elle ne construit pas un grand récit, mais prend pour point de départ et pour horizon particulier un texte précis et l'époque qui l'a vu naître. S'inspirant de certaines théories en philosophie du langage, principalement celles de Wittgenstein, qui analyse le discours comme une action productrice de sens, l'approche interprétative, développée principalement par Quentin Skinner, interroge le texte et son environnement de cinq façons différentes.

La première concerne le rapport du texte au contexte idéologique d'une époque. Ainsi, si l'on prend pour exemple *La République* de Platon, on peut se demander dans quel contexte ce texte a bien pu émerger. Quelle était alors la façon d'aborder le politique à Athènes ? En quels termes s'effectuaient les raisonnements politiques ? Quelle était la signification communément admise des principaux concepts dont s'est servi

Platon pour élaborer son argumentation? Ces diverses questions, qui ont une valeur complémentaire, ont toutes pour fonction de nous permettre de situer les « grandes œuvres » par rapport à un ensemble intellectuel souvent éclairé par des textes qualifiés de « mineurs ».

La deuxième étape du raisonnement consiste à s'interroger sur le contexte politique dans lequel veulent intervenir les ouvrages que nous étudions. Pour poursuivre avec le même exemple, il convient dans ce cas de s'interroger sur les problèmes auxquels fut confrontée la démocratie athénienne à l'époque de Platon, sur son rapport avec la tyrannie des Trente, sur l'impact de la mort de Socrate et sur les tentatives de Platon, son disciple, de réaliser l'idéal du philosophe-roi. Tout cela nous renseigne sur les intentions de l'auteur et la portée de son œuvre.

Sur un troisième mode de pensée, il convient de prendre en compte les conditions spécifiques d'émergence de l'œuvre. Ceci permet de comprendre que la plupart des œuvres du passé auxquelles nous nous référons aujourd'hui ont représenté en quelque sorte une fracture. Loin de s'inscrire comme idée dominante de son époque, le projet platonicien de fusion autoritaire de la vérité et de la politique — derrière l'idéal du philosophe-roi —, où savoir et pouvoir iraient de pair, rompt avec la culture de la confrontation des opinions dans une Athènes alors dominée par les sophistes, qui constituent d'ailleurs la principale cible polémique de Platon. En partant des éléments de contextualisation idéologiques et pratiques, il s'agit donc de percevoir comment une œuvre s'introduit dans la fracture culturelle d'une époque et participe de l'émergence d'un nouveau paradigme.

Tout cela permet dans un quatrième temps d'en apprécier l'impact pratique. Dans le cas présent, il n'est guère reluisant. Le moins qu'on puisse dire est que Denys de Syracuse se révéla un élève fort ingrat. D'autre part, les tentatives d'abus de pouvoir au nom du savoir ont été légion et ont produit des résultats pour le moins discutables.

Finalement, il est possible d'apprécier dans le long terme l'impact théorique d'une œuvre. En ce domaine, la fortune de Platon est des plus évidentes, puisqu'on s'accorde à le placer au point de départ d'une longue tradition de problématisation philosophique du politique qui s'accompagne d'un retrait relatif par rapport à celui-ci.

Nos choix

Après ce tour d'horizon des principales approches en histoire des idées politiques, il est de mise de faire part de nos choix à l'intérieur de cet ouvrage. Dans une large mesure, il est conçu comme un récit, payant ainsi tribut à la tradition, tout en tenant compte de deux éléments fondamentaux. D'une part, nous tenons compte du fait qu'il y a effectivement une rupture au sein de la tradition, ce que les écrivains postmodernes qualifient de crise des métarécits. D'autre part, nous nous plaçons dans une position critique par rapport à cette tradition, car ce que nous y cherchons d'abord, ce sont des points d'appui nous permettant de répondre aux questions qui se posent à nous maintenant.

Faire un manuel d'introduction à l'histoire des idées politiques comporte un certain nombre de contraintes. La plus essentielle est celle qui consiste à ne pas mettre en cause l'existence d'une telle histoire. En fait, ce à quoi nous visons, c'est de montrer la relative cohérence et la relative continuité que manifeste le mode occidental d'appréhension des phénomènes politiques. Dans un tel cadre, nous faisons une large part au récit et essayons de dégager une certaine cohérence à l'intérieur d'une même époque. Notre attention est moins tournée vers une analyse spécifique des grandes œuvres politiques et leur interprétation que sur une contextualisation. Ce choix est dans une large mesure tributaire de l'objectif pédagogique que nous poursuivons avec cet ouvrage. Cependant, nous pensons qu'une telle mise en contexte n'interdit à personne de lire les œuvres politiques dont nous faisons état comme si aucune autre lecture de ces œuvres n'avait eu lieu et de les aborder avec toute la curiosité et l'irrévérence qui est de mise vis-à-vis les « maîtres ».

Nous avons également mis l'accent sur ce qui, dans les débats anciens, est susceptible de contribuer à la solution de certains de nos problèmes actuels. Non pas que nous pensions qu'il existe une sagesse éternelle, sorte de trésor inépuisable de théorie où l'humanité n'aurait qu'à puiser pour régler la plupart de ses problèmes. Ce serait bien pratique. Mais, comme le soulignait déjà René Char, « notre héritage est sans testament », ce qui nous laisse à la fois la possibilité de l'innovation et l'angoisse de se mouvoir dans un univers dépourvu de filet de sécurité. Comme nous l'expliquions plus haut, la tradition se construit à chacun des moments où sont posés des choix politiques : ce sont le présent et l'avenir qui organisent notre vision du passé.

Ces précautions étant prises, il reste maintenant à expliquer la forme particulière de cet ouvrage. Il reprend la distinction classique entre l'Antiquité, le Moyen Âge, les Temps modernes et le XIXe siècle, façon pour nous de prendre acte du fait que la tradition s'étend de Platon à Marx, même si l'histoire continue et que nous faisons état de la renaissance de la réflexion philosophique sur le politique à la fin du XXe siècle.

Notre trame centrale sera un thème bien contemporain, celui de la liberté de la personne humaine et des modes d'organisation politique que l'on juge les plus appropriés à la réalisation pratique de cette liberté.

Individualité ou citoyenneté : toute la nuance qui sépare ces deux termes est comprise entre la défense de l'espace intérieur de la personnalité et sa réalisation au sein de la cité. Cette liberté dérive de la conception même de l'individu. Qu'il s'agisse de l'individu comme création de la nature, c'est-à-dire formé d'atomes reliés par des lois physiques (Démocrite); de la personne humaine comme faisant partie de la cité et apportant sa contribution concrète à l'organisation sociale, à qui est laissé un espace personnel, une inviolabilité (c'est la personne dans le sens de Platon); qu'il s'agisse de la créature de Dieu, comme l'entendent les auteurs chrétiens comme Augustin de Thagaste et Thomas d'Aquin; ou encore, du simple sujet d'un monarque, qui doit se soumettre à sa tyrannie. Qu'il s'agisse enfin du citoyen ou de la citoyenne moderne, qui aspire au plein épanouissement de ses capacités, comme individu libre, dans l'égalité et le respect de ses droits civiques.

Ce qui nous intéresse ici, c'est moins la conception philosophique de l'individu, être de nature ou créature de Dieu, que l'individu comme monade reliée au corps social par sa conscience et son action et inséré dans cette chose immense qu'est l'Histoire. Bien entendu, la dimension de la conscience sera fréquemment abordée avec des auteurs comme Platon, Augustin de Thagaste, Thomas d'Aquin, John Locke, tandis qu'on verra Aristote, Machiavel et les auteurs matérialistes modernes se pencher plutôt sur son action collective ainsi que sur ses modalités d'intervention sur la société.

Le thème de la citoyenneté soulève le problème du pouvoir politique et des diverses formes qu'il emprunte. Ce pouvoir est-il issu de la seule volonté d'un individu (tyrannie de celui qui s'érige au-dessus des autres), de la collectivité dans sa recherche d'équilibre et d'arbitrage entre les intérêts particuliers (démocratie caractérisée par la représentation des divers intérêts), d'un groupe d'intérêt dominant (ploutocrates ou bourgeoisie d'argent), d'un pouvoir divin qui justifie l'absolutisme (papauté médiévale, monarchie prémoderne), ou enfin serait-il plutôt issu du droit et de la constitution tels qu'ils s'incarnent à travers les mécanismes de représentation et le respect des droits de la personne? Un thème, comme on voit, qui ramène étroitement à la conception de l'individu, mais aussi au problème de l'exercice du pouvoir et des institutions en tant que lieux de médiation des conflits. On n'a pas fini de s'interroger sur le pouvoir et sur les mécanismes qui doivent servir à le tempérer, de manière à préserver l'équilibre de la société, le bon fonctionnement de l'économie et, surtout, les droits des individus.

Cet ouvrage sera de ce fait composé de cinq chapitres. Ceux-ci obéiront à l'ordre chronologique tout en affichant une présentation thématique. En effet, chaque partie sera organisée autour d'un thème central qui, à notre sens, illustre particulièrement bien le contexte culturel et politique de chacune de ces périodes, conçue comme un système politique et un cycle intellectuel relativement autonome qui se développent autour de valeurs générales, caractéristiques d'un paradigme nettement circonscrit. On peut justifier ce découpage à l'aide d'un bon nombre d'arguments; on pourrait aussi le réfuter au nom d'autres arguments non moins valables. Cet ouvrage a justement pour objectif d'ouvrir un tel espace à la discussion et à la redécouverte des classiques.

Les premières et deuxièmes parties qui portent sur les principaux auteurs de la Grèce antique et de Rome, s'intitulent respectivement « Individu et citoyenneté en Grèce » et « La cité romaine ». Ils prendront la mesure des dimensions grecque d'abord, romaine ensuite, de notre tradition de réflexion politique. Nous avons consciemment choisi de nous limiter à la tradition occidentale afin d'ajouter à la cohérence de notre récit. Non pas que la tradition occidentale soit la seule valide ni la meilleure entre toutes, mais plutôt parce que celle-ci constitue notre principal univers de référence, d'autant qu'avec la colonisation du monde par les Occidentaux à partir de la fin du XVe siècle, cette tradition politique s'est imposée, souvent de façon autoritaire, à l'ensemble de la planète.

La troisième partie offrira une présentation concise du débat principal, à notre sens, du Moyen Age occidental, dans « Pouvoirs spirituel et temporel au Moyen Age ». Cette période est toujours largement problématique dans un manuel d'histoire des idées politiques, puisqu'elle est dominée par un retrait du politique comme mode de réalisation de soi des individus, de même que par une désorganisation politique majeure en Europe occidentale, les conflits politiques prenant fréquemment l'aspect d'une « guerre des gangs ». Là encore, nous aurions pu nous éloigner du monde occidental pour montrer comment les trois grandes cultures monothéistes — juive, chrétienne et musulmane — se posent sensiblement les mêmes questions; nous avons largement résisté à cette tentation pour maintenir l'unité de notre propos. Cette partie sera moins importante que les autres, puisqu'une période marquée du sceau d'un tel désintéressement pour la politique est peu susceptible de donner lieu à une ample réflexion politique.

La quatrième partie témoigne de l'ascension de la science politique moderne, qui tourne ostensiblement le dos au paradigme précédent et propose une nouvelle conception du droit et de la politique, autour du thème « La fondation de l'État moderne ». Nous y verrons comment l'individualité et la constitution politique essaient de se réconcilier dans le développement parallèle des idées de souveraineté et de citoyenneté.

Enfin, une dernière partie discutera de l'émergence du monde contemporain et des systèmes politiques qui nous sont familiers, avec

« Liberté, égalité et socialismes ». Cette partie sera organisée sur un mode un peu différent. En effet, nous ferons moins référence à des auteurs précis qu'à de grands courants de la pensée politique. Chaque courant de pensée sera accompagné d'une brève présentation de ses développements récents dans la réflexion politique du xxe siècle.

Ce travail se terminera sur un survol de la pensée politique au xxe siècle. Nous montrerons, dans un premier temps, à quel point celle-ci se situe dans le sillage de celle du xixe siècle, ne trouvant matière à élaboration qu'autour de la question du totalitarisme, expérience politique particulière à notre siècle. Nous ferons finalement état des grands axes autour desquels on assiste à une redéfinition en profondeur de la problématisation philosophique du politique à l'aube du troisième millénaire.

Première partie

Individu et citoyenneté en Grèce

Le monde grec

Les habitants du monde grec ont, malgré leurs perpétuelles divisions, partagé le sentiment de représenter un peuple d'une nature différente, uni par une langue et une religion communes. Le Grec s'est toujours opposé à l'étranger, qu'il appelait Barbare. Les guerres que durent mener les Grecs contre de puissants voisins, tels les Perses, ont fortifié ce sentiment et l'ont teinté de mépris pour la race vaincue. C'est cette supériorité et ce sentiment d'unicité que l'on retrouve avec une telle force dans la littérature athénienne des ve et ive siècles avant Jésus-Christ. Les écrits de Platon, d'Aristote et de Démosthène témoignent de ce trait. Ils prêchent même une modération entre Grecs qui n'était pas toujours pratiquée à l'époque classique. Qu'on se rappelle les terribles conflits que furent la guerre du Péloponnèse entre Athènes et Sparte (429–404 av. J.-C.) et la guerre entre Sparte et Thèbes (371–364 av. J.-C.). Socrate, cité ici et dont la pensée est interprétée par Platon, s'entretient avec un interlocuteur et lui révèle sa conception politique, en ce qui concerne les conflits entre les Grecs.

Grecs et Barbares

— Je soutiens que les peuples grecs sont unis par la parenté et la communauté d'origine, et diffèrent des barbares par la race et le sang [...] Quand donc les Grecs se battront avec les barbares et les barbares avec les Grecs, nous dirons qu'ils se font la guerre, qu'ils sont naturellement ennemis, et cette inimitié méritera le nom de guerre; mais quand les Grecs se battent avec des Grecs, nous dirons qu'ils n'en sont pas moins naturellement amis, mais qu'en ce cas la Grèce est malade et en discorde, et ce nom de discorde est celui qui s'applique à une telle inimitié. [...] Considère donc les choses à la lumière de la définition que nous venons d'admettre. Partout où la discorde s'élève et où l'État est divisé, si chacun des deux partis ravage les champs et brûle les maisons de l'autre, vois combien elle paraît funeste et suppose dans les deux partis peu d'amour de la patrie; autrement ils n'oseraient jamais déchirer ainsi leur nourrice et leur mère. Ce qui est raisonnable, c'est que les vainqueurs enlèvent la récolte des vaincus et qu'ils pensent qu'ils se réconcilieront ensemble et ne seront pas toujours en guerre.

— Cette façon de penser témoigne de beaucoup plus d'humanité que l'autre.

— Mais quoi? repris-je, l'État que tu veux fonder ne sera-t-il pas un État grec?

— Nécessairement, répondit l'autre.

— Les citoyens n'en seront-ils pas bons et doux?

— Assurément si.

— Ne seront-ils pas amis des Grecs, ne sentiront-ils pas leur parenté avec la Grèce et n'en partageront-ils pas la religion?

— Certes.

— Dès lors ils mèneront les hostilités comme des gens destinés à se réconcilier?

— Assurément.

— Ils les ramèneront doucement à la raison, sans pousser le châtiment jusqu'à les asservir et les détruire; car ils verront en eux des amis à corriger, non des ennemis.

— C'est bien cela, dit-il.

— Grecs, ils ne ravageront pas la Grèce, ils ne brûleront pas les maisons, ils ne regarderont pas comme ennemis tous les habitants d'un État, hommes, femmes, enfants, mais seulement les auteurs du différend qui sont toujours un petit nombre; aussi ne voudront-ils pas ravager un territoire dont la plupart des habitants sont leurs amis, et ils ne poursuivront pas les hostilités au-delà du moment où les coupables seront contraints par les innocents qui souffrent de donner satisfaction.

— Je reconnais avec toi, dit-il, que telle doit être la conduite de nos citoyens envers leurs adversaires, et qu'à l'égard des barbares, ils doivent se comporter comme les Grecs le font entre eux à présent.

Platon, *La République*, **livre V, chapitre** XVI.

Conçue pour une race élue, sûre d'elle-même et de ses valeurs, victorieuse sur les champs de bataille, un de leurs premiers grands monuments littéraires, l'*Iliade* d'Homère, qui relate la guerre que les Grecs livrent à la ville asiatique de Troie, leur philosophie se déploie autour du concept de « cité grecque » et ne recherche aucunement des arrangements ou des compromis avec les systèmes politiques ou les valeurs religieuses des peuples étrangers, jugés inférieurs. Cette conviction, presque raciste, de leur supériorité a contribué à faire des Grecs de grands innovateurs au plan des valeurs humanistes et politiques, dans un monde alors dominé par des monarchies et des tyrannies en perpétuel état de guerre. Elle a aussi entraîné leur isolement vis-à-vis des peuples en émergence, des empires naissants dont ils ne surent ou ne voulurent pas comprendre le rôle historique, encore moins la contribution au progrès de la civilisation. La pensée grecque, à travers ses multiples variantes, ne s'éloignera jamais d'une conception franchement ethnocentriste de la cité et, dans les écrits les plus récents — mais ce trait apparaît déjà chez Aristote —, se teintera de plus en plus fortement d'un passéisme qui débouchera, avec le déclin des valeurs classiques, vers un pessimisme que, plus tard, les auteurs et philosophes politiques romains et chrétiens reprendront à leur compte sous une forme à peine modifiée.

Cet ethnocentrisme permet sans doute aussi de rendre mieux compte de la division de la cité antique entre les sexes, d'une part, et entre citoyens libres : ελευθεροι ou *éleuthères*, métèques ou immigrants et, enfin, esclaves : δουλοι ou *douloi*, d'autre part. On assiste à une stricte division des privilèges entre ces trois catégories, les hommes libres appartenant à la cité et se partageant les charges publiques, les métèques, des immigrants résidents, pouvant s'enrichir mais ne jouissant d'aucun pouvoir politique, et enfin les esclaves, que Sénèque décrivait comme « des objets dotés de la parole ». Cette division marque tous les régimes politiques grecs, qu'il s'agisse de tyrannies, de ploutocraties ou de démocraties.

Malgré ses failles, voire ses vices, et la relative brièveté de son déroulement en regard de l'histoire universelle, l'expérience grecque nous fait prendre conscience de la grandeur des idéaux politiques ainsi que de la fragilité des œuvres humaines. L'histoire mouvementée de la Grèce classique peut être rapidement, aux fins de cet exposé, être structurée en quelques grandes époques auxquelles correspondent des courants intellectuels qui dérivent des grandes réussites du Vᵉ et du IVᵉ siècle avant l'ère chrétienne. L'ère de la tyrannie aussi bien que l'ère de la démocratie qui lui succède mènent toutes deux à l'exacerbation des luttes de partis, entachées de démagogie, et enfin au césarisme ou pouvoir personnel. À leur tour, ces diverses conceptions philosophiques et politiques ont un grand retentissement dans la civilisation de la fin de l'Antiquité, du Moyen Âge et des débuts de l'ère moderne.

L'unité de la Grèce demeurera un rêve inaccessible, même après la pacification du pays. Une même culture et une même religion auraient dû la favoriser, mais le grand mouvement de création des colonies aux VIIIe et VIIe siècles devait la contrarier. Les marins et les marchands grecs s'établissent sur les côtes de l'Italie du Sud — appelée alors Grande-Grèce —, en Asie mineure (Turquie moderne), en Afrique du Nord, en Espagne et même dans le sud de la France actuelle à Marseille. Cet éparpillement contribue puissamment à l'enrichissement des Grecs, mais il contrarie la recherche de l'unité. En Grèce continentale même, et farouchement braquées sur leur petit territoire respectif, Athènes, Sparte, Corinthe et Thèbes se concurrencent de plus en plus. Athènes surtout, en contact avec les Ioniens d'Asie mineure, devient une puissance maritime de tout premier plan, capable même d'en remontrer aux royaumes asiatiques que sont la Lydie, la Perse et l'Égypte. Les cités sont alors dominées par des aristocraties, très rarement par des rois. La propriété foncière constitue la base de leur pouvoir, qui est d'abord et avant tout économique. Pour cette classe privilégiée mais minoritaire, les cités s'avèrent difficiles à diriger, frondeuses, agitées de constantes compétitions entre factions, où les candidats aux fonctions officielles s'arrachent le pouvoir à la faveur de complots. De ces tentatives surgissent alors des tyrans, ou leaders individuels, qui ne tirent pas leur pouvoir de leur richesse et de leur rang, mais essentiellement de leur garde personnelle et de leurs sycophantes (espions). Il est intéressant de constater comment certaines tyrannies furent réformatrices; pour conserver le pouvoir, les tyrans se rendent populaires dans la population. On voit ainsi l'ambitieux programme de reconstruction de la ville de Milet sous les tyrans Histiée et Aristagoras, entre 530 et 494 av. J.-C., tandis qu'à la même époque le tyran Pisistrate assainit les rues, modernise et fortifie Athènes et construit le premier Acropole. Les poèmes de Théognis et de Pindare font l'éloge d'une noblesse tout entière occupée à cultiver les arts en même temps que l'escrime. En Sicile, partie importante de la Grande-Grèce, les tyrans se maintiennent au pouvoir encore plus longtemps, prenant prétexte de la lutte incessante qu'ils doivent mener contre les Carthaginois. Des philosophes tels que Platon, chez Denys de Syracuse, et Aristote, chez Hermias d'Assos en Asie Mineure, chercheront en vain à les convaincre d'entreprendre certaines réformes.

En effet, seuls leur tiennent tête les Phéniciens, eux aussi des marins, établis au Liban et à Carthage en Afrique du Nord. Les guerres médiques contre les Perses sont ensuite un phénomène d'une grande centralité historique : l'Ionie asiatique et même la Grèce sont envahies par des Perses en pleine ascension. Athènes est prise et brûlée, de grandes batailles ont lieu qui finissent par repousser l'envahisseur de la Grèce proprement dite, mais non pas d'Asie. Cette tâche reviendra à Alexandre le Grand. Cette menace rampante cimente les rangs des

Grecs et stimule leur culture victorieuse. L'historien grec Hérodote se fera l'écho d'un courant de pensée qui oppose la civilité des institutions politiques de la Grèce à la sauvagerie des mœurs politiques qui prévalent dans le monde asiatique. Il utilise le terrible exemple de la jalousie d'un grand-père envers son petit-fils et de son mépris pour les subalternes en évoquant dans *Clio*, premier livre de ses *Histoires*, la cruauté inouïe du roi des Mèdes Astyage, qui régnait au vi^e siècle av. J.-C. Ce despote domina un immense empire en Médie et en Asie avant de tout perdre, victime d'une ambition aveugle qui le fit se retourner contre son propre sang.

La vengeance d'Astyage

Dans la première année que Mandane [fille d'Astyage] vivait avec Cambyse [prince de la Perse], Astyage eut une vision : il lui sembla que du sexe de sa fille poussait un cep de vigne, et que cette vigne s'étendait sur toute l'Asie. Après avoir soumis ce qu'il avait vu aux interprètes des songes, il fit venir de chez les Perses Mandane, qui était près d'accoucher ; et, quand elle fut arrivée, il la tint sous bonne garde, dans l'intention de faire périr l'enfant qui naîtrait d'elle ; car, d'après sa vision, les Mages interprètes des songes lui annonçaient que l'enfant de sa fille devait être roi à sa place. C'était contre cela qu'Astyage se tenait en garde. Dès que Cyrus fut né, il appela Harpage, homme de sa parenté, le Mède qui lui était le plus dévoué, celui à qui il confiait toute ses affaires ; et il lui dit : « Prends l'enfant que Mandane a mis au monde, emporte-le chez toi, tue-le, et enterre-le ensuite comme tu voudras. » Harpage répondit : « Ô roi, jamais jusqu'à ce jour tu n'as pu voir en l'homme ici présent rien qui soit pour te déplaire. S'il te convient qu'il en soit ainsi, j'ai le devoir de te servir comme il le faut. »

Après cette réponse, on remit à Harpage l'enfant paré pour la mort ; il se rendit, en larmes, à son logis ; et, quand il fut rentré, raconta à sa femme tout ce qu'avait dit Astyage. Elle lui demanda : « Et maintenant, toi, qu'as-tu l'intention de faire ? » Il répondit : « Pas de suivre les ordres d'Astyage ; quand il déraisonnerait, quand il délirerait plus fort qu'il ne délire maintenant, ce n'est pas moi qui m'associerai à sa décision ni qui le servirai pour un meurtre pareil. J'ai plus d'une raison de ne pas mettre l'enfant à mort ; d'abord, il est de ma famille ; puis, Astyage est vieux et sans descendant mâle ; si, après sa mort, la royauté doit revenir à sa fille, à celle dont maintenant il tue le fils par mon intermédiaire, ai-je dès lors autre chose à attendre, que le plus grand danger ? Ma sûreté exige que cet enfant périsse ; mais il faut que son meurtrier soit quelqu'un des gens d'Astyage, et non des miens. » Cela dit, il envoya aussitôt un messager à un bouvier qui faisait paître ses troupeaux.

Le bouvier s'empressa de répondre à l'appel d'Harpage ; et, quand il fut venu, celui-ci lui tint ce langage : « Astyage t'ordonne de prendre cet enfant, et de le déposer au plus désert des montagnes, pour qu'il périsse. Et il m'a ordonné de te dire que, si tu ne le fais pas mourir, tu périras de la pire des morts. J'ai mission de constater qu'il aura été exposé. » Après avoir entendu ces paroles, le bouvier prit l'enfant dans ses bras, retourna par le même chemin, et revint à son parc.

Or, sa femme à lui aussi, qui attendait le moment d'accoucher, accoucha, alors qu'il était parti pour la ville. Quand, de retour, il se présenta à sa femme, elle, qui le revoyait après avoir craint de ne plus le revoir, lui demanda la première pourquoi Harpage l'avait mandé de façon si pressante. Il répondit : « Ô femme, ce que j'ai vu quand je fus à la ville, et ce que j'ai entendu, plût aux dieux que je ne l'eusse pas vu et que cela ne fût jamais arrivé à nos maîtres! Toute la demeure d'Harpage était pleine de lamentations; j'y pénétrai tout troublé. Aussitôt entré, je vois exposé à terre un enfant qui se débattait et criait; il était paré d'objets d'or et de langes de diverses couleurs. Harpage, dès qu'il me vit, m'ordonna de prendre au plus vite cet enfant dans mes bras, de m'en aller avec lui, et de le déposer à l'endroit des montagnes où il y a le plus de bêtes sauvages. J'ai pris l'enfant et je l'ai emporté. Et maintenant le voici. »

En prononçant ces mots, le bouvier découvrait l'enfant et le montrait. La femme, quand elle le vit grand et beau, se mit à pleurer; embrassant les genoux de son mari, elle le priait de ne point exposer à aucun prix cet enfant. Lui protestait qu'il ne pouvait faire autrement; car des espions devaient venir pour observer sa conduite, et il périrait de la plus triste mort s'il n'exécutait pas l'ordre reçu. « Eh bien, puisque je ne peux pas te persuader de ne pas exposer d'enfant, fais ce que je vais te dire : s'il est absolument nécessaire qu'on voie un enfant exposé, — j'ai accouché d'un enfant mort, — emporte le celui-là, expose-le; et, quant à l'enfant de la fille d'Astyage, élevons-le comme s'il était né de nous. De la sorte, tu ne seras pas convaincu de faute envers tes maîtres; et nous n'aurons pas pris un mauvais parti; car l'enfant mort obtiendra une sépulture royale, et le survivant ne perdra pas la vie. »

Le bouvier trouva que sa femme parlait tout à fait sagement; et, sans retard, il fit ce qu'elle disait. Le troisième jour que l'enfant était exposé, le bouvier se rendit à la ville, laissant à sa garde un des hommes qui menaient paître les troupeaux; il alla chez Harpage. Harpage envoya les plus sûrs de ses gardes, vit par leurs yeux et fit ensevelir l'enfant du bouvier. Et, après que celui-là fut enseveli, celui que plus tard on appela Cyrus, roi des Perses, fut élevé par la femme du bouvier qui l'avait adopté; elle lui donna un autre nom.

Lorsque l'enfant eut atteint sa dixième année, voici ce qui lui arriva et le fit découvrir. Il jouait avec d'autres garçons de son âge, sur la route. En jouant, ces enfants avaient choisi pour être leur roi celui qu'on appelait le fils du bouvier. Lui, désigna certains d'entre eux pour lui bâtir un palais, certains pour être ses gardes, un tel pour être l'œil du roi, à tel autre il donna la charge de lui apporter les messages; à chacun il assignait sa tâche. L'un de ces enfants qui prenait part au jeu — c'était le fils d'Artembarès, homme considéré chez les Mèdes — n'ayant pas fait ce qui lui avait été assigné par

Cyrus, celui-ci le traita très rudement à coups de fouet. Aussitôt relâché, l'enfant ressentit une indignation d'autant plus vive qu'il pensait avoir été traité d'une manière indigne de lui. Il descendit à la ville et se plaignit à son père du traitement qui lui avait été infligé par Cyrus. Artembarès, furieux comme il l'était, se rendit auprès d'Astyage, menant son fils avec lui; et il déclara qu'on l'avait outragé.

Astyage, après qu'il eut écouté et vu, voulut venger l'enfant, par égard pour Artembarès; il envoya chercher le bouvier et son fils; et, quand ils furent en sa présence tous les deux, il regarda Cyrus et lui dit : « C'est toi, fils d'un père tel que celui-là, qui as osé traiter de façon si ignominieuse le fils de l'homme que voici, qui est au premier rang auprès de moi? » Cyrus répondit en ces termes : « Maître, si je l'ai traité de la sorte, c'est justement. Les enfants du village, dont il était lui aussi, m'avaient en jouant nommé leur roi; je leur paraissais en effet le plus capable de l'être. Or, tandis que les autres exécutaient mes ordres, lui n'y prêtait pas l'oreille et n'en tenait aucun compte, jusqu'à ce qu'il reçût son châtiment. Si donc, par ma conduite, je mérite une peine, me voici à ta disposition. »

Pendant qu'il parlait ainsi, le soupçon de ce qu'il était venait à la pensée d'Astyage; les traits du visage de l'enfant lui paraissaient se rapprocher des siens, sa réponse convenir plutôt à un homme libre, son âge concorder avec le temps où l'enfant de Mandane avait été exposé. Frappé de ces détails, il resta un temps sans parler; enfin il revint à lui, non sans peine; et, voulant éloigner Artembarès pour prendre le bouvier à part et le questionner, il dit : « Artembarès, je ferai en sorte que ni toi ni ton fils n'ayez rien à me reprocher. » Cyrus, sur son ordre, fut conduit par ses serviteurs à l'intérieur du palais. Quand le bouvier fut demeuré avec lui seul à seul, Astyage lui demanda où il avait pris cet enfant et qui le lui avait remis. Mitradatès assura qu'il était né de lui et que la femme qui l'avait mis au monde était encore sa compagne. Astyage répondit qu'il ne prenait pas un bon parti en souhaitant s'exposer à de cruelles tortures; et, en même temps qu'il disait ces mots, il fit signe à ses gardes de le saisir. Alors, comme on le conduisait à la torture, Mitradatès révéla enfin les choses telles qu'elles étaient.

Après que le bouvier eut découvert la vérité, Astyage fut fortement irrité contre Harpage, il ordonna aux gardes de l'appeler. Dissimulant le courroux qu'il nourrissait contre lui à cause de sa conduite, lui refit d'abord le récit des événements tel qu'il l'avait entendu; puis, après lui avoir tout répété, il conclut en disant que l'enfant était en vie et que ce qui avait été fait était bien. « Car, déclara-t-il, j'étais très affligé de la conduite qu'on avait tenue envers cet enfant; et je ne supportais pas légèrement d'être en butte au ressentiment de ma fille. Puis donc que la fortune a pris un tour favorable, envoie près de l'enfant nouvellement arrivé ton propre fils; et, comme je vais offrir aux dieux à qui revient cet honneur un sacrifice en reconnaissance du salut de l'enfant, viens dîner avec moi. »

Harpage se prosterna et retourna chez lui dès qu'on l'eut invité à dîner. Une fois rentré, il fit partir en toute diligence le fils unique qu'il avait, âgé de treize ans environ, en lui commandant de se rendre chez Astyage.

Celui-ci, dès que le fils d'Harpage fut arrivé chez lui, l'égorgea, le coupa en morceaux, fit rôtir une partie des chairs, bouillir le reste, les prépara avec soin et les tint prêtes à servir. L'heure du dîner venue, quand Harpage et les autres convives furent présents, on mit devant Astyage lui-même et devant les autres des tables chargées de chairs de moutons : devant Harpage, tout le corps de son fils, sauf la tête, les mains et les pieds; ces pièces étaient à part dans une corbeille, et couvertes. Lorsqu'Harpage parut être rassasié, Astyage lui demanda s'il était content du repas. Harpage répondit qu'il était très content. Ceux qui en avaient mission apportèrent alors, couverts, la tête, les mains et les pieds de l'enfant; et, se tenant près d'Harpage, ils l'invitèrent à les découvrir et à en prendre ce qu'il voudrait. Harpage obéit, les découvrit, et vit les restes de son enfant; mais malgré cette vue, il ne se troubla point et resta maître de lui. Astyage lui demanda s'il comprenait de quelle bête il avait mangé les chairs. Il lui répondit qu'il le comprenait, et qu'il acceptait tout ce que faisait le roi. Après cette réponse, il prit ce qui restait des chairs et se rendit chez lui. Son intention était ensuite, je pense, de rassembler le tout et de l'ensevelir.

Hérodote, *Histoires, Clio,* livre I.

La civilisation grecque atteint son apogée au ve siècle av. J.-C. Tous les arts brillent : l'architecture avec Ictinos, qui construit le Parthénon, et la sculpture avec Phidias. La littérature fleurit dans la tragédie avec le dramaturge Sophocle et dans la comédie avec Aristophane. Enfin, la philosophie prend son essor. Toute cette activité permet l'ascension d'une classe moyenne qui s'affirme politiquement et organise un parti démocratique à Athènes. La démocratie représentative directe est instaurée à l'issue des guerres Médiques et se maintiendra, malgré des intervalles troublés, pendant cent cinquante ans. Ces nouvelles élites sont nourries des enseignements des sophistes, qui sont des éducateurs et des philosophes itinérants vivant du pécule de leurs cours. Le rôle de ces penseurs s'accroît alors même qu'est supprimée en tout ou en partie la censure qui réprimait l'expression des idées à l'époque des tyrans. En réaction à la censure, la sophistique prêche un certain débordement dans la pensée, qu'on appelle rhétorique. Les idées se plient aisément au jeu infini de la parole, et le langage que le sophisme développe devient rapidement fleuri, instrumental et éclectique. L'art de convaincre prend au moins autant de place que le contenu des idées présentées au public. Il a cependant une grande vertu : il nourrit le jeu démocratique. Le plus grand des politiciens et orateurs de cette époque est Périclès, qui domine la vie politique athénienne de 450 à 429.

Platon, qui méprise les sophistes, car il les tient pour responsables d'avoir introduit la démagogie dans la démocratie athénienne, en fait un portrait peu flatteur dans son *Protagoras*. Platon là-dessus a raison : la rhétorique sera un instrument de domination commode pour les agents du jeu démocratique, aisément utilisable dans le contexte autoritaire. D'autre part, le jugement de Platon est un peu injuste; car ces philosophes, qui ne constituent d'ailleurs ni une école ni même un courant de pensée, ont contribué à créer un langage d'intervention publique et des modalités de participation entre citoyens, à travers le jeu d'institutions telles que l'assemblée des citoyens, ou *ecclisia*, et le sénat ou *Vouli*. Une vague intense de codification des lois et des règlements est d'ailleurs venue, à cette époque, mettre un frein aux abus qu'un système informel était susceptible de favoriser.

Puis, la richesse entraînant la jalousie entre les cités, des guerres nombreuses et opiniâtres épuisent tour à tour les protagonistes, d'abord Athènes, occupée par Sparte en 404, ensuite Sparte, vaincue par Thèbes quarante ans plus tard, enfin cette dernière écrasée, comme les autres cités, par le roi de Macédoine à la bataille de Chéronée en 338. Le philosophe Socrate, qui n'a jamais écrit mais a beaucoup enseigné et influencé la pensée grecque, est très représentatif de cette période charnière. Il va sans dire que nous le connaissons surtout à travers Platon, qui s'en est réclamé, de Xénophon, d'Aristote et, dans une moindre mesure, d'Épicure, qui l'a beaucoup cité. Cicéron, auteur latin, lui attribue le retour, perceptible à cette époque troublée, de la philosophie naturaliste à l'éthique normative, en établissant de grands principes qui sont un peu la somme des conceptions les plus élevées des Grecs, en ce qui concerne la morale individuelle et collective.

Aristote, quand il parle de Socrate, insiste plutôt sur son mode d'intervention publique. Il relève son talent pour l'argumentation logique, donc fondée sur des raisonnements et non pas seulement pour la rhétorique. Il lui attribue surtout un retour aux principes moraux. Tout cela conforte la vision d'un Socrate anti-sophiste et rigoureux, au jugement impitoyable et sans complaisance, qui conteste le pouvoir politique. D'où, sans doute, le procès à tendance démagogique que lui intentent les Trente Tyrans, son emprisonnement volontaire et son suicide forcé en 399. Sa moralité était d'un niveau trop élevé pour qu'il se mît au service de dictatures autoproclamées et sans aucune légitimité. Socrate comprit le premier tout le problème éthique que posait la légitimité dans le jeu politique et surtout démocratique. Plusieurs autres auteurs tireront de son enseignement diverses conséquences pratiques.

Le crime commis avec la mort de Socrate contre la liberté individuelle et collective inspira son disciple Platon puis, un peu plus tard, le disciple de ce dernier, Aristote. On oppose souvent, un peu trop d'ailleurs, ces deux grands esprits. On a fait ressortir le « communisme » du premier en face du « conservatisme » du second. Ces jugements sont partiellement fondés. Parce que les deux auteurs sont du même siècle et enseignaient dans deux écoles différentes, on s'est ingénié à les dresser l'un contre l'autre; alors que tous deux représentent des nuances d'interprétation de la pensée socratique. Aristote, il est vrai, apporte à son œuvre une méthode plus concrète et de nombreux exemples. Platon, bien qu'il connût parfaitement le monde qui l'entourait et les régimes qui y prospéraient, conserve tout entier l'idéalisme sans compromission de Socrate, avec sa république idéale contruite sur un mode à la fois aristocratique et communautariste. De son côté, il faut reconnaître qu'Aristote réintroduit dans cette grande tradition une dose, imperceptible au départ, d'éthique naturaliste et une méthode fondée sur l'empirisme. Ces nouvelles tendances — ce qui ne pouvait pas manquer d'arriver, compte tenu de la richesse et de la diversité de son œuvre — servirent à leur tour de point de départ à une nouvelle sophistique et faciliteront, par leur pouvoir d'illustration universel, de nombreux emprunts par des auteurs de cultures postérieures : l'arabo-musulmane et la chrétienne.

Cette vitalité de l'œuvre d'Aristote a été facilitée par ses principes philosophiques, qui se révèlent bien plus solides et cohérents que ceux des sophistes. De plus, il épouse la plupart des principes moraux de Socrate et de Platon : liberté relative de l'individu, égalité de chacun devant la loi, séparation des pouvoirs et limites des prérogatives exercées par un seul individu ou une faction politique. Il diverge cependant avec Platon sur les modalités du pouvoir, témoignant en cela d'une conception plus réaliste, presque pessimiste, de la nature humaine. Ses préceptes de l'*Éthique à Nicomaque* et de la *Politique* sont tout cela. Ils donneront lieu à des interprétations ultérieures plus ou moins hétérodoxes avec Averroès, penseur arabe du xiie siècle, Thomas d'Aquin, clerc du xiiie siècle, et à une révision plus moderne et plus audacieuse avec Machiavel, au xvie siècle.

La crise politique grecque, dont furent témoins Socrate, Platon, Aristote et Épicure, demeura sans solution, du moins tant que l'étranger ne lui en imposa pas. Sous la domination macédonienne, l'indépendance et le rayonnement des cités grecques devinrent très relatifs, tandis qu'une fraction importante de la population du pays s'établissait à l'étranger, dans les terres conquises par Alexandre le Grand qui s'ouvraient alors au commerce et à la colonisation. Exsangues, les cités grecques tombèrent peu à peu, non sans quelque résistance, sous la dépendance de Rome, qui les traita en vaincues. Ainsi, Corinthe fut détruite en 146 av. J.-C., date charnière qui marque le début de l'hégémonie romaine dans les pays de la Méditerranée. La Grèce antique indépendante avait vécu.

La pensée politique grecque, qui avait été marquée, pendant le grand siècle, celui de Périclès, par un optimisme et un idéalisme souvent débordants — quelquefois même marqués au coin de l'arrogance envers les Barbares —, se teinta rapidement de pessimisme et de nostalgie, avec la prise de conscience du déclin de la Grèce. Un individualisme désenchanté, qui cherchait le bonheur dans le renoncement et l'ascétisme, comme chez les cyniques et les stoïciens, succéda alors aux certitudes platoniciennes et aristotéliciennes. Déjà présent jusqu'à un certain point chez ces deux auteurs, le passéisme se confirma chez les auteurs plus récents. À l'idéal de construction de la cité, on substitua graduellement la recherche de la sérénité personnelle chez Épictète, la jouissance philosophique des plaisirs et des sens avec Épicure, des règles de conduite exigeantes avec Marc-Aurèle, enfin la quête du salut chez les premiers auteurs chrétiens. Connaître le glissement graduel de la pensée dans cette direction, c'est aussi, dans le même temps, se préparer à envisager la confrontation des idées modernes, ainsi que la crise contemporaine de certaines idéologies.

La cité grecque

Si les Grecs ont une telle importance dans la formation de nos conceptions du politique, c'est essentiellement parce que c'est dans l'univers grec que l'on a commencé à théoriser sur les questions politiques. Ce type de problématique a été rendu possible parce que, d'une part, les Grecs sont partis du postulat que le monde n'était pas complètement ordonné et qu'il appartient conséquemment aux êtres humains de le façonner selon des principes d'ordre et d'harmonie; d'autre part, parce que les lois ne relèvent pas du domaine de la vérité transcendante mais plutôt de l'opinion, ouvrant donc la porte à la confrontation des positions.

La cité est donc l'univers des êtres humains, façonné par eux et régi par trois principes qui attestent tous trois de la souveraineté de la communauté des citoyens : αυτονομος ou *autonomos*, ce qui signifie qu'elle se dote de ses propres lois; αυτοδικος ou *autodikos*, c'est à dire que sa juridiction est indépendante; et finalement αυτοτελης ou *autotélis*, ce qui implique qu'elle se gouverne par elle-même. L'identification entre l'humanité et la citoyenneté est telle qu'Aristote définit l'homme (non dans son sens générique, mais dans sa spécificité masculine) comme un ζοον πολιτικον ou *zoon politikon*, un animal politique. Une telle définition a pour objectif de délimiter la sphère politique, la sphère des affaires humaines, par rapport à ce qui ne relève pas des affaires humaines, à savoir d'une part l'οικος ou *ikos*, qui est à l'origine du terme moderne d'économie, mais qui en Grèce signifiait la maisonnée, c'est à dire l'ensemble des opérations nécessaires à la reproduction et au maintien de la vie (celle-ci relève de la nature et est donc soumise à une fatalité) et d'autre part le divin, ce qui fait dire à Aristote que « l'homme qui est dans l'incapacité d'être membre d'une communauté, ou qui n'en éprouve nullement le besoin parce qu'il se suffit à lui-même, ne fait en rien partie d'une cité, et par conséquent est ou une brute ou un dieu » (*Politique*, livre I, chapitre II). Une telle façon de définir l'humanité n'est pas sans conséquence pour celles et ceux qui sont exclus de la citoyenneté : ils sont considérés comme infrahumains, comme des êtres dont la fonction est de faciliter l'existence des citoyens.

Dans un tel cadre, la cité est certes une institution, mais elle est surtout une catégorie éthique. La cité, ce sont les hommes agissant de concert qui, pour ce faire, s'assemblent pour traiter ensemble des problèmes qui structurent leur univers. La cité grecque développe des critères d'appartenance fort divers n'ayant en commun que leur fondement sur l'exclusion, mais dans chacune des cités, l'idée d'un vivre-ensemble et surtout d'une discussion collective est capitale. À cet égard, il faut bien se rappeler que la cité repose sur l'implication directe et personnelle de l'ensemble des citoyens, et non, comme dans les régimes politiques actuels, sur la représentation.

La cité grecque qui a le plus influencé nos façons de concevoir l'univers politique grec est sans conteste Athènes. Ceci s'explique par le fait que l'activité politico-intellectuelle de Socrate s'exerce à Athènes, que c'est le point de référence dont se sert Platon pour élaborer ses positions politiques alors qu'Aristote y consacre un ouvrage, La *Constitution d'Athènes*. Notre imaginaire est d'autant plus frappé par l'exemple athénien qu'on y situe généralement la naissance de la démocratie, quoique la démocratie athénienne ait peu à voir avec nos formes actuelles de démocratie. Par ailleurs, dans son *Histoire de la guerre du Péloponnèse*, Thucydide rend compte d'un discours de Périclès qui décrit avec ce grand lyrisme que maîtrisait le premier archonte athénien, le modèle politique de sa cité.

Discours de Périclès

XXXIV. Le même hiver, les Athéniens, conformément à la tradition, célébrèrent aux frais de l'État les funérailles des premières victimes de la guerre. En voici l'ordonnance. On dresse une tente sous laquelle l'on expose trois jours auparavant les restes des défunts. Chacun apporte à son gré des offrandes à celui qu'il a perdu. Lors du convoi, des chars amènent des cercueils de cyprès; il y en a un par tribu, où l'on renferme les restes de tous les membres d'une tribu. Une litière vide et drapée est portée en l'honneur des disparus, dont on n'a pas retrouvé le corps, lors de la relève des cadavres. Tous ceux qui le désirent, citoyens et étrangers, participent au cortège. Les femmes de la parenté se placent près du sépulcre et poussent des lamentations. Puis on dépose les restes dans le monument public, qui se dresse dans le plus beau faubourg. C'est là que de tout temps on inhume ceux qui sont morts à la guerre; on a fait néanmoins une exception pour les morts de Marathon; en raison de leur courage éminent on les a inhumés sur le lieu même du combat. L'inhumation terminée, un orateur, désigné par la république parmi les hommes les plus remarquables et les plus considérés, fait l'éloge funèbre qui s'impose. Puis l'on se retire. Tel est le cérémonial des funérailles. Durant toute cette guerre, chaque fois que l'occasion s'en présenta, on respecta cette tradition. Pour faire l'éloge des premières victimes, ce fut Périclès, fils de Xanthippos, qui fut choisi. Le moment venu, il s'éloigna du sépulcre, prit place sur une estrade élevée à dessein, pour que la foule pût l'entendre plus facilement, et prononça le discours suivant:

XXXV. La plupart de ceux qui avant moi ont pris ici la parole, ont fait un mérite au législateur d'avoir ajouté aux funérailles prévues par la loi l'oraison funèbre en l'honneur des guerriers morts à la guerre. Pour moi, j'eusse volontiers pensé qu'à des hommes dont la vaillance s'est manifestée par des faits, il suffisait que fussent rendus, par des faits également, des honneurs tels que ceux que la république leur a accordés sous vos yeux; et que les vertus de tant de guerriers ne dussent pas être exposées, par l'habileté plus ou moins grande d'un orateur à trouver plus ou moins de créance. Il est difficile en effet de parler comme il convient, dans une circonstance ou la vérité est si difficile à établir dans les esprits. L'auditeur informé et bienveillant est tenté de croire que l'éloge est insuffisant, étant donné ce qu'il désire et ce qu'il sait; celui qui n'a pas d'expérience sera tenté de croire, poussé par l'envie, qu'il y a de l'exagération dans ce qui dépasse sa propre nature. Les louanges adressées à d'autres ne sont supportables que dans la mesure où l'on s'estime soi-même susceptible d'accomplir les mêmes actions. Ce qui nous dépasse excite l'envie et en outre la méfiance. Mais puisque nos ancêtres ont jugé excellente cette coutume, je dois, moi aussi, m'y soumettre et tâcher de satisfaire de mon mieux au désir et au sentiment de chacun de vous.

XXXVI. Je commencerai donc par nos aïeux. Car il est juste et équitable, dans de telles circonstances, de leur faire l'hommage d'un souvenir. Cette contrée, que sans interruption ont habitée des gens de même race, est passée de mains en mains jusqu'à ce jour, en sauvegardant grâce à leur valeur sa liberté. Ils méritent des éloges; mais nos pères en méritent davantage encore. À l'héritage qu'ils avaient reçu, ils ont ajouté et nous ont légué, au prix de mille labeurs, la puissance que nous possédons. Nous l'avons accrue, nous qui vivons encore et qui sommes parvenus à la pleine maturité. C'est nous qui avons mis la cité en état de se suffire à elle-même en tout dans la guerre comme dans la paix.

Les exploits des guerriers qui nous ont permis d'acquérir ces avantages, l'ardeur avec laquelle nous-mêmes ou nos pères nous avons repoussé les attaques des Barbares ou des Grecs, je ne veux pas m'y attarder; vous les connaissez tous, aussi je les passerai sous silence. Mais la formation qui nous a permis d'arriver à ce résultat, la nature des institutions politiques et des mœurs qui nous ont valu ces avantages, voilà ce que je vous montrerai d'abord; je continuerai par l'éloge de nos morts, car j'estime que dans les circonstances présentes un pareil sujet est d'actualité et que la foule entière des citoyens et des étrangers peut en tirer un grand profit.

XXXVII. Notre constitution politique n'a rien à envier aux lois qui régissent nos voisins; loin d'imiter les autres, nous donnons l'exemple à suivre. Du fait que l'État, chez nous, est administré dans l'intérêt de la masse et non d'une minorité, notre régime a pris le nom de démocratie. En ce qui concerne les différends particuliers, l'égalité est assurée à tous par les lois; mais en ce qui concerne la participation à la vie publique, chacun obtient la considération en raison de son mérite, et la classe à laquelle il appartient importe moins que sa valeur personnelle; enfin nul n'est gêné par la pauvreté et par l'obscurité de sa condition sociale, s'il peut rendre des services à la cité. La liberté est notre règle dans le gouvernement de la république et dans nos relations quotidiennes la suspicion n'a aucune place; nous ne nous irritons pas contre le voisin, s'il agit à sa tête; enfin nous n'usons pas de ces humiliations qui pour n'entraîner aucune perte matérielle, n'en sont pas moins douloureuses par le spectacle qu'elles donnent. La contrainte n'intervient pas dans nos relations particulières; une crainte salutaire nous retient de transgresser les lois de la république; nous obéissons toujours aux magistrats et aux lois et, parmi celles-ci, surtout à celles qui assurent la défense des opprimés et qui, tout en n'étant pas codifiées, impriment à celui qui les viole un mépris universel.

XXXVIII. En outre, pour dissiper tant de fatigues, nous avons ménagé à l'âme des délassements fort nombreux; nous avons institué des jeux et des fêtes qui se succèdent d'un bout de l'année à l'autre, de merveilleux divertissements particuliers dont l'agrément journalier bannit la tristesse. L'importance de la cité y fait affluer toutes les ressources de la terre et nous jouissons aussi bien des productions de l'univers que de celles de notre pays.

XXXIX. En ce qui concerne la guerre, voici en quoi nous différons de nos adversaires. Notre ville est ouverte à tous; jamais nous n'usons de xénélasies pour écarter qui que ce soit d'une connaissance ou d'un spectacle, dont la révélation pourrait être profitable à nos ennemis. Nous fondons moins notre confiance sur les préparatifs et les ruses de guerre que sur notre propre courage au moment de l'action. En matière d'éducation, d'autres peuples, par un entraînement pénible, accoutument les enfants dès le tout jeune âge au courage viril; mais nous, malgré notre genre de vie sans contrainte, nous affrontons avec autant de bravoure qu'eux des dangers semblables. En voici une preuve; les Lacédémoniens, quand ils se mettent en campagne contre nous, n'opèrent pas seuls, mais avec tous leurs alliés; nous, nous pénétrons seuls dans le territoire de nos voisins et très souvent nous n'avons pas trop de peine à triompher, en pays étranger, d'adversaires qui défendent leurs propres foyers.

De plus, jamais jusqu'ici nos ennemis ne se sont trouvés face à face avec toutes nos forces rassemblées; c'est qu'il nous faut donner nos soins à notre marine et distraire de nos forces pour envoyer des détachements sur bien

des points de notre territoire. Qu'ils en viennent aux mains avec une fraction de nos troupes : vainqueurs, ils se vantent de nous avoir tous repoussés; vaincus, d'avoir été défaits par l'ensemble de nos forces. Admettons
que nous affrontons les dangers avec plus d'insouciance que de pénible application, que notre courage procède davantage de notre valeur naturelle
que des obligations légales, nous avons au moins l'avantage de ne pas nous
inquiéter des maux à venir et d'être, à l'heure du danger, aussi braves que
ceux qui n'ont cessé de s'y préparer. Notre cité a également d'autres titres
à l'admiration générale.

XL. Nous savons concilier le goût du beau avec la simplicité et le goût
des études avec l'énergie. Nous usons de la richesse pour l'action et non
pour une vaine parade en paroles. Chez nous, il n'est pas honteux d'avouer
sa pauvreté; il l'est bien davantage de ne pas chercher à l'éviter. Les mêmes
hommes peuvent s'adonner à leurs affaires particulières et à celles de l'État;
les simples artisans peuvent entendre suffisamment les questions de politique. Seuls nous considérons l'homme qui n'y participe pas comme un inutile et non comme un oisif. C'est par nous-mêmes que nous décidons des
affaires, que nous nous en faisons un compte exact : pour nous, la parole
n'est pas nuisible à l'action, ce qui l'est, c'est de ne pas se renseigner par la
parole avant de se lancer dans l'action. Voici donc en quoi nous nous distinguons : nous savons à la fois apporter de l'audace et de la réflexion dans nos
entreprises. Les autres, l'ignorance les rend hardis, la réflexion indécis. Or
ceux-là doivent être jugés les plus valeureux qui, tout en connaissant exactement les difficultés et les agréments de la vie, ne se détournent pas des
dangers. En ce qui concerne la générosité, nous différons également du
grand nombre; car ce n'est pas par les bons offices que nous recevons, mais
par ceux que nous rendons, que nous acquérons des amis. Le bienfaiteur se
montre un ami plus sûr que l'obligé; il veut, en lui continuant sa bienveillance, sauvegarder la reconnaissance qui lui est due; l'obligé se montre plus
froid, car il sait qu'en payant de retour son bienfaiteur, il ne se ménage pas
de la reconnaissance mais acquitte une dette. Seuls nous obéissons à la confiance propre aux âmes libérales et non à un calcul intéressé, quand nous
accordons hardiment nos bienfaits.

XLI. En un mot, je l'affirme, notre cité dans son ensemble est l'école de
la Grèce et, à considérer les individus, le même homme sait plier son corps
à toutes les circonstances avec une grâce et une souplesse extraordinaires.
Et ce n'est pas là un vain étalage de paroles, commandées par les circonstances, mais la vérité même; la puissance que ces qualités nous ont permis
d'acquérir vous l'indique. Athènes est la seule cité qui, à l'expérience, se
montre supérieure à sa réputation; elle est la seule qui ne laisse pas de ran-
cune à ses ennemis, pour les défaites qu'elle leur inflige, ni de mépris à ses
sujets pour l'indignité de leurs maîtres.

Cette puissance est affirmée par d'importants témoignages et d'une façon éclatante à nos yeux et à ceux de nos descendants; ils nous vaudront
l'admiration, sans que nous ayons besoin des éloges d'un Homère ou d'un
autre poète épique capable de séduire momentanément, mais dont les fic-
tions seront contredites par la réalité des faits. Nous avons forcé la terre et

la mer entières à devenir accessibles à notre audace, partout nous avons laissé des monuments éternels des défaites infligées à nos ennemis et de nos victoires. Telle est la cité dont, avec raison, ces hommes n'ont pas voulu se laisser dépouiller et pour laquelle ils ont péri courageusement dans le combat; pour sa défense nos descendants consentiront à tout souffrir.

XLII. Je me suis étendu sur les mérites de notre cité, car je voulais vous montrer que la partie n'est pas égale entre nous et ceux qui ne jouissent d'aucun de ces avantages et étayer de preuves l'éloge des hommes qui font l'objet de ce discours. J'en ai fini avec la partie principale. La gloire de la ré-publique, qui m'a inspiré, éclate dans la valeur de ces soldats et de leurs pa-reils. Leurs actes sont à la hauteur de leur réputation. Il est peu de Grecs dont on en puisse dire autant. Rien ne fait mieux voir à mon avis la valeur d'un homme que cette fin, qui chez les jeunes gens signale et chez les vieil-lards confirme la valeur. En effet, ceux qui par ailleurs ont montré des fai-blesses méritent qu'on mette en avant leur bravoure à la guerre; car ils ont effacé le mal par le bien et leurs services publics ont largement compensé les torts de leur vie privée. Aucun d'eux ne s'est laissé amollir par la richesse au point d'en préférer les satisfactions à son devoir; aucun d'eux par l'espoir d'échapper à la pauvreté et de s'enrichir n'a hésité devant le danger. Con-vaincus qu'il fallait préférer à ces biens le châtiment de l'ennemi, regardant ce risque comme le plus beau, ils ont voulu en l'affrontant châtier l'ennemi et aspirer à ces honneurs. Si l'espérance les soutenait dans l'incertitude du succès, au moment d'agir et à la vue du danger, ils ne mettaient de con-fiance qu'en eux-mêmes. Ils ont mieux aimé chercher leur salut dans la dé-faite de l'ennemi et dans la mort même que dans un lâche abandon; ainsi ils ont échappé au déshonneur et risqué leur vie. Par le hasard d'un instant, c'est au plus fort de la gloire et non de la peur qu'ils nous ont quittés.

XLIII. C'est ainsi qu'ils se sont montrés les dignes fils de la cité. Les survivants peuvent bien faire des vœux pour obtenir un sort meilleur, mais ils doivent se montrer tout aussi intrépides à l'égard de l'ennemi; qu'ils ne se bornent pas à assurer leur salut par des paroles. Ce serait aussi s'attarder bien inutilement que d'énumérer, devant des gens parfaitement informés comme vous l'êtes, tous les biens attachés à la défense du pays. Mais plutôt ayez chaque jour sous les yeux la puissance de la cité; servez-la avec passion et quand vous serez bien convaincus de sa grandeur, dites-vous que c'est pour avoir pratiqué l'audace, comme le sentiment du devoir et observé l'honneur dans leur conduite que ces guerriers la lui ont procurée. Quand ils échouaient, ils ne se croyaient pas en droit de priver la cité de leur valeur et c'est ainsi qu'ils lui ont sacrifié leur vertu comme la plus noble contribu-tion. Faisant en commun le sacrifice de leur vie, ils ont acquis chacun pour sa part une gloire immortelle et obtenu la plus honorable sépulture. C'est moins celle où ils se reposent maintenant que le souvenir immortel sans cesse renouvelé par les discours et les commémorations. Les hommes éminents ont la terre entière pour tombeau. Ce qui les signale à l'attention, ce n'est pas seulement dans leur patrie les inscriptions funéraires gravées sur la pierre; même dans les pays les plus éloignés leur souvenir persiste, à défaut d'épitaphe, conservé dans la pensée et non dans les monuments.

Enviez donc leur sort, dites-vous que la liberté se confond avec le bonheur et le courage avec la liberté et ne regardez pas avec dédain les périls de la guerre. Ce ne sont pas les malheureux, privés de l'espoir d'un sort meilleur, qui ont le plus de raisons de sacrifier leur vie, mais ceux qui de leur vivant risquent de passer d'une bonne à une mauvaise fortune et qui en cas d'échec verront leur sort complètement changé. Car pour un homme plein de fierté, l'amoindrissement causé par la lâcheté est plus douloureux qu'une mort qu'on affronte avec courage, animé par l'espérance commune et qu'on ne sent même pas.

XLIV. Aussi ne m'apitoierai-je pas sur le sort des pères ici présents, je me contenterai de les réconforter. Ils savent qu'ils ont grandi au milieu des vicissitudes de la vie et que le bonheur est pour ceux qui obtiennent comme ces guerriers la fin la plus glorieuse ou comme vous le deuil le plus glorieux et qui voient coïncider l'heure de leur mort avec la mesure de leur félicité. Je sais néanmoins qu'il est difficile de vous persuader; devant le bonheur d'autrui, bonheur dont vous avez joui, il vous arrivera de vous souvenir souvent de vos disparus. Or l'on souffre moins de la privation des biens dont on n'a pas profité que de la perte de ceux auxquels on était habitué. Il faut pourtant reprendre courage; que ceux d'entre vous à qui l'âge le permet aient d'autres enfants; dans vos familles les nouveau-nés vous feront oublier ceux qui ne sont plus; la cité en retirera un double avantage : sa population ne diminuera pas et sa sécurité sera garantie. Car il est impossible de prendre des décisions justes et équitables, si l'on n'a pas comme vous d'enfants à proposer comme enjeu et à exposer au danger. Quant à vous qui n'avez plus cet espoir, songez à l'avantage que vous a conféré une vie dont la plus grande partie a été heureuse; le reste sera court; que la gloire des autres allège votre peine; seul l'amour de la gloire ne vieillit pas et, dans la vieillesse, ce n'est pas l'amour de l'argent, comme certains le prétendent, qui est capable de nous charmer, mais les honneurs qu'on nous accorde.

XLV. Et vous, fils et frères ici présents de ces guerriers, je vois pour vous une grande lutte à soutenir. Chacun aime à faire l'éloge de celui qui n'est plus. Vous aurez bien du mal, en dépit de votre vertu éclatante, à vous mettre je ne dis pas à leur niveau, mais un peu au-dessous. Car l'émulation entre vivants provoque l'envie, tandis que ce qui ne fait plus obstacle obtient tous les honneurs d'une sympathie incontestée. S'il me faut aussi faire mention des femmes réduites au veuvage, j'exprimerai toute ma pensée en une brève exhortation : toute leur gloire consiste à ne pas se montrer inférieures à leur nature et à faire parler d'elles le moins possible parmi les hommes, en bien comme en mal.

XLVI. J'ai terminé; conformément à la loi, mes paroles ont exprimé ce que je croyais utile; quant aux honneurs réels, déjà une partie a été rendue à ceux qu'on ensevelit : de plus leurs enfants désormais et jusqu'à leur adolescence seront élevés aux frais de l'État; c'est une couronne offerte par la cité pour récompenser les victimes de ces combats et leurs survivants; car les peuples qui proposent à la vertu de magnifiques récompenses ont aussi les meilleurs citoyens.

Maintenant, après avoir des pleurs sur ceux que vous avez perdus, retirez-vous.

Thucydide, *Histoire de la guerre du Péloponnèse*, livre II, chapitres xxxiv à xlvi.

Ce modèle politique vanté par Périclès est le résultat d'un lent processus de maturation historique. La première réforme allant dans le sens de la démocratie est celle de Solon (594–593). Celle-ci est à la fois économique et politique. Les réformes économiques visent à élargir l'assise sociale des institutions politiques en interdisant la mise en esclavage pour dettes et en remettant les dettes paysannes. Quant aux réformes politiques, elles établissent le fait que tous les hommes libres sont citoyens, quoique certaines charges publiques ne soient pas accessibles également à tous puisqu'elles demeurent censitaires et donc réservées aux citoyens les plus aisés. Cette réforme est complétée par celle de Clisthène (508–507), qui introduit un mode territorial d'organisation politique. L'assemblée, εκκλεσια ou *ecclisia*, est accessible à tous les citoyens. C'est à cette assemblée qu'il appartient de discuter de questions comme la guerre et la paix, d'établir les lois, d'agir comme tribunal et de nommer et de contrôler ceux qui occupent les magistratures. Tous les citoyens y ont droit de parole et chacun y dispose d'un droit de proposition, quoiqu'il faille que la législation proposée soit conforme avec les normes constitutionnelles. Malgré une certaine versatilité, l'assemblée dispose de modes d'autorégulation et prépare les citoyens à exercer des fonctions politiques plus importantes.

Pour que le modèle fonctionnât adéquatement, l'assemblée était régie par trois grands principes. Le premier est celui de l'ισεγορια ou *isègoria*, à savoir le droit pour tous les citoyens de prendre la parole, peu importent leur fonction dans la cité ou leur richesse; tous pouvaient contribuer à la formation de l'opinion publique. Le deuxième principe est celui de l'ισοψεφεια ou *isopséphia*, ce qui signifie que la même valeur était accordée à chacune des opinions émises; ce principe s'oppose à celui de l'expertise: tous pouvaient contribuer au débat, et c'est pourquoi on permettait à tous de s'exprimer, la valeur d'un argument tenant à sa force de persuasion intrinsèque — d'où la fortune des sophistes et des professeurs de rhétorique en tous genres — plutôt qu'à la valeur personnelle de celui qui l'émettait. Enfin, le dernier principe qui assurait le bon fonctionnement de l'ensemble était celui de la παρρεσια ou *parrhésia* ou de la bonne foi, c'est-à-dire l'obligation de parler en toute franchise dans le but de trouver la meilleure solution possible au débat qui préoccupait l'assemblée.

On peut voir qu'un tel modèle politique se distingue au moins sur trois plans des acceptions contemporaines de la démocratie. D'abord, c'est une démocratie directe, puisque c'est l'assemblée qui décide des grandes questions et non pas des représentants ou des élus. Elle implique donc la participation personnelle et l'implication soutenue dans les affaires publiques, qui ne sont justement publiques que parce qu'elles sont communes à tous. Ensuite, elle ne repose pas sur l'expertise, qui a pris une importance considérable dans la politique contemporaine : on reconnaît évidemment que certains puissent posséder une compétence technique, mais cela ne leur confère pas une prépondérance dans les choix politiques; la technique conserve un caractère essentiellement instrumental et n'intervient que lorsque la décision est arrêtée. Enfin, il n'y a pas d'opposition entre l'État et la communauté politique : la communauté des citoyens constitue l'État et ne s'en distingue pas; il existe certes des fonctions administratives dans une cité comme Athènes, mais elles sont souvent confiées à des esclaves, des non-citoyens, puisqu'on considère qu'il s'agit là de fonctions d'exécution et non pas de décision.

Revenons maintenant à l'éloge funèbre de Périclès et voyons quels éléments lui semblent dignes d'attention et exemplaires dans l'expérience politique athénienne. L'élément capital dans ce discours est justement le rapport d'osmose entre le citoyen et la cité. Le citoyen est ce qui constitue l'essence même de la cité, faisant corps avec elle et s'y fondant dans un rapport fort semblable au rapport amoureux. Cette identification totale entre le citoyen et la cité n'est possible, pour Périclès, que parce que la caractéristique principale du mode de vie athénien, c'est la liberté, une liberté qui s'exerce tant dans la sphère publique que privée. Mais la liberté dont il parle ne consiste pas à vaquer tranquillement à ses affaires ou à cultiver son bonheur privé loin des regards de ses semblables; cette liberté-là s'apparente selon Périclès à de l'inutilité. La liberté, c'est la possibilité de participer à la délibération et à la décision. C'est à cette condition qu'Athènes constitue un exemple pour la Grèce, c'est-à-dire un niveau supérieur de civilisation.

Un autre élément frappant dans cet éloge de Périclès, c'est son insistance sur les institutions comme telles et la définition en termes essentiellement moraux qu'il donne de la cité. Tout son discours tourne autour de l'excellence, une excellence qui se manifeste dans l'adéquation parfaite entre la cité et les citoyens, où bonheur individuel et bonheur collectif se confondent. C'est justement cette complémentarité entre intérêt particulier et intérêt général qui fonde la supériorité du modèle athénien. Le collectif ne s'y développe pas au détriment de l'individu, comme à Sparte, obligé de se fondre dans le projet commun; au contraire, le projet commun s'enrichit des différences individuelles, pourvu que ces différences ne perdent jamais de vue l'intérêt de la communauté dans son ensemble.

C'est pourtant cette cité si vantée par Périclès qui fera l'objet des principales critiques des philosophes politiques grecs. Platon mettra la justice au centre de sa réflexion sur le politique et n'aura pas de mots assez durs pour décrier le rôle de la parole et de la confrontation des opinions dans la politique athénienne. Quant à Aristote, il comprendra que l'assemblée puisse receler beaucoup de sagesse, mais il se méfiera de sa versatilité et misera sur un gouvernement modéré qui fasse à la fois appel à la participation et à l'expertise ou, à tout le moins, à une certaine séparation entre les gouvernants et les gouvernés.

Ces deux critiques de la cité athénienne partageront tout de même une vision fondamentalement communautariste, faisant écho à celle de Périclès. L'être humain ne parvient véritablement à l'excellence qu'au sein d'une communauté politiquement organisée. Parallèlement, commenceront à se développer des courants beaucoup plus individualistes qui verront dans la crise que traverse la cité une occasion d'émanciper l'individu de la tutelle communautaire et centrer sa quête de l'excellence sur un projet qui lui soit beaucoup plus personnel. Le bonheur que visent les épicuriens ou les stoïciens est un bonheur essentiellement personnel, une sorte d'équilibre entre nos aspirations et le monde qui nous entoure. Cela entraînera, à la fin de la période hellénistique, une certaine esthétisation de la réflexion philosophique et l'apparition d'un certain « souci de soi ».

Platon

Fils d'Ariston et de Périctioné, Platon naquit dans le dème (canton) attique de Collytos, en l'an 427 av. J.-C., au sein d'une famille aristocratique. Celle-ci avait de nombreuses relations politiques à Athènes, capitale de l'Attique. Vers l'âge de vingt ans, il connut Socrate, dont il fut le disciple pendant environ huit ans. Par la suite il visita l'Égypte, Cyrène en Lybie, où il connut le mathématicien Théodore, puis l'Italie du Sud de colonisation grecque, ou Grande-Grèce, où il fut en rapport avec les philosophes pythagoriciens. On le retrouve en 388 à Syracuse, où régnait alors le tyran Denys l'Ancien. Déjà préoccupé par la république idéale, qui fera l'objet de l'un de ses principaux ouvrages, il souhaitait que Denys institue à Syracuse un gouvernement de philosophes. Mais les conceptions trop avancées de Platon parurent dangereuses à Denys, qui le renvoya en Grèce. De retour en Attique, Platon fonda une école, située en banlieue d'Athènes, dans le parc du héros Académos, d'où son nom d'Académie. Il s'y consacra toute sa vie à l'enseignement. Dès cette époque, il composa les plus importants de ses livres, qui sont toujours conçus comme des dialogues. Ont suvécu jusqu'à nous, de l'époque de sa jeunesse : *Lachès*, *Charmide*, *Protagoras*, le premier livre de *La République*, *Gorgias* et l'*Apologie de Socrate*. Il demeura à Athènes pendant vingt ans, occupé par l'enseignement, la polémique et l'exposé de ses doctrines. Dans sa maturité, il écrivit le reste de *La République*, dont les extraits présentés dans cet ouvrage, *Phédon*, *Le Banquet*, *Théétète* et *Parménide* (Humbert et Berguin, *Histoire illustrée de la littérature grecque*).

Denys l'Ancien étant mort en 367, Platon fut rappelé à Syracuse par son successeur Dion, qui souhaitait appliquer les réformes proposées par Platon. Mais un coup d'État donna le pouvoir à Denys le Jeune, qui exila Dion et éloigna Platon de son cercle de conseillers. Les affaires de

Syracuse ayant perdu tout intérêt pour Platon, le philosophe finit par s'en désintéresser, surtout après la mort de Dion en 356. Platon retourna une dernière fois à Athènes et se consacra jusqu'à sa mort à la tâche de préparer d'autres enseignements et de nouveaux livres, tels *Timée*, *Les Lois*, *Le Sophiste* et *Le Politique*.

La métaphysique

Platon croit profondément en l'immortalité de l'âme. Après la mort, le corps échappe un certain temps à la destruction, puis disparaît, tandis que l'âme survit. C'est dans le *Phédon* que l'on retrouve l'exposé le plus complet de cette théorie. Il n'y a pas de doute que cette croyance, Platon l'a confortée au contact des philosophes pythagoriciens qui enseignaient que l'âme se réincarne dans plusieurs corps successifs, conservant de ce fait une conscience obscure, un souvenir altéré mais bien réel des vérités éternelles, qu'elles ont contemplées entre leurs nombreuses périodes d'incarnation; une conception par conséquent basée sur la métempsycose, ou réincarnation des âmes. Une discipline intellectuelle sévère et la réflexion philosophique peuvent permettre à l'âme de retrouver plus ou moins parfaitement la conscience de ce qu'elle a déjà apprise. La science n'est alors qu'une réminiscence; rien de nouveau n'est introduit dans l'âme, mais les états de conscience passés se réveillent grâce à l'étude et à la spéculation.

Quelles sont ces vérités éternelles que l'âme a contemplées et dont elle cherche à se souvenir pour atteindre à la Sagesse? Ce sont les « Idées » auxquelles participent les réalités vivantes. C'est dans l'allégorie de la caverne, présenté par Platon dans le septième livre de *La République*, que se trouve exposée de façon saisissante cette conception. Platon rapporte ici un dialogue de Socrate avec son confident Glaucon.

L'allégorie de la caverne

— Maintenant, repris-je, représente-toi notre nature, selon qu'elle est ou qu'elle n'est pas éclairée par l'éducation, d'après le tableau que voici. Figure-toi des hommes dans une demeure souterraine en forme de caverne, dont l'entrée, ouverte à la lumière, s'étend sur toute la longueur de la façade; ils sont là depuis leur enfance, les jambes et le cou pris dans des chaînes, en sorte qu'ils ne peuvent bouger de place, ni voir ailleurs que devant eux; car les liens les empêchent de tourner la tête; la lumière d'un feu allumé au loin sur une hauteur brille derrière eux; entre le feu et les prisonniers, il y a une route élevée; le long de cette route figure-toi un petit mur, pareil aux cloisons que les montreurs de marionnettes dressent entre eux et le public et au-dessus desquelles ils font voir leurs prestiges.

— Je vois cela, dit-il.

— Figure-toi maintenant le long de ce petit mur des hommes portant des ustensiles de toutes sortes, qui dépassent la hauteur du mur, et des figures d'hommes et d'animaux, en pierre, en bois, de toutes sortes de formes; et naturellement parmi ces porteurs qui défilent, les uns parlent, les autres ne disent rien.

— Voilà, dit-il, un étrange tableau et d'étranges prisonniers. Ils nous ressemblent, répondis-je. Et d'abord penses-tu que dans cette situation ils aient vu d'eux-mêmes et de leurs voisins autre chose que les ombres projetées par le feu sur la partie de la caverne qui leur fait face?

— Peut-il en être autrement, dit-il, s'ils sont contraints toute leur vie de rester la tête immobile?

Et des objets qui défilent, n'en est-il pas de même?

— Sans contredit.

— Dès lors, s'ils pouvaient s'entretenir entre eux, ne penses-tu pas qu'ils croiraient nommer les objets réels eux-mêmes, en nommant les ombres qu'ils verraient?

— Nécessairement.

— Et s'il y avait aussi un écho qui renvoyât les sons du fond de la prison, toutes les fois qu'un des passants viendrait à parler, crois-tu qu'ils ne prendraient pas sa voix pour celle de l'ombre qui défilerait?

— Si, par Zeus, dit-il.

— Il est indubitable, repris-je, qu'aux yeux de ces gens-là la réalité ne saurait être autre chose que les ombres des objets confectionnés.

— C'est de toute nécessité, dit-il.

— Examine maintenant comment ils réagiraient, si on les délivrait de leurs chaînes et qu'on les guérît de leur ignorance, et si les choses se passaient naturellement comme suit. Qu'on détache un de ces prisonniers, qu'on le force à se dresser soudain, à tourner le cou, à marcher, à lever les yeux vers la lumière, tous ces mouvements le feront souffrir, et l'éblouissement l'empêchera de regarder les objets dont il voyait les ombres tout à l'heure. Je te demande ce qu'il pourra répondre, si on lui dit que tout à l'heure il ne voyait que des riens sans consistance, mais que maintenant plus près de la réalité et tourné vers des objets plus réels, il voit plus juste; si enfin, lui faisant voir chacun des objets qui défilent devant lui, on l'oblige à force de questions à dire ce que c'est? Ne crois-tu pas qu'il sera embarrassé et que les objets qu'il voyait tout à l'heure lui paraîtront plus véritables que ceux qu'on lui montre à présent?

— Beaucoup plus véritables, dit-il.

— Et si on le forçait à regarder la lumière même, ne crois-tu pas que les yeux lui feraient mal et qu'il se déroberait et qu'il retournerait aux choses qu'il peut regarder, et qu'ils les croirait réellement plus distinctes que celles qu'on lui montre?

— Je le crois, fit-il.

— Et si, repris-je, on le tirait de là par la force, qu'on lui fît gravir la montée rude et escarpée, et qu'on ne le lachât pas avant de l'avoir traîné dehors à la lumière du soleil, ne penses-tu pas qu'il souffrirait et se révolterait d'être ainsi traîné, et qu'une fois arrivé à la lumière, il aurait les yeux éblouis de son éclat, et ne pourrait voir aucun des objets que nous appelons à présent véritables?

— Il ne le pourrait pas, dit-il, du moins tout d'abord.

— Il devrait en effet, repris-je, s'y habituer, s'il voulait voir le monde supérieur. Tout d'abord, ce qu'il regarderait le plus facilement, ce sont les ombres, puis les images des hommes et des autres objets reflétés dans les eaux, puis les objets eux-mêmes; puis élevant ses regards vers la lumière des astres et de la lune, il contemplerait pendant la nuit les constellations et le firmament lui-même plus facilement qu'il ne ferait pendant le jour le soleil et l'éclat du soleil.

— Sans doute.

— À la fin, je pense, ce serait le soleil, non dans les eaux, ni ses images reflétées sur quelque autre point, mais le soleil lui-même dans son propre séjour qu'il pourrait regarder et contempler tel qu'il est.

— Nécessairement, dit-il.

— Après cela, il en viendrait à conclure au sujet du soleil, que c'est lui qui produit les saisons et les années, qu'il gouverne tout dans le monde visible et qu'il est en quelque manière la cause de toutes ces choses que lui et ses compagnons voyaient dans la caverne.

— Il est évident, dit-il, que c'est là qu'il en viendrait après ces diverses expériences.

— Si ensuite il venait à penser à sa première demeure, et à la science qu'on y possède, et aux compagnons de sa captivité, ne crois-tu pas qu'il se féliciterait du changement et qu'il les prendrait en pitié?

— Certes si.

— Quant aux honneurs et aux louanges qu'ils pouvaient alors se donner les uns aux autres, et aux récompenses accordées à celui qui discernerait de l'œil le plus pénétrant les objets qui passaient, qui se rappelait le plus exactement ceux qui passaient régulièrement les premiers ou les derniers, ou ensemble, et qui par là était le plus habile à deviner celui qui allait arriver, penses-tu que notre homme en aurait envie, et qu'il jalouserait ceux qui seraient parmi ces prisonniers en possession des honneurs et de la puissance? Ne penserait-il pas comme Achille dans Homère, et ne préférerait-il pas cent fois n'être qu'un valet de charrue au service d'un pauvre laboureur et supporter tous les maux possibles plutôt que de revenir à ces anciennes illusions et de vivre comme il vivait?

— Je suis de ton avis, dit-il; il préférerait tout souffrir plutôt que de revivre cette vie-là?

— Imagine encore ceci, repris-je; si notre homme redescendait et reprenait son ancienne place, n'aurait-il pas les yeux offusqués par les ténèbres, en venant brusquement du soleil?

— Assurément si, dit-il.

— Et s'il lui fallait de nouveau juger de ces ombres et concourir avec les prisonniers qui n'ont jamais quitté leurs chaînes, pendant que sa vue est encore confuse et avant que ses yeux se soient remis et accoutumés à l'obscurité, ce qui demanderait un temps assez long, ne prêterait-il pas à rire et ne diraient-ils pas de lui que, pour être monté là-haut, il en est revenu les yeux gâtés, que ce n'est même pas la peine de tenter l'ascension; et, si quelqu'un essayait de les délier et de les conduire en haut, et qu'ils pussent le tenir en leurs mains et le tuer, ne le tueraient-ils pas?

— Ils le tueraient certainement, dit-il.

Ces prisonniers sont notre image

— Maintenant, repris-je, il faut, mon cher Glaucon, appliquer exactement cette image à ce que nous avons dit plus haut: Il faut assimiler le monde visible au séjour de la raison, et la lumière du feu dont elle est éclairée à l'effet du soleil; quant à la montée dans le monde supérieur et à la contemplation de ses merveilles, vois-y la montée de l'âme dans le monde intelligible, et tu ne te tromperas pas sur ma pensée, puisque tu désires la connaître. Dieu sait si elle est vraie; en tout cas, c'est mon opinion, qu'aux dernières limites du monde intelligible est l'idée du bien, qu'on aperçoit avec peine, mais qu'on ne peut apercevoir sans conclure qu'elle est la cause universelle de tout ce qu'il y a de bien et de beau; que dans le monde visible, c'est elle qui a créé la lumière et le dispensateur de la lumière; et que dans le monde intelligible, c'est elle qui dispense et procure la vérité et l'intelligence, et qu'il faut la voir pour se conduire avec sagesse soit dans la vie privée, soit dans la vie publique.

— Je suis de ton avis, dit-il, autant que je peux suivre ta pensée.

— Eh bien, repris-je, sois encore de mon avis sur ce point, qu'il n'est pas étonnant que ceux qui se sont élevés jusque-là ne soient plus disposés à prendre en main les affaires humaines, et que leurs âmes aspirent sans cesse à demeurer sur ces hauteurs. Cela est bien naturel, s'il faut encore sur ce point s'en rapporter à notre allégorie.

— Bien naturel, en effet, dit-il.

— Mais, repris-je, penses-tu qu'il faille s'étonner qu'en passant de ces contemplations divines aux misérables réalités de la vie humaine, on ait l'air gauche et tout à fait ridicule, lorsque, ayant encore la vue trouble et n'étant pas suffisamment habitué aux ténèbres où l'on vient de tomber, on est forcé d'entrer en dispute dans les tribunaux ou ailleurs sur les ombres du juste ou sur les images qui projettent ces ombres et de combattre les interprétations qu'en font des gens qui n'ont jamais vu la justice en soi?

— Ce n'est pas étonnant du tout, fit-il.

— Mais, si l'on était sensé, repris-je, on se rappellerait que les yeux sont troublés de deux manières et par deux causes opposées, par le passage de la lumière à l'obscurité et par celui de l'obscurité à la lumière; alors, réfléchissant que ces deux cas s'appliquent également à l'âme, quand on verrait une âme troublée et impuissante à discerner un objet, au lieu d'en rire sans raison, on examinerait si, au sortir d'une vie plus lumineuse, elle est, faute d'habitude, offusquée par les ténèbres, ou si, venant de l'ignorance à la lumière, elle est éblouie par une splendeur trop éclatante; dans le premier cas, on la féliciterait de son embarras et de l'usage qu'elle fait de la vie; dans l'autre, on la plaindrait, et, si l'on voulait rire à ses dépens, la raillerie serait moins ridicule que si elle tombait sur l'âme qui redescend de la lumière.

— C'est là, dit-il, une distinction très juste.

L'éducation doit tourner l'œil de l'âme vers l'idée du bien

— Il faut donc, repris-je, si tout cela est vrai, en tirer la conclusion que voici : c'est que l'éducation n'est point ce que certains proclament qu'elle est; ils prétendent en effet mettre la science dans l'âme, où elle n'est pas, comme on mettrait la vue dans des yeux aveugles.

— Ils le prétendent en effet, dit-il.

— Or, dis-je, le discours présent fait voir que toute âme a en elle cette faculté d'apprendre et un organe à cet usage, et que, comme un œil qu'on ne pourrait tourner de l'obscurité vers la lumière qu'en tournant en même temps tout le corps, cet organe doit être détourné avec l'âme tout entière des choses périssables, jusqu'à ce qu'il devienne capable de supporter la vue de l'être et de la partie la plus brillante de l'être, et cela, nous l'appelons le bien, n'est-ce pas?

— Oui.

— L'éducation, repris-je, est l'art de tourner cet organe même et de trouver pour cela la méthode la plus facile et la plus efficace; elle ne consiste pas à mettre la vue dans l'organe, puisqu'il la possède déjà; mais, puisqu'il est mal tourné et qu'il regarde ailleurs qu'il ne faudrait, elle en ménage la conversion.

— C'est ce qu'il semble, dit-il.

— Maintenant on peut admettre que les autres facultés appelées facultés de l'âme sont analogues aux facultés du corps; car il est vrai que, quand elles manquent tout d'abord, on peut les acquérir dans la suite par l'habi-

tude et l'exercice; mais il en est une, la faculté de connaître, qui paraît bien
certainement appartenir à quelque chose de plus divin, qui ne perd jamais
son pouvoir, et qui, selon la direction qu'on lui donne, devient utile et avantageuse, ou inutile et nuisible. N'as-tu pas encore remarqué, à propos des
fripons qu'on appelle des malins, combien leur misérable esprit a la vue perçante et distingue nettement les choses vers lesquelles il se tourne; car il n'a
pas la vue faible, mais il est contraint de se mettre au service de leur mal-
honnêteté; aussi plus il a la vue perçante, plus il fait de mal.

— C'est bien cela, dit-il.

— Et pourtant, repris-je, si dès l'enfance on opérait l'âme ainsi conformée par la nature, et qu'on coupât, si je puis dire, ces masses de plomb, qui
sont de la famille du devenir, et qui, attachées à l'âme par le lien des festins,
des plaisirs et des appétits de ce genre, en tournent la vue vers le bas; si,
débarrassée de ces poids, on la tournait vers la vérité, cette même âme chez
les mêmes hommes la verrait avec la plus grande netteté, comme elle voit
les choses vers lesquelles elle est actuellement tournée.

— C'est vraisemblable, dit-il.

— N'est-il pas vraisemblable aussi, repris-je, et ne suit-il pas nécessairement de ce que nous avons dit que ni les gens sans éducation et sans connaissance de la vérité, ni ceux qu'on laisse passer toute leur vie dans l'étude
ne sont propres au gouvernement de l'État, les uns, parce qu'ils n'ont dans
leur vie aucun idéal auquel ils puissent rapporter tous leurs actes, privés et
publics, les autres, parce qu'ils ne consentiront pas à s'en occuper, eux qui
de leur vivant se croient déjà établis dans les îles fortunées.

— C'est vrai, dit-il.

On forcera le philosophe à gouverner

— C'est donc à nous, les fondateurs de l'État, repris-je, d'obliger les
hommes d'élite à se tourner vers la science que nous avons reconnue tout
à l'heure comme la plus sublime de toutes, à voir le bien et à faire l'ascension dont nous avons parlé; mais lorsque, parvenus à cette région supérieure, ils auront suffisamment contemplé le bien, gardons-nous de leur
permettre ce qu'on leur permet aujourd'hui.

— Quoi donc?

— De rester là-haut, répondis-je, et de ne plus vouloir redescendre
chez nos prisonniers, ni prendre part à leurs travaux et à leurs honneurs
plus ou moins estimables.

— Mais alors, dit-il, nous attenterons à leurs droits, et les forcerons à
mener une vie mesquine, quand ils pourraient jouir d'une condition plus
heureuse?

— Tu oublies encore une fois, mon ami, repris-je, que la loi n'a point
souci d'assurer un bonheur exceptionnel à une classe de citoyens, mais

qu'elle cherche à réaliser le bonheur dans la cité tout entière, en unissant les citoyens soit par la persuasion, soit par la contrainte, et en les amenant à se faire part les uns aux autres des services que chaque classe est capable de rendre à la communauté; et que, si elle s'applique à former dans l'État de pareils citoyens, ce n'est pas pour les laisser tourner leur activité où il leur plaît, mais pour les faire concourir à fortifier le lien de l'État.

— C'est vrai, dit-il; je l'avais oublié.

— Maintenant, Glaucon, repris-je, observe que nous ne serons pas non plus injustes envers les philosophes qui se seront formés chez nous, et que nous aurons de bonnes raisons à leur donner pour les obliger à se charger de la conduite et de la garde des autres, nous leur dirons en effet : « Dans les autres États, il est naturel que ceux qui s'élèvent jusqu'à la philosophie ne prennent point de part aux tracas de la politique, parce qu'ils se forment d'eux-mêmes, en dépit de leur gouvernement respectif; or, quand on se forme de soi-même et qu'on ne doit sa nourriture à personne, il est juste qu'on ne veuille pas non plus la rembourser à qui que ce soit. Mais vous, nous vous avons formés dans l'intérêt de l'État comme dans le vôtre, pour être ce que sont les chefs et les rois dans les essaims d'abeilles, et nous vous avons donné une éducation plus parfaite et plus complète que celle des philosophes étrangers, et nous vous avons rendus plus capables qu'eux d'allier la philosophie à la politique. Vous devez donc, chacun à votre tour, descendre dans la demeure commune aux autres et vous habituer à regarder les ombres obscures; car, une fois habitués à l'obscurité, vous y verrez mille fois mieux que les autres, et vous reconnaîtrez chaque image et ce qu'elle représente, parce que vous aurez vu les véritables exemplaires du beau, du juste et du bien. Ainsi notre constitution deviendra, pour nous et pour vous une réalité, et non un rêve, comme dans la plupart des États d'aujourd'hui, où les chefs se battent pour des ombres et se disputent l'autorité, comme si c'était un grand bien. Mais voici quelle est la vérité, c'est que l'État où le commandement est réservé à ceux qui sont les moins empressés à l'obtenir, est forcément le mieux et le plus paisiblement gouverné, et que c'est le contraire dans l'État où les maîtres sont le contraire. »

— C'est parfaitement vrai, dit-il.

— Eh bien, nos élèves refuseront-ils, à ton avis, de se rendre à ces raisons? Ne consentiront-ils pas à prendre part au labeur politique chacun à leur tour, tout en passant la plus grande partie de leur temps les uns avec les autres dans le monde des idées pures?

— Ils ne pourront refuser, dit-il; car ils sont justes, et nous ne leur demandons rien que de juste; mais il est indubitable que chacun d'eux ne prendra le commandement que par devoir, au rebours de ceux qui gouvernent à présent dans tous les États.

— La chose est ainsi, mon ami, répliquai-je. Si tu découvres pour ceux qui doivent commander une condition meilleure que le pouvoir lui-même, tu auras le moyen d'avoir un État bien gouverné; car c'est dans cet État seul que commanderont ceux qui seront vraiment riches, non en or, mais en

vertu et en sagesse, qui sont les richesses nécessaires au bonheur. Mais là
où des gueux et des gens affamés de richesses personnelles viennent aux
affaires publiques, persuadés que c'est là qu'ils doivent faire leur main, il
n'y a pas de bon gouvernement possible ; car ils se battent pour commander,
et cette guerre domestique et intestine les perd, eux et tout l'État.

— Rien de plus vrai, dit-il.

— Or, connais-tu, repris-je, une autre condition que celle du vrai philosophe pour inspirer le mépris du pouvoir ?

— Non, par Zeus, fit-il.

— Or, il est bien certain qu'il ne faut pas que l'on recherche le pouvoir
avec passion ; autrement, il y aura rivalités et batailles.

— Sans doute.

— Dès lors à qui imposeras-tu la tâche de garder l'État sinon à ceux qui,
mieux instruits que les autres des moyens d'établir le meilleur gouvernement, ont d'autres honneurs et une vie préférable à celle de l'homme
d'État ?

— À ceux-là seuls, répondit-il.

Platon, *La République*, **livre VII.**

Le Bien et la Justice

Platon met de l'avant une hiérarchie des Idées : l'Idée suprême, le pi-
nacle le plus élevé de la connaissance, c'est l'Idée du Bien. Dans le *Timée*,
l'auteur, exposant la création du monde sous forme d'un mythe, nous
dit que le Créateur ou démiurge a contemplé l'Idée du Bien, qui fut son
modèle. Ce monde créé est donc le fruit d'une pensée organisatrice, le
Bien étant la fin suprême en vue de laquelle tout a été disposé dans le
monde. Tout homme agit en fonction d'un bien, au départ le sien. Mais
il peut d'autant plus se tromper sur la nature de ce bien que l'image qu'il
reçoit de la réalité est, comme nous avons vu plus haut, déformée par sa
condition matérielle et imparfaite. De sorte que l'homme qui peut sembler méchant ne recherche pas vraiment le Mal ; il a en réalité une conception erronée du Bien. Il nourrit une opinion qui est si éloignée de
l'idée du bien qu'il appelle Bien ce qui est le Mal. Or, le Bien peut être
l'objet de science. Le Bien suprême, pour Platon, est la Justice, tandis
que le Mal suprême est l'injustice. Le Bien peut donc être approché par
la voie de la vertu, qui est intelligence. C'est l'ignorance qui entraîne l'injustice. On voit à quel point l'éthique de Platon déresponsabilise le mal
et laisse une place particulièrement importante à la connaissance et à la
conviction. L'exercice de la liberté prend donc la forme de l'acquisition

de la connaissance et de la lutte à l'ignorance; celle-ci se manifeste dans la société à travers les multiples manifestations de l'injustice. On voit aussi quel intérêt pourront trouver, par la suite, les auteurs chrétiens nécessairement moralistes dans ce segment de la conception platonicienne.

Le principe de la justice est longuement débattu par Platon dans son *Gorgias*. Reconstruisant une à une les étapes de la consolidation de la cité, il reconnaît que son histoire fut essentiellement basée sur la coopération entre ses membres, plutôt que sur la compétition. En effet, il observe que les pays les plus agressifs et prédateurs (Platon cite en guise d'exemples un grand nombre d'empires barbares : Égypte, Assyrie, Médie, Babylone) ont fini par s'écrouler à cause de la tyrannie sans borne qui s'y exerçait et des ambitions démesurées de leur noblesse guerrière. Dans ces pays triomphait l'ambition, c'est-à-dire l'υϐρεις ou *ibris*.

Rien n'est plus éloigné de la conception humaniste du citoyen de la cité grecque que le rapport de forces sophistiqué et en même temps très violent qui s'établit entre Astyage et son général Harpage. À la limite, c'est ainsi que les individus finissent par payer très cher l'absence de bornes à l'exercice du pouvoir que constituent les lois.

La politique ou la pratique de la liberté

L'individu de la conception platonicienne, et tout particulièrement le plus sage — c'est-à-dire le plus instruit —, est en quelque sorte un phare pour les autres. Dans le corps social, la politique apparaît comme le vecteur de l'action individuelle auprès des autres, dans une lutte finalement assez philosophique, pas du tout guerrière, contre l'ignorance et l'injustice. Cette caractéristique idéaliste de Platon est capitale : l'action est liberté, mais cette action doit être — Platon n'est pas angélique, tout de même — nécessairement organisée, structurée et planifiée. Or, pour en revenir au mythe de la Caverne, puisque peu de captifs ont le talent ou la chance d'être délivrés de leurs chaînes et de contempler crûment la lumière du soleil qui leur fait entrevoir la vraie lumière et la vraie connaissance, la conception de Platon sera nécessairement élitiste. Seuls quelques-uns seront en mesure de guider la société, et la constitution qui en découlera se révélera plutôt oligarchique, de ολιγος ou *oligos* qui veut dire : un petit nombre ou, si l'on préfère, une aristocratie. Il ne faudrait pas confondre cette élite avec une clique de citoyens riches ou encore avec un groupe de guerriers qui usent de la force pour se maintenir au pouvoir. C'était le cas à l'époque de la tyrannie. Le retour en force de cette institution politique, dans son siècle, irrite Platon. Aristote sera à cet égard plus tolérant car, poussé à l'exil par les coups d'État

épisodiques qui sévissaient à Athènes, et ainsi plus victime de la démocratie que de la tyrannie, il se réfugie auprès d'Hermias, tyran d'Assos,
dont il épousera la nièce Pythias.

Normalement, dans le monde tel qu'on l'observe, l'individu choisit
librement, sans entrave autre que son extraction sociale, d'exercer une
activité qui correspond le plus à ses capacités. Dans la cité platonicienne
idéale, ce choix sera limité : les membres seront distribués en trois
classes, suivant leurs aptitudes. Les artisans, les marchands, les agricul-
teurs, les marins et prestateurs de services divers sont groupés dans la
catégorie des travailleurs. Ceux-ci seront chargés d'assurer la vie matérielle — donc l'économie — de la cité. Ensuite les gardiens ou guerriers,
chargés de la défendre, sont recrutés parmi les plus vaillants. Enfin les
magistrats ou philosophes, sont préposés au gouvernement, sur la base
de leurs connaissances et de la supériorité de leur âme.

On s'attend à ce que cette organisation tripartite sauvegarde l'harmonie et l'équilibre entre les individus, car toute liberté ne peut être que
relative, c'est-à-dire limitée par celle des autres individus. Ces trois
fonctions correspondent à trois composantes de l'âme humaine. Cette
distinction est nouvelle chez Platon, dans les derniers livres de *La
République,* et n'apparaît pas au début de son œuvre. On peut donc dire
qu'elle est propre à Platon et ne doit rien à Socrate. Ces trois fonctions
sont les appétits, le calcul rationnel et la volonté. L'organisation de la société implique alors une hiérarchie des tâches; la volonté fait prédominer
la raison sur les appétits; l'ordre est assuré par les guerriers, dont la
force est au service de la raison qui gouverne; enfin, la classe des travailleurs assure la satisfaction des besoins qui obéissent à l'appétit.

Les arts et l'éducation concourent à former et à améliorer l'âme des
citoyens. Toute référence à la famille comme institution est supprimée,
sauf dans la classe des travailleurs. L'élite met tout en commun au niveau des biens matériels et de la vie sociale. De même, la vie quotidienne des serviteurs de l'État se déroule de façon communautaire et fait
penser à celle d'une communauté monastique. Il n'y aura pas non plus
de distinction entre les sexes; les femmes peuvent remplir les mêmes
fonctions et assumer les mêmes charges publiques que les hommes.
Cette conception, déjà moderne dans le monde ancien, frappera vivement l'imagination des penseurs modernes et sera l'occasion d'échos in-
téressants, par exemple chez Rousseau et Proudhon.

Sur la place des femmes

— N'y a-t-il pas aussi des femmes douées pour la gymnastique et pour
la guerre, et d'autres qui n'ont le goût ni de la gymnastique ni de la guerre?

— Je le pense pour ma part.

— Et des femmes philosophes et d'autres ennemies de la sagesse? Des femmes courageuses et des lâches?

— Il y en a aussi.

— Il y a donc aussi des femmes propres à garder l'État et d'autres qui ne le sont pas, et n'est-ce pas en raison de ces qualités que nous avons choisi la nature de nos gardiens mâles?

— C'est pour cela.

— Il y a donc chez la femme, comme chez l'homme, une même nature propre à la garde de l'État; elle est seulement plus faible chez l'un, plus forte chez l'autre.

— C'est évident.

Avantages de ce partage de fonctions

— Ce sont donc les femmes douées de ces qualités que nous choisirons pour en faire les compagnes des hommes qui en sont doués aussi et partager avec eux la garde de l'État, parce qu'elles en sont capables et qu'elles ont avec eux une parenté de nature.

— Nous le ferons certainement.

— Ne faut-il pas assigner les mêmes emplois aux mêmes natures?

— Si, les mêmes.

— Nous voilà donc revenus par un détour à notre point de départ, et nous reconnaissons qu'il n'est pas contre nature d'appliquer les femmes des gardiens à la musique et à la gymnastique.

— Oui, vraiment.

— La loi que nous avons établie n'est donc pas irréalisable ni chimérique, puisqu'elle est conforme à la nature; c'est plutôt l'usage opposé qu'on suit aujourd'hui qui semble contraire à la nature.

— Il le semble.

— N'avions-nous pas à examiner si nos prescriptions étaient réalisables et en même temps les plus avantageuses?

— Si.

— Or qu'elles soient réalisables, c'est de quoi nous sommes d'accord.

— Oui.

— Et maintenant qu'elles soient les plus avantageuses, c'est ce qui nous reste à reconnaître.

— Évidemment.

— Pour former une gardienne, l'éducation qu'on donne aux hommes ne servira-t-elle pas aussi pour les femmes, d'autant plus qu'elle s'adresse à la même nature?

— Sans aucun doute.

— Voici une chose que je voudrais savoir de toi.

— Laquelle?

— Ton opinion personnelle sur les hommes; crois-tu que les uns sont meilleurs ou pires que les autres, ou qu'ils sont tous pareils?

— Non, pas pareils.

— Dans l'État que nous avons fondé, lesquels à ton avis sont les meilleurs, des gardiens formés par l'éducation que nous avons décrite, ou des cordonniers instruits dans l'art de faire des chaussures?

— Plaisante question! s'écria-t-il.

— J'entends, repris-je; et comparés aux autres citoyens, les guerriers ne sont-ils pas les meilleurs?

— De beaucoup.

— Et leurs femmes, comparées aux autres femmes, ne seront-elles pas aussi les meilleures?

— De beaucoup, elles aussi, répondit-il.

— Mais y a-t-il rien de plus avantageux pour un État que d'avoir des femmes et des hommes aussi excellents que possibles?

— Non, rien.

— Mais cette excellence, n'est-ce pas par la musique et la gymnastique, pratiquées selon nos prescriptions, qu'ils y parviendront?

— Sans nul doute.

— Alors notre institution n'est pas seulement possible; elle est encore la plus avantageuse pour l'État.

— C'est vrai.

— Ainsi donc les femmes des gardiens devront se mettre nues, puisque la vertu leur tiendra lieu d'habit, et partager avec eux la guerre et tous les travaux qui se rapportent à la garde de l'État, sans s'occuper d'autre chose; seulement de ces travaux on leur confiera les plus faciles, en raison de la faiblesse de leur sexe. Quant à l'homme qui plaisante à la vue de femmes nues qui s'exercent en vue de la perfection, « il cueille le fruit du rire avant qu'il ne soit mûr » et il ignore absolument, semble-t-il, pourquoi il rit et ce qu'il fait; car on a et on aura toujours grande raison de dire que l'utile est le beau, et le nuisible, laid.

— Assurément.

— Voilà, si je puis dire, la première vague traversée, j'entends la disposition de la loi sur les femmes, que nous venons de discuter. Non seulement nous n'avons pas été submergés en établissant que tous les emplois doivent être communs entre nos gardiens et nos gardiennes, mais la dicussion a prouvé du même coup que cette disposition est réalisable et avantageuse.

— À dire vrai, fit-il, c'est à une terrible vague que tu viens d'échapper.

— Tu conviendras, repartis-je, qu'elle n'était pas énorme, quand tu auras vu celle qui suit.

— Parle, dit-il, fais-la voir.

— À la suite de cette loi et des précédentes vient, je crois, celle-ci.

— Laquelle?

Communauté des femmes et des enfants chez les guerriers. Ses avantages

— Ces femmes de nos guerriers seront communes toutes à tous; aucune n'habitera en particulier avec aucun d'eux; les enfants aussi seront communs, et le père ne connaîtra pas son fils, ni le fils son père.

— Il sera, dit-il, beaucoup plus difficile de faire admettre cette loi que l'autre, et d'en prouver la possibilité et l'utilité.

— Pour l'utilité, repris-je, je ne crois pas que l'on conteste l'immense avantage de la communauté des femmes et de la communauté des enfants, s'il est vrai qu'elle soit réalisable; c'est la possibilité qui, à mon avis, soulèvera le plus de contestations.

— C'est les deux à la fois, dit-il, que l'on pourra fort bien contester.

— Tu les coalises ensemble, repartis-je. Moi j'espérais me dérober à l'une des deux, si tu avais admis l'utilité, et n'avoir plus à discuter que la possibilité et l'impossibilité.

— J'ai bien vu, dit-il, que tu cherchais à t'échapper; mais il faut que tu fasses la preuve de l'une et de l'autre.

— Je subirai ma peine, répondis-je; mais accorde-moi une faveur, laisse-moi prendre du relâche, comme ces gens d'esprit paresseux qui ont coutume de se repaître de leurs rêveries quand ils se promènent seuls. Ces sortes de gens ne cherchent pas le moyen de réaliser l'un quelconque de leurs désirs; ils ne s'embarrassent pas de ce soin; ils ont peur de se fatiguer à examiner si ce qu'ils souhaitent est réalisable ou ne l'est pas; ils le supposent accompli, et là-dessus disposent tout le reste, prennent plaisir à énumérer ce qu'ils feront, quand leur désir sera réalisé, et augmentent par là l'indolence naturelle de leur âme. À présent, je fais comme eux, je m'abandonne à la mollesse, je voudrais remettre à plus tard le soin d'examiner si mes propositions sont possibles. Pour le moment, supposant qu'elles le sont, je vais examiner, si tu le permets, comment les magistrats en régleront l'exécution et montrer que la pratique en entraînerait pour l'État et pour les gardiens des avantages sans pareils. Voilà ce que je vais essayer d'abord d'examiner avec toi; le reste viendra ensuite, si tu le veux bien.

— Je veux bien, dit-il, examine.

— Je crois, poursuivis-je, que, si nos magistrats sont dignes du nom qu'ils portent, et si leurs auxiliaires leurs ressemblent, les uns seront disposés à exécuter ce qu'on leur commandera, et les autres à commander en se conformant eux-mêmes aux lois ou en suivant l'esprit dans les règlements dont nous leur aurons laissé l'initiative.

— C'est naturel, dit-il.

— Toi donc, repris-je, en qualité de législateur, tu feras un choix parmi les femmes, comme tu l'as fait parmi les hommes, et tu les assortiras aussi ressemblants que possible; et les uns et les autres ayant en commun le logis et la table, puisqu'aucun d'eux ne possède rien de tel en particulier, vivront ensemble, se mêleront ensemble dans les gymnases et dans tous les exercices, et ils se sentiront, je pense, entraînés par une nécessité naturelle à s'unir les uns aux autres. N'est-ce pas en effet une nécessité que cela arrive?

— Ce n'est assurément pas, dit-il, une nécessité géométrique, mais une nécessité fondée sur l'amour, et dont l'aiguillon est peut-être plus piquant pour pousser et contraindre la foule.

Prescriptions relatives aux unions

— C'est vrai, dis-je; mais ensuite, Glaucon, s'en remettre au hasard pour les accouplements, ou pour toute autre action, c'est une chose que ni la religion ni les magistrats ne permettront dans une société de gens heureux.

— Ce ne serait pas juste, en effet, dit-il.

— Il est dès lors évident que nous ferons des mariages aussi saints que possibles, et nous regarderons comme saints ceux qui seront les plus avantageux à l'État.

— C'est tout à fait mon avis.

— Et comment seront-ils les plus avantageux? C'est à toi de me le dire, Glaucon; car je vois dans ta maison des chiens de chasse et des oiseaux de belle race en grand nombre. Dis-moi, au nom de Zeus, as-tu pris garde à ce qu'on fait pour les accoupler et en avoir des petits?

— Que fait-on? demanda-t-il.

— Tout d'abord, parmi ces bêtes mêmes, quoique toutes de bonne race, n'y en a-t-il pas qui sont et qui se montrent meilleures que les autres?

— Il y en a.

— Fais-tu faire des petits à toutes indistinctement, ou t'appliques-tu à en avoir surtout des meilleures?

— Des meilleures.

— Est-ce les plus jeunes, ou les plus vieilles, ou celles qui sont dans la force de l'âge que tu préfères pour cela?

— Celles qui sont dans la force de l'âge.

— Et si l'on ne donnait pas ces soins à la génération, tu penses bien que la race de tes oiseaux et de tes chiens dégénérerait considérablement?

— Oui, dit-il.

— Et pour les chevaux, ajoutai-je, et les autres animaux, crois-tu qu'il en soit autrement?

— Ce serait absurde, dit-il.

— Grands dieux! cher Glaucon, m'écriai-je; quels hommes supérieurs nous faudra-t-il pour magistrats, s'il en est de même à l'égard de l'espèce humaine!

— Il en est sûrement de même, répliqua-t-il, mais pourquoi dis-tu cela?

— C'est qu'ils seront, répondis-je, dans la nécessité d'employer un grand nombre de remèdes. Un médecin, même au-dessous du médiocre, paraît suffire à soigner des gens qui n'ont pas besoin de remèdes, mais qui veulent bien suivre un régime; si au contraire l'application des remèdes est nécessaire, nous savons qu'elle réclame un médecin plus aguerri.

— C'est vrai; mais où veux-tu en venir?

— À ceci, repartis-je : il me semble que les magistrats seront obligés de recourir souvent au mensonge et à la fraude dans l'intérêt de leurs subordonnés, et nous avons dit quelque part que tous les mensonges de cette espèce étaient utiles, à titre de remèdes.

— Nous avions une bonne raison de le dire, fit-il.

— Eh bien, cette « bonne raison » semble jouer dans les mariages et dans la procréation des enfants un rôle qui n'est pas de petite importance.

— Comment cela?

— Il faut, repris-je, d'après les principes que nous avons admis, que les sujets d'élite de l'un et de l'autre sexe s'accouplent le plus souvent possible, et les sujets inférieurs le plus rarement possible; il faut de plus élever les enfants des premiers, non des seconds, si l'on veut maintenir au troupeau toute son excellence. D'un autre côté les magistrats doivent être seuls dans le secret de ces mesures, pour éviter le plus possible les discordes dans le troupeau des gardiens.

— C'est très juste, dit-il.

— En conséquence, nous instituerons des fêtes où nous unirons les jeunes hommes et les jeunes femmes; nous y ferons des sacrifices et nous chargerons nos poètes de composer des hymnes appropriés à la célébration de ces mariages. Quant au nombre des unions, nous nous en remettrons aux magistrats, pour qu'ils maintiennent autant que possible le même nombre de citoyens, en tenant compte des guerres, des maladies et autres accidents de ce genre, et que notre État, autant qu'il se pourra, ne s'agrandisse ni ne diminue.

— Bien, dit-il.

— Il faudra, je pense, organiser d'ingénieux tirages au sort, afin que les sujets inférieurs rejettent la responsabilité de chaque union sur la fortune, et non sur les magistrats.

— Certes, dit-il.

Prescriptions relatives aux enfants

— Quant aux enfants, à mesure qu'il naîtront, ils seront remis à un comité constitué pour eux, qui sera composé d'hommes ou de femmes ou des deux sexes, puisque les fonctions publiques sont communes aux hommes et aux femmes.

— Oui.

— Je veux ensuite que ces fonctionnaires portent au bercail les enfants des citoyens d'élite et les remettent à des gouvernantes, qui habiteront à part dans un quartier particulier de la ville; pour les enfants des hommes inférieurs et pour ceux des autres qui seraient venus au monde avec quelque difformité, ils les cacheront, comme il convient, dans un endroit secret et dérobé aux regards.

— Oui, dit-il, si l'on veut conserver pure la race des gardiens. Ils s'occuperont aussi de la nourriture, et conduiront les mères au bercail, quand leur sein sera gonflé, employant toute leur adresse à ce qu'aucune ne reconnaisse son enfant; si les mères ne peuvent allaiter, ils amèneront d'autres femmes ayant du lait; et même pour celles qui le peuvent, ils auront soin que l'allaitement ne dure que le temps voulu; ils les déchargeront d'ailleurs des veilles et des autres soins sur des nourrices et des gouvernantes.

Platon, *La République*, **livre V.**

La vie doit demeurer austère; le luxe et les jouissances grossières, semblables à celles des Barbares, n'y ont pas leur place. Cette hiérarchie des valeurs montre à quel point Platon met la liberté individuelle au service d'une ambition essentiellement désintéressée, axée sur l'éducation et la retenue. La place inférieure que tiennent les appétits par rapport à la raison et à la volonté en témoigne.

Pourquoi le gouvernement des philosophes?

Platon n'écrit pas *La République* à l'abri de son contexte contemporain. S'il prône une sorte de communautarisme au sein de l'élite et réclame un raffermissement des valeurs, c'est qu'il a devant lui le spectacle de la décadence des vertus qui ont fait la grandeur de sa patrie, Athènes. Au ive siècle avant notre ère, cette brillante cité est en effet de plus en plus la proie des conflits partisans qui opposent la faction aristocratique des ploutocrates, ou gens riches, à celle des démocrates. Ces derniers versent souvent, à cette époque, dans la démagogie et provoquent l'agitation. Les charges sont distribuées selon les aléas des manœuvres politiques de chaque parti et le peuple est aisément manipulé dans le cadre de l'assemblée du peuple : Εκκλησια ou *Ecclisia**. Pour sauvegarder ce qui leur reste de légitimité, les ploutocrates se rapprochent des puissances étrangères, telles que la Macédoine, qui favorise la noblesse. Son roi Philippe envoie ses espions ou sycophantes par toute la Grèce, en vue de cette mission déstabilisatrice. De leur côté, les démocrates dominent les institutions et, de plus en plus, la rue.

Platon est convaincu que les vertus civiques des ancêtres, notamment celles qui furent prêchées par d'anciens sages comme Solon, se sont affaiblies au profit des intérêts personnels, où la conception du Bien n'est plus très claire ni même évidente aux citoyens. De sorte que l'Athènes idéale dont il rêve fait penser à une Sparte ne qui serait plus dirigée par des guerriers, mais par des philosophes. En effet, Platon admirait beaucoup la constitution spartiate, qu'il a vantée dans son *Criton*. L'austérité et le désintéressement dont faisaient montre ses citoyens, au contraire des Athéniens qui amassaient des richesses, faisaient preuve de cupidité envers leurs alliés et vivaient dans un luxe insolent, convenaient particulièrement bien à son esprit imbu de valeurs absolues et à son idéalisme. Mais comme il accorda toujours plus d'importance à la sagesse qu'aux hauts faits d'armes, il s'éloigna résolument de la conception traditionnelle de l'État spartiate. Cette orientation lui déplaisait d'autant plus que son époque assistait à une résurgence du militarisme, qui allait bientôt mener à la soumission de la Grèce et à la conquête de l'Orient par Alexandre le Grand, roi de Macédoine.

---

* Nous avons choisi d'iotaciser — c'est-à-dire de prononcer comme un *i* — certaines voyelles ou diphtongues grecques, comme υ, η, οι, que la tradition érasmienne distinguait depuis le xvie siècle. Nous suivons en cela l'usage néohellénique contemporain, au détriment de la tradition scolastique traditionnelle.

Aristote

Né en 384 av. J.-C. à Stagire, petite ville de la péninsule de Chalcidique au nord de la Grèce, non loin du délicieux hospice des monastères byzantins du mont Athos, Aristote était le fils de Nicomaque, médecin du roi de Macédoine Amyntas, père de Philippe II et grand-père d'Alexandre le Grand. À dix-sept ans, il visita pour la première fois Athènes, encore brillante et riche malgré sa décadence, et fut le disciple de Platon jusqu'à la mort du maître en 347. Pendant cette période de vingt années, Platon lui-même, qui l'appelait tantôt « le liseur », tantôt « l'esprit », nous rappelle qu'Aristote fut un élève assidu, contemplatif et discret. Cependant, il ne le choisit pas pour successeur et lui préféra son neveu Speusippe, qui avait moins d'intelligence mais plus de panache. L'élève répudié dut partir (Humbert et Berguin, *Histoire illustrée de la littérature grecque*).

En 342, le roi Philippe II de Macédoine, successeur d'Amyntas, choisit Aristote comme précepteur de son fils Alexandre. Cette tâche le tint occupé pendant plus de six ans, pendant lesquelles il s'acharna à inculquer à cette âme inquiète et dominatrice les préceptes fondamentaux de justice et de pardon. Il est vrai qu'Alexandre va en user largement en Asie, quand il lui faudra réconcilier les vainqueurs grecs avec les vaincus perses. Cette retenue fera beaucoup pour le succès de ses entreprises. La modération est quelquefois ponctuée de gestes symboliques et terribles. C'est le même sentiment de justice exemplaire qui va inspirer au roi, un soir d'orgie, l'incendie de Persépolis, capitale de la Perse — incendie qu'il allume lui-même dans la grande salle du trône avec une torche — en réparation de la destruction d'Athènes par Xerxès en 480. On peut en déduire que l'enseignement d'Aristote dut faire une large place aux exploits et aux malheurs d'Athènes. Malheureusement, ces leçons particulières pavèrent aussi le terrain à une longue tradition de méfiance entre l'Orient et l'Occident, qui fait encore aujourd'hui la honte de la civilisation contemporaine.

À l'issue de cette noble mission, Aristote retourna à Athènes, où il ouvrit l'école du Lycée en 335. Il y enseigna jusqu'à la mort d'Alexandre le Grand en 323, surtout dans le domaine des sciences plus empiriques telles que la biologie et l'histoire. Pourchassé ensuite par les démocrates antimacédoniens qui avaient repris le pouvoir dans la capitale de l'Attique à la suite de la mort prématurée du roi, il se réfugia avec ses disciples à Chalcis de l'Eubée où il s'éteignit l'année suivante (322).

Sa familiarité avec les « grands » devait longtemps nourrir les soupçons de ceux — et ils furent nombreux — qui virent chez Aristote un courtisan, un conservateur complaisant et myope, un légitimateur de tyrans. Ces critiques sont injustes : il est bon de rappeler qu'Aristote, comme Socrate, fut victime et mourut de ses convictions. Encore aujourd'hui, on se sert maladroitement d'Aristote pour prôner le respect des valeurs, quelles qu'elles soient, au nom d'un prétendu réalisme, et une méthode qu'on qualifie tantôt d'expérimentale et tantôt d'empirique, pour défendre l'empire de certaines situations injustes que nous avons créées et auxquelles, par pur intérêt, nous ne voulons pas renoncer.

Aristote est bien autre chose. Il est d'abord un observateur avide et ravi de tous les phénomènes de la nature, ce qui l'apparente aux philosophes naturalistes et aux expérimentateurs de l'époque archaïque — Thalès, Pythagore, Hippodamos de Milet. Il s'intéresse aux animaux, aux phénomènes du climat et du sol, où il trouve toujours, sinon une explication plausible, à tout le moins un raisonnement logique qui en fait d'une part, malgré une langue malaisée, un digne successeur de Socrate et de Platon, ses maîtres, et d'autre part des sophistes. Malgré tout ce qu'il dira pour se distancer de cet héritage suspect, Aristote se révèle tout à fait capable de manier les multiples ressources de la langue, comme les sophistes l'avaient fait avant lui, afin d'illustrer sa logique et d'émailler ses exposés d'exemples choisis. De sorte que son approche, malgré son constant souci d'exactitude méthodologique, permet à Aristote de prendre quelques libertés par rapport à l'objectivité scientifique quand il s'agit de défendre ses convictions intimes. En ce sens, Aristote n'est pas si différent des autres auteurs classiques, ni même récents. La pensée procède, l'exposé suit ; la raison n'intervient que pour infuser la logique, surtout au sein de ce qui en est dépourvu à première vue.

Quelle que soit la noble tradition sur laquelle les Grecs faisaient reposer leurs spéculations, leur société apparaissait de plus en plus archaïque, avec sa séparation traditionnelle entre esclaves, étrangers et citoyens. Et surtout avec son incapacité à réaliser l'unité politique, qui était devenue une obsession dans le monde méditerranéen depuis les invasions barbares du iiie siècle av. J.-C. C'est comme si, avec le sac de la cité de Delphes et des trésors les plus sacrés de la religion grecque par les Celtes en 279, la civilisation tout entière s'était mise à vaciller. On cherchait désespérément une solution et, comme celle-ci ne venait pas des philosophes, elle devait venir de la caste des guerriers. C'est ce qui arriva quand sonna l'heure de l'hégémonie de la République romaine, au iie siècle avant J.-C. Celle-ci apparut, souligne Virgile dans son *Énéide*, toute casquée telle Minerve, de la cuisse même de son père Jupiter, le roi des dieux. À Rome, la civilisation grecque, même si elle fut quelque peu modifiée, fut largement adoptée. L'idéal du héros, le roi de Macédoine Alexandre le Grand en particulier, y fut largement repris dans la littérature épigonale de l'époque de l'Empire romain, comme dans les arts.

L'influence de Platon

La relation entre Platon et Aristote a nourri au cours des siècles un intense débat intellectuel. Certains ont prétendu que, passé une première période d'apprentissage, le disciple s'est graduellement éloigné du maître pour élaborer sa propre doctrine. D'autres ont dit au contraire que sa pensée constituait un prolongement de celle du maître. Il est vrai qu'Aristote prend toujours soin d'indiquer en quoi il se distance de Platon, par souci d'exactitude. Cela ne veut pas dire que sa pensée soit si différente. Cela est particulièrement le cas dans ses conceptions politiques. Ainsi, dans l'*Éthique à Nicomaque*, écrite à l'intention de son fils, il consacre un chapitre entier à la réfutation de la notion platonicienne du Bien, tandis que dans sa *Politique*, son œuvre majeure sur le thème, il révise et critique abondamment certains éléments de *La République*. De plus, la méthode d'Aristote, qui consiste à utiliser de nombreux exemples et précédents tirés de l'histoire — une démarche assurément plus empirique — a poussé certains commentateurs à suggérer que, si Platon était le premier philosophe politique, Aristote se révélait quant à lui le premier politologue de notre tradition.

Il faut se garder d'aller trop loin dans cette distinction : Platon n'est pas un idéaliste absolu et Aristote n'est pas non plus un empiriste dans le sens moderne du terme. On a longtemps dit que le premier était plus moraliste et que le second approchait la science politique d'un œil plus « neutre », moins engagé. L'esprit scientifique, tel que le conçoivent les modernes, consiste en effet à préserver une attitude détachée, sans préjugé, sur les phénomènes sous observation, quels qu'ils soient. Reporter cette préoccupation sur la méthode des auteurs anciens est hasardeux.

Enfin, nier toute volonté normative à Aristote serait contraire aux faits : ses traités comportent toujours une classification de régimes politiques et de modes d'organisation humaine, de même qu'économiques, où l'auteur indique très clairement sa hiérarchie des valeurs et affiche son parti pris. L'auteur n'est pas exempt d'« opinions » dans le sens platonicien du terme. C'est pourquoi la lecture de son œuvre permet de découvrir un être complexe, non dénué de choix éthiques et de préférences, qui se présente à nous sous un jour peut-être plus concret, plus terre à terre et plus humain que le distant Platon.

La méthode d'Aristote

Une chose reste claire : la méthode d'Aristote est bien différente de celle de son maître ; il ne sent pas le besoin de situer le domaine du politique par rapport à l'ordre immuable du cosmos et de relier la pratique politique et civique dans le contexte d'un Souverain Bien. Il l'envisage comme un objet susceptible d'être appréhendé par la science, à l'instar de la nature, à laquelle il consacre de nombreuses années de recherche. En témoignent *Du ciel*, *De la génération et de la corruption*, *Des parties des animaux*, et surtout l'immense *Histoire des animaux* en 10 livres. Ses livres de morale et de politique sont, pour leur part, au nombre de trois : l'*Éthique à Nicomaque*, la *Politique* et la *Constitution d'Athènes*.

Penchons-nous maintenant sur l'approche générale de l'auteur. Pour ce faire, nous aborderons successivement deux aspects de la réflexion aristotélicienne. Dans un premier temps, il sera question du finalisme qui caractérise la pensée d'Aristote. Ensuite, nous examinerons les rapports qu'entretiennent l'éthique et la politique dans sa façon d'envisager l'État. Cela nous permettra par la suite de mettre en évidence certains traits de la pensée politique d'Aristote qui éclaireront notre lecture de la *Politique*.

Pour comprendre comment se construit le raisonnement aristotélicien au sujet de la politique, il est utile de se pencher quelque peu sur sa façon d'aborder les phénomènes en général. Ceux-ci sont essentiellement appréhendés en fonction de leurs fins. C'est la raison pour laquelle la pensée aristotélicienne est généralement qualifiée de finaliste. La fin est ce qui donne la clé d'un phénomène. Ainsi, pour lui, l'État est une association qui permet à l'homme de mener une vie bonne. C'est donc en fonction de la contribution d'une forme particulière d'État à cet objectif qu'Aristote l'évaluera. C'est également en fonction d'une identité entre l'humanité et la citoyenneté qu'Aristote analysera l'action politique des êtres humains. La fin revêt une double fonction : d'une part, elle nous permet de mieux percevoir la nature des phénomènes ; de l'autre, elle fournit une grille de lecture de leur développement. Les choses évoluent, non pas selon les lois du hasard, mais selon une nécessité pré-existante, la sagesse constituant dans la découverte de cette nécessité. Ainsi, l'analyse politique d'Aristote sera hantée par la question suivante, qui présente bon nombre d'analogies avec celle de Platon : Comment les hommes peuvent-ils le mieux s'associer pour réaliser pleinement leur nature et ainsi atteindre le bonheur?

Pour mieux saisir maintenant le rapport entre éthique et politique chez Aristote, nous partirons de sa classification des activités intellectuelles. Cette classification est intéressante et surtout révélatrice de sa hiérarchie des valeurs. Il distingue d'abord les sciences théoriques : mathématique, physique et métaphysique. Dans ces sciences, nous nous efforçons de comprendre des principes sur lesquels nous n'avons et ne pourrons jamais avoir aucune prise. L'intérêt intellectuel est ici seul en cause dans le développement de ces disciplines. L'émerveillement devant la nature atteint son point culminant avec la minute de compréhension, l'instant précieux et unique de la découverte. Les sciences productives sont d'une autre nature. Il s'agit de ces habiletés, de ces arts et de ces disciplines que les gens ont mis au point pour transformer la matière et organiser le monde selon leurs besoins; leur caractère est purement technique. Elles sont aussi technologiques : de τεχνη ou *techni* : art et λογος ou *logos* : logique, organisation. Dans ce vieux néologisme, il est question d'organisation, de structuration et de « mise ensemble » de diverses techniques. Les sciences productives sont guidées par la recherche de l'efficacité, non pas du seul savoir.

Enfin, les sciences pratiques ressemblent aux sciences productives, en ce sens qu'elles sont guidées par le souci de construire. Mais ce que l'on construit ici, ce sont les comportements humains et l'édifice de la société à travers les institutions. Il y a donc deux sciences pratiques : la morale et la science politique. La morale cherche à guider le comportement personnel, tandis que la science politique oriente la conduite des sociétés et rend possible l'épanouissement des collectivités, ce lieu où s'accomplit pratiquement le destin des hommes. Aristote souscrit entièrement à la vision du *zôon politikon*, qui sera appelée à de grands développements théoriques et pratiques dans l'avenir.

Chaque niveau de sciences correspond enfin à des niveaux de conscience distincts de l'âme humaine. D'une part, l'intérêt purement intellectuel est, pour Aristote comme pour Platon, le sommet de l'activité humaine; s'y adonnent habituellement les philosophes. D'autre part, la technique et la recherche de l'efficacité demeurent le propre de la classe des travailleurs; elles ont le mérite d'assurer la vie matérielle de la société. Ce qui est beaucoup. On ne peut toutefois s'empêcher de remarquer le mépris que le philosophe accorde, et c'est un trait majeur de sa civilisation, à l'économie. Celle-ci est souvent assimilée à un mode de vie infrahumain, ce qui explique qu'elle soit le fait de ceux et celles qui n'accèdent pas à la plénitude humaine, à savoir les esclaves et les femmes. En effet, l'économie, relevant de la production et de l'entretien de la vie, risque de limiter les hommes à une vie de type végétatif, à l'instar des plantes, ou, dans le meilleur des cas, de type animal, c'est-à-dire sous la seule gouverne de leurs passions et de leurs sensations. Le travail, d'une part, et l'accumulation de richesses, d'autre part, lui semblent donc des obstacles au développement d'une conscience morale gouvernée par la raison, alors que ce qui distingue la vie humaine de la vie végétale ou animale c'est justement cette possibilité de vie morale.

Enfin, Aristote accorde une importance plus grande que ne le faisait son prédécesseur à la science politique, trahissant ainsi son empirisme et avouant la primauté qu'il concède à l'activité humaine sur la simple démarche intellectuelle. De ce fait, il invente un nouveau type d'hommes, qui n'est pas tout à fait la caste des guerriers, gardiens de l'ordre établi, mais une sorte de philosophes retombés sur terre, au service de ses concitoyens. L'exercice de la science pratique, comme la science politique, ennoblit l'individu, qui devient un σπουδαῖος ou *spoudèos* : un « brillant ». Cet homme brillant est le législateur et le politicien dans le sens noble. Mais, chez Aristote comme chez Platon, l'édifice de la πραξεις ou *praxis*, c'est-à-dire de la pratique, est fondé sur la morale ou éthique, qui donne un cadre et une direction à la vie humaine.

En fait, la science politique lui apparaît comme la plus noble des sciences pratiques, puisque son objet est de permettre aux êtres humains d'atteindre le plus haut niveau d'humanité possible. C'est dans cette optique que, pour lui, éthique et politique sont liées; de la même façon que l'éthique permet la formation de soi et l'atteinte de l'excellence personnelle puisqu'elle rend possible de soumettre à la raison l'ensemble de nos comportements, la politique permet de diriger les hommes vers une vie rationnelle et de soumettre leurs autres activités, telle l'activité économique, à un mode d'existence supérieur, l'existence parmi les autres êtres humains, sans la médiation des objets.

Voilà pourquoi Aristote accorde une si grande place à la réflexion sur l'éducation dans ses considérations sur la politique. Si la fin ultime de la vie humaine est l'excellence morale dans une cité juste, il faut trouver un moyen de rendre les hommes concrets à la hauteur de cette finalité qui est la leur. Ce moyen est l'éducation, qui permet de prendre appui sur les prédispositions naturelles à l'humanité présentes en chaque personne de sexe masculin — ce qui justifie la hiérarchie théorique entre hommes, femmes et esclaves —, pour les transformer dans un premier temps en habitudes de comportement puis, ultimement, en comportement rationalisé. Ces diverses étapes du processus éducatif sont très bien décrites, sur le plan éducatif, dans l'*Éthique à Nicomaque*, lorsqu'il précise, concernant les vertus, que « ce n'est donc ni par un effet de la nature, ni contrairement à la nature que les vertus naissent en nous; nous sommes naturellement prédisposés à les acquérir, à condition de les perfectionner par l'habitude ». Il ajoutera par la suite que « la vertu est donc une disposition acquise volontairement » (Arendt, *La Crise de la culture*). Or dans toute cette section de l'*Éthique*, qu'il a d'ailleurs définie comme un traité de science politique, Aristote fait le parallèle entre le comportement individuel et le comportement civique. Si les hommes sont naturellement des êtres politiques, il appartient à la cité d'en faire des citoyens excellents, en les faisant vivre de façon vertueuse par le biais de lois ne péchant ni par défaut, ni par excès. C'est dans ce sens que l'habitude citoyenne s'acquiert par un exercice tempéré de droits et de devoirs. L'excellence politique se mesure donc par l'habileté avec laquelle il est possible d'amener l'ensemble des citoyens à des comportements qui servent à la grandeur de la cité. Les moyens pour y arriver le distancent résolument de son maître Platon.

La critique de Platon

Aristote considérait la science politique comme la plus importante de toutes, car le plein épanouissement de l'activité humaine — clé du bonheur individuel — n'est possible que sous un bon gouvernement. Sa méthode empirique s'est montrée, sur ce terrain d'analyse, particulièrement efficace. Il recueillit une abondante documentation et compara — Aristote est en effet un excellent comparativiste — les constitutions de plus de cent cinquante-huit États et cités distincts. C'est à ces travaux préliminaires que se rattache, par exemple, sa *Constitution d'Athènes*. C'est cependant son vaste traité de la *Politique* qui réunit ses conceptions les plus complètes sur le sujet. Dans ce projet, il propose de faire tenir une large place à l'expérimentation et à la comparaison entre constitutions, au lieu de raisonner seulement à priori, comme Platon l'avait fait dans *La République*. Il y a d'ailleurs une critique assez dure de Platon au début de son ouvrage.

Sur le communautarisme de Platon

Mais puisque nous nous proposons d'étudier quelle forme de communauté politique est la plus parfaite de toutes pour un peuple apte à réaliser ce genre de vie conforme le plus possible à ses vœux, nous devons examiner aussi les autres sortes de constitutions, à la fois celles qui sont en vigueur dans plusieurs cités ayant la réputation d'être soumises à de bonnes lois, et certaines autres qui ont pu être décrites par des théoriciens et qu'on tient en haute estime. Nous montrerons par là ce qu'elles ont de correct et d'utile. Au surplus, qu'on ne croie pas qu'en cherchant une nouvelle forme de constitution, distincte de celles dont nous venons de parler, notre désir soit de nous livrer à tout prix à un stérile jeu dialectique : c'est parce que les diverses constitutions déjà existantes ne sont pas sans défaut que nous nous engageons, on peut le penser, dans cette enquête.

Nous venons tout d'abord de prendre pour point de départ celui qui se présente tout naturellement au début de notre examen. Il faut nécessairement, en effet : ou bien que tous les citoyens possèdent tous les biens en commun; ou bien qu'ils n'aient rien en commun; ou enfin qu'ils aient en commun certains biens à l'exclusion de certains autres. Ceci posé, ne rien posséder en commun est une impossibilité manifeste (puisque la constitution est une sorte de propriété commune, et qu'à la base il doit exister un territoire commun à tous : car un seul territoire est affecté à une seule cité, et les citoyens sont ceux qui possèdent cette cité une). Mais si nous passons à toutes les choses qui sont susceptibles d'une possession en commun, vaut-il mieux pour la cité appelée à être bien administrée, que cette possession commune s'étende à tous les biens, ou qu'elle se limite à certains biens, à l'exclusion de certains autres? Car on peut concevoir que femmes, enfants et biens appartiennent en commun à tous les citoyens entre eux, comme dans la République de Platon, où Socrate déclare qu'il doit y avoir communauté des femmes, des enfants et des propriétés. Qu'est-ce qui est dès lors préférable, notre présent état social, ou celui qui serait conforme à la réglementation décrite dans la République.

Critique du communisme de Platon

La communauté des femmes entre tous les citoyens soulève beaucoup de difficultés, entre autres celles-ci. La raison pour laquelle, au dire de Socrate, ce mode de vie doit être établi par voie législative n'apparaît pas comme une conséquence découlant de ses arguments. De plus, pour atteindre la fin qui, selon lui, doit être attribuée à la cité, son plan, tel qu'il résulte présentement du dialogue, est inapplicable; et quant à la façon dont nous devons l'interpréter, elle n'a été nulle part bien déterminée. Je veux parler de la proposition suivante selon laquelle « l'unité la plus parfaite possible est, pour toute cité, le plus grand des biens », que Socrate prend comme position de base.

Cependant il est évident que, le processus d'unification se poursuivant avec trop de rigueur, il n'y aura plus d'État : car la cité est par nature une pluralité, et son unification étant par trop poussée, de cité elle deviendra famille, et famille individu : en effet, nous pouvons affirmer que la famille est plus une que la cité, et l'individu plus un que la famille. Par conséquent, en supposant même qu'on soit en mesure d'opérer cette unification, on doit se garder de le faire, car ce serait conduire la cité à sa ruine. La cité est composée non seulement d'une pluralité d'individus, mais encore d'éléments spécifiquement distincts : une cité n'est pas formée de parties semblables, car autre est une symmachie et autre une cité. En effet, l'utilité de la première tient au nombre de ses membres, même s'il n'y a entre eux aucune diversité spécifique (puisque c'est en vue de l'assistance mutuelle que la symmachie est naturellement formée) : il en est comme d'un poids plus lourd, qui pèse davantage (c'est par un tel caractère également qu'une cité différera d'une nation, dont la population n'est pas distribuée en villages, mais vit à la façon des Arcadiens — c'est-à-dire dispersés dans la forêt par petits groupes). Mais les éléments dont une unité est constituée doivent différer spécifiquement (c'est pourquoi l'égalité réciproque est la sauvegarde des États, ainsi que nous l'avons antérieurement indiqué dans l'*Éthique*).

Et, même dans les cités fondées sur la liberté et l'égalité des citoyens, il est nécessaire que cette différenciation existe, puisque tous ne peuvent pas gouverner en même temps, mais seulement pour une année, ou selon quelque autre ordre de succession, ou quelque période de temps. Et il arrive dès lors que de cette façon tous les citoyens sont appelés à gouverner : c'est comme si les cordonniers et les charpentiers échangeaient leurs emplois, et si les mêmes individus ne restaient pas perpétuellement cordonniers ou charpentiers. (Et puisqu'il est préférable que la permanence des rôles soit assurée, même en ce qui a trait à la communauté politique, il vaut mieux évidemment que ce soit les mêmes qui exercent toujours le commandement, si c'est possible; mais dans les endroits où cela n'est pas possible en raison de l'égalité naturelle de tous les citoyens et où en même temps il est juste dès lors que tous participent aux fonctions publiques (que l'exercice du commandement soit, pour ceux qui gouvernent, un bien ou un mal), une imitation de cette permanence idéale est obtenue quand les citoyens égaux se passent le pouvoir à tour de rôle, et retombent sous le niveau commun à leur sortie de charge.) Ainsi, les uns gouvernent et les autres sont gouvernés tour à tour, comme s'il était intervenu un changement dans leur personnalité. Et c'est dès lors de la même façon que, pendant le temps où les magistrats sont en charge, les uns remplissent une fonction, et les autres une autre.

On voit donc clairement par ces considérations que la cité ne possède pas par nature cette unité absolue que certains lui attribuent, et que ce qu'on a indiqué comme étant le plus grand des biens pour les cités est en réalité ce qui conduit à la ruine; et pourtant il est sûr que le bien de chaque chose est ce qui la conserve. À un autre point de vue, chercher à unifier la cité d'une façon excessive, n'est certainement pas ce qu'il y a de meilleur : car une famille ne suffit davantage à elle-même qu'un individu, et une cité qu'une famille, et une cité n'est pas loin d'être réalisée quand la communauté devient assez nombreuse pour se suffire à elle-même. Si donc nous devons préférer ce qui possède une plus grande indépendance économique, un degré plus faible d'unité est aussi préférable à un plus élevé.

Mais même en admettant que le véritable idéal soit pour la communauté de posséder la plus forte unité possible, la preuve de cette unité ne paraît nullement établie par la façon de s'exprimer de tous les citoyens, quand ils disent : Ceci est à moi, et, en même temps : Ceci n'est pas à moi, ce qui, au sentiment de Socrate, est un signe de la parfaite unité de la cité.

En effet, le mot « tous » présente une ambiguïté. S'il signifie chaque individu pris distributivement, alors l'état de choses que Socrate souhaite de
créer aurait peut-être plus de chances de se trouver réalisé (car dans ce cas
chaque citoyen appellera le même enfant son propre fils, et la même femme
sa propre épouse, et il en fera autant pour son bien et pour tout ce qui lui
arrive). Mais, en réalité, ce n'est pas en ce sens que s'exprimeront les citoyens jouissant de la possession commune des femmes et des enfants : le
mot « tous » les désignera tous collectivement, et non au sens de chacun
d'eux, et, pareillement, pour la possession des biens, c'est à tous collectivement que ces biens appartiendront, et non à chacun d'eux individuellement. Qu'ainsi donc il y ait dans le terme « tous » une certaine équivoque,
c'est chose manifeste (en effet, les mots tous, l'un et l'autre, impairs,
pairs, en raison de leur ambiguïté, deviennent, même dans les argumentations, une source de raisonnements élastiques; c'est pourquoi le fait que
tous les citoyens appellent un même objet le mien, est dans le premier sens
fort beau, quoique irréalisable, mais dans l'autre sens ce n'est nullement un
signe d'accord entre les esprits).

En outre, la doctrine que nous combattons présente un autre inconvénient. On prend, en effet, très peu de soin de ce qui appartient en commun
au plus grand nombre : chacun se soucie au plus haut point de ce qui lui
appartient en propre, mais quand il s'agit de ce qui appartient à tout le
monde, on s'y intéresse bien moins, ou seulement dans la mesure de son intérêt personnel. Aux autres arguments on peut encore ajouter celui-ci : c'est
que, dès qu'on pense qu'un autre s'occupe d'une chose, on est soi-même
porté à la négliger davantage, comme cela se produit dans le service domestique où de nombreux serviteurs assurent parfois plus mal leur besogne
qu'un personnel plus réduit. Chaque citoyen en arrive à posséder un millier
d'enfants, et ces enfants ne seront pas exclusivement à lui, mais n'importe
quel enfant est indifféremment fils de n'importe quel père, de telle sorte que
tous les pères regarderont tous les enfants avec une égale insouciance. En
outre, dans cette idée-là, chaque citoyen dira de l'enfant heureux ou malheureux : c'est le mien, mais seulement dans la mesure où il se trouve être
lui-même une fraction du nombre total; il dira : il est mon fils ou celui d'un
tel, entendant par un tel chacun des mille citoyens, ou de tous ceux, quel
qu'en soit le nombre, qui composent la cité, et même ce point reste pour lui
incertain, puisqu'on ne peut pas savoir celui que le sort a gratifié d'un enfant, ou si une fois né l'enfant a survécu. Cependant, quelle est la meilleure
façon d'employer le terme mien? Est-ce celle qui consiste pour chacun des
deux mille ou dix mille citoyens à désigner par ce mot la même chose? Ne
faut-il pas plutôt employer le terme mien au sens où on le prend actuellement dans les cités? En effet, en ce dernier sens, la même personne qu'un
homme appelle son fils, un autre l'appelle son frère, un autre son cousin, ou
d'un autre nom d'après le lien de parenté, toutes relations qui tiennent soit
au sang, soit à l'affinité et à l'alliance contractée par soi-même d'abord ou
par ses proches, et, en plus de ces différents liens, une autre personne lui
donnera encore le nom de compagnon de phratrie ou de compagnon de
tribu : il vaut mieux, en fait, être propre cousin de quelqu'un, que son fils à
la mode platonicienne.

Critique du communisme des biens

À la suite de ces considérations, nous avons à examiner ce qui a rapport à la propriété : de quelle façon doit-elle être organisée par ceux qui sont appelés à administrer la cité idéale? La propriété doit-elle être commune, ou non? Ce problème peut effectivement être considéré indépendamment des dispositions légales concernant les femmes et les enfants. Je veux dire ceci : même en admettant l'existence de familles séparées, comme c'est actuellement le cas dans toutes les cités, est-ce qu'il est préférable que la communauté des biens soit commune, ainsi que leur usage? On peut supposer trois cas : ou bien les fonds de terre restent propriété séparée, tandis que les fruits sont mis en commun pour la consommation (suivant la pratique de quelques nations); ou, au contraire, la terre est commune et cultivée en commun, tandis que les fruits sont partagés entre les individus pour leur usage propre (on dit que cette forme de propriété commune existe aussi dans certaines nations barbares); ou, enfin, les fonds de terre et les fruits sont également communs.

Quand la classe de ceux qui cultivent la terre est autre que la classe des propriétaires du sol, la manière de traiter le problème sera différente et relativement aisée; mais quand les laboureurs travaillent pour eux-mêmes, les questions de propriété soulèveront une foule de difficultés : si, en effet, la jouissance et le travail ne sont pas répartis selon la règle de l'égalité, mais d'une façon inégale, des récriminations s'élèveront inévitablement, à l'encontre de ceux qui jouissent ou reçoivent beaucoup en échange d'un faible travail, de la part de ceux qui reçoivent moins et travaillent davantage. Et, en général, partager la vie d'autrui, mettre tout en commun est pour l'homme une entreprise difficile entre toutes, surtout dans un pareil domaine. Les sociétés qui se forment entre compagnons de voyage en sont un exemple frappant : on peut dire que ces gens se chamaillent la plupart du temps pour la première chose venue, et qu'ils entrent en conflit les uns avec les autres pour des niaiseries; et nous-mêmes, dans nos rapports avec des serviteurs, nous nous entendons mal principalement avec ceux que nous employons le plus fréquemment pour les besognes quotidiennes. La propriété en commun entraîne donc tous les inconvénients que nous venons d'indiquer en même temps que d'autres de même nature, et le régime social actuel, sanctionné au surplus par les mœurs et par les prescriptions d'une saine législation, ne saurait que montrer une supériorité écrasante. Il cumulera, en effet, les avantages des deux systèmes, je veux dire l'avantage de la propriété possédée en commun et celui de la propriété privée. Car les propriétés doivent en un sens être communes, mais d'une façon générale être possédées à titre privé. D'une part, les intérêts étant distincts ne donneront plus lieu à des plaintes réciproques et permettront de constants progrès, du fait que chacun s'appliquera à ce qui est proprement à lui; et, d'autre part, le sentiment désintéressé sera satisfait si l'usage des fruits est rendu commun, conformément au proverbe que « entre amis tout est commun ». Même de nos jours, dans certaines cités, cette façon de comprendre la propriété se rencontre à l'état d'ébauche, ce qui montre qu'elle n'a rien d'impraticable; et particulièrement dans les villes bien administrées, ce système est déja réalisé en partie, et le reste pourrait l'être. En effet, chaque citoyen, tout en conservant la pleine propriété de ses biens, met certains d'entre eux au service de ses amis, et jouit des autres en commun avec eux. C'est ainsi, par exemple, qu'à Lacédémone, les citoyens se servent des esclaves les uns des autres comme s'ils leur appartenaient en propre, ainsi que des chevaux et des chiens, et quand en voyage ils ont besoin de vivres, ils prennent ce qu'ils trouvent dans les champs à travers la campagne. On voit donc que la propriété privée est préférable, mais qu'on doit en rendre l'usage commun. Quant à la façon de créer l'état d'esprit correspondant, c'est là l'œuvre propre du législateur.

De plus, regarder une chose comme étant à soi, quelle supériorité, impossible à exprimer, cela donne à son plaisir! Sans doute n'est-ce pas en vain que tout homme possède en lui l'amour de soi-même, mais c'est un instinct qui provient de la nature. D'un autre côté, l'égoïsme est plus réprouvé à bon droit; mais ce sentiment n'est pas simplement l'amour de soi, mais un amour de soi dépassant la mesure convenable, semblable à l'amour de l'avare pour son argent, puisque tous les hommes, pour ainsi dire, ressentent l'un ou l'autre ces sentiments. En outre, être agréable et porter secours à des amis, des hôtes ou des compagnons, c'est là le plus grand des plaisirs, qui ne peut-être goûté que si on possède privativement des biens. Ces diverses satisfactions dès lors ne se produisent pas quand on pousse trop loin l'unification de la cité; ajoutons à cela qu'on réduit ainsi à néant, et cela de toute évidence, l'exercice de deux vertus, d'abord la modération en ce qui concerne les femmes (car c'est noblement agir que de se détourner par tempérance d'une femme qui appartient à un autre), et ensuite la libéralité dans l'emploi des biens : on ne sera capable ni de manifester sa générosité, ni d'accomplir aucune action libérale, puisque c'est dans l'usage des biens possédés que consiste l'exercice de la libéralité.

Quoi qu'il en soit, la législation platonicienne est d'aspect séduisant, et peut sembler inspirée par l'amour du genre humain. En effet, celui qui l'entend exposer l'accueille avec satisfaction (pensant qu'il en résultera une merveilleuse amitié de tous envers tous), surtout quand il entend attribuer les maux existant actuellement dans les États au fait que les biens n'y sont pas mis en communauté : j'entends procès réciproques au sujet de contrats, jugements pour faux témoignages, flatteries à l'égard des riches. En réalité, ces maux n'ont jamais pour cause le défaut de communauté des biens, mais la perversité humaine : car nous constatons que les possesseurs de biens en commun ou en indivision ont entre eux des conflits beaucoup plus fréquents que les citoyens dont les intérêts sont séparés; seulement, si le nombre de ceux qui sont en désaccord à cause de propriétés possédées en commun paraît à nos yeux négligeable, c'est parce que nous les comparons à l'immense majorité des détenteurs de propriétés privées.

De plus, il serait juste d'indiquer non seulement les maux dont les hommes seront affranchis en adoptant la communauté des biens, mais aussi les avantages dont ils seront privés; or il est manifeste que le genre de vie qu'ils devraient mener est absolument intolérable.

La cause de l'erreur de Socrate doit être attribuée à la position qui lui sert de base et qui n'est pas exacte. Il faut assurément qu'en un certain sens la famille forme une unité, et la cité également, mais cette unité ne doit pas être absolue. Car il y a, dans la marche vers l'unité, un point passé lequel il n'y aura plus de cité, ou passé lequel la cité, tout en continuant d'exister, mais se trouvant à deux doigts de sa disparition, deviendra un État de condition inférieure : c'est exactement comme si d'une symphonie on voulait faire un unisson, ou réduire un rythme à un seul pied. Mais la cité est, comme nous l'avons dit plus haut, une pluralité, qui, par le moyen de l'éducation, doit être ramenée à une communauté et une unité; et il est en tout cas étrange que le législateur, qui se propose d'introduire un système d'éducation destiné dans sa pensée à rendre la cité vertueuse, s'imagine amender les citoyens par des mesures du genre dont nous parlons, et non par les usages, la philosophie et les lois, procédant à la façon dont, à Lacédémone et en Crète, le législateur a établi la communauté dans les choses relatives à la propriété par l'institution des repas publics. Mais voici encore une chose à ne pas ignorer : il convient de réfléchir à la longueur du temps écoulé et aux nombreuses années pendant lesquelles ces mesures réformatrices ne fussent pas demeurées sous le boisseau, si l'affaire en avait vraiment valu la peine. Car tout, ou peu s'en faut, a été découvert dans ce domaine, bien que certains de ces plans n'aient pas été recueillis, et que d'autres ne soient pas mis en pratique, alors qu'on les connaît. L'impossibilité de les réaliser recevrait une confirmation éclatante, si on pouvait observer une pareille constitution politique en plein travail d'édification : on verrait alors qu'il n'est pas possible de fonder une cité sans diviser et séparer la communauté totale, d'une part en associations pour repas publics, et d'autre part en phratries et en tribus. Toute la législation platonicienne n'aura donc abouti à rien d'autre qu'à exempter la classe des gardiens des travaux agricoles, ce qui est précisément une mesure que même aujourd'hui les Lacédémoniens tentent d'introduire.

Mais on ne voit pas non plus quelle sera, à l'égard des membres de la communauté, la forme de la constitution politique prise dans son ensemble. Socrate n'en a pas parlé, et ce n'est pas non plus facile à dire. Pourtant, on peut avancer que la grande majorité des habitants de la cité est composée de la masse de citoyens des autres classes, pour lesquels aucun statut n'a été fixé : la communauté des biens doit-elle s'appliquer aussi aux laboureurs, ou encore sera-ce la propriété individuelle? Leurs femmes et leurs enfants resteront-ils propres à chacun d'eux, ou tomberont-ils en communauté? Si, en effet, les laboureurs possèdent tout en commun de la même façon que les gardiens, en quoi différeront-ils de ces derniers? Ou quel avantage, dans ce cas, retireront-ils en étant soumis à leur autorité? Ou quelle considération les fera se soumettre à la classe des gouvernants, à moins que celle-ci n'adopte l'habile politique des Crétois? Ceux-ci ont concédé à leurs esclaves tous les droits des hommes libres et ne leur ont interdit que deux choses : les exercices de gymnastique et le droit de porter les armes. Si l'on veut, au contraire, que les droits de la famille et le régime de propriété chez les laboureurs soient semblables à ce qu'ils sont dans les autres cités, quelle sera la

forme de la communauté? En une seule cité on aura nécessairement deux cités, qui s'opposeront l'une à l'autre. Car Socrate fait des gardiens une sorte
de troupe de garnison, tandis que les laboureurs, les artisans et le reste de
la population sont les citoyens. Mais plaintes, procès et autres maux que
Socrate déclare exister dans les autres cités, tout cela existera aussi parmi ces
citoyens. Cependant, il assure que, grâce à l'éducation, les citoyens n'auront pas besoin de beaucoup de règlements, tels les règlements de la police,
de la voirie urbaine et des marchés et autres de cette sorte, bien qu'il réserve
l'éducation aux seuls gardiens. De plus, il laisse les laboureurs maîtres de
leurs propriétés sous condition de payer une redevance. Mais alors il est
vraisemblable qu'ils seront beaucoup plus indisciplinés et arrogants que ne
l'est, chez certains peuples, la classe des ilotes — habitants de la ville d'Hi-
los, sujets des Spartiates et traités comme des inférieurs —, ou des esclaves
en général. Cependant, que cette communauté des femmes et des biens soit
nécessaire au même titre pour les laboureurs que pour les gardiens, ou
qu'au contraire elle ne le soit pas, toujours est-il qu'en fait ce point n'a été
nullement déterminé, pas plus que les problèmes qui s'y rattachent, comme
de savoir quel rôle politique sera réservé à la classe des laboureurs, quelle
éducation et quelles lois leur seront données. Mais il n'est facile ni de
répondre à ces questions, ni cependant de minimiser l'importance des
qualités distinctives de la classe inférieure, si l'on veut sauvegarder la communauté des gardiens.

Critique des *Lois* de Platon

Des objections à peu près semblables s'adressent également aux *Lois*,
dont la rédaction est postérieure, et c'est pourquoi il vaut mieux examiner
brièvement la forme de gouvernement qui y est décrite. Dans *La République*,
en effet, Socrate n'a déterminé d'une manière complète qu'un petit nombre
de points, tels que les règlements à appliquer à la communauté des femmes
et des enfants et à celle des biens, ainsi que la structure de la constitution
(car l'ensemble de la population est divisée en deux classes, l'une est celle
des laboureurs et l'autre le corps des combattants; une troisième classe, re-
crutée au sein de cette dernière, forme le corps délibérant et gouverne la
cité); mais au sujet des laboureurs et des artisans, la question de savoir s'ils
sont complètement exclus des fonctions publiques ou s'ils y ont part dans
une certaine mesure, et en même temps si ces classes doivent porter les armes et participer ou non à la guerre, sur tout ces points Socrate n'a fourni
aucune précision. En revanche, il estime que les femmes doivent faire la
guerre aux côtés des gardiens et recevoir la même éducation qu'eux. Quant
au reste du traité, il est rempli de digressions étrangères au sujet, et de discussions portant sur le genre d'éducation qui convient aux gardiens. D'un
autre côté, *Les Lois* ne sont, en fait, dans leur majeure partie, qu'une collection de dispositions législatives, et l'auteur a dit peu de choses de la forme
du gouvernement; et, tout en voulant faire une constitution d'un type
mieux adapté aux diverses cités, il revient peu à peu à son autre constitution
idéale. En effet, à l'exception de la communauté des femmes et des biens,
pour tout le reste il assigne les mêmes dispositions aux deux constitutions :

l'éducation y est la même, la vie des citoyens reste affranchie des œuvres serviles, et on y prévoit pareillement des repas en commun. Une seule différence : dans *Les Lois* il est indiqué qu'il doit y avoir des repas communs même de femmes, et le nombre de citoyens appelés à porter les armes, qui était de mille dans *La République*, passe ici à cinq mille.

Les discours de Socrate ont toujours, il est vrai, quelque chose d'incomparable; ils sont pleins de grâce, d'originalité et d'ardeur dans la recherche. Mais la perfection en toutes choses est sans doute difficile à atteindre : par exemple, en ce qui regarde le chiffre de la population que nous venons de citer, il ne faut pas se dissimuler que pareille multitude nécessitera un territoire aussi grand que celui de Babylone, ou quelque autre emplacement d'étendue illimitée, d'où tireront leur nourriture ces cinq mille hommes qui ne sont pas astreints au travail, et auxquels on doit ajouter la masse beaucoup plus considérable des femmes et des gens de service qui gravitent autour. Sans doute devons-nous nous proposer un idéal conforme à nos vœux : encore faut-il qu'il ne soit pas irréalisable.

On nous dit que le législateur, en établissant ses lois, doit avoir son regard fixé sur deux points : sur le territoire et sur les hommes. Mais il est bon d'ajouter encore qu'il doit faire entrer en ligne de compte les pays voisins, si tout d'abord la cité doit vivre d'une vie politique et non d'une vie repliée sur elle-même (car il est indispensable que l'État dispose d'une force militaire suffisante pour l'utiliser en vue de la guerre, non seulement à l'intérieur de son propre territoire, mais encore contre les pays étrangers). Et si on n'accepte pas l'idée d'une vie active de ce genre, soit pour l'individu, soit pour la communauté politique, il n'en faut pas moins que les citoyens soient redoutables à leurs ennemis, non seulement quand ceux-ci envahissent le territoire, mais encore quand ils battent en retraite.

L'étendue de la propriété familiale mérite aussi considération : ne vaudrait-il pas mieux fixer cette étendue différemment, d'une façon plus claire? L'auteur nous dit que cette propriété doit être assez grande pour qu'on puisse vivre avec « tempérance », comme s'il disait « pour vivre bien » : c'est là une indication trop générale, et de plus on peut vivre d'une vie tempérante et cependant misérable. Mais une meilleure norme serait : « Pour vivre avec tempérance et libéralement » (car si on sépare ces deux notions, la dernière ne manquera pas d'être associée à la vie de jouissance, et l'autre à la vie de labeur), puisque tempérance et libéralité sont les seules dispositions désirables se rapportant à l'usage des biens : par exemple, on ne peut pas user des richesses avec douceur ou avec courage, mais avec tempérance et libéralité, et par suite ces dispositions ont un lien nécessaire avec la propriété. Il est absurde aussi qu'en égalisant les propriétés l'auteur s'abstienne de statuer sur le nombre de citoyens, mais laisse la procréation des enfants sans contrôle, dans la pensée qu'elle sera suffisamment ramenée au même total par l'effet des unions stériles, si nombreux que soient par ailleurs les enfants engendrés, sous prétexte que les choses, semble-t-il, se passent actuellement ainsi dans les cités. Mais le nombre des citoyens demande à être fixé avec une exactitude incomparablement plus grande dans la cité platonicienne qu'actuellement dans nos cités : à l'heure qu'il est, personne n'est dans le dénuement, du fait que les biens sont répartis parmi tous les citoyens, quel que soit le nombre de ceux-ci, tandis que dans le système préconisé, les biens étant indivisés, il arrivera fatalement que les enfants en surnombre ne posséderont rien du tout, qu'ils soient en petit nombre ou en grand nombre. On peut même penser qu'il est plus indiqué d'imposer des restrictions à la procréation que d'assigner une limite à la propriété, pour faire en sorte que les naissances ne dépassent pas un chiffre déterminé. Ce maximum serait fixé en calculant les chances de mortalité chez les enfants mis au monde, et de stérilité chez les autres couples. La liberté de la procréation, à la façon dont elle existe dans la plupart des États, est une cause infaillible de misère pour les citoyens, et la misère engendre les séditions et la criminalité. En fait, Phidon de Corinthe, l'un des plus anciens législateurs, était d'avis que le nombre des familles et des citoyens devait rester immuable, quand bien même originairement tous eussent reçu des lots de grandeur inégale. Or dans *Les Lois* dont nous parlons, c'est tout le contraire qu'on fait. Mais sur ces différents sujets, nous dirons plus loin quelle meilleure solution nous envisagerions.

Nos *Lois* laissent encore de côté la question de savoir, en ce qui regarde les gouvernants, comment ils se différencieront des gouvernés. Socrate, en effet, dit seulement que la relation devant exister entre les gouvernants et les gouvernés doit être semblable à celle de la chaîne à la trame, qui sont faites de laines différentes. Et puisqu'il permet que la totalité des biens d'un citoyen s'accroisse jusqu'au quintuple de sa valeur initiale, pour quelle raison la propriété immobilière de chacun ne pourrait-elle pas s'accroître jusqu'à une certaine limite? On doit aussi examiner si la division des domaines familiaux n'est pas, en fin de compte, nuisible à une bonne administration domestique, car l'auteur assigne à chaque citoyen deux domaines distincts et séparés, alors qu'il est difficile de tenir un double ménage.

Le système de gouvernement tout entier qui nous est présenté tend, il est vrai, à n'être ni une démocratie, ni une oligarchie, mais un milieu entre les deux, qu'on nomme d'ordinaire république proprement dite, le gouvernement étant recruté parmi ceux qui servent dans les hoplites (bataillons de guerriers constitués de citoyens). Assurément, si Socrate élabore cette forme de constitution dans l'idée qu'elle est celle qui de toutes s'applique le plus aisément à nos cités, il a eu probablement raison; mais s'il la conçoit comme étant la plus parfaite, prenant rang immédiatement après sa constitution idéale, c'est là une erreur de sa part. Peut-être, en effet, la constitution de Lacédémone recevrait-elle davantage notre approbation, ou même n'importe quelle autre plus aristocratique. En fait, certains prétendent que la constitution idéale doit être une combinaison de toutes les formes existantes (et c'est la raison de la faveur dont jouit auprès d'eux celle de Lacédémone, car elle est un mélange, disent-ils, d'oligarchie, de monarchie et de démocratie, voulant signifier par là qu'elle est une monarchie par ses rois, une oligarchie par la magistrature des gérontes (ou Anciens), et que l'élément démocratique y est représenté par la magistrature des éphores (ou tribuns), les éphores étant pris dans la classe populaire. Selon d'autres, au contraire, l'Éphorat est une tyrannie et le facteur démocratique est représenté par les repas en commun et les autres usages de la vie journalière). D'autre part, dans *Les Lois* en question, on nous dit que la constitution idéale doit être un composé de démocratie et de tyrannie : or ce sont là deux régimes ou bien qui ne sauraient d'aucune façon être comptés au nombre des gouvernements légaux, ou bien qui sont les pires de tous. Est ainsi préférable la théorie de ceux qui combinent un plus grand nombre de formes, car la constitution est d'autant meilleure qu'elle est composée d'éléments plus nombreux.

Ensuite, la constitution que nous propose Socrate ne contient de toute évidence aucun facteur monarchique, mais elle est de type oligarchique et de type démocratique, avec une tendance plus prononcée à l'oligarchie. Cette tendance résulte clairement du mode de nomination des magistrats : leur désignation par voie de tirage au sort sur une liste de candidats choisis par élection est assurément une procédure commune à la fois à l'oligarchie et à la démocratie, mais l'obligation imposée aux citoyens riches d'assister à l'Assemblée et de participer à l'élection des magistrats ou de remplir quelque autre devoir civique, alors que le reste de la population est laissé entièrement libre, est un caractère du régime oligarchique, comme l'est également l'effort déployé pour s'assurer une majorité de gouvernants prise dans la classe des riches, et pour choisir les titulaires des plus hautes charges parmi les citoyens payant le cens le plus élevé.

Le même caractère oligarchique est apporté à l'élection du conseil : le vote est, en effet, obligatoire pour tous les citoyens, mais leur choix doit se porter sur des candidats appartenant à la première classe censitaire, puis, en nombre égal, sur des candidats de la seconde classe, et ensuite de la troisième, avec cette exception dans ce dernier cas que l'obligation de voter n'existe pas pour tous les citoyens, mais seulement pour ceux des trois premières classes : et l'élection des candidats de la quatrième classe est seulement obligatoire pour les citoyens de la première et de la seconde classe. Ensuite, au sein de ceux qui sont ainsi choisis, Socrate dit qu'il convient de désigner un nombre égal pour chacune des classes censitaires.

Dès lors, les électeurs appartenant aux classes censitaires les plus élevées seront plus nombreux et seront favorisés, parce qu'un certain nombre de citoyens des classes populaires s'abstiendront de voter, dégagés qu'ils sont de toute obligation à cet égard. Qu'ainsi donc la constitution parfaite dont nous avons parlé ne doive pas consister dans une combinaison de démocratie et de monarchie, cela résulte clairement des considérations qui précèdent et de ce que nous dirons par la suite, quand le moment viendra d'examiner cette sorte de gouvernement. Ajoutons que ce mode d'élection des magistrats, consistant à les choisir sur une liste de candidats élus, présente aussi des risques : il suffit que quelques citoyens, même en petit nombre, veuillent faire bloc, pour qu'ils disposent constamment, à leur volonté, des élections.

Ce qui a trait à la constitution décrite dans *Les Lois* se présente donc comme nous l'avons exposé.

Aristote, *Politique*, livre II, chapitres I à VI.

Ce n'est pas qu'Aristote renonce à tracer le portrait théorique du meilleur gouvernement, mais dans la pratique, il admet qu'il faut d'abord trouver « des modalités bonnes et applicables » que les sociétés se donnent pour consolider leur organisation. De sorte que cet ouvrage important présente deux parties : une première partie générale où Aristote analyse, en plus des fondements de l'État, les types de gouvernements existants ou même seulement possibles; une seconde partie qui comporte une théorie du gouvernement parfait. Aristote a inclus l'étude de certains États barbares, mais observons que ses recommandations ne sont destinées qu'aux cités grecques. Il considère, par exemple, que l'État ne doit pas être trop grand. Un bon critère de discrimination, à cet égard, est « que, dans un État donné, les citoyens peuvent se reconnaître et s'apprécier les uns les autres ». Enfin, et ici c'est un trait du conservatisme aristotélicien, il faut se garder d'user de trop d'audace dans la définition du meilleur gouvernement possible.

Scepticisme devant l'innovation

> L'innovation a été féconde dans toutes les sciences, dans la médecine qui a renoncé à ses vieilles pratiques, dans la gymnastique, bref dans toutes les branches de l'activité humaine; et puisqu'il faut ranger la politique au nombre des sciences, il est évident qu'il doit en être de même pour elle. Les faits eux-mêmes pourraient en fournir la preuve, car les lois antiques étaient par trop simples et barbares [...] Mais à envisager les choses sous un autre angle, l'innovation en politique réclame de grandes précautions [...] L'exemple tiré des sciences n'est pas exact, en ce sens qu'innover dans une science et innover dans la législation n'est pas la même chose. C'est que la loi n'a pas d'autre force pour se faire obéir que celle qu'elle tient de l'habitude; or l'habitude ne se forme que par une longue suite d'années. Par suite, la facilité à substituer aux lois existantes d'autres lois nouvelles a pour conséquence d'affaiblir la puissance même de la loi.

> **Aristote, *Politique*, livre II, chapitre v, paragraphe 2.**

La vertu est faite de modération

L'éthique, ou science des mœurs, est bien représentée chez Aristote. Nul doute que le philosophe se sera attaché, dans l'*Éthique à Nicomaque*, à inculquer les préceptes de conduite les plus purs que son esprit ait pu concevoir. On admet d'ailleurs que cet ouvrage est bien de lui et résume toute la pensée éthique de son auteur, alors qu'on n'est pas convaincu de la paternité de ses autres ouvrages de morale. Après sa mort, beaucoup de notes de cours et de textes se mirent à circuler sous son nom, qui étaient en réalité l'œuvre de certains de ses disciples, comme Eudème ou Anaximène.

L'expérience atteste que le Bien est le bonheur suprême que l'homme cherche à atteindre à travers son activité. Pour que celle-ci soit vertueuse, il faut qu'elle soit guidée par la raison, mais aussi par l'expérience, à laquelle contribue l'expérimentation scientifique. La vertu est une disposition permanente de l'âme à agir selon la raison, et Aristote distingue bien l'intelligence, d'une part, et la volonté, d'autre part. Même si l'auteur procède d'une conception idéaliste du Bien, il se rend bien compte que, dans le domaine de la morale, il y a loin de la théorie à la pratique. Les tentations sont souvent plus fortes que les convictions.

Dans un de ses ouvrages à caractère discoureur, la *Rhétorique*, qui emprunte quelque peu à la première sophistique, Aristote nous fait part de sa conception de la jeunesse. Comme on est loin ici du philosophe imperturbable! L'observateur lucide et non dénué de malice porte un regard tendre et indulgent sur celui qu'il fut. Il transporte ensuite cette vision sur son jeune fils, qui ne devait pas être si différent de ses compagnons d'étude.

La jeunesse

Les jeunes ont l'âme désirante et portée à réaliser ses désirs. Mais changeante, prompte au dégoût pour l'objet du désir. Ils s'éprennent avec force, se déprennent vite : aspirations aiguës, peu profondes, fringales et caprices de malades. Ils sont emportés, bouillants, prompts à céder à l'impulsion. Incapables aussi de se maîtriser ; car, par vanité, ils ne supportent pas qu'on fasse d'eux bon marché, et s'indignent s'ils se jugent lésés. Et encore : ils sont épris d'honneur, ou plutôt de victoire ; car la jeunesse aspire à la suprématie et la victoire en est une. Ces deux passions se retrouvent chez eux, plutôt que celle de l'argent ; celle-ci, ils ne la connaissent pas du tout, parce qu'ils n'ont pas encore connu le besoin. Non malveillants, mais naïfs, parce qu'ils n'ont pas encore vu beaucoup de méchanceté. Confiants, parce qu'ils n'ont pas été souvent dupés. Ils voient la vie en rose : comme une ivresse. Leur jeune sève les échauffe ; et puis, ils n'ont pas encore eu beaucoup d'échecs. Ils vivent presque tout le temps en espérance : l'espoir regarde l'avenir, le souvenir regarde le passé. Et pour les jeunes, l'avenir est long, le passé encore court.

Aristote, *Rhétorique*, livre II, chapitre XII.

C'est dans la jeunesse, comme on le voit, que se manifeste l'ὑϐρεις ou *ibris* avec une intensité particulière. Les ambitieux et les exaltés perpétuent ce trait de caractère toute leur vie. Aristote lui oppose la bienveillance, où s'exprime un certain désintéressement, qui est celui du sage et qui devrait être celui de tout citoyen préoccupé du bien commun au moins autant que de son bien propre. La société est le lieu où les individus se témoignent de la bienveillance et où le bienfaiteur nourrit une affection particulière envers ceux qui lui sont obligés; ce n'est donc pas une relation d'intérêt mais de désintéressement réel.

La bienveillance envers le prochain

La bienveillance, tout en présentant des analogies avec l'amitié, s'en distingue néanmoins. La première peut s'adresser même à des inconnus et demeurer cachée, au contraire de l'amitié. Sur ce point, nous nous sommes déjà exprimé. Elle n'est pas non plus l'affection, car elle n'implique ni effort, ni élan, tous caractères qui accompagnent l'affection. Disons encore que cette dernière suppose les relations habituelles, tandis que la bienveillance peut naître subitement, comme on le voit en ce qui concerne les athlètes. On éprouve pour eux de la bienveillance; notre volonté s'associe à la leur, sans toutefois nous faire participer à leurs actes, car, ainsi que nous l'avons dit, la bienveillance naît subitement et ne nous fait aimer les êtres que superficiellement. Aussi, semble-t-elle être à l'origine de l'amitié, comme à l'origine de l'amour se trouve le plaisir qui naît de la vue. Nul ne ressent l'amour, en effet, sans avoir été agréablement séduit par la forme extérieure; toutefois celui qui tire son agrément de la beauté n'est pas pour autant en état d'aimer, il lui faut en outre éprouver le regret de l'absence et le désir de présence. De même, il s'avère impossible que l'amitié prenne naissance, si elle n'a pas été précédée de la bienveillance; toutefois les gens bienveillants ne ressentent pas l'amitié pour autant. Ils désirent seulement le bien de ceux à qui s'adresse leur bienveillance, mais ils ne voudraient pas les aider effectivement ni se donner de la peine à leur sujet. Aussi est-ce uniquement par métaphore qu'on peut appeler la bienveillance une amitié inactive; mais si elle se prolonge dans le temps et si des relations familières s'établissent, elle peut devenir une amitié distincte de celle qui se fonde sur l'utilité ou de l'agrément. Ce n'est pas de ces motifs que procède la bienveillance : l'homme qui a reçu un bienfait et qui répond par de la bienveillance aux bons offices, ne fait que se conformer à son devoir; quant à celui qui désire le bonheur d'autrui dans l'espoir d'en retirer pour son propre compte de nombreux avantages, sa bienveillance porte, semble-t-il, sur sa propre personne bien plus que sur celle d'autrui. De même, on ne doit pas donner le nom d'ami à quiconque, en prodiguant ses attentions, n'a en vue que l'utilité. En un mot, la bienveillance provient de quelque vertu et de quelque honnêteté; elle apparaît quand une personne nous semble honnête, ou courageuse, ou douée de qualités de cette sorte, comme il arrive couramment pour les athlètes, ainsi que nous l'avons dit.

La concorde, elle aussi, paraît être un des aspects de l'amitié; toutefois il importe de la distinguer de l'identité d'opinion, cette dernière pouvant exister entre personnes qui ne se connaissent pas les unes les autres. Nous ne disons pas non plus que la concorde règne entre gens qui pensent de même sur n'importe quelle question, par exemple sur les phénomènes célestes, car il n'y a rien qui se rapporte à l'amitié dans une pareille identité de pensée. En revanche, on dit que des États présentent des exemples de concorde, quand on y constate une seule et même manière de voir sur les intérêts généraux, quand on y prend les mêmes décisions et qu'on y exécute ce que l'on a jugé bon d'un commun accord. Ainsi, cette identité de sentiments s'exerce dans le domaine de l'action. Encore faut-il noter que les actes à réaliser doivent être importants, susceptibles d'intéresser les deux parties ou la totalité des individus. Par exemple la concorde existe dans les États, quand tous sont d'accord pour accepter les magistratures électives, l'alliance avec les Lacédémoniens ou l'autorité de Pittakos, si celui-ci y consentait. Mais quand chacun veut être pour son compte à la tête de l'État, comme il arrive dans les Phéniciennes, on voit se produire des dissensions. On ne peut appeler concorde la compétition pour un même objet, quel qu'il soit d'ailleurs, au profit des deux partis (populaire et aristocratique); il faut encore que le sentiment soit identique dans le même moment, par exemple si le peuple et les honnêtes gens sont d'accord pour confier à l'aristocratie le gouvernement de l'État. De la sorte, tous obtiennent ce qu'ils désirent. La concorde paraît donc être une amitié politique et c'est dans ce sens qu'on emploie le mot. Elle s'exerce dans le domaine des intérêts communs et de la vie en société. Un accord de cette sorte ne peut exister qu'entre honnêtes gens; ils se trouvent en harmonie non seulement avec eux-mêmes, mais entre eux, puisque, pour ainsi dire, l'objet de leur activité est identique. Les gens de cette sorte sont fermes dans leurs volontés, qui ne sont pas soumises à un mouvement de flux et de reflux, comme les eaux de l'Euripe [détroit entre le continent grec et l'île d'Eubée]; ils veulent le juste et l'utile et c'est à quoi il tendent et d'un commun accord. En revanche, cette concorde ne peut exister entre gens malhonnêtes, à tout le moins ne peut-elle être que très réduite. Ne leur est-il pas difficile d'être unis d'amitié? Pour ce qui est de leurs propres avantages, ils cherchent à l'emporter sur les autres; mais, en ce qui concerne les tâches difficiles et les charges publiques, ils se laissent volontier distancer. Et quand chacun poursuit son intérêt personnel, on en arrive à exercer sur le voisin une véritable inquisition et à lui barrer la route. Comme on ne veille pas aux intérêts de l'État, celui-ci dépérit. Il en résulte des conflits entre citoyens, car on veut user de contraintes les uns à l'égard des autres, tout en se refusant personnellement à exécuter ce qui est juste.

Les bienfaiteurs aiment plus vivement, semble-t-il, leurs obligés, que ceux-ci n'aiment ceux qui leur ont fait du bien. Il y a là comme une offense à la raison qui mérite l'examen. La plupart des gens paraissent tirer l'explication du fait que les uns ont une dette à acquitter, les autres une dette à recouvrer; il en irait donc comme dans les prêts à intérêts, où les débiteurs souhaitent la mort de leurs créanciers, les créanciers de leur côté se préoccupant avec soin du salut de leurs débiteurs. Ainsi, les bienfaiteurs désireraient de même que vécussent leurs obligés, dans l'espoir de recouvrer un jour la récompense de leurs bienfaits; les obligés au contraire ne se soucieraient pas de payer les autres de retour. Peut-être Épicharme soutiendrait-il que s'exprimer de la sorte, c'est voir l'homme sous un mauvais angle.

Toutefois il n'y a rien là qui contredise à l'humaine nature, la plupart des gens oubliant volontiers les bienfaits et aimant mieux en recevoir qu'en rendre. Mais la cause de ce fait peut bien paraître plus naturelle et différer de l'explication qu'on donne pour ceux qui ont prêté de l'argent à intérêt. Ceux-ci n'ont pas d'affection pour leurs débiteurs et ne veulent leur salut qu'en vue de recouvrer leur argent. Par contre les bienfaiteurs aiment leurs obligés et s'attachent à eux, même si dans le présent ces derniers ne leur sont d'aucune utilité et ne doivent pas l'être dans l'avenir. Ces sentiments ne sont pas inconnus aux artistes : tous aiment leur œuvre plus qu'ils ne seraient aimés d'elle si, d'inanimée qu'elle est, elle prenait vie. Les poètes, tout particulièrement, sont animés des mêmes sentiments : ils aiment à l'excès leurs poèmes et les chérissent comme de véritables enfants. L'attitude des bienfaiteurs n'est pas sans analogie avec la leur. L'objet de leurs bienfaits est leur œuvre propre; ils l'aiment plus que la création n'aime le créateur. En voici la raison : tous trouvent désirable et aimable le fait même d'exister; or notre existence ne se manifeste que par la force en acte, c'est-à-dire, par la vie et l'action. Par la force en acte, celui qui crée quelque chose existe de quelque manière. Il aime donc son œuvre puisqu'il aime l'existence même, conséquence bien naturelle, puisque ce qui est en puissance se révèle en acte par la force qui se déploie. En même temps, le bienfaiteur trouve beau ce qui lui permet d'agir ainsi; il se complaît à qui lui en donne l'occasion. Par contre, l'obligé ne trouve rien de beau dans l'acte du bienfaiteur, mais seulement de l'utile — ce qui provoque moins d'agrément et de sympathie. Or nous tirons de l'agrément de la force qui se déploie dans le présent, de l'espérance qui envisage l'avenir, du souvenir qui porte sur le passé. Toutefois notre agrément le plus vif provient de la force en acte; il y a là quelque chose qui nous plaît tout particulièrement. Pour le bienfaiteur son œuvre subsiste, car ce qui est bien est durable, tandis que pour l'obligé l'utilité disparaît rapidement. Ajoutons encore que le souvenir de nos belles actions est agréable, alors que le souvenir des actions utiles ne l'est pas du tout, ou l'est beaucoup moins; il en va tout autrement, semble-t-il, en ce qui concerne l'attente. Disons encore que l'affection qu'on accorde ressemble à un état de création, l'affection qui nous est témoigné à un état passif. Aussi les gens qui montrent leur supériorité dans l'ordre de l'action manifestent-ils tout naturellement de l'amitié et les traits qui caractérisent celle-ci. Il faut ajouter aussi que tout le monde aime d'avantage ce qui a coûté beaucoup de peine; par exemple ceux qui ont fait eux-mêmes leur fortune y tiennent plus que ceux qui l'ont reçue par héritage. Par conséquent, recevoir un bienfait ne semble comporter aucune difficulté, alors qu'obliger implique de l'effort. Raison pour laquelle les mères aiment leurs enfants plus que les pères : elles ont souffert davantage pour leur donner la vie et elles ont une conscience plus nette qu'ils leur appartiennent, sentiment qui semble également caractériser proprement les bienfaiteurs.

Aristote, *Éthique à Nicomaque,* **livre IX.**

C'est alors qu'apparaît, au niveau pratique, sa théorie du juste milieu. L'homme étant un être sociable, il ne trouvera son plein épanouissement que dans le milieu social. Là seulement, il pourra réaliser la vertu et le bonheur en acte; mais il ne pourra le faire qu'en mettant une limite à son avidité; le bonheur ne peut être qu'un moyen terme, sinon la société se transformerait en un perpétuel champ de bataille. « La modération a bien meilleur goût! » s'exclamerait aujourd'hui le philosophe, s'il nous voyait aux prises avec les énormes et tumultueux défis de l'époque contemporaine, si étrangers à son temps et si contraires à son esprit.

Le juste milieu

Or, il ne faut pas se contenter de cette affirmation générale sur la vertu; il faut aussi que notre théorie soit en harmonie avec les cas particuliers. En effet, en ce qui concerne les actions, qui raisonne en général raisonne dans le vide, tandis que sur les cas particuliers, on a chance d'obtenir plus de vérité. Car les actions ne portent que sur des cas d'espèces; elles doivent donc s'harmoniser avec eux. Aussi importe-t-il de les saisir d'après le tableau suivant. Le courage est une juste moyenne entre la crainte et la hardiesse. L'excès dans l'absence de crainte n'a reçu aucun nom — il en est souvent ainsi en grec; l'excès dans la hardiesse s'appelle témérité. Qui montre un excès de crainte ou un manque de hardiesse, on l'appelle lâche. Par rapport aux voluptés et aux peines, — non point toutes, et d'une manière moindre en ce qui concerne les peines —, la moyenne donne la tempérance et l'excès la débauche. Ceux qui pèchent par insuffisance dans la recherche du plaisir sont très peu nombreux; aussi les gens de cette sorte ne reçoivent-ils pas d'appellation particulière; contentons-nous de les appeler insensibles. La juste moyenne en ce qui concerne l'argent qu'on donne ou qu'on reçoit prend le nom de générosité; l'excès et le défaut à ce sujet les noms de prodigalité et d'avarice.

Les deux manières d'être sont en complète opposition dans l'excès et le défaut. En effet, le prodigue est dans l'excès en faisant des largesses, dans le défaut lorsqu'il reçoit; tandis que l'avare exagère quand il prend et pèche par défaut pour la dépense. Pour le moment donc, nous ne parlerons qu'en gros et en général, ce qui nous suffit pour l'instant; par la suite, nous apporterons sur cette question de plus grandes précisions. Il existe encore, par rapport à la richesse, d'autres comportements; la juste moyenne s'appelle aussi magnificence; or le magnifique diffère du généreux, le premier distribuant de grosses sommes, l'autre de petites. L'excès porte le nom de manque de goût et de vulgarité, le défaut celui de mesquinerie; ces défauts sont différents de ceux ayant rapport avec la générosité, mais sur la nature de cette différence nous insisterons plus tard. La juste mesure entre l'amour et le mépris des honneurs porte le nom de grandeur d'âme; l'excès est une sorte de jactance, le défaut petitesse d'âme. Le rapport qui existe entre la générosité et la magnificence, et qui consiste dans le fait que la première n'a en sa disposition que de faibles ressources peut exister relativement à la grandeur d'âme, celle-ci ayant en vue de grandes marques d'honneur, tandis que la simple ambition n'en envisage que de faibles. Il se peut que l'on vise aux honneurs comme il convient, mais aussi trop ou trop peu. Celui qui dépasse la mesure dans ses aspirations s'appelle un ambitieux; celui qui pèche par défaut est un indifférent; qui reste dans la juste mesure ne porte pas de nom particulier. Les comportements correspondants n'ont pas de noms, eux non plus, sauf celui de l'ambitieux qui est l'ambition, de sorte que les extrêmes revendiquent la place du milieu. Aussi il nous arrive de donner à celui qui demeure dans le juste milieu tantôt le nom d'ambitieux, tantôt celui d'indifférent. Il peut se faire aussi que nous louions tantôt l'ambitieux, tantôt l'indifférent. La raison en sera donnée par la suite; pour l'instant, donnons quelques précisions sur les autres vertus, de la manière indiquée. La colère présente aussi excès, défaut et moyenne; mais ces comportements sont à peu près dépourvus d'appellations particulières; néanmoins, appelant doux l'homme modéré, nous appellerons douceur cet état intermédiaire. Pour les extrêmes, on dira irascible et irascibilité en parlant de l'excès; on dira flegmatique et flegme en parlant du défaut.

Il y a aussi trois attitudes moyennes, ayant entre elles quelque analogie, mais différant les unes des autres. Toutes intéressent les rapports qu'ont entre eux les hommes, soit en paroles, soit en actes; mais elles diffèrent en ce sens que l'une s'occupe de la vérité des choses mêmes, les deux autres de l'agrément qui est en elles. Parmi ces dernières, une partie est en rapport avec le jeu, l'autre avec tous les événements de la vie. Il faut donc en parler également pour faire mieux voir qu'en tout la mesure est chose louable, que les extrêmes ne sont ni satisfaisants ni louables, que tout au contraire, ils sont blâmables. Or la plupart de ces comportements sont eux aussi dépourvus d'appellations particulières; néanmoins nous devons tâcher, comme nous l'avons fait pour le reste, de les caractériser par un nom, aussi bien en vue de la clarté que pour faciliter la compréhension. En ce qui concerne la vérité, celui qui garde la juste mesure est en quelque sorte un homme vrai; sa qualité est la véracité. Nommons le goût de l'exagération vantardise et celui qui en est atteint vantard; la tendance à se diminuer, dissimulation, et celui qui agit ainsi dissimulé. En ce qui concerne l'agrément qu'on trouve dans la plaisanterie, l'homme mesuré est l'enjoué, et son caractère l'enjouement; l'excès est la bouffonnerie, l'homme qui s'y adonne un bouffon; celui qui reste en deçà de la mesure est un rustre et le manque la rusticité; en ce qui concerne l'agrément que pour le reste on apporte dans les relations, celui qui est agréable comme il convient est l'homme aimable et la mesure l'amabilité. L'excès, sans intention intéressée, s'appelle désir de plaire et, avec l'espoir d'un profit, flatterie. Celui qui reste en deçà de la juste moyenne et qui, en toutes circonstances, se montre désagréable est un homme d'humeur bourrue et déplaisante. Les états émotifs et les passions comportent aussi un juste milieu. Car si la pudeur n'est pas une vertu, on loue néanmoins l'homme qui éprouve ce sentiment, car dans ce genre d'émotions, les uns restent dans le juste milieu, les autres le dépassent; tel l'homme qui manque d'assurance et qui craint en tout de donner de soi une mauvaise opinion. Celui qui manque de pudeur et que rien ne fait rougir est un impudent; celui qui garde la juste mesure, un homme qui se respecte. L'indignation que cause le bonheur immérité d'autrui tient le milieu entre l'envie et la malignité; ces sentiments ont rapport à la peine et au plaisir causés par ce qui arrive aux autres. C'est qu'en effet l'homme qui ressent cette indignation s'afflige d'un bonheur immérité, tandis que l'envieux, allant plus loin, s'afflige du bonheur d'autrui, en toutes circonstances, et celui qui est réellement atteint de malignité, loin de s'affliger du malheur d'autrui, s'en réjouit. Mais sur ce sujet nous trouverons ailleurs encore l'occasion de revenir. Comme la notion de justice n'est pas si simple, nous ferons par la suite les deux divisions nécessaires et nous en parlerons pour dire comment chacune admet un juste milieu; nous en ferons autant pour les vertus intellectuelles.

Ainsi donc, puisqu'il y a trois comportements, que deux d'entre eux sont des défauts, l'un par excès, l'autre par manque, tandis que la vertu est unique et consiste dans la juste mesure, tous ces comportements s'opposent, de quelque manière, les uns aux autres; les extrêmes s'opposent au comportement intermédiaire et l'un à l'autre, aussi bien que l'intermédiaire aux extrêmes. De même que l'égal est plus grand que le moins et moins grand que le plus, de même les comportements moyens, dans les passions et les actions sont en excès à l'égard du défaut et, à l'égard de l'excès, présentent un défaut. En effet, le courageux, par rapport au lâche, paraît audacieux; mais, par rapport à l'audacieux, il paraît lâche. De même le tempérant passe aux yeux de l'insensible pour intempérant et aux yeux de l'intempérant pour insensible. Le libéral, au regard de l'avare, est prodigue et, aux yeux du prodigue, un avare. Ainsi chacun des extrêmes repousse respectivement celui qui occupe la position intermédiaire vers son propre contraire, si bien que la lâcheté qualifie de témérité le courage que la témérité à son tour traite de lâcheté. Il en va de même pour les autres comportements. Étant donné cette opposition réciproque des termes, les extrêmes s'opposent plus fortement l'un à l'autre qu'ils ne le font au comportement moyen. C'est que la distance entre eux est plus grande que par rapport au moyen, comme le grand terme et le petit sont plus distants l'un de l'autre que tous deux ne le sont du moyen terme. Ajoutons encore que, par rapport au moyen, parfois les extrêmes laissent transparaître quelque ressemblance, comme entre l'audace et le courage, entre la prodigalité et la générosité.

Mais les extrêmes entre eux montrent la plus grande dissemblance. Par conséquent, les extrêmes les plus éloignés l'un de l'autre reçoivent l'appellation de contraires; c'est pourquoi l'opposition est d'autant plus vive que la distance est plus grande entre eux. Tantôt c'est ce qui pèche par défaut, tantôt ce qui pèche par excès qui est plus éloigné de la position intermédiaire; par exemple, en ce qui concerne le courage, la témérité, qui est un excès, en est moins éloignée que la lâcheté, qui est un manque; par contre, en ce qui concerne la tempérance, l'insensibilité, qui est un manque, en est plus rapprochée que l'intempérance, laquelle est un excès. À cela deux causes : l'une provenant de la chose même; comme l'un des extrêmes est plus proche du moyen et plus semblable à lui, ce n'est pas cet extrême, mais l'autre que nous lui opposons plus volontiers; par exemple, du moment que la témérité paraît plus semblable au courage et plus voisine, tandis que la lâcheté en diffère davantage, c'est cette dernière que nous lui opposons plus volontiers. En effet, les choses les plus éloignées du juste milieu semblent bien être davantage son contraire. Telle est donc cette cause qui provient de l'objet même. La seconde provient de nous-mêmes. En effet, plus les objets nous attirent par une inclination naturelle, plus de toute évidence ils répugnent à la moyenne; par exemple, plus la nature nous entraîne vers les plaisirs, plus nous sommes enclins à la licence qu'à la décence. Aussi disons-nous qu'est plus contraire au juste milieu ce pour quoi nous avons une plus grande propension. Aussi, l'intempérance qui est un excès est-elle plus opposée que l'insensibilité à la tempérance.

Ainsi donc la vertu morale est une moyenne, dont nous avons précisé les conditions : elle est un milieu entre deux défauts, l'un par excès, l'autre par manque; sa nature provient du fait qu'elle vise à l'équilibre aussi bien dans les passions que dans les actions. Tout cela, nous l'avons dit suffisamment. Aussi est-il difficile de se montrer vertueux. En chaque cas atteindre le juste milieu ne va pas sans peine, de même que déterminer le centre de la circonférence est le propre, non du premier venu, mais du savant. De même il est à la portée de n'importe qui de se mettre en colère, aussi bien que de distribuer de l'argent et de faire des largesses. Par contre, savoir à qui il faut donner, combien, quand, pour quelle fin et de quelle manière, voilà qui n'est pas à la portée de tout le monde et qui est difficile. Aussi le bon emploi de l'argent est-il rare, autant que louable et beau. Par conséquent, il faut que celui qui vise la juste moyenne commence par s'éloigner de ce qui s'en écarte le plus selon le conseil de Calypso :

Toi, pilote, tiens ta nef éloignée de cette fumée et de cette agitation des flots.

En effet, l'un des extrêmes nous fait commettre une plus grosse faute que l'autre. Puisqu'il est extrêmement difficile d'atteindre le juste milieu, à la seconde traversée, comme dit le proverbe, il faut se contenter des moindres maux; ce qui se produira si nous suivons la méthode indiquée. Il faut donc examiner dans quel sens nous nous trouvons surtout entraînés. Car la nature nous porte dans des directions opposées. Nous pourrons facilement comprendre nos penchants par le plaisir et la peine que nous éprouvons. Il faut donc nous porter vivement dans le sens opposé à celui où nous nous sentions entraînés. Quand nous nous serons éloignés à bonne distance de la faute, nous arriverons à ce juste milieu. C'est ainsi que procèdent les ouvriers qui redressent les branches tordues. En tout, il faut particulièrement se garder de l'agréable et du plaisir. Car nous n'en décidons pas en toute impartialité. Aussi nous faut-il prendre vis-à-vis du plaisir la même attitude que les chefs vis-à-vis d'Hélène et nous répéter en toutes circonstances leur parole : ce n'est qu'après nous en être débarrassés que nous commettrons moins de fautes. Ce faisant, pour nous résumer, nous serons mieux en état de parvenir à un juste équilibre. Voilà qui ne va pas sans difficulté dans les circonstances dont chacun est juge; il est difficile de déterminer comment, contre qui, à quel sujet et combien de temps la colère peut se manifester. Il nous arrive, en effet, de louer ceux qui se tiennent en deçà de la colère et de dire qu'ils sont d'humeur facile; mais il peut se faire aussi que nous appelions ceux qui se fâchent de vrais mâles. Eh bien! celui qui s'écarte légèrement du bien soit par excès, soit par défaut n'encourt pas le blâme;

seul le mérite celui qui s'en écarte beaucoup, car sa faute ne nous échappe pas. D'ailleurs, il n'est pas facile de déterminer raisonnablement jusqu'à quel point et dans quelle mesure l'homme qui s'emporte est blâmable. La difficulté est identique pour tout ce qui appartient au domaine du sensible; car il n'y a là que des cas d'espèce et le jugement relève des fonctions des sens. En voilà assez pour montrer qu'une disposition moyenne est, en toutes circonstances, louable, mais que selon les cas il convient de pencher tantôt vers l'excès, tantôt vers le défaut. Dans ces conditions nous atteindrons très facilement la position moyenne et le bien.

Aristote, *Éthique à Nicomaque*, livre II.

Cette conception n'est pas sans surprendre en un temps où le manque d'harmonie est visible entre les aspirations individuelles et les nécessités sociales, la société n'ayant pas su ou pas pu fondre harmonieusement ces besoins légitimes; les sages s'avouent souvent rebutés par les exigences de l'action politique qu'ils abandonnent aux mains des faiseurs d'illusions, des prestidigitateurs et des politiciens professionnels. Pour Aristote, au contraire, les intérêts de la cité et du citoyen sont pleinement complémentaires, et même indissociables. On ne retrouvera pas de sitôt une telle fusion des dimensions personnelle et civique.

Le pluralisme politique

Doit-on en déduire qu'une cité vertueuse est celle où tous les citoyens ne peuvent que pratiquer la vertu? C'est en quelque sorte le raisonnement que faisait Platon lorsqu'il envisageait un mode de régulation autoritaire de la vertu individuelle en assignant des places sociales bien circonscrites en rapport avec le mérite personnel et en s'assurant que l'élite, continuellement sous le regard de ses semblables, ne puisse déroger aux principes de l'excellence morale. Ce n'est pas la solution que préconise Aristote. Rendre tous les hommes uniformément moraux est une tâche qui ne peut s'accomplir que dans le strict univers de l'entendement. Dans l'existence pratique, il est une autre façon de faire émerger la morale. Il faut équilibrer les tendances contradictoires.

Alors que Platon ne laissait aucune place à l'individualité et exigeait que les membres de la classe dirigeante se fondent dans un tout homogène, d'où la disparition, dans son système, des éléments personnalisants que constituent la fortune ou la famille, Aristote se propose de prendre la société comme un tout dont il faut équilibrer les excès et les manques. C'est ce qui expliquera qu'on le prenne souvent pour un conservateur, étant donné qu'il se fait l'apôtre de la modération et le chantre des classes moyennes. À l'homogénéité platonicienne s'oppose le pluralisme aristotélicien. La cité étant composée d'une multitude de citoyens indépendants, le moyen d'assurer leur cohésion n'est pas de leur imposer une autorité absolue réglant l'ensemble de leurs comportements, mais au contraire, d'utiliser la loi à des fins pédagogiques, à savoir comme moyen de préserver à la fois l'individualité des personnes et la cohésion de l'ensemble. À l'époque moderne, la même question resurgira et nous verrons apparaître des positions politiques qui s'apparenteront à l'opposition entre Platon et Aristote : Thomas Hobbes préférera un Léviathan tout-puissant afin de garantir la cohérence du corps politique, alors que John Locke préconisera la règle majoritaire comme moyen de régler les conflits pouvant surgir entre citoyens.

La loi ne constitue donc pas pour Aristote une concession à la fragilité humaine, mais plutôt l'institution la plus apte à préserver la pluralité sociale, c'est-à-dire la liberté et l'égalité des citoyens. En outre, la loi ne relève pas de l'ordre de la vérité, mais de celui de la combinatoire. Une loi se doit d'être conforme au type de régime politique et au rôle des citoyens. Pour ce faire, la loi doit s'élaborer en tenant compte de trois critères : d'abord, elle doit viser à maintenir la cohésion de l'édifice politique en relevant de l'intérêt public et non des intérêts particularistes d'un groupe social; ensuite, elle doit avoir une portée générale et ne pas viser des situations particulières; enfin, elle doit recueillir l'assentiment du groupe auquel elle s'applique.

À cet égard, Aristote se révèle relativement moderne, puisqu'il conçoit la loi à la fois dans sa fonction sociale, à savoir comme moyen de règlement pacifique des conflits, et dans sa fonction morale, qui est d'amener les êtres humains au bonheur. La loi a par conséquent un caractère d'habitude sociale, une habitude sociale qui lie d'ailleurs les générations les unes aux autres, puisqu'on y retrouve la trace de l'expérience historique d'une société, et l'on voit bien là le lien que ne cesse d'établir Aristote entre l'excellence personnelle et l'excellence politique.

C'est dans ce cadre qu'il faut comprendre les types d'États qu'examine Aristote et le portrait qu'il nous brosse de l'État idéal dans les derniers livres de la *Politique*. Il distingue trois types de gouvernement : la monarchie, l'aristocratie et la république. On appelle monarchie l'État, dirigé vers cet intérêt commun, qui n'appartient qu'à un seul; aristocratie, celui où il est confié à plus d'un, choisis parmi les plus honnêtes; et enfin république, celui où le peuple gouverne pour l'utilité publique.

Ce sont là les types « normaux » là où le ou les chefs recherchent le bien général et la modération. Dès que l'intérêt particulier prend le pas sur l'intérêt commun, surgissent les types « anormaux » de gouvernement : tyrannie, oligarchie et démocratie. La tyrannie est une dégénérescence de la royauté, l'oligarchie de l'aristocratie, la démocratie de la république. Il est intéressant de voir ici l'association que l'auteur fait entre démocratie et « pouvoir par une classe particulière ». Cette conception est bien différente de celle généralement admise aujourd'hui dans notre civilisation.

À qui confier le pouvoir?

Mais un problème se pose : qui sera le pouvoir souverain de l'État? C'est assurément soit la multitude, soit la classe des riches, soit celle des gens de valeur, soit un seul homme, le plus vertueux de tous, soit enfin un tyran. Mais chacune de ces solutions entraîne des difficultés manifestes. Quoi donc? Si les pauvres, parce qu'ils ont le nombre pour eux, se partagent les biens des riches, n'est-ce pas là une chose injuste? Non, par Zeus, dira-t-on, puisqu'il en a été ainsi décidé par l'autorité souveraine, ce qui ne saurait être que juste. Que devons-nous alors appeler le suprême degré de l'injustice? Prenons maintenant la population dans sa totalité, et supposons que la majorité se partage les biens de la minorité : il est clair que c'est là consommer la ruine de l'État; or il est sûr que ce n'est pas la vertu qui détruit ce en quoi elle réside, et la justice n'est pas non plus un facteur destructif de la cité; on voit, par conséquent, que la loi du nombre aussi ne peut être juste. Ajoutons que si elle l'est, tous les actes accomplis par le tyran seront eux-mêmes nécessairement justes, puisque son recours à la violence est fondé sur le droit du plus fort, ce qui est exactement le cas de la multitude quand elle s'attaque aux riches.

Mais alors, il est juste que le pouvoir soit aux mains du petit nombre et des riches? Supposons donc que ceux-ci aussi fassent ce qu'ont fait les précédents, et se mettent à piller les biens de la multitude et à l'en dépouiller : cela est-il juste? Dans l'affirmative, il faut admettre qu'il en est de même dans l'autre cas. Concluons que ces solutions sont toutes condamnables et injustes : cela saute aux yeux.

Mais alors, faut-il confier aux gens de valeur l'autorité et le pouvoir souverain sur tous? Il s'en suivra nécessairement que tous les autres seront privés des droits civiques, écartés qu'ils sont de l'honneur d'exercer les charges publiques : car nous appelons *honneurs* les fonctions officielles, et quand ce sont toujours les mêmes qui sont au pouvoir, il en résulte forcément que le reste de la population est frappé d'indignité.

Vaut-il mieux alors confier le pouvoir à un seul individu, le plus vertueux de tous? Mais cette solution est de type encore plus oligarchique que la précédente, puisque les individus exclus des honneurs sont en plus grand nombre. On objectera peut-être que de toute façon c'est un mal de remettre le pouvoir suprême, non pas à la loi, mais à un homme, quel qu'il soit, ayant une âme sujette à tous les accidents des passions. Soit. Mais si c'est la loi qui gouverne et qu'elle soit de tendance oligarchique ou démocratique, qu'y aurons-nous gagné en ce qui concerne les difficultés qui nous ont arrêté? Les conséquences que nous avons signalées se reproduiront.

Aristote, *Politique*, livre III, chapitre x.

Au dire d'Aristote, tant l'oligarchie que la démocratie affichent des faiblesses de conception susceptibles de rendre ces régimes fragiles. Chacun n'atteint qu'à une compréhension imparfaite et fragmentaire de la notion de justice. Tel avantage consenti aux uns réduit la liberté des autres et introduit de nouvelles injustices, qui accroissent les frustrations d'un nombre important de citoyens. Le problème se laisse circonscrire par la logique déductive : la conduite de l'État doit mener à la réalisation du bonheur et de la vertu. Prenons maintenant le cas de l'oligarchie. Il est normal, dans un tel régime, que ceux qui se dévouent davantage à la tâche politique atteignent plus de bonheur que les autres, recevant à même leur travail des retombées plus importantes, plus de richesses et divers autres avantages. L'existence et la prospérité de la classe politique est de ce fait une réalité incontournable. L'oligarchie souffre de cette inégalité, qui peut en miner la légitimité.

Prenons ensuite le cas de la démocratie. Dans un tel régime, tous réclament l'égalité. Aristote fait toutefois observer que cette égalité ne peut être atteinte qu'entre ceux qui sont dans les faits égaux, par leurs talents et leur condition économique. La démocratie d'Aristote est par conséquent la reconnaissance de la stratification naturelle de la société. Il ne serait pas démocratique que les uns se hissent au-dessus de leur condition à la faveur du jeu démocratique. Si ces leaders sont intelligents et rusés, il leur sera facile de manier la démagogie, voire la force physique. La démocratie glissera alors vers un gouvernement démagogique, conquis à force de persuasion, de manipulation et de mensonge, voire vers la tyrannie, alors qu'une faction saisit le pouvoir par la force. Aristote s'étend d'ailleurs assez longuement sur les causes des révolutions, où plusieurs de ses arguments sont repris et illustrés d'exemples tirés de l'histoire. C'est pour éviter l'éclatement de conflits au sein du système politique que l'auteur finit par prêcher la voie du juste milieu, qui est centrale pour la compréhension de son œuvre. Le tracé de ce juste milieu, de cet espace de compromis entre les intérêts des uns et des autres n'est pas aisé à définir. Aristote introduit alors un relativisme discret dans sa conception idéale du gouvernement juste.

Ce qui nous conduit à examiner un aspect important de la pensée d'Aristote qui inspirera, à travers la reprise qu'en fera Montesquieu, nombre de constitutions actuelles, à savoir la séparation des pouvoirs afin d'assurer la modération des ambitions personnelles et de tracer des limites naturelles à l'exercice des fonctions. Une harmonisation de ces pouvoirs, où chacun remplit au mieux les tâches qui lui sont confiées, sera le garant de la stabilité et du bon fonctionnement du gouvernement. Le premier de ces trois pouvoirs est celui qui délibère sur les affaires de l'État : c'est le pouvoir « délibérant » ou pouvoir législatif. Il appartient à l'Assemblée de décider de la paix et de la guerre, de contracter des alliances ou de les rompre, de faire des lois et de les abroger, de prononcer les condamnations à mort, les bannissements et les confiscations des biens, ainsi que de faire rendre compte aux magistrats de leurs actes.

Ces délibérations sont soit du ressort de tous les citoyens, soit confiées à quelques préposés, voire à un seul, selon la logique du régime qui correspond à la cité. Quand tout un chacun est admis à la délibération, il y a démocratie. Divers modèles sont alors possibles. La première manière veut que le peuple entier, divisé par sections, se présente en assemblée : c'est le système de Téclès de Milet. Soit que l'Assemblée des magistrats délibère seule, mais tous les citoyens parviennent tour à tour aux magistratures, assurant ainsi le roulement des personnes et des opinions. Dans ce cas, l'Assemblée générale n'est convoquée que pour concevoir des lois, pour amender la constitution, ou encore pour entendre la proclamation des nouveaux magistrats.

On peut encore délibérer tous ensemble, mais ne tenir ces assemblées générales que pour les créations ou élections de magistrats, pour la législation, pour la paix et la guerre, pour l'audition des comptes ou la censure des coupables. Tout le reste est déposé entre les mains de magistrats choisis au sein du peuple et, bien entendu, selon leur champ de compétence précis. Ensuite on peut ne convoquer l'Assemblée générale que pour la nomination et la censure des magistrats, pour la guerre ou pour les confédérations, le reste étant administré par des magistrats électifs, nommés par le peuple, comme sont tous ceux dont la place exige des connaissances étendues. Enfin, on peut rassembler tout le monde pour la délibération sans que les magistrats puissent rien décider, mais seulement donner les premiers leur opinion. Cette manière est utilisée dans le cadre de la démocratie ou encore de la tyrannie démagogique. Toutes ces manières sont démocratiques. En revanche, on est en régime oligarchique quand la délibération est, en toute matière et à tout propos, confiée à quelques-uns.

Le pouvoir exécutif procède du précédent ; les magistratures gouvernementales doivent exécuter les décisions et législations adoptées par l'Assemblée délibérante. Ces magistratures peuvent être d'une durée variable : semestrielles, annuelles, d'autres plus longues encore, d'autres enfin à vie. Les mêmes personnes ont-elles droit à un second mandat, ou ne peuvent-elles remplir qu'une fois une fonction particulière ? Les citoyens doivent s'interroger sur le nombre de magistratures créées, selon la taille de l'État et la diversité de ses activités. C'est le commandement qui caractérise cette fonction, à l'exception des charges dites ministérielles, que les riches font exercer par leurs esclaves instruits — en effet, ministre veut dire serviteur. Les principales missions remplies par les magistrats sont la religion — il y a un clergé important en Grèce, qui administre les temples et organise le culte des dieux —, le service militaire, l'administration des finances : la collecte des impôts et les dépenses publiques, l'approvisionnement et la police des villes, des ports et des campagnes, l'administration de la justice : la gestion des contrats entre particuliers, l'exécution des sentences, la garde des prisons, l'audition des comptes, la réforme des abus et prévarications, enfin les délibérations sur les affaires de l'État.

Le pouvoir judiciaire est le troisième organe de la constitution et du gouvernement. Aristote, dans la *Constitution d'Athènes*, a bien décrit les huit formes de ce pouvoir, donc les huit types de tribunaux et de juges. Le premier s'intéresse à la reddition des comptes et à l'examen de la conduite des juges, tandis que le second étudie les cas de malversation dans les finances. Le troisième juge les crimes d'État et les attentats contre la constitution et le quatrième, les amendes contre les personnes, soit publiques, soit privées. Le cinquième évalue les contrats de quelque importance entre personnes privées, le sixième décide du sort des criminels et meurtriers, le septième traite les affaires et conflits impliquant des étrangers (métèques) et le huitième tranche les petites affaires, ou affaires minimes. C'est un peu l'équivalent de notre tribunal des petites créances.

Le meilleur régime dépendra des conditions sur le terrain : climat, géographie, richesse des États, taille, nature plus ou moins homogène de la population et enfin traditions politiques. On voit alors divers types de démocraties, d'oligarchies, et même trois formes historiques de tyrannie. Sa sympathie va cependant à une démocratie qu'il qualifie lui-même de « tempérée », dominée par une vaste classe moyenne, aux ambitions économiques modérées. Une telle formule éviterait les pièges dans lesquels peuvent tomber les sociétés dominées soit par les plus riches, soit par les plus pauvres. On ne peut jamais taxer Aristote de « radicalisme ». C'est d'ailleurs cette orientation modérément conservatrice qui lui vaudra d'être repris par un bon nombre de penseurs de la fin de l'Antiquité et du Moyen Âge. Ces auteurs ont cru, à tort ou à raison, que la pensée aristotélicienne était compatible avec l'enseignement chrétien, et ils n'ont cessé de s'y référer par la suite.

On voit bien par là qu'Aristote ne se contente pas de décrire les divers régimes politiques existants, mais qu'il entreprend également de tracer les grands axes de ce qui constitue, à son avis, l'excellence politique. On retrouve là des éléments pour caractériser globalement la pensée politique d'Aristote. Pour éviter de tomber dans les fausses querelles du pragmatisme ou de l'idéalisme ou encore du conservatisme et du ré-volutionnarisme, il s'avère plus fructueux de voir chez Aristote une ten-tative de synthèse, au sens où lui-même parle de synthèse lorsqu'il définit l'activité politique à partir de l'ensemble de l'expérience politique grecque.

Comme nous l'avons mentionné au début de notre analyse, Aristote est le dernier grand penseur de la cité grecque. Le monde sur lequel il ré-fléchit est en fait un monde en voie de disparition. L'expansion géogra-phique de la Macédoine, la disparition de l'autonomie des cités allaient changer les paramètres de la réflexion politique. Le monde hellénistique se percevra comme un ensemble à la fois culturel et politique. Rome in-troduira ultérieurement l'idée universalisante du politique à travers une gouverne qui s'exerce *urbi et orbi*, dans la cité et dans le monde. De façon analytique, comparatiste et prospective, Aristote nous introduit à l'uni-vers politique grec et cherche à nous faire comprendre la grandeur de l'institution qui a animé son idéal politique, la cité.

Le retrait du politique

La philosophie fleurit abondamment à Athènes, et de manière croissante dans tout le monde hellénistique, appelé aussi ὀικουμένη ou *Ékouméni*, c'est-à-dire « monde connu ». Alexandrie, Pergame, Antioche et Rome deviennent aux IIIe et IIe siècles av. J.-C. de grands centres politiques et universitaires. Les cyniques, du nom de Diogène le Cynique qui vécut entre 380 et 323 une existence de pauvreté choisie, se répandirent en Orient, tandis que les stoïciens eurent plutôt du succès auprès des Romains et, en général, en Occident. Leurs croyances font souvent le pont entre les philosophes classiques et la pensée chrétienne. Que veut-on dire par là?

Ce n'est pas tant la théologie païenne qui sépare les anciens Grecs des chrétiens, qu'une certaine attitude intellectuelle. C'est cette attitude, plus que ces valeurs, qui hâtera la chute des valeurs anciennes et leur remplacement par la théologie chrétienne. Au vieil idéalisme succèdent le cynisme — c'est-à-dire le retrait du monde, le renoncement aux richesses — et le pessimisme devant l'évolution du monde et la fragilité de ses institutions. La démocratie, pervertie par la ploutocratie, cède la place aux royaumes de droit divin. Le βασιλεῦς ou *basileus* (roi) hellénistique est adoré par ses sujets orientaux à l'égal d'un dieu. Telles sont les nouvelles tendances.

Le monde de l'*Ékouméni*

Le glissement de l'idéal de la cité grecque vers les rites propres aux monarchies orientales, si perceptible dans le monde hellénistique, sorte de creuset pour la synthèse des religions de la fin de l'Antiquité, est facilité par le mélange des races grecque, africaines et asiatiques à la suite des conquêtes d'Alexandre le Grand. Sa cause en est toutefois la nature composite des pays et des cultures réunis sous sa domination et celle de ses successeurs. Les souverains grecs n'ont pas voulu la monarchie par vanité personnelle, mais leurs possessions étaient si vastes, débordant le cadre traditionnel de la Grèce, qu'aucune référence au legs de la culture politique grecque n'y était applicable. Seules la personne du monarque et la souveraineté absolue sur ses sujets parurent capables d'asseoir la stabilité de ces nouveaux États.

Dans la mesure où la participation directe des citoyens aux décisions politiques était chose du passé, un large champ était ouvert à la culture personnelle de l'individu, ce qui va expliquer le haut niveau de la vie intellectuelle dans le monde hellénistique. Cet héritage précieux de la Grèce se traduit par la mise en place d'institutions telles que les bibliothèques, les universités et même, dans plusieurs régions comme l'Égypte, l'éducation primaire. Ce n'est pas un hasard que les sciences aient alors connu un développement considérable, qui ne sera dépassé qu'à l'aube de la civilisation moderne.

Les grandes villes d'Alexandrie, de Pergame, d'Éphèse et d'Antioche sont autant de capitales des nouveaux royaumes établis et consolidés sur les ruines de l'empire macédonien. Une élite politique formée de Macédoniens et d'authentiques Hellènes accueille des clientèles d'aristocrates constitués de marchands, de fonctionnaires, d'intendants et de gouverneurs issus des diverses races de l'Asie Mineure, de la Syrie et de l'Égypte. Alexandrie est dotée par les Ptolémées d'une bibliothèque, la plus vaste de l'Antiquité. Des centaines de milliers de livres et de papyrus y consignent tout le savoir de la Grèce, mais aussi l'histoire et les traditions des mondes orientaux, que le prêtre hellénisé Manéthon (vers 250 av. J.-C.) est le premier à traduire en grec. Grâce à lui, nous savons ce que fut, par exemple, le système politique de l'Égypte avant la conquête d'Alexandre, et même à l'époque des constructeurs de pyramides. Les savants de Pergame inventent le parchemin et certains d'entre eux sont conservés à la Bibliothèque Vaticane. L'astronomie et la physique progressent. L'éolipyle ou machine à vapeur est inventée en Égypte tandis qu'Archimède de Syracuse (mort en 212 av. J.-C.) utilise des miroirs réfléchissant le soleil pour enflammer les voiles des navires et invente la vis sans fin, qui transmet la force motrice à des systèmes mécaniques complexes.

Ce brassage de sangs de cultures et de religions portera des fruits durables qui pourtant échappent aux contemporains. Le monde occidental se dotera d'une armature politique, scientifique et culturelle qui va répandre l'idéal, la langue et l'art grecs sur le pourtour oriental de la mer Méditerranée et en assurer la prépondérance pendant près de mille ans, jusqu'à l'invasion arabe. Du côté occidental, c'est à Rome que va revenir la mission de traduire le message grec dans le cadre de ses institutions et, avec le concours de la langue latine, d'étendre le legs du cosmopolitisme hellénistique vers les horizons nordique et atlantique, repoussant les limites du monde connu jusqu'à l'archipel britannique.

Au début, bien entendu, la Grèce continentale et même Rome, qui est une république « modérée », luttent contre les tendances orientalisantes des monarchies hellénistiques, jugées décadentes. La vertu républicaine des anciens Romains, faite de scrupuleuse austérité, oppose à leur pompe et à leur attachement aux symboles un réalisme politique qui fait de chaque fonctionnaire de la république un simple citoyen au service du sénat et du peuple romain. Et surtout, les Romains n'ont que mépris pour ces lointains descendants de Périclès et d'Alexandre, qui n'ont plus rien de la puissance héroïque de ces fondateurs d'empire.

Plus tard, cependant, Rome finira bien par adopter, sinon les rituels et la pompe, à tout le moins les principes de l'institution monarchique. C'est ainsi que Rome soumettant la Grèce, et Rome elle-même évoluant vers le principat après Jules César (102–44 av. J.-C.), la monarchie se trouvera réintroduite à une échelle sans précédent dans tout l'Occident, avec l'établissement de l'Empire sous Auguste, neveu de César. Le césarisme va s'installer pour de bon en Occident.

Sous cette première forme, il est un pouvoir judiciaire et militaire concédé à vie au « meilleur des hommes ». La théorie de l'« eugénisme », de εὐγενος, ou noble, si chère aux Grecs, trouve dans le principat romain un terrain d'expérimentation majeur. Même s'il faudra attendre encore trois siècles avant que la propagande officielle admette le passage de la république à la monarchie, l'évolution en ce sens ne fait aucun doute. Le pouvoir est bel et bien exercé par un seul homme, l'empereur de Rome. Celui-ci délègue dans toutes les provinces de son immense empire ses représentants : les procurateurs des finances, les proconsuls des provinces et, en ce qui concerne l'armée, les légats impériaux, qui y exercent la justice et y assurent, chacun dans le cadre de sa juridiction, le maintien de l'ordre et de la discipline auguste.

En face de cet état de fait, les philosophes attachés aux idéaux de la Grèce antique se mueront tantôt en historiens du nouveau pouvoir, comme Polybe, tantôt en critiques plus ou moins affichés. Plusieurs se retireront dans la solitude. C'est là que se font jour les nouvelles tendances individualistes de la pensée antique finissante, où domine le retrait du politique : cette attitude caractéristique du philosophe de l'*Ékouméni*, issu d'un monde cosmopolite où la croyance envers les dieux et le pouvoir civilisateur des Idées n'est plus une référence crédible, devant les empiètements du mysticisme surgi des vieilles religions orientales. C'est que l'individu créé par la civilisation hellénistique hérite de trop de courants civilisateurs pour se réclamer uniquement de l'idéal grec. C'est aussi que les institutions du pouvoir monarchique, qui divinisent rois et empereurs — empruntant en cela à l'Égypte pharaonique et à l'Empire perse — ne sont plus un lieu d'identification du citoyen à sa cité.

Les métropoles de la fin de l'Antiquité, dont la population voisine souvent le million d'habitants (on s'éloigne donc considérablement du chiffre magique de dix mille qui constituait, pour Aristote, le nombre idéal des habitants d'une cité), réunissent des peuples — Italiens, Grecs, Juifs, Orientaux — et des factions rivales, quelques grandes sociétés de mystères et d'innombrables courtisans, en même temps que se côtoient dans leurs murs la richesse démesurée des grands commerçants et la misère des plus pauvres. Les classes moyennes disparaissent. Les villes n'affichent plus la promiscuité du voisinage entre citoyens et l'équilibre des fortunes et des conditions qui étaient la condition même de l'exercice de la démocratie directe. La sombre prophétie d'Aristote s'est réalisée; l'idéal de la cité grecque s'est évanoui dans l'horizon trop vaste de l'*Ékouméni* hellénistique.

L'héritage atomiste de Démocrite

Les influences naturalistes sont partout présentes dans la civilisation hellénistique. À mesure que s'épuise le pouvoir d'attraction de la religion traditionnelle, qui contribuait à cimenter les rangs des citoyens derrière un culte de portée d'abord et avant tout civique, deux tendances contraires se font jour parmi ces populations métissées d'Orientaux et de Grecs. Dans un premier temps, le syncrétisme favorise l'apparition de cultes secrets, axés sur le salut personnel et le triomphe individuel sur la mort, que l'on appelle les religions de mystères. Certains mystères, comme le culte de la déesse Isis en Égypte ou de la grande déesse Cybèle en Asie Mineure, chantent les vertus reproductrices, bienfaisantes et pacifiantes de la femme et préfigurent la dévotion que les premiers chrétiens accorderont à la Vierge Marie. D'autres, tel le culte de Mithra, venu de Perse, exaltent au contraire les mâles vertus d'un dieu-guerrier qui triomphe du Taureau, symbole du Mal, dans une liturgie marquée de symboles sanguinaires à visée expiatoire. La cérémonie d'initiation des novices comporte un rite sacrificiel accompagné de privations et de sévices physiques, qui suggèrent la souffrance, la mort et la résurrection. Le christianisme y puisera aussi des éléments de sa théologie de rédemption.

En réaction à ces mystères qui connaissent une grande popularité auprès des classes pauvres de la société, l'élite intellectuelle réhabilite au contraire l'héritage des penseurs naturalistes au nombre desquels Démocrite jouit encore d'un immense prestige, trois siècles après sa mort. Du stoïcisme ne subsistera guère que son éthique naturaliste et matérialiste, parfaitement adaptée à ces sociétés où le tissu social se désagrège et où les croyances, entachées de magie populaire, se multiplient de manière anarchique.

Le stoïcisme fait le constat que les dieux n'ont plus aucune influence sur les humains et sur le monde. La mythologie est vue comme une charmante collection de fables auxquelles on demeure attaché par respect pour les traditions grecques, non par la foi. L'éthique stoïcienne, reprenant la théorie atomiste de Démocrite, reconnaît que le monde est plutôt le fruit d'accidents incompréhensibles qui font s'unir les atomes les uns aux autres, sans ordre préétabli. C'est le hasard, en latin la *fortuna*, qui préside à la fusion des atomes et crée sans cesse et selon une logique qu'il est impossible de percer choses et événements. On dit alors qu'un partie importante des phénomènes qui se produisent, peut-être la plupart, échappent à notre volonté et ne dépendent pas de nous. Il est inutile que l'homme sage s'acharne à en prévoir l'apparition, et encore moins qu'il s'épuise à les combattre. L'ordre général du monde, la montée et la chute des empires, de même que la venue des saisons, les sinistres, la mort, les invasions et autres calamités appartiennent au domaine du hasard. Est aussi du domaine du hasard le fait d'être né homme ou femme, riche ou pauvre, puissant ou obscur. On n'y peut rien changer.

Il existe d'autre part des événements qui sont du ressort de notre volonté et sur lesquels nous pouvons exercer quelque influence. Ainsi, il nous appartient de faire triompher le Bien sur les forces du chaos, quand l'intelligence humaine nous dicte qu'il est possible d'intervenir ponctuellement devant la fatalité et que nous voulons témoigner de la bonté à l'endroit de nos semblables; de comprendre les situations pour adapter ses actes à l'ordre général du monde; de restaurer inlassablement l'ordre menacé; de faire triompher la sagesse du renoncement sur la passion débridée; de limiter par de sages interventions l'ampleur des catastrophes; d'éviter dans la mesure du possible que le monde ne se désorganise davantage, en maintenant une solide armature que l'idée de paix traduit assez bien. La grande conviction des stoïciens, qui les sépare résolument de l'homme moderne, c'est que l'individu doit se plier et s'adapter aux lois de la nature, qui sont fondées sur le hasard, et non pas que l'homme cherche continuellement à refaçonner le monde et la nature selon ses volontés et un plan déterminé issu de son imagination créatrice, ce qui ne serait qu'une folle ambition. Si bien que le stoïcisme ne laisse pas de place à la créativité et inspire au contraire un ordre conservateur, qui recherche l'immobilité apaisante en face des assauts imprévisibles du hasard. Il ne conçoit pas non plus le salut individuel ni les vertus de charité et d'amour dans le sens chrétien, qui cherchent à rendre l'homme meilleur.

Cette claire distinction entre les choses qui dépendent de nous et celles qui ne dépendent pas de nous va être reprise, bien des siècles plus tard, par Machiavel. S'engageant dans une démarche essentiellement réaliste et non morale, ce penseur florentin en déduira une éthique du comportement où l'homme politique apparaît comme un observateur attentif des leçons qui se dégagent de l'histoire, histoire façonnée bien entendu par le hasard. L'intervention politique n'est pas d'ordre morale, elle se soucie uniquement des buts à atteindre dans un contexte donné. En son temps, la théorie machiavélienne, lointaine héritière de Démocrite, fera franchir un grand pas en avant à la science politique telle que nous la concevons aujourd'hui en distinguant bien les domaines distincts du contexte — ou de la conjoncture — et de l'action politique forcément limitée, mais également adaptable, qui appartient au champ du possible. Tout ce que nous avons appris depuis lors sur la dynamique des systèmes politiques et la nature de l'exercice du pouvoir découle de cet étonnant postulat.

Une autre application de la doctrine atomiste de Démocrite, que l'on va retrouver à cette époque, c'est l'esthétisme. Ce courant majeur va procéder d'une autre conséquence du naturalisme, mais il concerne cette fois l'individu comme monade. Étant donné que la connaissance logique n'est pas vraiment nécessaire pour comprendre le monde, c'est par nos seuls sens qu'il nous est possible de ressentir les impulsions et les tendances de la nature. C'est la relation de perception établie entre l'individu et le monde qui l'entoure qui servira de fondement à une heureuse adaptation de l'individu à son environnement, faite d'accord parfait du sujet et de l'objet, de la forme et du fond, que nous appelons esthétisme.

Épicure

On sait peu de choses de la vie d'Épicure. Il naît en 341 av. J.-C. à Athènes ou à Samos. Il passe sa jeunesse dans cette île, proche de l'Asie Mineure. En 323, il se rend à Athènes. Alexandre le Grand vient de mourir; Théophraste dirige le Lycée en l'absence d'Aristote. Xénocrate dirige l'Académie platonicienne; il est possible qu'Épicure y ait suivi des leçons. L'année suivante, Épicure fuit Athènes et se réfugie en Ionie. C'est là qu'il suit les enseignements de divers philosophes, tels le péripatéticien Praxiphane et Nausiphane, un disciple de Démocrite. En 311, il fonde une école à Mytilène de Lesbos, et l'année suivante à Lampsaque, plus au nord, sur l'Hellespont. En 306, il revient à Athènes et fonde alors l'école du Jardin. Il y pratique durant vingt-cinq ans et écrit — selon Diogène Laërce, un de ses plus éminents commentateurs — plus de trois cents ouvrages. De ces divers traités, seuls de minces fragments ont survécu, grâce à des citations d'auteurs postérieurs. La philosophie d'Épicure s'inscrit dans une époque marquée par le scepticisme. Le retour en force, chez cet auteur, des conceptions de Démocrite, annonce un âge de matérialisme qui n'est pas exempt de tendances esthétisantes (Humbert et Berguin, *Histoire illustrée de la civilisation grecque*).

Différentes sortes de plaisirs

Il faut se rendre compte que parmi nos désirs les uns sont naturels, les autres vains et que parmi les premiers il y en a qui sont nécessaires et d'autres qui sont naturels seulement. Parmi les nécessaires, il y en a qui le sont pour le bonheur, d'autres pour la tranquillité continue du corps, d'autres enfin pour la vie même. Une théorie non erronée de ces désirs sait en effet rapporter toute préférence et toute aversion à la santé du corps et à la tranquillité de l'âme, puisque c'est là la perfection même de la vie heureuse. Car tous nos actes visent à écarter de nous la souffrance et la peur. Lorsqu'une fois nous y sommes parvenus, la tempête de l'âme s'apaise, l'être vivant n'ayant plus besoin de s'acheminer vers quelque chose qui lui manque, ni de chercher autre chose pour parfaire le bien de l'âme et celui du corps. C'est alors en effet que nous éprouvons le besoin du plaisir quand, par suite de son absence, nous éprouvons de la douleur; mais quand nous ne souffrons pas, nous n'éprouvons plus le besoin du plaisir.

Le plaisir

Et c'est pourquoi nous disons que le plaisir est le commencement et la fin de la vie heureuse. C'est lui en effet que nous avons reconnu comme bien principal et conforme à notre nature, c'est de lui que nous partons pour déterminer ce qu'il faut choisir et ce qu'il faut éviter, et c'est à lui que nous avons finalement recours lorsque nous nous servons de la sensation comme d'une règle pour apprécier tout bien qui s'offre. Or, précisément parce que le plaisir est notre bien principal et inné, nous ne recherchons pas tout plaisir; il y a des cas où nous passons par-dessus beaucoup de plaisirs, s'il en résulte pour nous de l'ennui. Et nous jugeons beaucoup de douleurs préférables aux plaisirs, lorsque des souffrances que nous avons endurées pendant longtemps, il résulte pour nous un plaisir plus élevé. Tout plaisir est ainsi, de par sa nature propre, un bien, mais tout plaisir ne doit pas être recherché; pareillement, toute douleur est un mal, mais toute douleur ne doit pas être évitée à tout prix. En tout cas, il convient de décider de tout cela en comparant et en examinant attentivement ce qui est utile et ce qui est nuisible, car nous en usons parfois avec le bien comme s'il était le mal, et avec le mal comme s'il était le bien.

Se suffire à soi-même et se contenter de peu

C'est un grand bien, à notre sens, de savoir se suffire à soi-même, non pas qu'il faille toujours vivre de peu, mais afin que, si nous ne possédons pas beaucoup, nous sachions nous contenter de peu, bien convaincus que ceux-là jouissent le plus de l'opulence qui ont le moins besoin d'elle. Tout ce qui est naturel est aisé à se procurer, mais tout ce qui est vain est difficile à avoir. Les mets simples nous procurent autant de plaisir qu'une table somptueuse, si toute souffrance causée par le besoin est supprimée. Le pain d'orge et l'eau nous causent un plaisir extrême, si le besoin de les prendre se fait vivement sentir.

L'habitude, par conséquent, de vivre d'une manière simple et peu coûteuse offre la meilleure garantie d'une bonne santé; elle permet à l'homme d'accomplir aisément les obligations nécessaires de la vie, le rend capable, quand il se trouve de temps en temps devant une table somptueuse, d'en mieux jouir et le met en état de ne pas craindre les coups du sort. Quand donc nous disons que le plaisir est notre but ultime, nous n'entendons pas par là les plaisirs des débauchés ni ceux qui se rattachent à la jouissance matérielle, ainsi que le disent les gens qui ignorent notre doctrine, ou qui sont en désaccord avec elle, ou qui l'interprètent dans un mauvais sens. Le plaisir que nous avons en vue est caractérisé par l'absence de souffrances corporelles et de troubles de l'âme.

Ce ne sont pas les beuveries et les orgies continuelles, les jouissances des jeunes garçons et des femmes, les poissons et les autres mets qu'offre une table luxueuse, qui engendrent une vie heureuse, mais la raison vigilante, qui recherche minutieusement les motifs de ce qu'il faut choisir et de ce qu'il faut éviter et qui rejette les vaines opinions, grâce auxquelles le plus grand trouble s'empare des âmes.

De tout cela, la sagesse est le principe et le plus grand des biens. C'est pourquoi elle est même plus précieuse que la philosophie, car elle est la source de toutes les autres vertus, puisqu'elle nous enseigne qu'on ne peut pas être heureux sans être sage, honnête et juste, ni être sage, honnête et juste sans être heureux. Les vertus, en effet, ne font qu'un avec la vie heureuse et celle-ci est inséparable d'elles.

Conçois-tu maintenant que quelqu'un puisse être supérieur au sage, qui a sur les dieux des opinions pieuses, qui est toujours sans crainte à la pensée de la mort, qui est arrivé à comprendre quel est le but de la nature, qui sait pertinemment que le souverain bien est à notre portée et facile à se procurer et que le mal extrême, ou bien ne dure pas longtemps, ou bien ne nous cause qu'une peine légère.

Destin et hasard

Quant au destin, que certains regardent comme le maître de tout, le sage en rit. En effet, mieux vaut encore accepter le mythe sur les dieux que de s'asservir au destin des physiciens. Car le mythe nous laisse l'espoir de nous concilier les dieux par les honneurs que nous leur rendons, tandis que le destin a le caractère de nécessité inexorable. En ce qui concerne le hasard, le sage ne le considère pas, à la manière de la foule, comme un dieu, car rien n'est accompli par un dieu d'une façon désordonnée, ni comme une cause instable. Il ne croit pas que le hasard distribue aux hommes, de manière à leur procurer la vie heureuse, le bien ou le mal, mais qu'il leur fournit les éléments des grands biens ou des grands maux. Il estime qu'il vaut mieux mauvaise chance en raisonnant bien que bonne chance en raisonnant mal. Certes, ce qu'on peut souhaiter de mieux dans nos actions, c'est que la réalisation du jugement sain soit favorisée par le hasard.

Médite, par conséquent, toutes ces choses et celles qui sont de même nature. Médite-les jour et nuit, à part toi et avec ton semblable. Jamais alors ni en état de veille ni en songe, tu ne seras sérieusement troublé, mais tu vivras comme un dieu parmi les hommes. Car celui qui vit au milieu de biens impérissables ne ressemble en rien à un être mortel.

Épicure, cité dans Diogène Laërce, *Vie, Doctrines et Sentences des philosophes illustres*, **livre X.**

La recherche du plaisir devient chez Épicure une fin en soi, qui va plus loin que chez Platon et Aristote. Ce n'est pas que ce plaisir soit moins noble qu'avant; il n'a rien de débauché et comporte les mêmes éléments de contemplation, de réserve et de modération qui caractérisent la sagesse grecque classique. C'est le contexte qui a changé; la référence obligée d'Aristote à la vie de groupe et à la participation aux institutions publiques n'intéresse plus Épicure. « Le monde va tout seul », dit-il. Il prend d'ailleurs bien soin, pour se distinguer des hédonistes, de faire la part entre les besoins naturels, qui sont faciles à satisfaire pour un philosophe un peu austère, et les plaisirs artificiels, qui mobilisent l'ambition personnelle autour de la poursuite de buts démesurés, généralement l'argent et la puissance. Malgré ces réserves, les auteurs chrétiens, avides d'absolu, chercheront plus tard à discréditer l'épicurisme, qui fut un temps très populaire, en le taxant de philosophie de la jouissance égoïste. Tout cela était très loin d'Épicure, qui recherchait principalement la sérénité et la paix. Au point qu'on peut dire, si on considère le contexte historique de sa réflexion, alors que des guerres incessantes dévastaient le monde, que ce penseur fut une sorte de « pacifiste » en son temps. Son école ne fut d'ailleurs pas la seule à cet égard, ce qui la mettait en contradiction avec le pouvoir établi. Les cyniques iront plus loin encore, refusant tout statut social, alors que les chrétiens, du moins au début, se refuseront à participer aux institutions impériales et à adorer — mais il ne faut pas oublier que ce culte d'adoration a une connotation plus civique que religieuse, plus formelle que personnelle — la personne de l'empereur.

Diogène le Cynique

Les Cyniques, de leur côté, qui méprisent toute richesse et tout honneur, clament leurs convictions à qui veut les entendre. Ils n'ont que cela et repoussent avec mépris toute compromission avec les grands et surtout avec les illusions de ce bas monde. Le radicalisme de Diogène le Cynique est illustré dans les propos qu'il échangea un jour avec Alexandre le Grand, venu le visiter dans son tonneau. Voici un beau moment de didactique; le cynique vient en quelque sorte compléter l'éducation dispensée à ce monarque par Aristote. À cette lecture, on aura matière à réfléchir sur les valeurs qu'Aristote a inculquées à son ambitieux élève, ou encore — pour prendre le problème dans l'autre sens — se demander ce qui a survécu de cette éducation, plusieurs années plus tard.

La rencontre du sage et de l'ambitieux

On raconte qu'Alexandre, un jour qu'il n'était pas trop occupé, rencontra Diogène, qui disposait lui aussi de beaucoup de temps. Le premier était alors roi de Macédoine et d'autres pays, tandis que le philosophe avait abandonné Sinope, sa patrie. Plusieurs ont parlé et écrit de cette rencontre en n'accordant point à Alexandre une admiration ni un crédit moindre qu'à Diogène : car, pensent-ils, lui qui détenait tant de principautés et qui l'emportait sur tous ses contemporains, il ne dédaignait pas de s'entretenir avec un homme pauvre, mais pourvu d'esprit et capable de fermeté. La majorité des hommes se réjouissent en effet tout naturellement de voir la sagesse honorée par les grands et les puissants, à tel point qu'ils ne se contenteront pas seulement d'en parler en toute objectivité, mais ils enjoliveront même les faits en y ajoutant de leur cru. Mieux encore, ils dépouilleront leur sage de tous les biens, tels que les richesses, les honneurs, la force physique, de façon à ce qu'il paraisse bien être estimé pour sa seule intelligence. Nous aimerions donc parler maintenant de ce qu'a vraisemblablement été cette rencontre entre Alexandre et Diogène.

Alexandre était donc, à ce qu'on dit, le plus ambitieux des hommes et un insatiable passionné de gloire. Il rêvait de laisser son nom à la postérité comme le plus grand de tous les hommes, Grecs et Barbares, et d'être honoré, à toutes fins pratiques, non seulement par l'ensemble de l'humanité, mais, s'il était possible, par les oiseaux eux-mêmes et les bêtes des montagnes. Il méprisait en conséquence tous les autres hommes, et il ne croyait pas que personne pût rivaliser avec lui sous ce rapport, que ce soit le Perse, le Scythe, l'Indien, ni aucun Grec, État ou individu. Il s'apercevait, en effet, qu'à peu de choses près tous avaient l'âme corrompue par la sensualité et la paresse et qu'ils étaient esclaves du gain et du plaisir. Pour ce qui est de Diogène cependant, quand Alexandre eut entendu parler de ce qu'il disait, des gestes qu'il posait, de sa façon de supporter l'exil, même si quelquefois il méprisait la pauvreté et la frugalité du bonhomme, étant donné sa jeunesse et son éducation au sein d'un luxe royal, il ne l'en admirait pas moins aussi souvent, il enviait son courage et sa patience et plus encore sa renommée, car tel qu'il était, tous les Grecs le connaissaient et l'admiraient, et personne d'autre ne pouvait rivaliser de distinction avec lui.

Lui-même, Alexandre, avait besoin de la phalange macédonienne, de la cavalerie thessalienne, des Thraces, des Péoniens et de bien d'autres, pour se rendre où il voulait et obtenir ce qu'il désirait; tandis que Diogène allait seul, en toute sécurité, non seulement le jour, mais même la nuit, partout où il lui semblait bon. De plus, Alexandre devait disposer de sommes énormes d'or et d'argent pour mener à bien ses projets; en outre, pour se faire obéir des Macédoniens et des autres Grecs, il lui fallait souvent se gagner la sympathie de leurs chefs et de toute la populace à force de bons mots et de générosités.

Diogène, tout au contraire, ne s'insinuait dans la faveur de personne par des caresses, mais il disait à tous la vérité, et bien qu'il ne possédait pas un seul sou, il faisait tout ce qu'il voulait, il ne manquait jamais aucun des buts qu'il s'était fixés, il était seul à mener le genre de vie qu'il considérait la meilleure et la plus heureuse, et il n'aurait pas échangé sa pauvreté contre la royauté d'Alexandre ni l'or des Mèdes et des Perses.

Pour autant, Alexandre se sentait piqué au vif, de penser qu'un homme menant une existence aussi facile et dégagée de tout souci pourrait l'emporter sur lui, et ne pas être, en outre, moins renommé que lui. Croyant peut-être aussi qu'il tirerait bien quelque profit à rencontrer cet homme, il désirait depuis longtemps le voir et s'entretenir avec lui. Il s'en vint donc à Corinthe; quand il eut reçu les ambassadeurs grecs et réglé les affaires des alliés, il dit à son entourage qu'il désirait jouir d'un peu de repos. Il s'en fut alors, non point à la cour de Diogène, car Diogène n'avait point de cour, ni grande ni petite, il n'avait même pas de maison en propre ni de foyer, à l'instar des gens bien : les cités lui servaient de demeure, il y passait sa vie dans les endroits publics et les temples consacrés aux dieux, et il prenait pour foyer la terre entière, qui est d'ailleurs le foyer commun et la nourricière de l'humanité.

Il advint que Diogène se trouvait seul, ce jour-là : il n'entretenait en effet autour de lui ni disciples ni ces foules nombreuses que l'on voit autour des sophistes, des joueurs de flûte et des maîtres de chœurs. Alexandre s'approcha donc de Diogène encore assis et il le salua. L'autre leva sur lui un regard terrible, comme un lion, et lui ordonna de se déplacer un peu de côté, car il était en train de se chauffer au soleil. Alexandre fut aussitôt charmé de l'assurance tranquille du bonhomme qui n'était pas ébranlé par sa présence. Il est en effet comme naturel aux gens braves d'aimer les braves, tandis que les lâches les regardent par en dessous et les haïssent comme des ennemis, mais ils vont vers les coquins et il les aime. En conséquence, la vérité et la franchise comptent pour les premiers comme les plus agréables des biens, tandis que les autres estiment au contraire la flatterie et le mensonge. Et ces derniers écoutent volontiers ceux qui leur parlent pour plaire, tandis que les premiers n'écoutent que les gens qui ont souci de la vérité.

Diogène demanda au roi qui il était et ce qu'il avait en tête en venant à lui. « Serait-ce, lui dit-il, que tu veux t'emparer de quelqu'un de mes biens? » — « Eh quoi! reprit l'autre, as-tu donc des biens, possèdes-tu quelque chose que tu puisses partager avec d'autres? » — « Beaucoup de choses en effet, répondit-il, et des choses de grande valeur, dont je ne suis même pas sûr que tu puisses jamais avoir ta part. »

Sur ce, Alexandre lui demanda alors : « Comment donc pourrait-on exercer la royauté de façon idéale? » Diogène le regarda en dessous d'un air sévère et lui répondit : « Mais voyons! on ne saurait pas plus être un mauvais roi qu'être un mauvais honnête homme! Car le roi est le meilleur des hommes, étant le plus courageux, le plus juste, le plus humain de tous, et celui qui ne saurait être vaincu par aucune difficulté ni aucun appétit. Crois-tu qu'un charretier soit un homme incapable de conduire un char? un pilote celui qui ignore l'art du pilotage et un médecin, celui qui ne connaît rien à la médecine? Il n'en est rien, même si tous les Grecs et les Barbares ensemble le proclamaient tel, et le couvraient de diadèmes, de sceptres et de tiares, comme tous les colliers qu'on met au cou des enfants abandonnés, de peur qu'on ne les reconnaisse point. Donc, tout comme on ne saurait piloter, si ce n'est à la façon des pilotes, ainsi, on ne saurait être roi que de façon royale. »

Alexandre craignit alors de paraître par hasard ignorer quelque peu l'art de la royauté. Il reprit donc : « Et qui te semble être capable de transmettre un tel art ou en quel endroit faut-il aller l'apprendre? » Diogène répondit aussitôt : « Mais tu le connais déjà, si du moins l'histoire d'Olympias est vraie et si tu es vraiment le fils de Zeus. C'est lui en effet qui, le tout premier et au plus haut point, dispose de cette science et peut la transmettre à qui il veut; et tous ceux à qui il la transmet sont appelés et sont, en effet, enfants de Zeus. Ou crois-tu donc que ce sont les sophistes qui enseignent l'art d'être roi? Mais la plupart d'entre eux ignorent même l'art de vivre, et *a fortiori*, l'art d'être roi. Ne sais-tu pas que l'éducation est de deux sortes, l'une qui vient des dieux, l'autre des hommes? L'éducation divine est magnifique, elle est forte et souple à la fois, tandis que l'éducation humaine est mince, faible, pleine de dangers et de grandes déceptions : et pourtant, celle-ci doit nécessairement s'ajouter à l'autre pour que tout soit bien. La majorité des gens appellent ''éducation'' cette formation humaine —plutôt un enfantillage, me semble-t-il — et ils croient que celui qui connaît le plus de littérature, perse, grecque, syrienne, phénicienne, et qui a lu le plus grand nombre de volumes, est l'homme le plus savant et le mieux éduqué. Mais quand ils rencontrent parmi ces gens des débauchés, des lâches ou des avares, ils s'en tirent en disant que de tels faits n'ont pas plus d'importance que les individus en question. L'autre forme d'éducation, on l'appelle parfois "éducation", tout simplement, ou encore "virilité" et "grandeur d'âme". Et c'est ainsi précisément que les Anciens appelaient "fils de Zeus" ceux qui ont reçu cette bonne éducation, les âmes viriles formées sur le modèle du noble Héraclès. En conséquence, toute âme bien née qui a acquis cette éducation supérieure aura facilement part à l'autre aussi, n'ayant qu'à apprendre peu de choses en un minimum de temps, tout juste l'essentiel et le plus important : il suffit qu'il soit déjà initié et qu'il garde ces trésors en son âme. Personne d'autre ne saurait désormais les lui ravir, ni le temps ni quelque sophiste, ni même — s'il en était — quiconque prétendrait pouvoir y mettre le feu. Et si jamais on jetait l'homme lui-même au feu — comme on raconte qu'Héraclès le fit pour sa propre personne — ses convictions n'en demeureraient pas moins en son âme. Notre homme, en effet, n'a pas à apprendre, mais seulement à se souvenir, et à l'instant même, il connaît aussitôt qu'il reconnaît, comme ayant possédé ces principes en son esprit dès le début de son existence. De plus, s'il tombe sur quelqu'un qui connaît, pour ainsi dire, le chemin, il lui indiquera facilement la voie à suivre et l'autre avancera dès qu'il l'aura connue. Si, d'autre part, il rencontre un sophiste ignorant et fanfaron, il l'épuisera en le menant de-ci de-là, à l'est, à l'ouest ou au sud, puisqu'il ne connaît pas lui-même le chemin, il le devine seulement, pour avoir été égaré longtemps auparavant par de tels charlatans. C'est tout comme à la chasse. Des chiens ignorants et mal dressés ne sentent rien et ne savent pas reconnaître la piste : ils trompent alors les chasseurs par leurs aboiements et leurs comportements, comme s'ils connaissaient et voyaient quelque chose, et bon nombre, c'est-à-dire les plus idiots, suivront ces chiens qui jappent au hasard; dans la meute, les chiens silencieux qui se tiennent cois ne se trompent qu'eux-mêmes, tandis que les impétueux et les plus fous, imitant en cela les premiers, font tout un vacarme et travaillent ainsi à tromper les autres. Autour de ceux qu'on appelle les sophistes, tu pourras trouver quelquefois un pareil attroupement de gens naïfs.

Quant à toi, puisque tu es aussi une âme bien née, s'il t'advient de rencontrer un homme de science, un seul jour te suffira pour saisir ce dont il parle et son art, et tu n'auras plus besoin d'arguties et de discussions bizarres. Mais si tu ne tombes point sur un maître formé à l'école de Zeus ou de quelqu'un apparenté à Zeus, un maître qui pourrait t'indiquer clairement et brièvement quel est ton devoir, tu n'aboutiras à rien de plus, même si tu usais toute ta vie en veilles et en jeûnes à l'école des misérables sophistes. Je n'invente rien en ce moment : Homère l'a dit bien avant moi. Ne connais-tu donc pas les poèmes d'Homère? »

Or Alexandre se vantait de connaître par cœur tout le premier poème, l'*Iliade*, et beaucoup de morceaux de l'*Odyssée*. Aussi reprit-il avec étonnement : « Où donc Homère a-t-il parlé de ces choses? — « Là, fit Diogène, où il dit que Minos était un familier de Zeus. S'entretenir avec quelqu'un, n'est-ce pas avoir commerce avec lui? Il l'appelle donc un auditeur de Zeus, ou comme qui dirait, son disciple. Or, penses-tu qu'il s'entretenait avec Zeus dans le but d'apprendre autre chose que la justice et l'art d'être roi? Et d'ailleurs, c'est bien ce qu'on dit, que Minos fut le plus juste des hommes. De plus, quand Homère écrit que les rois sont des "nourrissons de Zeus", ou des "amis de Zeus", crois-tu que la nourriture dont il parle puisse être autre chose que cette formation et cette instruction divines que j'ai moi-même mentionnées? En conséquence, se peut-il jamais qu'un ami de Zeus, en conformité de sentiments avec lui, puisse désirer quelque chose d'injuste ou concevoir quelque idée perverse et honteuse?

Homère semble éclairer cette question précise quand, faisant l'éloge d'un roi, il l'appelle un "pasteur de peuples". Car la tâche propre du berger n'est pas autre que de veiller sur le troupeau, de le garder et de le sauver et non pas, par Zeus! de le mettre en pièces, de l'égorger ou de l'écorcher. Il est vrai que parfois un berger conduira des brebis au marché pour gagner de l'argent comme un boucher : mais il y a toute une différence quand même entre le métier de boucher et celui de berger, à peu près autant qu'entre le métier de roi et celui de tyran. Quand, par exemple, Xerxès et Darius poussèrent jusque chez vous à partir de Suse toute une horde de Perses et de Mèdes qu'ils menaient à leur perte, faisaient-ils donc un métier de roi ou de boucher en poussant devant eux ce bétail à égorger? »

Alexandre reprit alors : « À ce que je vois, le Grand Roi lui-même n'a à tes yeux rien d'un roi. » Diogène répliqua en souriant : « Pas plus que mon petit doigt, mon cher Alexandre! » — « Mais ne serai-je pas moi-même un grand roi quand j'aurai renversé l'autre? » — « Si, mais pas pour cette raison, reprit Diogène. Car lorsque les enfants jouent aux rois, comme ils disent, le vainqueur n'est pas pour autant un vrai roi. Les enfants savent fort bien que le vainqueur qui porte le nom de "roi" n'est rien d'autre que le fils du cordonnier ou du charpentier — et il doit apprendre le métier de son père, mais il a déserté la boutique pour jouer avec les autres et à présent, il croit que plus que jamais il fait des choses sérieuses — et parfois même, le "roi" n'est qu'un esclave qui a fui de chez son maître. Or, vous autres, vous faites probablement la même chose : chacun de vous a ses joueurs et ses partisans dans le match; lui, il a ses Perses et autres Asiatiques, toi, tes Macédoniens et tous les autres Grecs. Et tout comme ces enfants cherchent à s'atteindre l'un l'autre avec le ballon, celui qui est touché étant mis hors jeu, toi pareillement tu cherches en ce moment à frapper Darius et lui te vise : peut-être l'atteindras-tu pour le mettre hors de combat, car j'ai l'impression que tu as un meilleur lancer. Dès lors, ceux qui jouaient auparavant à ses côtés se joindront à toi et courberont la tête, et tu recevras le titre de roi universel. »

À ces mots, Alexandre fut encore blessé à vif. Car il ne voulait point vivre s'il ne devenait roi d'Europe, d'Asie et d'Afrique, et de toute île située dans l'Océan. Alexandre lui dit donc : « Diogène, tu as l'air de te moquer de moi. Suppose que je mette la main sur Darius, et encore sur le roi des Indes, rien ne m'empêchera plus alors d'être le plus grand des souverains qui aient jamais vécu. Que me restera-t-il donc à conquérir quand j'aurai vaincu Babylone, Suse, Ecbatane et l'empire des Indes? Le voyant ainsi s'enflammer d'ambition et se tendre de toute son âme, comme porté dans cette direction — à l'exemple des grues qui, dans leur vol, tendent le cou en avant vers le but qui les attire — Diogène s'écria : « Non, avec l'état d'esprit dans lequel tu te trouves, tu n'auras rien de plus que personne d'autre, tu ne seras jamais un vrai roi, même si, franchissant d'un bond les murs de Babylone, tu t'emparais ainsi de la ville, au lieu d'en percer les murailles du dehors ou de les miner par en dessous, ni même encore si tu en faisais autant à Suse et à Bactres, enfin si, traversant à la nage l'Océan, tu faisais main basse sur un autre continent plus vaste que l'Asie. »

« Mais quel autre ennemi me reste-t-il encore à vaincre, reprit Alexandre, si je m'empare de toutes ces cités dont j'ai parlé? » — « Le plus difficile à combattre, un ennemi qui ne s'exprime point dans la langue des Perses ni des Mèdes, comme c'est le cas pour Darius, je crois bien, mais qui parle le macédonien et le grec. » Sur ce, Alexandre se troubla : il craignait que Diogène ne connût quelqu'un en Macédoine ou en Grèce qui se préparait à lui faire la guerre. Aussi lui demanda-t-il : « Quel ennemi ai-je donc en Grèce ou en Macédoine? » — « Tu ne le connais pas, répliqua Diogène, toi qui penses connaître plus de choses que n'importe qui? » — « Eh bien, donc, ne vas-tu pas me le dire, au lieu de me cacher son nom? » — « Je te le dis depuis longtemps, mais tu ne comprends pas que tu es toi-même ton pire ennemi, le plus difficile à vaincre, aussi longtemps que tu es mauvais et stupide. Voilà l'homme que tu ignores plus que n'importe quel autre. Car aucun imbécile ni aucun être pervers ne se connaît lui-même. Sans quoi Apollon n'aurait pas institué comme le premier et le plus exigeant des préceptes : ''Se connaître soi-même''. »

Dion Chrysostome, *IVe discours : Sur la royauté.*

La perspective des Cyniques, c'est le retour à l'attitude irrévérencieuse et dogmatique du libre-penseur, qu'ils prétendent hériter de Socrate. Laissant de côté l'idéalisme du grand homme, ils ne conservent plus de lui que la dénonciation des opinions conventionnelles et de l'ignorance qui affligent le monde. Cette exagération illustre parfaitement le désarroi moral dans lequel s'enfonce alors le monde ancien. On ne croit plus aux dieux; à quoi bon les invoquer comme guides de la condition humaine? On ne croit surtout plus au « désintéressement ». Au contraire, seule la poursuite des intérêts particuliers rend compte du déroulement de l'histoire. Des historiens comme Polybe ont bien étudié les mécanismes de la conquête de même que l'utilisation des intérêts conflictuels à des fins particulières, toutes choses où s'illustrèrent particulièrement les Romains. Cette stratégie, poursuivie avec constance et détermination pendant de nombreux siècles, leur permit de mettre un terme à l'indépendance des communautés politiques libres et d'instaurer un régime unifié en Occident. Dans un tel contexte, les contemporains ne pouvaient plus se nourrir d'illusions sur les vertus de la démocratie antique.

Le mieux était de se retirer de la tourmente. Une philosophie prêchant une stricte autosuffisance succéda à l'esprit de collaboration civique qu'avaient rendu possible les institutions de représentation de l'époque démocratique. Ce scepticisme en face de la communauté politique accompagna le déclin de la démocratie directe, remplacée par une bureaucratie hiérarchique. Rome, selon l'historien Jérome Carcopino, généralisa l'oligarchie et la rendit immuable. En effet, à l'échelle du monde méditerranéen désormais unifié, qu'est-ce que pouvait bien signifier la révolte d'un groupe de partisans dans une cité pas plus grande qu'un canton? Au mieux, c'était un défi local à l'autorité impériale, au pire, une rébellion de paysans. Dans les deux cas, l'armée romaine se chargerait de rétablir l'ordre, d'exterminer les opposants et, si besoin était, la population tout entière.

Mais Rome ne fut pas que cela. Inspirés du stoïcisme, ses penseurs contribuèrent puissamment à l'essor et à la codification du droit, de même que ses philosophes réfléchirent sur l'individu et les institutions. En aucun moment la sincérité et l'élévation d'esprit d'auteurs tels que Cicéron ou l'empereur Marc-Aurèle ne peuvent être mises en doute. En effet, de toutes les philosophies qui survivront à la dislocation de l'idéal classique de la civilisation grecque, la plus intéressante est sans nul doute le stoïcisme. Cela se vérifie à deux niveaux. D'une part, le stoïcisme donna lieu à une réflexion sur les droits de la personne et sur le pouvoir politique. D'autre part, il fut à l'origine de réformes politiques qui, pour être impuissantes à sauver l'édifice de l'Empire romain, n'en furent pas moins déterminantes dans sa longue survie. Par la suite, elles furent transmises avec assez peu de modifications jusqu'à nous. C'est particulièrement le cas du droit.

L'esthétique et la sublimation du politique

La fin de l'Antiquité est marquée par un profond souci d'esthétisme qui fait pendant à l'impuissance politique croissante. Alors que dans l'Athènes de Périclès ou sous la République romaine la réalisation de soi passait principalement par la participation politique, on assiste dans l'Antiquité tardive à une préoccupation pour le moi qui n'est pas sans rappeler le culte du moi des sociétés contemporaines. À défaut de pouvoir contribuer au façonnement d'un projet personnel, le sujet individuel est amené à faire de lui son propre projet et la construction du moi s'apparente à une œuvre d'art.

Ce phénomène est particulièrement bien mis en lumière par Michel Foucault lorsqu'il réoriente son projet d'histoire de la sexualité vers l'étude de la construction de soi et de la modération dans le plaisir qui se fait jour durant la période héllénistique et sous l'Empire romain. Il aborde la question des « arts d'existence », qui réapparaîtront au cours de la Renaissance, atteindront un sommet dans la société française de la fin de l'Ancien Régime et referont surface sous la forme du narcissisme contemporain.

Nous aurions tendance à attribuer ce tournant vers les arts, la culture et la morale (ne vivons-nous pas à une époque où l'éthique sert à toutes les sauces?) aux blocages qui affectent la situation politique. Dans les périodes où un monde s'estompe sans qu'on puisse encore bien déceler les traits de celui qui s'annonce, les tendances au repli sur soi et à la problématisation de soi sont fortes. En même temps, l'activité esthétique peut, à certains égards, représenter quelques similitudes avec l'action politique. Ces similitudes sont mises en lumière par Arendt, qui souligne comment la culture peut quelquefois prendre le relais de l'action dans ce qu'elle qualifie de « sombres temps », ces deux activités faisant appel à une même faculté, le jugement. Son analyse s'applique à nos sociétés mais s'avère également utile à une analyse du tournant « moraliste » à la fin de l'Antiquité, comme l'ont bien problématisé les derniers travaux de Foucault.

Parce qu'elle correspond au lieu d'exercice du jugement et qu'elle fait appel autant à notre perspicacité qu'à notre propension à faire partager notre opinion en la mettant au contact des autres opinions, la culture constitue donc un facteur de résistance à la tendance au nivellement qui caractérise la société moderne. En ce sens, elle contribue à entretenir l'espoir d'une capacité de pensée dans un monde où bien des dirigeants politiques visent justement à supprimer cette capacité.

Dans cette optique, la culture remplit deux fonctions dans le monde contemporain. D'un côté, elle permet de construire le monde, à savoir lui donner une signification spécifiquement humaine, en faire un lieu non pas naturel mais propice à la vie humaine. « Le goût débarbarise le monde du beau en ne se laissant pas submerger par lui; il prend soin du beau à sa propre et "personnelle" façon, et ainsi produit une "culture". [...] le goût est la faculté politique qui humanise réellement le beau et crée une culture » (Arendt, *La Crise de la culture*).

D'un autre côté, la culture crée un espace commun entre les êtres humains, leur permettant ainsi d'entrer en communication les uns avec les autres. Elle forge ce sens commun sur lequel prend appui la capacité de discerner et donc de s'orienter intelligemment dans le monde. Elle permet aux êtres humains d'exercer leur jugement, au sens kantien du terme, à savoir « la faculté de voir les choses non seulement d'un point de vue personnel, mais dans la perspective de tous ceux qui se trouvent présents ». Et Arendt d'ajouter un peu plus loin que « juger est une importante activité — sinon la plus importante, en laquelle ce partager-le-monde-avec-autrui se produit ».

Aux époques où le monde commun n'existe plus politiquement du fait de la disparition d'un espace public de débats, c'est sur le terrain de la culture que se replient donc la capacité de juger de même que celle de construire un monde commun. Dans les « sombres temps », l'art a donc une fonction qui n'est plus essentiellement fabricatrice mais résistante. C'est ce thème qu'Arendt abordera dans ses conférences sur Lessing et sur Benjamin, conférences qu'elle a regroupées, avec d'autres, sous le titre *Men in Dark Times*. Cependant, elle prend la peine de souligner les problèmes qui sont liés à ce rôle de l'art et même de la réflexion indépendante dans le monde contemporain. Si l'art est analogue à la politique dans la mesure où il permet d'exercer la faculté humaine du jugement, il ne saurait s'y substituer.

Ainsi, ces activités de substitution ne sauraient remplir pleinement l'exigence humaine de liberté, quoiqu'elles permettent d'en conserver le sens dans un monde où les blocages politiques contribuent à étouffer l'idée même de liberté publique. Vouloir faire de la culture le lieu par excellence de la réalisation de la liberté consisterait peut-être à sombrer dans l'esthétisme, c'est-à-dire à valoriser le beau en lui-même plutôt que comme manifestation de la capacité de création humaine. C'est partiellement un phénomène de ce genre que l'on rencontre à la fin de l'Antiquité, quoique la plupart des grands penseurs s'adonnent à l'esthétisme avec « modération ».

Deuxième partie

La Cité romaine

On parle beaucoup de notre héritage politique comme de celui de la culture gréco-latine. Un examen de l'apparition de Rome dans l'histoire occidentale nous montre comment, dès le début de son existence, elle est en contact avec la culture grecque et de quelle manière cette culture trouve à s'y épanouir et à donner naissance à un nouvel univers culturel, la culture latine, qui imprégnera fortement la culture occidentale, que ce soit à travers la médiation du christianisme ou encore par le biais de la découverte de l'Antiquité classique au moment de la Renaissance.

On peut repérer assez aisément les grandes étapes de l'histoire romaine, puisque l'un des fondements de la civilité romaine consistait dans la tradition, c'est-à-dire le fait de lier le présent au moment fondateur de l'apparition de la cité. La légende fait remonter la création de Rome à 753 av. J.-C. Les premières institutions politiques dont se dote la ville sont des institutions de type monarchique. Cette période se termine en 509 av. J.-C., alors que les rois sont chassés et que s'instaure la république. Il est intéressant de noter que l'instauration de la république à Rome coïncide avec un mouvement similaire dans la péninsule grecque; c'est à la même époque que les tyrans sont chassés. La première phase de l'existence de la république s'achève en 390 avant Jésus-Christ, date de la prise de Rome par les Gaulois : les institutions républicaines se différencient et s'affinent, l'influence de Rome se fait sentir dans l'ensemble de la péninsule italienne, dont le sud fait depuis longtemps partie du monde grec, et les luttes sociales entre patriciens et plébéiens aboutissent au compromis sur lequel se fonderont les institutions républicaines, celui de l'alliance entre le sénat et le peuple, alliance scellée dans le nom même de la communauté politique ainsi constituée, *Senatus Populusque Romanus (S.P.Q.R.)*, le sénat et le peuple romain.

C'est au IIIe siècle avant notre ère que s'engage la longue lutte qui allait faire de Rome la grande puissance méditerranéenne régnant sur la quasi-totalité du monde occidental connu. En effet, c'est à l'issue des guerres puniques, qui s'étendent sur plus d'un siècle, que Rome devient une puissance mondiale et se trouve engagée de plain-pied dans les tribulations du monde hellénistique. Les guerres puniques opposent Rome et Carthage pour le contrôle du monde méditerranéen. La première de ces guerres (264 à 240) permet à Rome de conquérir la Sardaigne et la Corse et d'exercer un protectorat sur la Sicile. La seconde guerre punique (218–202) voit Rome remplacer Carthage dans la domination sur l'Afrique du Nord et l'Espagne, ce qui n'est pas sans conséquences tant sur le plan de sa politique étrangère que sur le plan interne. Sur le plan de la politique étrangère, Rome se trouve confrontée, comme protagoniste de premier plan, au monde grec, et la Grèce deviendra province romaine en 146, à la suite de la troisième guerre punique. Sur le plan interne, c'est la cohérence même des institutions républicaines qui est ébranlée par ces guerres. Il en résulte une crise économique et sociale qui se manifeste à la fois par la ruine de la petite paysannerie et un afflux massif de richesses vers Rome, ce qui accroît le prestige et la fortune des classes commerçantes. Par ailleurs, la durée de la guerre a entraîné la formation d'une armée de métier qui pèsera de plus en plus lourd sur les orientations politiques romaines, cette armée poussant à la guerre, d'une part, et soutenant politiquement ses chefs militaires, d'autre part. La religion elle-même s'en trouve affectée : de civique, elle devient de plus en plus mystique et marquée par les cultes orientaux, ce qui favorisera le développement ultérieur du christianisme dans l'empire.

L'apogée des institutions républicaines à Rome coïncide partiellement avec la période des guerres puniques, puisque l'âge d'or républicain s'étend *grosso modo* de la naissance de Caton l'Ancien (234 av. J.-C.) à l'abdication de Sylla (79 av. J.-C.). Car le développement de la domination impériale sur le bassin méditerranéen ne sera pas sans conséquences sur les structures politiques romaines proprement dites. À l'origine, Rome est une cité sur le modèle grec, à savoir un centre urbain entouré de terres agricoles et géré selon le principe de la démocratie directe. En effet, pour prendre part à la vie politique, il faut être personnellement présent à l'assemblée. Ce ne sera évidemment plus possible lorsque le territoire administré par Rome aura pris les dimensions d'un empire et que les populations de ces territoires conquis acquerront graduellement la citoyenneté romaine. Nous allons donc examiner d'abord les bases sur lesquelles se constitue le corps politique sous la république et, ensuite, les diverses instances du pouvoir politique.

Le corps politique, c'est l'ensemble des citoyens. Tout comme en Grèce, l'accès à la citoyenneté est fortement réglementé et exclusif. Cet accès repose sur le statut personnel, à savoir sur la notion d'homme libre, ce qui exclut les esclaves et les affranchis. Quant aux étrangers, ils ne sont pas aussi ostracisés à Rome qu'en Grèce, et il n'est pas exclu qu'un étranger puisse devenir citoyen; cette attitude beaucoup plus ouverte vis-à-vis de l'étranger permet de comprendre que, malgré sa supériorité militaire, Rome ait plutôt adopté la culture grecque et se soit en quelque sorte hellénisée plutôt que d'imposer sa propre culture aux peuples vaincus. Les citoyens représentent donc une minorité sociale.

La citoyenneté confère des droits et des devoirs. Ces droits sont de deux ordres, soit les droits politiques et les droits civils. Les droits civils comprennent le droit de propriété, le droit de mariage et le droit d'intenter une action judiciaire. La notion de droit civil romain est donc à l'origine de ce qui constitue actuellement l'objet des codes civils dans les pays de tradition juridique latine, comme le code civil québécois qui s'inspire du code civil français (dit aussi code Napoléon). Ce dernier nous vient en droite ligne du droit civil romain. Les droits civils confèrent donc une personnalité juridique à l'individu. Les droits politiques comprennent, pour leur part, le droit de vote, le droit d'éligibilité, le droit de participer au sacerdoce et le droit d'appel au peuple dans les procès criminels. Si tous les citoyens sont égaux en ce qui concerne les droits civils, il n'en va pas de même pour les droits politiques. L'égalité devant la loi confère à tous la possibilité d'en appeler dans les procès criminels, mais le droit de vote est pondéré selon la classe d'appartenance (le principe « un homme, un vote » ne vaut pas), certaines charges publiques sont réservées aux patriciens et les fonctions sacerdotales leur sont exclusives. Quant aux charges, elles comprennent l'obligation de servir aux armées et l'acquittement de l'impôt, ce dernier élément étant supprimé en 167 av. J.-C., alors que les revenus du trésor public reposeront sur les richesses coloniales. Le droit de cité peut s'acquérir sur le plan collectif : ainsi, suite aux guerres sociales (91–90 av. J.-C.), il sera étendu à l'ensemble des Italiens et, progressivement à l'ensemble des hommes libres de l'empire (édit de Caracalla en 212); il peut également s'acquérir sur le plan individuel : les fils d'affranchis et les étrangers libres ayant fait l'objet d'une naturalisation peuvent en faire la demande. On peut également être déchu de ses droits pour s'être soustrait au recensement ou au service militaire, ou encore pour avoir violé le droit des gens.

Ce corps politique comprend une distinction fondamentale, celle qui existe entre les patriciens et les plébéiens. Les patriciens sont les membres des familles fondatrices de la cité. Ils partagent des règles juridiques et des pratiques religieuses communes. Il sont d'office membres du sénat. Quant aux plébéiens, ils se définissent négativement par rapport aux patriciens; ce sont les non-patriciens. À plusieurs égards, les plébéiens se trouvent dans une situation de dépendance vis-à-vis des patriciens, qui leur servent parfois d'intermédiaires, principalement dans le domaine religieux : ils composent donc la clientèle (d'où le terme clientélisme pour décrire certaines pratiques politiques) de leurs protecteurs.

Mais on peut repérer d'autres divisions au sein du corps politique, divisions qui reposent sur le statut. À cet égard, deux groupes se distinguent : la noblesse et les chevaliers. La noblesse regroupe les descendants de ceux qui se sont distingués par leurs capacités politiques ou militaires ; en font partie ceux dont un membre au moins de leur famille a rempli une magistrature curule ; celles qui font partie du *cursus honorum*, c'est-à-dire les fonctions de questeurs, d'édiles, de préteurs ou de consuls. Les nobles siègent automatiquement au sénat, mais sont exclus de bon nombre d'activités économiques, ce qui diminuera leur prestige au fur et à mesure qu'augmentera le niveau général de richesse à Rome. Les chevaliers ou l'ordre équestre sont, au départ, ceux qui servent dans la cavalerie. Rapidement, l'ordre équestre intègre les citoyens les plus riches, dont certains se tournent vers la carrière politique et « achètent » en quelque sorte leur magistrature et conséquemment leur place au sénat. Cicéron allait être le plus célèbre représentant de cette catégorie montante de chevaliers, à l'époque républicaine. La plupart préfèrent cependant se tourner vers les affaires, dont l'ampleur ira bien sûr en s'accroissant, grâce à l'affermage des terres d'État qui accompagne l'expansion territoriale, l'essor du commerce international et l'émigration des Italiens vers les nouvelles provinces comme l'Espagne, l'Afrique et la Gaule. Dans ce contexte en rapide transformation, les chevaliers contrôleront rapidement l'ensemble des activités économiques du nouvel empire.

Si on se tourne maintenant du côté du pouvoir législatif, on observe qu'il est exercé, dans la République romaine, par deux institutions : les comices et le sénat. On voit dans cette division la segmentation originelle entre patriciens et plébéiens. Les comices eux-mêmes étaient originellement au nombre de trois : les comices curiates, qui conféraient l'*imperium* aux consuls et aux préteurs, dont le rôle devient vite hautement symbolique ; les comices centuriates, qui soulignent l'interpénétration du civil et du militaire dans la République romaine ; enfin les comices tributes, de type civil et de nature essentiellement territoriale. À l'apogée du pouvoir républicain, les comices curiates ont perdu de leur importance et le système centuriate et tribute a été refondu, sans contribuer pour autant à un élargissement significatif de la démocratie. En effet, le vote est proportionnel à la fortune et les citoyens de la première classe, celle des plus riches, disposent d'un vote prépondérant. Malgré tout, les comices constituent l'élément le plus démocratique du système politique romain. Elles s'occupent de faire les lois, qui, pour devenir effectives, doivent être sanctionnées par le sénat. De plus, elles élisent les magistrats. Le vote se fait au bulletin secret.

Quant au sénat, il bénéficie d'une plus grande permanence que les comices puisque sa composition est stable. Sa fonction est de sanctionner les lois, quoiqu'il puisse également prendre position sur des questions précises, de sa propre autorité, en promulguant des sénatus-consultes, qui ont force de loi. Là encore, tous n'étaient pas égaux, puisque ceux qui avaient occupé les plus hautes fonctions hiérarchiques avaient préséance sur leurs collègues moins avancés dans la course aux honneurs. En outre, le sénat a la responsabilité de la religion; il gère les finances et les questeurs doivent lui rendre compte de leur administration; il est responsable de la politique extérieure; finalement, il a la responsabilité des armées de même que de l'organisation et du gouvernement des provinces. Le sénat constitue en quelque sorte l'élément aristocratique du système politique romain.

Si l'on aborde maintenant les magistratures, on peut distinguer les magistratures curules, les magistratures plébéiennes et les magistratures exceptionnelles. Les magistratures curules sont celles qui font partie du *cursus honorum* : les questeurs s'occupent des finances publiques; les édiles de l'administration municipale sont chargés de la voirie, de l'approvisionnement et des jeux; les préteurs ont la responsabilité de la justice; tandis que les consuls convoquent les assemblées des comices centuriates et curiates de même que du sénat et commandent les armées. Les magistratures plébéiennes comprennent les tribuns, qui seuls peuvent convoquer les comices tributes et, surtout, qui exercent un droit de veto sur les autres magistrats, et enfin les édiles plébéiens, qui administrent la ville de concert avec les édiles curules. Toutes ces magistratures jouissent de l'inviolabilité. Là encore, on peut voir un souci d'équilibre des pouvoirs entre les patriciens et les plébéiens. Les premiers jouent un rôle prépondérant dans le système politique alors que les seconds disposent du pouvoir de bloquer le système. Il y a enfin les magistratures exceptionnelles que sont la dictature, à savoir le pouvoir absolu pour une période de temps limitée, et la censure, c'est-à-dire la classification des citoyens dans les cinq classes correspondant à leur richesse. Toutes ces magistratures se caractérisent par la collégialité : il y a au moins deux titulaires pour chacune des magistratures et ces titulaires disposent d'un pouvoir égal; elles sont gratuites, c'est-à-dire qu'elles ne sont pas rémunérées, et leur obtention peut même s'avérer fort onéreuse, leur caractère électif entraînant toutes sortes de dépenses de type électoral; cette gratuité est une façon de restreindre le nombre de prétendants aux magistratures. Finalement, elles sont de durée déterminée : la plupart des charges sont annuelles, ce qui contribue à créer à Rome un climat permanent de lutte électorale. Les magistratures constituent en quelque sorte l'élément démocratique du pouvoir politique romain.

C'est cette combinaison assez particulière d'éléments de type démocratique, aristocratique et monarchique qui amène certains à voir dans la république romaine la matérialisation de ce qu'Aristote entendait par un gouvernement modéré, c'est-à-dire un gouvernement qui combine les avantages d'une large assise sociale par l'extension du droit de cité, d'une suprématie des meilleurs par le biais des pouvoirs importants du sénat et par la prépondérance des éléments les plus riches, et enfin d'une grande efficacité exécutive, grâce aux pouvoirs étendus, voire illimités, de chacun des magistrats dans leur champ de compétence. C'est sur ce point qu'insistera d'ailleurs Polybe, un historien d'origine grecque qui est parmi les premiers à se pencher sur ce qui constitue l'originalité de l'expérience politique romaine. Telle sera également la position de Cicéron, lorsqu'il cherchera à défendre la valeur première des vertus républicaines, en face du pouvoir personnel montant.

Ce système aux équilibres fragiles et aux rouages complexes sera mis à rude épreuve par l'expansion territoriale de Rome. La vie civique étant fortement articulée autour de trois éléments, la prestation militaire, la contribution financière et la décision politique, il n'y a pas de doute que les transformations affectant l'un ou l'autre de ces éléments, au bénéfice ou au détriment des deux autres, ne seront pas sans répercussion sur l'équilibre de l'ensemble, qui est conçu pour fonctionner comme un tout. La contribution financière disparaît à partir de 167 av. J.-C., alors que les citoyens ne sont plus imposés, les revenus étatiques étant suffisants pour se passer de leur contribution et même pour garantir aux plus pauvres un minimum vital par la distribution gratuite de céréales. Un tel système est à l'origine du fameux *panem et circenses*, le pain et les jeux, qui sert à décrire le système de légitimation du pouvoir politique sous l'empire. Quant à la prestation militaire, elle perdra peu à peu de sa signification. Parmi les citoyens les plus riches, ceux qui ne se destinent pas à la carrière politique auront tendance à se soustraire aux obligations militaires, tandis que les citoyens les plus pauvres verront souvent dans l'armée une occasion d'enrichissement personnel, par le biais du butin, qui aura tendance à les transformer en militaires de carrière. Le lien entre statut civique et obligation militaire sera rompu et s'y substitueront peu à peu et de manière irréversible l'esprit de corps et la fidélité à un leader. Ainsi, c'est sa popularité comme chef militaire et le soutien de son armée qui permettront à Jules César de s'emparer du pouvoir politique malgré l'opposition d'une grande partie du sénat. Cela aura finalement des répercussions sur la décision politique. Les comices vont perdre peu à peu leur rôle, le pouvoir d'initiative politique dépendant de plus en plus du sénat, qui seul pourra tenir tête de façon crédible au pouvoir des empereurs, pour un temps limité cependant. Cependant, avant de devenir symboliques, les comices perdront de leur légitimité puisqu'on commencera, dès le 1er siècle av. J.-C., à voir les assemblées prendre des décisions sous la menace de la violence. Mais ce qui influencera de façon décisive les institutions républicaines, c'est sans conteste l'extension de la citoyenneté à des personnes extérieures à la ville. Le principe de la démocratie directe en sera profondément vicié. Seuls peuvent désormais se déplacer, pour assister aux assemblées, ceux qui résident à Rome ou encore les notables locaux les plus prestigieux des diverses provinces de l'empire.

C'est cette période républicaine qui a fait l'objet d'une valorisation de la part des penseurs politiques latins. Cependant, l'héritage que les Romains ont laissé au monde occidental sur le plan politique s'élabore plus tardivement. La codification juridique n'est entreprise que sous le règne de l'empereur Justinien (482–565), tandis que l'organisation administrative homogène est fondamentalement le fait des Antonins, puisqu'elle débute sous Hadrien pour se terminer sous Marc-Aurèle. La postérité aura toutefois tendance à considérer comme un bloc ces diverses phases de l'expérience politique romaine. On peut le remarquer non seulement chez Augustin de Thagaste, qui, dans sa *Cité de Dieu*, dresse un bilan de l'expérience politique romaine en puisant abondamment dans Cicéron, mais également dans les conclusions qu'en tirent Machiavel, Montesquieu et Rousseau. La Rome de la postérité, c'est à la fois la vertu républicaine d'une cité au territoire limité et l'organisation impériale et universalisante du monde dit civilisé.

Il reste quand même étonnant que malgré ce phénomène, propre à la période impériale, de réduction de la citoyenneté à des usages essentiellement symboliques, l'État romain soit parvenu à animer d'un même esprit, et ce durant près de cinq siècles, plusieurs millions de citoyens qui servirent d'armature politique et culturelle à une population qui frisait les quatre-vingts millions d'habitants. Le prix à payer a bien sûr été le caractère passif de la citoyenneté et sa progressive réduction, sous l'empire, à sa simple dimension civile. Ce n'est d'ailleurs pas un hasard si le principal héritage qu'a laissé Rome dans notre compréhension du politique se résume à deux postulats, mais d'importance. D'une part, l'idée que la politique est un contrat qui peut donner lieu à une codification, dont découle le droit; d'autre part, celle d'une administration commune à des populations diverses qui contribue à forger un même sentiment d'appartenance, au-delà des différences régionales. L'universalisme romain va ouvrir la voie à l'universalisme chrétien. Sur le plan philosophique, tous deux auront été préparés par le rayonnement universel du stoïcisme au sein des élites méditerranéennes de cette époque.

Lorsque Rome commence à assumer un nouveau rôle dans le monde méditerranéen, deux positions s'affrontent. D'une part, les Romains traditionalistes préconisent un retour aux sources; d'autre part, les Romains hellénisants s'engagent dans la voie du syncrétisme. Le principal porte-parole des traditionalistes est Caton l'Ancien, qui entreprend d'écrire une histoire de Rome afin de montrer les racines historiques originales de la tradition romaine et d'en faire surgir les traits marquants. Son objectif est de montrer que Rome avait mérité ses victoires du fait de ses vertus et que sa grandeur ne pouvait être maintenue qu'en étant fidèle à la tradition qui l'a animée jusqu'alors. C'est d'ailleurs dans cette optique qu'il compose un traité sur l'agriculture dans lequel il enjoint à ses compatriotes de ne pas abandonner cette activité qui était celle de leurs ancêtres, alors que le commerce et la consommation de luxe mobilisent l'attention des plus fortunés. Ceci le rend particulièrement méfiant vis-à-vis des influences orientales et, au premier chef, grecques sur la civilisation romaine.

Ceux qui, au contraire, accueillent favorablement les apports grecs et exercent une influence décisive sur l'évolution de la vie politique romaine, se retrouvent du côté des Scipions, qui estiment que les victoires militaires ont imposé à Rome un nouveau rôle. Il ne s'agit pas pour eux de se replier sur une tradition, mais plutôt de l'enrichir en l'articulant à la culture grecque, dont la richesse intellectuelle est immense, mais que l'on sait menacée par les tribulations politiques de l'Orient méditerranéen et la renaissance des cultures non grecques d'Asie — juive, arabe, perse et indienne. Les victoires romaines ne sont pas seulement attribuables à la vertu; elles doivent faire une part au destin, c'est-à-dire à la fortune. Cette thématique sera reprise ultérieurement par Machiavel dans sa relecture de l'histoire romaine. Si bien que Rome doit utiliser sa suprématie pour imposer la paix et contribuer ainsi aux progrès des sciences. Ces deux positions seront mises en scène dans *La République* de Cicéron, puisque celui-ci fera intervenir à la fois Caton et Scipion.

Où en était le monde grec, à cette époque, sur le plan intellectuel? On peut *grosso modo* distinguer quatre grandes écoles : le platonisme, qui tend de plus en plus au scepticisme; l'aristotélisme, qui s'efforce d'élaborer une méthode de type scientifique pour comprendre les phénomènes et dont l'influence se fait surtout sentir dans le domaine des sciences de la nature; l'épicurisme, qui préconise la recherche du bonheur individuel grâce aux plaisirs nobles, et enfin le stoïcisme, qui recherche le bonheur dans la soumission à l'ordre universel. C'est ce dernier courant qui aura l'influence la plus décisive sur la philosophie romaine.

Les idées stoïciennes sont diffusées à Rome principalement par l'entremise de Panetius de Rhodes, qui vient à Rome vers 145 av. J.-C. et devient un familier de Scipion Émilien. Sa doctrine se greffe aisément à l'esprit romain à cause de l'importance qu'elle accorde à la nécessité de la justice, au devoir de chaque citoyen de participer aux affaires publiques. Panetius y ajoute toutefois une nouvelle dimension : les hommes, quelle que soit leur origine, ne diffèrent pas tant que cela les uns des autres puisque tous sont dotés de raison et que celle-ci est universellement valable. De ce fait, Panetius éveille les Romains à une certaine compréhension de l'universel : leur empire doit être au service de tous les habitants de l'*Ékouméni*, et non profiter aux seuls habitants de la Ville.

Cet universalisme trouvera surtout à s'exprimer dans le domaine du droit. Ce droit est fondé sur quatre grands principes. Le premier concerne la notion d'équité qui s'exprime à travers celle de l'*æquum bonum*. Cette notion d'équité tend à façonner le droit positif sur une loi morale non écrite et à rapprocher le droit naturel du droit des gens. On la retrouvera dans les théories modernes du droit naturel qui émergeront entre le xvie et le xviiie siècle. On retrouve également dans la codification juridique romaine une certaine notion de la personne, distincte de son statut politique, ce que les Grecs de la période classique s'étaient toujours refusés de faire. Le rôle du droit est de protéger les personnes, et l'on voit alors apparaître le germe d'une conception des droits de la personne qui s'épanouira bien plus tard, avec le libéralisme. Tout individu est d'abord une personne, un être humain qu'il faut respecter. Un troisième aspect de la codification juridique romaine, c'est l'utilisation de la méthode philosophique dans le domaine juridique : le raisonnement juridique se prête aux exercices suivants : la définition, le syllogisme, la recherche des causes, la comparaison. Cette méthode sera celle de Thomas d'Aquin lorsqu'il examinera les divers types de droits. Enfin, le droit doit être lié à une certaine conception de l'histoire, puisque l'une de ses sources, c'est la coutume. De sorte que c'est surtout à travers ses coutumes juridiques que l'histoire romaine nous a été transmise.

Le stoïcisme à Rome

Le stoïcisme, qui apparaît et évolue en réaction à l'épicurisme et au cynisme, doit beaucoup à l'idéalisme de Platon. Il renoue avec la meilleure tradition, s'écarte du cynisme dénonciateur du pouvoir, mais reste tout de même marqué de fatalisme et de pessimisme. Son fondateur fut Zénon, qui, lui aussi installé à Athènes à la fin du ive siècle av. J.-C., fonda son école, appelée la Stoa, ou École du Portique. Sa conception partait de la réhabilitation de la perception du monde par les sens, d'où son appellation de « sensualisme ». Le monde, qui se confond avec Dieu, est « un », indivisible, d'où son autre appellation de « panthéisme », et gouverné par des lois immuables et rationnelles. Il faut donc que chaque individu accorde sa conduite à ces lois; chacun a un rôle d'ordonnateur à jouer et doit faire de son mieux. D'où, comme on dit enfin, le « volontarisme » du stoïcisme; une volonté qui s'exprime sans illusion et dans la seule recherche de l'harmonie. Les résultats des actes humains ne peuvent être prévus; ils relèvent des desseins du monde, qui possède sa conscience inaccessible à notre pensée. L'intention prime alors les résultats. La seule modération doit guider les pas de celui qui, contrairement aux enseignements d'Épicure ou de Diogène le Cynique, souhaite s'engager dans le service public. Cicéron demeure, dans la littérature latine du Ier siècle av. J.-C., tout à fait révélateur de ce réalisme sans fard et sans complaisance, cher aux Romains, que la philosophie stoïcienne a su admirablement cultiver en eux.

Le rationalisme joue un grand rôle dans la conception stoïcienne. Il y a deux sortes de phénomènes : ceux qui découlent du hasard, ou encore de la destinée; ceux, enfin, qui découlent de notre volonté en temps qu'hommes ou femmes actifs dans la société. Il convient donc que l'individu exerce un contrôle étroit sur ses passions, de l'amour à la haine en passant par la pitié. Les honneurs, le succès et même le passage au travers de la vie demeurent peu importants. La tâche que nous avons à accomplir constitue notre destin, qu'il nous faut remplir dignement et sans faiblesse. Quant à tout ce qui nous est imposé par la conjoncture — invasions, tremblements de terre, épidémies, révoltes des armées —, nous n'en sommes pas responsables. Il faut y répondre selon notre morale, qui est de ne point affliger les misérables tout en châtiant les ambitieux, ceux-là justement qui affichent un fol orgueil personnel sans égard pour l'ordre éternel des choses. C'est l'opinion d'Épictète, philosophe du Ier siècle de notre ère, qui fit une brillante carrière malgré sa condition d'esclave et dont l'enseignement influença des empereurs philosophes comme Marc-Aurèle (121–180). C'est sur la base de tels principes que celui-ci dut réprimer une révolte fomentée par l'insatiable gouverneur de Syrie, Avidius Cassius, qui pensait acheter l'armée à même sa fortune considérable.

Il n'y a pas de doute que cette attitude de désintéressement amène par conséquent les stoïciens à admettre l'égalité des hommes devant les diktats de la nature et de l'ordre divin. Ce choix radical ne va pas toutefois, noblesse oblige, sans certaines compromissions devant le pouvoir établi. Ainsi, Posidonius suggère que l'unification du monde méditerranéen sous l'empire de Rome fait partie, dans une large mesure, d'un vaste plan du cosmos. Cette entreprise historique fait écho à la recherche de l'ordre et de l'harmonie universelle, inscrite dans la nature.

Cicéron

La synthèse philosophique de la fin de l'Antiquité entre idéaux grecs et romains contribua à répandre puissamment le stoïcisme dans les cercles de la noblesse de Rome, où Cicéron occupait à ce moment-là une position incontestée de définisseur de conscience.

Né en 106 av. J.-C. dans la petite ville d'Arpinum près du fleuve Liris au sud de Rome, Marcus Tullius Cicero était le fils d'un chevalier — un citoyen romain enrichi — et reçut une brillante formation intellectuelle. Après avoir étudié le droit avec le jurisconsulte Mucius Scævola, il se fit remarquer par ses dons d'orateur et notamment de plaideur. Volant de succès en succès, il affronta devant les tribunaux de Rome les meilleurs avocats de son temps. Il réalisa un voyage d'études en Grèce de 79 à 77, se laissa influencer par les philosophes stoïciens qui professaient alors à Athènes et perfectionna son style d'éloquence auprès du célèbre Molon de Rhodes.

Les années 75 à 63 furent les plus brillantes et les plus heureuses de sa carrière. Il gravit sans difficulté les échelons de la haute fonction publique romaine : questeur en 75 avec un poste dans la province de Sicile, édile en 69, préteur en 66, il fut enfin nommé consul en 65. Il n'y a pas de doute qu'à la fin de cette période il était devenu le plaideur le plus réputé de Rome, admiré des républicains de haut calibre, craint des hommes publics peu scrupuleux comme Verrès, gouverneur de Sicile, qui mettait sa province en coupe réglée et fut dénoncé sans répit par Cicéron en l'an 70. Ces procès retentissants contribueront à sa gloire, mais lui feront également des ennemis tenaces, qui n'apprécieront guère son talent de dénonciateur et son indépendance d'esprit. Qui plus est, il penchera du côté du parti aristocratique ou conservateur, si bien que le parti démocratique le pourchassera de ses dénonciations tant et aussi longtemps que Cicéron siégera au sénat. Ces derniers deviendront particulièrement jaloux de son succès à mesure que Cicéron va s'élever dans la carrière publique.

Les difficultés grandissantes de la république, compliquées par les dimensions continentales du territoire désormais sous contrôle romain, de plus en plus malaisé à administrer dans le cadre traditionnel des institutions d'une ville — aussi glorieuse soit-elle —, avaient entraîné dans l'enfance de Cicéron une série de conflits au début du 1er siècle av. J.-C. Appelés guerres sociales, ces affrontements originaient des revendications des peuples italiens et alliés (*socii*) de Rome, qui souhaitaient être associés à part entière à sa fortune en acquérant la citoyenneté romaine et en jouissant des mêmes privilèges que les Romains se réservaient jusque-là dans le gouvernement des provinces. Cette période d'instabilité rendit rapidement caduques les institutions républicaines. Cicéron fut mêlé de près aux soubresauts de la république finissante et assista, de plus en plus impuissant, au crépuscule des valeurs qui avaient façonné son éducation et inspiré son action politique.

En l'an 60 av. J.-C., Rome est dominée par un triumvirat, c'est-à-dire une association de trois généraux éminents, qui assument la fonction de dictateurs : Jules César, Pompée et Crassus. Ceux-ci, inquiets de l'influence de Cicéron dans la ville et soucieux de faire place nette avant de mener, chacun de leur côté, des expéditions militaires de grande envergure destinées à asseoir leur pouvoir personnel — César en Gaule, Pompée et Crassus en Orient —, le laissent condamner par le sénat sur une vague accusation, formulée par les démocrates de Clodius, d'abus de pouvoir contre des citoyens qu'il aurait injustement accusés. Il est exilé en Grèce en 58, mais, grâce à ses nombreuses amitiés dans le parti aristocratique, on le rappelle sans tarder à Rome, à sa grande joie. C'est alors que les triumvirs, de plus en plus déchirés, se préparent activement à la guerre civile. Cicéron tente en vain de les réconcilier, prend parti sans raison apparente pour Pompée contre César, accompagne son armée unie à celle du sénat contre César et assiste à la bataille de Pharsale en Grèce en l'an 48. Dans cette rencontre décisive, Jules César triomphe de ses rivaux, recueille tout le pouvoir et, bon prince, s'empresse de pardonner à Cicéron.

Les deux hommes se respectent et s'estiment, mais leurs intérêts les séparent. César cherche à instituer à Rome un régime personnel et refuse de rétablir les institutions républicaines. Incapable d'accepter l'évolution du régime vers le césarisme, ou pouvoir personnel, aux mains d'un seul homme, Cicéron critique de plus en plus ouvertement César, qui l'épargne cependant à cause de l'admiration qu'il lui porte. De toute façon, le vieil homme ne jouit plus dans la capitale de l'influence qu'il y a un temps exercée. Isolé mais toujours redoutable dans ses écrits comme dans ses discours, Cicéron assiste en l'an 44 au sénat à l'assassinat de Jules César par Brutus, son propre fils adoptif, aidé d'un petit groupe de conjurés.

L'orateur s'est-il senti alors vengé? L'histoire ne le dit pas, mais, à partir de ce moment-là, il eut le tort de menacer la position politique déjà précaire de Marc-Antoine, héritier spirituel de César. L'année suivante, calculant mal la portée de chacun de ses gestes dans le contexte volatil d'une guerre civile ponctuée de fréquents règlements de compte, il commit la faute de chercher à dresser l'un contre l'autre et au profit du sénat Marc-Antoine et Octave, les deux leaders du parti césarien. Le premier était l'héritier politique de César, tandis que le second était son neveu, son fils adoptif et ne manquait pas d'ambition. Les deux aspirants au pouvoir flairèrent vite la menace qui provenait du parti républicain aristocratique. Ils se rallièrent bientôt, soumirent le sénat et déclarèrent Cicéron proscrit. La voiture de l'écrivain fut rejointe dans sa fuite par les soldats d'Octave le 7 décembre 43. Le plus grand esprit politique de la langue latine mourut poignardé à 63 ans. La Louve, cruel et sauvage symbole de Rome, était décidément sans pitié pour ses enfants.

Cicéron sera plus utile à Rome mort que vivant. Le parti césarien et les empereurs qui vont finir par s'imposer dans son sillage au cours des vingt ans qui suivirent ne vont pas cesser d'en réhabiliter les écrits, d'une haute élévation morale, et de le mettre au programme des bibliothèques et des académies. Le césarisme n'affiche aucun scrupule à se réclamer de ses enseignements et de sa conception de la société politique romaine. Pour les uns, il s'agit d'une pure œuvre de propagande, quand on pense que la tentation autoritaire représentée par le césarisme abolit de sang-froid les institutions de la république et lui substitue un régime monarchique déguisé en république, appelé par l'histoire le principat. Pour les autres, voici une saine politique et l'aboutissement logique de la république, quand on pense aux responsabilités immenses qui retombaient sur les épaules des Romains, et qui devaient être tenues éloignées des inexpiables luttes de partis. De là des institutions qui, tout en respectant les formes républicaines et en clamant l'indépendance fictive des cités alliées — entendre les villes de l'empire —, n'en ont pas moins centralisé graduellement tous les pouvoirs dévolus aux instances municipales, régionales, provinciales et à connotation ethnique, au profit d'une conception unie de la romanité. Cette tendance à long terme fut favorisée par les guerres de plus en plus nombreuses sur les marches de l'empire. Une chose est très claire: la préservation des formes politiques traditionnelles au détriment de la reconnaissance du changement et le respect plus apparent que réel des assemblées constituées de par le droit vont devenir, grâce aux Romains, deux traits marquants des systèmes politiques occidentaux jusqu'à l'époque actuelle, malgré des éclipses passagères.

Humbert distingue cinq catégories de livres chez Cicéron. Plus modestes que lui, nous n'en distinguons que trois. Au milieu des œuvres très nombreuses qu'il écrivit, il nous semble que trois groupes d'écrits se détachent nettement du peloton : ses discours et réquisitoires judiciaires, Cicéron étant d'abord un avocat, ses ouvrages de philosophie politique, enfin son abondante correspondance. Appartiennent au premier groupe, entre autres, ses plaidoyers *Pour Archia* (62), *Pour Cælio* (56) et *Pour Milon* (52). Au second *Les Catilinaires* (63), où il dénonce le parti démocratique qu'il qualifie de démagogue ; *Les Philippiques* (44–43), où il tente de convaincre le sénat de réaffirmer son pouvoir en face du parti césarien ; enfin *La République* (54), où il fait l'éloge de la synthèse des régimes dans la Rome républicaine. Au troisième groupe appartient un corpus totalisant 37 livres de lettres à son ami Atticus, à Brutus et à ses parents, notamment à son frère Quintus. On sait qu'il s'est également essayé de façon moins convaincante à la poésie et à la traduction du grec, surtout dans sa jeunesse.

Témoin privilégié de la mutation essentielle qui se fit au profit d'un régime pratiquement monarchiste, Cicéron demeure le défenseur du système de démocratie modérée qu'il prête à la Rome républicaine. Un régime qui, dans son esprit, associait des formes empruntées à la monarchie, à l'aristocratie et à la démocratie. Que Cicéron va prôner dans l'exposé de sa *République*. L'ouvrage, majeur par ses qualités, fait revivre par la bouche de Scipion Émilien les grandes étapes de la constitution de la république romaine, qui réalise la synthèse pratiquement parfaite des régimes de la cité grecque. La scène se passe quelque temps avant le décès de Scipion Émilien, lors des Féries latines de l'an 129, et réunit autour du fameux général qui anéantit Carthage dix-sept ans plus tôt quelques-uns de ses amis et lieutenants : Lælius, Mucius Scævola, professeur de Cicéron — qui lui aurait confié le récit —, Tubéron et Rufus. Les archéologues ont eu beaucoup de chance de retracer ce précieux ouvrage. Le texte, d'ailleurs incomplet, a été retrouvé au début du xixe siècle sur un palimpseste, c'est à dire un manuscrit ultérieurement effacé par grattage du parchemin et sur lequel on a réécrit un texte des Psaumes. La mutilation date du début du Moyen Âge, mais le caractère — heureusement plus grand et de meilleure qualité que celui qui l'avait remplacé — est encore lisible quand on expose chaque page à une lumière intense.

La synthèse des régimes

SCIPION : « [La république romaine], je trouve que nos ancêtres l'ont fort bien développée et très sagement conservée. »

Quand Scipion eut ainsi parlé, comme tous attendaient en silence la suite du discours, Tubéron prit la parole. « Puisque mes aînés ne te demandent rien, Scipion, c'est de moi que tu entendras ce que je reproche à ton discours. — Certes, dit Scipion, je l'entendrai volontiers. » Tubéron reprit alors : « Je trouve que tu as fait l'éloge de la république romaine, alors que Lélius t'avait posé une question sur la politique en général. Et ton discours ne m'a pas appris par quelle discipline, par quelles mœurs et par quelles lois l'on peut soit constituer, soit maintenir un État tel que celui que tu vantes. »

Scipion dit alors : « Je pense, Tubéron, que nous aurons bientôt une occasion plus favorable de traiter de la fondation et du maintien des États. Pour ce qui est de la meilleure forme de gouvernement, je croyais avoir suffisamment répondu à la question de Lélius : j'ai commencé par définir trois sortes de régimes dignes d'approbation et j'ai opposé à chacun d'eux un régime détestable. Je n'ai cependant donné comme étant la meilleure possible aucune des trois formes de gouvernement que j'ai distinguées prise seule, mais déclaré préférable une constitution où ces trois formes se combinent dans une juste mesure. J'ai considéré ensuite le cas particulier de l'État romain, non pas du tout pour établir que ce régime mixte est le meilleur — point n'était besoin pour cela d'un exemple —, mais pour que l'on pût voir réalisé avec le plus de grandeur l'État tel que la théorie et le discours le définissent. Si cependant tu veux avoir devant toi, sans acception de peuple, cette forme de gouvernement qui est celle de l'État la meilleure, il nous en faut chercher l'image dans la nature, car cette image d'une ville et d'un peuple est en tous points conforme à la nature. »

Cicéron, *La République*, chapitre II, p. 39.

Ce qui a fait la force de Rome, c'est d'abord la vertu de ses citoyens, qui ne s'est jamais démentie en sept siècles d'histoire, surmontant tour à tour à force de ruses et d'actions militaires le joug pesant des Étrusques, déjouant les Gaulois lors du siège de 390 av. J.-C., puis affrontant la richesse de Carthage comme la subtilité grecque, pour mieux les subjuguer l'une après l'autre. Le secret de cette réussite, c'est la claire démarcation que ces citoyens-soldats n'ont jamais omis de faire entre leur intérêt personnel et l'exercice désintéressé des fonctions publiques.

L'héritage des anciens Romains

« SCIPION : *C'est par les mœurs antiques et aussi par les hommes que dure l'État romain.* [...]*

Par la concision et la vérité, ce vers d'Ennius a quelque chose d'oraculaire. Ni les hommes, si la cité n'avait pas eu ces mœurs, ni les mœurs s'il

---

* Les points de supension indiquent une lacune dans le texte.

n'y avait pas eu les chefs que vous savez, n'auraient pu fonder et faire durer si longtemps un État aussi grand et exerçant une domination aussi étendue. C'est ainsi que, d'une part, avant nous, les coutumes venues des ancêtres fournissaient par elles-mêmes des hommes éminents, et que, d'autre part, des hommes supérieurs maintenaient les mœurs anciennes et les institutions établies. Notre génération en revanche s'est comportée à l'égard de l'État comme le légataire d'un tableau de prix à demi effacé déjà par le temps, qui négligerait non seulement de revivifier les couleurs disparues, mais ne conserverait même pas le dessin et les traits primitifs. Que subsiste-t-il en effet des mœurs anciennes auxquelles le poète affirme que Rome doit son existence? Nous les voyons tombées dans un tel oubli que non seulement on ne les pratique plus, mais qu'on les ignore. Que dire maintenant des hommes? C'est le manque d'hommes qui a causé la ruine des mœurs, malheur très grand dont nous n'avons pas seulement à rendre compte, mais à l'égard duquel nous avons en quelque sorte à présenter notre défense comme des personnes accusées d'un crime capital. Ce sont nos fautes en effet, non le hasard, qui font que, si nous avons encore le mot de république, nous n'avons depuis quelque temps déjà plus la chose.

II. MANILIUS : Rien de si loyal que la solution, conforme à l'équité, d'un problème : il s'agissait d'interpréter la loi; les particuliers avaient accoutumé d'attendre des rois qu'ils disent le droit; et, pour cette raison, on tenait pour domaines royaux des champs, des prairies, des vergers, de larges et féconds pâturages, toutes terres cultivées sans que les rois eussent à s'en occuper, afin que nul souci d'affaires particulières ne les pût distraire du soin des affaires publiques. Nul particulier n'avait qualité pour connaître d'un litige ou le juger, tout était réglé par jugement du roi et, entre tous, c'est notre Numa qui me paraît avoir le mieux observé cette vieille coutume des rois grecs. Les autres, tout en s'acquittant de cette fonction, ont donné beaucoup de temps à la conduite de la guerre et à l'exercice des droits qu'elle confère. Mais cette longue paix que maintint Numa fut pour Rome la mère du droit et de la religion; il fut aussi, vous le savez, l'auteur des lois qui subsistent encore, et c'est là le propre du citoyen dont nous parlons…

Il est nécessaire cependant qu'un bon père de famille ait une certaine connaissance pratique de la culture, de la construction, du calcul…

III. SCIPION : Te déplairait-il qu'il [le régisseur] voulût connaître [la nature] des racines et des graines? MANILIUS : Non, pourvu que le travail se fît. SCIPION : Mais penses-tu que ce soit là la tâche du régisseur? MANILIUS : Non certes, car très souvent la main-d'œuvre laisse à désirer pour les travaux agricoles. SCIPION : Ainsi, tout de même que le régisseur connaît les champs et que l'intendant sait la comptabilité, mais que l'un et l'autre s'adonnent, plutôt qu'à la jouissance de la science théorique, à la pratique utile, notre gouvernant, tout en s'appliquant certes à la connaissance du droit et des lois, tout en remontant même à leurs origines, ne se laisse pas détourner par l'examen de questions subtiles, par des lectures et des écritures multipliées, de sa tâche, qui est d'être en quelque sorte l'intendant de la chose publique et de la régir. Il aura du droit naturel une connaissance profonde, à défaut de laquelle nul ne peut être juste, il n'ignorera pas le droit positif, mais sa science à cet égard sera comme celle du pilote à l'égard des astres ou du médecin à l'égard des phénomènes de la nature. L'un et l'autre en usent pour l'exercice de leur art, mais ne se laissent pas détourner de leur fonction propre. Ce que veut cet homme d'État.

IV. SCIPION... des cités dans lesquelles les meilleurs citoyens ont l'ambition de jouer un rôle glorieux et beau, ont en aversion ce qui déshonore et enlaidit. Ils sont beaucoup moins retenus par la crainte des châtiments qu'instituent les lois, que par ce sentiment de respect mis par la nature dans l'homme pour qu'il redoute le blâme quand le blâme n'est pas injuste. C'est ce sentiment que l'homme gouvernant l'État veut qui soit développé dans l'opinion publique, qui s'épanouisse par la vertu des institutions et de la discipline, de telle sorte que la pudeur non moins que la crainte détourne les citoyens des actions mauvaises. Ce sont là des considérations qui ont trait à l'honneur et qui mériteraient d'être plus amplement développées.

V. La règle tracée pour la vie et son bon usage, outre qu'elle comprend de justes noces, des enfants légitimes, le culte des Pénates et des dieux lares dans le sanctuaire familial, sera telle que chacun trouve également profit au bien-être commun et au sien propre, qu'on ne conçoive point de vie heureuse sinon dans une cité heureuse, ni rien qui surpasse en félicité un État bien constitué. C'est pourquoi je ne puis assez m'étonner qu'il y en ait tant.

VI. Tout de même que le pilote a pour but une navigation heureuse, le médecin la santé, le général commandant en chef la victoire, l'homme placé à la tête de l'État se propose comme fin la félicité des citoyens; il veut que leur vie s'appuie sur des ressources sûres, qu'elle soit abondamment pourvue de biens matériels, se développe glorieusement, soit embellie par la vertu. Cette tâche, la plus grande des tâches humaines et la meilleure, je veux qu'il la remplisse entièrement.

Où est donc celui que célèbrent vos auteurs? L'homme dirigeant les affaires de la patrie, qui, au lieu de se plier à la volonté du peuple, a souci de son intérêt véritable.

VII. — *Cicéron lui aussi n'a pu dissimuler* [cela] *dans le traité qu'il a écrit sur la république, à l'endroit où il parle d'instituer un prince de la cité qu'il faut, dit-il,* repaître de gloire, *et il rappelle en conséquence* que les ancêtres des Romains ont fait par désir de gloire beaucoup de choses magnifiques et dignes d'admiration.

Il faut que le prince de la cité se repaisse de gloire et l'État restera debout aussi longtemps que tous honorent le prince.

Alors c'est de vertu, de capacité de travail, d'activité qu'on demanderait que fût doué un homme occupant une haute situation, à moins qu'un naturel trop fier pour quelque raison que j'ignore...

Cette vertu est appelée courage, elle implique la grandeur d'âme, un haut mépris de la mort et de la douleur.

VIII. Marcellus vif et prompt au combat. Fabius Maximus prudent et réfléchi.

... compris dans l'orbe des terres.

... parce qu'il pourrait communiquer à vos familles les maux dont souffre sa vieillesse.

IX. ... de même que le Laconien Ménélas avait une parole douce et agréable.

Qu'il cultive la brièveté dans le discours.

SCIPION : Rien ne devant être plus à l'abri de la corruption dans l'État que le vote et le jugement du tribunal, je ne comprends pas pourquoi celui qui use de l'argent comme moyen de corruption est tenu pour digne d'un châtiment, tandis que les artifices de l'éloquence rapportent des louanges. Pour moi, je considère comme un grand mal la corruption du juge par le discours que sa vénalité. On ne peut avec de l'argent corrompre un homme ayant souci de l'honneur, on le peut par le discours.

Quand Scipion eut ainsi parlé, Mummius, l'approuvant fort (il avait en haine les rhéteurs)...

Pour la moisson la meilleure on avait semé des graines magnifiques.

Cicéron, *La République*, livre cinquième.

En quoi consistaient au juste les grandeurs dont pouvaient s'enorgueillir les citoyens les plus éminents de la Rome républicaine? Scipion Émilien, fils du général Paul-Émile, conquérant de la Grèce, et adopté de Scipion l'Africain, dont il poursuivit l'œuvre pacificatrice aux confins de l'Atlas et dans les steppes brûlantes de la Tunisie actuelle, retardant l'invasion des peuples sémitiques d'au moins sept siècles sur ces terres âprement disputées, les exprime tout entières. Mélange curieux de grandeur d'âme et de fruste discipline, à la fois visionnaire et réaliste, Émilien serait — à en croire Cicéron — la quintessence d'un monde qui n'a progressé que grâce au pragmatisme mis au service de la haute destinée de Rome. Cicéron exprime admirablement l'élévation de la vertu républicaine, dans ces pages idéalisées, sans doute au-delà de tout ce que pouvaient entendre ses contemporains.

La vertu républicaine

I. Ni C. Duelius, A. Atilius, L. Metellus n'auraient libéré nos ancêtres de la terreur carthaginoise, ni les deux Scipions n'auraient pu éteindre de leur sang l'incendie de la deuxième guerre punique. Q. Maximus, n'en aurait pas amorti la violence, M. Marcellus n'aurait pas frappé de si rudes coups, le premier Africain n'aurait pas contraint la flamme à s'éloigner des portes de Rome et ne l'aurait pas refoulée jusque dans les murailles de la ville ennemie. Mais c'est en M. Caton, un homme dont on ignorait la famille, que nous trouvons, nous tous qui nous occupons des affaires publiques, un guide, un modèle d'activité et de force d'âme. Certes, il aurait pu jouir du loisir à Tusculum, qui est un endroit salubre et peu éloigné. Mais cet insensé, car c'est ainsi que le qualifieraient les philosophes dont je viens de parler, sans y être contraint par aucune nécessité, préféra, jusque dans son extrême vieillesse, l'agitation et les tempêtes de la place publique (avec tous leurs dangers), à une vie douce et tranquille. Je ne veux même pas citer tant d'hommes qui, à divers moments, furent les sauveurs de notre cité et je renonce à énumérer ceux qui ne sont pas très éloignés de notre temps, de peur d'une émission dont pourraient se plaindre ou eux-mêmes ou les descendants de l'un d'eux. Je me contenterai de poser ici en principe qu'il y a dans la nature un tel besoin d'agir fortement, une si grande propension à s'exposer pour le salut commun qu'elle triompha de toutes les flatteries du plaisir, de toutes les séductions du repos.

II. Il ne faut pas voir dans la vertu un art que l'on puisse posséder sans l'appliquer. On peut avoir la connaissance théorique d'un art sans le mettre en pratique; la vertu consiste entièrement dans les applications qu'on en fait. Or la plus haute de ces applications est le gouvernement de la cité et le déploiement par des actes, non en paroles, des mérites mêmes que glorifient vos philosophes dans les écoles. Les philosophes en effet n'on rien dit, quand ils ont parlé droitement et en bons moralistes, qui n'ait son origine et sa confirmation chez ceux qui ont donné aux cités leurs lois. D'où en effet le sentiment du devoir est-il venu? De qui la religion est-elle issue? D'où le droit des gens, ou ce que nous appelons le droit civil, est-il sorti? D'où le sentiment de la justice, la bonne foi, l'équité? D'où le respect de soi, la continence, l'aversion de ce qui dégrade, l'appétition de l'honneur et de tout ce qui fait la beauté de la vie? D'où enfin le courage dans les travaux et les dangers? Certes de ceux qui ont corroboré, par leur façon de vivre, quelques-unes des vérités morales que l'étude leur avait fait connaître, et ont donné à d'autres force de loi. Ne dit-on pas que Xénocrate, un des plus notables parmi les philosophes, comme on lui demandait ce qu'apprenaient de lui ses disciples, répondit : à faire d'eux-mêmes ce à quoi la loi les oblige. Le citoyen donc qui, par le pouvoir qu'il a de commander et par des lois pénales, oblige tout un peuple à faire ce que les philosophes par leurs discours persuadent à peine un petit nombre, doit être mis au-dessus de ceux qui en discutent. Quel discours, si achevé qu'on le suppose, peut-on préférer à une cité jouissant grâce au droit public et aux mœurs d'une unité robuste?

Autant certes je crois devoir mettre les grandes cités, les cités dominatrices, comme dit Ennius, au-dessus des bourgades et des postes fortifiés, autant les hommes qui, par le poids de leurs avis et leur ascendant, sont à la tête de ces villes l'emportent, même en sagesse, sur ceux qui sont éloignés des affaires publiques. Or, puisque nous sommes au plus haut point portés à accroître le patrimoine de l'humanité, que nous nous efforçons par la pensée et par nos labeurs de rendre la vie humaine plus sûre et plus puissante, puisque c'est à la recherche de cette jouissance-là que nous incite la nature, suivons la voie qui a toujours été celle des meilleurs et n'é-coutons pas les appels à la retraite qui se font entendre pour nous ramener en arrière quand déjà nous avons marché de l'avant.

III. À ces raisons si solides et si claires nos adversaires opposent en premier lieu les labeurs pénibles que réserve la chose publique à ceux qui s'emploient à son service; faible obstacle pour quiconque a du zèle et de l'activité et qu'il faut mépriser, non seulement quand il s'agit de choses de cette importance, mais même devant des soins, des fonctions et j'irai jusqu'à dire des affaires d'un médiocre intérêt. On parle encore des dangers que court la vie; on veut retenir par la crainte avilissante de la mort les hommes de cœur qui ont coutume de juger plus malheureuse une lente consomption de leurs forces par la nature et la vieillesse, qu'une occasion de donner généreusement pour la patrie une vie qu'il faudrait toujours finir par rendre à la nature. Mais s'il est un thème qui se prête à des développements abondants et à des rapprochements oratoires, ce sont les calamités qui ont accablé les hommes les plus marquants, les traitements injustes que leur ont infligés leurs concitoyens ingrats. On en trouve déjà des exemples chez les Grecs : Miltiade, vainqueur et triomphateur des Perses (à la bataille de Marathon en 490), non encore guéri des blessures qu'il avait reçues face à l'ennemi dans la plus glorieuse bataille et dont la vie n'échappa pas aux coups de l'étranger que pour languir dans la prison où l'enfermèrent ses concitoyens; Thémistocle, exilé de sa patrie qu'il avait délivrée, chassé et pourchassé par elle, cherchant un refuge, non dans les ports de la Grèce par lui sauvés, mais dans les rades des Barbares objet de ses coups. Certes les exemples ne manquent pas de la légèreté et de la cruauté d'Athènes envers ses plus grands citoyens et, après s'être produits et multipliés dans cette ville, ils ont, dit-on, abondamment recrû dans notre cité, grave entre toutes. On rappelle et l'exil de Camille, et l'injustice dont fut victime Ahala, et la haine qui poursuivit Nasica, et le bannissement de Lænas, la condamnation d'Opimius, l'exil de Metellus, l'assassinat de Caïus Marius et, après son retour, le massacre cruel de l'élite des citoyens et tant de malheurs qui suivirent. On ne manque pas non plus de citer mon nom; et sans doute parce qu'on croit devoir à mes décisions judicieuses, aux dangers que j'ai affrontés, la continuation d'une vie oisive, les plaintes quand il s'agit de moi, ont une nuance de reproche en même temps qu'elles se font plus affectueuses. Mais il me serait difficile de dire pourquoi, alors que ces personnes mêmes traversent la mer pour s'instruire ou voir du pays…

IV. Que j'ai pu, en quittant le consulat, jurer devant le peuple assemblé que la république était sauve; que le peuple romain ait prêté le même serment, voilà qui compenserait largement le souci et les injustices, alors même que tous m'en eussent accablé. Ma mauvaise fortune a été au reste plus honorable que pénible; je n'en ai pas souffert en proportion de la gloire qu'elle m'a value, et les regrets des bons citoyens m'ont donné plus de joie que la joie des mauvais ne m'a causé de chagrin. Et s'il en était advenu autrement, comment, je l'ai déjà dit, pourrais-je me plaindre alors que rien ne m'était arrivé qui dût surprendre ou fût plus pénible que le traitement que je devais m'attendre à endurer? Tel que j'étais, j'aurais pu, éloigné des affaires, goûter plus de jouissance que d'autres, en raison des études variées qui ont charmé ma vie dès l'enfance; ou, si quelque calamité s'abattait sur tous, la fortune ne me réservait pas un sort pire qu'aux autres, mais égal au leur; et je n'avais hésité cependant à m'exposer aux plus dures tempêtes, à la foudre, dirais-je presque, pour sauver mes concitoyens et acheter par mes propres périls la tranquillité de tous. Car, entre la patrie et nous, il ne saurait être convenu qu'elle nous engendre ou nous élève sans attendre de nous que nous fassions rien pour sa subsistance, qu'elle ne travaille à notre bien-être que pour offrir à notre oisiveté un asile sûr, un port tranquille à notre goût du repos. Non, elle doit retenir pour son service une grande partie de nos forces et la plus haute, ce que notre âme, notre esprit, notre intelligence ont de meilleur et ne nous abandonner que ce qui peut rester quand elle a pris sa juste part.

V. Quant à certains arguments dans lesquels on cherche une excuse et un refuge pour s'assurer la jouissance de l'oisiveté, il n'y a certes pas lieu de les écouter; la plupart des hommes qui s'occupent des affaires publiques, dit-on, en effet, ne sont dignes d'aucune considération, il est humiliant de les avoir pour compétiteurs, c'est un malheur et un danger de les avoir pour ennemis, surtout quand la masse du peuple est excitée; il n'est donc pas d'un sage de prendre les rênes alors qu'on ne peut contenir les emportements d'une foule sourde à la raison, il n'est pas d'un homme indépendant de s'exposer, en luttant contre des adversaires tarés et capables des pires excès, à recevoir des bordées d'outrages ou d'être réservé à des injustices intolérables pour un sage. Comme si pour les bons, les courageux, les magnanimes, il pouvait y avoir une meilleure raison de prêter leur concours à l'État que la volonté de ne pas obéir aux méchants et de ne pas souffrir que la république soit mise en pièces sans qu'on puisse lui porter secours malgré le désir qu'on en aurait.

VI. Mais comment enfin, après avoir déclaré que le sage ne devait participer en rien à l'administration de la chose publique, admettre que, par exception, les nécessités du moment peuvent l'y obliger, comme s'il pouvait se présenter pour quelqu'un une nécessité plus impérieuse que celle qui m'est échue. Qu'aurais-je pu faire en ces circonstances si je n'avais pas été consul? Et comment pouvais-je être consul, sinon en suivant dès l'enfance une carrière qui me fît parvenir, bien que né dans l'ordre équestre, à la plus haute dignité? On ne peut donc pas prêter à la chose publique un concours improvisé ou choisir son moment à volonté, même dans les plus grands dangers, si l'on n'est pas dans une situation qui permette de le faire. Ce qui me paraît le plus surprenant dans les discours de ces gens habiles, c'est qu'après avoir déclaré qu'ils ne sauraient gouverner sur une mer calme, ne l'ayant point appris et n'ayant eu cure de l'apprendre, ils proclament qu'ils se mettront au gouvernail au moment où les flots seront soulevés. Ils ne craignent pas de dire ouvertement, ils s'en font même un titre de gloire, que, des règles à suivre pour constituer et gouverner l'État, ils ne savent et n'enseignent rien; ce n'est pas aux sages et aux habiles qu'ils accordent cette connaissance, mais à ceux qui ont la pratique de ces affaires. Comment concilier leur promesse de porter secours à l'État quand la nécessité finira par les y contraindre, avec leur incapacité de le gouverner, chose cependant plus facile, quand nulle nécessité ne le presse? Je l'affirme, quand il serait vrai que le sage ne s'abaisse pas volontairement à s'occuper des affaires de l'État, mais ne se dérobe pas non plus à cette charge quand les circonstances l'y obligent, je croirais cependant qu'il ne doit pas négliger la science politique, parce qu'il doit acquérir toutes les connaissances dont il ignore s'il n'aura pas besoin quelque jour.

VII. J'ai développé ces points avec une certaine ampleur, parce que, m'étant proposé et ayant entrepris dans cet écrit de traiter de la république, je devais, pour que mon entreprise ne parût pas vaine, lever en premier lieu le doute qui peut éloigner des affaires publiques. Si cependant il est des gens sur qui l'autorité des philosophes ait de l'action, qu'ils fassent un petit effort pour écouter les hommes dont le crédit et le renom sont les plus grands auprès des plus éclairés. S'il en est parmi eux qui n'ont pas directement gouverné l'État, par leurs amples recherches et leurs nombreux écrits, ils ont cependant rempli une fonction publique. Pour les sept que la Grèce a nommé sages, je les vois presque tous engagés dans les affaires de la cité. Et certes rien ne rapproche plus l'humaine vertu de la divinité que la fondation de cités nouvelles ou la préservation de cités déjà fondées.

VIII. Quant à moi, comme il m'a été donné à la fois d'accomplir, dans la conduite des affaires publiques, des actes dignes de ce mémoire, et d'acquérir, non seulement par la pratique, mais aussi par ma passion pour l'étude et l'enseignement, quelque compétence à l'égard des principes de la politique, je serais qualifié pour exposer une théorie, tandis que de mes prédécesseurs, les uns, habiles dans la discussion, ne se sont jamais fait connaître par des actes, les autres, qui ont agi de façon méritoire, n'avaient pas appris l'art de disserter. Je ne viens cependant pas proposer une théorie nouvelle, dont je serais l'auteur, mais rappeler le souvenir d'une discussion entre les hommes les plus illustres et les plus sages que notre cité ait possédés en même temps. Elle nous fut jadis rapportée à Smyrne, à toi qui était encore un tout jeune homme et à moi, par P. Rutilius Rufus. Cette exposition a duré plusieurs jours et rien d'important, je crois, n'a été omis de ce qui a trait aux principes à observer dans la conduite de toutes les affaires publiques.

XXII. Alors SCIPION : Je ne puis dire en vérité que j'aie eu l'esprit occupé d'aucun sujet plus fortement, plus activement que de celui que tu proposes, Lélius. Quand je vois en effet l'artisan le plus habile dans son métier n'avoir aucune autre pensée, d'autre étude, d'autre souci que de faire, dans sa patrie, de nouveaux progrès, moi à qui parents et ancêtres n'ont laissé d'autre tâche à remplir que de servir la république et de prendre en main les affaires de l'État, ne me montrerais-je pas inférieur en activité à un artisan quelconque, si je m'appliquais à l'étude la plus haute avec moins de zèle que lui à la plus humble? J'ajoute que, peu satisfait de ce que les plus grands sages grecs ont écrit sur ce sujet, je n'ose cependant affirmer la supériorité de mes propres vues sur les leurs. Je vous demanderai donc de m'entendre comme un homme qui n'est ni tout à fait étranger à la culture grecque, ni disposé à la mettre au-dessus de la nôtre, particulièrement dans ce domaine; comme un Romain, dirais-je redevable aux soins de son père d'une éducation assez libérale, enflammé dès l'enfance du désir de savoir, instruit toutefois par l'expérience et les leçons familiales beaucoup plus que par les livres.

XXIII. Alors PHILUS : Par Hercule, Scipion, je me refuse à croire que nul esprit puisse l'emporter sur le tien : pour ce qui est de l'expérience des affaires les plus importantes, tu triompherais aisément de tous, et nous savons quelles études furent toujours les tiennes. Si donc, comme tu le dis, tu as porté aussi ton attention sur cette théorie, sur cette science dirais-je presque, je suis plein de gratitude pour Lélius, car je m'attends que tu nous en dises beaucoup plus qu'il n'y a pour nous dans tous les écrits des Grecs. — Alors SCIPION : Voilà une bien grande attente, et tu imposes à ma parole une bien lourde charge au moment où je vais traiter un sujet de si haute importance. — PHILUS : Si grande que soit mon attente, tu ne resteras pas en dessous; tu as l'habitude de la victoire, et nous n'avons pas à craindre qu'en parlant de la République, la parole te manque.

XXIV. SCIPION alors : Je ferai ce que vous voulez, comme je pourrai, et, comme entrée en matière, je poserai ce principe bon, je crois, à observer en toute discussion pour prévenir l'erreur : si l'on est d'accord sur la dénomination du sujet à examiner, définir le sens qu'on attache au terme employé; alors seulement, si l'on est d'accord, on peut commencer à discourir. Jamais, si l'on ne prend cette précaution, on ne saura de façon bien précise sur quel sujet on discute. Donc, puisque notre recherche a pour objet la république, voyons ce que c'est que cette république. — Cette proposition ayant obtenu l'approbation entière de Lélius, Scipion reprit : Je ne vais pas cependant, discourant sur un sujet si élevé et si connu, remonter aux éléments comme le font les savants en cette matière, je ne commencerai pas par l'union de l'homme et de la femme pour passer ensuite aux enfants et à toute la famille, je ne définirai pas le sens de chaque terme et n'en passerai pas en revue toutes les acceptions. Parlant à des hommes éclairés et qui ont pris une part glorieuse aux affaires intérieures d'une très grande république, ainsi qu'à ses guerres, je ne m'exposerai pas à tenir un langage qui soit moins clair que le sujet même de mon discours. Je n'entreprendrai pas non plus d'en explorer magistralement et à fond les parties et je ne m'engage pas à n'omettre aucun détail. — LÉLIUS : Pour moi, ce que j'attends de toi, c'est précisément le genre de discours que tu promets.

XXV. La chose publique donc, dit Scipion, est la chose du peuple; et par peuple il faut entendre, non tout assemblage d'hommes groupés en troupeau d'une manière quelconque, mais un groupe nombreux d'hommes associés les uns aux autres par leur adhésion à une même loi et par une certaine communauté d'intérêts. Quant à la cause première de ce groupement, ce n'est pas tant la faiblesse qu'une sorte d'instinct grégaire naturel, car le genre humain n'est point fait pour l'isolement et une vie errante, sa nature veut que non pas même dans l'abondance de tous les biens...

Bientôt d'une multitude errante et dispersée, la concorde fit une cité.

XXVI. SCIPION [...] comme des germes en quelque sorte. Pas plus en effet qu'aucune vertu, l'état social ne doit son existence à une décision dont on trouve quelque trace. Ces groupes donc, formés ainsi que je l'ai montré, se fixèrent d'abord en un lieu déterminé pour y demeurer et quand, par leur travail, ils eurent ajouté à la force naturelle de la position choisie, ils appelèrent bourg fortifié ou ville cet assemblage de maisons que séparent des temples et des places d'usage commun. Or un peuple, quel qu'il soit, c'est-à-dire une multitude groupée dans les conditions que j'ai exposées, une cité qui n'est autre chose qu'un peuple organisé, un État, c'est-à-dire ce que j'appelle la chose publique ou du peuple, doit avoir pour durer un gouvernement qui veille sur lui. L'institution d'un premier pouvoir intelligent doit être rattaché à la même cause qui engendre la cité et ce pouvoir doit être attribué ou à un seul ou à quelques personnes choisies, ou il doit être assumé par la masse, la totalité du peuple. Quand donc toutes les affaires publiques sont à la discrétion d'un seul, on nomme roi celui qui a le pouvoir, et cette forme de gouvernement est dite royauté. Quand l'autorité appartient à quelques personnes choisies, on dit que la cité est gouvernée par l'élite. Le gouvernement populaire enfin, c'est ainsi qu'on l'appelle, est celui où tout le pouvoir est au peuple. Chacune de ces trois formes, pourvu qu'elle maintienne le lien qui, dans le principe, a rattaché les hommes de façon à constituer une société politique, n'est à la vérité point parfaite, ni à mon avis la meilleure; elle est toutefois supportable et telle que chacune d'elles puisse être jugée préférable. Car un roi juste et sage, des citoyens choisis tenant le premier rang, le peuple même, bien que ce dernier cas soit le moins digne d'approbation, semblent pouvoir maintenir une certaine stabilité, si des ambitions engendrant l'injustice ne viennent se mettre à la traverse.

XXVII. Sous un roi, toutefois, les autres membres de la cité n'ont part ni à la confection de la loi ni aux décisions à prendre; et quand c'est l'élite qui est maîtresse absolue, la masse du peuple ne peut guère avoir de liberté puisqu'elle n'intervient pas dans les délibérations et n'a aucun pouvoir; quand c'est le peuple qui mène toutes les affaires, même s'il fait preuve de justice et de modération, l'égalité qui règne est inique parce qu'elle supprime toute échelle de dignités. Aussi, bien que Cyrus ait été un roi très juste et très sage, la chose du peuple, car c'est là ce que signifie, je l'ai dit, le mot de république, ne me paraît pas avoir pris la forme la meilleure, alors qu'elle était menée d'un geste par un seul homme. Et s'il est vrai que Marseille, notre cliente, est gouvernée avec une justice parfaite par quelques citoyens choisis qui occupent le premier rang de la cité, encore y a-t-il dans la condition du peuple quelque chose qui ressemble à de la servitude. Et au temps où, dans Athènes, après la suppression de l'Aréopage, tout se faisait par décision et vote du peuple, manquant d'une échelle de dignités, la cité n'avait pas la beauté d'une chose ordonnée.

XXVIII. Je parle ici de ces trois régimes politiques en supposant qu'ils ne sont ni troublés ni mêlés, qu'ils conservent leur statut primitif. Outre les défauts, propres à chacun, dont je viens de parler, ils en ont d'autres très graves : il n'en est pas un qui ne puisse, par une dégradation, un glissement rapide, se transformer en un régime très voisin et détestable. À côté d'un roi tel que Cyrus, car c'est lui que je nomme le plus volontiers, supportable, digne d'être aimé si vous voulez, il y aura, pour montrer de quels écarts l'âme humaine est capable, un Phalaris si parfaitement cruel, et la domination d'un seul se transforme bien vite, suivant une pente trop aisée, en une tyrannie telle que celle-là. Un gouvernement tel que celui de Marseille, ayant à sa tête un petit nombre d'hommes qui sont les premiers de la cité, est très proche d'un gouvernement tel que celui que les Trente Tyrans instaurèrent pour un temps à Athènes et du gouvernement d'une faction. Enfin, pour ne pas chercher d'autres exemples, le pouvoir populaire, s'exerçant en toute manière, établi à Athènes, devient par corruption le déchaînement d'une multitude sans frein...

XXIX. [...] le plus odieux et, de la sorte, de la domination de l'élite ou de celle d'une faction sort celle d'un roi, très souvent aussi celle du peuple; après quoi s'épanouit l'un des régimes que j'ai nommé précédemment; et il y a ainsi comme un cercle parcouru, je dirai un circuit étonnamment régulier de changements et d'alternances dans l'État. Il appartient au philosophe de les connaître, mais prévoir les révolutions qui menacent dans le gouvernement de la république, alors qu'on est soi-même au gouvernail et qu'on doit rester maître de la situation, c'est le fait d'un grand citoyen, d'un homme presque divin. Aussi y a-t-il une quatrième forme de gouvernement, celle qui, à mon sens, mérite le plus d'approbation; et elle résulte de la combinaison et du mélange des trois dont j'ai parlé.

XXX. LÉLIUS intervint alors : Je sais, Scipion, quel est ton sentiment, car je te l'ai souvent entendu dire; toutefois si cette requête ne t'importune pas, je voudrais savoir lequel des trois régimes tu juges être le meilleur, car il pourrait être utile de...

XXXI. SCIPION : La condition de chaque État dépend de la nature ou de la volonté de celui ou de ceux qui le régissent. C'est pourquoi, dans aucune cité, sauf dans celle où le pouvoir du peuple est souverain, la liberté ne réside; et certes rien ne peut-être plus doux que la liberté, qui, si elle n'est pas égale, n'est plus la liberté. Mais comment la liberté peut-elle être égale, je ne dis pas dans une monarchie où existe une servitude qu'on ne peut même pas dire dissimulée ou douteuse, mais dans les cités où tous sont libres nominalement. Le peuple donne ses suffrages, il crée des magistrats investis du pouvoir de commander, on le sollicite, on lui adresse des prières, mais ce qu'il donne, il le lui faut donner même contre sa volonté, et il ne possède pas lui-même ce que lui demandent ses élus. Car il est également exclu du commandement, des délibérations sur les affaires publiques, des tribunaux composés de juges choisis, tous pouvoirs réservés aux familles auxquelles l'ancienneté ou l'argent donne du poids. Dans un peuple libre, au contraire, à Rhodes, à Athènes, il n'est pas un des citoyens qui...

XXXII. [...] Quand dans le peuple un seul homme ou plusieurs se sont élevés par la richesse et l'opulence au-dessus des autres, alors, d'après ce qu'enseigne l'histoire, est issu l'orgueil de leurs prétentions, tandis que les lâches et les faibles cédaient et se pliaient à l'arrogance des riches. Si, au contraire, le peuple consérve son droit, on nie qu'aucun régime puisse être meilleur, plus libre, plus heureux, puisque le peuple est l'arbitre des lois, des jugements, de la guerre et de la paix, des traités, de la vie et de l'argent de tous. C'est là, pense-t-on, le seul État qu'on puisse justement appeler république, c'est-à-dire la chose du peuple. Et c'est pourquoi de la domination des rois et de celle des grands il y a passage habituellement à un libre État populaire, tandis que les peuples libres ne reviennent pas aux rois qui ne réclament une élite riche et puissante. On se refuse à admettre que le vice inhérent à un peuple sans frein doive faire condamner tout régime démocratique; rien, en effet, de plus stable et de plus solide qu'un peuple où règne la concorde et qui a toujours en vue son salut et sa liberté. Or la concorde s'établit très facilement dans un État où un même but s'impose à tous. Quand il y a des intérêts divers et que les convenances de l'un ne sont pas celles de l'autre, des discordes prennent naissance. C'est pourquoi, quand les grands sont les maîtres, la cité ne peut être dans une condition qui soit définitive, encore moins dans une monarchie; car, ainsi que le dit Ennius, il n y a pas de lien social ni de foi qui demeurent inviolés quand il s'agit de régner. Puis donc que la loi est le lien de la société politique, et qu'il y a de par la loi un droit commun, quel lien peut exister dans la société, quand la condition juridique des citoyens est inégale? S'il ne convient pas en effet de rendre les fortunes égales, si les esprits sont naturellement et nécessairement inégaux, il doit y avoir égalité de droits entre tous les citoyens d'une même république. Qu'est-ce donc qu'une cité, sinon une société de citoyens ayant même droit?

XXXIII. [...] Pour les autres formes de gouvernement, on ne croit même pas devoir les appeler du nom dont elles voudraient qu'on les appelât. Pourquoi appellerais-je roi, du nom de Jupiter très bon, un homme avide de dominer et d'exercer seul le commandement, qui se pose en maître d'un peuple opprimé? N'est-ce pas plutôt un tyran? Un tyran peut être clément tout comme un roi peut molester ses sujets; de telle sorte qu'il n'y a plus pour les peuples qu'une chose qui importe : le maître que l'on sert est-il doux ou dur? Quant à n'être pas asservi, cela est impossible. Comment cette grande Lacédémone, au temps où on la mettait au premier rang pour la discipline établie dans la cité, pouvait-elle avoir des rois justes, alors qu'était tenu pour roi quiconque appartenait à la race royale? Qui donc supporterait une élite qui tiendrait son titre, non du consentement du peuple, mais de son propre suffrage? Pourquoi juge-t-on que tel individu est le meilleur? Est-ce par la science qu'il l'emporte? Par le talent? Par le savoir? J'entend dire : quand...

XXXIV. SCIPION : [...] si c'est fortuitement qu'on le fait, alors [le gouvernement] sera renversé aussi facilement qu'un navire au gouvernail duquel on placerait l'un des passagers désigné par le sort. Que si un peuple libre choisit à qui il confie sa destinée et si, parce qu'il veut son propre salut, il choisit les meilleurs, assurément c'est sur les décisions sages des meilleurs que repose le salut de la cité, d'autant que, suivant le vœu de la nature, non seulement ce sont les plus capables et les mieux pourvus de force morale qui doivent commander aux faibles, mais il faut que les faibles veuillent leur obéir. Un état de choses si heureux n'a pu se maintenir, dit-on cependant, à cause des faux jugements portés par les hommes : dans leur ignorance de ce que fait la valeur vrai dont la possession, la manifestation et le discernement même sont choses également rares, ils croient que les meilleurs sont les riches, les biens pourvus, ou encore ceux qui, par la naissance, appartiennent à une race illustre. Cette erreur du vulgaire fait que non plus les capacités, mais les intérêts de quelques-uns gouvernent l'État; et les hommes ainsi placés au premier rang tiennent avec d'autant plus d'acharnement au nom de l'élite qu'ils n'ont pas réellement les qualités qui distinguent une élite. La richesse, le nom, les ressources matérielles, auxquelles ne se joignent ni la prudence dans le conseil ni l'observation d'une juste mesure dans la vie et dans l'exercice du commandement, sont choses sans noblesse et propres à engendrer un orgueil insolent; nulle cité n'est plus éloignée de la perfection que celle où l'on croit que les plus riches sont les meilleurs. Que si au contraire la valeur morale gouverne l'État, que peut-il y avoir de plus beau? Alors celui qui commande aux autres n'est esclave lui-même d'aucune passion, toutes les tâches qu'il propose, il les assume lui-même, à tous les appels qu'il adresse il est le premier à répondre, il n'impose pas au peuple de lois auxquelles il n'obéisse lui-même, c'est sa propre vie qu'il étale devant ses concitoyens pour servir de loi. Si un seul avait en toutes matières une compétence suffisante, point ne serait besoin de plusieurs; si tous pouvaient voir le meilleur et s'y attacher d'un même cœur, on ne chercherait pas des chefs choisis. La difficulté des décisions à prendre a fait qu'au lieu d'un roi unique, une pluralité d'individus a assumé la conduite des affaires; de la multitude sans discernement, irréfléchie, elle est passée aux mains de quelques-uns. Ainsi, entre l'insuffisance d'un seul et l'irréflexion de la multitude, les membres de l'élite ont occupé une position moyenne et nul régime n'a davantage le caractère d'un juste milieu. Quand cette aristocratie veille sur la chose publique, les peuples sont nécessairement heureux, ils sont libres de tout souci, dispensés de toute recherche, leur repos est assuré par d'autres et les premiers de la cité qui assument cette tâche doivent prendre garde que le peuple ne puisse croire que ses intérêts sont négligés. L'égalité de droits à laquelle s'attachent les démocraties est impossible à maintenir; car les peuples les moins déterminés, les plus rebelles au frein, accordent beaucoup d'avantages à un grand nombre de personnes; il y a chez eux beaucoup de privilégiés et de situations recherchées, et cette prétendue égalité est en outre tout à fait contraire à l'équité. Placer au même rang ceux qui s'élèvent le plus haut et ceux qui tombent le plus bas, comme il s'en trouve nécessairement en tout peuple, c'est une façon très inique d'entendre la justice, et c'est ce qui ne peut arriver dans les cités où règnent les meilleurs. Voilà à peu près, Lélius, les arguments, avec d'autres du même genre, dont usent les partisans de cette forme de gouvernement.

XXXV. Alors LÉLIUS : Quelle est celle qui a ta préférence parmi les trois formes dont tu as parlé? — SCIPION : Tu as raison de demander laquelle je préfère, car je n'en approuve aucune absolument : et au-dessus de chacune d'elles prise à part je place une combinaison des trois. Si cependant il fallait en choisir une à l'état de pureté, j'opterais pour la royauté [...] Il y a quelque chose de presque paternel dans le nom que porte un roi qui veille sur ses concitoyens comme s'ils étaient ses enfants et est plus occupé de leur salut que [...] l'activité d'un seul homme, très bon et très haut est le soutien des siens. Voici d'autre part l'élite, qui déclare qu'elle soutiendra mieux la cité, qu'il y aura plus de bons avis dans plusieurs têtes que dans une seule, sans qu'il y ait moins de justice et de bonne foi. Et voilà le peuple qui clame d'une grande voix qu'il ne veut obéir ni à un seul ni à quelques-uns; que, même pour les bêtes sauvages, rien ne vaut la liberté. Or tous en seraient privés s'ils devaient être asservis soit à un roi, soit à une élite. Ainsi, les rois ont pour nous retenir, l'amour qu'ils portent à leurs sujets, l'élite promet une sagesse supérieure, le peuple la liberté. Il est difficile, quand on compare ces avantages, de choisir le régime le meilleur. — LÉLIUS : Je le crois, mais tu ne pourras guère t'acquitter du reste de ta tâche si tu laisses cette première question en suspens.

XLII. SCIPION : Quand je vous aurai dit mon sentiment sur la forme de gouvernement que j'approuve le plus, il me faudra, d'une manière générale, vous parler plus en détail des révolutions, bien que précisément ce soit sous un tel régime qu'elles se produisent, je pense, le moins facilement. Pour ce qui est du pouvoir royal, le premier coup et celui dont l'effet est le plus sûr lui est porté quand le roi commence à être injuste. Alors ce régime est aussitôt frappé à mort; c'est un tyran qui règne et la tyrannie est le pire des régimes, tout en étant le plus voisin du meilleur. Si c'est l'élite des citoyens qui accable le tyran de ses coups, ce qui arrive le plus souvent, alors s'établit la deuxième des trois formes de gouvernement : un régime qui ressemble à la royauté, les premiers citoyens veillant paternellement au bien du peuple. Si c'est le peuple qui tue ou chasse le tyran, aussi longtemps qu'il garde le sens et la raison, il observe une certaine mesure, gère ses affaires à sa propre satisfaction et s'applique à maintenir l'État qu'il a constitué. Quand au contraire le peuple a usé de violence envers un roi juste ou l'a privé de son pouvoir royal, ou encore quand, ce qui est le plus souvent le cas, il a goûté le sang de l'élite et soumis tout l'État à ses appétits, gardez-vous de croire qu'une mer ou qu'un incendie, si grand qu'il soit, puissent être plus facilement apaisés qu'une multitude dont l'emportement ne connaît plus de frein! Alors arrive ce que Platon a décrit avec force et que je voudrais pouvoir exprimer en latin, entreprise difficile, que je tenterai cependant.

XLIII. « Quand à une soif populaire impossible à apaiser, de mauvais serviteurs versent la liberté comme ils verseraient un vin pur à des gosiers altérés sans en tempérer l'ardeur, alors, à moins que les magistrats et les chefs, dans leur mollesse et leur laisser-aller, ne se fassent les complaisants de tous ses désirs, le peuple les poursuit de ses reproches, les menace, les accuse, les traite de potentats, de rois et de tyrans. » Tu connais bien le passage, je pense? — LÉLIUS : Très bien. — SCIPION : Je poursuis donc : « Ceux qui obéissent encore aux chefs sont malmenés par le peuple, on les appelle esclaves volontaires; ceux qui, dans l'exercice d'une magistrature, veulent ressembler à de simples particuliers, qui font en sorte qu'entre un magistrat et un particulier il n'y ait aucune différence, on les comble d'éloges et d'honneurs. Dans un pareil État la licence règne nécessairement en tout, il n'y a plus de chef qui commande même dans la famille et le mal s'étend jusqu'aux bêtes; le père craint son fils, le fils n'a aucune considération pour son père, toute pudeur est bannie, afin d'être plus libre; on ne distingue plus le citoyen de l'étranger; le maître a peur de ses élèves et les flatte, les élèves méprisent leurs maîtres; de tout jeunes gens assument les charges de la vieillesse, les vieillards se rabaissent aux jeux des jeunes gens pour ne pas leur être odieux ni importuns. Et ainsi arrive-t-il que même les esclaves prennent des libertés, que les femmes ont les mêmes droits que les hommes et, dans un si grand désordre, les chiens même, les chevaux, les ânes ne connaissent plus de retenue, si bien qu'il faut s'effacer quand on les rencontre. De cette licence effrénée, donc, l'effet inévitable est que les âmes des citoyens deviennent si difficiles à contenter et si susceptibles, que le moindre acte d'autorité les met en fureur et leur est insupportable. On commence par suite à négliger les lois, et il n'y a plus de maître du tout. »

XLIV. Alors LÉLIUS : Tu as bien rendu les paroles de Platon. — SCIPION : Pour en revenir donc à ma façon habituelle de m'exprimer, il dit que cette licence excessive, seule réputée liberté, engendre la tyrannie, que la tyrannie en sort naturellement, tout comme en effet le pouvoir excessif des grands amène leur perte, un excès de liberté prépare la servitude pour un peuple libre. C'est ainsi que presque toujours les extrêmes qui font perdre le sentiment de la mesure, qu'il s'agisse du temps qu'il fait, des champs ou des corps, se changent en leurs contraires; tel est surtout le cas dans les affaires publiques; et d'un excès de liberté il y a passage par une pente rapide à un excès de servitude pour les peuples et les particuliers. La liberté la plus grande engendre la plus injuste et la plus dure tyrannie. Ce peuple rebelle à toute autorité, semblable pour mieux dire à une bête monstrueuse, choisit, contre les grands amoindris déjà et mis en fuite, quelque chef plein d'audace, dépourvu de scrupules, persécuteur insolent des citoyens qui ont bien servi l'État, faisant largesse au peuple du bien d'autrui comme du sien propre. Comme, alors qu'il était un simple particulier, il a ressenti des craintes, on lui donne des pouvoirs et les renouvelle, il s'entoure de gardes ainsi que Pisistrate à Athènes; finalement ceux qu'on a élevés deviennent les tyrans des partisans auxquels ils doivent leur élévation. Si, comme c'est souvent le cas, les bons citoyens les renversent, la cité ressuscite; si leur chute est amenée par des hommes pleins d'audace, une faction se forme et c'est une autre tyrannie qui commence. Elle naît souvent aussi d'un régime où le pouvoir appartenait à l'élite quand, par une erreur fatale, les grands se sont écartés de la voie droite. Et ainsi, après l'avoir enlevé aux rois, des tyrans s'emparent de l'État comme d'un balle qui, après eux, passe aux mains des grands ou du peuple, puis des factions et de nouveaux des tyrans; et la chose publique ne connaît plus d'état tant soit peu stable.

XLV. Telles étant ces vicissitudes, parmi les trois régimes que j'ai distingués en premier lieu, la royauté l'emporte à mon avis de beaucoup; et à la royauté même il faut préférer un état de choses équilibré et qui se forme par un mélange des trois formes de gouvernement. Je trouve bon en effet, qu'il y ait dans l'État une autorité supérieure et royale, une part faite aux grands, et aussi des affaires laissées au jugement et à la volonté de la multitude. Dans un État ainsi constitué il y aura en premier lieu un certain équilibre dont les hommes libres ne pourraient longtemps souffrir l'absence; puis de la stabilité, tandis que non seulement les trois régimes dont j'ai parlé se corrompent facilement, la tyrannie succédant à la royauté, le gouvernement des factions à celui de l'élite, le trouble et la confusion au gouvernement populaire, mais de plus il y a fréquemment passage d'un régime à l'autre par une révolution. Dans un État où se combinent les trois formes de gouvernement, ces changements ne se produisent pas, à moins de grandes fautes commises par les grands : il n'y a pas en effet de raison pour qu'une révolution éclate, chacun occupant dans la hiérarchie une place à laquelle il est solidement attaché et ne voyant pas...

XLVI. Mais je crains, Lélius, et vous aussi, mes chers et savants amis, que, si je continue plus longtemps sur ce ton, mes discours ne ressemblent plus à la leçon d'un maître qui professe qu'à une recherche faite en commun avec vous. C'est pourquoi j'en viens à un ordre de choses connu de tous et depuis longtemps l'objet de mon étude. Je le discerne en effet, je le crois, je l'affirme, il n'est pas de régime qui, par sa structure, la façon dont y sont répartis les droits et les devoirs, sa législation, puisse être comparé à celui que nos pères ont reçu de leurs ancêtres pour nous le transmettre. Si donc cela vous convient, puisque vous voulez m'entendre sur un sujet que vous-mêmes possédez, je montrerai quel est ce régime et en même temps qu'il est le meilleur; et quand j'aurai exposé nos institutions en manière d'exemple, je me référerai à cette exposition dans tout ce que j'aurai à dire sur la meilleure forme de gouvernement. Si je parviens à exécuter ce programme, j'aurais, à ce que je crois, amplement rempli la tâche dont Lélius a cru que je pourrais m'acquitter.

XLVII. LÉLIUS : Certes, Scipion, c'est bien à toi et à toi seul qu'il appartient de la remplir. Qui mieux que toi pourrait parler des institutions de nos ancêtres alors que les tiens propres sont parmi les plus illustres? Soit de l'État le meilleur alors que, si nous le possédions, ce qui certes n'est pas le cas actuellement, nul ne pourrait y occuper une place plus haute que toi? Qui pourrait enfin donner pour l'avenir de plus utiles avis que toi, qui, en écartant de cette ville deux dangers redoutables, as eu toujours en vue l'avenir illimité.

Cicéron, *La République*, livre premier.

Si la vision, idéalisée chez Cicéron, de Scipion Émilien semble avoir ouvert la voie à la grandeur de sa cité, bientôt maîtresse de l'Occident, il n'y a pas de doute que le tempérament autoritaire du destructeur de Carthage et son contrôle absolu sur l'armée ont donné le ton, dans leur temps, à ce qui allait devenir le césarisme plus tard. Utiliser les circonstances politiques favorables à Rome et surtout les querelles entre les partis pour se voir attribuer des pouvoirs quasi illimités dans les provinces;

conquérir de nouveaux territoires afin de les livrer au pillage; enrichir de cette façon le trésor de la république et soudoyer en sa faveur les politiciens de toute venue qui, à la recherche d'un pécule, infestaient la capitale; acheter à prix fort les services des citoyens les plus en vue pour les attacher à sa personne, celle d'un dictateur et d'un patron. Telles furent les méthodes favorites de Scipion Émilien et, à sa suite, de tant de chefs politiques de la Rome antique. Ces recettes à l'efficacité incontournable firent la grandeur d'un monde qui en était en grande partie dépouvu et la richesse passagère d'une économie incapable par ailleurs de la générer. Avec le temps, sans rien créer de vraiment nouveau dans la culture et la philosophie, Rome s'appauvrira dans ses relations commerciales au contact de civilisations plus marchandes, plus industrieuses et construites autour d'un principe plus modeste, celui du travail. Malgré la vertu républicaine, vite perdue au contact de l'argent et des succès faciles, la pratique de l'esclavage, peu productif et dégradant pour la personne humaine, ruinera à long terme l'édifice économique romain, tandis que l'artisanat familial enrichira l'Orient de même qu'il favorisera l'essor des religions et des systèmes politiques qui y prenaient à ce moment-là leur essor.

L'apogée de l'Empire romain

Il faut admettre qu'avec le temps, le césarisme s'est attendri et a entrepris de se constituer une légitimité qui ne reposerait pas essentiellement sur la force militaire et le prestige de chefs de guerre. Le IIe siècle de notre ère, aussi appelé le Siècle d'or ou l'ère des Antonins, du nom de la dynastie de cousins et de parents rapprochés d'origine espagnole qui règne à Rome de 96 à 192, regroupe une série de règnes généralement paisibles où les princes, à l'exception du dernier, Commode (180–192), manifestent de grandes qualités politiques. Jérôme Carcopino devait écrire que ce régime apparaît à nos yeux de modernes comme le « meilleur des mondes possibles dans l'Antiquité », c'est-à-dire dans une société encore dominée par l'esclavage, la subordination de la femme, le goût des spectacles de l'amphithéâtre, où l'on massacrait des animaux et où les gladiateurs s'affrontaient jusqu'à la mort sous le regard cruel des spectateurs en mal d'émotions fortes. Un âge, enfin, qui serait bientôt souillé par des persécutions sanglantes contre les chrétiens. Ce siècle fut donc une ère de tranquillité et de grande prospérité économique, derrière des frontières relativement stables.

Rome vieillissante renonça à toute nouvelle expansion et se contenta désormais de gérer l'espace dont l'histoire des derniers siècles avait fini par le rendre maître. La paix, imposée aux tribus et aux empires barbares par Trajan (98–117), consolidée par Hadrien (117–138) et Antonin le

Pieux (138–161) et troublée seulement sous le règne de Marc-Aurèle (161–180), qui, tout philosophe qu'il était, se vit obligé de porter l'armure plus souvent que la toge, fut rétablie victorieusement grâce aux efforts incessants de ce dernier.

Tournant le dos à la vieille tradition impérialiste romaine, Hadrien est le premier chef d'État à reconnaître ouvertement la valeur du précieux legs de la civilisation hellénique dans le monde de son temps. Parlant le grec tout autant que le latin, bien qu'il fût d'origine espagnole, il se consacre essentiellement à l'œuvre de consolidation intérieure, renonçant aux guerres de conquête qui avaient épuisé l'économie méditerranéenne sous son prédécesseur. Voyageur infatigable, il parcourt en vingt et un ans de règne toutes les provinces de son empire, faisant œuvre de réforme, promulguant des lois bienfaisantes et stabilisatrices, réduisant ou supprimant les impôts, construisant des bibliothèques et embellissant les villes, établissant des écoles et finançant les universités, à commencer par celle d'Athènes. Enfin, il est le premier empereur à mettre en place une administration compétente, tenue à l'écart des conflits d'intérêts qui agitaient perpétuellement le sénat. Il tient en respect les plus ambitieux des sénateurs et confie des charges prestigieuses à des non-Romains. C'est ainsi qu'Opramoas de Rhodiapolis, un Lycien d'Asie Mineure, devient son négociateur en chef auprès des Parthes, peuplade guerrière d'origine perse qui domine alors l'Asie antérieure et tient tête aux armées romaines. Inutile de dire que le penchant cosmopolite d'Hadrien ne va pas contribuer à sa renommée posthume à Rome, dans les cercles conservateurs, où sa mémoire sera traînée dans la boue et ses penchants hellénophiles, voire homophiles, tournés en dérision. Pourtant, c'est son immense mausolée — le château Saint-Ange —, transformé en citadelle par les papes, qui interdira l'accès de Rome aux Goths de Totila en 546 et empêchera, deux siècles plus tard, la destruction de la Ville éternelle par les Arabes. C'est avec bonheur que l'académicienne Marguerite Yourcenar a rendu hommage à cette figure politique du passé en choisissant de faire revivre sa pensée à l'aide de quelques-unes des décisions, souvent controversées, de son règne.

Les réformes d'Hadrien

Rome n'est plus dans Rome : elle doit périr, ou s'égaler désormais à la moitié du monde. Ces toits, ces terrasses, ces îlots de maisons ne sont plus craintivement entourés de remparts. J'ai reconstruit moi-même une bonne partie de ceux-ci le long des forêts germaniques et sur les landes bretonnes. […] La seule chance d'expansion de la cité grecque était sa graine : la semence d'idées dont la Grèce a fécondé le monde. Mais Rome plus lourde, plus informe, s'organisait vers des développements plus vastes : la cité est devenue l'État. J'aurais voulu que l'État s'élargît encore, devînt ordre du monde, ordre des choses. Des vertus qui suffisaient pour la petite ville de sept collines auraient à s'assouplir, à se diversifier, pour convenir à toute la terre. Rome, que j'osai le premier qualifier d'éternelle, s'assimilerait de plus en plus aux déesses mères des cultes d'Asie [...]

D'autres Romes viendront, dont j'imagine mal le visage, mais que j'aurai contribué à former. Dans les pays encore incultes du Rhin, du Danube, de la mer du Nord, chaque village défendu par une palissade de pieux me rappelait la hutte de roseaux où nos jumeaux romains [Romulus et Rémus, fondateurs de la ville] dormaient gorgés du lait de la louve : ces métropoles futures reproduiraient Rome. Rome se perpétuerait dans la moindre petite ville où des magistrats s'efforcent de vérifier les poids des marchands, de nettoyer et d'éclairer leurs rues, de s'opposer au désordre, à l'incurie, à la peur, à l'injustice, de réinterpréter raisonnablement les lois. Elle ne périrait qu'avec la dernière cité des hommes.

Humanité, Bonheur, Liberté : ces beaux mots qui figurent sur les monnaies de mon règne, je ne les ai pas inventés. [...] Mais j'aurai peut-être été le premier à y subordonner consciemment tous mes actes. Je remerciais les dieux, puisqu'ils m'avaient accordé de vivre à une époque où la tâche qui m'était échue consistait à réorganiser prudemment un monde. [...]

J'aurais voulu reculer le plus possible, éviter s'il se peut, le moment où les barbares au-dehors, les esclaves au-dedans, se rueront sur un monde qu'on leur demande de respecter de loin ou de servir d'en bas, mais dont les bénéfices ne sont pas pour eux. [...] Je doute que toute la philosophie du monde parvienne à supprimer l'esclavage : on en changera tout au plus le nom. [...] J'ai défendu qu'on obligeât les esclaves aux métiers déshonorants ou dangereux. Dans les fermes, où les régisseurs abusent de sa force, j'ai remplacé le plus possible l'esclave par les colons libres. [...]

J'ai accordé à la femme une liberté accrue d'administrer sa fortune, de tester ou d'hériter. J'ai insisté qu'aucune fille ne fût mariée sans son consentement. [...]

En arrivant au pouvoir, j'ai renoncé aux contributions volontaires faites par les villes à l'empereur [l'*aurum coronarium* ou l'Or de la couronne, qui équivaut au στεφανοφορος ou *stéphanophore* en grec; cet impôt spécial du couronnement], qui ne sont qu'un vol déguisé. Je te conseille d'y renoncer à ton tour [Hadrien s'adresse à son fils adoptif Marc-Aurèle, à qui il dédie ses *Mémoires*]. L'annulation complète des dettes des particuliers à l'État était une mesure plus risquée, mais nécessaire pour faire table rase après dix ans d'économie de guerre. [...]

Nos terres ne sont plus cultivées qu'au hasard : seuls des districts privilégiés : l'Égypte, l'Afrique, la Toscane et quelques autres, ont su créer des communautés paysannes savamment exercées à la culture du blé ou de la vigne. Un de mes soucis était de soutenir cette classe, d'en tirer des instructeurs pour des populations villageoises plus primitives. J'ai mis fin au scandale des terres laissées en jachère par des grands propriétaires peu soucieux du bien public : tout champ non cultivé depuis cinq ans appartient désormais au laboureur qui se charge d'en tirer parti [la *Loi Hadrienne* de 124]. Il en va à peu près de même des exploitations minières. […]

Aucune loi n'est trop dure qui permette de réduire le nombre des intermédiaires dont fourmillent nos villes. Une répartition judicieuse des greniers de l'État aide à enrayer l'inflation scandaleuse des prix en temps de disette, mais je comptais surtout sur l'organisation des producteurs eux-mêmes, des vignerons gaulois, des pêcheurs du Pont-Euxin [la mer Noire]. Un de mes plus beaux jours fut celui où je persuadai un groupe de marins de s'associer en corporation, et de traiter directement avec les boutiquiers des villes. Je ne me suis jamais senti plus utilement prince.

M. Yourcenar, *Mémoires d'Hadrien*, p. 163–176.

Si les empereurs les plus brillants de cette époque sont pleins de sollicitude envers les plus pauvres et raniment l'économie, ils favorisent également les lettres et les arts, alors que Marc-Aurèle choisit d'écrire ses *Pensées* en grec. C'est qu'à cette époque la Grèce connaît une dernière renaissance littéraire, que l'on appelle « la seconde sophistique ». Le plus brillant des auteurs grecs de l'époque est Lucien (125–190), qui affiche sans détour un scepticisme corrosif et spirituel et se moque ouvertement de la mythologie. Le roman se développe avec *Daphnis et Chloé*, écrit par Longus vers la fin du siècle. Les sciences se développent avec le médecin Celse, l'astronome et géographe Ptolémée (100–178), tandis que cette atmosphère de cosmopolitisme, encouragée par le stoïcisme, favorise l'invasion des religions orientales — au premier chef le christianisme — en Occident. Rappelons que les Chrétiens vont devenir la majorité de la population à la fin du ive siècle.

Un excellent aperçu de la philosophie d'un empereur stoïcien nous est livré par Marc-Aurèle, dans le premier livre de ses *Pensées*. Austère, studieux, sérieux dès sa prime jeunesse et totalement désintéressé au plan personnel, celui qu'Hadrien appelait affectueusement *Verissimus* (le très vrai) a été mêlé jeune aux plus hautes affaires de l'État. Il accomplit son métier avec une constante application, le concevant comme un dur labeur plutôt que source de gloire personnelle. Il conserva toute sa vie un style de vie d'une grande sobriété, porta la longue barbe des philosophes stoïciens et alla jusqu'à vendre aux enchères les bijoux de la couronne afin d'ouvrir des hôpitaux, lors d'une épidémie de peste à Rome.

Dans le premier livre de son œuvre maîtresse, l'empereur-philosophe évoque le souvenir de tous ceux qui, dans sa jeunesse, ont exercé sous une forme ou une autre quelque influence sur son caractère. Il y fait ressortir les vertus qu'il privilégiait : un tempérament égal, le goût pour l'étude, la jouissance modérée des biens, enfin la persévérance dans l'action. Dans l'extrait qui va suivre, c'est notamment la leçon que lui enseigna son tuteur Antonin le Pieux, qu'il appelle « mon père ». Rappelons qu'Antonin l'avait adopté sur le conseil de son prédécesseur Hadrien; il était entendu qu'il lui confierait l'empire à sa mort. Il est vrai qu'à cette époque, la monarchie héréditaire n'était pas encore un fait admis à Rome. On lui préférait la monarchie de « cooptation » ou d'adoption.

Le métier d'empereur

De mon père [Antonin, j'ai appris] la mansuétude, mais aussi la fermeté inébranlable dans les décisions mûrement étudiées. L'indifférence à la vaine gloire tirée de ce qui passe pour des honneurs; l'amour du travail et la persévérance. L'attention à écouter ceux qui étaient capables d'apporter quelque avis utile au bien public. La part toujours faite à chacun inflexiblement selon son mérite. L'habileté à distinguer quand il était besoin, soit d'un effort soutenu, soit de détente. Le terme imposé aux amours dont les adolescents étaient l'objet. La sociabilité. La faculté laissée à ses amis de ne pas toujours manger à sa table ni l'accompagner en voyage par obligation, mais au contraire de le retrouver toujours le même, quand par suite de nécessité on l'avait quitté pour un temps. Le soin d'examiner les affaires de près dans les conseils et de ne jamais abandonner une enquête entamée, en s'en tenant aux premières apparences. L'attachement à conserver ses amis sans en être jamais rassasié ni follement épris. L'art de se suffire en tout par soi-même sans perdre sa sérénité. L'application à prévoir de loin et à régler d'avance les moindres détails des affaires sans pose théâtrale. La répression des acclamations et de toutes les flatteries adressées à sa personne. La vigilance portée sans cesse aux grands intérêts de l'empire. L'administration économe des revenus publics et la tolérance envers ceux qui le critiquaient là-dessus. À l'égard des dieux, point de crainte superstitieuse. À l'égard des hommes, point de bassesses pour capter la popularité, chercher à plaire, gagner les bonnes grâces de la foule. Mais la sobriété en tout, une conduite ferme, jamais un manque de savoir-vivre ni un désir d'innover. L'usage des biens qui contribuent aux commodités de la vie — et la Fortune l'avait comblé à cet égard — à la fois sans vanité ni fausses raisons, en sorte qu'il les cueillait simplement en les trouvant sous la main, mais que, s'ils lui manquaient, il n'en sentait pas le besoin. On ne le vit jamais intraitable ni renfrogné, ni violent au point de faire dire de lui : le voici enragé! Toujours ses plans étaient calculés dans le détail, sans trouble ni désordre, fortement conçus, bien concertés.

On pourrait lui appliquer justement ce qu'on rapporte de Socrate; qu'il savait autant se priver que jouir de ces biens dont la privation rend faibles la plupart des gens, tandis que la jouissance les fait s'y abandonner. Sa force enfin et son endurance, et la tempérance dans l'un et l'autre cas sont d'un homme possédant une âme bien équilibrée et invincible, comme il le montra durant la maladie dont il mourut.

Marc-Aurèle, *Pensées*, livre premier.

Avec les *Pensées*, on assiste au crépuscule de la réflexion éthique non chrétienne en Occident. Cet héritage sera transmis jusqu'à nous par les écrivains chrétiens, qui seront sensibles à la quête de l'idéal et à l'esprit de renoncement de ces derniers auteurs. D'autant que la mythologie païenne, chez eux, cède tout à fait le pas à la morale personnelle. Leur philosophie, peu génératrice d'initiatives réformatrices, car elle exalte le fatalisme, le retrait du politique et l'individualisme désintéressé chers au stoïcisme, coïncide avec le crépuscule de l'Antiquité occidentale. La pensée de Marc-Aurèle, fait clairement la distinction entre les choses qui ne dépendent pas de nous, issues du hasard ou de la fortune, et celles qui dépendent de nous. Aux premières correspond le talent politique de se couler aux circonstances, avec la détermination de survivre à la fatalité. Aux secondes revient le domaine immense encore que mal balisé de l'intervention humaine, créatrice de réformes politiques. Il s'agit alors d'une première tentative d'infléchir le cours de l'histoire, par la compréhension des réalités imposées et par la volonté d'en créer de nouvelles, qui ne le seraient pas. Les réformateurs romains comme Hadrien s'y emploient avec une certaine audace sur le plan politique, à l'intérieur des frontières de l'empire. À l'extérieur par contre, Rome a renoncé à exercer une quelconque influence sur les destinées du monde à venir.

À l'issue de cette période, le monde va brusquement changer. Des peuples nouveaux, qualifiés de barbares, vont faire irruption dans le monde civilisé en bouleversant l'ordre établi. Entraînée par sa chute, c'est toute la civilisation qui va basculer dans l'anarchie, avant d'opérer à long terme une synthèse des races du Nord et du Sud qui sera à l'origine de la civilisation occidentale moderne.

Aux IIIe et IVe siècles, l'empire romain est de plus en plus soumis à des invasions militaires qui dépeuplent le monde méditerranéen et détruisent un grand nombre de villes de certaines provinces, comme la Gaule, la Grèce et l'Asie Mineure. Les guerres civiles de cette époque, l'anarchie qui s'installe après 235 à cause de la révolte des armées et la ruine économique qui en découle achèvent d'ébranler la civilisation antique. Le monde, plus stable mais appauvri, qui renaîtra par la suite sera résolument chrétien et dominé par une monarchie absolue. On franchit ici une étape cruciale de la pensée politique, où les valeurs d'une religion universelle, plutôt que la morale individuelle et élitiste, imprégneront profondément la civilisation, à commencer par la conception de l'individu, de la société et du pouvoir politique, qui en constituent les fondements à la fois théoriques et pratiques.

Augustin de Thagaste

La conception de l'homme que se fait Augustin de Thagaste (354–430), du nom d'une ville de province d'Afrique du Nord — l'actuelle Souk-Ahras en Algérie — est très pessimiste. L'enseignement de saint Paul a eu beau tenter un rapprochement entre la morale païenne et la jeune théologie chrétienne, il s'avère bien difficile, à une époque marquée par les invasions et dominée par l'insécurité, de prêcher la modération. La littérature à caractère apocalyptique a profondément influencé les premières Églises d'Orient — le domaine de saint Jean et de ses successeurs — et l'héritage de la religion juive demeure encore très évident jusqu'à la fin du IIIᵉ siècle. La tendance paulinienne — originant des écrits de l'apôtre Paul — et implantée à Rome a été, pour sa part, plus accommodante envers les Gentils ou Païens. La tenue vestimentaire, le travail et l'accomplissement des charges publiques, de même que le service militaire, la langue et la culture des Romains chrétiens ne les distinguent pas vraiment des autres Romains de confession païenne. Seules les convictions intimes, et notamment la question de l'observance du culte de l'empereur, les séparent. On a vu comment, dans les périodes troublées, ces différences pouvaient servir de prétexte aux persécutions de chefs de guerre coiffés du titre d'empereur, comme Dèce (249–251), Dioclétien (284–303) et Maxence (303–312).

À l'époque d'Augustin, la population est en majorité chrétienne et dominée par un sentiment de grand mysticisme, qui s'alimente des signes annonciateurs de la fin du monde. Les hérésies surtout désolent la communauté et divisent la population : gnosticisme, manichéisme, arianisme. Dans ce contexte troublé, certains peuples germaniques, convertis plus ou moins officiellement à l'arianisme, deviennent à la fois les conquérants du pays et les persécuteurs de la religion catholique. C'est en grande partie contre ces hérésies, et avec le souhait de renforcer l'Église catholique romaine, partout en péril, que cet auteur se manifeste d'abord et avant tout comme un écrivain de l'orthodoxie latine.

Élevé par sa mère Monique dans la tradition chrétienne, le jeune Augustin vient à Carthage en 370 à l'âge de seize ans. Impressionné par la splendeur et le luxe de la capitale de l'Afrique — reconstruite par les Romains au début de l'Empire —, il se tourne vers la littérature païenne, s'intéresse au stoïcisme à travers les livres de Cicéron et porte son choix sur le manichéisme. Cette religion, influencée par le zoroastrisme ou mazdéisme, connut son ère de gloire à cette époque et parut même un temps la rivale du christianisme. Elle prêchait que le monde était l'arène d'un gigantesque combat à finir entre forces du bien et du mal : Dieu et Satan. Augustin allait conserver de son passage chez les disciples de Mani une morale exigeante, voire monastique et une aversion profonde envers la luxure, le péché et, de manière plus générale, envers toute forme de compromission.

Sa puissante personnalité conduisit Augustin à Milan, où il enseigna la rhétorique. Insatisfait du manichéisme, il étudia alors les écrits néo-platoniciens de Plotin (205–270) et de son disciple Porphyre (233–300), qui réhabilitaient le concept platonicien de la « conscience imparfaite des hommes dans la caverne » et déresponsabilisaient le Mal, vu comme une « absence de savoir » plutôt que comme principe en soi. Ces dispositions orientèrent naturellement Augustin vers le christianisme et notamment vers le paulinisme, auxquel l'initia l'évêque Ambroise de Milan, ultérieurement canonisé. Son retour au catholicisme eut lieu en 386. En 391, il fut ordonné prêtre et occupa le poste d'évêque d'Hippone — la ville actuelle d'Annaba, en Algérie — de 396 jusqu'à sa mort en 430 (*Histoire de la littérature latine*).

La Cité de Dieu, écrite entre 413 et 426, est son œuvre maîtresse. La thèse centrale de l'ouvrage est la coexistence de deux cités qui composent le monde : la cité terrestre et la cité de Dieu. La première est bien visible; c'est Rome et son empire, ses lois, son gouvernement et ses institutions. L'autre nous a été révélée par Jésus-Christ; elle est en perpétuel devenir et demeure parallèle à la cité des hommes. Il faut toujours, dit Augustin, les distinguer l'une de l'autre. Cette thèse n'est pas nouvelle; on la retrouve chez Marc-Aurèle. La cité des hommes est établie sur l'amour que nous avons de nos semblables, au point d'en mépriser Dieu lui-même. L'autre repose sur l'amour de Dieu et la honte que nous éprouvons de nous-mêmes et du mal que nous faisons. La grâce — c'est-à-dire la révélation de Dieu — permet aux hommes de passer de la cité terrestre à l'autre. L'attitude en face du quotidien doit en découler. Au lieu de poursuivre de vaines ambitions personnelles, et même si nous en poursuivons quelques-unes — auxquelles nous tenons à cause de notre orgueil —, nous devons être d'abord les contemplateurs de Dieu. Seulement alors pouvons-nous aspirer à un certain degré de sagesse.

La critique de Cicéron

Augustin de Thagaste écrivit son livre en réponse aux accusations des derniers païens. À la suite du pillage de Rome par les Vandales en 410, les derniers païens rendirent coupable la religion chrétienne d'avoir entraîné les Romains dans le fatalisme, la résignation et la décadence. Ayant trahi ses anciens dieux, Rome était sans force devant les invasions et plus divisée que jamais contre elle-même. C'est pour réfuter ces arguments qu'Augustin mit en place une éthique, qui n'est pas si loin de celle de Platon. Voyons ses grands principes.

La lumière — c'est-à-dire la vérité divine — est cachée à nos yeux par nos vices; la recherche du bonheur, but ultime de la vie, se confond avec celle de la vertu. Les hommes ne sont que des pèlerins sur cette terre, en transit vers la vie éternelle. À ce titre, ils ne doivent pas être totalement soumis aux lois terrestres, car leur condition de fils de Dieu les fait échapper en grande partie au pouvoir, facilement abusif à cette époque, de leurs semblables.

Pour expliquer à ses contemporains les règles minimales de comportement, Augustin substitue alors à l'individualisme stoïcien le sens de la communauté chrétienne, qui participe de la nature divine du Christ. Il lui est alors possible d'introduire la dimension de l'amour — pris dans le sens de charité — en remplacement de la dignité et du détachement des païens. La vraie justice n'est pas concevable dans la cité des hommes, car ceux-ci échangent biens et services entre eux; ce qui constitue l'essence et le principe de fonctionnement de l'économie, tandis qu'en fait, tout devrait être offert à Dieu. Augustin réfute alors Cicéron, qui tendait à identifier la République romaine avec l'État idéal, par le jeu de ses institutions modérées.

La corruption de la Rome païenne

XIX. La prompte décadence des mœurs privées et publiques révèle qu'il n'y a rien eu à Rome qui soit comparable à l'influence moralisatrice de l'Écriture sainte.

Voilà donc la République romaine — je ne suis pas le premier à le dire; leurs auteurs, de qui nous l'avons appris en payant, l'ont dit bien longtemps avant la venue du Christ — qui, par un changement insensible, devint de si belle et de si bonne, détestable et entièrement dépravée. Voilà qu'avant la venue du Christ, après l'anéantissement de Carthage, « les mœurs antiques, au lieu de s'altérer peu à peu, comme auparavant, précipitèrent comme un torrent leur décadence, tellement la jeunesse était gâtée de débauche et de cupidité ». Qu'on nous lise les préceptes divins donnés au peuple romain contre la luxure et la rapacité. Plût au ciel que ces dieux se fussent contentés de ne rien dire sur la pudeur et la modestie, au lieu d'exiger de ce peuple d'ignominieuses obscénités en leur donnant, à la faveur de leur divinité feinte, une pernicieuse autorité!

En revanche, qu'on lise nos Écritures. — Prophètes, Saints Évangiles, Actes des Apôtres, Epîtres — que d'avertissements donnés contre la rapacité, la luxure aux peuples assemblés pour les entendre, préceptes excellents, divins, qui ne ressemblent pas au vain bruit des conventicules de philosophes, mais au tonnerre des oracles éclatant dans les nuées du ciel! Et pourtant cette dépravation honteuse d'une république qui, avant la venue du Christ, succombe à la luxure, à l'amour de l'argent, à des mœurs cruelles et honteuses, ils ne l'imputent pas à leurs dieux; mais toutes les épreuves récemment subies par leur orgueil et leur mollesse, ils les rejettent bruyamment sur la religion chrétienne! Si les préceptes qu'elle donne au sujet de la justice et de la probité morale trouvaient audience et accueil auprès des rois de la terre et auprès des peuples, auprès des juges de la terre, des jeunes gens et des vierges, des vieux et des jeunes, de tout âge capable de les comprendre, de tout sexe, et de ceux à qui s'adressait Jean-Baptiste, collecteurs d'impôts et soldats, c'est alors que la République ornerait de sa félicité les domaines de la vie présente et graviraît le sommet de la vie éternelle pour y régner à jamais. Mais l'un écoute, l'autre méprise; la plupart aiment mieux les pernicieuses caresses du vice que les épines salutaires de la vertu. Les serviteurs du Christ, quels qu'ils soient, rois, princes, juges, soldats, provinciaux, riches, pauvres, hommes libres, esclaves des deux sexes, ont le devoir de supporter même la pire, la plus avilie république, si cela est nécessaire; et par cette patience ils se ménagent une place dans cette si sainte et si auguste curie des anges, dans cette céleste république, où la volonté de Dieu est l'unique loi.

XX. Au fond, les Païens ne tiennent pas du tout à ce que l'État soit honnête; il leur suffit qu'il soit solide.

Mais à ceux qui honorent et aiment des dieux comme ceux-là, dont ils se flattent d'imiter les crimes et les hontes, qu'importe que la corruption et le vice règnent dans l'État? Que l'État demeure debout, disent-ils, qu'il prospère grâce à ses ressources, qu'il se glorifie de ses victoires, ou ce qui est mieux encore, qu'il ait la sécurité de la paix : cela suffit! Que nous importe le reste? Ce qui nous importe à nous bien davantage, c'est que chacun augmente continuellement sa fortune pour faire face aux prodigalités quotidiennes, pour mettre le faible à la discrétion du puissant. Il faut que les pauvres obéissent aux riches, afin de pouvoir se rassasier et de jouir, grâce à leur patronage, d'une quiète paresse; il faut que les riches usent des pauvres pour leur clientèle et comme instruments de leur faste; que les peuples applaudissent, non pas ceux qui se préoccupent de leurs intérêts,

mais ceux qui lui dispensent ses plaisirs. Que rien de pénible ne soit prescrit, rien d'impur défendu; que les rois ne s'inquiètent pas d'avoir des sujets
honnêtes, mais des sujets dociles, que les provinces soient soumises à leurs
rois, non pas comme à des surveillants de la moralité publique, mais comme
à des maîtres de leur fortune et à des pourvoyeurs de leurs voluptés;
qu'elles ne les honorent pas sincèrement, mais qu'elles les craignent d'une
crainte perverse et servile. Il faut que les lois veillent aux dommages causés
à la vigne d'autrui, mais non à ceux que chacun inflige à sa propre vie; que
nul ne soit amené devant le juge, hormis celui qui a nui au bien, à la maison,
à la vie d'un autre, ou qui a fait du tort à quelqu'un contre son gré : au surplus, il peut faire ce qu'il veut des siens, avec les siens, avec tous ceux qui
s'y prêtent. Que les filles publiques foisonnent, soit à l'avantage de ceux à
qui il plaît de jouir d'elles, soit pour ceux surtout qui ne peuvent entretenir
de concubine à eux.

Que l'on construise d'amples palais richement ornés; que l'on s'asseoit,
nombreux, autour de splendides festins; que, là où le veut et le peut votre
fantaisie, le jeu se prolonge le jour et la nuit; qu'on boive, qu'on vomisse,
qu'on s'assouvisse; que partout on entende les piétinements des danses;
que les théâtres frémissent des clameurs d'une joie malhonnête et des
émotions d'une volupté cruelle ou infâme; qu'il soit considéré comme un
ennemi public, celui à qui déplaît un bonheur de cette qualité; et si quelqu'un entreprend de le changer ou de le supprimer, que la multitude empêche qu'on l'entende, qu'elle l'arrache de sa place, qu'elle le supprime du
nombre des vivants. Qu'il n'y ait de dieux véritables que ceux qui ont procuré ce bonheur-là aux masses, et une fois acquis le lui conservent; qu'ils
soient honorés de la façon qu'ils ont voulu, qu'ils réclament des jeux à leur
goût, tels qu'ils peuvent les obtenir avec ou de leurs adorateurs; qu'ils s'ar-
rangent seulement pour que ce bonheur n'ait rien à redouter ni de l'ennemi,
ni de la peste, ni d'aucune catastrophe.

Une république comme celle-là, il serait extravagant de la comparer, je
ne dis pas à l'Empire romain, mais au palais de ce Sardanapale qui était tellement féru de voluptés qu'il fit sculpter sur son tombeau qu'il ne possédait
que mort, les jouissances épuisées, qu'il avait consumées de son vivant.

Ah! si ces gens-là avaient un roi aussi indulgent à leur égard dans cet
ordre de choses, et qui n'eût jamais opposé aucune sévérité à leurs vices, ils
lui consacreraient un temple et un flamine plus volontiers que ne firent les
anciens Romains pour Romulus!

*XXI. Jugement sévère de Cicéron sur la république de son temps. Pas de vraie jus-
tice en dehors de l'État chrétien.*

S'ils récusent avec mépris l'historien qui a qualifié de détestable et de
parfaitement corrompue la République romaine; si peu leur importe la décision morale, les hontes, les souillures déshonorantes dont elle est remplie,
pourvu qu'elle se maintienne et subsiste, qu'ils écoutent, non plus le témoignage de Salluste qui atteste cette honteuse décadence, mais la discussion
où Cicéron prononce qu'elle est déjà anéantie et qu'il n'en reste plus rien.

Cicéron met en scène Scipion — celui-là même qui avait anéanti Carthage — dans un débat sur la République, à une époque où la corruption que décrira Salluste faisait pressentir sa ruine prochaine.

La discussion se place, en effet, au moment où venait d'être assassiné l'un des Gracques, initiateur, d'après Salluste, des grandes séditions : il est question de cette mort dans l'ouvrage. Or Scipion vient de s'exprimer ainsi vers la fin du second livre : « Si dans le jeu des lyres, des flûtes, dans le chant même et dans les voix humaines, il faut maintenir un certain accord formé de sons distincts, sous peine de blesser par tout fléchissement ou toute dissonance les oreilles exercées; si cet accord résulte heureusement de la façon dont sont conduites des voix tout à fait différentes : pareillement, l'accord s'établit dans la Cité par une concordance habilement ménagée entre les éléments très différents. Ce sont les divers ordres — classes élevées, basses classes, classes moyennes — qui jouent ici le rôle des sons. Et ce que les musiciens appellent harmonie s'appelle dans la Cité concorde : c'est là le lien le plus étroit et le meilleur pour en assurer la conservation; et sans la justice ce lien ne saurait exister. »

Scipion développe ensuite avec une large abondance cette thèse de l'utilité de la justice pour un État, et du tort que sa disparition lui cause. Alors Philus, l'un des interlocuteurs présents, prend la parole et demande qu'on approfondisse avec plus de soin encore cette question de la justice, étant donné le préjugé déjà répandu qu'il est impossible de gouverner un État sans injustice. Scipion consent qu'on discute encore ce problème et qu'on y apporte une solution; et il ajoute qu'à son gré tout ce qui a été dit sur la République n'offre rien qui permette de pousser plus avant, s'il n'était tout d'abord démontré que cette maxime — qu'un Etat ne peut être gouverné sans injustice — est fausse, et que la vérité vraie, c'est qu'on ne saurait le gouverner sans une suprême justice.

Remis au lendemain, ledit problème provoque au IIIᵉ livre une vive discussion. Philus, en effet, soutient la thèse de ceux qui estiment que sans injustice, il *est* impossible de gouverner un État, en protestant toutefois qu'il ne la prend pas à son compte. Il plaide avec force pour l'injustice contre la justice et, à l'aide de raisons vraisemblables et d'exemples, il se donne l'air de vouloir démontrer que l'une est utile à l'État, tandis que l'autre lui est inutile.

Alors Lélius, sur la sollicitation générale, entreprend de défendre la justice. Il soutient de toutes ses forces qu'il n'y a rien de plus dommageable à un État que l'injustice, et qu'un État ne peut être gouverné et subsister sans grand justice.

Cette question paraissant suffisamment épuisée, Scipion reprend son discours et propose une brève définition de l'État. C'est selon lui « la chose du peuple ». Mais le peuple n'est pas constitué par n'importe quel groupement d'individus; c'est, précise Scipion, une association resserrée par une entente juridique et l'accord des intérêts. Il marque ensuite la grande utilité d'une définition en matière de discussion; et il conclut de celles qu'il donne, qu'il y a république, c'est-à-dire la « chose du peuple », quand elle est bien et équitablement gouvernée, soit par un roi, soit par un petit nombre d'aristocrates, soit par l'ensemble du peuple. Mais quand le roi est injuste — il l'appelle tyran, à la mode grecque; que les aristocrates sont injustes — leur coalition, il la nomme faction; que le peuple lui-même est injuste — il ne trouve pas, pour ce cas, de dénomination usuelle, à moins d'appeler « tyran » le peuple lui-même : dès lors la république n'est pas seulement corrompue, selon les conclusions de la veille, mais comme la raison le déduit des définitions précédentes, elle n'existe plus, puisqu'elle a cessé d'être la chose du peuple, dès là qu'un tyran ou une faction a mis la main dessus. Le peuple lui-même, s'il est injuste, n'est plus un peuple, puisqu'il n'est plus une association resserrée par une entente juridique et l'accord des intérêts. C'est la définition antérieurement proposée.

Ainsi la république, telle que Salluste la décrit, n'était pas seulement très vicieuse et très corrompue, selon ses expressions : elle n'existait absolument plus, selon le raisonnement qui se dégage de cette discussion sur l'État entre ces grands personnages. Cicéron lui-même, parlant en son propre nom, et non plus sous le couvert de Scipion ou d'un autre, s'exprime ainsi au début du Ve livre, après avoir rappelé le vers d'Ennius : « C'est par ses mœurs antiques et ses grands hommes que subsiste la force romaine. » Ce vers, déclare-t-il, me semble par sa brièveté et son exactitude émané du sanctuaire de je ne sais quel oracle. Car ni les grands hommes, si la cité n'avait eu de telles mœurs, ni les mœurs, si de tels chefs n'y avaient veillé, n'auraient pu fonder et stabiliser si longtemps un État si grand, si vaste et d'une si large hégémonie. Aussi, avant notre temps, la tradition des aïeux savait employer des hommes éminents, et cette élite d'hommes maintenait les mœurs anciennes et les institutions ancestrales. Notre époque, recevant la République, comme on reçoit un tableau remarquable dont les années ont effacé l'éclat, a non seulement négligé d'en raviver les couleurs primitives, mais n'a même pas pris garde d'en conserver le dessin et comme les derniers contours. Que reste-t-il de ces mœurs antiques, base de la puissance romaine? Elles sont tombées en désuétude sous nos yeux : on ne les pratique plus, et même on les ignore. Quant aux grands hommes, que dire d'eux? C'est par manque d'hommes comme ceux-là que les mœurs ont péri : désastre dont non seulement nous sommes comptables, mais dont nous devons nous faire absoudre comme d'un crime capital. C'est par l'effet de nos vices, et non par l'effet d'un hasard, que, gardant le mot de République, nous avons perdu en fait la chose depuis longtemps.

Tel est l'aveu articulé par Cicéron, longtemps après la mort de Scipion l'Africain, à qui il a prêté ces propos sur l'État, mais néanmoins avant l'avènement du Christ. Si de telles pensées, de tels propos eussent été proférés après la diffusion et le triomphe de la religion chrétienne, qui parmi nos adversaires ne jugerait pas opportun d'imputer cette décadence aux chrétiens? Pourquoi, dès lors, leurs dieux n'ont-ils pas veillé à prévenir la chute et la perte de cette république dont Cicéron déplore avec tant de tristesse l'anéantissement, longtemps avant l'incarnation du Christ? À ses panégyristes de voir ce qu'elle était, même au temps de ces hommes, de ces mœurs antiques, et si la véritable justice y régnait. Peut-être n'était-elle dès lors, non plus vertu vivante, mais tableau aux brillantes couleurs, selon l'expression échappée à Cicéron, quand il la vantait!

Nous en reparlerons ailleurs, s'il plaît à Dieu. J'essaierai de montrer, le moment voulu, en me servant des définitions de Cicéron, là où par la bouche de Scipion il détermine brièvement ce que c'est qu'une république, ce que c'est qu'un peuple — en citant à l'appui son avis personnel et en laissant parler les autres interlocuteurs du dialogue — de montrer, dis-je, qu'il n'y a jamais eu là une véritable république, parce qu'elle a toujours été frustrée de la justice véritable. Selon une définition plus probable, elle fut une république en son genre, et mieux administrée par les anciens Romains que par leurs descendants. Mais il n'y a de vraie justice que dans cette République dont le Christ est le fondateur et le garde, si toutefois on veut bien l'appeler république puisqu'on ne peut nier qu'elle soit la chose du peuple. Si ce nom, pris ailleurs dans un autre sens, s'éloigne trop de notre terminologie usuelle, disons que la vraie justice est à coup sûr dans cette Cité dont l'Écriture Sainte dit: on a publié de toi des choses glorieuses, ô Cité de Dieu!

Augustin de Thagaste, *La Cité de Dieu*, livre II, chapitres xix, xx et xxi.

L'établissement de la cité de Dieu

En manière d'alternative et sur le modèle de Platon, Augustin affirme plutôt que la cité doit être établie sur le principe de l'amour. L'adaptation chrétienne du platonisme, chez Augustin, est flagrante. La cité de l'homme est en quelque sorte la caverne où vivent les captifs enchaînés, tandis que la cité de Dieu constitue la seule vraie lumière, en fait la seule réalité. Cependant, et c'est là tout le pessimisme d'Augustin, notre condition de mortels et de pécheurs nous interdit de sortir de la caverne. Aucune élite mortelle, quelle qu'elle soit, ne pourra se hisser au-dessus des autres et prétendre à la sagesse parfaite. Encore moins pourra-t-elle guider les autres. Seule la révélation personnelle permet de « voir » l'extérieur de la caverne. Pire encore, la cité de Dieu et celle des hommes vont demeurer unies, dans la temporalité et à travers l'existence humaine, jusqu'à la fin du monde. Ensuite, le jugement dernier départagera ceux d'entre les humains qui furent, durant leur vie, les serviteurs d'eux-mêmes, de ceux qui furent les serviteurs de Dieu.

Les retombées d'une telle doctrine sur le comportement civique sont évidentes. Peu importe que le chrétien soit au service de l'État: empereur ou soldat, gouverneur, professeur, ouvrier ou agriculteur. Même s'il fait dignement sa tâche ici-bas, il doit d'abord se consacrer à la cité de Dieu, donc au culte catholique et aux œuvres de l'Église. Il appartient d'abord à l'Église. La piété transcende l'action. Le stoïcisme augustinien se démarque là-dessus du stoïcisme païen en « personnalisant » le destin. Pour les non-chrétiens, Dieu était impersonnel, distant, en quelque sorte « cosmique », tandis qu'Augustin établit un dialogue entre Dieu et l'individu, à travers la vie et la présence du Christ. C'est là toute l'idée du salut.

De la cité de l'homme à celle de Dieu

[…] Le peuple est un assemblage d'êtres raisonnables liés ensemble par un accord implicite sur ce qu'ils aiment. Si l'on veut se faire une idée du tempérament d'un peuple, il suffit d'observer ce qu'ils aiment et les fait s'animer. Un peuple sera supérieur dans la mesure où il aime et vénère de nobles intérêts; inférieur s'il accorde de l'importance à des choses de peu de valeur. […]

Par quelles vertus les anciens Romains ont mérité que le vrai Dieu accrût leur empire, quoiqu'ils ne le servissent pas.

Voyons maintenant en faveur de quelles vertus le vrai Dieu, qui tient en sa main tous les royaumes de la terre, a daigné favoriser l'accroissement de l'empire romain. C'est pour en venir là, et traiter une telle question comme elle le réclame, que nous avons montré, dans le livre précédent, que ces dieux qu'ils honoraient par des jeux ridicules n'ont pu concourir en rien à cet accroissement; et, au commencement de celui-ci, que le destin est un mot vide de sens, de peur que, désabusés du culte des dieux, certains esprits n'attribuassent la grandeur et la conservation de l'empire à je ne sais quel destin, plutôt qu'à la volonté toute-puissante du Dieu souverain.

Les anciens Romains adoraient, il est vrai, les faux dieux, offrant, comme toutes les autres nations, à l'exception du peuple hébreu, des sacrifices aux démons et non au vrai Dieu; mais l'histoire leur rend ce témoignage que « ils étaient avides de louanges et prodigues de leurs biens, contents d'une fortune médiocre, mais insatiables de gloire ». C'est pour la gloire seule qu'ils respiraient; ils ne voulaient vivre que pour elle, et pour elle ils n'hésitaient pas à mourir. Cette passion étouffait toutes les autres dans leur cœur. Persuadés qu'il était honteux à leur patrie d'être esclave, et glorieux de commander, ils appliquèrent tous leurs soins, d'abord à la rendre libre, ensuite à la rendre souveraine. De là vint que, ne pouvant souffrir l'autorité des rois, ils créèrent deux chefs annuels qu'ils appelèrent consuls, titre moins fastueux et moins superbe que celui de roi ou de seigneur. Après l'expulsion de Tarquin et l'institution du consulat, il arriva, comme le même Salluste le rapporte à la louange des Romains, que, « depuis qu'ils eurent conquis la liberté, la république s'accrut avec une rapidité incroyable, tant ils étaient possédés de l'amour de la gloire ». C'est donc à cette passion de la gloire qu'il faut rapporter tant d'actions admirables et héroïques selon le monde.

Salluste dit encore de deux personnages célèbres de son temps, Caton et Jules César : « Depuis longtemps la république était stérile et n'avait produit que deux hommes de mérite aussi éminent, quoique de mœurs si différentes. Or, entre autres éloges qu'il donne à César, il le loue d'avoir désiré un grand commandement, une grande armée, et une guerre nouvelle où il pût montrer ce qu'il était. Ainsi c'était le vœu des plus grands hommes de voir Bellone, armée de son fouet sanglant, exciter à la guerre de malheureuses nations, afin d'avoir une occasion de se signaler. Tels étaient les sentiments qu'inspiraient aux Romains cette passion démesurée qu'ils avaient pour la gloire. Ainsi ce fut d'abord l'amour de la liberté, puis celui de la domination et de la gloire, qui leur fit faire tant d'actions héroïques. Leur grand poète leur a rendu témoignage de ce double amour, en disant d'abord : « Porsenna leur ordonnait de rouvrir leurs portes à Tarquin exilé, et tenait Rome étroitement assiégée; mais les enfants d'Énée volaient à la mort pour l'amour de la liberté. » Voilà donc alors leur unique ambition : mourir généreusement, ou vivre libres. Libres, l'amour de la gloire s'empara tellement de leurs cœurs, que la liberté n'était rien, si elle n'était accompagnée de la domination. Ils appelaient déjà de leurs vœux ces temps que le même poète annonce par la bouche de Jupiter : « Le jour viendra où la maison d'Assaracus asservira Phthie et la célèbre Mycènes, et régnera sur la Grèce vaincue. » Virgile, à la vérité, fait prédire à Jupiter des événements accomplis de son temps; mais, en citant ce poète, j'ai voulu montrer qu'après la liberté la domination était si chère aux cœurs des Romains, qu'ils en faisaient le sujet de leurs plus hautes louanges. De là vient encore que le même Virgile préfère aux arts des nations étrangères celui de régner et de commander, de réduire et de dompter les peuples, comme la science propre de Rome : « D'autres, dit-on, sculpteront l'airain d'une main plus savante, etc. »

Et les Romains excellaient d'autant mieux dans l'art de commander, qu'ils étaient moins adonnés aux voluptés, qui énervent l'âme et le corps, et à la passion des richesses, qui dépravent les mœurs, et que l'on ravit à de pauvres citoyens pour les donner à d'infâmes histrions. Aussi, comme la corruption avait envahi Rome et débordait de toutes parts, au temps où écrivait Salluste, où chantait Virgile, ce n'était plus par ce noble chemin, c'était par la fraude et l'artifice que les Romains montaient à la gloire. C'est ce qui a fait dire à l'historien : « Ce fut moins la cupidité qui remua d'abord le cœur des hommes, que l'ambition, vice plus voisin de la vertu. En effet, les lâches comme les nobles cœurs désirent la gloire, les honneurs et la puissance; mais ceux-ci n'y tendent que par la bonne voie, tandis que les autres les recherchent par de mauvais moyens, parce que les bons leur manquent. » La vertu, et non la fraude, voilà donc la voie honnête qui conduit aux honneurs, à la gloire et à la puissance, la voie que choisit l'homme de bien. Or ce sentiment était inné dans le cœurs des Romains, comme le témoignent les temples qu'ils ont élevés, l'un auprès de l'autre, à la Vertu et à l'Honneur, prenant pour dieux les dons de Dieu. Cette contiguïté nous fait connaître quel but ils donnaient à la vertu, et à quoi les bons la rapportaient, c'est-à-dire à l'honneur; car les méchants ne la possédaient pas, quoiqu'ils désirassent aussi de posséder les honneurs, auxquels ils s'efforçaient de parvenir par de mauvais moyens, c'est-à-dire par la fraude et par l'artifice.

Le même Salluste a fait un bel éloge de Caton en disant de lui que, « moins il recherchait la gloire, plus elle le suivait », puisque cette gloire dont les Romains étaient si avides n'est que la bonne opinion que l'homme a de l'homme. C'est pour cette raison qu'il y a plus de vertu à se contenter du témoignage de sa conscience, selon la parole de l'apôtre : « Notre gloire, c'est le témoignage de notre conscience »; et ailleurs : « Que chacun examine ses œuvres, et alors il aura sa gloire en lui-même, et non dans les autres. » Conséquemment ce n'est pas à la vertu à suivre cette gloire, ces honneurs et cette puissance que les Romains ambitionnaient, et que les bons recherchaient par des moyens honnêtes; mais c'est à ces biens à suivre la vertu, car la vraie vertu est celle qui a pour but le souverain bien de l'homme. Ainsi ces honneurs que Caton demandait, il n'aurait pas dû les demander; mais c'était à la république à les lui déférer, sans qu'il les demandât.

Véritablement, de ces deux illustres contemporains, Jules César et Caton l'Ancien, Caton fut celui dont la vertu approcha le plus de la vérité. Voyons maintenant quelle était alors la république, et ce qu'elle avait été autrefois, au jugement même de Caton. « Ne vous imaginez pas, dit-il, que ce soit par les armes que nos ancêtres ont fait la république, de si petite, si grande. S'il en était ainsi, elle serait aujourd'hui plus florissante que jamais, puisque nous avons un bien plus grand nombre de citoyens et d'alliés, d'armes et de chevaux. Mais d'autres causes ont fait leur grandeur, qui aujourd'hui ne sont plus : au-dedans, activité; au-dehors, gouvernement juste. Ils apportaient dans les conseils un esprit libre, une conscience irréprochable, un cœur pur. Au lieu de cela, nous avons le luxe et la cupidité, misère publique, opulence privée, etc. »

À entendre ainsi parler Caton ou Salluste, on serait tenté de croire que les anciens Romains étaient tous, ou du moins la plupart, tels qu'ils les présentent à notre admiration; mais il n'en est rien : autrement ce que nous avons cité du même historien, au second livre de cet ouvrage, ne serait pas véritable. « Dès la naissance de Rome, dit-il, les injustices des grands provoquèrent la séparation du peuple et du sénat et d'autres dissensions intérieures, et l'on ne vit fleurir l'équité et la modération qu'au moment de l'expulsion des rois, tant que l'on eut Tarquin à craindre, et sur les bras une rude guerre avec l'Étrurie. Le danger passé, les patriciens traitèrent le peuple en esclave, disposant tyranniquement de la vie et de la personne du citoyen, le chassant de son champ, partout maîtres et despotes. Les dissensions et les animosités ne s'arrêtèrent que devant la seconde guerre punique, alors que la terreur s'empara de nouveau des âmes, et que le souci du danger ramena momentanément le calme et la concorde. » Mais alors même ce qui se faisait de grand était l'œuvre particulière de quelques hommes vertueux à leur manière, dont les conseils, au milieu des désordres tolérés, mais tempérés par là, faisaient fleurir la république. C'est ce qu'atteste le même historien, quand il dit que, voulant rechercher comment le peuple romain avait fait tant de belles actions, soit en paix, soit en guerre, sur mer ou sur terre, souvent avec une poignée d'hommes et de faibles ressources contre des armées formidables et des rois très puissants, il y avait remarqué que la vertu de quelques citoyens était le ressort caché de ces grands événements, et que c'était à eux que la république avait dû le triomphe de la pauvreté sur la richesse, du petit nombre sur la multitude. « Mais, ajoute Salluste, quand le luxe et l'oisiveté eurent corrompu Rome, la république à son tour soutint par sa grandeur les vices de ses gouvernants. » Donc, lorsque Caton faisait l'éloge de ceux qui s'élevaient à la gloire, aux honneurs et à la puissance, par la voie droite, c'est-à-dire par la vertu, ce n'était qu'à un petit nombre d'hommes que ses louanges s'adressaient. De là le désintéressement qui faisait que l'État était riche, et le citoyen, pauvre. De là le reproche contraire que le même Caton faisait à la corruption, qui avait rendu l'État pauvre, et le particulier, opulent.

Chapitre XIII

L'amour de la gloire est un vice qui passe pour vertu, parce qu'il surmonte des vices plus grands.

Ainsi, après que les empires d'Orient eurent brillé sur la terre, Dieu suscita l'empire d'Occident, le dernier dans l'ordre des temps, mais le premier par son étendue et sa grandeur. Et cet empire par lequel il se proposait de châtier les crimes du monde, il l'a remis à des hommes qui, en vue de la gloire, mettront leur gloire dans celle de leur patrie, toujours prêts à sacrifier à son salut leur propre salut, triomphant de la cupidité et de tous les autres vices par un seul, la passion de la gloire. Car il ne faut pas se dissimuler que l'amour de la gloire ne soit un vice. Le poète Horace en est convenu luimême : « Es-tu gonflé de l'amour de la gloire ? Certains livres t'offrent des topiques sûrs : tu les y trouveras en les lisant trois fois avec un esprit pur. » Et dans une de ses odes, il chante : « tu te rendras plus grand en régnant sur toi-même que si, réunissant la Libye et la lointaine Gadès, tu tenais les deux Carthage sous le même joug. » Et cependant si l'on n'a pas reçu du Saint-Esprit la grâce de surmonter les passions honteuses par la foi, la piété et l'amour de la beauté intelligible, au moins vaut-il mieux en triompher par l'amour de la gloire humaine; car si cet amour ne rend pas l'homme saint, il le rend moins infâme. C'est pourquoi Cicéron, dans ses livres de la république, où il traite de l'éducation du chef de l'État, dit qu'il faut le nourrir de gloire, et ajoute, pour le prouver, que ce fut cette passion de la gloire qui fit faire à leurs ancêtres tant d'actions héroïques. Ainsi non seulement ils ne résistaient pas à ce vice, mais ils croyaient même qu'il fallait le fomenter dans l'intérêt de la république. Et, jusque dans ses livres de philosophie, Cicéron ne dissimule pas son goût pour ce poison séduisant, il le confesse même en termes plus clairs que le jour. Car, bien qu'il dise qu'il y a certaines choses où l'on ne doit se proposer pour fin que le vrai bien, et non la vaine gloire, il ne laisse pas d'établir cette maxime générale : « L'honneur est l'aliment de l'activité humaine, et la gloire, l'aiguillon du travail : de là vient que ce qui est généralement méprisé languit délaissé. »

Chapitre xiv

Il faut étouffer l'amour de la gloire humaine, parce que la gloire des justes est toute en Dieu.

Il vaut donc mieux sans doute résister à cette passion que d'y céder; car on est d'autant plus semblable à Dieu qu'on est plus pur de cette impureté. Il est vrai qu'en cette vie il n'est pas possible de la déraciner entièrement du cœur, parce qu'elle ne cesse de tenter même ceux qui marchent dans le chemin de la vérité; mais il faut tâcher au moins de la surmonter par l'amour de la justice; et si l'on voit certaines choses, bonnes et saintes en elles-mêmes, languir délaissées à cause du mépris dont le monde les frappe, que l'amour de la gloire humaine rougisse de ce délaissement, et cède à l'amour de la vérité. Car ce vice est tellement ennemi de la foi pieuse, lorsqu'il l'emporte dans notre cœur sur la crainte ou l'amour de Dieu, que le Seigneur a dit : « Comment pouvez-vous croire, vous qui attendez la gloire les uns des autres, indifférents à celle qui vient de Dieu seul? » Et, parlant de certaines personnes qui croyaient en Jésus-Christ et n'osaient le confesser en public, l'évangéliste ne dit-il pas : « Ils aimaient plus la gloire des hommes que celle de Dieu »? C'est ce que les saints apôtres ne firent pas; car ils prêchaient le nom de Jésus-Christ en des lieux où non seulement il était dédaigné, et où par conséquent, selon la maxime de Cicéron, il ne devait se trouver personne qui entreprît de le défendre, mais où il était même en détestation, se souvenant de cette parole du bon maître, du médecin des âmes : « Celui qui me renoncera devant les hommes, je le renoncerai devant mon Père qui est dans les cieux, et devant les anges de Dieu »; si bien que ni les malédictions et les opprobres, ni les persécutions les plus terribles et les supplices les plus cruels ne les purent détourner de prêcher le salut humain au milieu des frémissements de l'orgueil révolté. Et quand leurs actions, leurs paroles, leur vie vraiment divines, quand la victoire remportée sur des cœurs durs et rebelles, qui s'ouvrirent à la paix de la justice, leur eut acquis une gloire immense dans l'Église du Christ, ils ne s'y reposèrent pas comme dans la fin de leur vertu, mais ils la rapportèrent à la gloire de Dieu, dont la grâce les avait faits ce qu'ils étaient. C'est à ce foyer qu'ils allumaient l'amour de leurs disciples pour celui qui devait les rendre tels qu'ils étaient eux-mêmes; car leur maître leur avait enseigné de ne pas faire le bien en vue de la gloire humaine : « Gardez-vous, disait-il, de faire le bien devant les hommes pour être regardés : autrement vous ne recevrez pas de récompense de votre Père qui est dans les cieux. » Mais aussi, de peur qu'ils interprétassent mal ses paroles, et que leur vertu craintive, en se dérobant aux yeux des hommes, perdît le fruit du bon exemple, il leur apprend à quelle fin ils doivent se montrer : « Que vos œuvres, dit-il, brillent devant les hommes, afin qu'en les voyant ils glorifient votre Père qui est dans les cieux. » Que ce ne soit donc pas afin qu'ils vous voient, et qu'en vous voyant ils s'attachent à vous, qui par vous-même n'êtes rien, mais afin qu'ils glorifient votre Père qui est dans les cieux, et que, s'attachant à lui, ils deviennent ce que vous êtes. C'est ce qu'ont pratiqué les martyrs, qui ont surpassé les Scævola, les Curtius, les Décius, autant par leur nombre que par la vérité de leur vertu, puisque cette vertu était fondée sur la vraie piété, non en se donnant la mort, mais en la souffrant. Mais quant à ces Romains citoyens d'une cité terrestre, comme ils ne se proposaient pour fin de leur devoir envers elle que sa conservation de son règne, non dans le ciel, mais sur la terre, non dans la vie éternelle, mais sur cette scène du monde où les morts ne laissent après eux que des mourants, qu'eussent-ils aimé, que la gloire qui leur promettait l'ombre d'une seconde vie dans la mémoire de leurs admirateurs?

Chapitre xv

De la récompense temporelle que Dieu a bien voulu accorder aux vertus des Romains.

Si donc Dieu, qui ne les avait pas prédestinés au partage de la vie éternelle avec ses saints anges dans sa cité céleste, où conduit la vraie piété, qui ne rend le culte religieux, que les Grecs appellent *latrie*, qu'au seul vrai Dieu; si Dieu, dis-je, ne leur eût accordé la gloire terrestre d'un empire puissant, les vertus qui leur ont servi de degrés pour parvenir à cette gloire seraient demeurées sans récompense. Le Seigneur en effet n'a-t-il pas dit de ceux qui ne font le bien, ou du moins ce qui en a l'apparence, qu'afin d'être glorifiés des hommes : « Je vous le dis en vérité, ils ont reçu leur récompense »? Ainsi, il est vrai que les Romains ont méprisé leur salut privé pour le salut commun; qu'ils ont mieux aimé accroître le trésor public que leur trésor particulier; qu'ils ont résisté à la cupidité; qu'ils ont été désintéressés dans tout ce qui regardait le bien de la patrie, et qu'ils ont asservi toutes leurs volontés à la loi : mais ils ne marchaient dans cette voie, ils ne pratiquaient ces vertus, que pour parvenir aux honneurs, à l'empire, à la gloire. Or, ils ont été honorés chez presque toutes les nations, ils ont assujetti à leur empire une infinité de peuples, et aujourd'hui les annales du monde ont porté leur renommée jusqu'aux extrémités de la terre. Ils n'ont donc pas sujet à se plaindre de la justice du Dieu souverain et véritable : « Ils ont reçu leur récompense. »

Chapitre xvi

De la récompense des citoyens de la cité éternelle, et de l'utilité qu'ils peuvent retirer ici-bas de l'exemple des vertus romaines.

Combien est différente la récompense des saints qui souffrent ici-bas pour la Cité de Dieu, objet de haine pour ceux qui aiment le monde! Cette cité est éternelle. Là personne n'y naît, parce que personne n'y meurt. Là règne la véritable et parfaite félicité, qui n'est point une déesse, mais un don de Dieu. C'est de là que nous avons reçu le gage de la foi, qui nous fait soupirer pour la beauté de cette cité divine pendant le temps de notre pèlerinage. Là le soleil ne se lève point sur les bons et sur les méchants; mais le soleil de justice y luit seulement sur les bons. Là on ne sera point en peine d'enrichir le trésor public aux dépens des fortunes privées, parce qu'il n'y a qu'un trésor de vérité auquel tous ont part. Aussi ce n'a pas été seulement pour récompenser les Romains de leurs vertus humaines, que la gloire humaine leur a donnée, mais encore afin que les citoyens de la cité éternelle, en considérant avec exactitude et sobriété ce grand exemple, apprissent, pendant le temps de leur pèlerinage, combien ils doivent aimer la céleste patrie pour la vie éternelle, si la patrie terrestre a été tant aimée de ses citoyens pour la gloire humaine.

Chapitre XVII

À vrai dire, les victoires des Romains n'ont pas fait leur condition meilleure que celle des vaincus.

Quant à cette vie mortelle, qui dure si peu, qu'importe sous quel maître vit l'homme qui doit mourir, pourvu que ce maître ne l'oblige à rien qui soit contraire à la piété et à la justice? Les Romains ont-ils autrement nui aux nations qui ont subi leur joug, que par les guerres cruelles et sanglantes qui ont précédé la victoire? Si leur empire eût été paisiblement accepté, le succès eût été meilleur, mais la gloire du triomphe leur eût manqué. Du reste, les Romains ne vivaient-ils pas eux-mêmes sous les lois qu'ils imposaient aux autres? Si donc cela se fût fait sans l'entremise de Mars et Bellone, personne n'étant vainqueur là où il n'y aurait eu ni combat ni occasion de victoire, la condition des Romains et des autres peuples n'eût-elle pas été la même? surtout si l'on eût fait d'abord ce que l'humanité conseilla plus tard, de donner le droit de cité à tous les sujets de l'empire, et de rendre commune à tous une chose qui n'était auparavant que le privilège d'un petit nombre, à la charge seulement de contribuer à la nourriture de ceux qui n'auraient point de terres pour leur subsistance : nourriture que leur départiraient de bons et pacifiques administrateurs de la république, avec plus de satisfaction qu'ils n'en auraient à leur ravir de force, après les avoir vaincus.

En effet, je ne vois pas en quoi la sûreté publique, ni les bonnes mœurs, ni même les dignités sociales, étaient intéressées à ce que les uns fussent plutôt vainqueurs que les autres. Il n'y avait là que le vain éclat d'une gloire humaine qui eût fait faute à ses adorateurs, lesquels, pour obtenir leur récompense, ont livré tant de combats sanglants. Et, du reste, leurs terres ne payent-elles pas aussi tribut? Leur est-il permis d'apprendre quelque chose que les autres ne puissent apprendre comme eux? N'y a-t-il pas plusieurs sénateurs dans les provinces qui ne connaissent pas Rome, même de vue? Retranchez la vaine gloire, que sont tous les hommes, sinon des hommes? Et quand même la perversité du siècle permettrait que les plus vertueux fussent les plus honorés, encore ne devrait-on pas faire un si grand état de l'honneur humain, qui n'est qu'une légère fumée. Mais profitons même en ceci du bienfait de notre Dieu : considérons combien ont méprisé de séductions, enduré de travaux, dompté de passions pour la gloire humaine, ceux qui ont mérité de la recevoir comme la récompense de telles vertus; et que cela nous serve à humilier notre orgueil. Puisque cette cité, où nous avons la promesse de régner un jour, est autant au-dessus de celle d'ici-bas que le ciel est au-dessus de la terre, la vie éternelle au-dessus des joies temporelles, la gloire solide au-dessus de la vaine gloire, la compagnie des anges au-dessus de celle des mortels, la lumière de celui qui a fait le soleil et la lune au-dessus de la lumière du soleil et de la lune, comment les citoyens d'une si illustre patrie peuvent-ils croire avoir fait quelque chose de grand, quand ils ont fait quelque bien ou souffert quelque peine pour l'habiter dans la vie future, tandis que ceux-là ont tant fait et tant souffert pour une patrie terrestre qu'ils possédaient déjà dans le temps? Surtout lorsqu'il y a ce rapport entre les deux cités, que cet asile où Romulus réunit, par la promesse de l'impunité, cette foule de criminels appelés à fonder Rome, est comme une figure de la rémission des péchés, qui rassemble tous les citoyens de la céleste patrie.

Augustin de Thagaste, *La Cité de Dieu*, **livre cinquième.**

Cette orientation personnaliste du christianisme paulinien, développée par Augustin, donnera aux prêtres et à l'Église, qui est l'assemblée aristocratique et délibérante des évêques, dont sont aussi membres les laïcs (du grec λάος ou *laos* : le peuple), un pouvoir futur d'intervention dans la vie terrestre. Ils ne se priveront pas de s'en servir. Très vite se fait jour l'idée que la cité terrestre doit épouser les principes de la cité de Dieu et, dans la mesure du possible, les appliquer. L'État chrétien s'affirme; il sera particulièrement fort à Byzance et toujours présent en Occident. La théocratie, ou hégémonie des prêtres sur le pouvoir civil, demeure la grande tentation de l'Occident médiéval. On avait connu des précédents, il est vrai. La Perse zoroastrienne de la fin de l'Antiquité, sous la dynastie des Sassanides (221–644), était organisée sur le même principe. Observons en terminant que cette tendance à moraliser la société est profondément enracinée dans l'histoire de l'Occident. Elle est aussi liée à l'héritage judéo-chrétien. Elle se manifeste enfin de temps à autre, de nos jours, sous des formes plus ou moins aiguës. Citons, à titre d'exemples, la montée du fondamentalisme musulman en Iran et en Afrique du Nord, l'intégrisme juif en Israël, enfin les traditionalismes catholique et réformés.

Il y a chez Augustin de Thagaste une hiérarchie des régimes sociaux selon la qualité des valeurs qui les caractérisent. Toutefois, aucun régime, quelles que soient les valeurs qu'il admire et défend, ne s'élèvera au point où on pourrait le considérer comme juste. Les fidèles n'en demandent pas tant. Tout au plus s'attend-on à ce que l'État, aussi imparfait soit-il, assure la paix et l'ordre. La paix est en effet au centre de l'argument d'Augustin. La soumission à la loi éternelle se reflète dans la soumission au pouvoir civil, qui doit assurer la paix. De cette façon, il est possible d'échapper au piège de l'hérésie tout en contribuant au maintien des services essentiels dans l'empire décadent.

Si Augustin, dans ses écrits, prend bien soin de faire la distinction entre l'Église en tant qu'organisation humaine — rien de plus ni rien de moins que la plus noble des institutions de la cité des hommes — et la cité de Dieu, les générations qui vont suivre n'auront pas toujours le même scrupule. De son rôle de représentante du Christ sur la terre, l'Église se percevra de plus en plus comme la manifestation terrestre de la cité de Dieu, de la même manière que l'empire byzantin, pendant les siècles terribles du Moyen Âge, se présente lui-même comme l'Empire du Ciel sur la terre. Byzance n'a d'ailleurs pas le monopole de ce titre pour le moins ambitieux; la Chine aussi se proclame Empire du Ciel. Il faut dire que, pendant plusieurs siècles, toutes deux en ont les moyens et ne manquent pas de s'en servir à des fins hégémoniques.

La fin de l'Antiquité

L'Antiquité occidentale s'achève sur un processus de sublimation de la philosophie politique qui origine de la tendance au retrait du politique, déjà visible au crépuscule de la cité grecque. Ce qui va désormais séparer irrémédiablement la pensée antique de celle qui lui succède, c'est la transformation définitive du paradigme sur lequel reposait l'édifice de la civilisation gréco-romaine. Ce premier paradigme de l'enfance du monde accordait une confiance pratiquement illimitée aux œuvres des hommes, de la même manière que l'art classique de Phidias et de Praxitèle exaltait le corps humain, la beauté physique et la puissance de l'esprit individuel, révélées par la noblesse des formes. C'est un paradigme fondé sur un étonnant optimisme, tantôt envers les lois d'équilibre cosmique qui émanent de la nature — d'où la tendance naturaliste et matérialiste de l'esprit grec — tantôt envers la profondeur de l'intelligence humaine — d'où l'admiration pour le discours rhétorique et la langue mise au service de l'œuvre politique des grands hommes —, tantôt envers la connaissance qui nous est possible à travers la logique métaphysique révélatrice du principe moteur de toutes choses : le souverain Bien.

Cet idéalisme intrinsèque de l'esprit grec a fait voir par Platon et par Aristote le modèle de la Cité comme l'expression même de la perfection atteignable par le genre humain. Ses institutions porteuses de bien et d'équilibre et toujours perfectibles leur révélaient une éthique basée sur la prépondérance de la collectivité civique pour assurer l'accomplissement de l'individu. Cette éthique morale laissait cependant dans l'ombre toute la question de l'égalité réelle entre les hommes — Grecs et Barbares, citoyens libres, métèques et esclaves — de même qu'elle évacuait le problème des relations patriarcales au sein de la famille, fondement de la société, qui faisaient de la femme un être essentiellement privé, au service des ambitions de son mari et de l'éducation de ses enfants. Ces derniers ne jouissaient pas non plus d'une personnalité juridique inaliénable, étant soumis au droit de vie ou de mort de leur père ou de leur tuteur. Les petites filles, peu désirées dans cette culture fortement machiste, étaient fréquemment exposées, c'est-à-dire abandonnées dans la rue, quelquefois même assassinées de sang-froid. L'infanticide était une pratique courante dans l'Antiquité méditerranéenne.

Lézardé à la suite d'interminables guerres et métissé d'influences orientales, l'idéal grec — aussi imparfait soit-il — fut toutefois repris, avec plus de réalisme politique, par les Romains. Conservateurs au plan social et nullement désireux de remettre en cause les valeurs d'une civilisation hellénique dont ils se voulaient les continuateurs, ils héritèrent d'un monde en proie à la décadence auquel ils insufflèrent, à défaut d'une morale supérieure, des institutions plus solides et durables qui en assurèrent la survie pendant près de mille ans; la Grèce moderne leur doit entre autres d'avoir survécu jusqu'à nous. Cicéron, adhérant aux principes du stoïcisme pratiquement athée de son temps, chanta la vertu républicaine quelque peu idéalisée d'une Rome en expansion, solidement charpentée, qu'il voyait comme la synthèse des meilleurs régimes de l'Antiquité.

Le sentiment de finitude des choses devint plus présent au moment où l'Empire à son tour montra des signes d'affaiblissement. Les empereurs-philosophes du second siècle accusèrent de plus en plus de détachement par rapport au pouvoir de l'esprit sur la matière et, leur intervention plutôt tournée vers la préservation d'un ordre que sur sa rénovation, ils recherchèrent dans la sérénité intérieure un havre paisible à l'écart des angoisses dont le quotidien ne cessait de les assaillir. Le pessimisme de leurs contemporains devant un avenir incertain marqua la fin de la croyance au paradigme de l'épanouissement personnel dans le cadre de la cité idéale.

C'est cette attitude nouvelle et le poids des circonstances qui façonnèrent les premiers écrits politiques de la pensée chrétienne. Celle-ci prit acte du divorce désormais consommé entre Rome, création humaine, et l'éthique personnelle formée à l'image de Dieu et sur la base des textes de l'Ancien et du Nouveau Testament. Ce nouveau paradigme dicta alors à Augustin de Thagaste un jugement sévère sur les causes de la décadence romaine. Il en rendit responsables l'affaissement de la moralité, l'absence de sollicitude envers le prochain et un réalisme manipulateur sous le couvert d'institutions civiques creuses. Là justement où Cicéron admirait l'exercice individuel du libre-arbitre, l'exécution d'une justice sans distinction de rang ou de condition, enfin une intelligence politique subtile, lucide et rusée mise au service de la grandeur de Rome. Nous sommes ici en présence de deux morales, de deux lectures divergentes, voire contradictoires d'une même réalité historique.

Plus tard et de la même façon, Machiavel et Montesquieu se livreront à deux reconstructions divergentes du même phénomène, à partir de leur perception distincte de la grandeur romaine. Machiavel va retrouver chez les premiers Romains un sens inné du fin calcul politique et une conception de la durée qui manquait terriblement aux hommes politiques italiens de son temps. Une vision de l'œuvre à construire qui ne s'embarrassait pas de scrupules, un souci de réorganiser la société dans un ordre strictement encadré, propice à l'épanouissement des arts et de l'économie. La pensée de Machiavel s'inscrit dans un monde marqué par l'anarchie et la fragilité du pouvoir politique, génératrices de guerres, de famines, d'insécurité et de misères. Son éthique profane de visionnaire l'amène à interpréter Rome sous un jour plus favorable qu'Augustin. Comme Cicéron, il vante la vertu républicaine de ses citoyens et le leadership de ses empereurs, qu'il aurait voulu transplanter dans sa Florence natale derrière un idéal de pacification et d'unification de toute l'Italie.

Quant à Montesquieu, libéral qui appelle de tous ses vœux la liberté d'action d'un individu livré aux travaux du commerce et qui souhaite exercer sans contrainte son libre arbitre, il relira l'hitoire de Rome en établissant un contraste absolu entre *Les Causes de la grandeur et de la décadence des Romains*. D'une part, il distinguera tout ce qui a fait leur grandeur : la simplicité et la frugalité des anciens Romains, le respect de la propriété privée, enfin le service désintéressé de l'État par des cohortes de citoyens-soldats qui assurèrent pendant huit siècles les succès militaires de la Ville aux sept collines sans rien revendiquer pour eux-mêmes. D'autre part, il analysera les causes secrètes de leur déclin : les malversations et la dépravation de l'élite chassée du pouvoir et rendue oisive par le principat, l'instabilité du pouvoir — à un bon empereur succèdent habituellement deux ou trois tyrans cruels et sanguinaires —, la montée en puissance de l'armée qui instaure l'anarchie et fait basculer les institutions dans la terreur, enfin la synthèse de l'État et de la religion, qui va entraîner de terribles persécutions contre les chrétiens. C'est en libéral que Montesquieu interprétera Rome. Il lui prêtera des traits qu'il retrouve, au fond, dans les monarchies et parmi les régimes de son temps. C'est ainsi que des choix éthiques distincts amènent les auteurs à vêtir les temps passés des caractéristiques marquantes de leur temps à eux, de la même manière que les valeurs qui composent l'éthique sociale sont constamment interprétées et assimilées à travers et dans les limites de la conscience personnelle, où l'intérêt individuel entre perpétuellement en conflit avec le désir d'épanouissement civique.

Troisième partie

Le débat entre pouvoirs spirituel et temporel au Moyen Âge

Nous sommes arrivés à une époque où le pouvoir politique n'a plus rien de représentatif, où les institutions — sénat, assemblées municipales, cours de justice — sont retournées au domaine du privé, après avoir relevé de l'État pendant les grands siècles de l'Empire romain. Elles n'ont pas survécu à la montée du pouvoir des grands propriétaires fonciers, les latifundiaires. La dimension continentale de l'Empire romain leur a ouvert un cadre d'enrichissement sans commune mesure avec tout ce qui avait existé jusque-là dans le monde connu. Dès le milieu du VIᵉ siècle, l'impôt en Afrique est perçu par des collecteurs privés, qui détournent une partie des sommes — versées en nature — à leurs fins personnelles et ne retournent à l'État que le strict nécessaire. Des seigneurs, possédant d'immenses domaines à la campagne, ont la charge de la réfection des routes et de l'entretien des aqueducs et des monuments publics des villes de province. C'est le cas de Romanianus, un noble ou *curiale* qui finance les études d'Augustin à Carthage, étant ami de sa mère Monique. L'armée obéit à des gouverneurs militaires ou *patrices*, qui sont de plus en plus souvent des étrangers. À court d'argent, les soldats défient toute forme d'autorité et se servent eux-mêmes dans les coffres de l'État, rançonnant les classes riches des villes et les administrations locales. Des nuées de collecteurs d'impôt, ou *colletiones*, de soldats-résidents, ou *stationarii*, qui s'installent sans manière dans les maisons des particuliers, et de dépositaires de stocks, ou *frumentarii*, ratissent les provinces, récoltant partout des denrées et des richesses qui sont rassemblées au hasard et ne parviennent pas toujours à l'État central.

Le dilemme du Moyen Âge

L'arbitraire et la corruption règnent en maîtres et s'accroissent au fil des ans, devenant intolérables à la fin du IVe siècle. L'État n'a plus les moyens de conduire des expéditions militaires ni de maintenir le train de vie des siècles précédents. La monnaie se fait rare et l'empire retourne à l'économie naturelle, c'est-à-dire que les particuliers transigent entre eux au moyen du troc et s'échangent des marchandises et des services sans payer de taxes.

L'orientalisation et la christianisation

La ploutocratie et la tyrannie ont été réinstaurées, comme avant l'émergence des républiques grecques. L'empereur vit comme un reclus dans le palais sacré de Constantinople, à l'abri des regards, et se présente de temps à autre à ses sujets dans une solennité et une pompe soigneusement étudiées, empruntées aux anciennes monarchies orientales. Constance II (337–361), neveu de Constantin, est paranoïaque, hérétique et persécute les catholiques en plus d'exterminer sa propre famille. Gratien (375–383) craint fort la magie et inaugure le sinistre carnaval des chasses aux sorcières, qui s'achève invariablement avec un bûcher. Théodose, catholique dévot mais impulsif, ne craint pas de faire étrangler sa propre femme, qui l'accusait d'avoir exterminé la population entière de Thessalonique. Repentant, il croit faire œuvre de pénitence en fermant les temples païens, les bibliothèques et les gymnases, en faisant détruire les œuvres d'art et en donnant l'ordre de pourchasser les homosexuels. Le Moyen Âge vient de commencer.

Les manifestations de l'orientalisation de l'Occident sont partout visibles. Plus rien ne distingue la structure politique de l'Empire romain finissant de celle du royaume d'Astyage. La vieille influence venue des monarchies hellénistiques, contre laquelle la République avait luttée au début, a fini par s'imposer. Or, de tous les traits empruntés à l'Orient, aucun n'est plus perceptible que la tendance à lier le pouvoir politique et la religion. Cette habile synthèse avait été tentée avec succès par les Perses sous la nouvelle dynastie des Sassanides (224–644). Le clergé de la religion nationale perse, le zoroastrisme ou mazdéisme, est alors transformé en un puissant corps de propagandistes politiques au service de la cour du Grand Roi. Cette puissante armature politico-religieuse, qui présente certaines similitudes avec l'actuelle république islamique d'Iran, réussit à cimenter le tissu de la nation perse en rendant possibles de nombreux succès politiques et militaires. Les provinces romaines en Orient et le christianisme en seront les premières victimes. La Perse sassanide va leur infliger des coups dont ils ne se relèveront pas dans cette partie du monde. Or ce précédent, avant d'inspirer le système politique des musulmans quelques siècles plus tard, commence par influencer les Romains christianisés eux-mêmes.

C'est qu'au début du Moyen Âge, l'empereur des chrétiens se considère de plus en plus comme le lieutenant ou *vicaire* du Christ sur la terre et, en quelque sorte, comme sa représentation terrestre et son bras armé contre les infidèles. La tentation est forte d'imiter les Perses sur le terrain patriotique et religieux qui leur a été si favorable. Cette pratique politique est alors appelée césaro-papisme. Mise en place par degrés à la suite du règne de Constantin (312–337), elle prétend associer étroitement le pouvoir temporel et le pontificat chrétien. Les deux piliers de la cité des hommes, pour les idéologues du temps, sont le pouvoir temporel et le pouvoir spirituel. Constantin, le premier, n'hésite pas à nommer des évêques et, de sa nouvelle capitale, Constantinople, il contrôle scrupuleusement les activités de l'Église, aidé par sa police secrète. Il contribue à fixer le dogme catholique en présidant du haut de son autorité le concile de Nicée en 324, dans le but de mettre un terme aux hérésies.

Le rôle supplétif de l'Église

Le legs philosophique de l'Antiquité constitue la pierre angulaire sur laquelle s'est édifiée la morale politique du Moyen Âge. La révolution majeure qui distingue la nouvelle époque de celle qui l'a précédée, c'est indéniablement le christianisme, qui a insufflé à cette pensée une dimension à la fois spirituelle, individuelle et sociale. Le christianisme commence par édifier ses conceptions sur le retrait du politique, le désenchantement et le scepticisme qui avaient marqué les derniers temps de l'Empire romain. La pensée d'Augustin de Thagaste, sous cet angle, n'est pas étrangère au stoïcisme qui l'a précédée.

La première dimension qu'il importe ici de faire ressortir, c'est la transformation du concept d'égalitarisme. Devant Dieu et sa perfection, les hommes sont nécessairement égaux par leur condition de mortels imparfaits et de pécheurs récidivistes. Leurs œuvres sont nécessairement entachées d'imperfections et ils sont tous également fautifs. En témoignent la misère économique et la désorganisation politique qui frappent l'Occident depuis les grandes invasions. Le pouvoir civil, qui glisse des mains des autorités politiques romaines, malgré la brillante mais éphémère restauration des Carolingiens conduits par Charlemagne (771–814), de même que la vieille tradition sénatoriale et le rôle politique des élites civiles sont irrémédiablement atteints. Face aux carences de la société politique du Moyen Âge, où le pouvoir est morcelé entre un grand nombre de seigneurs de la guerre — c'est le féodalisme —, l'Église catholique finit par représenter une institution stable, puissante, relativement bien structurée, et surtout elle est la seule qui transcende l'horizon régional. Son pouvoir se manifeste dans toutes les classes de la société de même que dans tous les pays de la chrétienté.

Très tôt, l'Église relaie le gouvernement civil dans l'accomplissement de certaines missions telles que l'éducation et la préservation de l'héritage littéraire et, jusqu'à un certain point, culturel de l'Antiquité. Les moines scribes recopient inlassablement, durant ces siècles terribles marqués par les invasions germaniques (du ve au ixe siècle) et arabes (viie–xe siècle), les manuscrits des auteurs anciens. C'est la plupart du temps à travers leur modeste labeur que nous avons accès à ces textes précieux présentés dans la première partie de cet ouvrage. La mission éducative et culturelle de l'Église est sans doute le meilleur legs qu'elle a laissé à l'Occident au sortir de cette époque terrible. Les monastères italiens, comme le rappelle Umberto Eco dans son roman *Le Nom de la rose*, accueillent les penseurs chassés des villes par les guerres incessantes et la toute-puissance des noblessses guerrières. Ils y transcrivent inlassablement certains des manuscrits de l'Antiquité païenne et leur enseignement atteint les cohortes clairsemées d'étudiants qui ont choisi de penser et que la plus grande sécurité des lieux attire dans leurs parages. Le latin et le grec y sont toujours enseignés, alors même que des langues modernes issues du latin populaire ou de dialectes germaniques remplacent ces deux langues écrites parmi les populations de l'Europe occidentale. Il faudra près de mille ans pour que les langues dites vulgaires acquièrent, par l'écriture, un statut comparable au latin; le castillan deviendra langue officielle de l'Espagne à la fin du xiiie siècle; Dante écrira en toscan au début du xive siècle, tandis que l'anglais sera la langue de l'administration londonienne au xve siècle et le français celle de l'administration royale au xvie. Dans le grand laps de temps qui sépare l'extinction du latin et la formalisation de ces langues, c'est à l'Église que reviendra la charge de transmettre le savoir.

Si le niveau culturel des citoyens, devenus les humbles sujets des rois germaniques — les Goths en Italie et en Espagne, les Vandales en Afrique, les Francs en Gaule — décline en même temps que disparaissent les institutions du savoir, il faut admettre que de nouveaux espaces sont annexés à l'univers européen, dont le développement ne se limite plus aux pourtours de la mer Méditerranée. L'Irlande et l'Allemagne, plus tard la Scandinavie, la Pologne et la Russie sont christianisées et deviendront graduellement de nouveaux et puissants foyers de culture. À cet égard, l'Irlande joue dès le viie siècle un rôle de transmission des idées d'autant plus important que sa position géographique la met à l'abri des grandes invasions.

Mais l'Église n'a qu'une mission purement intellectuelle. Elle finit par envahir d'autres champs d'activité civile. À commencer par la fonction militaire. En effet, l'Empire d'Orient — aussi appelé Empire byzantin —, qui a succédé à Rome dans les provinces orientales autour de sa capitale Constantinople, se révèle de plus en plus impuissant à repousser les invasions étrangères et surtout les Arabes. Son armée est battue en Palestine en 636; Alexandrie, l'Égypte et la Syrie sont prises en 643. Constantinople est assaillie par surprise en 673, mais sans succès. Envahissant l'Afrique du Nord, les Arabes dispersent, non sans de rudes combats, les armées chrétiennes venues à leur rencontre. Après trois assauts infructueux, Carthage est finalement conquise et détruite par eux en 698. L'Espagne tombe même entre leurs mains en 712. Sans perdre haleine, ils envahissent le sud de la France et étendent leur puissance sur le Languedoc et la Provence. En 717, ils tentent un ultime effort sur terre et sur mer pour conquérir Constantinople. Le siège dure un an et oppose des centaines de milliers de combattants. La capitale de l'Empire grec d'Orient échappe de peu à la ruine, grâce à la puissance de ses fortifications et au courage de ses habitants. Finalement décimés par une épidémie et leur flotte détruite dans une tempête, les Arabes se replient dans leurs possessions. Ils ne reviendront plus.

Si les Arabes sont repoussés, l'Empire byzantin est complètement épuisé et, luttant pour sa propre survie et celle de la culture grecque, il n'a plus la force de s'occuper des affaires de l'Italie. Les Arabes reviennent à la charge. Ils encerclent Rome en 749. La ville, qui n'est plus que l'ombre d'elle-même, ne doit son salut qu'à la détermination du pape, son évêque. Fait capital pour l'avenir de la civilisation occidentale, le pape refuse d'abandonner la vieille capitale déchue et de se retirer dans les montagnes avec les débris de son armée, comme le lui conseille la population terrifiée. Désespérant de venir à bout de ses imposantes murailles, sutout celles du mausolée d'Hadrien transformé en citadelle, les Arabes finissent par lever le siège. La belle capitale de l'Italie moderne doit à l'obscur pape-soldat de ces temps lointains d'être restée la Ville éternelle, contrairement à tant d'autres cités de l'Antiquité, comme Carthage, Corinthe et Éphèse, qui ne sont plus aujourd'hui que des parcs archéologiques fréquentés par les touristes.

Le pape, devenu guerrier, s'appuie alors sur les Francs, qui ont à leur tour écrasé les Arabes en 732 à la bataille de Poitiers, au cœur de la France. Avec leur alliance et à la suite de quelques campagnes militaires, le pape se débarrasse en même temps des Byzantins, des Arabes et des Lombards qui cherchaient à dominer l'Italie. Le pape concède alors le titre d'empereur à leur roi Charlemagne (800) pour services rendus. Celui-ci s'empresse de lui reconnaître ses nouvelles possessions en Italie. Cette nomination fait du nouvel empereur d'Occident le sujet de la papauté et le défenseur de la chrétienté, au même titre que les empereurs grecs d'Orient.

Par la suite, devenus plus puissants et plus ambitieux, les successeurs de Charlemagne : les rois carolingiens, qui se maintiennent en France après 843, et leur cousin l'empereur d'Allemagne chercheront par tous les moyens à s'affranchir de cette tutelle encombrante. Ils voudront même, à l'instar des empereurs de Constantinople, contrôler étroitement leur Église. Ce débat, qui va de temps à autre dégénérer en conflits ouverts, alimentera les discussions théologiques et les manœuvres politiques de la petite Europe médiévale pendant de nombreux siècles. À cette époque, n'oublions pas qu'elle est coupée de la Grèce et de l'Espagne, tandis qu'elle s'agrandit à l'est. Des auteurs comme Thomas d'Aquin prendront le parti du pape, tandis que d'autres, comme Marsile de Padoue, se rangeront dans le camp de l'empereur. On verra tantôt pourquoi et de quelle façon.

Le pape jouit d'une arme déterminante dans ce conflit : à tout moment, il peut frapper les seigneurs, les rois et les empereurs récalcitrants d'excommunication, ce qui les coupe de la communauté chrétienne, en fait des « damnés vivants » et dispense leurs sujets chrétiens du devoir d'obéissance à leur endroit. Devant une telle sentence, l'empereur a deux choix. Ou bien il s'humilie et se soumet au pape, en reconnaissant son pouvoir de nommer des prêtres et des évêques sur son territoire. Ou bien il tente de s'en débarrasser par la force ou la diplomatie, dans le but de nommer à sa place un pape à sa convenance. Citons deux épisodes révélateurs de cette dispute : en 1077, l'empereur d'Allemagne — alors appelée Saint Empire romain germanique — choisit de faire sa soumission en se prosternant, vêtu de haillons, devant le pape du temps,

Grégoire VII; en 1328, Louis de Bavière, un de ses lointains successeurs, organise un complot contre Jean XXII. Il n'y a pas de doute que ces luttes intestines accentuent la faiblesse du pouvoir politique européen de cette époque, en exacerbant les conflits de juridiction et en semant la confusion dans les esprits.

Le rôle des croisades dans la restructuration de l'Europe

Le 26 août 1071, la grande armée byzantine de l'empereur Romain IV Diogène est détruite par les Turcs Seldjoukides à Manzikert en Arménie. Ceux-ci dominent l'Orient, de Jérusalem aux frontières du Tibet. Ils ont un programme de rénovation de l'islam orthodoxe et ne lésinent pas sur les moyens, construisant des mosquées et des écoles coraniques de Samarkand à Bagdad. Il s'agit d'un grand renouveau de la civilisation musulmane, dans un cadre absolutiste et presque fanatique. En face d'eux, l'Empire d'Orient, qui avait succédé à Rome dans sa partie orientale, met au jour toutes ses faiblesses. Les masses d'esclaves qui peinaient sur les grands domaines impériaux se soulèvent et pactisent avec les musulmans. Les Arméniens se révoltent contre Constantinople, qui n'a cessé de persécuter leur foi monophysite[*]. Les Grecs eux-mêmes ne cessent de se déchirer en luttes fratricides. Les factions font la loi dans la capitale et le pouvoir est mis aux enchères. Les Turcs envahissent la péninsule d'Asie Mineure et fondent en 1081 la Turquie moderne, autour des villes de Nicée et d'Iconium (Konya). Le pays, mal défendu, leur oppose peu de résistance et les villes tombent l'une après l'autre. L'écroulement définitif de la chrétienté d'Orient paraît si imminent que les Italiens de Bari n'hésitent aucunement à rapatrier dans leur ville dès 1087 les reliques de saint Nicolas — Santa Claus ou le père Noël — évêque de Myra, avec l'assentiment des Turcs qui se sont rendus maîtres depuis peu de cette ancienne et vénérable cité. De nos jours, ce site archéologique, rendu encore plus admirable par sa haute falaise creusée de tombeaux grecs et lyciens, domine à peu de distance de la mer un

---

[*] Hérésie commune aux Arméniens, aux Syriens et aux Coptes égyptiens, qui consiste à prêter au Christ une seule nature. Celle-ci est divine, sous une apparence humaine. Cette affirmation vient en contradiction avec le credo catholique qui reconnaît au fils de Dieu deux natures distinctes : la divine et l'humaine. Le monophysisme partage un trait essentiel avec l'islam, en refusant d'admettre l'association d'un Dieu et d'un homme dans une même personne. Voilà pourquoi les théologiens musulmans, à la suite de Mahomet, vont faire du Christ un prophète, à l'instar de tous les autres qui l'ont précédé, et dont la nature est celle d'un saint, certes, donc d'un homme.

paysage magnifique au bord du fleuve Myros, qui l'a depuis longtemps recouvert de ses alluvions.

Impuissant à rétablir ses frontières et désespérant même de conserver sa capitale menacée par les Normands de Sicile et les pirates turcs qui lancent en 1090 une flotte en mer Égée, l'empereur Alexis Comnène fait abstraction du schisme d'Orient qui avait refroidi les relations entre Grecs et Latins en 1054, se tourne résolument vers l'Europe et implore le pape Urbain II de lui porter secours. Peu de temps après, le pape enflamme les imaginations ferventes des gens de son époque, mobilise les seigneurs français et italiens, assoiffés de gloire autant que de richesses, et réunit la première croisade au printemps de 1097. Elle réunit presque un million de pèlerins-guerriers, hommes et femmes, et annonce un grand mouvement de migration de populations de l'Europe occidentale vers l'Orient qui durera au moins cent cinquante ans. Cette vague d'expansion précède et annonce, comme en témoignent ses institutions, celle qui se fera en direction de l'Amérique après le Moyen Âge.

Cet événement historique de première importance va transformer d'une manière inattendue l'histoire européenne des deux siècles suivants, en élargissant le cadre d'intervention des systèmes politiques organisés, au détriment de l'anarchie et du laisser-faire économique. Les croisades auront des résultats politiques peu durables en Orient tout en demeurant fort coûteuses en vies et en argent. D'autre part, la présence européenne en Orient ne sera pas tolérée longtemps, à cause du racisme qui s'exerce envers les populations locales et du système féodal qui leur a été imposé alors qu'il est contraire aux principes de l'islam. Assez rapidement, les princes chrétiens seront chassés de la Terre sainte (1265) et de la Petite Arménie (1375), tandis que les dernières possessions grecques tomberont une à une et sans grande résistance aux mains des Turcs Ottomans au XVᵉ siècle : chute de Constantinople en 1453, d'Athènes en 1456, de Mystras en 1460 et de Trébizonde en 1461. C'est alors que les derniers néo-platoniciens Laonique Chalcocondyle et Gémiste Pléthon disparaissent ou émigrent vers l'Italie. Leurs ouvrages, qui renouent avec l'Antiquité grecque classique et remettent en cause les dogmes chrétiens, auront une grande influence sur la formation de l'humanisme de la Renaissance. D'autre part, les croisades contribueront à la crise économique du XIVᵉ siècle en Europe. Là aussi, l'unité du monde chrétien en sera gravement affectée.

Bien qu'elles n'aient été qu'un demi-succès militaire, les croisades auront des résultats heureux. Elles seront à l'origine d'un brassage de cultures et de traditions philosophiques d'une grande portée sur l'évolution ultérieure de la pensée politique. En mettant en contact des peuples de civilisation différentes, les croisades — il y en aura neuf — régénéreront le bagage culturel de l'Europe en permettant la transmission des sciences et de la littérature arabe, où l'héritage des Grecs était partout manifeste et surtout grandement respecté. Cet apport bien involontaire des Orientaux viendra compléter à point le corpus littéraire plutôt mince que l'Église avait réussi à préserver pendant le haut Moyen Âge.

Il n'y a pas de doute que, mise en contact avec des peuples de confession religieuse différente, la chrétienté court à cette époque le risque du métissage idéologique et de l'orientalisation. De la même manière qu'à l'époque de la République romaine, la première réaction des autorités intellectuelles est le rejet dogmatique. Le dessein de combattre l'hérésie et les schismatiques grecs sert de justification à l'établissement du tribunal de l'Inquisition par Innocent III en 1199. Cette organisation à demi-secrète et paramilitaire délègue des agents et des espions par toute la chrétienté et même dans les pays musulmans. D'abord discrète, plus audacieuse par la suite, l'Inquisition traque impitoyablement les hérétiques ou les marginaux considérés comme tels. Cet appareil de l'orthodoxie catholique jette en prison des milliers de suspects soupçonnés d'hérésie et de mauvaise conduite. Un grand nombre d'intellectuels sont torturés et assassinés. Leurs livres sont brûlés; c'est le rituel ignoble et dégradant de l'autodafé qui se perpétuera au Québec, ne l'oublions pas, jusqu'au milieu du XIXe siècle.

La haine de Satan, aux XIIIe et XIVe siècles, s'étend même aux femmes et aux animaux. On brûle des femmes aux mœurs légères ou encore celles qui soignent les malades, qu'on appelle sorcières dans un amalgame qui ne fait que souligner le tabou qui entoure tout ce qui touche aux fonctions corporelles dans la pensée chrétienne, et des chats noirs, incarnations mineures mais non moins dangereuses de Satan. Ces conflits trouvent enfin un écho au niveau local et ne manquent pas d'être dramatiques, comme en témoigne l'assassinat en 1170 de l'archevêque de Cantorbéry et délégué du pape, Thomas Becket par Henri II Plantagenêt, roi d'Angleterre. À cette époque et dans le même pays, John de Salisbury écrira sur cette question dans un contexte particulièrement chargé. Au siècle suivant, Thomas d'Aquin (1226–1274), moine dominicain, se fera l'apôtre d'une réconciliation entre les deux tendances et appellera de tous ses vœux l'unité du monde chrétien. Rien ne peut mieux illustrer à quel point, à cette époque, on s'est éloigné des principes fondamentaux de l'État chrétien, qu'une relecture d'Augustin de Thagaste, qui écrivit au Ve siècle de notre ère.

L'augustinisme politique

La pensée politique médiévale tend parfois à se confondre avec la théologie, tant elle est marquée par l'emprise de l'Église dans la réflexion politique et surtout dans la gouverne des sociétés européennes de l'époque. Cette situation se maintiendra jusqu'à ce que les pouvoirs politiques se soient suffisamment stabilisés en constituant leur propre base de légitimité. Entre-temps perdurera une situation étrange où la chrétienté se perçoit comme universelle alors qu'elle est en fait morcelée en un nombre incalculable d'États, où des souverains chrétiens semblent adhérer à un idéal de justice et de paix alors que leur fonction essentielle est guerrière, où l'on croit que le royaume de Dieu n'est pas de ce monde alors que les ecclésiastiques exercent un pouvoir on ne peut plus temporel, poussant même le zèle évangélique jusqu'à vendre en quelque sorte des polices d'assurances pour le ciel à celles et ceux qui pouvaient se les payer, les fameuses indulgences contre le trafic desquelles s'élèvera Luther.

Sur le plan des idées politiques, cette période est marquée du sceau de ce qu'on a appelé l'augustinisme politique, bien que ses liens avec la pensée politique de l'évêque d'Hippone soient des plus ténus. Nous allons examiner les principaux traits qui se cristallisent derrière cette notion. Nous chercherons à discerner l'héritage juif toujours présent dans la pensée chrétienne, en dépit de son intolérance vis-à-vis du peuple « déicide ». Enfin, nous verrons de quelle manière l'héritage augustinien a été interprété au cours des siècles, pour ensuite aborder les éléments constitutifs de cet augustinisme politique.

Dans son étude sur la philosophie médiévale, Gilson souligne l'importance de l'influence juive dans l'élaboration de la pensée politique chrétienne et la coexistence de cet héritage avec celui des Romains. Or l'expérience politique juive est essentiellement de type théocratique, ce qui tendra à en accroître la portée dans la pensée chrétienne à partir du moment où celle-ci n'a plus à composer avec un pouvoir politique dont les déterminants lui échappent, et ceci malgré le fait que les empereurs soient devenus chrétiens. De cette tradition, le christianisme reprendra deux éléments principaux. D'abord l'idée de l'unité du peuple élu de Dieu, ensuite une conception universaliste du monde.

L'unité du peuple juif est clairement énoncée dans l'Ancien Testament, qui postule d'une part une origine unique de l'humanité et d'autre part confond le peuple juif et la postérité d'Abraham. On pourrait donc parler d'un certain tribalisme juif où les liens du sang constituent le principal facteur de cohésion des enfants d'Israël. Certes, on n'en reste pas à l'étape tribale, mais il n'en demeure pas moins que la symbolique du sang perdure dans le rite de la circoncision, sorte de renouvellement de l'alliance entre Dieu et ses zélateurs.

Or la persistance de cette unité du peuple juif est assurée matériellement par l'existence d'un pouvoir politique dont la fonction essentielle est de propager la foi et d'étendre la communauté des croyants. C'est un tel rôle que l'Église médiévale voudra conférer aux divers princes chrétiens, et c'est au nom de ce principe que le pape appelle aux croisades. En fait, la propagation de la foi est intimement liée à l'activité militaire des rois. Cependant, pour que les efforts conquérants des rois d'Israël soient couronnés de succès, il faut qu'ils s'inscrivent dans une logique religieuse et soient légitimés par les autorités religieuses. Dans ce domaine, la logique des rois et celle des prophètes se séparent quelque peu. La première est, dans l'ensemble, une logique presque « nationaliste* », plus préoccupée d'asservir ou même de détruire les autres peuples, alors que les prophètes insistent sur l'idée d'une société religieuse dont le lien fondamental est l'adoration commune du vrai Dieu, faisant ainsi place à un certain universalisme.

Cet universalisme constitue le second élément de la tradition politique juive. Il est en continuité avec la croyance que Dieu est le créateur de tous les êtres humains, ce qui amène les prophètes à préconiser un élargissement de la religion nationale en une religion universelle. C'est d'ailleurs une tendance partagée par les trois grandes religions monothéistes. Cependant, cet élargissement de la communauté religieuse au-delà du peuple juif est différent par nature du syncrétisme qui caractérise à la même époque les autres religions. Ainsi les Romains feront-ils coexister, à côté de leurs dieux traditionnels — d'ailleurs empruntés dans une large mesure aux Grecs — les dieux d'autres pays conquis, parvenant ainsi à un mélange de cultes sans préjudice pour l'unité politique. Il n'en sera pas de même pour ceux qui croient qu'il n'y a qu'un seul vrai Dieu : les autres dieux sont niés et doivent être éliminés ; on pense ici à l'épisode biblique du veau d'or. De plus, l'élargissement de la communauté des croyants passe en fait par l'expansion pure et simple du peuple croyant : la communauté universelle des prophètes, c'est la judaïsation de l'humanité.

Surgit alors une contradiction entre la visée universaliste et les moyens particularistes mis en œuvre pour l'atteindre. Cette contradiction ne sera jamais résolue dans le monde juif parce qu'il y a confusion entre les impératifs politiques et militaires d'un peuple en contact avec d'autres peuples, d'une part, et sa croyance dans le fait que l'unité de Dieu doit trouver sa confirmation dans l'unité de la société, d'autre part. Cette contradiction pourra cependant être résolue par le christianisme,

---

* Elle se base sur l'identité collective régionale, les liens de sang, de langue et de croyances. Elle ne cessera de progresser, surtout à la fin du Moyen Âge, à cause des guerres terribles qui se multiplient entre Français et Anglais, Grecs et Turcs, Espagnols et Arabes.

puisque Jésus pose d'emblée que son royaume n'est pas de ce monde et que les apôtres n'arrêtent pas de souligner à quel point leur message s'adresse à tous les peuples de la terre et transcende donc les barrières ethniques ou culturelles. En transportant dans le ciel la société universelle, le christianisme se donnait les moyens d'une expansion pas nécessairement militaire sur terre.

À cet égard, l'universalisme chrétien présente un certain nombre d'analogies avec le stoïcisme, tandis que l'universalisme juif s'apparente davantage à l'expansionnisme militaire d'un Alexandre le Grand. En effet, le christianisme postule une unité de l'humanité dont la réalisation est fondamentalement un fait spirituel et obéit à une logique transcendante. Il s'en distingue cependant par son relatif désintérêt pour les choses politiques : les chrétiens doivent certes se soumettre aux puissances temporelles sous la gouverne desquelles ils se trouvent placés, mais uniquement dans la mesure où cette soumission ne contrevient pas à leur salut éternel.

Toutefois, il ne sera plus possible de maintenir une certaine indifférence par rapport au phénomène politique lorsque l'empereur se convertira. Le destin de l'Église tendra à se confondre avec celui de l'empire, certains voyant même dans la domination de Rome sur l'univers connu une préfiguration du règne universel de la loi de Dieu. C'est pour répondre aux problèmes que soulève la fonction temporelle et spirituelle de l'empereur chrétien qu'Augustin entreprend de rédiger sa *Cité de Dieu*.

En fait, devant les malheurs qui affligent la cité terrestre (le sac de Rome par les Wisigoths d'Alaric — un chrétien arien, qui plus est — en 410), Augustin ramène l'Église à des préoccupations d'ordre essentiellement spirituel. La chrétienté, loin de s'incarner dans l'ordre politique de l'empire, doit au contraire s'en dissocier et revenir au message évangélique d'un royaume surnaturel. Il est même possible de conclure des malheurs politiques qui affligent Rome qu'il est effectivement vain d'imaginer ici-bas la cité de Dieu. Tout au plus peut-on concevoir des gradations dans le péché. La société humaine est fondamentalement la cité du diable; certaines sont plus pécheresses que d'autres, et c'est ce qui permet au chrétien de déterminer que certains régimes politiques sont pires que d'autres. Le monde romain représente à cet égard une supériorité sur le monde germanique en ce qu'il est dirigé par des empereurs chrétiens qui s'efforcent de maintenir leurs sujets sur la voie qui conduit à la cité céleste. Dans ce cadre, la défaite possible de Rome est certes inquiétante, mais ne s'avère pas catastrophique pour la chrétienté. Au contraire, elle oblige une Église déjà installée dans le confort de la religion officielle et du pouvoir à revenir à ses racines spirituelles. Ce ne sont pas les lois temporelles qui contribuent le mieux à guider les êtres humains vers la cité céleste, mais la foi. L'Église doit donc moins se préoccuper de son pouvoir que de maintenir l'unité du message divin et d'empêcher que se développent en son sein les hérésies. L'institution religieuse se doit d'être distincte de l'institution politique et d'assurer la continuité du message divin par-delà les aléas des cités terrestres. En outre, Augustin de Thagaste introduit une notion nouvelle sur ce qui doit unir la chrétienté. À l'encontre d'une communauté soudée par le sang ou par une loi commune, Augustin préconise que le lien social soit fondamentalement assuré par l'amour. Dans son commentaire sur Cicéron, l'évêque d'Hippone montre que la véritable communauté n'est pas celle qui est unie par la justice, mais plutôt celle qui se retrouve dans l'amour de Dieu et l'amour du prochain comme modalité d'atteinte de cet amour de Dieu. Aussi la véritable communauté humaine n'est-elle pas politique, mais religieuse. La chrétienté prendra la relève de ce que fut la cité.

Une telle approche n'allait certes pas réhabiliter le christianisme aux yeux de ceux qui voyaient dans la christianisation de l'empire la cause essentielle de sa chute. Elle permettra cependant à l'Église de conserver son autorité morale et de survivre comme corps constitué à la chute de l'empire. En outre, elle renforcera les tendances millénaristes au sein de cette Église : on se préparera d'autant plus adéquatement à la fin du monde et au jugement dernier qu'un monde — l'Empire romain — s'est écroulé, confirmant ainsi la vanité des choses terrestres.

Il y a cependant une autre facette du spiritualisme augustinien qui peut alimenter une certaine conception du politique. Augustin distingue bien la cité terrestre et la cité céleste, mais, tout en reconnaissant l'importance des deux types de cité, il établit la prépondérance de la seconde sur la première. C'est cette volonté de mettre les pouvoirs temporels au service du plan divin qui constituera l'aspect central de l'augustinisme politique.

Dans son ouvrage consacré à la question, Arquillière fait remonter l'augustinisme politique à l'attitude qu'adopte le pape Grégoire le Grand (590–604) vis-à-vis des pouvoirs politiques. Alors que, vis-à-vis l'empereur byzantin considéré comme l'héritier des empereurs romains, il adopte une attitude pleine de respect et prend bien soin de distinguer ce qui relève du magistère de l'Église et ce qui relève du pouvoir temporel, il ne s'embarrasse pas de telles précautions avec les rois germaniques nouvellement convertis. Déduisant de la supériorité de la cité céleste sur la cité terrestre que le pouvoir des rois ne leur est confié qu'en usufruit, il confère au pape un droit de regard sur son utilisation.

Une telle attitude constitue une adaptation des principes augustiniens au contexte de la féodalité. En effet, les rois chrétiens ne sont rois que par la grâce divine. Leur mission est de guider leur peuple dans les voies tracées par la Providence. Or l'interprète autorisé des voies de la providence, c'est l'Église et, au premier chef, le pape. Les rois chrétiens deviennent, dans le cadre d'une telle conception, les bras armés de l'Église et ont pour mission d'étendre son influence civilisatrice. Toutefois, la cérémonie du sacre montre bien qu'ils ne peuvent disposer de leur puissance qu'avec la bénédiction de l'Église. Il s'ensuit donc qu'un roi qui n'est pas à la hauteur des exigences de l'Église s'expose non seulement à se voir retirer sa puissance temporelle, puisqu'il aurait rompu son serment de vassalité à l'égard du pape, serment concrétisé dans la cérémonie du sacre, mais encore son appartenance à la communauté chrétienne, c'est-à-dire sa possibilité d'accéder au salut éternel. On peut comprendre que, devant la peur du châtiment éternel, certains monarques aient cédé devant l'autorité papale.

Paradoxalement, ce n'est cependant pas à un pape mais à un roi qu'il appartiendra de perfectionner le mécanisme de l'autorité pontificale sur les affaires terrestres. En effet, Charlemagne conçoit sa mission de roi chrétien sous le signe de l'unité entre le pouvoir temporel et le pouvoir spirituel. En restaurant un empire d'Occident qui unit désormais des populations diverses sous une même gouverne politique, Charlemagne ne fait pas que répéter l'attitude des anciens empereurs romains, quoique l'unification politique de l'ouest de l'Europe ne soit pas sans poser des problèmes diplomatiques considérables avec l'Empire byzantin. En fondant un empire chrétien, Charlemagne reconnaît que le lien essentiel entre les populations soumises à sa domination est le baptême qui place le peuple chrétien sous le patronage religieux. Il essaie de fonder une légitimité à sa domination politique en l'assortissant de motivations religieuses. Dans l'immédiat, son ascendant est tel que c'est lui, et non le pape, qui est même son vassal sur le plan temporel, qui exerce et le pouvoir temporel et le pouvoir spirituel. Mais rien n'interdira à un pape plus fort de commander à un empereur plus faible au nom de la supériorité du pouvoir spirituel. C'est d'ailleurs ce qui se produira dès la mort de Charlemagne, alors que le pape se trouve en position d'arbitrer les querelles entre ses fils et de placer le pouvoir royal sous la houlette de l'autorité pontificale.

L'Occident médiéval va donc vivre sous la coupe d'une certaine théocratie, et il est assez significatif que ce soit la nation qui ait remplacé la religion comme facteur de cohésion sociale. Cette théocratie ne sera pas absolue. Au fur et à mesure que se consolideront les structures politiques, certains souverains disposeront des moyens matériels d'imposer au pape leur propre vision des choses en ce qui concerne la cité terrestre. Par ailleurs, dès avant la grande fracture au sein de la chrétienté que représente la réforme protestante, l'Église sera divisée. Le

Moyen Age sera marqué du sceau de la querelle des investitures et l'existence de plusieurs papes, qui cherchent des appuis chez les souverains temporels pour asseoir leur autorité temporelle et spirituelle, ce qui contribuera beaucoup à atténuer ce droit de regard de l'Église sur les affaires terrestres. Il n'en reste pas moins que les autorités religieuses voudront faire et défaire les souverains et les obliger à se comporter en « roi très chrétien ». Les croisades en sont l'illustration la plus probante.

C'est pourquoi il ne faut pas s'étonner que ce soit souvent dans les milieux religieux que l'on recommence à s'intéresser à la réflexion politique et à s'inspirer des classiques grecs et romains pour parvenir à résoudre certains des problèmes de la cité terrestre, d'autant plus que celle-ci a la fâcheuse tendance de persister et que le jugement dernier se fait désespérément attendre. C'est dans ce cadre qu'il faut envisager les réflexions de Thomas d'Aquin à partir de la philosophie politique d'Aristote mais également celle d'un Roger Bacon qui, au XIIIe siècle, enjoignait le pape de préparer l'avènement de la cité de Dieu en se consacrant à l'unification du monde alors connu sous la houlette chrétienne. Le moine franciscain ne remettait pas en cause le fameux « mon royaume n'est pas de ce monde », mais il conseillait fermement au pape Clément IV de mener une politique en ce monde qui ne pouvait que hâter l'avènement de la cité céleste.

La Chaîne dorée

On appelle *Catena aurea* ou Chaîne dorée, à la suite de Thomas d'Aquin, la série d'auteurs qui ont repris les enseignements des philosophes de l'Antiquité — notamment Platon et Aristote — dans leur doctrine propre et qui, s'influençant mutuellement dans un âge marqué par l'obscurantisme, ont insufflé une vie nouvelle à la philosophie médiévale grâce à la rationalité logique, source essentielle de l'esprit scientifique ainsi que du libre arbitre. Strauss et Cropsey rappellent qu'un certain nombre d'auteurs ont servi de pont entre l'augustinisme politique du haut Moyen Âge occidental, qui abolissait pratiquement toute référence à la cité des hommes, et l'éveil de la pensée rationaliste dans le Moyen Âge tardif. Cette importante transition s'est accomplie dans les pays de l'islam, à l'époque de l'apogée de cette brillante civilisation. Les Arabes, ayant conquis très tôt les grandes villes méridionales de l'Empire d'Orient — Alexandrie, Jérusalem, Antioche et Damas — et pris possession de leurs bibliothèques savantes, les plus importantes du monde à cette époque, furent mis en contact avec les auteurs de l'Antiquité. Loin de les répudier, ils montrèrent la même curiosité à les traduire et à les commenter qu'ils affichèrent d'intérêt pour les sciences, auxquelles ils contribuèrent puissamment, qu'il s'agisse des mathématiques, de l'astronomie, de la mécanique ou de l'hydraulique. Mais leur intérêt pour la théorie fut moins axé sur la recherche de l'ordre et de l'application des principes politiques, domaine où les Romains avaient excellé, que sur la philosophie spéculative purement abstraite. Les califes musulmans de la dynastie des Umayyades de Damas (661–750) et de Cordoue (750–1031), puis de la dynastie des Abbassides de Bagdad (750–1258) furent de grands protecteurs des arts et des lettres. C'est sous leur patronage et sous celui des dynastes qui leur succédèrent sur les terres d'Orient (Machrek) et d'Occident (Maghreb), que furent protégés nombre de savants et de philosophes, parmi lesquels on retrouve ceux qui transmirent à l'Occident le legs philosophique grec : le Turc Alfarabi, né vers 870, qui vécut et enseigna à Bagdad avant de mourir à Damas en 950; son disciple Avicenne (976–1037); enfin leurs continuateurs Averroès (1126–1198) et le Juif Maïmonide (1135–1204). Nous traiterons essentiellement d'Alfarabi et d'Averroès.

L'Islam et la philosophie politique

En prenant leurs distances par rapport au dogme musulman, Alfarabi et ses disciples Avicenne et Averroès s'éloignent d'une tendance marquée de la pensée judaïque et musulmane, qui attribue au dogme une importance centrale au détriment de la philosophie. La théologie n'y jouit pas de cette influence caractéristique de l'Occident chrétien. Au réalisme aristotélicien, l'Islam préférera l'idéalisme platonicien à saveur révolutionnaire de la révélation tout entière contenue dans le Coran, cet ouvrage où sont exposés les préceptes du prophète Mahomet. On peut lier la différence des deux traditions aux rapports entre société politique et société religieuse. Dans le judaïsme comme dans l'islam, le dogme inclut non seulement le mystère salvateur et la somme des croyances, mais également une réglementation complexe des comportements publics et privés. Aucun geste, aucune pensée n'échappent à la Loi divine. En témoigne le rôle prééminent de la jurisprudence qui, au sein des tribunaux, interprète les délits et les crimes à partir de la Shari'a, ou loi coranique, et d'elle seulement. La théologie dialectique, chargée de soupeser le délit en regard des circonstances, aggravantes ou atténuantes, et au vu des motifs humains — passionnels, par exemple — lui est étroitement subordonnée. D'où une sévérité généralement exemplaire dans l'application des châtiments. On attend de l'exemplarité qu'elle soit dissuasive et purificatrice.

En Occident, la sphère civile se distinguera bien davantage de celle du dogme, une fois passé la période d'arbitraire et de barbarie que représente le haut Moyen Âge. En découleront, grâce au poids particulier du droit romain qui avait codifié, à l'écart de toute considération morale, les délits et les sanctions, deux ordres de justice : l'un guidé par les préceptes divins, car il s'intéresse au respect du dogme chrétien, l'autre soucieux d'harmoniser comportements civiques et privés. Si la tradition islamique renvoie au monde de la moralité purement platonicien, la tradition chrétienne fera une bonne place au rationalisme plus neutraliste d'Aristote. Curieusement, c'est à partir de l'islam, mais en s'en distançant résolument, que les auteurs musulmans hétérodoxes contribueront à réconcilier le Stagirite avec l'Europe médiévale.

Alfarabi

Alfarabi (Al-Farâbi) fut le premier philosophe de l'Islam à tenter de réhabiliter dans une certaine mesure la culture grecque antique, et notamment Aristote, auquel il emprunta sa typologie des régimes politiques et, à l'occasion, certains de ses exposés sur leurs mérites respectifs. La tâche n'était pas facile de réconcilier une pensée reposant sur les principes d'une civilisation polythéiste avec les dogmes nouveaux issus des religions révélées. Il est vrai que l'aristotélisme ne supposait pas une croyance absolue en une théologie polythéiste; son rationalisme conduisait à énoncer un seul moteur premier de toute choses, principe moteur qu'on pouvait facilement assimiler à Dieu. Quelques traits de la culture musulmane pouvaient cependant favoriser un premier rapprochement : l'intérêt pour la codification des lois, si importante pour les Arabes, n'est pas sans évoquer les *Lois* de Platon, voire l'activité jurisprudentielle de Cicéron. Une certaine insistance sur la conduite vertueuse, c'est-à-dire une morale scrupuleuse, voire intransigeante envers toutes les formes de licence. Là encore on se rappellera Platon. Enfin les législateurs musulmans comme les philosophes platoniciens vont tenter de transposer dans des œuvres juridiques les grands principes de la Loi divine, celle dont on prend conscience « à l'extérieur de la caverne » et que l'on cherche ensuite à faire partager aux ignorants demeurés dans la caverne.

La démarche essentielle d'Alfarabi dans ses écrits (*La Cité vertueuse*, *La Religion vertueuse* et *Le Régime politique*) est par conséquent d'harmoniser les deux traditions, celle des Grecs et celle de Mahomet, quitte à forcer quelque peu les rapprochements à l'occasion. L'auteur tente ni plus ni moins de donner des ancêtres prestigieux à l'Islam dans le champ, encore en friche, de la philosophie. Il y parvient dans une large mesure, en s'éloignant de la citation du Coran et en faisant précéder ses principes légaux d'exposés logiques, un peu à la manière des auteurs dont il se réclame. Il facilite l'amalgame, chez le lecteur, des idées politiques grecques et islamistes en insistant sur leur dimension universelle, en évitant soigneusement d'évoquer le lien qu'entretient la pensée grecque avec le paganisme et en situant l'ensemble du débat au plan de la recherche du Souverain Bien, auquel aucun fidèle digne de ce nom ne peut bien entendu tourner le dos, et certes pas au nom du Coran. Par ce choix éthique autant que méthodologique, l'œuvre d'Alfarabi n'est pas exempte d'ambiguïtés.

Alfarabi réhabilite la place de l'être humain, à mi-chemin entre les créatures animales et le domaine de Dieu. Pour réaliser l'ultime perfection de sa nature, qui est forcément limitée par le temps et par son intelligence, l'être humain aspire au bonheur individuel. Celui-ci peut être atteint par une sorte de synthèse de la connaissance, d'une part, et de la soumission à Dieu et à ses lois, d'autre part. Il y a place pour la rationalité et la science et pour l'harmonisation des gestes à la Révélation : c'est le comportement vertueux. D'où, comme chez Platon, une distinction entre travail noble et travail tourné vers l'économie. Ce aspect de la pensée d'Alfarabi conduit à une nouvelle version de l'eugénisme, qui vise à justifier la séparation entre une caste de philosophes proches du pouvoir et la masse des travailleurs et du peuple.

L'influence du manichéisme, toujours puissant malgré sa décadence en Orient, se fait sentir chez Alfarabi. La société réunit des êtres qui coopèrent dans le but de distinguer le bien du mal, de cultiver les vertus, de pourchasser les vices, enfin de faire respecter par une stricte discipline la division du monde entre nobles et peuple. C'est une pensée qui n'est pas exempte de prosélytisme, dans la mesure où vient s'intercaler entre ces deux classes celle des disciples des philosophes, chargés de répandre les enseignements qui ont été révélés au prophète Mahomet auprès des fidèles comme des infidèles. L'idée de salut vient cimenter les rangs de la société. Chez Alfarabi, la hiérarchie est assurée par une monarchie à caractère non héréditaire qui s'éloigne du modèle musulman du califat alors en usage mais renoue avec la tradition du principat romain à ses débuts.

Les divers régimes politiques se divisent, dans cette même logique, entre ceux qui obéissent à de bas instincts, étant conduits par des princes peu respectueux de la vertu et régnant par la tyrannie, et les régimes où la Loi divine et celle des hommes sont intimement liées dans l'accomplissement des devoirs politiques. Plusieurs degrés de réalisation politique sont observables sur la terre. L'analyse d'Alfarabi est intéressante à cet égard, car elle permet d'interpréter la valeur d'un régime à ses réalisations et admet la possibilité, voire la nécessité de la révolte contre un souverain indigne ou dépravé. Cette interprétation est bel et bien du domaine de la connaissance humaine. Comme on le voit, l'auteur est plus « laïque » dans son approche du politique que ne l'était Augustin de Thagaste, en ce sens qu'il attribue une portion plus congrue à la religion dans la réalisation du régime politique idéal en admettant, par exemple, des formes intermédiaires de gouvernement ainsi que le libre arbitre. Alfarabi pouvait aller d'autant plus loin dans sa théorie de la laïcisation du régime idéal, universel et prosélyte qu'il ne risquait pas d'être entendu à la cour califale de Bagdad. Même s'ils étaient protégés et respectés, les philosophes ne jouissaient d'aucune influence dans les milieux politiques de l'empire arabe.

Ce relativisme en matière de dogme tempère à son tour sa vision presque césaro-papiste du prince-philosophe, chargé par le Coran de transmettre à ses sujets les règles de conduite que la révélation coranique dicte aux croyants, et que sa fonction lui permet d'imposer à ses sujets. Ce lien entre pouvoir civil et spirituel correspond de fait à la fiction du califat abbasside, entretenue à Bagdad pendant cinq siècles et qui faisait du successeur de Mahomet le « pape-empereur » des musulmans, jouissant de prérogatives théologiques autant qu'exécutives dans la conduite des affaires, derrière l'édifice jurisprudentiel de la Shari'a. À tout le moins, une limite est posée à ce pouvoir global, ne serait-ce que parce qu'il doit se plier aux exigences de la rationalité, le pouvoir, qui oblige à une congruence entre préceptes et comportements. Lointaine origine, peut-être, de l'éthique protestante, où les dons de Dieu sont censés se matérialiser dans les comportements humains afin d'être évalués par leurs semblables, au lieu d'être relégués au domaine inaccessible de la Cité de Dieu par la nature foncièrement mauvaise de la créature mortelle, comme chez Augustin.

Parce que son intelligence imparfaite ne permet pas à l'homme de discerner la loi divine, Alfarabi est poussé à concevoir qu'un régime puisse tour à tour être bon et mauvais, nourrir des ambitions guerrières et destructrices puis pacifiques et tournées vers la réalisation du bonheur individuel de chacun de ses sujets. La capacité de transformation et de perfectionnement des régimes étant alors admise, aucun régime ne pouvant être tout à fait mauvais ni tout à fait bon, un grand pas est franchi vers l'analyse d'une politique sans égard à des considérations d'ordre moral au nom desquelles les religions révélées la jugeaient continuellement, pour mieux lui interdire de participer à la réalisation du grand dessein et à l'ultime finalité que la Loi divine réservait à l'homme : le salut de son âme. Sans l'abolir, Alfarabi fut le premier auteur à desserrer quelque peu cette étreinte moralisante, qui créait un fossé infranchissable entre Dieu et l'État. Comme il l'admet lui-même, son intention première fut de réintroduire la philosophie politique dans un monde qui s'en était privé pour s'être livré tout entier aux exaltations conquérantes d'une foi simple et sans compromission, mais peu articulée. Encore une fois, le monde se révélait plus complexe et difficile à ordonner que les religions à introduire et à propager.

Averroès

Le plus grand des philosophes musulmans, celui qui eut le plus d'influence sur les auteurs chrétiens du Moyen Âge, naquit en 1126 à Cordoue et vécut en Espagne où il connut tantôt la célébrité, tantôt l'obscurité, à la suite d'accusations d'hérésies proférées par ses coreligionnaires. L'Espagne musulmane, à l'instar de l'Afrique du Nord, étant alors dominée par une lignée de califes marocains très fervents, les Almohades, qui se considéraient comme des réformateurs religieux. Il mourut en 1198 après avoir écrit un grand nombre de commentaires d'Aristote, dans lesquels il tâcha de débarrasser la doctrine empiriciste du philosophe grec de toutes les contaminations néoplatoniciennes que la nécessité de réconcilier la philosophie avec la religion avait introduites dans la pensée médiévale, notamment chez Alfarabi. Il ne tarit d'ailleurs pas d'éloge pour le Stagirite, auquel il emprunte la distinction entre l'essence qui procède de Dieu et l'existence matérielle, vaste domaine de mise à jour de la philosophie où la religion n'est plus nécessaire, ni même souhaitable.

Pour expliquer la prolifération des hérésies caractéristique de son temps, Averroès divise le genre humain en trois catégories de conscience : les hommes de démonstration, qui font appel à la rationalité philosophique pour se convaincre de ce qui est bien et qui cultivent la science; les hommes dialectiques, pour qui un langage fleuri et convaincant suffit à asseoir des conceptions approximatives; enfin les hommes d'exhortation, qui trouvent dans la religion les dogmes simples et mobilisateurs que leur soif d'absolu réclame. Averroès reprend ici la critique aristotélicienne des sophistes et professe le même scepticisme que son maître vis-à-vis le pouvoir civilisateur des religions.

En confondant les genres, en introduisant la dialectique dans la défense du dogme, en mettant le raisonnement au service de la théologie et, pire encore, en faisant de la science une manifestation de Dieu, les êtres humains ont tout confondu. Voilà pourquoi les hérésies désolent le monde et les religions se combattent les unes les autres sur la base de conceptions simplistes. À partir de maintenant, le philosophe comme le scientifique — au Moyen Âge ces rôles se confondent — n'ont plus à se soucier de la conformité totale aux dogmes du Coran. Le niveau de conscience dans lequel il évolue est d'une autre nature que celui dans lequel le Coran, par exemple, a été écrit. Car le monde matériel comporte divers stades de réalités existantes, de substances : les choses éternelles, qui ne sont pas visibles, les choses accidentelles, comme la quantité, la qualité et ses divers niveaux, qui ont un « rapport » distinct, plus ou moins rapproché de l'essence divine. Voilà une bonne façon de reconnaître l'autonomie de la rationalité et de son support intellectuel, la logique, par rapport à la Révélation. La logique réhabilite un monde matériel pratiquement vidé de toute connotation morale. Certaines réalités sont meilleures que d'autres parce qu'elles sont plus proches du principe moteur — Dieu, si vous voulez — et des principes moteurs secondaires qui en découlent. Certaines réalités coexistent donc avec d'autres, qui sont plus éloignées qu'elles de ce principe. Néanmoins, toutes ont une raison d'être, un cheminement particulier et un degré d'intelligence partiel de la réalité globale. De là, le fourmillement des hérésies, par une confusion des genres et des degrés de conscience.

Quoique purement philosophique, la pensée d'Averroès a des répercussions considérables sur la conception du politique, car elle introduit, à la suite d'Aristote, un grand relativisme dans l'appartenance à un dogme religieux et justifie une marge de conscience personnelle plus grande que ne le permet le dogme. Enfin, elle dissocie essence et matière, existence terrestre et conscience céleste. Elle ne cherche même plus à défendre l'idée de salut individuel et, à la limite, ne croit pas en la survie de l'âme individuelle, une fois le corps disparu. On peut comprendre que les contemporains d'Averroès l'aient pratiquement soupçonné d'athéisme et éloigné à maintes occasions des universités où il prodiguait ses enseignements. Le philosophe cordouan ne daigna pas répondre directement à ses accusateurs. C'est qu'il admet la science à côté de la foi, chacune servant un dessein différent et complémentaire. Il adhère au dogme musulman mais ne le défend pas avec les artifices de la logique. Il considère le niveau de conscience scientifique comme supérieur au niveau des croyances. Il sépare en fait les deux dimensions et leur reconnaît des principes moteurs distincts. Mais surtout, il s'insurge contre l'obscurantisme. Voilà qui va ouvrir une large faille dans la conception médiévale du politique avec ses prétentions holistiques.

L'Orient musulman ne saura en exploiter toutes les conséquences tandis que la société occidentale, où la séparation des pouvoirs s'inscrit dans une longue tradition, reprendra ce flambeau de l'esprit laïque et le portera plus loin, à l'époque de la Renaissance. Il n'est pas surprenant qu'en Europe, où Averroès commençait à jouir d'une grande notoriété et influençait les éléments les plus novateurs des grandes écoles, le concile de Paris de 1210 ait compris le danger qu'une telle doctrine faisait courir à l'emprise de la religion sur les consciences, en le condamnant et en livrant ses ouvrages à l'autodafé, en même temps qu'Aristote qu'il avait si abondamment commenté et admiré.

Thomas d'Aquin

À cette époque, qui ne connaît plus les tourmentes du haut Moyen Âge, les penseurs de la chrétienté se penchent eux aussi sur les auteurs classiques et cherchent de nouvelles réponses à de vieux problèmes, jamais tout à fait résolus. Thomas d'Aquin cherche d'abord à fonder une philosophie politique du christianisme politique, qu'Augustin avait laissée, comme on l'a vu, dans un état embryonnaire. Le rôle du pape et des autorités civiles y est traité de façon beaucoup plus systématique. Pour s'attaquer à une tâche aussi ardue, Thomas a besoin de munitions. Il les trouve du côté d'Aristote qui, bien avant lui, avait amorcé de manière empirique l'étude du pouvoir — surtout de la séparation des pouvoirs — et des institutions politiques.

Né près de Naples en Italie vers 1225, Thomas étudie les principaux arts libéraux — morale, droit, éloquence — à l'université de cette ville, avant de devenir moine dominicain en 1244. Il suit alors les enseignements d'Albert le Grand (1206–1280), autre moine dominicain, installé à Cologne en Allemagne. Cet érudit et pédagogue célèbre était notamment dépositaire d'une immense bibliothèque où commençaient à arriver les traductions latines récentes des grands classiques de l'Antiquité. C'est là que Thomas d'Aquin découvre Aristote, qui le séduit par son approche méthodique des phénomènes.

En 1252, Thomas se rend à Paris et y poursuit une maîtrise en théologie. Devenu recteur de la chaire de théologie à l'Université de Paris, il demeure six ans dans cette ville. Rappelé en Italie par le pape Urbain IV, il enseigne à Rome, Orvieto et Viterbe. Le pape, préoccupé par le schisme d'Orient, qui avait séparé les Grecs des Latins depuis le milieu du xɪe siècle, et résolu d'y mettre un terme, lui commande une réfutation des dogmes de l'Église byzantine. Ce sera le livre *Contre les erreurs des Grecs*. Il rédige aussi, à la même époque, la *Catena aurea* ou *Chaîne d'or*, où il établit opportunément la filiation entre les littératures antique et médiévale, à travers le message chrétien. Il dénonce Averroès mais reprend en fait l'essentiel de son héritage aristotélicien, surtout en ce qui a trait à la séparation de l'essence et de l'existence.

Peu après, il s'attaque à une autre œuvre : *La Somme contre les Gentils*. Il y établit la « somme » ou la totalité de tous les enseignements et argumentations qui fondent la légitimité de la foi chrétienne, en vue de la conversion des infidèles. En effet, l'ouvrage est moins écrit à l'intention des chrétiens que de ceux dont la mentalité ou la philosophie sont étrangères au christianisme : juifs, musulmans et polythéistes.

À cette époque, en effet, l'Europe est de plus en plus souvent et fortement en contact avec les civilisations étrangères. Les croisades ont implanté des principautés chrétiennes au Moyen-Orient et une race métisse — à demi chrétienne, à demi musulmane — y prospère, alors que le marchand vénitien Marco Polo traverse l'Asie et rend visite au grand Khan des Mongols, qui règne en Chine. Cette nouvelle vague de cosmopolitisme médiéval annonce les grandes découvertes et l'universalisation de la culture européenne, qui se produira moins de cent cinquante ans plus tard.

Le néoaristotélisme thomiste

À la suite d'Aristote, la pensée de Thomas d'Aquin fait une grande place à la raison. Tranchant avec le mysticisme et les puissantes certitudes d'Augustin et des théologiens antérieurs comme Lombard, dont les *Sentences* étaient au programme de l'enseignement des universités à cette époque, notre auteur est convaincu que la compréhension de la réalité et de ses lois est la meilleure méthode pour accéder à la réalité divine. C'est donc les yeux bien ouverts sur le monde qu'il cherche à convaincre les non-chrétiens. Son rationalisme le convainc qu'on peut avancer dans la connaissance de la loi de Dieu autrement que par la contemplation et la soumission aveugle aux préceptes théologiques traditionnels.

Admettons qu'il fallait un certain courage à Thomas d'Aquin pour ressusciter Aristote. Mis à l'index et livrés à l'autodafé par l'Inquisition catholique au concile de Paris en 1210 — une mesure renouvelée en 1231 puis en 1263 —, les livres d'Aristote étaient perçus comme contraires aux enseignements de l'Église. Seules ses conceptions scientifiques, surtout biologiques et physiques, étaient un peu mieux acceptées. Pourtant, au siècle précédent et en pays musulman, des auteurs et philosophes éminents comme Maïmonide et Averroès en avaient fait grand cas dans leurs livres.

C'est d'eux et de leur conception d'Aristote que Thomas va d'abord s'inspirer. Or cette conception, puisée dans les sources secondaires, ne sera pas toujours fidèle au Stagirite. Les musulmans la mettaient trop facilement au service des dogmes de l'islam, qui plaçaient Dieu au-delà de toute atteinte humaine, dans une position impersonnelle et indépendante de la création. Témoignant de ce détachement des Arabes envers la religion, qui était peu observée, la position du clergé — à l'exception de l'Iran — demeurait fort subalterne dans la société musulmane. Il y avait là, comme on voit, un avantage non négligeable en faveur de la pensée moderne : la cité terrestre y acquérait une sorte d'autonomie et pouvait se développer au gré de son évolution propre. Averroès, en particulier, laïcisait davantage l'État que ne pouvaient se le permettre, à cause de l'Inquisition, les penseurs chrétiens de la même époque.

Thomas d'Aquin fut assez habile pour respecter les grands dogmes catholiques, tout en ne se privant pas de commenter abondamment Aristote. Son influence, son ascendant et la protection du pape le mirent à l'abri des inquisiteurs. Reconnaissant, le philosophe politique ne cessera plus par la suite d'œuvrer en faveur de l'Église et du pape. À cet égard, son œuvre maîtresse est la *Somme théologique*, à laquelle il travaille surtout à Paris, une fois revenu dans cette ville en 1268. De retour en Italie en 1272, il renonce à l'enseignement, à la suite d'une vision en 1273, et meurt l'année suivante. L'ouvrage qui résume le mieux ses conceptions politiques est sans contredit son traité *Du gouvernement des princes*, entrepris en 1265 à Rome pour l'éducation de son élève Hugo II, roi de Chypre. Thomas s'y conforme étroitement aux préceptes de la *Politique*. Le livre premier, par exemple, fait la revue des différentes formes de gouvernement tout en discutant de la relation entre ceux-ci et la poursuite de la vertu et du bonheur, sur le modèle de l'exposé d'Aristote.

Rompant avec Augustin, Thomas refuse de voir dans la cité terrestre une dégradation morale occasionnée par le péché originel. Même sans péché, le système politique aurait existé de toute façon. Il faut des dirigeants pour exercer une autorité; c'est là une réalité « naturelle » à laquelle nul ne peut échapper. Si la raison humaine doit se développer, il faut que les êtres humains collaborent et acceptent la hiérarchie du pouvoir, de même que la division des tâches entre marchands, guerriers, penseurs et politiciens. Là seulement, dans un contexte dominé par la raison montante, peuvent s'exprimer les finalités de la société et être définies les modalités de cette collaboration nécessaire entre simples mortels.

Le gouvernement bon et juste

[...] De même qu'il est naturel pour l'homme de vivre dans une société nombreuse, il est essentiel qu'existent parmi les hommes des moyens par lesquels le groupe peut être gouverné. Là où beaucoup d'hommes sont réunis, et tandis que chacun d'entre eux poursuit son propre intérêt et ses propres finalités, le groupe risque d'éclater et de se disperser s'il n'existe en son sein une forme de pouvoir qui défend le bien commun. [...] Pour sûr, il convient qu'il en soit ainsi, étant donné que ce qui est raisonnable et ce qui est commun sont deux choses distinctes. Les choses diffèrent par ce qui est propre et spécifique à chacune; de même elles sont unies par ce qu'elles ont en commun. La diversité des effets est causée par la diversité des causes. Par voie de conséquence, il doit exister quelque chose qui nous pousse vers le bien qui est commun à plusieurs; et ce principe est situé au-delà et au-dessus de ce qui nous pousse à réaliser le bien individuel, propre à chaque individu.

[...] De sorte que si un groupe d'hommes est gouverné par ses princes en vue du bien commun du groupe, ce gouvernement sera bon et juste, comme il convient à des hommes libres. Si, toutefois, ce gouvernement est organisé non pas en fonction du bien commun du groupe, mais pour servir l'intérêt privé du gouvernant ou de ses serviteurs, il sera dès lors qualifié d'injuste et de pervers.

Thomas d'Aquin, *Du gouvernement des princes.*

Ces références nouvelles à des êtres libres et à la possibilité d'une justice réelle dans la cité terrestre sont inédites dans le contexte chrétien. C'est qu'une nouvelle vague d'optimisme souffle sur l'Occident depuis la fin du xiie siècle, avec l'essor du commerce entre pays et régions de l'Europe, l'enrichissement et la croissance de villes comme Bruges en Flandre, Venise et Florence en Italie du Nord, Paris et Londres, l'augmentation de la population et le défrichement de nouvelles terres. Cette époque heureuse est sans contredit la plus prospère du Moyen Âge. L'apparition des cités libres, ces structures politiques relativement autonomes et à l'abri des interventions politiques des rois et de l'empereur, sont également caractéristiques de cette période. Mais Thomas d'Aquin ne va pas si loin; il reste un homme d'Église avant tout.

Bien de son temps, et contrairement à Aristote, Thomas favorise quant à lui la monarchie éclairée comme forme suprême de gouvernement. La pensée chrétienne et son monothéisme, de même que la tradition du césaro-papisme qui a si profondément marqué la politique occidentale depuis le début du Moyen Âge, ne laissent en effet plus de place à la démocratie antique, aussi modérée soit-elle. La monarchie reflète parfaitement, pour Thomas comme pour la majorité de ses contemporains, l'unité du monde chrétien; et les rois eux-mêmes le sont de droit divin. La pompe et le faste qui entourent leur sacre en sont le meilleur témoignage. À cette époque, en effet, le roi de France Louis IX — saint Louis — est l'incarnation même du guerrier chrétien — il s'engage dans deux croisades : la première en 1248 et la seconde en 1270 —, et c'est le souverain le plus pieux qu'ait connu la catholicité médiévale. De plus, saint Louis se soumet de bonne grâce à l'autorité papale. C'est la meilleure façon que pouvait trouver la France, à cette époque, pour supplanter l'Allemagne comme centre politique de la chrétienté. Et elle y parvient. Il n'y a pas de doute que Thomas d'Aquin est profondément influencé par cette sage politique, ayant connu personnellement le roi de France. Il ne lui viendrait pas à l'esprit de contester ce modèle.

Alors, où se situe Thomas dans le conflit qui divise les esprits depuis la querelle des investitures entre Grégoire VII et l'empereur germanique Henri II ? Là-dessus, aucune ambiguïté n'est permise : le philosophe subordonne les rois et l'empereur au pouvoir spirituel du pape, qui règne en vertu d'une véritable théocratie. Aussi noble soit-il, l'exercice de la justice, dans la cité humaine, n'a qu'un rôle instrumental. Il est soumis aux dogmes, en dernière instance déterminants, énoncés par le pontificat romain. Il va de soi que celui-ci ne souffre aucune rébellion contre son autorité. Comment, en effet, pourrait-il renoncer à la moindre parcelle de son pouvoir dont dépend, selon les textes des docteurs de l'Église — surtout ceux de l'apôtre Paul et d'Augustin —, le salut des chrétiens en tant que communauté ?

> Si l'on admet que la nature humaine peut aspirer à la pure connaissance de Dieu, alors la tâche du roi sera de la guider par son autorité vers ce but ultime. Mais, comme il est impossible à un homme, fût-il un roi, d'arriver à cette connaissance par le seul biais de la force physique et du talent personnel, il lui faut solliciter le pouvoir divin... Ainsi la tâche de diriger les hommes vers le salut, leur objectif suprême, n'appartient pas au gouvernement humain mais au pouvoir divin.

Une conception, comme on le voit, qui ne renonce pas à la hiérarchie des valeurs mise en place par les fondateurs de l'Église. Mais en lieu et place de principes fondamentaux aussi abstraits que la Lumière de Platon, le Cosmos stoïcien ou le Bien aristotélicien, on trouve installés désormais, et selon toute vraisemblance une fois pour toutes, Dieu et sa représentante sur terre, l'Église chrétienne. On se doute bien que cette illustration tardive du césaro-papisme, si habile que soit la scolastique thomiste, ne fera pas que des disciples. Le mouvement d'affirmation des libertés, à commencer par la liberté de conscience, est partout devenu trop fort pour être aisément réfuté à coups d'arguments théologiques, aussi convaincants soient-ils.

On ne pourra pas éviter que des philosophes de la génération suivante s'attaquent à leur tour à cette vieille querelle, non pas à coups d'épée, mais par les vertus démonstratives de la raison. Telle une monnaie ou, mieux, un diamant taillé, la vérité va maintenant comporter deux, voire plusieurs facettes. La longue période de l'unanimisme, si caractéristique de l'époque médiévale, est chose du passé. Même si elle entre alors dans le grand tombeau de l'histoire, l'agonie de l'Église, en tant que puissance temporelle, ne manquera pas d'être longue. Preuve, elle dure encore aujourd'hui.

Thomas d'Aquin, en réhabilitant la raison déductive, avait allumé dans l'édifice politique vermoulu de l'Europe médiévale une flamme autrement plus ardente et dangereuse que toutes les menaces qui avaient pesé sur lui dans le passé : l'étincelle du pluralisme. Ce feu, qui n'avait jamais cessé de couver sous la cendre, va rapidement dégénérer en conflagration. C'est cet incendie que l'Église s'acharnera dès lors à combattre avec détermination pendant plusieurs siècles. C'est ce feu que la pensée de la Renaissance n'aura cesse de nourrir, pour restaurer et illustrer les principes de l'esprit civique et de la démocratie, tombés en désuétude depuis plus de mille ans.

Il ne faut pas trop tenir rigueur à l'Église catholique d'avoir mené si longtemps ce combat d'arrière-garde. Ce n'est pas que cette institution vénérable se refusait à toute forme de modernité. C'est qu'elle était devenue trop vieille et fatiguée par les combats épiques des premiers siècles, pour pouvoir y accéder de façon crédible. Et puis, comme l'avait dit Augustin, les militants du christianisme ne pouvaient que nourrir du scepticisme devant les tentatives réformistes de la cité terrestre. Pour eux, ces fondations successives de régimes et ces révolutions ne pouvaient être que les vaines gesticulations des captifs enfermés dans la caverne. Il est aisé d'en conclure que l'Église ne faisait plus partie de l'Histoire.

L'autre révolte suscitée par la démarche rationaliste et la redécouverte du stoïcisme sera, et Thomas en est en partie responsable aussi, la réhabilitation de la nature et de ses lois. Voici un un pas décisif vers la reconstruction de la cité terrestre. Notons que l'exposé de Thomas est un bijou de discours logique, opposant aux objections qu'on pourrait avoir sur tel ou tel autre principe une réfutation en règle, qui ne craint pas d'amener en renfort les enseignements d'Aristote. Ceux-ci étaient en effet considérés comme peu attaquables au plan de la logique déductive. C'est sur ce terrain sûr, plutôt que sur celui — plus glissant — des convictions et des croyances particulières d'Aristote, de Cicéron ou même de Justinien (527–565), empereur d'Orient et réformateur du droit romain, que Thomas choisit de construire une forteresse théorique en faveur d'une première laïcisation des valeurs morales, point de départ d'une restauration de la cité humaine.

L'essor de l'Université et l'enseignement scolastique

Le xiiie siècle correspond à la formation d'un nouveau groupe social, celui des intellectuels, qui constitue le monde dans lequel va évoluer Thomas d'Aquin. Les grandes universités (Paris, Oxford, Bologne) qui naissent alors vont tenter de développer leur autonomie tant vis-à-vis des rois que de l'Église. Cette renaissance intellectuelle sera favorisée par l'urbanisation, elle-même induite par les progrès du commerce et de l'artisanat.

L'émergence de l'université se fait d'abord dans la lutte contre l'épiscopat qui avait le monopole de la formation sur son territoire. Les pouvoirs du délégué de l'évêque s'amenuisent à partir du xiie siècle, et c'est de plus en plus l'université qui aspire à vouloir nommer son chancelier et à déterminer les critères de l'obtention des diplômes. Cela se fait quelquefois lors d'affrontements majeurs comme la grande « grève » de l'université de Paris en 1229–1231. Face au pouvoir laïque, ce sont les universités qui contribuent de plus en plus à fournir le personnel politique et administratif, tout en s'affirmant comme des foyers de critique sociale. Le pouvoir centralisateur et les communes veulent tour à tour les mettre au pas, une tâche qu'ils ne peuvent pas toujours mener à bien.

L'essor de l'université va entraîner des modifications dans le travail intellectuel. D'abord, le livre commence à se généraliser et à prendre la forme du manuel. On est loin des livres enluminés du Moyen Age. On est loin également de l'imprimé. L'écriture gothique est remplacée par la cursive et le livre devient d'un format plus maniable. L'industrie du livre suscite deux types d'emploi, celui de copiste et celui de libraire.

La méthode d'enseignement se transforme. On assiste au développement de la scolastique, qui se caractérise à la fois par l'usage d'une langue universelle, le latin médiéval, qui permet la communication entre l'intelligentsia de divers pays par sa précision langagière et son immense vocabulaire. La méthode d'exposition de la pensée est la dialectique, selon le mode simple de la thèse, de l'antithèse et de la synthèse. De plus, la scolastique s'appuie sur un certain nombre de textes, qui font autorité dans ce milieu cosmopolite, où se côtoient des Européens du Nord et du Sud issus de toutes les nations. Elle puise à une tradition qui essaie de concilier la culture antique, enrichie de ses apports arabes et juifs, et la culture chrétienne. Ses sources sont évidemment la Bible, les Pères de l'Église, Platon, Aristote et les Arabes, surtout en ce qui a trait aux matières scientifiques. Enfin, la scolastique fait appel à une série d'exercices intellectuels : la *lectio*, ou analyse de type grammatical, qui se prolonge en *quæstio*, c'est-à-dire en une interrogation. La *quæstio* est ensuite confrontée à une contradiction, la *disputatio*. La confrontation de la *quaestio* et de la *disputatio* permet d'en arriver à une déduction logique, qui constitue la solution et la synthèse du propos, sur un sujet précis. Tel est le procédé que l'on retrouve à l'œuvre dans toute la *Somme théologique*. En voici un bel exemple.

Question 95. La loi humaine

Article 1

L'utilité de la loi humaine

Objections : 1. Il ne semble pas utile que les hommes légifèrent. L'intention de quiconque porte une loi, en effet, est que par elle les hommes deviennent bons, comme on l'a dit. Mais les hommes sont amenés par des conseils à vouloir le bien, plutôt qu'en étant contraints par des lois. Donc il n'était pas nécessaire de légiférer.

2. Aristote écrit : « Les hommes recourent au juge comme au droit vivant. » Or la justice vivante est supérieure à la justice inanimée telle qu'elle est contenue dans les lois. Donc il eût été mieux que l'exécution de la justice fût confiée à la décision des juges plutôt que d'être réalisée par une législation.

3. Toute loi exerce un rôle de direction sur les actes humains, comme il ressort des articles précédents. Or les actes humains portent sur des cas particuliers, qui sont en nombre infini; il est donc impossible de soumettre à un examen suffisant ce qui concerne la conduite humaine sinon en confiant cet examen à quelque sage qui examine les cas particuliers. Il eût donc été préférable que les actes humains fussent dirigés par le jugement des sages plutôt que par une législation. Il n'était donc pas nécessaire de porter des lois humaines.

En sens contraire, S. Isidore écrit : « Les lois ont été faites afin que, par crainte de leurs sanctions, l'audace humaine fût réprimée, que l'innocence fût en sûreté au milieu des malfaiteurs, et que chez les méchants eux-mêmes la faculté de nuire fût refrénée par la crainte du châtiment. » Mais tout cela est nécessaire au genre humain. Donc il fut nécessaire de porter des lois humaines.

Réponse : Il ressort de ce qui précède qu'il y a dans l'homme une certaine aptitude à la vertu; mais quant à la perfection même de la vertu, il faut qu'elle soit donnée à l'homme par un enseignement. Ainsi voyons-nous que c'est aussi par son ingéniosité que l'homme pourvoit à ses besoins, par exemple pour la nourriture et le vêtement. La nature lui en fournit les premiers éléments, à savoir la raison et les mains, mais non l'utilisation parfaite, ainsi qu'elle le fait pour les autres animaux, auxquels elle a procuré de manière suffisante vêtements et nourriture. Mais quant à cet enseignement dont il vient d'être question, l'homme ne saurait aisément se suffire à lui-même. De fait, la perfection de la vertu consiste surtout à éloigner l'homme des plaisirs défendus, auxquels l'humanité est principalement portée, en particulier la jeunesse, pour laquelle l'enseignement est plus efficace. C'est pourquoi il faut que les hommes reçoivent d'autrui cette sorte d'éducation par laquelle on peut arriver à la vertu. Certes pour les jeunes gens qui sont portés à être vertueux par une heureuse disposition naturelle ou par l'habitude, et surtout par la grâce divine, il suffit d'une éducation paternelle qui s'exerce par les conseils. Mais, parce qu'il y a des hommes pervers et portés au vice, qui ne peuvent guère être aisément touchés par des paroles, il a été nécessaire que ceux-ci fussent contraints par la force et la crainte à s'abstenir du mal, de telle sorte qu'au moins en s'abstenant de mal agir, ils garantissent aux autres une vie paisible. Et puis, pour eux-mêmes, ils se voient amenés par une telle accoutumance à accomplir de bon gré ce qu'ils ne faisaient auparavant que par crainte; et ainsi ils deviennent vertueux. Cette éducation qui corrige par la crainte du châtiment est donnée par les lois. Aussi fut-il nécessaire pour la paix des hommes et leur vertu de porter des lois. Parce que, dit le Philosophe, « l'homme, s'il est parfaitement vertueux, est le meilleur des animaux; mais s'il est privé de loi et de justice il est le pire de tous »; car l'homme possède les armes de la raison, dont les autres animaux sont dépourvus, pour assouvir ses convoitises et ses fureurs.

Solutions : 1. Les hommes bien disposés sont plus aisément amenés à la vertu par des conseils qui font appel à la volonté que par la contrainte; mais ceux qui sont mal disposés ne sont amenés à la pratique de la vertu qu'en y étant forcés.

2. Le philosophe écrit : « Il est préférable de tout régler par la loi plutôt que de tout abandonner à la décision des juges. » Il y a trois motifs à cela. 1° Il est plus aisé de trouver quelques sages qui suffisent à porter de justes lois que d'en trouver un grand nombre pour juger droitement les cas particuliers. 2° Les législateurs considèrent longtemps à l'avance ce qu'il faut établir par la loi, tandis que les jugements portés sur les faits particuliers s'inspirent de cas soulevés à l'improviste. Or l'homme peut voir plus aisément ce qui est juste à la lumière de nombreuses expériences qu'en face d'un cas unique. 3° Les législateurs jugent pour l'ensemble des cas et en vue de l'avenir; tandis que dans les tribunaux, les juges décident de cas actuels, vis-à-vis desquels ils sont influencés par l'amour, la haine, la cupidité. C'est ainsi que leur jugement est faussé.

Donc la justice vivante qu'est le juge ne se rencontre pas chez beaucoup d'hommes, et elle est changeante. C'est pourquoi il a été nécessaire de déterminer par la loi ce qu'il fallait juger dans le plus grand nombre de cas possible et de laisser peu de place à la décision des hommes.

3. Il faut confier aux juges certains cas individuels qui ne peuvent être prévus par la loi, selon le Philosophe; par exemple, savoir ce qui a été fait ou n'a pas été fait, et d'autres choses semblables.

Article 2

L'origine de la loi humaine

Objections : 1. Il ne semble pas que toutes les lois humaines dérivent de la loi naturelle. Aristote écrit en effet : « On appelle juste légal ce que, au début, on pouvait indifféremment faire d'une manière ou d'une autre. » Mais dans ce qui vient du droit naturel, il est différent d'agir d'une manière ou d'une autre. Par conséquent, tout ce qui est établi par les lois humaines ne dérive pas de la loi naturelle.

2. Le droit positif se distingue du droit naturel, comme il ressort des analyses de S. Isidore dans son livre des *Étymologies* et d'Aristote dans les *Éthiques*. Mais ce qui dérive à titre de conclusions des principes généraux de la loi naturelle, relève de la loi de nature, on l'a vu. En conséquence, ce qui relève de la loi humaine ne dérive pas de la loi naturelle.

3. La loi de nature est la même pour tous. Le Philosophe dit en effet : « Le droit naturel est celui qui a partout le même pouvoir. » Donc, si les lois humaines dérivaient de la loi naturelle, il s'ensuivrait qu'elles seraient, elles aussi, identiques chez tous. Ce qui est évidemment faux.

4. Tout ce qui découle de la loi naturelle, répond à une raison. Mais « on ne peut pas toujours rendre raison de toutes les lois établies par nos aînés », dit Justinien. Par conséquent toutes les lois humaines ne dérivent pas de la loi naturelle.

En sens contraire, Cicéron écrit : « Ce sont les réalités nées de la nature et éprouvées par la coutume qu'ont sanctionnées la crainte et le respect des lois. »

Réponse : S. Augustin déclare : « Il ne semble pas qu'elle soit une loi, celle qui ne serait pas juste. » C'est pourquoi une loi n'a de valeur que dans la mesure où elle comporte de la justice. Or, dans les affaires humaines, une chose est dite juste du fait qu'elle est droite, conformément à la règle de la raison. Mais la règle première de la raison est la loi de nature, comme il ressort des articles précédents. Aussi toute loi portée par les hommes n'a raison de loi que dans la mesure où elle dérive de la loi de nature. Si elle dévie en quelque point de la loi naturelle, ce n'est plus alors une loi, mais une corruption de la loi.

Il faut savoir cependant qu'il y a une double dérivation de la loi naturelle : d'une part, comme des conclusions par rapport aux principes; d'autre part, comme des déterminations de règles générales. Le premier mode ressemble à celui des sciences, où les conclusions démonstratives se déduisent des principes. Quant au second mode, il ressemble à ce qui se passe dans les arts, quand les modèles communs sont déterminés à une réalisation spéciale; tel est le cas de l'architecte qui doit préciser la détermination de la forme générale de maison à telle ou telle structure d'habitation. Donc, certaines dispositions légales dérivent des principes généraux de la loi naturelle à titre de conclusions; ainsi le précepte : « Il ne faut pas tuer » peut dériver comme une conclusion du principe : « Il ne faut pas faire le mal. » Mais certaines dispositions légales dérivent des mêmes principes à titre de détermination; ainsi, la loi de nature prescrit que celui qui commet une faute soit puni; mais qu'il soit puni de telle peine, est une détermination de la loi de nature.

On retrouve donc ces deux sortes de dispositions légales dans la loi humaine. Mais celles qui relèvent du premier mode ne sont pas seulement contenues dans la loi humaine comme prescrites par cette loi; mais elles tiennent de la loi naturelle une partie de leur pouvoir. Quant à celles qui répondent au deuxième mode, elles tiennent leur pouvoir de la loi humaine seule.

Solutions : 1. Aristote parle de ce qui est prescrit par la loi sous forme de détermination ou de spécification des préceptes de la loi de nature.

2. Cet argument est valable pour ce qui dérive de la loi de nature à titre de conclusion.

3. Les principes généraux de la loi de nature ne peuvent pas s'appliquer à tous les cas d'une façon identique, à cause de la grande variété des affaires humaines. C'est de là que vient la diversité de la loi positive chez les peuples divers.

4. Il faut entendre cette parole de Justinien des dispositions légales introduites par les anciens relativement aux déterminations particulières de la loi naturelle; envers ces déterminations, le jugement des experts et des hommes prudents se comporte comme envers les principes généraux, en ce sens qu'ils voient aussitôt ce qu'il faut déterminer le plus opportunément dans un cas particulier. C'est pourquoi Aristote dit qu'en de telles matières « il faut tenir compte des avis indémontrables et des opinions des experts, des anciens et des hommes prudents, non moins que des vérités démontrées ».

Article 3

La qualité de la loi humaine

Objections : 1. Il semble que S. Isidore ait décrit de manière inexacte le caractère de la loi positive quand il a dit : « La loi sera honnête, juste, réalisable selon la nature et la coutume du pays; adaptée au temps et au lieu; nécessaire, utile; elle sera claire aussi, afin qu'elle ne contienne rien qui soit trompeur en raison de son obscurité; écrite non pas en vue d'un intérêt privé, mais pour l'utilité commune des citoyens. » Auparavant, il avait défini le caractère de la loi par trois conditions, en disant : « La loi sera tout ce que la raison établira, pourvu que cela soit en harmonie avec la religion, s'accorde avec la discipline des mœurs, favorise le bien public. » Il semble donc superflu que dans la suite il ait multiplié les caractéristiques de la loi.

2. La justice, d'après Cicéron, est une partie de l'honnêteté. Il était donc superflu d'ajouter le mot « juste » après avoir écrit le mot « honnête ».

3. Selon S. Isidore lui-même, la loi écrite s'oppose à la coutume. Dans la définition de la loi, on ne devait donc pas dire qu'elle serait conforme à la coutume du pays.

4. On dit qu'une chose est nécessaire de deux manières. Il y a le nécessaire absolu quand il est impossible qu'il en soit autrement; le nécessaire ainsi entendu échappe au jugement des hommes; et c'est pourquoi une nécessité de cette sorte ne relève pas de la loi humaine. Mais le nécessaire peut aussi s'entendre par rapport à une fin à réaliser; et cette nécessité se confond avec l'utilité. Par conséquent il est superflu de mettre l'un et l'autre — « nécessaire » et « utile » — dans cette définition.

En sens contraire, l'autorité de S. Isidore doit suffire.

Réponse : Tout être qui est un moyen pour une fin doit avoir une forme déterminée en proportion avec cette fin : par exemple, la forme de la scie la rend capable de couper, dit Aristote. Et toute chose soumise à la règle et à la mesure doit posséder une forme proportionnée à cette règle et à cette mesure. Or, la loi humaine remplit cette double condition : elle est un moyen ordonné à une fin; et elle est une sorte de règle et de mesure, réglée elle-même par une mesure supérieure, laquelle est double : la loi divine et la loi de nature, selon ce que nous avons dit plus haut. Le but de la loi humaine, c'est l'utilité des hommes, comme l'affirme Justinien. C'est pourquoi, en décrivant les caractéristiques de la loi, S. Isidore a posé d'abord trois éléments : « qu'elle soit en harmonie avec la religion », en ce sens qu'elle soit conforme à la loi divine; « qu'elle s'accorde avec la discipline des mœurs », en ce sens qu'elle soit conforme à la loi de nature; enfin « qu'elle favorise le salut public », en ce sens qu'elle soit adaptée à l'utilité des hommes.

Toutes les autres conditions qui suivent se ramènent à ces trois chefs. Que la loi humaine doive être *honnête*, cela revient à dire qu'elle soit en harmonie avec la religion. Si l'on ajoute : *qu'elle soit juste, réalisable selon la nature et la coutume du pays, adaptée au temps et au lieu*, cela signifie que la loi devra être adaptée à la discipline des mœurs. La discipline humaine, en effet, se définit : 1° par rapport à l'ordre de la raison, et c'est ce qu'on exprime en disant que la loi est juste. 2° par rapport aux facultés de ceux qui agissent. Car une éducation doit être adaptée à chacun selon sa capacité, en tenant compte également des possibilités de la nature humaine (ainsi ne doit-on pas imposer aux enfants ce qu'on impose à des hommes faits); elle doit enfin être adaptée aux usages, car un individu ne peut pas vivre comme un solitaire dans la société, sans se conformer aux mœurs d'autrui. 3° la discipline doit être en rapport avec telles circonstances données, d'où : *la loi sera adaptée au temps et au lieu*. Les autres qualités de la loi qui sont ensuite énumérées, sous les vocables : nécessaire, utile, etc., reviennent à dire que la loi doit favoriser le salut public. La *nécessité* vise l'éloignement des maux; l'*utilité*, l'acquisition des biens; la *clarté*, le soin d'exclure le dommage qui pourrait provenir de la loi elle-même. Enfin que *la loi soit ordonnée au bien commun*, comme on l'a dit plus haut, c'est ce que montre la dernière partie de l'analyse.

Solutions : Cela répond aux objections.

Article 4

Les divisions de la loi humaine

Objections : 1. Il semble que la division des lois humaines ou du droit humain proposée par S. Isidore ne soit pas juste. Sous cette notion de droit, en effet, il comprend « le droit des gens », ainsi nommé, comme lui-même le reconnaît, « parce que presque toutes les nations en font usage ». Mais il dit lui-même que le droit naturel « est commun à toutes les nations ». Donc le droit des gens ne fait pas partie du droit positif humain, mais plutôt du droit naturel.

2. Tout ce qui possède un pouvoir identique ne semble pas différer par la forme, mais seulement par la matière. Or les lois, les plébiscites, les sénatus-consultes et tout ce qu'Isidore énumère en ce genre ont tous même force, et ne doivent donc différer que selon la matière. D'autre part, dans le domaine de l'art, on ne tient pas compte d'une telle distinction, car elle peut se multiplier à l'infini. Donc il ne convient pas d'introduire une telle division dans les lois humaines.

3. De même qu'il y a dans la cité des princes, des prêtres et des soldats, il y a aussi d'autres fonctions réparties entre les citoyens. Il semble donc qu'à côté du « droit militaire » et du « droit public » qui est l'affaire « des prêtres et des magistrats », il faudrait aussi faire mention d'autres droits, relatifs aux autres fonctions de la cité.

Ce qui existe par accident doit être laissé de côté. Or, il est accidentel à la loi d'être portée par un homme ou par un autre. Il est donc anormal de distinguer les lois par les noms des législateurs, en les appelant loi Cornelia, Falcidia, etc.

En sens contraire, l'autorité de S. Isidore doit suffire.

Réponse : Tout être peut prêter à une division, selon l'essentiel et d'après ce qui est contenu dans sa raison même. Ainsi, dans la notion d'« animal » on comprend l'âme, qui est raisonnable ou non; c'est pourquoi le genre animal se divise à titre propre et essentiel, en raisonnable et non raisonnable; il ne se diviserait pas selon le blanc et le noir, car cela est absolument étranger à sa notion propre. Or, il y a beaucoup d'éléments dans la notion de la loi humaine, et selon n'importe lequel d'entre eux cette loi peut se prêter à une division qui lui soit essentielle.

1. C'est un caractère essentiel de la loi humaine de dériver de la loi de nature, nous l'avons dit. De ce point de vue, le droit positif se divise en droit des gens et en droit civil, selon les deux modes de dérivation de la loi naturelle que nous avons décrits. Car au droit des gens se rattache ce qui découle de la nature à la manière de conclusions venant des principes, par exemple les achats et ventes justes, et autre chose de ce genre, sans lesquelles les hommes ne peuvent vivre en communauté; et cela est de droit naturel parce que « l'homme est par nature un animal social », comme le prouve Aristote.

Quant à ce qui dérive de la loi de nature à titre de détermination particulière, cela relève du droit civil, selon que chaque cité détermine ce qui lui est mieux adapté.

2. Il est essentiel à la notion de loi, d'avoir pour objet le bien commun de la cité. De ce point de vue, la division de la loi humaine peut se prendre de la diversité de ceux qui contribuent spécialement par leur labeur au bien commun : tels sont les prêtres qui prient Dieu pour le peuple, les magistrats qui le gouvernent, et les soldats qui combattent pour son salut. C'est pourquoi les législations spéciales sont adaptées à ces catégories de citoyens.

3. Il est essentiel à la loi humaine d'être instituée par celui qui gouverne l'ensemble de la cité. De ce point de vue, on distingue les lois humaines d'après les régimes politiques différents. Selon la description d'Aristote, l'un de ces régimes est la monarchie, la cité étant sous le gouvernement d'un chef unique; en ce cas on parle des constitutions des princes. Un autre régime est l'aristocratie, qui est le gouvernement par une élite d'hommes supérieurs; on parle alors de sentences des sages et aussi de sénatus-consultes. Un autre régime est l'oligarchie qui est le gouvernement de quelques hommes riches et puissants; alors on parle de droit prétorien qui est appelé aussi honoriat. Un autre régime est celui du peuple tout entier ou démocratie; et on parle alors de plébiscites. Un autre régime est la tyrannie, régime totalement corrompu; aussi ne comporte-t-il pas de lois. Il y a enfin un régime mixte, composé des précédents, et celui-là est le meilleur; et en ce cas, on appelle loi « ce que les anciens, d'accord avec le peuple, ont décidé », dit S. Isidore.

4. Il est essentiel à la loi humaine de diriger les actes humains. De ce point de vue, on distingue les lois suivant leurs objets; et parfois en ce cas on leur donne les noms de leurs auteurs; par exemple, on dit la loi Julia sur les adultères; la loi Cornelia, sur les tueurs, et ainsi de suite, non pas pour leurs auteurs, mais bien plutôt pour leur matière.

Solutions : 1. Le droit des gens est de quelque manière naturel à l'homme, en tant que celui-ci est un être raisonnable, parce que ce droit dérive de la loi naturelle comme une conclusion qui n'est pas très éloignée des principes. C'est pourquoi les hommes sont facilement tombés d'accord à son sujet. Toutefois, il se distingue du droit naturel strict, surtout de celui qui est commun à tout les animaux.

2.3.4. Ce que nous avons dit répond aux autres objections.

Question 96. Le pouvoir de la loi humaine

Article 1

La loi humaine doit-elle être portée en termes généraux?

Objection : 1. Il semble que non, mais qu'elle doit plutôt viser les cas particuliers. Le Philosophe dit en effet que « l'ordre légal s'étend à tous les cas particuliers visés par la loi, et même aux sentences des juges », lesquelles sont évidemment particulières puisque relatives à des actes particuliers. Donc la loi ne doit pas seulement statuer en général, mais aussi en particulier.

2. La loi dirige les actes humains, avons-nous dit précédemment. Mais les actes humains se réalisent dans des cas particuliers. Donc les lois humaines ne doivent pas être portées non de façon universelle mais pour les cas particuliers.

En sens contraire, Justinien dit : « On doit établir le droit en fonction de ce qui arrive le plus souvent et non pas en fonction de ce qui peut arriver une fois par hasard. »

Réponse : Ce qui existe en vue d'une fin doit être proportionné à cette fin. Or la fin de la loi est le bien commun; puisque, selon S. Isidore : « Ce n'est pour aucun avantage privé, mais pour l'utilité générale des citoyens que la loi doit être écrite. » Il s'ensuit que les lois humaines doivent être adaptées au bien commun. Or le bien commun est le fait d'une multitude, et quant aux personnes, et quant aux affaires, et quant aux époques. Car la communauté de la cité est composée de nombreuses personnes, et son bien se réalise par des actions multiples; et il n'est pas institué pour peu de temps, mais pour se maintenir à travers la succession des citoyens, dit S. Augustin dans le livre XXII de la *Cité de Dieu*.

Solutions : 1. Aristote divise en trois parties le droit légal, qui est identique au droit positif. Il y a en effet certaines dispositions qui sont portées absolument en général. Ce sont les lois générales. À leur sujet, Aristote écrit : « Est légal ce qui, à l'origine, ne marque aucune différence entre ce qui doit être ainsi ou autrement; mais quand la loi est établie, cette différence existe; par exemple, que les captifs soient rachetés à un prix fixé. Il y a également certaines dispositions qui sont générales sous un certain rapport, et particulières sous un autre. Tels sont les privilèges qui sont comme des lois privées, parce qu'ils visent des personnes déterminées, et toutefois leur pouvoir s'étend à une multitude d'affaires. » C'est en faisant allusion à cela qu'Aristote ajoute : « Et en outre, tout ce qu'on règle par la loi au sujet de ces cas particuliers. » On appelle enfin certaines choses « légales » parce qu'elles sont non des lois, mais plutôt une application des lois générales à quelques cas particuliers; c'est le cas des sentences qui sont considérées comme équivalentes au droit. C'est à ce titre qu'Aristote ajoute : « le contenu des sentences ».

2. Ce qui a le pouvoir de diriger doit l'exercer sur plusieurs choses; ainsi Aristote dit-il que tout ce qui fait partie d'un genre, est mesuré par quelque chose d'un qui est premier dans ce genre. Si en effet il y avait autant de règles et de mesures qu'il y a de choses réglées et mesurées, règles et mesures perdraient leur raison d'être, puisque leur utilité est précisément de faire connaître beaucoup de choses par un moyen unique. Ainsi l'utilité de la loi serait nulle si elle ne s'étendait qu'à un acte singulier. Pour diriger les actes singuliers, il y a les préceptes individuels des hommes prudents, mais la loi est un précepte général, nous l'avons dit précédemment.

3. Il ne faut pas exiger « une certitude identique en toutes choses » dit Aristote. Par conséquent, dans les choses contingentes, telles que les réalités naturelles ou les activités humaines, il suffit d'une certitude telle qu'on atteigne le vrai dans la plupart des cas, malgré quelques exceptions possibles.

Article 2

La loi humaine doit-elle réprimer tous les vices?

Objections : 1. Il semble qu'il appartienne à la loi humaine de réprimer tous les vices. S. Isidore dit en effet : « Les lois sont faites pour que, par la crainte qu'elles inspirent, l'audace soit réprimée. » Or cette audace ne serait pas efficacement réprimée si tout le mal n'était pas réfréné par la loi. La loi humaine doit donc réprimer tout mal.

2. L'intention du législateur est de rendre les citoyens vertueux. Mais l'on ne peut être vertueux si l'on ne maîtrise pas tous les vices. Donc il appartient à la loi humaine de réprimer tous les vices.

3. La loi humaine dérive de la loi naturelle, on l'a dit. Or tous les vices s'opposent à la loi naturelle. Donc la loi humaine doit réprimer tous les vices.

En sens contraire, S. Augustin écrit : « Il me semble juste que cette loi qui est écrite pour régir le peuple, permette des choses, et que la providence divine en tire vengeance. » Mais celle-ci ne tire vengeance que des vices. C'est donc à juste titre que la loi humaine tolère quelques vices sans les réprimer.

Réponse : Nous avons déjà dit que la loi est établie comme une règle et une mesure des actes humains. Or la mesure doit être homogène au mesuré, dit le livre X des *Métaphysiques*; il faut en effet des mesures diverses pour des réalités diverses. Il s'ensuit que les lois, elles aussi, doivent être imposées aux hommes suivant la condition de ceux-ci. S. Isidore le déclare : « La loi doit être possible, et selon la nature, et selon la coutume du pays. » Or, la puissance ou faculté d'agir procède d'un habitus ou d'une disposition intérieure; car la même chose n'est pas possible pour celui qui ne possède pas l'habitus de la vertu, et pour le vertueux; pareillement, une même chose n'est pas possible pour l'enfant et pour l'homme fait. C'est pourquoi on ne porte pas une loi identique pour les enfants et les adultes; on permet aux enfants beaucoup de choses que la loi punit ou blâme chez les adultes. Et pareillement, on permet aux hommes imparfaits beaucoup de choses que l'on ne doit pas tolérer chez les hommes vertueux. Or la loi humaine est portée pour la multitude des hommes, et la plupart d'entre eux ne sont pas parfaits en vertu. C'est pourquoi la loi humaine n'interdit pas tous les vices dont les hommes vertueux s'abstiennent, mais seulement les plus graves, dont il est possible à la majeure partie des gens de s'abstenir; et surtout ceux qui nuisent à autrui. Sans l'interdiction de ces vices-là, en effet, la société humaine ne pourrait durer; aussi la loi humaine interdit-elle les assassinats, les vols et autres choses de ce genre.

Solutions: 1. L'audace se réfère à l'attaque d'autrui. Aussi concerne-t-elle surtout ce genre de faute par lesquelles on fait tort au prochain; précisément ce genre de faute est prohibé par la loi humaine, nous venons de le dire.

2. La loi humaine a pour but d'amener les hommes à la vertu, non d'un seul coup mais progressivement. C'est pourquoi elle n'impose pas tout de suite à la foule des gens imparfaits ce qui est l'apanage des hommes déjà parfaits : s'abstenir de tout mal. Autrement les gens imparfaits, n'ayant pas la force d'accomplir des préceptes de ce genre, tomberaient en des maux plus graves, selon les proverbes (30, 33) : « Qui se mouche trop fort fait jaillir le sang. » Et il est dit dans S. Matthieu (9, 17) que « si le vin nouveau », c'est-à-dire les préceptes d'une vie parfaite, « est mis dans de vieilles outres » c'est-à-dire en des hommes imparfaits, « les outres se rompent et le vin se répand », c'est-à-dire que les préceptes tombent dans le mépris, et par le mépris les hommes tombent en des maux plus graves.

3. La loi naturelle est une sorte de participation de la loi éternelle en nous; mais la loi humaine est imparfaite par rapport à la loi éternelle. S. Augustin l'exprime nettement : « Cette loi qui est portée pour régir les cités tolère beaucoup de choses et les laisse impunies, alors que la providence divine les châtie. Mais parce qu'elle ne réalise pas tout, on ne peut dire pour autant que ce qu'elle réalise soit à réprouver. »

C'est pourquoi la loi humaine ne peut pas défendre tout ce que la loi de nature interdit.

Article 3

La loi humaine doit-elle ordonner les actes de toutes les vertus?

Objections : 1. Il ne semble pas. Aux actes des vertus, en effet, s'opposent les actes vicieux. Or la loi humaine n'interdit pas tous les vices, on vient de le dire. Donc elle ne prescrit pas non plus les actes de toutes les vertus.

2. L'acte vertueux procède de la vertu. Mais la vertu est la fin de la loi, et de telle sorte que ce qui émane de la vertu ne peut tomber sous le précepte de la loi. Donc la loi humaine ne prescrit pas les actes de toutes les vertus.

3. La loi est ordonnée au bien commun, on l'a dit. Or certains actes des vertus ne sont pas ordonnés au bien commun, mais au bien privé. Donc la loi ne prescrit pas les actes de toutes les vertus.

En sens contraire, Aristote écrit : « La loi prescrit d'accomplir les actes de l'homme fort, ceux de l'homme tempérant et ceux de l'homme doux; de même pour les autres vertus et vices, elle prescrit les uns et prohibe les autres. »

Réponse : Les espèces des vertus se distinguent d'après leurs objets, nous l'avons vu précédemment. Or tous les objets des vertus peuvent se référer soit au bien privé d'une personne, soit au bien commun de la multitude; ainsi peut-on exercer la vertu de force, soit pour le salut de la patrie, soit pour défendre les droits d'un ami; et il en va de même pour les autres vertus.

Or la loi, nous l'avons dit, est ordonnée au bien commun. C'est pourquoi il n'y a aucune vertu dont la loi ne puisse prescrire les actes. Toutefois, la loi humaine ne commande pas tous les actes de toutes les vertus; mais seulement ceux qui peuvent être ordonnés au bien commun, soit immédiatement, par exemple quand certains actes sont directement accomplis en vue du bien commun; soit médiatement, par exemple quand le législateur porte certaines prescriptions ayant trait à la bonne discipline qui forme les citoyens à maintenir le bien commun de la justice et de la paix.

Solutions : 1. La loi humaine n'interdit pas tous les actes vicieux par l'obligation d'un précepte, de même qu'elle ne prescrit pas tous les actes vertueux. Toutefois elle prohibe quelques actes de certains vices déterminés; et elle commande de la même manière certains actes de vertus déterminées.

2. Un acte est appelé vertueux de deux manières. D'une part lorsqu'un homme accomplit des actions vertueuses; ainsi, c'est un acte de justice que de respecter le droit, et c'est un acte de force que de manifester du courage. Et c'est ainsi que la loi prescrit certains actes de vertus. D'autre part, on parle d'un acte de vertu lorsque quelqu'un accomplit des actions vertueuses selon le mode d'agir de l'homme vertueux. Et un tel acte procède toujours de la vertu, mais il ne tombe plus sous le précepte de la loi; il est plutôt la fin à laquelle le législateur veut amener.

3. Il n'y a pas, on vient de le dire, de vertu dont les actes ne puissent être ordonnés au bien général, soit médiatement, soit immédiatement.

Article 4

La loi humaine s'impose-t-elle à l'homme de façon nécessaire dans le for de sa conscience?

Objections : 1. Il ne semble pas. En effet, une puissance subalterne ne peut pas imposer de loi qui ait une valeur au jugement d'une puissance supérieure. Or la puissance de l'homme qui porte la loi humaine est inférieure à la puissance divine. Donc la loi humaine ne peut imposer de loi au jugement divin, qui est le jugement de la conscience.

2. Le jugement de la conscience dépend principalement des commandements divins. Cependant, il arrive que les commandements divins soient annulés par les lois humaines, selon ces paroles de S. Matthieu (15, 6) : « Vous avez annulé le précepte divin au nom de votre tradition. » Donc la loi humaine n'impose pas sa nécessité à la conscience de l'homme.

3. Les lois humaines imposent souvent aux hommes calomnie et injustice, selon Isaïe (10, 1, 2) : « Malheur à ceux qui établissent des lois iniques et qui prescrivent des injustices afin d'opprimer les pauvres dans les procès et de faire violence au droit des humbles de mon peuple. » Or il est permis à chacun de repousser l'oppression et la violence. Donc la loi humaine ne s'impose pas de façon nécessaire à la conscience de l'homme.

En sens contraire, S. Pierre (1 P 2, 19) : « C'est une grâce de supporter, par motif de conscience, des peines que l'on souffre injustement. »

Réponse : Les lois que portent les hommes sont justes ou injustes. Si elles sont justes, elles tiennent leur force d'obligation, au for de la conscience, de la loi éternelle dont elles dérivent, selon les proverbes (8, 15) : « C'est par moi que les rois règnent et que les législateurs décrètent le droit. » Or, on dit que les lois sont justes, soit en raison de leur fin, quand elles sont ordonnées au bien commun, soit en fontion de leur auteur, lorsque la loi portée n'excède pas le pouvoir de celui qui la porte ; soit en raison de leur forme, quand les charges sont réparties entre les sujets d'après une égalité de proportion en étant ordonnées au bien commun. En effet, comme l'individu est une partie de la multitude, tout homme, en lui-même et avec ce qu'il possède, appartient à la multitude ; de même que toute partie, en ce qu'elle est, appartient au tout. C'est pourquoi la nature elle-même nuit à une partie pour sauver le tout. Selon ce principe, de telles lois qui répartissent proportionnellement les charges, sont justes, elles obligent au for de la conscience et sont des lois légitimes.

Mais les lois peuvent être injustes de deux façons. D'abord par leur opposition au bien commun en s'opposant à ce qu'on vient d'énumérer, ou bien par leur fin, ainsi quand un chef impose à ses sujets des lois onéreuses qui ne concourent pas à l'utilité commune, mais plutôt à sa propre cupidité ou à sa propre gloire ; soit du fait de leur auteur, qui porte par exemple une loi en outrepassant le pouvoir qui lui a été confié ; soit encore en raison de leur forme, par exemple lorsque les charges sont réparties inégalement dans la communauté, même si elles sont ordonnées au bien commun. Des lois de cette sorte sont plutôt des violences que des lois, parce que « une loi qui ne serait pas juste ne paraît pas être une loi », dit S. Augustin. Aussi de telles lois n'obligent-elles pas en conscience, sinon peut-être pour éviter le scandale et le désordre ; car pour y parvenir on est tenu même à céder son droit, selon ces paroles en S. Matthieu (6, 40) : « Si quelqu'un te réquisitionne pour faire mille pas, accompagne-le encore deux mille pas ; et si quelqu'un te prend ta tunique, donne-lui aussi ton manteau. »

Les lois peuvent être injustes d'une autre manière : par leur opposition au bien divin ; telles sont les lois tyranniques qui poussent à l'idolâtrie ou à toute autre conduite opposée à la loi divine. Il n'est jamais permis d'observer de telles lois car, « il vaut mieux obéir à Dieu qu'aux hommes » (Ac 5, 29).

Solutions : 1. Comme le dit S. Paul (Rm 13, 1) : « Toute puissance humaine vient de Dieu… c'est pourquoi celui qui résiste au pouvoir », dans les choses qui relèvent de ce pouvoir, « résiste à l'ordre de Dieu. » À ce titre, il devient coupable en conscience.

2. Cet argument vaut pour les lois humaines qui sont ordonnées contre le commandement de Dieu. Et le domaine de la puissance humaine ne s'étend pas jusque-là. Il ne faut donc pas obéir à de telles lois.

3. Cet argument vaut pour la loi qui opprime injustement ses sujets; là aussi le domaine de la puissance accordé à Dieu ne s'étend pas jusque-là. Aussi, dans des cas semblables, l'homme n'est pas obligé d'obéir à la loi, si sa résistance n'entraîne pas de scandale ou d'inconvénient majeur.

Article 5

Tous les hommes sont-ils soumis à la loi humaine?

Objections : 1. Il semble que non. Ceux-là seuls, en effet, sont soumis à la loi qui en sont les destinataires. Or S. Paul écrit (1 Tm 1, 9) : « La loi n'a pas été instituée pour le juste. » Donc les justes ne sont pas soumis à la loi humaine.

2. Le pape Urbain déclare ceci, qui est inséré dans les *Décrets* : « Celui qui est conduit par une loi privée, aucun motif n'exige qu'il soit contraint par une loi publique. » Mais c'est par la loi privée du Saint-Esprit que sont conduits tous les hommes spirituels qui sont fils de Dieu, selon l'Épître aux Romains (8, 14) : « Ceux qui sont menés par l'Esprit de Dieu, ceux-là sont fils de Dieu. » Donc les hommes ne sont pas tous soumis à la loi humaine.

3. Justinien dit que « le prince est dégagé des lois ». Mais celui qui est dégagé de la loi ne lui est plus soumis. Donc tous ne sont pas soumis à la loi.

En sens contraire, S. Paul demande (Rm 13, 1) : « Que chacun soit soumis au pouvoir supérieur. » Mais celui-là ne semble guère soumis au pouvoir qui n'est pas soumis à la loi portée par ce pouvoir. Donc tous les hommes doivent être soumis à la loi humaine.

Réponse : Comme il ressort des explications précédentes, la notion de loi comporte deux éléments : elle est la règle des actes humains, et elle a une force de coercition. L'homme pourra donc être soumis à la loi de deux manières. D'abord, comme ce qui est réglé par rapport à la règle. De cette façon, tous ceux qui sont soumis à un pouvoir sont soumis à la loi portée par ce pouvoir. Qu'on ne soit pas soumis à ce pouvoir peut arriver de deux façons. En premier lieu, parce qu'on est purement et simplement exempt de sa juridiction. Ainsi ceux qui font partie d'une cité ou d'un royaume, ne sont pas soumis aux lois du chef d'une autre cité ou d'un autre royaume, pas plus qu'ils ne sont soumis à son autorité. En second lieu, on peut échapper à un pouvoir parce qu'on est régi par une loi plus haute. Par exemple, si l'on est soumis à un proconsul, on doit subir la règle de son commandement, sauf toutefois dans les affaires où l'on aurait obtenu une dispense de l'empereur; dans ce domaine, en effet, on n'est plus astreint à l'obéissance envers le subalterne, puisqu'on est dirigé immédiatement par un commandement supérieur. À cet égard, il peut arriver que l'on soit soumis en principe à une loi, et cependant qu'on soit exempté de quelque disposition particulière de cette loi, étant sur ce point régi directement par une loi supérieure.

On peut encore être soumis à la loi d'une autre manière : lorsqu'on subit une contrainte imposée. C'est en ce sens que les hommes vertueux et justes ne sont pas soumis à la loi, mais seulement les mauvais. En effet, ce qui est imposé par la contrainte et la violence est contraire à la volonté. Or la volonté des bons s'accorde avec la loi; c'est la volonté des mauvais qui s'y oppose. En ce sens, ce ne sont pas les bons qui sont sous la loi, mais uniquement les mauvais.

Solutions : 1. Cet argument vaut pour la sujétion qui s'exerce sous forme de contrainte. En ce sens « la loi n'est pas instituée pour le juste »; parce que « ceux-là sont à eux-mêmes leur propre loi montrant la réalité de la loi écrite dans leur cœur », comme S. Paul le dit dans l'*Épître aux Romains* (2, 14). À leur égard la loi n'exerce pas sa contrainte comme elle le fait vis-à-vis des hommes injustes.

2. La loi de l'Esprit Saint est supérieure à toute loi portée par les hommes. C'est pourquoi les hommes spirituels, dans la mesure où ils sont conduits par la loi de l'Esprit Saint, ne sont pas soumis à la loi en tout ce qui s'opposerait à cette conduite du Saint Esprit. Toutefois cela même rentre dans la conduite de l'Esprit Saint, que les hommes spirituels se soumettent aux lois humaines, selon ces paroles de S. Pierre (1 P 2, 13) : « Soyez soumis à toute créature humaine à cause de Dieu. »

3. Si l'on dit que le prince est dégagé de la loi, c'est quant à sa force contraignante; en effet, personne n'est contraint, à proprement parler, par soi-même; et la loi n'a force de contrainte que par la puissance du chef. C'est de cette manière que le prince est dit dégagé de la loi, parce que nul ne peut porter de condamnation contre soi-même au cas où il agirait contre la loi. C'est pourquoi sur ce passage du Psaume (51, 6) : « Contre toi seul j'ai péché », la Glose déclare : « Le roi ne connaît pas d'homme qui juge ses actes. » Au contraire, s'il s'agit du rôle de direction exercé par la loi, le prince doit s'y soumettre de son propre gré selon ce qui est écrit dans les *Décrétales* de Grégoire IX : « Quiconque fixe un point de droit pour autrui, doit s'appliquer ce droit à soi-même. » Et l'autorité du sage déclare : « Supporte toi-même la loi que tu as établie. » Un reproche, du reste est adressé par le Seigneur « à ceux qui parlent et ne font pas : qui imposent aux autres de lourds fardeaux qu'ils ne veulent pas même remuer du doigt », selon Matthieu (23, 3). C'est pourquoi, devant le jugement de Dieu, le prince n'est pas dégagé de la loi, quant à sa puissance de direction; il doit exécuter la loi de plein gré et non par contrainte. Le prince est enfin au-dessus de la loi en ce sens que, s'il le juge expédient, il peut modifier la loi ou en dispenser suivant le lieu et le temps.

Article 6

Chez ceux qui sont soumis à la loi, est-il permis d'agir en dehors des termes de la loi?

Objections : 1. Il semble que non. S. Augustin dit en effet : « Quant aux lois temporelles, bien que les hommes en jugent au moment où ils les établissent, toutefois lorsqu'elles auront été instituées et confirmées, il ne sera plus permis de les juger; il faudra plutôt juger d'après elles. » Or, si l'on passe outre aux termes de la loi, en prétendant respecter l'intention du législateur, on semble juger la loi. Donc il n'est pas permis à celui qui est soumis à la loi d'agir en dehors de ses termes pour respecter l'intention du législateur.

2. Il appartient d'interpréter les lois à celui seul qui est chargé de les établir. Or ce n'est pas aux sujets qu'il convient de porter des lois. Ce n'est donc pas à eux qu'il appartient d'interpréter l'intention du législateur; ils doivent toujours agir selon les termes de la loi.

3. Tout homme sage sait expliquer son intention par ses paroles. Or les législateurs doivent être rangés parmi les sages. La Sagesse dit en effet (pr 8, 15) : « C'est par moi que les rois gouvernent et que les législateurs décrètent le droit. » Donc on ne peut juger l'intention du législateur que d'après les termes de la loi.

En sens contraire, S. Hilaire écrit : « Le sens des mots doit se prendre des motifs qui les ont dictés; car ce n'est pas la réalité qui doit être soumise au langage, mais le langage à la réalité. » Donc, il faut davantage prendre garde au motif qui a inspiré le législateur qu'aux termes mêmes de la loi.

Réponse : Toute loi, avons-nous dit, est ordonnée au salut commun des hommes, et c'est seulement dans cette mesure qu'elle acquiert force et raison de loi; dans la mesure, au contraire, où elle y manque, elle perd de sa force d'obligation. Aussi Justinien dit-il que « ni le droit ni la bienveillance de l'équité ne souffre que ce qui a été sainement introduit pour le salut des hommes, nous le rendions sévère par une interprétation plus dure, au détriment du salut des hommes ». Or il arrive fréquemment qu'une disposition légale utile à observer pour le salut public, en règle générale, devienne, en certains cas, extrêmement nuisible. Car le législateur, ne pouvant envisager tous les cas particuliers, rédige la loi en fonction de ce qui se présente le plus souvent, portant son intention sur l'utilité commune. C'est pourquoi, s'il surgit un cas où l'observation de telle loi soit préjudiciable au salut commun, celle-ci ne doit plus être observée. Ainsi, à supposer que dans une ville assiégée on promulgue la loi que les portes doivent demeurer closes, c'est évidemment utile au salut commun en règle générale; mais s'il arrive que les ennemis poursuivent des citoyens dont dépend la survie de la cité, il serait très préjudiciable à cette ville de ne pas leur ouvrir ses portes. C'est pourquoi, en ce cas, il faudrait ouvrir ses portes, contre la lettre de la loi, afin de sauvegarder l'intérêt général que le législateur avait en vue.

Il faut toutefois remarquer que si l'observation littérale de la loi n'offre pas un danger immédiat, auquel il faille s'opposer aussitôt, il n'appartient pas à n'importe qui d'interpréter ce qui est utile ou inutile à la cité. Cela revient aux princes, qui ont autorité pour dispenser de la loi en des cas semblables. Cependant, si le danger est pressant, ne souffrant pas assez de délai pour qu'on puisse recourir au supérieur, la nécessité même entraîne avec elle la dispense; car nécessité n'a pas de loi.

Solutions. 1. Celui qui, en cas de nécessité, agit indépendamment du texte de la loi, ne juge pas la loi elle-même, mais seulement un cas singulier où il voit qu'on ne doit pas observer la lettre de la loi.

2. Celui qui ne se conforme pas à l'intention du législateur n'interprète pas la loi de façon absolue, mais seulement dans ce cas où il est manifeste, par l'évidence du préjudice causé, que le législateur avait une autre intention. S'il y a doute, il doit ou bien agir selon les termes de la loi, ou bien consulter le supérieur.

3. La sagesse d'aucun homme n'est si grande qu'il puisse imaginer tous les cas particuliers; et c'est pourquoi il ne peut pas exprimer d'une façon suffisante tout ce qui conviendrait au but qu'il se propose. À supposer même que le législateur puisse envisager tous les cas, il vaudrait mieux qu'il ne les exprime pas, pour éviter la confusion; il devrait légiférer selon ce qui arrive la plupart du temps.

Thomas d'Aquin, *La Somme théologique,* **« La loi humaine ».**

La mesure du pouvoir

Contrairement à la pensée augustinienne qui emprunte à la notion platonicienne de justice, la pensée thomiste se caractérise par un retour à Aristote, un Aristote déjà adapté, faut-il ajouter, à l'usage des traditions monothéiste juive et arabe, principalement par le biais de Maïmonide et d'Averroès. Ce que retient Thomas d'Aquin de l'œuvre d'Aristote, c'est la prééminence de la loi sur la force. L'insistance de son enseignement à cet égard s'explique partiellement par le contexte historique de pacification relative des sociétés européennes de même que par sa conviction profonde qu'il existe une différence de degré, et non de nature, entre la loi humaine et la loi divine.

La réflexion politique de Thomas commence par un commentaire de la *Politique* d'Aristote. Dans ce commentaire, il faut souligner deux éléments. D'une part, il précise la nature de la science politique, qui se doit d'être à la fois spéculative, c'est-à-dire observatrice du réel, et pratique, c'est-à-dire utile à l'action. D'autre part, il en délimite l'objet, à savoir les communautés humaines au sein desquelles on peut accéder au mieux-être. Il opère sur ce plan une synthèse entre l'apologie du pouvoir

établi et une constante revendication du type de liberté humaine fondamentale que proclame le message évangélique. Ce faisant, il évite soigneusement la notion d'État. Il préfère plutôt parler de communauté
politique. Cette communauté est par essence relationnelle. Elle lie ces
substances premières que sont les individus. Il ne s'agit pas d'un tout organique ou continu, mais plutôt d'une communauté d'ordre, faite de
parties distinctes et autonomes, qui ne se réunissent qu'en vue de réaliser un objectif commun. Pour atteindre cette fin, le pouvoir doit être
géré dans l'intérêt commun. Ce qui frappe, chez Thomas d'Aquin, c'est
la place qu'occupe la notion de pouvoir dans sa réflexion politique. Il
rappelle la nécessité de l'obéissance et précise que si la loi humaine vise
le bien commun et la moralisation des individus, elle a aussi un pouvoir
contraignant. Toutefois, pour que la loi soit suivie, il faut qu'elle remplisse parfaitement sa fonction. Pour cela, elle doit être juste, puisqu'une loi injuste ne mérite pas d'être appelée loi. Il convient donc de se
demander comment Thomas d'Aquin définit la loi humaine en regard de
la loi éternelle, de la loi naturelle et de la loi divine. La loi humaine positive est dérivée des deux premières et leur est subordonnée. Ce qui a
pour effet d'affaiblir le pouvoir politique, défini comme un simple pouvoir législatif.

Plusieurs ont cherché par la suite à utiliser Thomas d'Aquin pour légitimer le pouvoir monarchique. Il ne semble pas qu'il ait lui-même accordé une grande importance au type de régime politique. On retrouve
même, dans ses textes, des indications contradictoires sur ce sujet.
Toutefois, à l'instar d'Aristote, il est d'abord conservateur et prône le
respect du régime établi.

Il n'est pas non plus évident qu'il cautionne la thèse du caractère divin des pouvoirs papal et impérial. Il cherche plutôt à réhabiliter les fondements profanes du pouvoir politique, en s'inspirant du principe
aristotélicien de régime mixte. De sorte que, dans le domaine de l'établissement du régime politique, l'exercice de la loi humaine réhabilite et
reconstruit un certain espace du libre arbitre. En ce sens, Thomas renoue
heureusement avec une longue tradition de réflexion personnelle axée
sur la modération, à laquelle il s'identifie à la lumière des principes chrétiens. Il faut ici se souvenir que l'individualisme antique de Cicéron,
d'Épictète et de Marc-Aurèle n'était possible que dans un milieu qui
admettait le libre arbitre. Il reviendra plus tard aux penseurs de la
Renaissance, les « humanistes », de reprendre et de cultiver cet espace
de liberté. D'ici là, des philosophes politiques comme Marsile de Padoue
vont chercher à en établir les bases éthiques en sapant, à travers leurs
écrits, l'autorité papale. Tout, dans leur milieu et dans leur formation,
prédispose ces « hommes nouveaux » issus du peuple, à clamer la laïcité
du pouvoir et la transcendance de la nature sur la tradition.

Le renouveau de l'esprit civique

À la fin du Moyen Âge, le Saint Empire romain germanique n'est plus que l'ombre de lui-même. Au début du XIVe siècle, le trône d'Allemagne se retrouve même sans titulaire, ce qui convient parfaitement au pape de même qu'aux cités libres de Flandre et d'Italie du Nord, avides de puissance. C'est ainsi que Bruges, Florence, Pise, Padoue et Sienne commencent, autour de leurs assemblées municipales à exercer certaines libertés démocratiques qui iront par la suite en se confirmant. Jalouse de ses nouvelles richesses, la bourgeoisie urbaine de la fin du Moyen Âge retranchée dans ces villes revendique plus d'autonomie et parvient de plus en plus à l'imposer grâce à ses milices, ses murailles et son argent. Mais cet assouplissement du pouvoir central ne va pas sans alimenter l'anarchie et les luttes entre cités et partis politiques : les uns se montrent favorables à l'empereur d'Allemagne, les autres à l'autorité papale, et certains cherchent à sortir de la mêlée.

La république de Florence, instaurée par la force en 1293, a chassé les nobles féodaux du pouvoir et axé l'évolution politique de la cité toscane autour des *Actes de justice* (*Ordinamenti di giustizia*), véritable constitution qui annonce les tentatives du même ordre réalisées bien plus tard à l'échelle européenne. La ville devient dès lors une « cité sans maître », du moins jusqu'à ce que les Médicis — mais ils viennent du terroir et s'appuient sur la constitution — instituent au milieu du XIVe siècle leur primauté, surtout économique, au service d'une politique d'expansion. Bientôt, les Médicis feront la conquête des autres cités de Toscane, telles Lucques, Pise et Sienne qui, tout en demeurant « villes franches », seront tenues de payer tribut à Florence, comme l'avaient fait, bien des siècles auparavant, les cités et les îles ioniennes de la Ligue de Délos au profit d'Athènes.

Cette première tentative d'unification italienne fascine avec raison les historiens. Ils y voient l'émergence d'un modèle de pouvoir politique dominé par une classe de marchands, les premiers capitalistes. La bourgeoisie florentine est fort jalouse de sa marge de manœuvre. Elle n'y renoncera, à son corps défendant, que lorsque des États plus puissants, plus populeux et mieux organisés finiront par s'implanter dans la péninsule et mettront un terme à ses premières velléités d'unification.

Le même phénomène se manifeste également au nord de l'Europe, où la Ligue de la Hanse avait réuni depuis le début du XIe siècle un faisceau de cité commerçantes tournées vers la mer et entretenant entre elles des relations privilégiées, à caractère presque politique. On y retrouvait des villes comme Lübeck, en Allemagne du Nord, siège de la Ligue, mais aussi Brême, en Basse-Saxe, Bruges, dans le comté de

Flandre. Celui-ci dépend théoriquement du royaume de France, mais se développe en fait en toute autonomie.

Bruges, où s'épanouit une ambitieuse bourgeoisie d'affaires, s'entoure dès le xiie siècle de puissantes murailles et construit le premier beffroi d'Europe, le plus beau symbole de la renaissance économique de l'Occident, au centre de son hôtel de ville en 1280. L'essor de la cité flamande, reliée à la mer du Nord par l'étroit estuaire du Zwin, aujourd'hui envasé mais jadis parcouru de nombreux navires, correspond de très près à celui de Florence.

Tel fut le berceau du renouveau de l'esprit civique en Occident, après l'époque héroïque de la féodalité et des croisades. Fernand Braudel considère d'ailleurs que les incessantes expéditions en Orient furent à l'origine du phénomène d'urbanisation et d'affranchissement des communes ou cités libres à la fin du Moyen Âge. À force de guerroyer à l'étranger et de confier le gouvernement de leurs fiefs à des intendants plus préoccupés d'avancer leurs propres affaires que de mater les insoumis, les seigneurs féodaux auraient permis un relâchement des liens politiques au sein de leurs États. À un niveau plus général, la décadence définitive du Saint Empire, évidente après la mort de Frédéric II, en 1250, aurait accéléré une tendance générale à la décentralisation du pouvoir.

Après l'interrègne qui suit la mort d'Henri VII, en 1313, Louis de Bavière est élu au poste suprême contre le favori du pape, le duc d'Autriche Frédéric de Habsbourg. Louis envoie en Italie des vicaires impériaux — ses lieutenants —, confirme la famille des Visconti à la tête du duché de Milan, le général Can Grande à Vérone et marche sur Rome avec une armée. Le pape proteste et excommunie Louis, qui déclare séance tenante Jean XXII hérétique. Une fois le pape chassé de Rome et réfugié en Avignon, dans la vallée du Rhône, l'empereur nomme à sa place l'antipape Pierre de Corbara, qui le coiffe de la couronne de fer en 1326. Son programme politique est de toute évidence de ramener la paix et de reprendre pied dans toute l'Italie, quitte à plier Rome à ses ambitions. Ce qui suppose, au Moyen Âge, qu'on exile le pape.

Marsile de Padoue

Ce fils de marchand, plein de ressources et ardent politicien d'une Église au service de la cité humaine, fut clerc, grand voyageur et conseiller politique des empereurs. Il s'illustra en même temps comme penseur, théologien et écrivain, avant d'accéder aux titres peu enviables d'ennemi de l'Église et d'hérétique. Son péché majeur est d'avoir pris la défense du pouvoir civil.

Le défenseur de la paix

C'est dans ce contexte de luttes civiles qu'il importe de situer l'œuvre principale de Marsile de Padoue, *Le Défenseur de la paix*. Ce défenseur, c'est évidemment l'empereur germanique, et l'argumentation marsilienne se donne pour mission de réfuter les prétentions du pape au gouvernement suprême en établissant sur des bases rationnelles et « modérées », tout à fait inspirées de la *Politique* d'Aristote, le pouvoir séculier de celui qu'il appelle tour à tour le « prince », le « défenseur » ou le « législateur humain ». Le pape, quant à lui, est appelé simplement l'« évêque de Rome », quelquefois même le « prétendu pape de Rome ».

Nous possédons un nombre limité de documents sur la vie de Marsile de Padoue. Il pourrait être né entre 1275 et 1280, d'une famille de notaires padouans issus de la moyenne bourgeoisie et sans titre de noblesse. On sait qu'il étudia beaucoup, qu'il fut un brillant élève, enfin qu'il exerça la médecine. On croit qu'il fréquenta dans sa jeunesse un cénacle de philosophes de Padoue, considérés généralement comme des pré-humanistes. Les auteurs anciens de même que les écrits d'Averroès semblaient fort estimés dans ce cercle de libres-penseurs. Par la suite, Marsile vint en France en 1311 et exerça la fonction de recteur de l'université de Paris en 1313. Il semble avoir voyagé à la cour du pape en Avignon, vers 1318. Peu après, il assuma le titre d'ambassadeur de Matteo Visconti, duc de Milan, à la cour de France, organisa ou prit part à plusieurs rencontres politiques, avant de prendre ouvertement le parti de l'empereur. Il va alors de soi qu'il dut renoncer à toute carrière ecclésiastique. Revenu à Paris après ses diverses missions, il enseigna l'aristotélisme et y composa *Le Défenseur de la paix*. Réfugié à la cour de Louis de Bavière en 1326, il devint l'un de ses vicaires impériaux, puis archevêque de Milan. Il disparut au plus tard en 1343.

Son *Défenseur de la paix*, composé de deux sections de taille inégale, commence par tracer le portrait de la cité idéale, qui est une monarchie élective sur le modèle de l'oligarchie tempérée d'Aristote. Les emprunts à cet auteur sont d'ailleurs constants, systématiques et explicites. Ensuite, Marsile identifie le problème politique qui compromet la « paix » en son temps et dans le royaume d'Italie : c'est l'intrusion du pape dans les affaires de l'État. En effet, l'activisme de l'évêque de Rome s'appuie, à cette époque, sur le concept de « plénitude du pouvoir ».

Il s'agit du pouvoir sans limite, en tout cas sans balise définie, que le Christ aurait confié à Pierre lors de la dernière Cène, quand il aurait dit : « Pierre, tu es pierre, et sur cette pierre, je construirai mon Église. » Marsile distingue huit formes de ce pouvoir ; la plupart ont une simple connotation spirituelle, mais les deux dernières rendent possible une interprétation « invasive » du pouvoir temporel, surtout à cause du caractère « résiduel » du huitième pouvoir.

Des modes de plénitude du pouvoir

En quel façon et ordre l'évêque de Rome se les est attribuées et, sommairement, comment il en fit usage et en use encore.

Nous avons déterminé aux chapitres vi, vii, ix et xi de cette Partie l'étendue et la nature des pouvoirs des prêtres ; nous avons traité, de plus, aux xve et xvie chapitres de cette Partie de leur égalité ou inégalité en matière de pouvoir et dignité ; nous avons parlé en outre d'une certaine façon au chapitre précédent de la primauté ou prééminence utile et convenable d'un seul évêque, d'une seule église ou d'un seul collège de prêtres et de clercs sur tous les autres ; nous avons parlé de l'origine et du développement de cette primauté, ainsi que de son passage insidieux et de sa marche insinuante vers une forme et une espèce impropre de primauté, allant jusqu'à un très grave et peu supportable abus visant à accaparer les pouvoirs séculiers ; nous avons parlé aussi de leur désir de gouverner, devenu davantage encore immodéré et intolérable et qu'ils ont déjà proclamé de façon experte.

Tant dans l'accaparement des pouvoirs et gouvernements séculiers, qu'ils possèdent déjà que dans ceux qu'ils cherchent aussi à accaparer et auxquels les évêques de Rome s'efforcent d'atteindre de tout leur effort, bien que ce soit là chose indue, ce lieu sophistique, qu'ils appellent plénitude de pouvoir, n'a pas constitué, ne constitue pas encore et ne constituera pas le moindre élément; c'est de là aussi que tire son origine le paralogisme, par lequel ils tentent de conclure que rois, princes et individus sont assujettis à leur juridiction coercitive. Il faut donc examiner avec attention une telle plénitude de pouvoir : d'abord, en séparant ou en distinguant ses modes; ensuite en recherchant si cette plénitude de pouvoir convient à l'évêque de Rome ou à tout autre évêque, sous une ou plusieurs de ses formes; après cela, il faut examiner quelle signification a conféré à ce titre l'évêque de Rome qui, le premier, se l'est attribué; enfin, comment, à partir de cette signification, il est passé à d'autres acceptions — plût à Dieu qu'elles ne fussent pas des tromperies! — préjudiciables aux princes et à tous les sujets vivant en société civile, et comment, sous quelles formes le même pontife en a usé et en use encore, et s'il n'en est pas empêché, comment il en userait selon toute vraisemblance.

Mais comme la plénitude de pouvoir semble comporter une certaine universalité et que notre projet est de traiter seulement des pouvoirs volontaires, il nous faut diviser la plénitude de pouvoir en modes, selon la différenciation du pouvoir volontaire universel.

(1) La plénitude de pouvoir est donc, et doit être entendue, en un premier sens, selon la signification ou force du mot lui-même, comme le pouvoir hyperbolique d'accomplir volontairement tout acte possible et de faire n'importe quoi; un tel pouvoir ne semble appartenir qu'au Christ parmi les hommes. C'est pourquoi on lit au dernier chapitre de Matthieu : Tout pouvoir m'a été donné sur la terre comme au ciel.

(2) En un second sens, plénitude de pouvoir peut signifier, et davantage en accord avec notre propos, le pouvoir selon lequel il est permis à un homme d'accomplir un acte volontaire commandé à l'égard d'un homme et sur une chose extérieure qui soit au pouvoir des hommes ou qui soit ordonnée à leur usage; ou encore, le pouvoir selon lequel un homme a le droit d'accomplir tout acte susdit, mais non sur un homme ou une chose placée sous pouvoir humain; ou encore, en outre, le pouvoir selon lequel il est permis d'accomplir, non pas tout acte, mais seulement un acte d'une espèce ou d'une forme déterminée, toutefois selon toute impulsion de celui qui le veut, à l'égard de chaque homme ou sur chaque chose soumise au pouvoir humain.

(3) En un troisième sens, plénitude de pouvoir peut signifier le pouvoir de juridiction coercitive suprême sur tous les principats du monde, sur tous les peuples, communautés, collèges et individus, ou encore, sur quelques-uns d'entre eux, suivant, toutefois, l'impulsion de la volonté.

(4) En un quatrième sens, plénitude de pouvoir peut signifier le pouvoir déjà défini, ou bien au sens déjà dit, mais seulement sur tous les clercs,

pouvoir de les établir tous aux charges ecclésiastiques, de les en priver, de les déposer et de distribuer les biens ecclésiastiques ou bénéfices, ou bien encore, plénitude de pouvoir peut avoir le sens défini comme le troisième.

(5) En un cinquième sens, plénitude de pouvoir peut signifier le pouvoir par lequel les prêtres, de toutes les manières, lient ou délient les hommes de leurs péchés et les excommunient, les interdisent, les réconcilient avec l'Église, toutes choses dont nous avons parlé aux vi^e et viie chapitres de cette Partie.

(6) En un sixième sens, plénitude de pouvoir peut signifier le pouvoir par lequel il est permis d'imposer les mains sur tous les hommes pour leur conférer les ordres ecclésiastiques, le pouvoir d'administrer les sacrements de l'Église, ou d'en priver; nous en avons parlé aux xvie et xviie chapitres de cette Partie.

(7) En un septième sens, plénitude de pouvoir peut signifier pouvoir d'interpréter les sens de l'Écriture, surtout pour ce qui est nécessaire au salut, le pouvoir de distinguer les sens vrais des faux, les raisonnables des déraisonnables, d'ordonner tout le rituel de l'Église, et de porter précepte coercitif général pour ce qui concerne l'observance de telles ordonnances, ou encore de les faire observer sous peine d'anathème.

(8) En un huitième et dernier sens, — et il se rapporte, ô combien, à notre propos — plénitude de pouvoir peut signifier tout ce qui relève de la cure générale pastorale des âmes, pour tous les peuples et provinces du monde; nous en avons parlé aux ixe et xxiie chapitres de cette Partie. En outre, plénitude de pouvoir pourrait aussi signifier, suivant chaque distinction susdite, tout ce qui n'est fixé par aucune loi, car un pouvoir non plénier serait limité par les lois humaine ou divine, sous laquelle la droite raison peut aussi être placée de façon convenable. Il y a peut-être aussi d'autres sens et combinaisons de la plénitude de pouvoir; néanmoins, il nous semble avoir énuméré toutes les formes touchant à notre propos.

Ayant ainsi préalablement posé ces distinctions touchant le pouvoir plénier, je dis que la plénitude de pouvoir, aux deux premiers sens susdits, ne revient nullement à l'évêque de Rome ou à tout autre prêtre, en dehors du Christ ou Dieu. Je passe sur ces points à cause de l'évidence de la chose, et parce qu'elle est cautionnée par la sagesse divine et par toute science morale; je passe aussi pour abréger.

En ce qui concerne les troisième et quatrième sens de plénitude de pouvoir, nous avons montré, au moyen de démonstrations, que ces pouvoirs (aux 3e et 4e sens) ne reviennent absolument pas, et encore moins avec plénitude, à nul prêtre ou évêque, sur nul clerc ou non clerc, en vertu de la Loi divine. Si, pourtant, une telle plénitude de pouvoir est conférée à un clerc, évêque ou prêtre, ou à un non-prêtre, sous la forme où un tel pouvoir pourrait être conféré, et aussi révoqué, pour un motif raisonnable par jugement du législateur humain, il doit être fondé sur les lois humaines, rescrits ou privilèges de ce législateur [l'empereur].

Pour les cinquième et sixième sens de pouvoir plénier, nous avons montré aux vi^e et viie chapitres de cette Partie que le pouvoir de lier ou de délier des fautes et châtiments, et semblablement, le pouvoir d'anathématiser ou d'excommunier publiquement quiconque, n'est pas conféré au prêtre de manière absolue, c'est-à-dire avec plénitude; ce pouvoir, au contraire, a été limité par la Loi divine de telle sorte que le prêtre ne puisse damner les innocents ni absoudre les coupables devant Dieu. Et, en outre, le pouvoir, pour un évêque ou un prêtre, d'excommunier quiconque publiquement et surtout, de frapper d'interdit un prince ou une communauté quelconque, doit être déterminé de façon convenable.

Marsile de Padoue, *Le Défenseur de la paix,*
deuxième partie, chapitre xxiii.

S'appuyant sur cette interprétation généreuse de ses prérogatives, un pape aussi ambitieux que Jean XXII (1316–1338), qui fut assez rusé pour se faire élire au conclave de Lyon en se faisant passer pour mourant, poursuit opiniâtrement son programme de nomination des évêques et autres plénipotentiaires ecclésiastiques. Parmi ceux-ci les Inquisiteurs, qui seront ses yeux et ses agents dans les pays chrétiens, veilleront à l'application scrupuleuse de son autorité et des principes de stricte orthodoxie religieuse qu'il ne cesse de prôner du haut du trône de saint Pierre.

La montée du pouvoir papal

Cet évêque, donc, dis-je, cherchant à posséder une telle juridiction sur tous les princes en ce monde, quoique sans aucun droit, par la distribution ou donation des biens temporels et dîmes — dont une part inestimable est déjà tombée en sa possession, lui qui a dessein sur tous les États —, peut soulever une grave dissension et, de fait, l'a déjà soulevée et la soulève, surtout dans tout l'Empire romain [germanique], comme nous le dirons plus longuement dans ce qui va suivre.

C'est pourquoi il faut que le législateur humain ou le prince par son autorité, remarque, en matière de réception ou d'établissement des dîmes et des autres biens temporels ecclésiastiques, si les biens temporels ecclésiastiques de ce genre constituent ou non un superflu à l'égard de la satisfaction des besoins des ministres pauvres de l'Évangile, et aussi de tous les autres pauvres réduits à l'impuissance, pour lesquels de tels biens sont institués. Et il doit noter, en outre, s'il est un nécessaire besoin de ces biens pour défendre l'État ou le soutenir d'une autre façon, ou s'il n'en est pas un nécessaire besoin pour la fin déjà dite. Que s'il est un besoin nécessaire de ces biens pour cette fin déjà mentionnée, les législateurs ou princes peuvent licitement, selon la Loi divine, user de tous ces biens superflus pour la satisfaction des besoins des ministres et des pauvres dont on a parlé, et les prélever de leur propre autorité, nonobstant l'opposition des prêtres et des ministres de l'Évangile; ils peuvent prélever non seulement les dîmes, mais aussi les quartes et les tierces, et en un mot, tout ce qui est superflu par rapport à la satisfaction des besoins de ces ministres et des pauvres nécessiteux. Les prêtres doivent, en effet, se contenter des aliments et du vêtement, comme le dit l'Apôtre dans la première *Épître à Timothée*. Que s'ils n'ont pas besoin de ces biens pour l'usage ou fin déjà dite, ils commettent un péché mortel en les recevant ou en les acceptant pour eux, ou en s'efforçant d'y parvenir. Le pouvoir de distribuer de tels biens temporels ecclésiastiques ne doit pas être consenti à l'évêque de Rome, ni à un autre, ni à lui seul de concert avec son collège de prêtres, pour qu'ils ne puissent pas briguer pour eux-mêmes, par le moyen d'un tel pouvoir, les faveurs du siècle au détriment des princes et des peuples, et soulever ainsi contentions et scandales parmi les fidèles du Christ. Car ce pouvoir n'est pas pour lui un mince instrument, mais bien plutôt un puissant, pour soulever un tel combat, puisque la plupart des gens, quoique induits en erreur, croyant que de tels biens peuvent être ainsi distribués par lui, et qu'ils peuvent les recevoir à bon droit, sont facilement enclins à les acquérir et les recueillir. C'est pourquoi un tel pouvoir, nuisible au repos des fidèles, doit être totalement retiré à cet évêque ou à un autre quel qu'il soit, ou réglé de la façon requise par le concile général et le législateur humain [l'empereur]; étant donné surtout qu'il ne lui est pas dû le moins du monde par la Loi divine : dans Marsile de Padoue, mais bien plutôt qu'il lui a été interdit effectivement.

Marsile de Padoue, *Le Défenseur de la paix*,
première partie, chapitre XIX.

En face de la mise en place de cette dictature pontificale, le rôle de l'empereur sera d'exercer un pouvoir modéré, rapatriant au sein de la cité terrestre les pouvoirs que le Christ lui-même lui a confiés, lorsqu'il dit un jour à un Juif, qui refusait de payer l'impôt aux Romains : « De qui est l'effigie que tu vois sur cette pièce de monnaie? » « C'est celle de César », répondit le Juif. « Alors, rends à César ce qui est à César, et à Dieu ce qui est à Dieu. » Plus tard encore, lors de sa comparution devant le gouverneur de Judée Ponce Pilate, il a cet échange avec le magistrat romain, dont Marsile fait grand cas. Pilate dit à Jésus : « Tu sais que j'ai le pouvoir, en ce jour, de te faire crucifier, ou de te relâcher. » Et Jésus de répondre : « Ce pouvoir ne serait rien s'il ne t'avait été confié par en haut, par Dieu. » Marsile de Padoue voit dans ces commentaires du Christ la reconnaissance suprême et définitive de la prérogative civile, chargée des affaires d'ici-bas, par la volonté même de Dieu. Tandis que l'évêque de Rome ne doit détenir qu'un pouvoir spirituel, ce qui est déjà beaucoup. Ce pouvoir spirituel, Marsile de Padoue le reconnaît de bon gré.

Fondements théoriques du pouvoir de l'empereur

Parce que ce don ou privilège ne l'exprime pas clairement, ou parce qu'il s'éteignit peut-être à la suite de faits ultérieurs, ou même parce que, étant valide, la force de ce privilège ne s'étend point à tous les autres principats du monde ni à celui des Romains dans toutes ses provinces, des évêques de Rome plus récents s'attribuèrent par la suite cette juridiction coercitive universelle sur le monde entier sous un autre titre qui les incluait tous, à savoir plénitude du pouvoir qui, à ce qu'ils affirment, a été attribuée par le Christ à Saint Pierre et à ses successeurs au siège épiscopal de Rome, comme vicaires du Christ. Car le Christ, comme ils disent, et ils disent vrai, fut roi des rois et seigneur des seigneurs de l'ensemble des personnes et des biens; de cela pourtant il ne s'ensuit pas du tout ce qu'ils veulent en conclure, comme on le verra avec certitude dans la suite. Donc, le sens de ce titre pour les évêques romains est que, de même que le Christ possède la plénitude de pouvoir et de juridiction sur tous les rois, princes, communautés, groupes et personnes singulières, ainsi également ceux qui se disent eux-mêmes vicaires du Christ et de saint Pierre possèdent une telle plénitude de juridiction coercitive, limitée par aucune loi humaine.

Or, voilà un signe évident que les évêques de Rome entendent que le sens de ce titre: plénitude de pouvoir, est celui que nous avons dit : c'est qu'un certain Clément, le cinquième évêque de Rome de ce nom, s'en sert ainsi en son édit ou décrétale *De la sentence* ou de la chose jugée 25, livre VIII, contre Henri VII de divine mémoire, dernier Empereur des Romains; en révoquant une certaine sentence du bienheureux Henri, il avança, entre autres, une phrase exprimant ce que nous avons dit au sujet du sens qu'ils attribuent à ce titre. Mais nous négligerons de la citer ici parce qu'elle est connue et pour abréger, et parce que nous la citerons davantage à propos au chapitre xxv, de la Seconde Partie. Puisque, donc, le Christ n'est, ni ne fut pas davantage roi et seigneur de l'empereur romain que de tout autre roi ou prince, mais bien plutôt leur égal ou davantage, car, au temps du Christ, le prince romain régnait sur toute la terre, il est évident que le sens de ce titre s'étend aussi à tous les principats en vertu de la même racine. Que ce soit aussi le sens que les évêques de Rome donnent à ce titre, l'attaque contentieuse sur ces points de Boniface VIII, évêque des Romains, contre Philippe IV le Bel (1285–1314), roi de France, d'illustre mémoire, nous l'enseigne clairement, et la décrétale du même Boniface qui y fait suite; elle sera citée au chapitre xx, section 8 de la Seconde Partie. Dans cette décrétale, il déclara qu'il faut croire de nécessité de satut éternel que toute créature humaine est assujettie par juridiction coercitive au pontife romain.

C'est donc de cette façon que les évêques de Rome, entreprenant ces menées, d'abord sous prétexte de rechercher la paix parmi les fidèles chrétiens, excommunièrent certains qui ne voulaient pas obéir à leur sentence mais ensuite, en portant un jugement réel et personnel plus expressément contre ceux qui peuvent le moins résister à leur puissance, comme les personnes singulières et les communautés d'Italie dont le royaume divisé et déchiré dans presque toutes ses parties peut être plus aisément opprimé, mais plus modérément contre ceux, rois ou princes, dont ils redoutent la résistance et la puissance coercitive. À l'égard de ces derniers, cependant, ils se font peu à peu insinuants et tentent continuellement de s'insinuer pour usurper leurs juridictions, n'osant point envahir tout à la fois; c'est pourquoi aussi leur prévarication insidieuse a jusque-là échappé même aux empereurs romains et aux peuples qui leur sont soumis. Et en effet les évêques de Rome se sont peu à peu emparés d'une juridiction après l'autre, surtout lors d'une vacance du siège impérial, de sorte finalement que maintenant ils se prétendent détenteurs d'une juridiction temporelle coercitive totale sur ce même prince. Très récemment et tout à fait ouvertement, l'actuel évêque a écrit qu'il possédait la juridiction suprême sur le prince des Romains, tant dans les provinces italiennes que germaniques, aussi sur tous les princes de moindre rang, communautés, groupes, personnes singulières des provinces susdites, de quelque condition et dignité qu'ils soient et sur tous leur fiefs et autres biens temporels, s'attribuant ouvertement dans ses écrits le pouvoir de donner et de transférer leurs principats, comme tout le monde peut le voir clairement d'après certains écrits de cet évêque qu'il appelle édits ou sentences.

C'est pourquoi l'opinion erronée de certains évêques de Rome et peut-être leur désir pervers de gouvernement qu'ils affirment leur revenir à cause — à ce qu'ils disent — de la plénitude de pouvoir qui leur a été conférée par le Christ, est cette cause singulière qui, avons-nous dit, produit la non-tranquillité ou discorde de la cité ou royaume. C'est elle en effet qui, encline à s'insinuer dans tous les royaumes, comme nous l'avons dit au début, par son action néfaste a depuis longtemps tourmenté le royaume d'Italie, lui a interdit et lui interdit encore la tranquillité ou paix, en empêchant de tout son effort la désignation ou institution du prince, l'empereur romain et son action dans le dit empire. Le manque de cette action, à savoir de rendre la justice dans les actions civiles, fait facilement surgir les injustices et les conflits; ces derniers n'étant pas mesurés par une règle de justice ou loi à cause de l'absence de celui qui mesure, ils sont la cause de guerres d'où sont résultées les séparations des citoyens et finalement les destructions des sociétés politiques ou des cités italiennes, comme nous l'avons dit. Par cette opinion donc, et peut-être à cause du désir de gouverner dont nous avons parlé, l'évêque des Romains s'efforce de s'assujettir par juridiction coercitive et temporelle le prince des Romains, qui ne doit pas en droit, comme nous le montrerons clairement dans la suite, ni ne veut être assujetti à un tel jugement. De là sont nés tant de litiges et de discordes qu'ils ne peuvent être éteints sans un grand péril pour les âmes et les corps et un gaspillage de biens. En effet, ce n'est pas à l'évêque de Rome, ni à aucun autre évêque, prêtre ou ministre spirituel en tant que tel, que convient la charge du gouvernement coercitif sur toute personne singulière, de quelque condition qu'elle soit, sur toute communauté ou groupe; nous l'avons démontré aux chapitres xv et xvii de cette Partie. C'est aussi ce que pensa Aristote du

clergé de toute loi ou religion disant dans *La Politique*, livre IV : C'est pourquoi ce ne sont pas tous ceux qui sont élus ou désignés par le sort qui
doivent être établis comme princes, par exemple en premier lieu, les
prêtres. Cela en effet doit être tenu en dehors des principats politiques.

Marsile de Padoue, *Le Défenseur de la paix*,
deuxième partie, chapitre XXI.

Pourtant, il n'est pas encore venu, le jour où le gouvernement civil
s'affranchira de la tutelle papale. La tentative de Louis de Bavière ne servira qu'à accroître la confusion des esprits, sans profit réel pour lui ou
l'Empire. En tant que structure politique, celui-ci tombe dans une décadence irrémédiable. Les rois de France, d'Angleterre, de Castille et du
Portugal assoient de plus en plus leur pouvoir en s'affranchissant à la
fois du pape et de l'empereur. Les cités italiennes suivent le même mouvement avec des moyens plus modestes. La vie politique y renaît avec la
montée des partis et des factions. D'un côté, des chefs de guerre — ou
condottiere — se mettent au service des intérêts qui paient le mieux,
avant de faire main basse sur les cités et de fonder leur propre dynastie.
Cette nouvelle vague de tyrannie dans la péninsule, ponctuée de sursauts démocratiques quelquefois assez longs, rappelle assez la Grèce
antique.

À l'instar du pouvoir civil, le pouvoir spirituel s'effrite. Bientôt, il y
aura deux papes : l'un en Avignon, l'autre à Rome, qui s'excommunient
mutuellement. On appelle cette crise : le schisme d'Occident, qui domine tout le XIVe siècle. D'ailleurs, l'Europe de cette époque est plongée
dans des guerres terribles, dont la plus cruelle oppose la France et
l'Angleterre; c'est la guerre de Cent Ans (1338–1453). L'épidémie de
peste bubonique de 1348 ne fait rien pour arranger les choses; le quart de
la population de l'Europe périt en moins de deux ans, et l'économie ré-
gresse pratiquement partout.

Mais le germe contestataire semé par Marsile de Padoue se dévelop-
pera de façon spectaculaire à l'époque de la Renaissance, quand l'émergence du pouvoir des princes sera suffisamment visible pour que
Machiavel, autre conseiller politique d'origine italienne et grand penseur de cette époque, s'adresse à l'un des plus éminents seigneurs de
l'Italie, Laurent de Médicis, duc d'Urbin et de Florence. Dans ses écrits,
Machiavel n'aura de cesse de prodiguer les meilleurs et les plus pragmatiques conseils à ce seigneur en lui enjoignant, comme l'avait fait Marsile
de Padoue avant lui, de réaliser la paix et surtout de mener à terme l'unification de l'Italie. Ce vieux rêve, tous l'avaient nourri dans la vieille péninsule, mais personne n'avait pu le réaliser depuis près de mille ans.

La laïcisation du pouvoir politique

Dès le milieu du XIIe siècle commence à émerger une nouvelle forme d'organisation politique en Italie du Nord. On assiste, de fait, à la renaissance de la forme républicaine de gouvernement et à l'apparition d'un ordre politique fondé sur l'auto-gouvernement et sur la responsabilité des élus vis-à-vis de leurs commettants. Ce type d'organisation politique s'inspire de la république romaine ou des cités grecques et rompt avec le féodalisme qui domine l'Europe.

À la fin du siècle, la plupart des villes d'Italie du Nord sont des cités libres dites « franches ». Même si les cités italiennes conservent un lien de dépendance formel vis-à-vis l'empereur d'Allemagne, elles jouissent d'une indépendance de fait puisqu'elles ne reconnaissent que l'autorité dont elles se dotent. Cela entraîne des conflits militaires entre l'Empire et les cités italiennes, luttes dont elles sortent victorieuses jusqu'à la fin du XIVe siècle.

Ces luttes ne se déroulent pas uniquement sur le plan militaire, même si c'est là qu'elles connaissent leur dénouement. Elles prennent également une forme idéologique, et les cités renouent avec d'anciennes notions politiques, celles de liberté et d'autonomie. Elles justifient cette autonomie par la nécessité de préserver leur « liberté » contre les prétentions de l'Empereur à la souveraineté sur leur territoire.

Cette notion de liberté recouvre l'idée d'une indépendance vis-à-vis l'autorité impériale, ce qui est une forme d'autonomie. Celle-ci se concrétise dans la volonté de choisir la forme de gouvernement la mieux adaptée et dans la capacité de se doter de ses propres lois. Mais comme nous l'avons dit précédemment, ce n'est pas seulement contre l'empereur qu'il faut se prémunir, puisque les papes ont développé une fâcheuse tendance à se mêler des affaires temporelles et plus précisément de la gouverne publique.

Une première justification de type juridique de cette liberté vient de Bartolus de Saxoferrato (1314–1357), professeur de droit romain formé à Bologne. Puisque *de facto*, plusieurs cités italiennes n'obéissent pas à l'empereur, ses droits formels tombent en désuétude. Ces cités parviennent en effet à vivre dans la paix sociale et sans que règne l'anarchie. Le légiste développe un concept clé pour défendre l'autonomie des cités, celui de *sibi princeps*, qu'il définit de la façon suivante : d'une part, aucun pouvoir extérieur n'est justifié d'interférer dans leurs affaires internes; d'autre part, puisqu'elles sont autonomes, elles peuvent choisir la forme de gouvernement qui leur convient le mieux.

Dans leur lutte contre l'Empereur, les cités italiennes disposent d'un allié de poids, le pape, allié qui allait cependant se révéler encombrant par la suite, puisque les prétentions de la papauté à assumer le pouvoir temporel sur le royaume d'Italie n'allaient pas tarder à se manifester. D'abord, l'Église allait tenter de s'assurer le contrôle des gouvernements de l'Italie du Nord. C'est l'époque de la politique guelfe et des affrontements politiques entre guelfes (partisans de l'autorité pontificale) et gibelins (partisans de l'autorité impériale). Pour justifier idéologiquement ses prétentions temporelles, l'Église allait développer la doctrine de la *plenitudo potestatis*. C'est d'abord l'œuvre d'Alexandre III, qui défend le caractère particulier de l'Église et ne fait pas des États pontificaux des États comme les autres au sein de l'Empire. Elle est approfondie par Innocent IV qui, dans son décret sur le siège apostolique, souligne que la chrétienté est un corps unifié ayant à sa tête l'autorité papale. Le tout est complété par Boniface VIII qui, dans la bulle *Unam Sanctam*, rappelle le principe des deux glaives pour souligner que le pouvoir temporel doit toujours être soumis au pouvoir spirituel.

Confrontées à cette situation, les cités italiennes commencent à réagir et à défendre leur liberté, désormais contre le pape. Le mouvement prend naissance en Lombardie et acquiert une ampleur considérable à Padoue en 1266, alors que les églises refusent de payer les taxes municipales et qu'en retour, en 1282, les autorités civiles privent le clergé de la protection de la loi. Pour justifier leur résistance au pouvoir temporel du pape, les cités se sont quelquefois placées sous la tutelle protectrice de l'Empereur, comme le fait Dante dans son traité sur la monarchie et dans *La Divine Comédie*. Ce qui est intéressant dans l'argumentation de Dante, c'est la distinction nette qu'il trace entre politique et théologie. Plus précisément, Dante soutient que l'homme a une double destinée. D'une part, il lui faut assurer son salut éternel, ce qui s'opère à travers l'Église. D'autre part, il lui faut rechercher son bonheur terrestre, à travers des formes politiques adéquates.

Cependant, ce jeu de balancier entre le pape et l'Empereur était loin de soutenir la prétention des cités italiennes à l'autonomie et d'assurer la préservation de leur liberté. Ce n'est qu'à partir du moment où certains penseurs s'affranchissent de la tutelle théologique, à l'instar de Marsile de Padoue, qu'on commence à introduire un nouvel élément central dans la réflexion politique, à savoir le principe de souveraineté. Il appartiendra aux auteurs de la Renaissance, tels Machiavel ou Bodin, de développer cette problématique.

Cette volonté d'établir de nouveaux fondements au pouvoir politique est également présente dans l'œuvre de Christine de Pisan, fortement influencée par la Renaissance italienne, quoiqu'elle écrive dans une France encore médiévale. Si celle-ci est surtout connue comme la première femme de lettres, elle n'en entreprend pas moins, dans *La Cité des dames*, de s'interroger non seulement sur ce qui explique l'exclusion des femmes de la vie politique, intellectuelle et sociale, mais également de déceler les principes sur lesquels devrait être édifiée une cité où les femmes pourraient trouver un milieu propice à leur épanouissement. Les principes fondateurs d'une telle cité sont la raison, la droiture et la justice.

Dans un monde où guerre et politique ont tendance à se confondre et où la seule loi fonctionnelle semble celle du plus fort, Christine de Pisan oppose la vision d'un monde réglé par la loi, où justice pourra être faite, dans le respect de l'égalité naturelle entre les êtres humains. Ses thèmes sont ceux de la Renaissance italienne, mais aussi ceux qui seront repris ultérieurement par l'école du droit naturel et des gens, dont la contribution essentielle à la théorie politique sera d'établir une problématique de la question du contrat social.

Quatrième partie

La fondation de l'État moderne

Les nouveaux conflits qui se profilent à la fin du Moyen Âge préfigurent un nouvel horizon intellectuel qui sera ultérieurement désigné sous l'appellation de Renaissance. Les composantes fondamentales de cette mutation peuvent se résumer de la façon suivante : on assiste à l'émergence de l'humanisme, émergence dont les effets se feront sentir dans tous les domaines de la vie intellectuelle et sociale. Ce mouvement est largement favorisé par la reprise de contacts commerciaux entre les Européens et d'autres civilisations, souvent plus développées que la leur sur le plan économique et technique.

L'humanisme se veut d'abord un retour aux Anciens. L'Occident renoue avec son passé et redécouvre l'héritage romain et grec. C'est d'ailleurs ce mouvement qui explique que la période comprise entre la chute de l'Empire romain d'Occident et la reconquête chrétienne de l'Espagne soit désormais désignée sous l'appellation de Moyen Âge. En dépit de ce retour aux Anciens, on n'en est pas moins conscient que la pensée antique n'est pas toujours apte à appréhender les nouvelles situations auxquelles est confrontée l'humanité moderne. Cela se fait sentir principalement dans le domaine du droit public et des sciences naturelles.

Ce qu'il faut retenir, c'est que ces tendances philosophiques tournèrent ostensiblement le dos au néo-aristotélisme thomiste. La vieille et noble philosophie politique était mise un peu trop au service de l'ordre césaro-papiste établi, devenu très conservateur et surtout, plus oppressif que jamais. Dès 1536, Ramus défendit à l'université de Paris sa thèse de doctorat qui portait sur une réfutation en règle du néo-aristotélisme de l'Église. Retournant aux textes antiques, il montrait qu'Aristote n'avait en aucune façon défendu dans ses écrits un ordre conservateur et hiérarchique, comme les commentaires postérieurs avaient cherché à le démontrer. Cette soutenance de thèse provoqua un tel scandale que Ramus dut s'exiler de la France pour quelque temps. Il y revint par la suite, et d'autres philosophes et écrivains comme Joachim du Bellay, François Rabelais et surtout Michel de Montaigne ne se cachèrent pas, dans leurs ouvrages, pour faire écho à cet humanisme novateur, humanisme qui se fait jour dans leur style persifleur ou encore dans leurs *Essais*.

Le fait est que le contexte politique et économique était propice à cette effervescence intellectuelle. Les pays de l'Europe du Nord connaissent à la fin du Moyen Âge un grand essor scientifique de même qu'économique; qu'on songe à l'invention de l'imprimerie en Occident — elle existait déjà en Chine — par Gutenberg en 1453; aux travaux majeurs sur l'astronomie du Polonais Copernic, qui remettent en cause la conception géocentrique de Ptolémée; au développement des échanges commerciaux. Les recherches philosophiques et esthétiques d'Érasme et d'Albert Dürer, qui témoignent elles aussi de ce renouveau de la pensée, propagent à leur tour les enseignements de la Renaissance au nord des Alpes.

Cette fermentation intellectuelle sert de terroir où vont s'épanouir les nouvelles sensibilités réformatrices. Devant cette montée en puissance, l'Église romaine, de plus en plus livrée aux excès de l'Inquisition, apparaît rétrograde et son pouvoir, de plus en plus contesté. Le problème essentiel, c'est que la vénérable institution résiste à l'affirmation des États-nations; sa hiérarchie cherche partout à se superposer aux fonctionnaires des gouvernements. Dans un tel contexte, le contrôle des esprits prend une tournure de plus en plus anti-civile, dont vont s'émouvoir les gouvernements. Surtout ceux des régions et des principautés les plus prospères, que l'Église et l'Empire ne cessent de rançonner plus ou moins ouvertement au profit de leurs œuvres et de leurs entreprises.

Ce qui caractérise fondamentalement le projet humaniste, c'est qu'il place l'être humain au cœur de sa réflexion et, au premier chef, de sa réflexion politique. En ce sens, le projet moderne diffère sensiblement du projet antique. Alors que chez les Grecs, c'est l'appartenance à la communauté civique qui conférait un sens à l'existence individuelle ou que, chez les Romains, l'excellence se mesurait davantage dans la sphère publique que dans la sphère privée, du moins sous la république, l'humanisme de la Renaissance va se recomposer une tradition qui, partant du stoïcisme et passant par l'universalisme chrétien, débouchera sur l'individu porteur de droits et sujet agissant dans l'univers politique.

Parallèlement à cette démarche et, en fait, en opposition avec elle, se développent les diverses théories de la souveraineté qui visent à conférer un pouvoir absolu au monarque afin de structurer un univers politiquement cohérent qui corresponde au principe hiérarchique, lequel, selon des apparences que certains jugent trompeuses, semble constituer la loi de la nature. Ces théories de la souveraineté prendront également appui sur une tradition héritée de l'Antiquité. Le droit public romain leur fournira des instruments pour penser la puissance et l'articuler au processus de consolidation des États existants.

Le profond travail de conceptualisation politique qui s'effectue entre la fin du Moyen Âge et les grandes révolutions de la fin du xviiie siècle, s'articulant autour des notions de souveraineté et de droits individuels, fait partie d'un mouvement intellectuel plus vaste, dont nous allons analyser successivement trois composantes : la réforme protestante et l'ébranlement de l'édifice théologico-politique de la période médiévale, la montée du scientisme et du rationalisme et la remise du politique entre les mains humaines.

Du libre arbitre religieux à la liberté politique

Il n'est pas question, dans cette section, de proposer une interprétation globale de la réforme protestante, mais plutôt de tenter d'expliquer la continuité entre l'usage privé de la raison afin de découvrir le message divin et l'usage public de cette même raison dans le but d'ajuster les lois positives aux lois naturelles. Il est assez significatif, d'ailleurs, que le libéralisme comme doctrine politique trouvera beaucoup plus d'échos dans certains pays de tradition protestante que dans les pays catholiques.

Plusieurs auteurs voient dans l'essor de la Réforme un renouveau de la pensée idéaliste de l'Antiquité et parlent de néoplatonisme. Ce courant philosophique serait même antérieur à la Réforme; on le retrouverait notamment chez Érasme. La réhabilitation de divers textes datant de l'Antiquité ou présumés tels comme les prétendues « révélations » d'Hermès Trismégiste, auxquelles on attribuait la plus haute antiquité — on disait qu'il s'agissait de textes égyptiens que les anciens Grecs avaient découverts dans les temples de ce pays et traduits dans leur propre langue — va de pair avec la renaissance des conceptions fondamentales portant sur l'acte de création, la nature divine de l'âme et le dialogue personnel avec Dieu, qui serait la seule source de lumière. La vérité, c'est qu'on cherche des sources théoriques à l'extérieur de l'enseignement de l'Église. Or, à cette époque, elles ne sont tout simplement pas disponibles.

Lorsqu'en 1517 Martin Luther (1483–1546) affiche sur les portes de l'église de Wittenberg ses fameuses « 95 thèses », un grand pas est franchi contre le pouvoir de la papauté. La dénonciation de Luther s'appuie sur un fait précis, qui lui apparaît inacceptable; en effet, le pape s'est mis à vendre par toute la chrétienté des indulgences, de manière à financer la reconstruction de la basilique Saint-Pierre de Rome. Le matérialisme et le triomphalisme qu'affiche l'Église à cette époque inspirent à Luther un salutaire retour à l'enseignement des premiers, qui avaient le grand mérite de vivre dans la simplicité. Y est mise en évidence, notamment, la préséance du libre arbitre sur le dogme et les règlements imposés par le pape.

Déclaration de Luther

> Jusqu'à ce que je sois convaincu par le témoignage des Écritures ou par la vertu de la raison — il ne m'est pas possible de faire uniquement confiance au pape ou à ses conciles, car on sait à quel point ils se sont souvent trompés —, je suis lié aux Écritures que je cite dans mes ouvrages et je demeure captif de la parole de Dieu. Je ne peux ni ne veux rien rétracter de ce que j'ai dit, car il n'est ni prudent ni juste d'aller contre sa conscience. Je ne peux dès lors faire autrement. Tel est mon point de vue. Que Dieu me vienne en aide.

La protestation de Luther connaît vite un tel succès, à l'échelle de toute l'Allemagne, qu'il est impossible de la voir comme la démarche d'un solitaire ou d'un original. Les temps sont mûrs pour de grands changements. L'enseignement de l'Église n'apparaît plus capable de canaliser les aspirations des individus de la Renaissance, ni de traduire les formes modernes de dévotion que des théologiens comme le Néerlandais Geert Groote et les Anglais Guillaume d'Occam et William Langland ont introduites peu auparavant. Ce courant nouveau, la *devotio moderna* ou dévotion moderne, se teinte d'augustinisme; la nature humaine est vue comme livrée au péché, comme en témoigne d'ailleurs l'évolution corrompue de l'Église et de la société. Le salut n'est possible que sur une base personnelle, par la renonciation au luxe et aux jouissances et le dialogue personnel avec Dieu.

L'objectif de Luther est loin d'être politique. Il se situe plutôt dans la perspective augustinienne, où la liberté est avant tout intérieure. Elle se définit négativement par rapport au politique et suppose même le retrait du politique. Comme d'autres avant lui, il est profondément outré par l'immixtion de l'Église dans les affaires temporelles et les jeux de puissance à l'échelle européenne. Préconisant un tournant spirituel de l'Église, il vise avant tout la prétention papale à régenter la gouverne civile. Malgré tout, il allait ébranler de façon décisive l'édifice médiéval de l'autorité par sa remise en cause du magistère chrétien. En proclamant le sacerdoce universel, à savoir la capacité pour chacun de parvenir à une compréhension du message divin par son propre travail sur les Écritures, Luther rendait caduque l'intervention du clergé dans l'éclaircissement de la loi divine et laissait à chacun la possibilité d'émerger comme individu pensant.

Les conséquences politiques d'une telle position n'allaient pas tarder à se faire sentir. Si la volonté de revenir à la pureté du christianisme primitif a inspiré un nouveau mysticisme, elle a également donné lieu à des tentatives d'instaurer sur terre le royaume du Christ. Alors que, dans la guerre des Paysans qui éclate à cette époque en Allemagne, Luther prend très clairement parti pour les princes et préconise une soumission des chrétiens au pouvoir temporel, Thomas Münzer voit dans l'Évangile une justification des luttes paysannes et il trouve dans l'idée de la liberté chrétienne le fondement d'un droit politique.

Luther prône le retrait de l'Église des affaires temporelles, comme l'avait fait Marsile de Padoue avant lui. Il sanctionne de ce fait la suprématie des États-nations en émergence. Nulle surprise alors à ce que les princes allemands se rangent avec enthousiasme derrière sa bannière. Au début, Martin Luther prêche malgré tout la soumission passive au pouvoir absolu. Mais les événements se précipitent. En 1529 l'empereur Charles Quint, catholique fervent, dénonce Luther et exige la suppression de son « hérésie », par la force si nécessaire. Le protestataire du début se tourne alors rapidement vers une doctrine de résistance active à l'absolutisme, qui tourne à la guerre civile quand les princes allemands, sous son inspiration, s'arment contre l'Empereur. Les guerres de religion débutent, qui dévasteront l'Europe pendant presque cent ans. D'abord vaincus, les protestants, comme on les appelle désormais, finissent en 1555 par imposer à Charles Quint la paix d'Augsbourg, qui reconnaît la liberté du choix religieux en Allemagne, selon le principe *cujus regio, ejus religio*, à savoir que la religion officielle dans un État dépend du choix des autorités politiques de cet État. Entretemps, le luthéranisme se répand en Scandinavie, en Angleterre, qui s'affranchit du catholicisme une première fois en 1536 et une seconde fois en 1558, en Écosse et même en France.

Le calvinisme, issu de la pensée du Français Jean Calvin (1509–1564), se rapproche du luthéranisme. Plus que celui-ci, il met en place une conception politique précise à partir de la fonction de l'éphorat, que l'on retrouvait dans les cités antiques. À Sparte, Athènes et Rome, les éphores ou tribuns étaient ces magistrats élus par le peuple pour protéger la cité contre les abus des rois ou des tyrans. Calvin se fait ici l'écho des observations de Machiavel sur la fonction du tribunat à Rome, qui avait su habilement tirer parti de la division entre le sénat et le peuple pour assurer plus de liberté aux Romains de l'époque républicaine.

De la même façon, Jean Calvin n'adhère pas au déchirement luthé-
rien entre la foi et la loi. S'il distingue les deux ordres, il n'en préconise
pas moins dans l'*Institution de la religion chrétienne* (1536 pour l'édition latine, 1541 pour l'édition française, considérablement augmentée par rapport à la première) que l'organisation sociale et politique, qui répond à
une nécessité universelle, relève essentiellement de la raison humaine.
Pour Calvin, le devoir du chrétien n'est pas de se désintéresser du
monde dans lequel il vit; au contraire, il peut et doit y faire œuvre positive, et la soumission à la loi divine permet d'élaborer une politique rationnelle. Certes, l'exemple genevois nous montre que ce que Calvin
entend par politique rationnelle s'éloigne sensiblement d'un idéal libertaire, mais il n'en demeure pas moins qu'il est fondé sur une certaine
égalité civique (qui présente certaines similitudes avec l'égalité caractéri-
sant les régimes tyranniques dont parlera plus tard Montesquieu) et que
le fondement de la contrainte n'y réside plus dans la tradition, mais dans
l'Évangile interprété par la raison.

En sorte que les cités calvinistes, telles que Genève, Bâle et Zurich
en Suisse, La Rochelle en France, Amsterdam et Anvers aux Pays-Bas,
deviennent rapidement des État libres (non pas parce qu'ils représente-
raient le paradis des libertés individuelles, mais plutôt parce qu'ils s'affranchissent de toute tutelle politique externe) régis par un pouvoir
collégial élu, mais dont le fondement théorique est bel et bien divin. Ce
sont ces sénateurs calvinistes qui finissent par rejeter tout pouvoir papal
ou impérial. D'où la révolte de La Rochelle en 1572 et des Pays-Bas en
1576 contre les exactions du pouvoir central. Ces insurrections populaires vont occasionner de nouvelles guerres de religion, mettant aux
prises d'un côté les rois de France et d'Espagne, souverains catholiques,
et de l'autre les cités et territoires libres de confession protestante.

Ces guerres seront terribles : qu'songe pense au massacre des protestants français à Paris sur l'ordre de Catherine de Médicis en 1572, lors
de la tristement célèbre Saint-Barthélemy, à la prise et au sac d'Anvers
par Alexandre Farnèse, général du roi Philippe II d'Espagne en 1576,
enfin à l'expédition malheureuse de la flotte espagnole, appelée bien à
tort l'Invincible Armada, contre l'Angleterre en 1588. Malgré des dépenses considérables et un effort militaire immense, qui vont épuiser
économiquement les pays latins et leurs colonies américaines, le pouvoir
des rois catholiques et de l'Église ne pourra être restauré durablement en
Europe du Nord. La neutralité de la France après 1598, l'indépendance
des Pays-Bas en 1604, puis la guerre de Trente Ans, qui s'achève en 1648
après avoir ruiné l'Allemagne, confirment une fois pour toutes les acquis
de la réforme protestante et le pouvoir des États-nations. Comme l'a si
bien montré Fernand Braudel, l'Europe du Sud, désormais soumise à
une stricte orthodoxie catholique, tombera peu à peu en décadence sur

les plans scientifique d'abord, économique ensuite, et l'hégémonie de la France jusqu'en 1713, puis de l'Angleterre, dominera la politique européenne et même mondiale jusqu'à l'aube du xxe siècle.

L'Angleterre du xvie siècle est déchirée, comme toutes les autres nations d'Europe, par ces querelles religieuses qui, tel que l'avait prédit Machiavel, ont pour conséquence de faire disparaître toute référence à l'ordre ancien, en établissant un monde moderne établi sur de nouvelles valeurs, sur un nouveau paradigme : celui du libre arbitre sanctionné par le droit. Les princes de la Renaissance avaient souhaité modifier la carte du monde, et il convient de reconnaître qu'ils y ont réussi, souvent au-delà de leurs espérances. Comme on vient de le voir, cette mutation majeure a d'abord été celle des esprits.

L'apport de la réforme protestante aux idées politiques est double. D'une part, cette réforme introduit le pluralisme des opinions. Ce pluralisme est dans un premier temps beaucoup plus théorique que réel, puisqu'il compose avec l'idée de religion officielle; cependant, c'est sur cette base que pourra ensuite naître l'idée de tolérance religieuse et, plus tard, la lutte contre l'intolérance qui prendra une forme à la fois religieuse et politique. D'autre part, la réforme protestante rend nécessaire une nouvelle justification du pouvoir politique et donne lieu à un nouveau discours sur la souveraineté et sur son fondement dans la loi qui remet à l'ordre du jour les théories jusnaturalistes en même temps que les pratiques absolutistes. Si nous examinons le pluralisme de fait qu'introduit la réforme protestante, nous sommes mieux en mesure de tracer le cheminement qui a permis de transformer la religion d'affaire d'État en affaire privée, entraînant ainsi la liberté religieuse et une disparition graduelle de la censure. C'est à Thomas Hobbes qu'on doit cette première forme de privatisation de la religion. Celui-ci préconise un modèle étatique indépendant des convictions et des opinions de ses sujets et reposant sur la seule autorité du prince, ce qui est l'unique façon, selon lui, de maintenir la paix civile. Les convictions religieuses, dans le système de Hobbes, sont donc ramenées au rang d'opinions trop mouvantes pour instituer un ordre politique durable. C'est sur cette base que John Locke pourra prôner une véritable tolérance au plan religieux tout en soulignant que le pouvoir doit se fonder non plus sur la seule autorité du prince, mais bien sur le consentement des gouvernés qui, après avoir confronté leurs opinions, seront en mesure de prendre une décision qui aura force de loi.

L'humanisme chrétien d'un Érasme ou d'un Thomas More n'est pas en reste avec les réformateurs protestants pour ce qui est de penser de nouveaux rapports entre le pouvoir spirituel et le pouvoir temporel. Ainsi, dans sa tentative de définir les qualités d'un bon prince chrétien, Érasme insiste-t-il, outre les qualités morales nécessaires au prince, sur le fait que son pouvoir ne peut être absolu. Tous les chrétiens, par leur qualité d'enfants de Dieu, sont dotés d'une certaine liberté qui impose des limites par rapport aux notions antiques d'*imperium* et de *dominium*. Le pouvoir du prince ne peut être absolu et doit reposer sur un certain consentement des gouvernés. On pourrait même invoquer le patronage d'Érasme pour soutenir que, dans certaines circonstances, il pourrait être légitime pour des chrétiens de se soulever contre un mauvais prince. Une des vertus politiques cardinales du souverain serait donc la modération.

La critique sociale est encore plus évidente chez Thomas More, dont *L'Utopie* est particulièrement acerbe vis-à-vis des mouvements de clôture de terres et de la misère qui règne alors dans les campagnes anglaises avec le cortège d'abus de pouvoir qu'elle provoque. C'est surtout dans la deuxième partie de l'ouvrage, alors qu'il décrit les conditions d'existence en Utopie, que l'on peut voir émerger certains éléments de sa doctrine politique, dont le fait que ce sont des règles de droit et un principe électif qui doivent être à la base de l'organisation des communautés politiques.

La montée du rationalisme et de l'empirisme

En face du monde nouveau créé par la Réforme, une attitude généralement plus rationaliste émerge au XVIIe siècle. C'est celle de l'empirisme. Si la science moderne et le rationalisme ne triomphent qu'au XVIIe siècle, des avancées importantes se profilent à partir du XVe siècle. Ce sont d'ailleurs ces progrès qui ont rendu possible l'exploration de la planète par les Européens, quoique ces progrès aient d'abord été accomplis dans des aires de civilisation extra-européenne, comme le monde arabo-musulman. À leur façon, Francis Bacon, Galilée et René Descartes transformeront notre vision de l'univers et auront de ce fait une influence sur nos perceptions du politique.

Les réflexions de Bacon portent d'abord sur le droit anglais, qu'il contribue à codifier sous le règne de Jacques 1er, puis sur les sciences naturelles. Ses œuvres maîtresses sont *L'Avancement de la science* (1605), *Le Nouvel Organon* (1620) et *La Nouvelle Atlantide*, publiée à titre posthume. Conscient de la superficialité de la connaissance de son temps, basée sur une personnalisation de l'objet, c'est-à-dire un subjectivisme de l'ensemble de la démarche scientifique, Bacon demande de séparer plus scrupuleusement que par le passé le sujet qui étudie de l'objet sous étude. La personnalité du chercheur, non plus que son talent oratoire ou littéraire, ne doivent colorer ou biaiser les résultats de l'étude. On assiste, grâce à Bacon, à l'introduction de l'objectivité comme prérequis de la démarche scientifique elle-même.

De même Bacon souligne-t-il la confusion de la méthode scientifique elle-même où, depuis Aristote, des observations empiriques judicieuses coexistent avec des superstitions teintées de magie et des opinions toutes faites, glanées au hasard de la littérature médiévale et jamais remises en question. Contre ces préjugés, il propose alors la méthode expérimentale, qu'Aristote avait le premier introduite, mais qu'il associe maintenant au raisonnement causal où chaque expérience donne lieu à une déduction, c'est-à-dire à une conclusion simple et limitée qui, par la suite, inspire à son tour une seconde expérience du même type. Et ainsi de suite. On peut y voir l'origine du doute et de l'installation de l'être humain comme lieu à partir duquel peut se penser l'univers.

Quant à Galilée, il n'est pas le premier à remettre en cause l'idée d'un monde fini ou encore le système astronomique de Ptolémée fondé sur le postulat que la Terre est le centre de l'univers. Cependant, avec l'invention du télescope, il transforme les hypothèses de Copernic ou de Kepler en faits démontrables. L'apport de Galilée se fera donc sentir dans deux domaines essentiellement : l'être humain peut aller à la découverte de la nature, d'une part et, d'autre part, la nature possède un langage spécifique, le langage mathématique.

Ce n'est cependant qu'avec le triomphe du rationalisme et son application au domaine politique que la voie sera complètement ouverte à l'éclosion du libéralisme. Non seulement l'« Homme » est-il une valeur en soi, mais il devient avec la montée du rationalisme le centre et l'organisateur du monde. Cessant d'attendre la révélation, les pensées rationalistes cherchent à interpréter le monde à partir de la logique mathématique, non seulement pour en déceler le sens mais également, au besoin, pour lui en conférer un qui soit plus conforme à la raison. D'où, dans le domaine politique, les constructions doctrinales de Grotius, Hobbes, Spinoza et Locke, qui visent toutes à rationaliser l'univers politique.

Dans l'ordre politique, la raison doit s'incarner dans la loi. Poursuivant les réflexions de Machiavel et de Bodin sur la souveraineté étatique, la réflexion politique essaiera de penser l'État législateur dans un contexte où la loi n'exprimera pas seulement la volonté des gouvernants, mais pourra susciter l'adhésion des citoyens sur la base d'une évaluation rationnelle de leurs intérêts. La raison légale devient ainsi le creuset des libertés civiles et politiques et permet de penser une liberté qui ne soit pas incompatible avec l'ordre. C'est ce qui explique qu'aux XVIIe et XVIIIe siècles la citoyenneté se pense en même temps que la construction rationnelle de l'État à travers un diptyque citoyenneté/ souveraineté. Par une de ses ruses, l'histoire nous ramène donc d'une liberté hors du politique à une liberté politique, et l'on assiste à la création, au cours du xviiie siècle, d'une sphère publique bourgeoise où l'opinion publique présente une certaine similitude avec la sphère publique de l'Antiquité classique, alors que dans le domaine politique, on va chercher la vérité dans la confrontation créatrice des opinions.

Machiavel

Cet intellectuel et penseur de Florence, également issu de la classe moyenne, évoque à plus d'un titre Marsile de Padoue. Il écrit dans une conjoncture particulièrement troublée, en prenant le parti d'un prince contesté. Mais, contrairement au Padouan, il ne sera jamais récompensé de ses services et il sera affublé bien injustement du titre immérité de penseur cynique, voire « machiavélique ». Né à Florence en 1469, il grandit dans le cadre d'une république dominée par la famille des Médicis. Sous la gouverne du duc Laurent de Médicis (1479–1492), cette dynastie connaît une gloire qui en fait une des familles les plus puissantes d'Italie, capable en apparence de résister aux ambitions du pape et des duchés nominalement rattachés au Saint Empire, comme Milan. Machiavel est le témoin privilégié de l'époque de transition qui, au début du XVIe siècle, voit s'affaiblir l'autonomie de la république. Il en est aussi l'un des observateurs les plus lucides et en même temps un acteur de première ligne.

Lorsqu'en 1492 meurt Laurent le Magnifique, la dynastie connaît des difficultés extérieures à la suite d'un complot des Visconti de Milan, qui appellent à la rescousse les armées françaises. Épargnée lors de la première des guerres d'Italie (1494–1502), mais aux prises avec de sérieux revers militaires, Florence n'en chasse pas moins les Médicis en 1492, sous la conduite d'un démagogue génial, un moine exalté du nom de Savonarole. Celui-ci veut instaurer une démocratie « divine » à Florence, basée sur des principes religieux très stricts. Avec sa disparition en 1502, sur le bûcher qu'il avait lui-même allumé à l'intention des hérétiques — un destin qui annonce celui de Robespierre bien plus tard —, la république bourgeoise est rétablie et Nicolas Machiavel en devient le premier secrétaire. Souvent ambassadeur auprès des cours d'Europe, sa politique faite de fine diplomatie et de pragmatisme, un trait que l'on retrouvera dans ses ouvrages, préserve Florence pendant dix ans des ambitions du pape et de celles du roi de France.

Lors de la seconde guerre d'Italie, les Médicis trouvent le moyen, aidés par les Français, de revenir sur le trône de Florence. Machiavel est discrédité et exilé sur ses terres, à la campagne. C'est là qu'il écrit en 1513 *Le Prince*, son livre majeur, qu'il dédie à Julien de Médicis, dans l'espoir de retrouver la faveur du prince restauré. Peine perdue, Julien ne vit pas assez longtemps pour oublier toute méfiance et Laurent II, duc d'Urbin, qui lui succède, n'a ni les moyens ni l'audace d'embaucher Machiavel. Le penseur écrit alors, entre 1514 et 1519, une somme de réflexions sur le pouvoir politique, sous le titre de *Discours sur la première décade de Tite-Live*, dans lequel il commente cet ancien historien romain tout en s'en distançant résolument. On lui doit encore l'*Art de la guerre* (1520), une *Vie de Castruccio Castracani* (1520), une *Histoire de Florence* (1525), et même des pièces de théâtre, telle la fameuse comédie *La Mandragore*. Il meurt en 1527 sans être jamais revenu dans la faveur des Médicis et sans avoir repris du service. Machiavel est une autre victime de ses convictions.

Le hasard ou la fortune dans l'histoire politique

Digne continuateur de Démocrite et d'Épicure, ardent matérialiste, Machiavel interprète l'apparition des régimes politiques d'une tout autre manière que les scolastiques qui l'avaient précédé. Il ne discerne plus le grand dessein de Dieu à l'œuvre dans les activités humaines, mais la multiplication des formes d'organisation sociale et politique que seul le hasard ou la fortune semble avoir déterminées. Formes avec lesquelles nous devons vivre, pour le meilleur et pour le pire. Les exemples ne manquent pas de toutes ces cités qui sont venues au monde avec des caractéristiques diverses, les unes meilleures que les autres, toutes confrontées à la nécessité de survivre au gré des circonstances.

Les lois du hasard font les cités fragiles ou durables

Des différentes formes de républiques.
Quelles furent celles de la République romaine

Je veux mettre à part ce qu'on pourrait dire des villes qui, dès leur naissance, ont été soumises à une puissance étrangère; je parlerai seulement de celles dont l'origine a été indépendante, et qui se sont d'abord gouvernées par leurs propres lois, soit comme républiques, soit comme monarchies. Leur constitution et leurs lois ont différé comme leur origine. Les unes ont eu, en commençant ou peu de temps après, un législateur qui, comme Lycurgue chez les Lacédémoniens, leur a donné, en une seule fois, toutes les lois qu'elles devaient avoir. Les autres, comme Rome, ont dû les leurs au hasard, aux événements, et les ont reçues à plusieurs reprises.

C'est un grand bonheur pour une république d'avoir un législateur assez sage pour lui donner des lois telles que, sans avoir besoin d'être corrigées, elles puissent y maintenir l'ordre et la paix. Sparte observa les siennes plus de huit cents ans sans les altérer et sans éprouver aucune commotion dangereuse. Malheureuse, au contraire, la république qui, n'étant pas tombée d'abord dans les mains d'un législateur habile et prudent, est obligée de réformer elle-même ses lois. Plus malheureuse encore, celle qui s'est éloignée en commençant d'une bonne constitution; et celle-là en est plus éloignée dont les institutions vicieuses contrarient la marche, l'écartent du droit chemin qui conduit au but, parce qu'il est presque impossible qu'aucun événement ne l'y fasse rentrer. Les républiques, au contraire, qui, sans avoir une constitution parfaite, mais dont les principes naturellement bons sont encore capables de devenir meilleurs, ces républiques, dis-je, peuvent se perfectionner à l'aide des événements.

Il est bien vrai que ces réformes ne s'opèrent jamais sans danger parce que, jamais, la multitude ne s'accorde sur l'établissement d'une loi nouvelle tendant à changer la constitution de l'État, sans être fortement frappée de la nécessité de ce changement. Or, cette nécessité ne peut se faire sentir sans être accompagnée de danger. La République peut être aisément détruite avant d'avoir perfectionné sa constitution. Celle de Florence en est une preuve complète. Réorganisée après la révolte d'Arezzo, en 1502, et renversée après la prise de Prato, en 1512.

M'étant proposé de déterminer la sorte de gouvernement établie à Rome, et de parler des événements qui le conduisirent à sa perfection, je dois d'abord faire observer que la plupart de ceux qui ont écrit sur la politique distinguent trois sortes de gouvernements : le monarchique, l'aristocratique, et le démocratique, et que les législateurs d'un peuple doivent choisir entre ces formes celle qui leur paraît le plus convenable d'employer.

D'autres auteurs, plus sages selon l'opinion de bien des gens, comptent six espèces de gouvernements, dont trois très mauvais, trois qui sont bons en eux-mêmes, mais si sujets à se corrompre qu'ils deviennent tout à fait mauvais. Les trois bons sont ceux que nous venons de nommer. Les trois mauvais ne sont que des dépendances et des dégradations des trois autres, et chacun d'eux ressemble tellement à celui auquel il correspond que l'on passe facilement de l'un à l'autre. Ainsi la monarchie devient tyrannie, l'aristocratie dégénère en oligarchie, et le gouvernement populaire se résout en une licencieuse oligarchie. En sorte qu'un législateur qui donne à l'État qu'il fonde un de ces trois gouvernements le constitue pour peu de temps, car nulle précaution ne peut empêcher que chacune de ces espèces, réputées bonnes, quelle qu'elle soit, ne dégénère dans son espèce correspondante : tant le bien et le mal ont ici entre eux et d'attraits et de ressemblances.

Le hasard a donné naissance à toutes les espèces de gouvernements parmi les hommes. Les premiers habitants furent peu nombreux, et vécurent pendant un temps, dispersés, à la manière des bêtes. Le genre humain venant à s'accroître, on sentit le besoin de se réunir, de se défendre; pour mieux parvenir à ce dernier but, on choisit le plus fort, le plus courageux; les autres le mirent à leur tête, et promirent de lui obéir. À l'époque de leur réunion en société, on commença à connaître ce qui est bon et honnête, et à le distinguer d'avec ce qui est vicieux et mauvais. On vit un homme nuire à son bienfaiteur. Deux sentiments s'élevèrent à l'instant dans tous les cœurs : la haine pour l'ingrat, l'amour pour l'homme bienfaisant. On blâma le premier; et on honora d'autant plus ceux qui, au contraire, se montrèrent reconnaissants que chacun d'eux sentit qu'il pouvait éprouver pareille injure. Pour prévenir de tels maux, les hommes se déterminèrent à faire des lois, et à ordonner des punitions pour qui y contreviendrait. Telle fut l'origine de la justice.

À peine fut-elle connue qu'elle influa sur le choix du chef qu'on eut à nommer. On ne s'adressa ni au plus fort, ni au plus brave, mais au plus sage et au plus juste. Comme la souveraineté devint héréditaire et non élective, les enfants commencèrent à dégénérer de leurs pères. Loin de chercher à les égaler en vertus, ils ne firent consister l'état de prince qu'à se distinguer par le luxe, la mollesse et le raffinement de tous les plaisirs. Aussi, bientôt le prince s'attira la haine commune. Objet de haine, il éprouva de la crainte; la crainte lui dicta les précautions et l'offense; et l'on vit s'élever la tyrannie. Tels furent les commencements et les causes des désordres, des conspirations, des complots contre les souverains. Ils ne furent pas ourdis par les âmes faibles et timides; mais par ceux des citoyens qui, surpassant les autres en grandeur d'âme, en richesse, en courage, se sentaient plus vivement blessés de leurs outrages et de leurs excès.

Sous des chefs aussi puissants, la multitude s'arma contre le tyran, et après s'en être défait, elle se soumit à ses libérateurs. Ceux-ci, abhorrant jusqu'au nom de prince, composèrent eux-mêmes le gouvernement nouveau. Dans le commencement, ayant sans cesse présent le souvenir de l'ancienne tyrannie, on les vit, fidèles observateurs des lois qu'ils avaient établies, préférer le bien public à leur propre intérêt, administrer, protéger avec le plus grand soin et la république et les particuliers. Les enfants succédèrent à leurs pères. Ne connaissant pas les changements de la fortune, n'ayant jamais éprouvé ses revers, souvent choqués de cette égalité qui doit régner entre citoyens, on les vit livrés à la cupidité, à l'ambition, au libertinage et, pour satisfaire leurs passions, employer, même, la violence. Ils firent bientôt dégénérer le gouvernement aristocratique en une tyrannie oligarchique. Ces nouveaux tyrans éprouvèrent bientôt le sort du premier. Le peuple, dégoûté de leur gouvernement, fut aux ordres de quiconque voulut les attaquer; et ces dispositions produisirent bientôt un vengeur qui fut assez bien secondé pour les détruire.

Le souvenir du prince et des maux qu'il avait faits était encore trop récent pour qu'on cherchât à le rétablir. Ainsi donc, quoiqu'on eût renversé l'oligarchie, on ne voulut pas retourner sous le gouvernement d'un seul. On se détermina pour le gouvernement populaire, et par là on empêcha que l'autorité ne tombât entre les mains d'un prince, ou d'un petit nombre de grands. Tous les gouvernements, en commençant, ont quelque retenue, aussi l'État populaire se maintenait-il pendant un temps, qui ne fut jamais très long et qui durait ordinairement à peu près autant que la génération qui l'avait établi. On en vint bientôt à cette espèce de licence où l'on blessait également et le public et les particuliers. Chaque individu ne consultant que ses passions, il se commettait tous les jours mille injustices. Enfin, pressé par la nécessité, ou dirigé par les conseils d'un homme de bien, le peuple chercha les moyens d'échapper à cette licence. Il crut les trouver en revenant au gouvernement d'un seul; et, de celui-ci, on revint encore à la licence, en passant par tous les degrés que l'on avait suivis, de la même manière et pour les mêmes causes que nous avons indiquées.

Tel est le cercle que sont destinés à parcourir les États. Rarement, il est vrai, les voit-on revenir aux mêmes formes de gouvernement; mais cela vient de ce que leur durée n'est pas assez longue pour pouvoir subir plusieurs fois ces changements avant d'être renversés. Les divers maux dont ils sont travaillés les fatiguent, leur ôtent la force, la prudence du conseil, et les assujettissent bientôt à un État voisin, dont la constitution se trouve plus saine. Mais s'ils parvenaient à éviter ce danger, on les verrait tourner à l'infini sur ce même cercle de révolutions.

Je dis donc que toutes ces espèces de gouvernements sont défectueuses. Ceux que nous avons qualifiés de *bons* durent trop peu. La nature des autres est d'être *mauvais*. Aussi les législateurs prudents ayant connu les vices de chacun de ces modes, pris séparément, en ont choisi un qui participât de tous les autres, et l'ont jugé plus solide et plus stable. En effet, quand, dans la même constitution, vous réunissez un prince, des grands, et la puissance du peuple, chacun de ces trois pouvoirs s'observe réciproquement.

Parmi les hommes justement célèbres pour avoir établi une pareille constitution, celui qui mérite le plus d'éloge, sans doute, est Lycurgue. Il organisa de telle manière celle de Sparte qu'en donnant à ses rois, aux grands et au peuple, chacun sa portion d'autorité et de fonctions, il fit un gouvernement qui se soutint plus de huit cents ans dans la plus parfaite tranquillité, et qui valut à ce législateur une gloire infinie.

Le sort des lois données à Athènes par Solon fut bien différent. Celui-ci n'établit que le gouvernement populaire, et il fut de si courte durée que, avant sa mort, le législateur vit naître la tyrannie de Pisistrate. Vainement, quarante ans après, les héritiers du tyran furent chassés; vainement Athènes recouvra sa liberté, rétablit le gouvernement populaire d'après les lois de Solon : celui-ci ne dura pas plus de cent ans, bien que, pour le maintenir, on fît, contre l'insolence des grands et la licence de la multitude, une infinité de lois échappées à la prudence du premier législateur. La faute qu'il avait commise de ne point tempérer le pouvoir du peuple par celui du prince et des grands rendit la durée d'Athènes, comparée à celle de Sparte, infiniment plus courte.

Mais venons-en à Rome. Celle-ci n'eut pas un législateur comme Lycurgue qui la constituât à son origine de manière à conserver sa liberté. Cependant la désunion qui existait entre le sénat et le peuple produisit des événements si extraordinaires que le hasard opéra en sa faveur ce que la loi n'avait point prévu. Si elle n'obtint pas le premier degré de bonheur, elle eut au moins le second. Ses premières institutions furent défectueuses, sans doute, mais elles n'étaient pas en opposition avec les principes qui pouvaient les conduire à la perfection. Romulus et tous les autres rois lui en donnèrent quelques-unes qui pouvaient convenir même à un peuple libre; mais comme le but de ces princes était de fonder une monarchie et non une république, quand Rome devint libre, elle se trouva manquer des institutions les plus nécessaires à la liberté, et que ses rois n'avaient pu ni dû établir. Lorsque ceux-ci furent chassés par les motifs et de la manière que l'on sait, comme on substitua sur-le-champ, à leur place, deux consuls, il se trouva qu'on avait bien moins banni l'autorité royale de Rome que le nom du roi. Le gouvernement, composé de consuls et du sénat, n'avait que deux des trois éléments dont nous avons parlé : le monarchique et l'aristocratique. Il n'y manquait plus que le démocratique. Mais, dans la suite, l'insolence de la noblesse, produite par les causes que nous verrons plus bas, souleva le peuple contre elle; celle-ci, pour ne pas perdre toute sa puissance, fut forcée de lui en céder une partie; mais le Sénat et les consuls en retinrent une assez grande mesure pour conserver leur rang dans l'État.

C'est alors que s'élevèrent et s'établirent les tribuns; avec eux s'affermit la République, désormais composée de trois éléments dont nous avons parlé plus haut. La fortune lui fut si favorable que, l'autorité passant successivement des rois et des Grands au peuple, par les mêmes degrés et pour les mêmes motifs qui ont produit ailleurs, comme nous l'avons vu, les mêmes changements, on n'abolit jamais entièrement la puissance royale pour en revêtir les Grands. On ne priva jamais ceux-ci, en totalité, de leur autorité pour la donner au peuple mais on fit une combinaison de trois pouvoirs qui rendit la constitution parfaite. Elle n'arriva à cette perfection que par la désunion du Sénat et du peuple, comme nous le ferons voir amplement dans les deux chapitres suivants.

Chapitre IV

Que la désunion du sénat et du peuple a rendu la république romaine puissante et libre

Je me garderai bien de passer sous silence les troubles qui eurent lieu à Rome depuis la mort des Tarquins jusqu'à la création des tribuns. Je ne réfuterai pas moins ensuite l'opinion de ceux qui veulent que la république romaine ait toujours été un théâtre de confusion et de désordre, et que sans son extrême fortune, et la discipline militaire qui suppléait à ses défauts, elle n'eût mérité que le dernier rang parmi toutes les républiques.

Je ne peux nier que l'Empire romain ne fût, si l'on veut, l'ouvrage de la fortune et de la discipline. Mais il me semble qu'on devrait s'apercevoir que là où règne une bonne discipline, là règne aussi l'ordre; et rarement la fortune ne marche-t-elle pas à la suite. Entrons cependant, à cet égard, dans les détails. Je soutiens à ceux qui blâment les querelles du sénat et du peuple, qu'ils condamnent ce qui fut le principe de la liberté, et qu'ils sont beaucoup plus frappés des cris et du bruit qu'elles occasionnaient dans la place publique que des bons effets qu'elles produisaient.

Dans toute république, il y a deux partis : celui des grands et celui du peuple; et toutes les lois favorables à la liberté ne naissent que de leur opposition. Depuis les Tarquins jusqu'aux Gracques, c'est-à-dire en l'espace de plus de trois cents ans, les troubles n'y occasionnèrent que fort peu d'exils et coûtèrent encore moins de sang; mais peut-on les croire bien nuisibles et les regarder comme funestes à une république qui, durant le cours de tant d'années, voit à peine, à leur occasion, huit ou dix citoyens envoyés en exil, n'en fait mettre à mort qu'un très petit nombre, et en condamne même très peu à des amendes pécuniaires? Est-on autorisé à regarder comme bien désordonnée une république où l'on voit briller tant de vertus? C'est la bonne éducation qui les fit éclore et celle-ci n'est due qu'à de bonnes lois; les bonnes lois, à leur tour, sont le produit de ces agitations que la plupart condamnent si inconsidérément. Quiconque examinera avec soin l'issue de ces mouvements ne trouvera pas qu'ils aient été cause d'aucune violence qui ait tourné au préjudice du bien public; il se convaincra même qu'ils ont fait naître des règlements à l'avantage de la liberté.

Mais, dira-t-on, quels étranges moyens! Quoi! Entendre sans cesse les cris d'un peuple effréné contre le Sénat, et du Sénat déclamant contre le peuple! Voir courir tumultueusement la populace dans les rues; fermer ses maisons, et même sortir de Rome! Le tableau de ces mouvements ne peut épouvanter que celui qui les lit. En effet, chaque État libre doit fournir au peuple les moyens d'exhaler, pour ainsi dire, son ambition, et surtout les républiques qui, dans les occasions importantes, n'ont de force que par ce même peuple. Or, tel était le moyen employé à Rome. Quand celui-ci voulait obtenir une loi, il se portait à quelques-unes de ces extrémités dont nous venons de parler, ou il refusait de s'enrôler pour aller à la guerre; en sorte que le sénat était obligé de le satisfaire.

Rarement les désirs d'un peuple libre sont-ils pernicieux à sa liberté. Ils lui sont inspirés communément par l'oppression qu'il éprouve ou par celle qu'il redoute. Si ses craintes sont peu fondées, il a le secours des assemblées où la seule éloquence d'un homme de bien lui fait sentir son erreur. Les peuples, dit Cicéron, quoique ignorants, sont capables d'apprécier la vérité, et ils s'y rendent aisément quand elle leur est présentée par un homme qu'ils estiment digne de foi.

On doit donc se montrer plus réservé à blâmer le gouvernement romain, et considérer que tant de bons effets, qu'on est forcé d'admirer, ne pouvaient provenir que de très bonnes causes. Si les troubles de Rome ont occasionné la création des tribuns, on ne saurait trop les louer. Outre qu'ils mirent le peuple à même d'avoir sa part dans l'administration publique, ils furent établis comme les gardiens les plus assurés de la liberté romaine.

Machiavel, *Discours sur la première décade de Tite-Live.*

La nouvelle science politique

Namer, commentateur de Machiavel, a cette intéressante synthèse sur la pensée de l'auteur, qui vaut d'être reproduite telle qu'elle :

> Machiavel, préparé par une expérience politique intense et à une époque particulièrement troublée, a médité les leçons du passé. À travers les changements de contenu, il retrouvait chez les hommes les mêmes passions; et, à travers la diversité des événements passagers, des significations durables. Suivant que l'on s'attache aux faits contingents, ou qu'on se réfère aux causes profondes et humaines qui leur ont donné naissance, on se situe dans le dépassé ou dans l'actuel. Si, pour assurer l'unité vivante de la nation, on veut aujourd'hui adopter des mesures d'un autre âge, on risque fort de tourner le dos à Machiavel et à la réalité : les forces sociales n'ont plus le même contenu, et de telles mesures seraient dépourvues d'efficacité et même de signification.
>
> L'idée fondamentale de Machiavel est que la politique exige la connaissance des forces agissantes d'une époque donnée, leur coordination et leur subordination au profit de la nation tout entière. C'est cette idée, plus vaste, plus féconde, qui demeure valable. On commettrait de graves et tragiques contresens à utiliser les formules de Machiavel sans une transposition judicieuse. Pour lui rester fidèle, il importe d'apprécier exactement la situation et de comprendre le cours de l'histoire. Des chefs d'État, petits et grands, se sont inspirés de Machiavel; ils ont pu soulever des masses et déchaîner des passions; mais ils n'ont pas toujours su ou voulu discerner l'esprit qui anime sa doctrine; ils s'en sont tenus à des recettes particulières, que Machiavel aurait sans doute rejetées comme n'étant plus une forme adaptée à la matière. Des hommes ou des écrivains ont commis la même erreur.
>
> Il est le fondateur de la science politique, parce que pour la première fois, avec lui, « l'objet » politique se trouve défini; l'État est pour lui une réalité observable, vivante et originale, soumise à des variations déterminées. Loin d'accepter des recettes empiriques puisées dans la vie quotidienne ou dans l'histoire romaine, il a dégagé de la multitude des faits sociaux et historiques, des constantes et des successions significatives. D'autre part, il refuse toute théorie née d'une imagination exubérante ou d'une réflexion abstraite et qui ne s'appuierait pas sur l'expérience la plus concrète. Sa doctrine est le résultat d'une intelligence lucide appliquée à la réalité mouvante. Mais, qu'on approuve Machiavel ou qu'on le condamne, qu'on voie en lui le produit d'une époque révolue ou le créateur d'une doctrine

encore utilisable dans ce qu'elle a d'essentiel, il est incontestable qu'il exerce sur tous ceux qui le lisent avec attention une fascination intellectuelle irrésistible.

Lorsqu'il analyse un problème concret pour en déduire des conséquences et des décisions pratiques, il le fait avec un sens pénétrant du réel, dans sa riche diversité, et en tenant compte de ce que nous appellerions aujourd'hui un coefficient de probabilité. Il n'est que de lire cette admirable lettre de décembre 1514 où Machiavel, interrogé par le pape Léon X sur le parti à prendre face au conflit qui opposait la France et l'Espagne, dans la seconde guerre d'Italie, pèse les avantages et les inconvénients possibles de l'une ou de l'autre alliance, et souligne surtout les graves conséquences d'une prétendue neutralité. Quelques extraits diront assez l'attitude nuancée de Machiavel et montreront que la prévisibilité dont il parle n'a rien d'absolu, qu'elle devient une probabilité raisonnable et prudente (Namer, 1961).

Le calcul politique

Quand on veut calculer les chances de succès de deux adversaires en guerre, il convient de mettre d'abord en balance leurs forces et leur valeur respective [...] Or, lorsque, entre deux partis, on est forcé d'en choisir un, il faut entre autres choses considérer où peut conduire la mauvaise fortune, et prendre toujours celui dont le résultat, à chances égales, s'il doit être malheureux, sera pourtant le moins intolérable... Quant au parti de rester neutre, je ne crois pas qu'il ait jamais servi personne, quand celui qui le prend est moins fort que les combattants, et qu'il se trouve placé au milieu [...] Et je vous dis que celui qui reste neutre s'attire forcément la haine du vaincu et le mépris du vainqueur; qu'une fois qu'on a commencé à faire bon marché d'un prince, on ne voit plus en lui qu'un allié inutile ou un ennemi à dédaigner, et il lui faut craindre à tout instant de nouveaux outrages ou la ruine.

Lettre de Machiavel à F. Vettori, 20 décembre 1514.

Le Prince ou la rupture avec le passé

Si, dans *Le Prince*, Machiavel s'occupe, comme il le souligne lui-même, de comprendre « la souveraineté, combien d'espèces il y en a, comment on l'acquiert, comment on la garde, comment on la perd », il n'en reste pas moins que cette œuvre présente une double rupture. D'une part, du fait de sa positivité, elle rompt avec la tradition de la philosophie politique telle qu'inaugurée par Platon. Cette tradition visait une république

parfaite mesurable à l'aune du bien. Pour Machiavel, l'objectif de la philosphie politique est plutôt d'expliquer ce qui existe réellement, rejoignant en cela certains traits de la pensée d'Aristote. D'autre part,
Machiavel rattache sa conception du politique à une conception de l'histoire en tant que produit de l'action humaine, et non plus comme l'accomplissement dans la temporalité du grand plan divin. En ce sens, il
accomplit pleinement l'œuvre de laïcisation du politique qui avait été es-
quissée par Marsile de Padoue.

Cela apparaît encore plus clairement dans les discours où ni l'histoire ni la politique n'ont de figure empirique, mais témoignent plutôt de
la nature humaine et des questions éternelles qui se posent à l'humanité.
Ici, l'histoire devient emblématique; elle est un moyen d'intervention
dans la réalité contemporaine; elle se transforme en une arme politique.
D'où le recours à l'histoire pour comprendre le présent et le constant va-
et-vient entre les républiques antiques et Florence. Par ailleurs, pessimiste sur la nature humaine dans *Le Prince*, Machiavel décrit comme une
nécessité la contrainte étatique. Sur la base de la nécessité politique et
afin de la contenir, la fonction de l'État est d'ériger un ordre de contraintes, c'est-à-dire un droit public dont les normes soient incontour-
nables. Son présupposé est la guerre de tous contre tous et son objectif
est la pacification des relations politiques. Sa conviction en la nécessité
d'un État fort s'appuie sur le raisonnement suivant : la nature humaine
est essentiellement égoïste, et c'est cet égoïsme qui motive la recherche
de sécurité chez le peuple de même que l'appât du pouvoir des dirigeants. Mais la nature humaine est aussi cupide. Cette thématique annonce déjà Hobbes.

Considérant l'état de corruption de la société italienne, Machiavel ne
voit par conséquent d'autre solution que la monarchie absolue, seule capable de contenir les instincts égoïstes des êtres humains. C'est ainsi que
sa pensée rompt avec la tradition de la philosophie politique scolastique,
fondée sur l'idée du Bien. Jusqu'à lui, éthique et politique étaient liées,
le souci de justice primant sur le souci politique et le politique appparais-
sant dans la vie publique comme le pendant de la morale dans la vie privée. Cette relation s'appuyait sur la conception selon laquelle la nature
parallèle est associée à un plan divin où l'objectif final était la compréhension par la Révélation. C'est sur cette base que la philosophie politique de l'âge classique et du Moyen Âge cherchait la meilleure forme de
gouvernement. Il y avait ainsi, dans les réflexions politiques antérieures
à Machiavel, une certaine adéquation entre la fin et les moyens. Fait totalement nouveau, Machiavel admet leur dissociation et une soumission
utilitariste des moyens à la fin.

Pour Machiavel, la sphère politique nécessite une lecture spécifique
qui mette en lumière son autonomie. Dès lors, son projet consiste à pro-

poser une pensée politique fondée sur de nouveaux principes d'évaluation; parmi lesquels, au premier chef, le principe d'efficacité. Le droit politique s'accompagne de la contrainte, puisqu'il faut forcer les hommes à ne pas donner libre cours à leur méchanceté intrinsèque. Mais cette contrainte permet en retour de voir à quel point le pouvoir est essentiellement une affaire humaine. Une telle sécularisation du politique passe nécessairement par la condamnation sans équivoque des effets politiques du christianisme. La politique d'ici-bas étant affaire humaine, elle ne peut se fonder ni sur l'Au-delà ni sur l'Éternel. Elle va se situer bien davantage au carrefour de l'histoire et du libre arbitre des citoyens. De là ses catégories centrales de *virtù* ou vertu, et de *fortuna* ou hasard.

Régénérer le pouvoir

Le réalisme de Machiavel lui a permis d'entrevoir, avant tout le monde, que le régime politique est une chose qui vieillit et se corrompt plus ou moins vite. De temps à autre, il lui faut des réformes et aucun régime, aussi parfait soit-il, ne pourra en faire l'économie. Puisque la constitution des républiques, comme de tout État appelé à durer, a pour but de mettre ensemble les intérêts des citoyens, et comme ces intérêts, de même que ces citoyens, changent à leur tour et inexorablement, il importe d'assurer la rénovation et l'ajustement périodiques de la constitution, par un retour au principe qui en a établi le fonctionnement à l'origine. Au lieu de laisser la lente érosion du pouvoir se manifester, les courtisans s'enrichir sans limite aux dépens du prince et finir par se dresser contre lui, plutôt que de permettre aux cités rivales d'organiser dans le long terme alliances et coalitions qui finiront par emporter la république, il convient de régénérer les manifestations du pouvoir, comme l'ont fait à maintes reprises les Romains dans le passé.

Ceux-ci, non contents de soumettre les populations voisines de leur territoire en constante expansion, avaient eu l'intelligence de leur imposer des élites nouvelles, de déplacer les habitants sur de nouveaux sites, plus faciles à contrôler, plus proches des voies d'eau et des grandes routes. En Gaule, mais également ailleurs, ils n'hésitaient pas à réaliser maintes fondations nouvelles, telles que Lyon, Autun, Toulouse, Nîmes ou Vienne, où ils installaient des vétérans latins, qui servaient de noyaux de peuplement et qui entraînèrent les peuples nouvellement conquis dans le giron de la civilisation romaine. C'est dans ces villes que les « Barbares » soumis s'initiaient au latin et aux institutions de la république, émulant bientôt les Italiens de vieille souche dans la recherche du faste de même que dans une égale passion pour la politique.

De même, rappelle Machiavel, il importe que le prince ne craigne pas d'imposer son pouvoir par des formes toujours renouvelées, fondant des postes avancés de colonisation, des forteresses qui seront autant de noyaux de civilisation. Des lieux où les populations, dépendant entièrement de son bon vouloir et de ses largesses, s'attacheront à lui et serviront aveuglément ses desseins. Que le prince sache, au bon moment, se retourner contre de vieux alliés qui déjà, dans l'ombre, complotaient contre lui. Qu'il mette un frein à l'enrichissement de ses clients et offre des opportunités de fortune à d'autres parties de la population. Que son pouvoir, en un mot, soit en quelque sorte imprévisible dans ses formes encore que constant dans ses objectifs. C'est ainsi, de conclure Machiavel, que le prince reprendra épisodiquement le pouvoir et le stimulera de ses constantes et audacieuses initiatives.

Il est facile de mesurer à quel point cette approche nouvelle, toute pragmatique et orientée vers la pratique de l'innovation politique, rompt absolument avec le fixisme de la pensée antique et médiévale, et fait quelque peu écho à la méthode que les légistes chinois avaient commencé à mettre au point; une tâche qu'il ne leur fut pas donnée de parachever. Ce qui est si différent et si fécond chez Machiavel, c'est la reconnaissance que la politique n'est pas l'application stéréotypée de principes moraux qui divisent arbitrairement les actions humaines entre les royaumes du Bien et du Mal, mais bien plutôt un enchaînement de décisions et de gestes dictés par le contexte et les circonstances, tantôt favorables tantôt défavorables.

La cité lui apparaît alors comme un phénomène en mouvement et en devenir, et son étude devient un objet de science, donc de savoir évolutif et non plus récurrent. Quelles sont donc les lois qui en régissent l'évolution? Ces lois doivent chercher à comprendre ce qui revient au domaine du hasard ou encore de la fortune, comme aimait à le dire Épicure. Car c'est le hasard qui établit le contexte général, avec ses contraintes, ses menaces mais aussi ses opportunités, dans lequel s'inscrit l'action humaine. Celle-ci ne peut être efficace que si l'on possède une bonne connaissance de l'éventail des choix possibles dans un contexte donné. Les Romains, constatait Machiavel, étaient particulièrement doués à cet égard. Leur empire, qui s'étendit si loin et dura si longtemps, ne fut pas autre chose que la conséquence d'une séquence historique, dans le long terme, de sages décisions politiques, prises au bon moment et avec la conscience des facteurs de chance et des menaces entourant chacune de leurs entreprises. Comme le suggèrent les meilleurs enseignements du *Discours sur la première décade de Tite-Live*, c'est lorsque les Romains s'éloignèrent de ces principes de pur pragmatisme qu'ils encaissèrent leurs pires défaites ou encore, en politique intérieure, que certains empereurs connurent une fin de règne misérable.

Machiavel opère de ce fait une mise à jour méthodologique de l'ensemble de la démarche qui sert de tremplin à la science politique moderne. C'est la première étape, la plus importante, d'une réhabilitation de la cité des hommes, comme lieu privilégié de l'intervention humaine. Le pessimisme d'Augustin, responsable du retrait du politique, n'a plus sa place. L'idéalisme angélique de Thomas d'Aquin est dépassé comme contraire au déroulement des faits. Les grands principes d'équilibre chers à Aristote ne sont même plus à l'ordre du jour, puisqu'ils sont inaptes à rendre compte de la tension constante entre, d'une part, le domaine du hasard, et, d'autre part, le champ ouvert à l'action humaine et à sa forme ultime, la *virtù*.

L'observation juste permet de ne pas répéter les erreurs du passé

D'où, pour Machiavel, la nécessité d'une nouvelle méthode d'analyse qui pose de nouveaux diagnostics et ne donne pas lieu, comme cela a été si souvent le cas, à la répétition des mêmes fautes et à la récurrence des mêmes fléaux, à cause de l'inintelligence des conditions présidant à cette intervention particulière.

L'innovation politique

Quiconque étudie les événements contemporains et ceux qui se sont passés dans l'Antiquité s'aperçoit sans peine que les mêmes désirs et les mêmes passions ont régné et règnent encore sous tous les gouvernements et chez tous les peuples. Il est donc facile pour celui qui approfondit les événements du passé de prévoir ceux que l'avenir réserve à chaque État, d'y appliquer les remèdes dont usaient les Anciens, ou, s'il n'en existe pas qui aient été employés, d'en imaginer de nouveaux d'après la similitude des événements. Mais comme on néglige ces observations, ou que celui qui lit ne sait point les faire, ou encore que s'il les fait, elles demeurent inconnues à ceux qui gouvernent, il en résulte que les mêmes désordres se renouvellent dans tous les temps.

Après l'année 1494, la ville de Florence ayant perdu une partie de ses possessions, telles que Pise et quelques autres villes, on se vit forcé de faire la guerre à ceux qui s'en étaient rendus maîtres, et comme ces nouveaux possesseurs étaient puissants, il en résulta pour l'État des frais énormes sans aucun avantage; ces grandes dépenses entraînèrent des charges plus pesantes encore, qui excitèrent de toutes parts les murmures du peuple. Comme cette guerre était dirigée par un conseil de dix citoyens, que l'on nommait les *Dix de la guerre*, la multitude commença à concevoir contre eux de violents soupçons, comme s'ils eussent été les seuls moteurs des hostilités et des dépenses qu'elles occasionnaient. On crut que si l'on abolissait cette magistrature, on étoufferait les causes de la guerre; en conséquence, lorsqu'arriva l'époque du renouvellement des *Dix*, on ne procéda pas aux élections, et après avoir laissé expirer leur commission, on en confia les pouvoirs à la seigneurie. Cette résolution eut les suites les plus funestes; car non seulement elle ne mit point de terme à la guerre, comme l'universalité des citoyens l'espérait, mais elle éloigna les hommes qui la dirigeaient avec sagesse. C'est ainsi qu'outre la ville de Pise, on perdit aussi Arezzo et une foule d'autres cités. Le peuple reconnut alors son erreur; il vit que la cause de son mal était la fièvre, et non le médecin, et il rétablit le conseil des dix.

Machiavel, *Discours sur la première décade de Tite-Live*, chapitre xxxix.

La multitude est souvent dominée, observe Machiavel, par un esprit de fronde qui se communique et s'amplifie en proportion de la masse des participants. La démocratie directe, que rien ne viendrait tempérer et qui serait livrée tout entière au flux et au reflux des émotions populaires, ne peut convenir à un gouvernement solide. Le leadership s'impose, mais là-dessus les avis sont partagés et les modèles du passé ne sont pas toujours garants de la prestation des chefs de l'époque moderne. Là aussi, la différence des situations conduit à une différence dans l'exercice du pouvoir. Mais d'abord, qu'en est-il de ce pouvoir? Pouvoir amène du philosophe platonicien, qui vit au-dessus de la mêlée, pouvoir sacré du défenseur de la paix de Marsile de Padoue? Les types idéalisés ne séduisent pas l'esprit pénétrant et pragmatique de Machiavel. Le leader machiavélien est mesuré, calculateur; il agit en fonction d'objectifs précis, dans le cadre d'une république qui prône l'austérité des mœurs et reconnaît la dignité de sa fonction. Cette dignité est-elle incompatible avec l'usage violent du pouvoir et le rétablissement de l'ordre, lorsque des circonstances extrêmes l'imposent? Une chose est bien certaine; il agit seul, se guidant sur son jugement personnel et à partir de l'analyse qu'il opère de chaque situation qu'il rencontre, comme tant d'exemples antérieurs en témoignent.

Un leadership fort et inspiré

Qu'il faut être seul pour fonder une république ou pour la réformer en son entier

On trouvera peut-être que je me suis permis trop d'incursions sur l'histoire de Rome, n'ayant pas encore dit un seul mot ni de ses fondateurs ni de ses lois religieuses et militaires. Je ne veux pas tenir plus longtemps en suspens les esprits empressés de voir traiter ces sujets. Qu'un fondateur de république, comme Romulus, mette à mort son frère, qu'il consente ensuite à celle de Titus Tatius, associé par lui à la royauté; ces deux traits, aux yeux de bien des gens, passeront pour être d'un mauvais exemple. On penserait que les citoyens pouvaient, d'après la conduite de leur prince, par ambition ou désir de commander, se défaire de leurs rivaux.

Ce jugement serait fondé si l'on ne considérait la fin que se proposait Romulus par cet homicide. Mais il faut établir comme règle générale que jamais, ou bien rarement du moins, on n'a vu une république, une monarchie être bien constituées dès les commencements ou parfaitement réformées depuis, que par un seul individu; il est même nécessaire que celui qui a conçu le plan fournisse lui seul les moyens d'exécution.

Ainsi, un habile législateur qui préfère sincèrement le bien général à son intérêt particulier, et sa patrie à ses successeurs, doit employer toute son industrie pour attirer à soi tout le pouvoir. Un esprit sage ne condamnera point un homme supérieur d'avoir usé d'un moyen hors des règles ordinaires pour l'important objet de régler une monarchie ou de fonder une république. Ce qui est à désirer, c'est au moment où le fait l'accuse, le résultat puisse l'excuser; si le résultat est bon, il est absous; tel est le cas de Romulus. Ce n'est pas la violence qui sépare, mais la violence qui détruit qu'il faut condamner. Le législateur aura assez de sagesse et de vertu pour ne pas laisser comme héritage à autrui l'autorité qu'il a prise en main. Les hommes étant plus prompts à suivre le mal qu'enclins à imiter le bien, son successeur pourrait bien user par ambition des moyens dont il n'usa que par vertu; d'ailleurs, un seul homme est bien capable de constituer un État, mais bien courte serait la durée et de l'État et de ses lois si l'exécution en était remise aux mains d'un seul; le moyen de l'assurer, c'est de la confier aux soins et à la garde de plusieurs. Beaucoup d'hommes ne sont pas propres à créer des institutions; ils ne peuvent embrasser aucun utile ensemble à raison de la diversité d'opinions qui règne entre eux; mais aussi l'ensemble une fois saisi, ils ne peuvent, par la même raison, jamais s'accorder pour l'abandonner.

Ce qui prouve que Romulus était de ceux qui méritent d'être absous pour s'être débarrassé de son compagnon et de son frère, c'est que ce qu'il fit ne fut que pour le bien commun et non pour satisfaire son ambition. En effet, il crée à l'instant un sénat avec qui sans cesse il délibère, par le conseil de qui il se dirige. Si on y fait attention, on voit que toute l'autorité qu'il se réserve se borne à convoquer ce corps, et quand la guerre y aura été résolue, à commander l'armée. Rien ne le prouve mieux que ce qui se passa lorsque Rome devint libre par l'expulsion des Tarquins. On ne changea rien à l'ordre ancien; seulement, à la place d'un roi perpétuel, on choisit deux consuls annuels; preuve évidente que les premiers fondements de la constitution jetés par Romulus étaient plus conformes à un gouvernement libre exercé par des citoyens qu'à une tyrannie absolue et despotique.

On pourrait fortifier ces vérités par une infinité d'exemples, par ceux de Moïse, de Lycurgue, Solon et autres fondateurs de république ou de monarchie, qui tous ne sont parvenus à donner de bonnes lois qu'en se faisant attribuer une autorité exclusive. Mais ils sont trop connus; j'en rapporterai un beaucoup moins célèbre, et qui doit être médité par quiconque aurait l'ambition de devenir bon législateur; le voici. Agis, roi de Sparte, désirait ramener les Spartiates à la stricte observation des lois de Lycurgue, convaincu que pour s'en être écartée, Lacédémone avait perdu de son antique vertu, et par conséquent de sa gloire et de sa puissance. Mais les éphores le firent promptement massacrer, l'accusant d'aspirer à la tyrannie. Cléomène, son successeur au trône, conçut le même projet, éclairé par les divers écrits qu'Agis avait laissés, et où ce prince développait son but et ses intentions. Mais il sentit qu'il ne parviendrait jamais à rendre ce service à son pays s'il ne concentrait pas en lui toute l'autorité. Il connaissait les hommes; et, par la nature de leur ambition, il jugea l'impossibilité d'être utile à tous s'il avait à combattre l'intérêt de quelques-uns; aussi, ayant saisi une occasion favorable, il fit massacrer les éphores et tous ceux qui pouvaient s'opposer à son projet, et il rétablit entièrement les lois de Lycurgue. Le parti qu'il prit était capable de relever Sparte et lui eût valu autant de célébrité qu'à Lycurgue, sans deux obstacles étrangers : la puissance des Macédoniens et la faiblesse des autres républiques grecques. Attaqué bientôt après par la Macédoine, se trouvant par là même inférieur en force et n'ayant à qui recourir, il fut vaincu; ainsi resta sans exécution son projet aussi juste que louable.

Je conclus de cet examen que, pour fonder une république, il est nécessaire d'être seul; qu'on doit absoudre Romulus de la mort de Rémus et de celle de Tatius.

Chapitre x

Qu'autant sont dignes d'éloges les fondateurs d'une république ou d'une monarchie, autant méritent de blâme les auteurs d'une tyrannie

Parmi tous les hommes dont on parle avec éloge, il n'en est point qui soient aussi célèbres que les auteurs et les fondateurs d'une religion. Ceux qui ont fondé des États n'occupent que le second rang après eux. Les grands capitaines qui ont accru leur souveraineté, ou celle de leur patrie, ont la troisième place. On met à côté de ceux-ci les hommes qui se sont distingués dans la carrière des lettres, et qui, ayant réussi plus ou moins dans différents genres, jouissent de la gloire à différents degrés. Tous les autres hommes, dont le nombre est infini, reçoivent la part d'éloges qui leur revient de l'exercice distingué de leur art et de leur profession. Sont au contraire voués à la haine et à l'infamie les hommes qui détruisent les religions, qui renversent des États, les ennemis du talent, du courage, des lettres et des arts utiles et honorables pour l'espèce humaine; toutes actions qui caractérisent l'impiété, la violence, l'ignorance, la paresse, la bassesse et la nullité.

Sage ou fou, bon ou mauvais, il n'est personne qui, obligé de choisir entre ces deux espèces d'hommes, ne loue ceux qui sont louables, et ne blâme ceux qu'on doit blâmer; et cependant presque tous trompés par l'apparence d'un faux bien, d'une fausse gloire, se laissent entraîner, ou volontairement, ou par erreur, vers ceux qui méritent plus de blâme que de louange. Tel, qui pourrait se faire un honneur immortel en fondant une république ou une monarchie, préfère établir une tyrannie. Il ne s'aperçoit pas combien de renommée, d'honneur, de sûreté, de paix et de repos d'esprit il échange contre l'infamie, de la honte, du blâme, du danger et de l'inquiétude.

De ceux qui vivent particuliers dans une république ou que la fortune ou le talent et le courage y élèvent au rang de prince, s'ils lisent l'histoire et s'ils font leur profit du tableau qu'elle présente, il n'en est point qui ne voulussent, étant hommes privés, ressembler plutôt à Scipion qu'à César et, étant princes, être plutôt Agésilas, Timoléon et Dion que Nabis, Phalaris et Denys. Ils voient en effet les premiers autant admirés que les autres sont couverts de honte. Ils voient Timoléon et les autres jouir dans leur patrie d'une autorité non moins étendue que les Phalaris et les Denys, mais en jouir plus sûrement.

Et que la gloire de ce Jules César, que les écrivains ont tant célébré, ne leur en impose pas. Ceux qui l'ont loué étaient des juges corrompus par sa prospérité même, et effrayés d'une puissance perpétuée dans une famille qui ne leur permettait pas de s'exprimer librement. Veut-on savoir ce que ces écrivains en eussent dit, s'ils eussent été libres? Qu'on lise ce qu'ils ont écrit de Catilina. César est d'autant plus digne de blâme que celui qui exécute est plus coupable que celui qui projette. Qu'on voie surtout les éloges prodigués à Brutus. Ne pouvant flétrir le tyran dont ils redoutent la puissance, ils célèbrent son ennemi. Depuis que Rome devint monarchie, que de louanges ne s'attirèrent pas les empereurs qui, respectant les lois, vécurent en bons princes, et que d'infamie rejaillit sur les mauvais!

Titus, Nerva, Trajan, Hadrien, Antonin le Pieux, Marc-Aurèle n'avaient besoin ni de gardes prétoriennes ni de légions pour les défendre. La pureté de leurs mœurs, l'attachement du sénat, la bienveillance du peuple étaient leurs plus assurés défenseurs, leur plus sûre garde. On verra encore que pour les Caligula, les Néron, les Vitellius et tant d'autres scélérats revêtus du titre de prince, toutes les armées orientales et occidentales ne les sauvèrent pas des ennemis que leur vie infâme et leur barbarie leur avaient suscités. L'histoire bien méditée de leur vie servirait pour chaque prince de guide assuré, qui leur montrerait le chemin de la gloire ou de l'infamie, celui de la paix ou de la terreur. De vingt-six empereurs qui ont régné depuis César jusqu'à Maximin, seize furent massacrés, dix seulement ont fini de mort naturelle. Parmi les premiers, on trouve il est vrai quelques bons princes comme Galba et Pertinax, mais ils furent victimes de la corruption que leurs prédécesseurs avaient insufflée parmi la soldatesque. Si, parmi ceux qui moururent dans leur lit, il y eut quelque scélérat comme Sévère, il ne le dut qu'à la fortune et à une valeur rare chez les hommes de son espèce.

Mais ce qu'un prince trouverait à apprendre en lisant cette histoire, ce serait de bien gouverner. Pourquoi tous les empereurs qui ont hérité de l'empire ont-ils été mauvais, excepté Titus? Pourquoi tous ceux qui l'ont été par adoption ont été bons? Tels furent les cinq depuis Nerva jusqu'à Marc-Aurèle. Pourquoi enfin, l'empire tombe en ruine au moment où il revient à des héritiers? Qu'un prince jette donc les yeux sur les temps qui s'écoulèrent depuis Nerva jusqu'à Marc-Aurèle, qu'il les compare à ceux qui sont venus avant et après eux, et qu'il choisisse ensuite l'époque à laquelle il eût voulu naître, et celle à laquelle il eût voulu régner.

D'une part, sous les bons empereurs, il verra un prince vivant dans la plus parfaite sécurité au milieu des citoyens sans alarmes, la justice et la paix régnant dans le monde, l'autorité du sénat respectée, la magistrature honorée, le citoyen opulent jouissant en paix de ses richesses, la vertu considérée, et partout le calme et le bonheur; par conséquent aussi toute animosité, toute licence, toute corruption, toute ambition éteintes. Il verra cet âge d'or où chacun peut avancer et soutenir son opinion; il verra enfin le peuple triomphant, le prince respecté et brillant de gloire, aimé de ses sujets heureux.

D'autre part, il examinera les règnes de ces autres empereurs. Il les verra ensanglantés par les guerres, déchirés par les divisions, et tout aussi cruels en temps de paix; tant de princes massacrés, tant de guerres civiles et tant d'extérieures; l'Italie désolée, et tous les jours éprouvant de nouveaux malheurs; ses villes ruinées et saccagées. Il verra Rome en cendres, le Capitole renversé par ses habitants, les temples antiques profanés, les rites corrompus, et l'adultère établi dans chaque maison. Il verra la mer couverte d'exilés, les écueils teints de sang. Il verra Rome se rendre coupable de cruautés sans nombre; la noblesse, la richesse, les honneurs et, par-dessus tout, la vertu, être imputés à crime. Il verra payer, récompenser les calomniateurs; des esclaves corrompus devenant leurs maîtres; des affranchis s'élevant contre leurs patrons, et ceux qui n'eurent pas d'ennemis, être opprimés par leurs amis. C'est alors qu'il apprendra à connaître les obligations que Rome, l'Italie et le monde doivent à César; et pourvu qu'il soit homme, sans doute il s'éloignera en frémissant de toute imitation de ces temps vicieux, et s'enflammera du désir de faire revivre les bons.

Un prince vraiment jaloux de sa gloire devrait désirer régner sur une ville corrompue; non comme César, pour achever de la perdre, mais comme Romulus, pour la réformer. Certainement, les dieux ne peuvent donner à des hommes un plus beau champ de gloire, comme nul homme ne peut désirer d'en parcourir un plus beau. Et si, pour bien constituer une ville, il fallait déposer la souveraineté, celui qui, pour ne pas perdre ce rang, se priverait de lui donner des lois, mériterait quelque excuse; mais il n'y en aurait point pour qui pourrait remplir cette belle tâche sans quitter l'empire. Que ceux que le ciel a placés dans ces heureuses circonstances réfléchissent que deux chemins s'ouvrent devant eux : l'un les conduit à l'immortalité, après un règne heureux et tranquille; l'autre les fait vivre au milieu de mille inquiétudes, et les fait arriver après leur mort à une éternelle infamie.

Machiavel, *Discours sur la première décade de Tite-Live*,
chapitres ix et x.

De la cruauté et de la clémence, et s'il vaut mieux être aimé que craint

Il n'est pas question ici de la cruauté d'Astyage, roi des Mèdes, dont la seule justification résidait dans la préservation coûte que coûte de son pouvoir sans borne, mais de cette capacité de châtier les ennemis qui le méritent et tous ceux qui menacent l'État, si l'on admet cette prérogative du châtiment exemplaire.

Sage cruauté

Continuant à suivre les autres qualités précédemment énoncées, je dis que tout prince doit désirer d'être réputé clément et non cruel. Il faut pourtant bien prendre garde de ne point user mal à propos de la clémence. César Borgia passait pour cruel, mais sa cruauté rétablit l'ordre et l'union dans la Romagne [la province de Bologne en Italie]; elle y ramena la tranquillité et l'obéissance. On peut dire aussi, en considérant bien les choses, qu'il fut plus clément que le peuple florentin qui, pour éviter le reproche de cruauté, laissa détruire la ville de Pistoie.

Un prince ne doit donc point s'effrayer de ce reproche, quand il s'agit de contenir ses sujets dans l'union et la fidélité. En faisant un petit nombre d'exemples de rigueur, vous serez plus clément que ceux qui, par trop de pitié, laissent s'élever des désordres d'où s'ensuivent les meurtres et les rapines; car ces désordres blessent la société tout entière, au lieu que les rigueurs ordonnées par le prince ne tombent que sur des particuliers.

Mais c'est surtout à un prince nouveau qu'il est impossible de faire le reproche de cruauté, parce que, dans les États nouveaux, les dangers sont très multipliés.

[Le prince] doit toutefois ne croire et n'agir qu'avec une grande maturité, ne point s'effrayer lui-même, et suivre en tout les conseils de la prudence, tempérés par ceux de l'humanité. En sorte qu'il ne soit point trop imprévoyant par trop de confiance, et qu'une défiance excessive ne le rende point intolérable.

Sur cela, s'est élevée la question de savoir : *S'il est mieux être aimé que craint, ou être craint qu'aimé?*

On peut répondre que le meilleur serait d'être l'un et l'autre. Mais comme il est très difficile que les deux choses existent ensemble, je dis que, si l'une doit manquer, il est plus sûr d'être craint qu'aimé. On peut en effet dire généralement des hommes qu'ils sont ingrats, inconstants, dissimulés, tremblants devant les dangers et avides de gain; que, tant que vous leur faites du bien, ils sont à vous, qu'ils vous offrent leur sang, leurs biens, leur vie, leurs enfants, tant et aussi longtemps, comme je l'ai déjà dit, que le péril ne s'offre que dans l'éloignement. Si jamais il s'approche, ils se détournent bien vite de vous.

Je pense, au surplus, qu'il vaut mieux être impétueux que circonspect. Car la fortune est femme. Pour la tenir soumise, il faut la traiter avec rudesse; elle cède plutôt aux hommes qui usent de la violence qu'à ceux qui agissent froidement : aussi est-elle toujours amie des jeunes gens, qui sont moins réservés, plus emportés et qui commandent avec plus d'audace.

Machiavel, *Discours sur la première décade de Tite-Live.*

On aura raison de s'étonner des analogies machiavéliennes, ici à propos des femmes; elles n'en demeurent pas moins révélatrices de la mentalité d'une époque dont on peut à bon droit se demander si elle est définitivement révolue. Le réalisme souvent brutal avec lequel le penseur, qui manifestement ne se fait plus aucune illusion, aborde la condition de ses semblables peut blesser. N'oublions pas que ce sont les valeurs d'une société qui émerge à peine de la barbarie. Elles ne sont et ne peuvent pas être les mêmes que celles qu'ont en commun des citoyens modernes, dont la constitution est pétrie de siècles de réflexion philosophique et de tentatives politiques, les unes réussies, les autres avortées, sans parler des fréquentes remises en forme du droit. Et puis les temps ont-ils bien changé, quand on lit la chronique criminelle des journaux de cette fin du xxᵉ siècle? Jusqu'en 1944, les femmes n'avaient même pas le droit de vote au Québec, étant considérées comme des mineures, comme le sont des enfants à la charge de leurs parents. En 1992, il existe encore un marché d'épouses en Chine. Les épouses y sont tout simplement vendues à une clientèle de célibataires, par le biais d'agences spécialisées. Quant à l'attitude de certains juges, dans les procès pour viol, elle s'éloigne à peine des préceptes de Machiavel.

Le Prince au service des réformes

Il ne suffit pas de conquérir, de régner et de dominer. Machiavel a une opinion trop haute de la cité pour devenir lui-même le simple inspirateur des comploteurs et des potentats de tout acabit. Pour lui, s'il doit acquérir un sens, le pouvoir est au service du maintien de l'État et du bien-être de ses habitants. À l'universalisme quelque peu passif de la chrétienté censée unir politiquement toute l'Europe médiévale, et à son éthique moralisante, Machiavel substitue une éthique du pouvoir mise au service de l'affirmation des nations. Elle est porteuse d'initiatives créatrices et novatrices, inédites et plus individualistes que l'éthique scolastique, empreinte de fatalité et de respect de la hiérarchie césaropapiste.

Dans la logique machiavélienne, cette éthique présuppose que l'on accepte, bien entendu, que cette prospérité découle de la tranquillité et de l'ordre général. Mais c'est un ordre en mouvement, en évolution, et non pas un ordre figé une fois pour toutes derrière un canon de rites immuables. Il n'est pas surprenant que le moyen d'assurer cet ordre dynamique, créé par des classes sociales en voie d'ascension et à la recherche d'une identité que le concept de nation saura résumer mieux que tout autre — et voici un élément très novateur et absolument « hérétique », dans le sens chrétien de sa pensée —, ce sera de faciliter, voire de provoquer le changement, qui seul rendra compte des adaptations au mouvement de l'histoire. C'est reconnaître ici l'historicité du pouvoir politique au lieu de verser dans l'historicisme, c'est-à-dire l'explication et la justification de l'histoire par elle-même, par ses lois plus ou moins intangibles, qui se traduiraient par la préséance des structures en place sur l'action et sur l'intervention humaines.

Or les modalités que propose Machiavel sont, dans maints passages de son œuvre, franchement révolutionnaires. En témoigne ce texte tiré du même ouvrage sur Tite-Live.

Tout changer pour régner

Quiconque obtient la souveraineté d'une ville ou d'un État, surtout quand son pouvoir est assis sur de faibles fondements, et qu'il ne veut point d'un gouvernement établi sur les lois monarchiques ou républicaines, n'a pas de moyen plus sûr de se maintenir sur le trône que de renouveler, dès le commencement de son règne, toutes les institutions de l'État. Comme, par exemple, d'établir dans les villes de nouveaux magistrats sous des dénominations nouvelles, de rendre les pauvres riches, ainsi que fit David lorsqu'il devint roi, *qui esurientes implevit bonis, et divites dimisit inanes.*

Il faut en outre qu'il bâtisse de nouvelles villes, qu'il renverse les anciennes, qu'il transporte les habitants d'un lieu à un autre; en un mot, qu'il ne laisse rien d'intact dans ses nouveaux États. Qu'il n'y ait ni rang, ni ordre, ni emploi, ni richesses que l'on ne reconnaisse tenir de lui seul. Il doit avoir sans cesse les yeux sur Philippe de Macédoine, père d'Alexandre, qui, par une semblable politique devint, de petit roi qu'il était, monarque souverain de la Grèce. Ses historiens disent de lui qu'il promenait les hommes de province en province, comme les pasteurs transportent leurs troupeaux.

Ces procédés sont tout à fait barbares et contraires à toute espèce de civilisation. Non seulement l'humanité, mais aussi le christianisme les repoussent. Tout homme doit les fuir, et préférer la vie d'un simple particulier à celle d'un roi qui règne par la ruine des humains. Néanmoins, quiconque, pour se maintenir, ne veut point marcher dans la route du bien que nous lui avons d'abord indiquée, doit entrer nécessairement dans cette carrière funeste. Mais la plupart des hommes croient pouvoir s'avancer entre ces deux routes, et s'exposent ainsi aux plus grands dangers; car ils ne savent être, ni tout à fait bons, ni tout à fait méchants.

Machiavel, *Discours sur la première décade de Tite-Live.*

Venons-en aux moyens concrets. Les exemples peuvent paraître anciens, mais les méthodes sont amenées à se renouveler au gré des circonstances où on les exerce.

Toujours réaffirmer le pouvoir

Rien n'importe plus à une religion, à une république, à une monarchie que de reprendre l'autorité qu'elles avaient à leur origine; il faut faire en sorte que cet heureux effet soit plutôt le produit d'une bonne loi ou l'ouvrage d'un bon citoyen, que d'une intervention étrangère. En effet, quoique ce remède soit souvent très utile, il est quelquefois si difficile à employer, qu'il n'est point désirable.

[...] Une république revit par la vertu d'un homme ou par celle d'une institution. Les magistrats qui ont gouverné Florence depuis 1434 jusqu'à 1494 [les Médicis], disaient à ce propos qu'il fallait tous les cinq ans se « réemparer du pouvoir »; qu'autrement, il serait très difficile de le maintenir. Or, se réemparer du pouvoir voulait dire, selon eux, renouveler cette terreur et cette crainte qu'ils avaient su inspirer à tous les esprits au moment où ils s'en étaient emparés, et où ils avaient frappé avec la même rigueur ceux qui, d'après leurs principes, s'étaient conduits en mauvais citoyens. Mais comme le souvenir de ces châtiments s'efface bientôt, que les hommes s'enhardissent à faire des tentatives contre l'ordre établi et à en médire, il faut y remédier en ramenant le gouvernement à ses principes.

Machiavel, *Discours sur la première décade de Tite-Live*, **chapitre i.**

Malgré la superbe des Médicis, surtout sous le règne de Laurent le Magnifique, qui organisait des fêtes somptueuses, construisait des palais et des églises, embellissait Florence et attirait à sa cour artistes et écrivains, les républiques faisaient plutôt piètre figure en face des royaumes de la Renaissance. Le Magnifique était plutôt l'exception; la règle, c'était le pouvoir par la terreur ou le poison, comme chez les Borgia de Bologne.

À cette époque, le plus brillant des royaumes était la France, qui s'était admirablement remise des ruines innombrables de la guerre de Cent Ans. Ce phénomène de renaissance politique et économique enflamma l'imagination du penseur; il se demanda quel en était le moteur, le principe. Machiavel avait la chance d'avoir sous les yeux un exemple accompli de monarchie revigorée. Un autre exemple montait à l'horizon, avec l'Espagne unifiée qui allait marcher, et avec plus de succès que son modèle, sur les traces de la France. Elle le fera autrement et, devenue démesurément riche pour avoir asservi l'Amérique, elle n'en sera pas pour cela plus brillante.

Légalisme de la monarchie en France

Les monarchies ont besoin de se renouveler et de ramener leurs lois à leurs principes, et le royaume de France nous fournit un exemple des bons effets qu'on doit en attendre. Plus que tout autre royaume connu, il est soumis à l'autorité des lois. Les parlements et surtout celui de Paris en sont les gardiens. Ils ont soin de les revigorer de temps en temps par des exemples, contre quelque grand du royaume, ou même par des arrêts absolument contraires à la volonté du Roi. Et ce royaume s'est conservé jusqu'à présent, parce que ce corps a été l'un des plus constants à réprimer l'ambition de la noblesse; s'il la laissait impunie quelques instants, les désordres se multiplieraient à l'infini, et il en résulterait ou qu'il faudrait punir les coupables au risque des plus grands troubles, ou que le royaume périrait.

Machiavel, *Discours sur la première décade de Tite-Live*, chapitre I.

Par cet article de foi, et malgré le peu d'illusions qu'il nourrit encore sur les systèmes politiques en général et sur les hommes en particulier, Machiavel est en quelque sorte le précurseur de l'unification italienne. Notre auteur assoit ce projet encore imprécis sur l'affirmation d'un leadership fort mais éclairé. Il manque cependant à Machiavel une conscience claire des limites de ce leadership et des droits de la personne. La puissance et la richesse que rassembleront entre leurs mains les chefs politiques du XVIᵉ siècle, tout de suite après la mort de Machiavel, sera l'occasion d'abus de pouvoir considérables. De sorte que les tendances intellectuelles les plus novatrices vont plutôt mettre l'accent sur les entraves au pouvoir absolu, par la mise en place d'une constitution. Ce long cheminement passera d'abord par la réhabilitation du libre arbitre par le jeu de la conscience personnelle.

La pensée politique tendra désormais à prôner la mise en place d'institutions de médiation des conflits et de respect de la justice. De plus en plus, à cette époque, il deviendra évident en Europe, de quelque milieu intellectuel que l'on soit, qu'aucun système ne sera viable, étant donné la complexité nouvelle des sociétés et le développement des idées comme des idéologies, s'il ne s'appuie sur des institutions stables de type parlementaire, c'est-à-dire sur la représentation des hommes et de leurs intérêts. Il faudra surtout que ces institutions s'érigent en arbitres des intérêts particuliers et se placent au-dessus des appétits individuels.

Tout manquement à cette règle sera, dès lors, interprété comme un retour à la tyrannie, alors que tout progrès dans cette direction encore in-
certaine servira à consolider la démocratie. Machiavel, témoin privilégié
de cette époque de transition, fait la charnière entre le Ciel et la Terre, la
morale et la nécessité, le pouvoir du tyran et celui du peuple. Sa pensée
constitue en quelque sorte le point équidistant entre la philosophie ancienne normative et la science politique moderne empirique.

Hobbes

Né en 1588, entré jeune à l'université d'Oxford en 1602, Thomas Hobbes fut ce personnage discret qui occupa les fonctions de précepteur du futur roi Charles II et, pendant quelques années, de secrétaire de Francis Bacon. Il voyagea sur le continent, rencontra Galilée et Descartes et poursuivit une longue correspondance avec eux. La lecture des *Elementa* d'Euclide, fondateur grec de la géométrie axiomatique, eut une grande influence sur lui. Il commença à envisager la société comme un grand corps où chacune des parties, à l'instar des organes et des membres, jouait un rôle déterminé. Ses écrits traduisent ce type de préoccupations et s'inscrivent dans le courant scientifique de son temps, où l'on cherche à décrire les phénomènes au moyen de lois universelles et à poser les relations de causalité qui les lient les uns aux autres. En 1634, il commence à écrire une trilogie où il entend traiter tous les problèmes philosophiques.

L'organicisme politique

Cette œuvre aurait dû comprendre un premier essai *Sur le corps*, où aurait été exposée sa conception organique de l'univers. Tous les éléments tiennent une certaine place; les lois physiques les maintiennent dans un certain état d'équilibre; les planètes tournent autour du Soleil, ce qu'avait enseigné Galilée au péril de sa vie; la Lune tourne autour de la Terre; les plantes se nourrissent du Soleil et les animaux vivent des plantes; ce dont nous nous alimentons en dernière instance. Tous les éléments concourent à la viabilité de l'univers. Dans le second essai, *Sur l'homme*, il aurait approfondi la nature humaine; enfin, dans le troisième essai, *Sur la citoyenneté*, il se serait penché sur les règles qui doivent régir le fonctionnement et la hiérarchie de l'État. Malheureusement, la guerre civile en Angleterre — il était lié à la monarchie — bouleversa ses plans et mit un terme à ce travail inachevé. Il se contenta de publier le troisième essai, en espérant qu'il contribuerait à inspirer à ses concitoyens un peu plus de respect envers l'ordre et la royauté. Puis, devant le peu de succès de cette démarche, il s'exila aux Pays-Bas.

Il n'y a pas de doute que l'expérience traumatisante de la guerre, qui livra le pays à la soldatesque d'Oliver Cromwell, inspira son œuvre maîtresse, *Le Léviathan : de la manière, de la forme et du pouvoir d'un Commonwealth ecclésiastique et civil* (1651). Avec cet ouvrage marquant, les idées politiques prennent pied dans le monde moderne, avec la conception hobbésienne d'une société organique qui est essentiellement la somme de toutes ses parties constitutives. Le but de chaque individu est de satisfaire ses intérêts particuliers, et cette satisfaction n'est possible que lorsque ces intérêts sont reliés au corps social. La finalité sociale n'est donc pas de réaliser le bien commun, concept éthique étranger à Hobbes, mais d'assurer une liberté minimale à chaque individu. En ce sens, Thomas Hobbes est un « pré-libéral » qui place l'intérêt particulier et la protection des personnes au-dessus de la mobilisation sociale et de la « construction de la société ». Cet individualiste doit quelque chose à Épicure et, surtout, aux stoïciens.

D'autre part, il est aussi un homme de son temps, en ce qu'il prône la monarchie autoritaire, qui lui apparaît comme une garantie contre les débordements et les conflits que provoque une nature humaine essentiellement égoïste. Il est intéressant de voir, chez cet auteur, la superposition d'une conception augustinienne pessimiste sur la trame d'une méthode optimiste qui naît du rationalisme du XVIIe siècle, hâtivement transposée sur la science politique. Mais telle est peut-être la rançon de la prétention holistique de la science de cette époque, où les intuitions sont plus puissantes que les démonstrations et où les convictions priment l'objectivité.

L'état de nature

L'humanité étant au centre de la conception de Hobbes, il lui consacre la première partie de son livre, qu'il consacre à l'étude de l'homme dans l'*état de nature*, c'est-à-dire avant le passage à l'état social.

L'état de nature selon Hobbes

La nature a fait les hommes si égaux quant aux facultés du corps et de l'esprit que, bien qu'on puisse trouver naturellement un homme plus fort, corporellement, ou d'un esprit plus prompt qu'un autre, néammoins, tout bien considéré, la différence d'un homme à un autre n'est pas si considérable qu'un homme puisse de ce chef réclamer pour lui-même un avantage auquel un autre ne puisse prétendre aussi bien que lui. En effet, pour ce qui est de la force corporelle, l'homme le plus faible en a assez pour tuer l'homme le plus fort, soit par une machination secrète, soit en s'alliant à d'autres qui courent le même danger que lui.

Quant aux facultés de l'esprit (mis à part les arts fondés sur les mots, et spécialement cet art de procéder selon des règles générales et infaillibles qui se nomme science, art que très peu possèdent, et encore relativement à un domaine restreint, car il ne s'agit ni d'une faculté naturelle et innée, ni d'une faculté qu'on acquiert en s'occupant d'autre chose, comme la prudence), j'y trouve entre les hommes, une égalité plus parfaite que leur égalité de forces. Car la prudence n'est que de l'expérience, laquelle, en des intervalles de temps égaux, est également dispensée à tous les hommes pour les choses auxquelles ils s'appliquent également. Ce qui amène peut-être à croire en une telle égalité, c'est seulement la vraie conception que chacun se fait de sa propre sagesse, presque tous pensant en être dotés à un plus haut point que le vulgaire, entendez par là : que tous les autres hommes, à l'exception d'eux-mêmes et d'un petit nombre d'autres auxquels ils accordent leur approbation à cause de leur renommée ou parce qu'il y a convergence entre les vues de ces hommes et les leurs. Car telle est la nature des hommes que, quelque supériorité qu'ils puissent reconnaître à beaucoup d'autres dans le domaine de l'esprit, de l'éloquence ou des connaissances, néanmoins, ils auront beaucoup de mal à croire qu'il existe beaucoup de gens aussi sages qu'eux-mêmes. Car ils voient leur propre esprit de tout près et celui des autres de fort loin. Mais cela prouve l'égalité des hommes sur ce point, plutôt que leur inégalité. Car d'ordinaire, il n'y a pas de meilleur signe d'une distribution égale de quoi que ce soit, que le fait que chacun soit satisfait de sa part.

De cette égalité des aptitudes découle une égalité dans l'espoir d'atteindre nos fins. C'est pourquoi, si deux hommes désirent la même chose alors qu'il n'est pas possible qu'ils en jouissent tous les deux, ils deviennent ennemis : et dans leur poursuite de cette fin (qui est principalement leur propre conservation, mais parfois seulement leur agrément), chacun s'efforce de détruire ou de dominer l'autre. Et de là vient que, là où l'agresseur n'a rien de plus à craindre que la force individuelle d'un autre homme, on peut s'attendre avec vraisemblance, si quelqu'un sème, plante, bâtit, ou occupe un emplacement commode, à ce que d'autres arrivent tout équipés, ayant uni leurs forces, pour le déposséder et lui enlever, non seulement le fruit de son travail, mais aussi la vie ou la liberté. Et l'agresseur court à son tour le même risque à l'égard d'un nouvel agresseur.

Du fait de cette défiance de l'un à l'égard de l'autre, il n'existe pour nul homme aucun moyen de se garantir qui soit aussi raisonnable que le fait de prendre les devants, autrement dit, de se rendre maître par la violence ou par la ruse de la personne de tous les hommes pour lesquels cela est possible, jusqu'à ce qu'il n'aperçoive plus d'autre puissance assez forte pour le mettre en danger. Il n'y a rien là de plus que n'en exige la conservation de soi-même, et en général on estime cela permis. Également, du fait qu'il existe plusieurs hommes qui, prenant plaisir à contempler leur propre puissance à l'œuvre dans les conquêtes, poursuivent celles-ci plus loin que leur sécurité ne le requiert. Les autres, qui autrement se seraient contentés de vivre tranquilles à l'intérieur de limites modestes, ne pourraient pas subsister longtemps s'ils n'accroissaient leur puissance par l'agression et s'ils restaient simplement sur la défensive. En conséquence, un tel accroissement de l'empire d'un homme sur les autres, étant nécessaire à sa conservation, doit être permis.

De plus, les hommes ne retirent pas d'agrément (mais au contraire un grand déplaisir) de la vie en compagnie, là où il n'existe pas de pouvoir capable de les tenir tous en respect. Car chacun attend que son compagnon l'estime aussi haut qu'il s'apprécie lui-même, et à chaque signe de dédain ou de mésestime, il s'efforce naturellement, dans toute la mesure où il l'ose (ce qui suffit largement, parmi les hommes qui n'ont pas de commun pouvoir qui les tienne en repos, pour les conduire à se détruire mutuellement), d'arracher la reconnaissance d'une valeur plus haute : à ceux qui la dédaignent, en leur nuisant; aux autres, par de tels exemples.

De la sorte, nous pouvons trouver dans la nature humaine trois causes principales de querelle : premièrement, la rivalité; deuxièmement, la méfiance; troisièmement, la fierté [Hobbes utilise le terme anglais *glory*]. La première de ces choses fait prendre l'offensive aux hommes en vue de leur profit. La seconde, en vue de leur sécurité. La troisième, en vue de leur réputation. Dans le premier cas, ils usent de violence pour se rendre maîtres de la personne d'autres hommes, de leurs femmes, de leurs enfants, de leurs biens. Dans le second cas, pour défendre ces choses. Dans le troisième cas, pour des bagatelles, par exemple pour un mot, un sourire, une opinion qui diffère de la leur, ou quelque autre signe de mésestime, que celle-ci porte directement sur eux-mêmes, ou qu'elle rejaillisse sur eux, étant adressée à leur parenté, à leurs amis, à leur nation, à leur profession, à leur nom.

Il apparaît clairement par là qu'aussi longtemps que les hommes vivent sans un pouvoir commun qui les tienne tous en respect, ils sont dans cette condition qui se nomme guerre, et cette guerre est celle de chacun contre tous.[...]

Dans un tel état, il n'y a pas de place pour une activité industrieuse, parce que le fruit n'en est pas assuré : et conséquemment il ne s'y trouve ni agriculture, ni navigation, ni usage des richesses qui peuvent être importées par mer; pas de constructions commodes; pas d'appareils capables de mouvoir et d'enlever les choses qui pour ce faire exigent beaucoup de force; pas de connaissances de la face de la terre; pas de computation du temps; pas d'arts; pas de lettres; pas de société; et ce qui est le pire de tout, la crainte et le risque continuels d'une mort violente; la vie de l'homme est alors solitaire, besogneuse, pénible, quasi animale, et brève.[...]

Cette guerre de chacun contre chacun a une autre conséquence : à savoir, que rien ne peut être injuste. Les notions de légitime et d'illégitime, de justice et d'injustice, n'ont pas ici leur place. Là où il n'est pas de pouvoir commun, il n'est pas de loi; là où il n'est pas de loi, il n'est pas d'injustice. La violence et la ruse sont en temps de guerre les deux vertus cardinales. Justice et injustice ne sont en rien des facultés du corps ou de l'esprit. Si elles l'étaient, elles pourraient appartenir à un homme qui serait seul au monde, aussi bien que ses sensations que ses passions. Ce sont des qualités relatives à l'homme en société, et non à l'homme solitaire. Enfin, cet état a une dernière conséquence; qu'il n'y existe pas de propriété, pas d'empire sur quoi que ce soit [*no dominion*], pas de distinction du mien et du tien; cela seul dont il peut se saisir appartient à chaque homme, et seulement pour aussi longtemps qu'il peut le garder. Cela suffit comme description de la triste condition où l'homme est effectivement placé par la pure nature, avec cependant la posibilité d'en sortir, possibilité qui réside partiellement dans les passions et partiellement dans sa raison.

> **Hobbes, *Léviathan*, « L'état de nature », dans Liebich,**
> *Le Libéralisme classique.*

Il suit de l'analyse pessimiste de Hobbes que l'État doit, et c'est un thème très riche qui n'est pas prêt de mourir dans la littérature et les conceptions politiques, « maintenir la loi et l'ordre ». Les libéraux feront grand cas de cette dimension à la fois minimale, car elle n'intéresse que la police publique et non la conduite en privé, et sévère du rôle de l'État. En effet, la violence institutionnelle n'a théoriquement pas de bornes. Surtout quand elle est inscrite dans la loi, laquelle, comme on sait, est au-dessus de tous.

L'État et l'ordre

Thomas Hobbes est habité par la recherche de l'ordre, en raison de sa conception pessimiste de la nature humaine. Pour lui, le contrat social constitue la renonciation à une part de la liberté de chacun au profit d'un principe d'autorité commun à tous, à commencer par la liberté de se faire justice soi-même et d'accroître sans limite autre que celle de la force le domaine de ses possessions. La seule liberté réelle est donc celle qui sera accordée aux individus par le principe souverain, incarné par l'institution monarchique.

La renonciation à la justice personnelle

La seule façon d'ériger un tel pouvoir commun, apte à défendre les gens de l'attaque des étrangers, et des torts qu'ils pourraient se faire les uns les autres, et ainsi à les protéger de telle sorte que par leur industrie et par les productions de la terre, ils puissent se nourrir et vivre satisfaits, c'est de confier tout leur pouvoir et toute leur force à un seul homme, ou à une seule assemblée, qui puisse réduire toutes leurs volontés, par la règle de la majorité, en une seule volonté. Cela revient à dire : désigner un homme, ou une assemblée, pour assumer leur personnalité; et que chacun s'avoue et se reconnaisse comme l'auteur de tout ce qu'aura fait ou fait faire, quant aux choses qui concernent la paix et la sécurité commune, celui qui a ainsi assumé leur personnalité, que chacun par conséquent soumette sa volonté et son jugement à la volonté et au jugement de cet homme ou de cette assemblée. Cela va plus loin que le consensus, ou concorde : il s'agit d'une unité réelle de tous en une seule et même personne, unité réalisée par une convention de chacun avec chacun passée de telle sorte que c'est comme si chacun disait à chacun : j'autorise cet homme ou cette assemblée, et je lui abandonne mon droit de me gouverner moi-même, à cette condition que tu lui abandonnes ton droit et que tu autorises toutes ses actions de la même manière.

Cela fait, la multitude ainsi unie en une seule personne est appelée une république, en latin *civitas*. Telle est la génération de ce grand Léviathan, ou plutôt pour en parler avec plus de révérence, de ce dieu mortel, auquel nous devons, sous le Dieu immortel, notre paix et notre protection. Car, en vertu de cette autorité qu'il a reçue de chaque individu de la république, l'emploi lui est conféré d'un tel pouvoir et d'une telle force, que l'effroi qu'ils inspirent lui permet de modeler les volontés de tous, en vue de la paix à l'intérieur et de l'aide mutuelle contre les ennemis de l'extérieur. En lui réside l'essence de la république, qui se définit : une personne unique telle qu'une grande multitude d'hommes se sont faits, chacun d'entre eux, par des conventions mutuelles qu'ils ont passées l'un avec l'autre, l'auteur de ses actions, afin qu'elle use de la force et des ressources de tous, comme elle le jugera expédient, en vue de leur paix et de leur commune défense.

Le dépositaire de cette personnalité est appelé souverain, et l'on dit qu'il possède le pouvoir souverain; tout autre homme est son sujet.

Il existe deux manières d'obtenir ce pouvoir souverain. La première est la force naturelle : c'est le cas lorsqu'un homme oblige ses enfants à se soumettre, avec leurs propres enfants, à son gouvernement, parce qu'il peut les détruire s'ils refusent, ou lorsque par le moyen de la guerre il soumet ses ennemis à sa volonté, leur accordant la vie sauve à cette condition. L'autre manière apparaît quand les hommes s'entendent entre eux pour se soumettre à tel homme ou à telle assemblée, volontairement, parce qu'ils leur font confiance pour les protéger contre tous les autres. Dans ce deuxième cas, on peut parler de république politique, ou de république d'institution. Dans le premier cas, c'est une République d'acquisition.

Hobbes, *Léviathan.*

Une fois le pouvoir dévolu ou confié au souverain, qu'il s'agisse d'une seule personne (le roi) ou d'une assemblée (la république), les citoyens sont liés à ce contrat social. Il ne leur est pas permis de le remettre en cause, en vertu du principe de responsabilité que Thomas Hobbes a pris grand soin d'expliciter au début de la seconde partie du *Léviathan*. Cette exclusivité a des conséquences considérables et à long terme sur la nature de l'opposition au sein de l'État, comme on va le voir.

L'État et le souverain

On dit qu'une république est instituée lorsqu'un grand nombre d'hommes réalisent un accord et passent une convention (chacun avec chacun), comme quoi, quels que soient l'homme ou l'assemblée d'hommes auxquels la majorité d'entre eux aura donné le droit de représenter leur personne à tous (c'est-à-dire d'être leur représentant); chacun, aussi bien celui qui a voté pour que celui qui a voté contre, autorisera toutes les actions et tous les jugements de cet homme ou de cette assemblée d'hommes, de la même manière que si c'étaient les siens — cette convention étant destinée à leur permettre de vivre paisiblement entre eux, et d'être protégés.

De cette institution de la république dérivent les droits et possibilités [*facultyes*] de celui ou de ceux à qui le pouvoir souverain est conféré par le consensus du peuple assemblé.

Premièrement, étant donné que les gens passent convention, il doit être entendu qu'ils ne sont pas obligés par une convention antérieure à quelque chose qui serait incompatible avec celle-ci. En conséquence, ceux qui ont déjà institué une république, étant tenus par convention à reconnaître comme leurs les actions et jugements d'un certain homme, ne sauraient légitimement convenir les uns avec les autres qu'ils vont obéir à un autre, sur quelque sujet que ce soit, sans la permission du premier. Ceux qui sont les sujets d'un monarque ne peuvent donc pas, sans son aveu, rejeter la monarchie et retourner à la confusion d'une multitude désunie; ni transférer leur personnalité de celui qui en est le dépositaire à un autre homme ou à une autre assemblée d'hommes : car ils sont obligés, chacun à l'égard de chacun, de reconnaître pour leur tout ce que fera ou jugera devoir être fait celui qui est déjà leur souverain, et d'en être réputé les auteurs. De ce fait, dès que quelqu'un cesserait d'être d'accord, tous les autres auraient à rompre la convention qu'ils ont faite avec lui, ce qui est une injustice; et chacun d'entre eux ayant donné la souveraineté à celui qui assume leur personnalité, s'ils le déposent, ils lui enlèvent ce qui lui appartient, ce qui est également une injustice. En outre, si celui qui tente de déposer le souverain est, à la suite de cette tentative, tué, ou puni par celui-ci, il est l'auteur de son propre châtiment, puisqu'il est, en vertu de l'institution, auteur de tout ce que peut faire le souverain : et puisqu'il y a injustice pour un homme à faire ce pour quoi il peut être châtié de sa propre autorité, il est injuste à ce titre également. Et encore que quelques-uns aient allégué, pour couvrir leur désobéissance au souverain, une nouvelle convention, passée non pas avec les hommes mais avec Dieu, ceci également est injuste : il n'y a pas en effet de convention passée avec Dieu, si ce n'est par la médiation de quelqu'un qui représente la personne de Dieu, et nul n'est dans ce cas, si ce n'est le lieutenant de Dieu, qui exerce sous lui la souveraineté. Mais cette allégation d'une convention passée avec Dieu est un mensonge si manifeste, même devant la conscience de ceux qui y recourent, qu'elle est le fait d'une disposition non seulement injuste, mais aussi méprisable que dégradante.

Deuxièmement, étant donné que le droit d'assumer la personnalité de tous est donné à celui dont les hommes ont fait leur souverain, par une convention qu'ils ont seulement passée l'un avec l'autre, et non par une convention passée entre le souverain et quelqu'un d'entre eux, il ne saurait y avoir infraction à la convention de la part du souverain : en conséquence, aucun de ses sujets ne peut-être libéré de sa sujétion en alléguant quelque cas de déchéance. Que celui qui est fait souverain ne fasse pas de convention avec ses sujets avant son avènement, la chose est claire : ou bien en effet il doit passer convention avec la multitude entière, constituant une des parties contractantes, ou bien il doit passer une convention particulière avec chacun; mais avec l'ensemble constituant un partie contractante, cela est impossible, parce qu'ils ne sont pas encore une seule personne et s'il passe autant de conventions particulières qu'il y a d'hommes, ces conventions après qu'il est devenu souverain sont nulles, car toute action que l'un d'entre eux peut alléguer comme enfreignant l'une de ces conventions est l'acte de cet homme même, en même temps que tous les autres, puisqu'accompli au nom [*in the Person*] de chacun d'eux en particulier et en vertu de son droit. En outre, si l'un ou plusieurs d'entre eux allèguent une infraction à la convention passée par le souverain lors de son institution, et qu'un ou plusieurs autres, pami les sujets ou bien le souverain seul, allèguent qu'une telle infraction n'a pas eu lieu, il n'existe en cette affaire aucun juge qui puisse trancher la dispute : elle est donc à nouveau du ressort du glaive, et chacun recouvre le droit de se défendre de ses propres forces, contrairement au dessein qu'on avait lors de l'institution. C'est donc une démarche vaine que celle qui accorde la souveraineté par le moyen d'une convention préalable. L'opinion selon laquelle un monarque reçoit son pouvoir d'une convention, autrement dit sous condition, vient de ce qu'on ne comprend pas cette vérité facile, que les conventions, n'étant que parole et souffle, n'ont pour obliger, contenir, contraindre, ou protéger, aucune autre force que celle qu'elles tiennent du glaive public, c'est-à-dire des mains non entravées de cet homme ou assemblée d'hommes qui détient la souveraineté, et dont les actions sont ratifiées par tous, et exécutées par la vigueur de tous, unis dans le souverain. Au reste, quand c'est une assemblée qui est rendue souveraine, nul alors ne se figure qu'une telle convention est intervenue lors de l'institution; nul n'est assez sot pour dire, par exemple, que le peuple de Rome avait fait une convention avec les Romains, comme quoi il détiendrait la souveraineté sous telle ou telle condition, les Romains pouvant légitimement déposer le peuple romain au cas où celles-ci ne seraient pas remplies. Ce qui fait que les gens ne voient pas que le raisonnement vaut aussi bien dans une monarchie que dans un gouvernement populaire, c'est l'ambition de quelques-uns, qui sont plus favorables au gouvernement d'une assemblée, dont ils peuvent nourrir l'espoir de faire partie, qu'à celui d'une monarchie, pouvoir dont ils n'ont pas l'espoir de jouir.

L'unanimisme derrière la monarchie

[...] La majorité, ayant par ses suffrages accordés, proclamé un souverain, quiconque était en désaccord doit désormais s'accorder avec les autres, autrement dit accepter de ratifier les actions que pourra accomplir le souverain, ou autrement d'être justement supprimé par les autres. En effet, s'il est entré volontairement dans le groupe de ceux qui se trouvaient assemblés, il a ce faisant suffisamment exprimé sa volonté de se conformer à ce que la majorité ordonnerait, s'y engageant donc par une convention tacite : si donc il refuse de s'y conformer, ou s'il élève une protestation contre tel ou tel de leurs décrets, il agit contrairement à ce dont il a convenu, et donc injustement. Et qu'il soit du groupe ou non, il doit ou bien se soumettre aux décrets du groupe, ou bien demeurer dans l'état de guerre où il se trouvait auparavant, état dans lequel il peut sans injustice être détruit par n'importe qui.

Étant donné que chaque sujet est du fait de l'institution auteur de tous les actes et jugements du souverain institué, il s'ensuit que, quoi qu'il fasse, cela ne saurait constituer un tort à l'égard d'aucun de ses sujets, et qu'il ne doit être par aucun d'eux accusé d'injustice. En effet, celui qui fait quelque chose en vertu de l'autorité reçue d'un autre, ne commet en cela aucun tort envers celui en vertu de l'autorité duquel il agit : or par cette institution d'une république, chaque particulier est l'auteur de tout ce que fait le souverain ; en conséquence, celui qui se plaint d'un tort commis par le souverain se plaint de ce dont il est lui-même l'auteur ; il ne doit donc accuser de tort commis nul autre que lui-même — non, pas même lui-même, car il est impossible de commettre un tort à l'égard de soi-même. Il est vrai que les détenteurs du pouvoir souverain peuvent commettre l'iniquité : mais il n'en est pas de même de l'injustice, du tort, pris au sens propre de ces mots.

En conséquence de ce qui vient d'être dit, aucun détenteur du pouvoir souverain ne saurait avec justice être mis à mort ou châtié de quelque autre manière par ses sujets. Étant donné en effet que chaque sujet est auteur des actions de son souverain, il punit alors un autre pour des actions qu'il a lui-même commises.

Hobbes, *Léviathan.*

Hobbes a bien entendu en tête l'exemple récent du régicide de Charles 1er, décapité en 1649 à la suite d'un procès politique conduit à l'instigation de la république du puritain Oliver Cromwell. L'auteur considère qu'il est trop facile de se laver les mains des actes commis sous un régime donné et de s'en proclamer innocent, quitte à mettre à mort un symbole tel que la personne du roi ; celui-ci ne serait plus alors qu'un bouc émissaire. Un geste de cette nature, aussi « libérateur » puisse-t-il paraître aux yeux de la multitude déchaînée, a surtout valeur de symbole. Il indique de manière ostensible que les gouvernants ont choisi de tracer bien nettement la ligne entre le régime passé et le nouveau régime qu'on prétend établir sur de nouveaux principes. Or, ceux-ci le sont-ils vraiment? L'éphémère république anglaise fut-elle autre chose qu'une dictature personnelle du très puritain Cromwell? À l'intérieur, elle s'appuie sur la police et pourchasse impitoyablement l'opposition et les catholiques. À l'extérieur, elle poursuit et même amplifie la politique guerrière des Stuarts, en s'attaquant aux Pays-Bas en 1653 et à l'Espagne en 1655. Sans appui dans le peuple et reniée par les bourgeois pour ses exactions, elle tombera enfin en 1660, sous les coups des royalistes, qui restaurent sur le trône de Londres Charles II, le fils du roi assassiné.

La restauration des Stuarts ne s'accompagnera pas d'un renforcement du pouvoir absolu. Celui-ci a été trop profondément ébranlé à l'époque précédente pour être à nouveau praticable sans que la société anglaise lui fixe des normes. Le retour de Charles II a été rendu possible par la lassitude de l'opinion publique devant les persécutions intérieures et les guerres étrangères, de même que sur une convention implicite, qui limite un tant soit peu l'autorité du monarque. Celui-ci affiche au début une certaine tolérance, se fait aimer du peuple en participant lui-même, un seau à la main, à la lutte contre le grand incendie de Londres en 1666, et en se comportant comme un grand patriote lors de la seconde guerre contre les Pays-Bas (1665–1668), qui faillit tourner au désastre pour les Anglais. L'heureuse issue du traité de Breda avec la Hollande en 1668, la conquête de New York et la paix durable qui en découle dans le nouveau monde asseoient son pouvoir plutôt discret.

Son successeur Jacques II paiera cher sa volonté de s'éloigner de ces utiles principes, lorsqu'il tentera d'instaurer en 1685 un régime autocratique basé sur la restauration du catholicisme. L'Angleterre tout entière se révolte contre le régime et le roi perd son trône. C'est la Glorieuse Révolution ou *Glorious Revolution* de 1688, qui met un terme de façon définitive au pouvoir absolu dans ce pays et ouvre une ère de parlementarisme sans contrainte. L'ère moderne débute sur des principes nouveaux, désormais reconnus dans la constitution, qui va désormais transcender toutes les autres lois.

Locke

L'œuvre de John Locke est intimement associée au triomphe de la Glorieuse Révolution de 1689. Si cette interprétation n'est pas dénuée de fondement, il est cependant nécessaire de la nuancer : on ne saurait voir dans le *Traité sur le gouvernement civil* de Locke une simple apologie de la Glorieuse Révolution ni réduire sa réflexion à une justification du nouveau type d'institutions politiques qui se met en place. Comme l'a brillamment souligné Ashcraft, à certains égards, Locke est plus conservateur que l'idéologie *whig* officielle, alors qu'à d'autres, il se révèle beaucoup plus radical. Il n'en reste pas moins que l'influence des idées de Locke reste intimement liée à l'appréciation de la situation politique anglaise et que sa fortune littéraire au xviiie siècle tend à se confondre avec la volonté d'instaurer dans d'autres pays un régime qui s'apparente fortement à celui qui prend naissance en Angleterre à partir de 1689.

L'arrivée en Angleterre du nouveau roi Guillaume d'Orange, un prince hollandais et de confession calviniste, est, comme nous le disions plus haut, une reconnaissance du rôle nouveau imparti au Parlement britannique dans la conduite des affaires du pays. Il s'agit alors d'une monarchie constitutionnelle découlant d'un déclaration des droits (*Bill of Rights*).

Monarchies constitutionnelle et parlementaire

Il importe dans un premier temps de ne pas confondre la monarchie constitutionnelle et la monarchie parlementaire britannique. La première est le fruit d'une révolution ayant entraîné un changement de dynastie et un nouveau « rapport de forces » entre acteurs politiques. Dans le contexte ainsi créé, les législateurs tentent, quelque peu empiriquement, de légitimer un nouvel état de fait caractérisé par l'équilibre entre deux pouvoirs : celui du roi, qui est fondamental de par la théorie du droit divin, et celui du Parlement. La *Déclaration des droits* de 1688 n'a d'autre but que d'établir une « convention » entre le premier pouvoir, celui du roi, et le pouvoir résiduel, mais de plus en plus important, qui revient au Parlement à l'intérieur de certaines limites. Soulignons également que l'assise sociale de ce Parlement est fort limitée : il se compose d'une chambre haute, celle des Lords, où siègent, du fait de leur naissance, des grands propriétaires terriens de même que des dignitaires ecclésiastiques, et d'une chambre élue, celle des Communes, où ne sont représentés que les notables pouvant faire état d'une propriété immobilière.

De son côté, la monarchie parlementaire, que nous connaissons de nos jours, sanctionne l'effacement réel et définitif du pouvoir royal de même que de celui de la Chambre des Lords, ou chambre haute, au nom de la souveraineté du peuple s'exerçant dans le cadre d'élections libres et universelles auxquelles participent hommes et femmes adultes. Deux nouvelles déclarations ponctuent la mise en place de la monarchie parlementaire, la première en 1919 puis la seconde en 1949. Comme on le voit, c'est un phénomène très récent.

Ces réserves faites, la *Déclaration* de 1688 constitue une autre grande charte, consécutive à celle de 1215, et décisive dans l'évolution politique du pays. Elle constituera dès lors le modèle privilégié dont s'inspireront des auteurs tels que Voltaire, Montesquieu, Jefferson et tant d'autres qui y verront, à juste titre, l'un des principaux fondements de la pensée libérale.

Ce document représente d'abord un réquisitoire circonstancié des illégalités commises par les monarques précédents. Il est entendu que la nouvelle dynastie d'Orange renonce à recourir à ces méthodes dans l'avenir. Ensuite, il exprime un certain nombre de principes qui formeront la base du parlementarisme. Parmi ces derniers, on retrouve celui qui nie au roi le droit de lever des impôts sans avoir obtenu au préalable le consentement du Parlement. C'est le fameux *no taxation without representation* qui sera au cœur des révolutions dites bourgeoises de la fin du XVIIIe et de la première moitié du XIXe siècle. La même interdiction s'applique au droit de lever des armées en temps de paix. La *Déclaration* consacre également le principe de l'inamovibilité des juges et reconnaît un certain nombre de libertés individuelles, dont certaines remontent aussi loin que la *Magna Carta* de 1215. C'est ainsi que les législateurs souhaitent faire le lien entre l'évolution récente de la société politique anglaise et ce vieux document, dont la signature avait été arrachée quelques mois avant sa mort par les barons anglo-saxons au pauvre roi Jean 1er, dit Sans Terre — car il avait perdu ses possessions en Normandie et en Anjou aux mains du roi de France.

Il ne faut pas perdre de vue que, telle quelle, la *Déclaration* n'est pas une reconnaissance de la souveraineté populaire. Elle est tout au plus, comme l'ont bien souligné les auteurs et commentateurs récents, la reconnaissance du pouvoir conféré à une classe de possédants — les notables disposant d'une certaine fortune foncière — aux dépens de la royauté. Ces réserves mises à part, elle demeure indéniablement une conquête du « commun » aux dépens de la « noblesse » de sang et son incarnation suprême, le roi.

La chute des Stuarts ramène en Angleterre, en même temps que la nouvelle dynastie d'Orange, un penseur pénétrant qui marquera profondément les idées politiques modernes. Né en 1632 dans une famille puritaine de classe moyenne, John Locke étudie dans la prestigieuse université d'Oxford où il s'intéresse à de nombreuses disciplines : philosophie, sciences naturelles, commerce, médecine et politique. On lui doit la rédaction, à titre de secrétaire du duc de Shaftesbury, alors chancelier, de la constitution d'une nouvelle colonie anglaise fondée au sud de la Virginie vers 1670 et domaine royal sous le règne de Charles II — *Carolus* en latin —, d'où son nom de Caroline. Ses voyages et son expérience, d'ordre politique aussi bien qu'administratif, de pair avec son immense érudition, le prédestinent aux plus hautes fonctions dans un pays qui cherche alors une nouvelle orientation sur le plan politique. En face de l'absolutisme français, incarné dans la personne du roi-soleil Louis XIV (1638–1715), qui sert d'exemple à toute l'Europe, l'Angleterre trouvera-t-elle sa voie? Jacques II avait voulu imiter Louis XIV, avec le résultat qu'on connaît. Il ne reste plus à Locke qu'à tourner le dos à ce modèle inapplicable et à créer du neuf. C'est ce qu'il réalise avec bonheur dans le *Traité sur le gouvernement civil* (1690).

Cet ouvrage, qui représente la maturation des idées de Locke sur le plan politique, est fortement marqué du sceau de l'agitation politique qui a caractérisé l'Angleterre tout au long du xviie siècle. En réfutant les idées de Filmer sur la monarchie de droit divin et surtout en exprimant ce qui constitue, selon lui, les fondements des institutions politiques, John Locke essaie avant tout de proposer une façon de restaurer l'ordre politique en Angleterre, reprenant ainsi les questions que Hobbes s'était posées avant lui tout en y apportant des réponses différentes, préférant fonder l'ordre politique non pas sur un souverain tout-puissant, extérieur au contrat social, mais plutôt sur une certaine forme de consentement et de confiance entre l'autorité civile et la population.

La leçon principale que semble tirer Locke de l'immixion des questions politiques et religieuses, qui joue un rôle si prépondérant dans les événements politiques de son siècle, c'est qu'il faut séparer ces deux éléments. D'une part, le pouvoir politique n'a pas à imposer de croyances religieuses et à favoriser l'« établissement » d'une Église, quelle qu'elle soit, ce qui est encore loin d'être le cas en Angleterre à son époque, puisque le *Bill of Rights* établit un ordre de succession au trône qui écarte expressément les catholiques et que ceux-ci, de même que les Juifs, sont privés de tout accès aux fonctions politiques en général. D'autre part, le fondement de l'autorité politique ne peut reposer sur des principes religieux, comme le voulait la théorie de la monarchie de droit divin, mais sur la volonté humaine. John Locke s'inscrit, à cet égard, dans le mouvement de laïcisation du politique qui avait été amorcé par un Marsile de Padoue pour ensuite se situer au cœur de la réflexion politique d'un Machiavel.

De plus, il serait illusoire de réduire la production intellectuelle de Locke au seul *Traité sur le gouvernement civil*. Celui-ci s'intéresse à une foule de questions et nous a laissé, outre ses traités politiques, une œuvre majeure dans l'émergence de la pensée empirique, l'*Essai sur l'entendement humain*, qui, plusieurs années avant Kant, essaie de fonder philosophiquement une raison pratique redonnant une place à la perception sensible dans le développement de la connaissance. Locke est également l'auteur d'un certain nombre des textes sur des questions économiques de même que d'écrits sur la tolérance qui exerceront une influence décisive sur les philosophes français du xviiie siècle.

Dans son *Traité sur le gouvernement civil*, Locke vise trois objectifs. Le premier est de trouver les fondements d'un ordre politique durable; c'est dans ce cadre qu'il est amené à réfléchir sur ce qui constitue la nature du lien politique et ce sur quoi il doit reposer. Le second est de définir les limites du pouvoir politique : pour Locke, on est loin du « tout est politique »; au contraire, le propre d'un bon gouvernement, c'est d'avoir une sphère d'intervention limitée qui laisse le plus de liberté possible aux individus. Finalement, il esquisse un portrait des relations entre les diverses instances de pouvoir.

Les fondements du pouvoir politique

Prenant le contrepied de la théorie absolutiste de Thomas Hobbes, John Locke se fait le défenseur du parlementarisme. Non content de faire état de l'évolution politique de son temps et des nouvelles libertés concédées nouvellement au Parlement, il prévoit l'avenir et rédige un véritable traité sur ce que pourrait ou devrait être un régime parlementaire de type libéral. De ce fait, il apparaît très en avance sur son époque et ne cessera plus, au-delà des frontières de la petite Albion, d'inspirer les réformateurs libéraux, qu'ils soient de l'Ancien ou du Nouveau Monde.

Comme Hobbes avant lui, Locke se penche d'abord sur l'état de nature. Cependant, chez lui l'état de nature est loin de s'apparenter à un état de guerre généralisée qui ne connaît d'autre loi que celle du plus fort. Au contraire, Locke postule une sociabilité naturelle des êtres humains et un état de nature caractérisé par l'harmonie, puisque, en utilisant sa raison, l'être humain est capable de s'orienter dans le monde et d'obéir par conséquent à une sorte de loi naturelle respectueuse du plan de Dieu présidant à la création de l'univers. Cependant, cette loi naturelle a besoin d'institutions qui garantissent son application généralisée. D'où la nécessité d'un contrat social entre individus et de l'entente sur le recours à un arbitre en vue d'assurer l'ordre commun. Ce qui distingue l'état civil de l'état de nature, c'est fondamentalement le recours à la loi comme pacificateur des relations sociales; la nature du lien civil, c'est le recours à la loi dans le règlement des différends et la renonciation au droit de se faire justice soi-même.

C'est sur cette base que Locke est amené à poser la question de la légitimité de l'autorité civile. Pour être légitime, le pouvoir doit remplir trois conditions : être fondé sur un contrat, disposer d'une médiation représentative et reposer sur une autorisation populaire. En ce sens, il affirme non seulement que le pouvoir politique tire son existence d'un pacte social, comme l'avait fait Hobbes avant lui, mais surtout que ce pacte social doit être nourri par un consentement et une confiance sans cesse renouvelés.

Ainsi, ce contrat social n'est pas irrévocable, mais doit pouvoir se modifier au gré de la volonté du corps politique. L'établissement du contrat n'est donc pas, comme chez Hobbes, un artifice logique survenant à un moment imprécisable de l'histoire, mais au contraire une action consciente d'êtres libres et rationnels qui restent toujours les dépositaires de la souveraineté. Pour Locke, l'autorité politique n'est donc pas fondée de droit divin, pas plus que la monarchie : elle repose essentiellement sur une délégation de la souveraineté populaire, délégation qui peut à certains moments se résorber.

L'exercice de cette souveraineté revient essentiellement à des représentants du peuple. Locke se méfie de la démocratie directe : il y voit l'antichambre de la tyrannie. Au contraire, une représentation assure une certaine sélection du personnel politique et fournit des garanties quant à la sérénité des débats. La représentation actualise le contrat initial en lui permettant d'évoluer.

Cependant, puisque toute souveraineté réside essentiellement dans le peuple, celui-ci en dispose en nommant ses représentants politiques. Les élections régulières viennent confirmer cette délégation de pouvoir et donner un sens à la notion de consentement. Par le biais du processus électoral, le peuple manifeste sa confiance dans le pouvoir politique. En mandatant les magistrats qui le représentent, le peuple les autorise à agir en son nom pour l'intérêt commun. L'important devient donc que chaque pouvoir soit mandaté. Si cet aspect de la pensée politique lockienne peut inspirer une politique démocratique, il ne faudrait pas se faire d'illusions sur ce que recouvre la notion de peuple chez Locke. Conformément aux idées prévalant à son époque, il estime que seuls sont habilités à se prononcer ceux qui ont fait la preuve par leur travail ou leur fortune de leur capacité de maîtrise rationnelle du monde qui les entoure. Le peuple, c'est donc les propriétaires; on est loin du suffrage universel.

Du passage de l'état de tyrannie à celui de démocratie

Tout comme l'usurpation consiste à exercer un pouvoir auquel un autre a droit, la tyrannie consiste à exercer le pouvoir au-delà de son domaine légitime, ce qui ne saurait être permis à personne; c'est ce qui se produit chaque fois qu'un individu se sert du pouvoir qu'il détient, non pour le bien de ceux sur qui il l'exerce, mais pour son avantage personnel et particulier; chaque fois que le magistrat, quel que soit son titre, gouverne selon sa volonté et non selon la loi; chaque fois que ses commandements et ses actions ne tendent pas à la préservation de ce qui appartient a son peuple, mais à l'assouvissement de son ambition personnelle, de ses vengeances, de son avidité, ou de toute autre passion irrégulière.

Si quelqu'un met en doute la vérité de cette proposition ou son bien-fondé, parce qu'elle vient de la main obscure d'un sujet, j'espère que l'autorité d'un roi saura la lui faire accepter. Dans son discours au Parlement en 1603, le roi Jacques Ier nous déclare ce qui suit : « Je préférerai toujours le bien du public et de la société politique entière à toute fin privée qui me soit personnelle, en faisant de bonnes lois et de bonnes constitutions, car je verrai toujours dans la richesse et l'heur de la société politique mon plus grand bien et ma plus grande félicité en ce monde; en cela, le roi légitime se situe à l'opposé du tyran. Je confesse, en effet, que la différence principale entre le roi légitime et le tyran usurpateur est celle-ci : le tyran, orgueilleux et ambitieux, croit que son royaume et son peuple sont destinés uniquement à satisfaire ses désirs et ses appétits déraisonnables; au contraire, le roi légitime et juste reconnaît que sa propre existence doit servir à procurer à son peuple la richesse et la propriété. » Dans son discours au Parlement, en 1609, il s'exprime encore ainsi : « Le roi s'oblige lui-même par un double serment à observer les lois fondamentales de son royaume : tacitement, en vertu de sa qualité de roi parce qu'il est tenu, à ce titre, de protéger le peuple et les lois de son royaume; expressément, en vertu du serment qu'il a prononcé lors de son couronnement; ainsi, tout roi légitime d'un royaume organisé doit exécuter cette convention passée avec son peuple, quand il fait des lois, en donnant à son gouvernement une organisation qui s'harmonise avec elle, suivant le modèle du pacte que Dieu a conclu avec Noé après le déluge : désormais, le temps des semailles, la moisson, le chaud et le froid, l'hiver et l'été, le jour et la nuit, ne connaîtront pas de fin, tant que la terre existera. En conséquence, le roi qui règne dans un royaume organisé cesse d'être roi et dégénère en tyran dès qu'il cesse de gouverner selon ses lois. » Puis, un peu plus loin : « En conséquence, tous les rois qui ne sont ni des tyrans, ni des parjures, s'estimeront heureux de s'astreindre eux-mêmes à ne pas sortir du cadre de leurs lois et ceux qui les persuadent du contraire agissent, vis-à-vis d'eux et de la société politique, comme des vipères et des pestes. » Ce monarque érudit, avec sa juste intelligence des concepts, donnait donc, de la différence entre un roi et un tyran, la simple définition que voici : l'un prend les lois pour limite de son pouvoir et le bien public pour fin de son gouvernement; l'autre subordonne tout à sa volonté et à son avidité personnelles.

C'est une erreur de croire que ce défaut soit propre aux seules monarchies. D'autres formes de gouvernement peuvent en être atteintes tout aussi bien. Chaque fois que l'autorité qu'une personne quelconque a reçue entre ses mains pour gouverner le peuple et lui garantir sa propriété sert à des fins différentes et se trouve utilisée pour le gruger, le harasser et l'assujettir aux ordres arbitraires et illégaux des gouvernants, cette autorité devient du même coup une tyrannie, que l'abus soit commis par un seul homme, ou par un grand nombre. Par exemple, nous pouvons lire l'histoire des trente tyrans d'Athènes et celle du tyran unique de Syracuse; et l'intolérable domination des décemvirs, à Rome, ne valait pas mieux.

Là où le droit finit, la tyrannie commence, dès que la loi est enfreinte au préjudice de quelqu'un. Toute personne investie d'une autorité qui excède le pouvoir que la loi lui donne et qui se sert de la force soumise à son commandement pour accomplir, aux dépens des sujets, des actes illégaux, cesse par là même d'être un magistrat et, comme elle agit sans pouvoir, on a le droit de lui résister, comme à n'importe quel homme qui porte atteinte aux droits d'un autre par la force. Cela, on l'admet pour les magistrats subalternes. L'un d'eux peut avoir le pouvoir de m'appréhender dans la rue, mais j'ai le droit de lui résister, comme à un voleur et à un brigand, s'il tente de forcer la porte de ma maison pour exécuter un mandat judiciaire, et cela, bien que je sache qu'il est porteur de ce mandat et qu'il a compétence pour procéder légalement à mon arrestation si je sors. Pourquoi ce principe ne s'appliquerait-il pas au magistrat de l'échelon le plus élevé, comme à celui qui occupe l'échelon le plus bas? J'aimerais bien qu'on me l'apprenne. Est-il raisonnable que le frère aîné, qui reçoit la plus grande partie de la fortune de son père, tienne de là le droit de prendre son lot à l'un quelconque de ses plus jeunes frères? Ou que l'homme riche, qui est maître de tout un pays, tienne de là le droit de saisir, à son gré, la chaumière et le jardin de son voisin pauvre? La possession légitime d'une puissance et d'une richesse considérables, qui dépassent de très loin la part la plus avantageuse que les fils d'Adam aient pu recueillir dans la succession de celui-ci, n'a nullement pour effet d'excuser, ou, encore moins, de justifier, ces actes de rapine et d'oppression, car il faut qualifier ainsi tout dommage causé à autrui sans autorité; au contraire, elle les aggrave lourdement. L'excès de pouvoir n'est pas plus un droit pour un agent supérieur que pour un agent subalterne, il ne se justifie pas plus chez un roi que chez un gardien de la paix. La faute est même plus grande si son auteur a été chargé d'une mission de confiance et si l'avantage de l'éducation qu'il a reçue, de ses fonctions et des conseils qui l'assistent, le favorise par rapport à ses frères et permet de le supposer mieux informé des critères du bien et du mal.

Pourtant, a-t-on le droit de résister aux ordres d'un prince? La résistance est-elle légitime toutes les fois qu'un individu s'estime lésé, ou s'imagine qu'on ne lui rend pas justice? Cela va fausser et bouleverser toutes les sociétés politiques et, au lieu du gouvernement et de l'ordre, ne laisser subsister que l'anarchie et la confusion.

À cela, je réponds : Il ne faut opposer la force qu'à la force injuste et illégitime. Quiconque résiste en toute autre circonstance attire sur lui une juste condamnation, à la fois celle de Dieu et celle des hommes; et, d'autre part, il ne s'ensuivra ni périls, ni désordres, comme on le suggère souvent.

De la hiérarchie des pouvoirs de la société politique

Dans une société politique organisée, qui se présente comme un ensemble indépendant et qui agit selon sa nature propre, c'est-à-dire, qui agit pour sauvegarder la communauté, il ne peut exister qu'un seul pouvoir suprême, le pouvoir législatif, auquel tous les autres sont subordonnés et doivent l'être; néanmoins, comme il se fonde sur la confiance et se limite à la faculté d'agir en vue de certaines fins déterminées, le peuple reste investi du pouvoir suprême de destituer la législature ou de la modifier, s'il constate qu'elle agit au mépris de la mission dont il l'avait chargée. Chaque fois qu'un pouvoir est conféré comme l'instrument d'une certaine mission, en vue d'une certaine fin, il a cette fin pour limite et, dès lors qu'il est manifeste qu'elle a été négligée ou contrariée, cela entraîne nécessairement la déchéance de l'habilitation, qui se fondait sur la confiance; le pouvoir fait donc retour à ceux qui l'avaient conféré; ils peuvent le confier à un nouveau titulaire, en s'inspirant du souci de leur protection et de leur sécurité. La communauté reste donc perpétuellement investie du pouvoir suprême d'assurer son propre salut et de déjouer, à cet effet, les tentatives et les entreprises de quiconque, même celles de ses propres législateurs, s'ils témoignent d'assez de sottise, ou de perversité, pour former des complots contre la liberté des sujets ou leurs biens et pour les exécuter. Aucun homme, aucune société humaine, n'a le pouvoir d'abandonner sa conservation et, par voie de conséquence, les moyens de l'assurer, à la volonté absolue d'un tiers et à sa domination arbitraire; ceux qu'un individu quelconque entreprend de réduire à une telle condition d'esclavage garderont toujours le droit de sauvegarder cet avantage inaliénable et de se débarrasser des contrevenants, qui enfreignent la loi fondamentale, sacrée et inaltérable de la conservation de soi-même, qui était la cause de leur association. On peut donc dire, de ce point de vue, que le pouvoir suprême réside toujours dans la communauté, mais à condition de ne pas considérer celle-ci comme soumise à un gouvernement, quelle qu'en soit la forme, car le peuple ne peut jamais exercer ce pouvoir avant la dissolution du gouvernement.

Dans tous les cas, tant que le gouvernement subsiste, le pouvoir législatif est le pouvoir suprême. Qui peut légiférer pour un autre lui est forcément supérieur; comme il n'a cette qualité de législature de la société qu'en vertu de son droit d'imposer à toutes les parties de la société et à chacun de ses membres des lois qui leur prescrivent des règles de conduite et qui autorisent l'exécution lorsqu'elles sont enfreintes, le pouvoir législatif est forcément suprême; tous les autres pouvoirs, qu'ils appartiennent à une subdivision de la société, ou à l'un quelconque de ses membres, dérivent de lui et lui sont subordonnés.

Dans certaines sociétés politiques, où le pouvoir législatif n'existe pas en permanence et où quelque personnage unique, qui en exerce une partie, se trouve également investi de la totalité du pouvoir exécutif, ce personnage unique peut être qualifié de suprême, sans que cela donne aux mots un sens forcé; il ne détient pas à lui seul le pouvoir suprême, celui de légiférer, mais il a la haute main sur l'exécution suprême, d'où procèdent entièrement ou, du moins, pour la plupart, les pouvoirs subordonnés de tous les magistrats inférieurs; comme il n'existe pas, non plus, de pouvoir législatif qui lui soit supérieur, puisqu'on ne peut faire aucune loi sans son consentement et qu'il ne consentira jamais à se soumettre à l'autre partie de la législature, il est vraiment suprême en ce sens. Néanmoins, la remarque s'impose, si on lui prête des serments d'allégeance et d'hommage, ceux-ci ne s'adressent pas à lui en tant que législateur suprême, mais en sa qualité d'exécuteur suprême d'une loi qui est l'œuvre d'un pouvoir qu'il détient conjointement avec d'autres; comme l'allégeance consiste à obéir conformément aux lois, quand il les enfreint, il n'a plus aucun droit à ce qu'on lui obéisse; il ne peut exiger l'obéissance qu'à raison même de sa qualité de personnage public investi de l'autorité de la loi et qui se présente comme l'image de la société politique, comme son fantôme, ou comme son représentant; c'est la volonté de la société, déclarée dans ses lois, qui l'anime; il n'a ni volonté, ni puissance, en dehors de la loi. Aussitôt qu'il s'écarte de ce rôle de représentant, de cette volonté publique et qu'il agit en vertu de sa propre volonté particulière, il se dégrade lui-même et il n'est plus qu'un individu isolé, un simple particulier, sans pouvoir et sans volonté qui lui donnent un titre à se faire obéir; les associés ne doivent l'obéissance qu'à la volonté publique de la société.

Quand il est confié à tout autre qu'à une personne qui détient aussi une part du pouvoir législatif, le pouvoir exécutif est évidemment subordonné à celui-ci, il doit lui rendre compte et il peut être l'objet de changements ou de mutations à volonté; ce n'est donc pas le pouvoir exécutif suprême, qui échappe à toute subordination, mais le pouvoir exécutif suprême dans l'hypothèse où son titulaire détient une partie du pouvoir législatif et n'est donc subordonné à aucune législature distincte et supérieure, ni tenu de lui rendre compte, sauf dans la mesure où il l'accepte lui-même et y consent; en ce cas, il n'est subordonné qu'autant qu'il le juge bon, ce dont on peut déduire, sans crainte de se tromper, qu'il le sera fort peu. Quant aux autres pouvoirs auxiliaires et subordonnés de la république, nous n'avons pas besoin d'en parler, car il s'en rencontre tant, et de si divers, dans les différentes coutumes et constitutions de sociétés politiques particulières, qu'il est impossible de tous les passer en revue un par un. En ce qui les concerne, il nous suffira de relever une seule caractéristique, essentielle pour notre propos, c'est-à-dire qu'aucun d'entre eux ne s'étend au-delà de la compétence qui lui a été déléguée en vertu d'une concession et d'un mandat exprès et que tous doivent rendre compte à quelque autre pouvoir dans la république.

Il n'est pas nécessaire, non plus, ni même commode, que le pouvoir législatif existe en permanence. Par contre, il le faut absolument pour le pouvoir exécutif, car on n'a pas toujours besoin d'adopter de nouvelles lois, mais on a toujours besoin de l'application des lois existantes. Quand le pouvoir législatif a chargé quelqu'un d'autre de l'exécution des lois qu'il fait, il garde le pouvoir de s'en ressaisir en cas de besoin et de sanctionner par un châtiment les méfaits d'une administration illégale. Il en va de même du pouvoir fédératif, car il sert, à côté du pouvoir exécutif, d'auxiliaire et de subordonné du pouvoir législatif, qui est le pouvoir suprême dans toute société politique organisée comme on l'a montré. On suppose, ici encore, que le pouvoir législatif se compose de plusieurs personnes qui ont la faculté de s'assembler et de légiférer, à la date que prévoit leur constitution fondamentale, ou à la date qu'elles ont fixée en se séparant, ou, enfin, quand bon leur semble, si le jour n'a pas été choisi selon l'une ou l'autre de ces deux méthodes et si l'on n'a prescrit aucune autre procédure de convocation (car, s'il n'y a qu'un seul législateur, le pouvoir législatif existe forcément en permanence et il s'adjoindra naturellement le pouvoir exécutif suprême, puisqu'il est au-dessus de tout). Le peuple a confié le pouvoir suprême à ces personnes; elles en restent toujours investies et elles peuvent l'exercer quand elles veulent, à moins que leur constitution fondamentale ne les limite à certaines saisons, ou qu'elles ne se soient ajournées à une date fixe par un acte de leur pouvoir suprême, auquel cas, quand cette date arrive, elles ont le droit de s'assembler et de reprendre leur activité.

Si le pouvoir législatif, ou l'un quelconque de ses éléments, se compose de représentants que le peuple a choisis pour la période fixée, mais qui redeviennent ensuite des sujets ordinaires et qui cessent d'appartenir à la législature, à moins d'être choisis une nouvelle fois, il faut aussi que le peuple exerce le pouvoir de procéder à ce choix, soit à des dates qui reviennent périodiquement, soit quand on le convoque; en ce cas, le pouvoir de convoquer le législatif appartient, d'ordinaire, à l'exécutif et il existe deux procédés, au choix, qui permettent de le limiter du point de vue du temps : ou bien la constitution fondamentale exige que le pouvoir législatif s'assemble et entre en fonctions à des intervalles déterminés et le pouvoir exécutif se contente, alors, d'un rôle auxiliaire, qui consiste à donner des directives pour qu'on l'élise et qu'il se réunisse en bonne et due forme; ou bien l'on s'en remet à la prudence du pouvoir exécutif pour que celui-ci le convoque, par de nouvelles élections, lorsque les circonstances ou les besoins de la vie publique exigent que l'on modifie les lois anciennes, ou que l'on en fasse de nouvelles, ou que l'on porte remède aux maux qui oppriment le peuple et que l'on prévienne ceux qui le menacent.

On peut demander ici ce qui arrivera si le pouvoir exécutif qui détient la force de la société politique, l'utilise pour empêcher le pouvoir législatif de s'assembler et d'agir, quand la constitution fondamentale ou les besoins de la vie publique le requièrent? Je réponds, que le fait de se servir de la force contre le peuple, sans autorité et à l'encontre de la mission confiée à l'auteur de l'acte équivaut, pour celui-ci, à entrer en guerre contre le peuple, qui peut restaurer son pouvoir législatif dans l'exercice de sa compétence. Si le peuple a institué une législature, c'est pour qu'elle exerce le pouvoir de faire des lois, soit à une date précise et fixée à l'avance, soit en cas de besoin; chaque fois qu'une force quelconque vient empêcher le pouvoir législatif de rendre à la société un service aussi nécessaire, le peuple, dont la sûreté et le salut sont en jeu, peut légitimement la repousser par la force. Dans tous les états et toutes les conditions, le vrai recours contre la force qui s'exerce sans autorité, c'est de lui résister par la force. Quiconque use de la force sans autorité entre en guerre, comme agresseur, et s'expose à être traité en conséquence.

Des formes de la république

On l'a montré, quand les hommes s'unissent en société pour la première fois, la majorité détient naturellement l'entière puissance communautaire, qu'elle peut utiliser pour donner des lois à la communauté, de temps à autre, et nommer des magistrats de son choix pour les faire appliquer; en ce cas, la forme du gouvernement est une parfaite démocratie; elle peut aussi confier le pouvoir de légiférer à un petit nombre d'hommes choisis; alors, c'est une oligarchie; elle peut enfin le placer entre les mains d'un seul homme, et c'est une monarchie; si elle le donne à cet homme et à ses héritiers, c'est une monarchie héréditaire; si elle le lui donne seulement à vie et se réserve un droit de retour sur le pouvoir de lui désigner un successeur, c'est une monarchie élective. À partir de ces éléments, elle peut façonner des formes de gouvernement composées et mixtes, comme bon lui semble. Si la majorité commence par confier le pouvoir législatif à une seule personne, ou à plusieurs, mais seulement pour leur vie durant, ou pour toute période déterminée à l'issue de laquelle le pouvoir suprême doit lui faire retour, une fois que la communauté l'a récupéré de cette manière, elle peut en disposer de nouveau entre les mains de qui bon lui semble et constituer ainsi une nouvelle forme de gouvernement. Comme la forme du gouvernement dépend de l'attribution du pouvoir suprême, c'est-à-dire du législatif, car il est impossible de concevoir qu'un pouvoir inférieur donne des ordres à un pouvoir supérieur, ou qu'un autre que le pouvoir suprême fasse des lois, la manière dont est placé le pouvoir de faire des lois détermine la forme de la république.

Par république, tout du long, j'entends, non pas une démocratie, ni aucune forme de gouvernement, mais n'importe quelle communauté indépendante, ce que les latins désignaient par le mot *civitas*, dont le meilleur équivalent dans notre langue est république, qui désigne, très exactement, ce genre de sociétés humaines, ce que ne font pas, en anglais, les mots communauté ou cité, car il peut exister des communautés subordonnées dans un gouvernement et cité, chez nous, a un sens très différent de république. Ainsi, pour éviter toute ambiguïté, je sollicite la permission d'employer le mot république en ce sens, auquel je constate que le roi Jacques Ier lui-même l'utilise et qui en est, je pense, l'acception exacte; si quelqu'un trouve à y redire, je consens à mettre un terme meilleur à la place.

De l'étendue du pouvoir législatif

La grande fin que les hommes poursuivent quand ils entrent en société, c'est de jouir de leur propriété paisiblement et sans danger; l'instrument et les moyens principaux dont ils se servent sont les lois établies dans cette société; la première loi positive fondamentale de toutes les sociétés politiques a pour objet l'établissement du pouvoir législatif; la première loi naturelle fondamentale qui doit régir le pouvoir législatif lui-même est la conservation de la société et, dans la mesure où le bien public l'autorise, de toutes les personnes qui s'y trouvent. Non seulement ce pouvoir législatif est le pouvoir suprême de la république, mais il reste, inaltérable et sacré, entre les mains de ceux à qui la communauté l'a confié tout d'abord. Aucun édit, quel qu'en soit l'auteur, sous quelque forme qu'il ait été conçu, quelle que soit la puissance qui l'appuie, ne saurait avoir la force obligatoire d'une loi, s'il n'a pas reçu la sanction du pouvoir législatif que le public a choisi et désigné. Sinon, il manquerait à cette loi ce qui est indispensable pour qu'elle soit une loi, c'est-à-dire, le consentement de la société; car nul ne saurait détenir le pouvoir d'imposer à celle-ci des lois, sauf de son propre accord et en vertu de l'habilitation qu'elle a donnée; ainsi, toute l'obéissance qui peut être exigée de quiconque, même en vertu des liens les plus solennels, aboutit finalement à ce pouvoir suprême et suit les lois qu'il adopte; jamais un membre de la société, par l'effet d'un serment qui le lierait à une puissance étrangère, ou à un pouvoir subordonné dans l'ordre interne, ne saurait être, ni dispensé d'obéir à la législature, lorsqu'elle agit conformément à sa mission, ni tenu de se plier à une obéissance qui dépasserait les termes des lois adoptées de la sorte, ou qui les contredirait : il est ridicule d'imaginer qu'un pouvoir qui n'est pas le pouvoir suprême dans la société puisse donner des ordres à quiconque et avoir le dernier mot.

Le pouvoir législatif est le pouvoir suprême dans toute société politique, qu'il ait été confié à une seule personne, ou à plusieurs, qu'il existe en permanence, ou de manière intermittente; pourtant :

Premièrement, il ne s'exerce pas et il est impossible qu'il s'exerce de manière absolument arbitraire sur la vie des gens et sur leur fortune. Comme il n'est que la fusion des pouvoirs que les membres de la société, pris individuellement ont abandonnés à la personne, ou à l'assemblée, qui y fait fonction de législateur, il reste forcément circonscrit dans les mêmes limites que le pouvoir que ces personnes détenaient dans l'état de nature, avant de s'associer et d'y renoncer au profit de la communauté. Nul ne peut donner à autrui plus de pouvoir qu'il n'en a lui-même; nul n'exerce sur sa personne, ou sur qui que ce soit d'autre, un pouvoir arbitraire et absolu, qui l'autoriserait à détruire sa propre vie, ou à priver un tiers de sa vie ou de ses biens. On a prouvé qu'un homme ne pouvait pas se soumettre au pouvoir arbitraire d'un autre; d'autre part dans l'état de nature, le pouvoir qu'un homme peut exercer sur la vie d'un autre, sur sa liberté, ou sur sa fortune, n'est jamais arbitraire, mais se réduit à celui dont la loi de la nature l'a investi, pour qu'il assure son propre salut et sauvegarde le reste de l'humanité; voilà donc la mesure du pouvoir qu'il remet et qu'il peut remettre à la société politique et, par son intermédiaire, à la législature, qui ne peut pas en exercer davantage. Même considéré dans ses plus grandes dimensions, le pouvoir qu'elle détient se limite à ce qu'exige le bien public de la société. C'est un pouvoir qui n'a d'autre fin que la conservation et qui ne peut donc jamais impliquer le droit de détruire les sujets, de les asservir, ni de les appauvrir à dessein. Les obligations de la loi de la nature ne s'éteignent pas dans la société; il arrive seulement, dans bien des cas, qu'elles soient délimitées plus strictement et que les lois humaines les sanctionnent par des peines, pour en assurer l'exécution. La loi de la nature, comme une règle éternelle, s'impose donc à tous les hommes, les législateurs aussi bien que les autres. Les règles auxquelles ils soumettent l'activité d'autrui, tout comme cette activité même et comme leurs propres actions, doivent se conformer à la loi de la nature, c'est-à dire, à la volonté de Dieu, qu'elle a pour objet de déclarer; comme la loi fondamentale de la nature s'identifie à la conservation de l'humanité, toute sanction humaine qui s'oppose à celle-ci est nulle et sans valeur.

Deuxièmement, l'autorité législative, ou suprême, ne peut pas s'arroger le pouvoir de gouverner par voie de décrets improvisés, mais elle est tenue de dispenser la justice et de déterminer les droits des sujets en se servant de lois permanentes, qui aient été promulguées et de juges connus de tous, qui aient été dûment habilités. Comme la loi de la nature n'est pas une loi écrite et qu'on ne la trouve que dans l'esprit des hommes, ceux que la passion ou l'intérêt incitent à la citer en la déformant, ou à en faire une fausse application, ne sont pas si faciles à convaincre de leur erreur en l'absence d'un juge établi; elle ne sert donc pas, comme elle devrait, à définir les droits de ceux qui lui vivent soumis et à borner leurs propriétés, surtout si chacun s'en fait le juge, l'interprète et, aussi le bourreau, quand bien même il serait partie à l'affaire; celui qui a le droit de son côté ne dispose, en général, que de son énergie personnelle, sans recevoir aucune aide et il n'a la force, ni de se protéger lui-même contre les injustices, ni de châtier les délinquants. Pour éviter ces inconvénients qui désorganisent leurs possessions dans l'état de nature, les hommes s'assemblent dans des sociétés, si bien qu'ils disposent de la force conjointe de l'association entière pour protéger leurs propriétés et les défendre et qu'ils peuvent les délimiter selon des règles permanentes, qui permettent à chacun de savoir ce qui lui appartient. C'est à cette fin que les hommes abandonnent la totalité de leur pouvoir naturel à la société dans laquelle ils entrent et que la communauté place le pouvoir législatif entre les mains de qui bon lui semble; ils le chargent aussi de la mission de les gouverner selon des lois qui aient été promulguées, car, sans cela, la paix, le repos, la propriété dont ils jouiraient, resteraient aussi précaires que dans l'état de nature.

Exercer un pouvoir absolu et arbitraire, gouverner sans lois établies et permanentes, voilà qui est absolument incompatible avec les fins de la société et du gouvernement, institutions auxquelles les hommes n'iraient pas se soumettre, en quittant la liberté de l'état de nature, si ce n'était afin de préserver leur vie, leur liberté et leur fortune et, grâce à des règles qui définissent expressément le droit et la propriété, de se procurer la paix et le repos. On ne peut pas leur prêter l'intention, même s'ils en avaient le moyen, d'investir un individu, ou plusieurs, d'un pouvoir absolu et arbitraire sur leurs personnes et sur leurs biens, ou de placer la force entre les mains du magistrat, pour qu'il exécute arbitrairement à leurs dépens sa volonté sans frein; cela équivaudrait, pour eux, à rendre leur condition pire que l'état de nature, dans lequel ils restaient libres de défendre leur bon droit contre les injustices des autres et se trouvaient à égalité de force pour le maintenir contre les atteintes d'individus isolés ou de groupes nombreux. Au lieu que, s'ils se sont abandonnés au pouvoir et au vouloir absolus et arbitraires d'un législateur, il faut supposer qu'ils se soient désarmés eux-mêmes et qu'ils l'aient armé, pour qu'il fasse d'eux leur proie quand bon lui semble. L'individu qui est exposé au pouvoir arbitraire d'un seul homme qui en a cent mille sous ses ordres, se trouve dans une situation beaucoup plus mauvaise, que celui qui est exposé au pouvoir arbitraire de cent mille hommes isolés; en effet, nul ne saurait affirmer que celui qui exerce un tel commandement soit animé par une volonté meilleure que celle des autres hommes, mais il est cent mille fois plus fort. Quelle que soit la forme de la société politique, la puissance qui commande doit gouverner par le moyen de lois qui aient été déclarées et acceptées et non pas sous la forme d'ordonnances improvisées et de résolutions imprécises. L'humanité sera dans une situation bien pire que dans l'état de nature, si elle arme de la puissance conjointe d'une foule un seul homme, ou plusieurs, de telle sorte que ceux-ci puissent la contraindre à obéir à discrétion aux décrets exorbitants et illimités de leurs pensées soudaines, ou de leur volonté sans frein et manifestée au dernier moment, sans qu'aucun critère ait été établi pour les guider dans leur action et les justifier. Le gouvernement n'a de pouvoir qu'en vue du bien de la société et il ne doit pas l'exercer en suivant l'arbitraire, ou le bon plaisir, mais selon des lois établies et promulguées; non seulement le peuple connaît ainsi son devoir et trouve l'assurance de la sécurité dans le cadre du droit, mais les gouvernants, eux aussi, doivent éviter de dépasser les bornes et, s'ils tiennent le pouvoir entre leurs mains, ils ne se laissent pas tenter de l'utiliser à des fins ou par des voies dont ils craindraient la divulgation et qu'ils n'avoueraient pas volontiers.

Troisièmement, le pouvoir suprême ne peut prendre à aucun homme une partie quelconque de ce qui lui appartient sans son consentement. La conservation de la propriété est la fin du gouvernement et celle que les hommes poursuivent lorsqu'ils entrent en société; il faut donc nécessairement admettre que les gens soient propriétaires de quelque chose, sinon, cela supposerait qu'ils perdent, quand ils s'associent, ce qu'ils voulaient obtenir en s'associant, absurdité si grossière que nul n'oserait la soutenir. Puisque les hommes qui vivent en société sont propriétaires, ils ont le droit de posséder tous les biens qui leur appartiennent en vertu de la loi de la communauté, si bien qu'il est interdit à quiconque de les leur soustraire, pour l'essentiel ou pour une part, sans leur consentement; sinon, ils ne sont propriétaires de rien du tout. Je n'ai vraiment aucun droit de propriété sur ce qu'un autre peut légitimement me prendre, quand bon lui semble, contre ma volonté. C'est donc une erreur de croire que le pouvoir législatif, ou suprême, d'une société politique, puisse faire tout ce qui lui plaît et disposer arbitrairement des biens d'un sujet, ou en prendre une partie quelconque à son gré. Il n'y a guère lieu de le craindre dans les gouvernements où le pouvoir législatif se compose, en tout ou en partie, d'assemblées de composition variable et dont les membres, lorsqu'elles sont dissoutes, se retrouvent dans la situation de sujets, soumis au droit commun de leur pays, à l'égal des autres. Par contre, dans les gouvernements où le pouvoir législatif réside dans une assemblée unique, à la fois durable et permanente, ou dans la personne d'un seul homme, comme dans les monarchies absolues, on peut toujours redouter, que ceux qui en sont investis ne croient que leur intérêt personnel se distingue de celui de la communauté et qu'ils n'aient tendance à accroître leurs richesses et leur pouvoir, en prenant au peuple ce que bon leur semble. L'existence de lois, bonnes et justes, qui délimitent la propriété de chacun, dans ses rapports avec les autres sujets, ne suffit nullement à la mettre en sûreté, si celui qui commande à ces sujets a le pouvoir de prendre à quiconque une partie de ses biens et d'en user et d'en disposer comme il veut.

Quelle que soit la personne entre les mains de qui le gouvernement a été placé, comme il ne lui a été confié que sous condition et pour une fin précise, c'est-à-dire que les hommes puissent rester maîtres de leurs biens en toute sécurité, le prince ou le sénat, même s'ils ont compétence pour réglementer par des lois la propriété des sujets dans les rapports de ces derniers entre eux, ne sauraient jamais détenir le pouvoir de s'approprier ces biens, en tout ou en partie, sans le consentement personnel des intéressés. Cela équivaudrait à les dépouiller de toute propriété. Pour nous assurer, que, même le pouvoir absolu, là où il s'avère indispensable, n'est pas arbitraire malgré ce caractère d'absolutisme mais qu'il y a toujours des raisons qui le limitent et des fins qui le circonscrivent, celles mêmes qui expliquent qu'il ait fallu le rendre absolu dans certains cas, nous n'avons qu'à considérer la pratique usuelle de la discipline militaire. Le salut de l'armée, qui doit assurer celui de la république entière, exige l'obéissance absolue aux ordres de

tout officier supérieur, et quiconque désobéit ou réplique aux plus dangereux ou aux plus déraisonnables d'entre eux mérite la mort; pourtant, nous
le voyons, le même sergent, qui pourrait donner à un soldat l'ordre de progresser jusqu'à la gueule d'un canon, ou de rester posté sur une brèche, où
sa mort est presque certaine, ne peut pas commander à cet homme de lui remettre un seul centime de son argent; d'autre part, le général peut le condamner à mort pour avoir abandonné son poste, ou pour avoir désobéi aux
ordres les plus désespérés, mais tout ce pouvoir absolu de vie et de mort ne
lui permet pas de disposer d'un quart de centime des biens de ce soldat, ni
de saisir le plus insignifiant des objets qui lui appartiennent; alors qu'il
pourrait lui donner n'importe quel ordre et le faire pendre à la moindre désobéissance. En effet, la fin en vue de laquelle le chef militaire a reçu son
pouvoir, c'est-à-dire, le salut de ceux qui restent exige de l'intéressé cette
obéissance aveugle, mais le droit de disposer de ses biens se situe sur un
tout autre plan.

Certes, les gouvernements ne sauraient subsister sans des frais très
lourds et il est juste que toute personne qui reçoit sa part de leur protection
contribue à leur entretien, sur sa fortune, pour une part correspondante.
Pourtant, il faut encore qu'elle y consente elle-même, c'est-à-dire, que la
majorité y consente, ce qu'elle manifeste directement, ou par l'intermédiaire
de représentants de son choix; si quelqu'un prétend qu'il a le pouvoir d'é-
tablir des impôts et de les recouvrer sur le peuple de sa propre autorité, sans
ce consentement populaire, il enfreint, par cela même, la loi fondamentale
de la propriété et il subvertit la fin du gouvernement. Puis-je me dire propriétaire de ce qu'un autre a le droit de saisir, s'il en a envie?

Quatrièmement, le pouvoir législatif ne peut pas habiliter qui que ce
soit d'autre à légiférer; il ne détient qu'un pouvoir que le peuple lui a délégué; ceux qui l'ont ne peuvent pas le transmettre à autrui. Seul le peuple
peut fixer la forme de la société politique; il le fait en instituant le pouvoir législatif et en désignant ceux qui doivent l'exercer. Quand le peuple a dit,
nous voulons nous soumettre à des règles et être régis par les lois qu'adop-
teront telles personnes, en suivant telles formes, nul n'a qualité pour dire
que ce seront des personnes différentes, qui légiféreront pour lui; les seules
lois auxquelles le peuple puisse être tenu d'obéir sont celles qu'ont adoptées
ses élus, qu'il a habilités à légiférer pour lui. La compétence du pouvoir législatif procède du peuple en vertu d'une concession et d'une institution
spéciales et elle s'identifie nécessairement à l'objet de cette concession;
comme il s'agit seulement de faire des lois et non des législateurs, le pouvoir
législatif ne peut jamais aliéner la compétence en vertu de laquelle il légifère, ni la placer en d'autres mains.

Voici les limites qu'impose au pouvoir législatif de toute société politique, sous toutes les formes de gouvernement, la mission de confiance
dont il a été chargé par la société et par la loi de Dieu et de la nature.
Premièrement, il doit gouverner par le moyen de lois établies et promulguées, et s'abstenir de les modifier dans des cas particuliers, afin que la
même règle s'applique au riche et au pauvre, au courtisan favori et au pay-

san qui suit sa charrue. Deuxièmement, ces lois ne doivent tendre, finalement, qu'à une seule fin : le bien du peuple. Troisièmement, le pouvoir
législatif ne doit pas percevoir d'impôt sur ce qui appartient au peuple, si
celui-ci n'y a pas consenti directement, ou par l'intermédiaire de ses députés. Strictement parlant, la question ne se pose que dans les gouvernements
où le pouvoir législatif existe en permanence, ou, du moins, où le peuple
n'en a pas réservé une partie à des députés qu'il élit lui-même périodiquement. Quatrièmement, le pouvoir législatif n'a ni le droit, ni la possibilité
d'aliéner la compétence en vertu de laquelle il légifère, ni de la placer en
d'autres mains.

Locke, *Deuxième traité du gouvernement civil,* **dans Liebich,**
Le Libéralisme classique.

Les limites du pouvoir politique

Le gouvernement civil ayant pour fin de protéger, par l'ordre juridique
qu'il instaure, la paix et la propriété des membres du corps politique, les
lois civiles doivent se limiter à ce qu'exigent la paix et le bonheur de la
communauté. Par ailleurs, ces lois civiles ne sauraient contrevenir à la loi
naturelle; elles doivent en être la traduction adaptée à une époque historique donnée. La principale limite à laquelle se heurte l'autorité civile,
c'est donc l'autonomie des individus.

C'est le travail individuel qui crée la propriété, et celle-ci, témoignant de l'effort consenti, doit demeurer inviolable. Ce principe est une
application évidente de l'éthique protestante, qui reconnaît l'inviolabilité des personnes, de leur conscience et de leurs œuvres. De quel droit
l'État viendrait-il imposer sa loi dans la conduite des affaires privées?
Les protestants, comme certains penseurs grecs avant eux, ont circonscrit les limites de l'arbitraire comme du pouvoir personnel. L'intérêt
commun ne demande pas que lui soient sacrifiés les intérêts individuels.
Avec John Locke, le Léviathan est carrément décapité.

La délégation de pouvoir à l'autorité civile pour la poursuite des intérêts communs ne saurait, dans l'esprit de Locke, signifier que les
individus se départissent, au profit d'un État tout-puissant, de toute capacité de gouverne sur leur propre existence. En formant une
association politique, les individus conservent la liberté et l'égalité qui
les caractérisent dans l'état de nature. C'est sur la base de cette liberté et
de cette égalité originelles que la société politique se doit de garantir à
chacun la liberté de parole, d'opinion, de propriété et de mouvement.

Si la liberté individuelle balise l'intervention du pouvoir politique,
celui-ci se trouve également limité du côté spirituel. Un gouvernement

serait tout à fait illégitime, selon Locke, s'il agissait à l'encontre de la loi naturelle. Pour lui, lorsque survient un hiatus entre loi naturelle et loi civile, on s'expose à un éclatement de la communauté politique. Si les décisions qui sont prises sont alors déraisonnables, le lien politique devient caduc et il est même préférable, dans de telles circonstances, de vivre temporairement dans l'état de nature, c'est-à-dire de dissoudre la communauté politique, que de laisser persister un pouvoir qui, parce qu'il échappe à la droite raison, ne peut qu'être tyrannique. C'est en ce sens que le volet indissociable du consentement chez Locke, c'est le droit de résistance.

En admettant ce droit, John Locke n'appelle ni à la rébellion, ni à la révolution. Son idéal politique est, à l'instar d'Aristote, celui d'un gouvernement modéré, dont les décisions reposent sur un usage éclairé de la raison et qui ne légifère que sur les sujets essentiels à la vie de la société. Sa quête de l'ordre s'accorderait mal avec l'apologie de la révolte. Il prend donc bien soin de préciser que celle-ci n'est concevable que dans des conditions exceptionnelles, lorsque le pouvoir public s'écarte durablement des voies de la juste raison, et elle n'est justifiable qu'au nom de la paix et de la stabilité du corps politique.

Le partage et l'agencement des pouvoirs

Une autre façon de limiter le pouvoir politique et d'empêcher que le pouvoir s'affranchisse des liens de consentement et de confiance réside dans la séparation des pouvoirs. Elle permet en outre d'éviter les débordements et les guerres qui ont affligé la société anglaise pendant le XVIIe siècle. La théorie des poids et contrepoids vise à créer le nécessaire équilibre entre eux. À cet égard, Locke prend quelque liberté avec la trilogie classique du pouvoir législatif, exécutif et judiciaire pour proposer une partition du pouvoir qui prend la forme suivante : législatif, exécutif et fédératif.

Si le pouvoir judiciaire semble hors champ pour Locke, c'est parce qu'il n'est pas de même nature que les autres. En effet, il est la condition de la formation de la société civile, de la sortie de l'état de nature. Sans ordre juridique, la société civile est impensable. L'existence d'un mode juridique de règlement des conflits est à la fois la condition et le révélateur de la finalité pacifique de la société civile. Dans ce cadre, il ne peut exister de véritable chose publique sans indépendance des autorités judiciaires par rapport aux autres autorités civiles.

Le noyau central de l'autorité politique réside, pour Locke, dans le pouvoir législatif, qui est le seul apte à imposer l'obéissance à des êtres libres et raisonnables. Il constitue l'incarnation de la souveraineté populaire. À ce titre, il lui semble important que ce pouvoir soit le fait d'au moins une assemblée qui, mieux qu'une seule personne, est susceptible de représenter l'opinion de la population. Cette assemblée doit fonctionner selon la règle de la majorité, qui permet de départager les opinions qui y sont émises.

À côté de ce pouvoir législatif, véritable moteur de l'autorité publique, le pouvoir exécutif représente la continuité de l'autorité politique. Alors que, étant soumis au principe électif, le corps législatif se renouvelle périodiquement et ne siège pas constamment, le pouvoir exécutif assure la continuité dans le temps. Son rôle essentiel est de coopérer avec l'exécutif. Dans ses écrits, John Locke ne remet pas en cause le principe monarchique, mais il limite sérieusement le pouvoir d'intitiative du monarque ou de tout autre magistrat civil : leur action ne doit pas outrepasser les bornes fixées par la puissance législative.

Enfin, la troisième instance de pouvoir, le pouvoir fédératif, vise à étendre au-delà d'une communauté civile particulière les bienfaits de la sortie de l'état de nature et du règne du droit. À une époque où la force s'exprimait brutalement dans les relations internationales, comme en témoignent la conquête des Amériques par les Européens, la traite des esclaves ou encore les guerres meurtrières que se livrent entre elles les puissances européennes, Locke préconise d'étendre aux relations entre États les règles du droit. La volonté de paix, de stabilité et de prospérité qui devrait caractériser chaque société civile se transposerait donc, par le biais du pouvoir fédératif, sur le plan international. On peut donc voir en Locke un précurseur de la mondialisation, thème à la mode de nos jours, tout en constatant que, depuis son époque, les choses n'ont guère évolué dans le domaine des relations internationales. Ce thème de la paix internationale garante de la prospérité sera très populaire tout au cours du xviiie siècle alors que les penseurs politiques soumettront des projets de paix perpétuelle, tandis que les Encyclopédistes seront, pour leur part, taxés de cosmopolitisme.

Le libéralisme de John Locke a cependant des limites, qui sont celles des droits de la personne dans le contexte de son époque. Pas de propriété, pas de droit, donc pas de vote, ni même d'existence juridique, c'est-à-dire aucune possibilité d'en appeler aux autorités judiciaires en cas d'atteinte à sa dignité ou à son intégrité. La liberté que prône Locke est celle d'une minorité privilégiée et rien d'autre. L'allusion constante au peuple est théorique et le restera dans la pensée libérale à tout le moins jusqu'au milieu du xixe siècle. Sont exclus de la souveraineté politique les esclaves — les deux tiers de la population de la Caroline en 1700 —, les serfs ou paysans illettrés, qui travaillent sur les domaines des seigneurs, et enfin les femmes, qui ont, à l'instar des enfants, le statut de mineurs. Le libéralisme de Locke, aussi admirable soit-il, n'est qu'un avatar moderne de l'aristotélisme; en fait, c'est un néo-aristotélisme teinté de notions tirées du droit. On peut également déceler chez Locke une certaine parenté avec la réflexion augustinienne qui situe la liberté en dehors de la sphère politique, ce que les réflexions contemporaines appellent liberté négative. Cependant, en combinant cette liberté hors du politique à l'exercice, aussi limité soit-il quant à son assise sociale, de la souveraineté populaire, John Locke ouvre la voie aux conceptions du pouvoir politique qui associent souveraineté et citoyenneté.

Montesquieu et le gouvernement par la loi

Montesquieu est un penseur français originaire de Bordeaux qui fait partie des privilégiés de la société française. Aristocrate, magistrat héréditaire, baron, notable de sa région et académicien, Montesquieu (1689–1755) n'en demeure pas moins l'un des critiques les plus acerbes du régime qu'il sert. Ce penseur est en effet un libéral qui méprise l'absolutisme royal et le fanatisme religieux. Ces traits sont particulièrement manifestes dans les *Lettres persanes*. Dans ses *Considérations sur les causes de la grandeur et de la décadence des Romains* (1743), il se fait historien et recherche les fondements de la puissance des empires et les racines de leur lente décomposition. Enfin, son monumental *Esprit des lois* (1748) s'inspire du climat de liberté politique de l'Angleterre.

C'est en prenant appui sur les conquêtes politiques qui viennent d'être proclamées par la Glorieuse Révolution en Angleterre, que Montesquieu s'affirme comme l'un des précurseurs du grand mouvement philosophique des Lumières. Dans les premières décennies du xviiie siècle, il annonce ce groupe de penseurs français, féru de science expérimentale et de nouvelle sociologie, qui jette un regard entièrement inédit sur la société, le monde matériel et le pouvoir politique et qui ne craint pas de dénoncer à l'unisson les bassesses de la tyrannie et les misères qui affligent plus que jamais la cité des hommes. Chez eux, le gouvernement est fréquemment pris à partie. À vrai dire, c'est lui qu'on rend responsable des vices de l'époque.

La pensée des Lumières en France

La France vit un grand dilemme existentiel au xviiie siècle. Car elle est le pays le plus peuplé, le plus riche et le plus raffiné d'Europe. C'est à

Paris que les modes naissent, que la nouvelle musique, quand elle n'y est pas créée, y est entendue pour la première fois, que la richesse est la plus évidente et que les emplois sont les plus nombreux et les mieux rémunérés. Les métiers qu'on y pratique sont innombrables. Une foule de philosophes, d'artistes et d'hommes d'affaires viennent ou vivent à Paris. Ses fêtes sont célèbres, sa splendeur, inégalée. Simultanément, la France, et en particulier sa campagne, s'appauvrit, en partie à cause des guerres incessantes de Louis XIV, qui ont pris dans les provinces un lourd tribut en hommes et en argent, mais aussi parce qu'elle ploie sous le fardeau du féodalisme, ou régime seigneurial.

Il est vrai qu'on assiste à une importante renaissance de l'économie de la France assortie d'un nouvel essor de son empire colonial entre 1715 et 1750, mais ces espérances sont vite déçues et le régime royal, repoussant les appels à la réforme des premiers penseurs de l'économie politique, Vauban et Turgot, s'enfonce dans un conservatisme et un immobilisme qui entraîneront sa chute. La perte du Canada en 1763 marque la fin des ambitions françaises en Amérique du Nord. Dans le même temps, l'Angleterre affirme sa prépondérance en Inde, au détriment de la France. Peu à peu, le chômage et la disette se répandent dans les campagnes, tandis que la féerie anachronique du château de Versailles maintient l'illusion de la gloire. Louis XV (1715–1774) aimait ces symboles de grandeur et, avec un bon sens de l'économie, il encourageait les métiers en poursuivant le train impressionnant des commandes publiques, qui faisaient vivre tout un peuple. Sous Louis XVI (1774–1792), on revint à plus de simplicité. Mais, sans réforme de la propriété agraire, sans industrie, sans relèvement du sort de la population, sans liberté d'expression — à l'exception de quelques foyers de libre pensée protégés par le prestige de leurs animateurs, comme Voltaire et Diderot —, la France n'allait nulle part et le savait. Voilà pourquoi les regards se portèrent tout naturellement sur l'Angleterre, son commerce en expansion, son économie florissante et surtout ses clubs londoniens, où s'exerçaient sans contrainte les acquis de la Glorieuse Révolution. Les penseurs français vinrent y respirer un vent de liberté qu'ils espéraient faire souffler, sans y parvenir, dans leur propre pays.

Si le mouvement des Lumières constitue, comme l'affirme sans dissidence la littérature, l'épanouissement des acquis du siècle précédent et l'affirmation de la méthode humaniste, scientifique et rationaliste, c'est qu'il prétend, pour fonder la pensée et l'organisation politique modernes, s'en remettre à l'expérimentation et à la logique plutôt qu'aux conventions, aux préjugés, aux coutumes et à l'autorité morale des institutions. Dans les cafés de Paris, ces nouveaux lieux de rendez-vous où l'on consomme la boisson encore exotique qui leur a donné leur nom, les discussions sur les idées nouvelles vont bon train. Si la propagande officielle propose dans le *Mercure de France* une lecture bien-pensante de la politique royale, les philosophes s'agitent dans certains salons de Paris, comme celui de Mme de Lambert, où l'on ne craint pas de défier la censure. Voltaire (1694–1778) est un animateur assidu de certains de ces salons et cafés. Des amitiés se forgent alors au sein de toute une génération moins conformiste que les précédentes. D'Alembert, Diderot et Rousseau contribuent, chacun de leur côté ou grâce à de fructueuses collaborations, à illustrer la littérature des Lumières. L'héritage de Bacon, de Locke et de Newton y est partout visible.

L'auteur de *Candide* (1759), du *Dictionnaire philosophique* (1764) et de la *Philosophie de l'histoire* (1766) évolue vers l'athéisme, ne cesse de critiquer le rôle encore important de l'Église et, de retour d'un voyage de deux ans en Angleterre, se fait le thuriféraire de la monarchie constitutionnelle. On le connaît aussi pour ses prises de position contre le pouvoir arbitraire des juges — qu'il stigmatise lors de la sordide et interminable affaire Calas. Deux fois incarcéré à la Bastille sur lettre de cachet, n'étant somme toute qu'un roturier, Voltaire conquiert par son œuvre prolifique et inégale, mais toujours lucide voire iconoclaste, à défaut des attributs du noble — qu'il a tant jalousés — une notoriété durable. Sa jeunesse turbulente et les quelques mésaventures que lui doit son amour-propre — on pense à l'épisode rocambolesque du défi qu'il lança au chevalier de Rohan, qui lui vaut une nouvelle lettre de cachet en 1728 — en font, aux yeux de ses contemporains, le velléitaire qu'il n'est pas et le comédien qu'il a toujours voulu être. Sinon, Voltaire demeure un conservateur de tendance libérale, mais pas trop, un ennemi acharné de l'Église, le conseiller vite désillusionné des princes — il vit un temps à la cour de Frédéric II, roi de Prusse — et, enfin, le rival de Rousseau, qu'il poursuit de son humeur chicaneuse et de sa cinglante ironie dans ses pamphlets. Dans sa propriété de Ferney, dans le Jura, il a enfin droit à une vieillesse sereine et heureuse.

On appelle Philosophes ces intellectuels français, Denis Diderot (1713–1784), d'Alembert (1717–1783) et le baron d'Holbach (1723–1789), auxquels les éditeurs parisiens, en mal de nouveauté, commandent en 1747 une traduction et une édition en langue française de la *Cyclopédia* ou *Dictionnaire universel des arts et des sciences* du Britannique Ephraim Chambers. Bientôt, le projet prend de tout autres proportions; il s'agit maintenant de créer un ouvrage original, composé de contributions nombreuses, en plusieurs volumes. Ce sera l'*Encyclopédie*. L'intention de l'ouvrage est de démontrer la rationalité commune à tous les arts ainsi qu'à toutes les sciences et aussi d'illustrer et de commenter l'état de la connaissance à l'aube du machinisme. Diderot s'occupe des contributions à caractère historique — l'équivalent des sciences sociales d'aujourd'hui — et d'Alembert assume la responsabilité des sciences naturelles,

des mathématiques et de la technologie. À cette occasion, le mathématicien sait se faire ingénieur. La technologie, cette discipline appliquée et
en même temps innovatrice, fait à l'époque une apparition remarquée
dans le corpus des arts modernes et se gagne une place centrale que,
dans la littérature contemporaine, elle n'est pas prête de perdre.

Le succès de l'*Encyclopédie* (1764) est considérable en France et dans
le monde entier. Il témoigne d'un esprit audacieux. Pour la première
fois, un ouvrage qui vise à décrire toutes les connaissances et les techniques de son temps enseigne à l'humanité, à l'écart de toute intention
moralisante, les outils avec lesquels elle maîtrisera la nature et vaincra la
pauvreté. La race humaine sera dès lors meilleure, ses activités plus productives, sa prospérité plus florissante, sa civilisation plus brillante et sa
liberté plus complète. Ce matérialisme avoué va de pair, comme chez les
stoïciens, avec le scepticisme religieux. À la différence de ces derniers, la
différence est capitale, les Philosophes partagent un optimisme illimité
envers les vertus de la connaissance et les innovations techniques qui en
découlent. Ils ont la conviction que l'humanité peut assurer son salut par
son ingéniosité et par son travail sur la nature. Un courant intellectuel
préoccupé de mieux-vivre et de richesse supplante, une fois pour toutes,
la morale augustinienne tout occupée à assurer le salut dans l'autre vie.
La cité des hommes, après mille ans d'une conjugalité rendue précaire
par les deux derniers siècles de querelle domestique, vient de divorcer
de la cité de Dieu.

C'est dans ce contexte que naîtra l'économie politique, d'origine
française. L'idée de progrès de l'espèce est au centre de la pensée de
Jacques Turgot (1727–1781), ce haut fonctionnaire prestigieux de Louis
XVI, qui, à l'époque où il est son ministre des Finances, amorce une série
de réformes en faveur de la classe d'affaires. Selon lui, l'histoire a traversé trois âges distincts. D'abord, il y a eu un âge de la barbarie, où les
hommes recouraient à des explications magico-religieuses pour expliquer les phénomènes naturels. Suivit un âge marqué par la philosophie
grecque et la théologie chrétienne, où le monde fut conçu comme la rencontre de forces abstraites et supranaturelles : le Bien, le Mal, l'Amour
de Dieu, le Salut. Une société inégalitaire et hiérarchique en découla.

L'époque moderne, qui en est encore à ses balbutiements, est témoin de l'émergence de la pensée scientifique et du développement des
disciplines. Cet âge devrait être marqué par l'universalisation de la culture française, le rétablissement de l'égalité. C'est le commerce qui assu-
rera la cohésion des sociétés et liera les États les uns aux autres. L'œuvre
de Turgot insiste sur une purification de la conscience humaine, désormais débarrassée des conceptions archaïques et magiques des âges antérieurs. Car le progrès ne se mesure pas tant à l'état des réalisations

économiques qu'à l'élévation de l'esprit et aux conceptions politiques qui l'ont permis.

Le même message internationaliste et égalitariste se retrouve chez le marquis de Condorcet, mort en prison en 1794. Ce brillant théoricien servit quelque temps la Révolution naissante et fut élu président de l'Assemblée nationale. Il y lança, dans un discours célèbre, cette phrase révélatrice : « Nos espoirs, en ce qui concerne le futur de l'humanité, peuvent se résumer en trois points : la destruction de l'inégalité entre les nations, le progrès de l'égalité au sein de chacune, et enfin le relèvement de la dignité de l'individu. » Ces mots auront un immense retentissement, tant en France — qui s'engage dans la révolution — et aux États-Unis, devenus une république indépendante en 1783, que chez les auteurs réformistes et même révolutionnaires du XIXe siècle. Le message de Turgot et de Condorcet établit une corrélation très nette entre, d'une part, les formes du pouvoir, qui conduisent à des niveaux donnés d'égalité entre les hommes, et, d'autre part, les progrès de la science, de la technologie et de l'économie. Dans cette perspective, il est clair que la servitude et la tyrannie ne sont pas des milieux favorables au développement des techniques et au relèvement du niveau de vie de la population.

Pour rompre l'ultime servitude, il ne suffit donc pas de moderniser l'économie. Il faut aussi discuter et remettre en cause le droit, qui est l'état des pratiques de justice dans un stade précis du développement de l'humanité. Or le droit commun, en particulier les institutions politiques, sont singulièrement vétustes. La justice est pénétrée de l'esprit des ordres de la société. Les nobles font plus ou moins ce qu'ils veulent, du moment qu'ils ne se révoltent pas contre le roi, et ils corrompent la justice pour recouvrer leur liberté, le cas échéant. Le clergé jouit de ses immenses propriétés; il n'est pas soumis à l'arbitrage du pouvoir civil. Le peuple, à commencer par les bourgeois, qu'on peut aisément rançonner, est poursuivi par la police à la moindre incartade. Ceux qui paient bien réussissent à être libérés; les autres moisissent des années durant au fond des cachots. Paris compte huit prisons, pleines à craquer, dont l'une des moins sordides, par un trait génial de l'histoire, deviendra la plus célèbre : la Bastille.

L'étrangeté comme position critique dans les *Lettres persanes*

Montesquieu s'est d'abord frotté à la littérature en rédigeant ses délicieuses et spirituelles *Lettres persanes* (1721). Ces lettres, qu'il présente comme la traduction de lettres authentiques rédigées par des étrangers de passage en France, sont une astucieuse supercherie. Par ce moyen, il se permet d'exprimer des idées qu'il n'aurait pu signer sans s'attirer les foudres du clergé et les poursuites de la police royale. Empruntant la personnalité et le ton d'un prince persan qui aurait résidé à Paris — les délégations de Persans étaient fort nombreuses à cette époque en France, car Louis XIV avait signé un traité d'alliance avec les puissances musulmanes —, Montesquieu fait dire à son personnage ses propres réflexions sur la société de son temps. Et le ton qu'il emploie est à n'en pas douter résolument pamphlétaire, irrévérencieux, anticlérical et partout teinté d'une saine dérision envers des traditions et des pratiques qui, à ses yeux, expliquent l'ignorance, la méchanceté et l'intolérance de son siècle. Il faut entendre Montesquieu lorsqu'il s'attaque, par Persan interposé, à des choses aussi vénérables que la religion, le mariage, le pouvoir absolu, le système colonial, le gouvernement des juges et mille autres choses que sa prose vitriolique évoque dans ces lettres. Dans celle-ci, le prince Usbek écrit de Paris à l'un de ses conseillers, demeuré en Perse :

Critique des mœurs de son temps

Nous avons, jusqu'ici, parlé des pays mahomébaus et cherché la raison pourquoi ils sont moins peuplés que ceux qui étaient soumis à la domination des Romains. Examinons à présent ce qui a produit cet effet chez les Chrétiens.

Le divorce était permis dans la religion païenne, et il fut défendu aux Chrétiens. Ce changement, qui parut d'abord de si petite conséquence, eut insensiblement des suites terribles [...].

On ôta non seulement toute la douceur du mariage, mais aussi l'on donna atteinte à sa fin : en voulant resserrer ses nœuds, on les relâcha ; et, au lieu d'unir les cœurs, comme on le prétendait, on les sépara à jamais.

Dans une action si libre, et où le cœur doit avoir tant de part, on mit la gêne, la nécessité et la fatalité du destin même. On compta pour rien les dégoûts, les caprices et l'insociabilité des humeurs ; on voulut fixer le cœur, c'est-à-dire ce qu'il y a de plus variable et de plus inconstant dans la nature ; on attacha sans retour et sans espérance des gens accablés l'un de l'autre [...].

Rien ne contribuait plus à l'attachement mutuel que la faculté du divorce : un mari et une femme étaient portés à soutenir patiemment les peines domestiques, sachant qu'ils étaient maîtres de les faire finir, et ils gardaient souvent ce pouvoir en mains toute leur vie sans en user, par cette seule considération qu'ils étaient libres de le faire.

Si, de deux personnes ainsi liées, il y en a une qui n'est pas propre au dessein de la Nature et à la propagation de l'Espèce, soit par son tempérament, soit par son âge, elle ensevelit l'autre avec elle et la rend aussi inutile qu'elle l'est elle-même.

Il ne faut pas s'étonner si l'on voit chez les Chrétiens tant de mariages fournir un si petit nombre de citoyens. Le divorce est aboli; les mariages mal assortis ne se raccommodent plus; les femmes ne passent plus, comme chez les Romains, successivement dans les mains de plusieurs maris, qui en tiraient, dans le chemin, le meilleur parti qu'il était possible.

Il est assez difficile de faire bien comprendre la raison qui a porté les Chrétiens à abolir le divorce. Le mariage, chez toutes les nations du monde, est un contrat susceptible de toutes les conventions, et on n'en a dû bannir que celles qui auraient pu en affaiblir l'objet. Mais les Chrétiens ne le regardent pas dans ce point de vue; aussi ont-ils bien de la peine à dire ce que c'est. Ils ne le font pas consister dans le plaisir des sens : au contraire, comme je te l'ai déjà dit, il semble qu'ils veulent l'en bannir autant qu'ils peuvent.

Montesquieu, *Lettres persanes*, lettre CXVI.

Dans la lettre suivante, le Persan feint de s'étonner du célibat des prêtres et, du même souffle, il se penche sur les retombées économiques du schisme protestant, qui a transformé si profondément la société européenne de cette époque.

Affaires de religion

La prohibition du divorce n'est pas la seule cause de la dépopulation des pays chrétiens. Le grand nombre d'eunuques qu'ils ont parmi eux n'en est pas une moins considérable.

Je parle des prêtres et des dervis [moines] de l'un et de l'autre sexe, qui se vouent à une continence éternelle : c'est chez les Chrétiens la vertu par excellence; en quoi je ne les comprends pas, ne sachant ce que c'est qu'une vertu dont il ne résulte rien.

Je trouve que leurs docteurs se contredisent manifestement quand ils disent que le mariage est saint, et que le célibat, qui lui est opposé, l'est encore davantage; sans compter qu'en fait de préceptes et de dogmes fondamentaux, le bien est toujours le mieux.

Le nombre de ces gens faisant profession de célibat est prodigieux. Les pères y condamnaient autrefois les enfants dès le berceau; aujourd'hui ils s'y vouent eux-mêmes dès l'âge de quatorze ans; ce qui revient à peu près à la même chose. On voit dans chaque maison une religieuse.

Ce métier de continence a anéanti plus d'hommes que les pestes et les guerres les plus sanglantes n'ont jamais fait.

Je ne te parle ici que des pays catholiques. Dans la religion protestante, tout le monde est en droit de faire des enfants; elle ne souffre ni prêtre ni moine; et si, dans l'établissement de cette religion, qui ramenait tout aux premiers temps, ses fondateurs n'avaient été accusés sans cesse d'intempérance, il ne faut pas douter qu'après avoir rendu la pratique du mariage universelle, ils n'en eussent encore adouci le joug et achevé d'ôter toute la barrière qui, en ce point, sépare le christianisme de l'Islam. Mais, quoi qu'il en soit, il est certain que la religion donne aux Protestants un avantage infini sur les Catholiques. J'ose le dire : dans l'état présent où est l'Europe, il n'est pas possible que la religion catholique y subsiste cinq cents ans.

Avant l'abaissement de la puissance d'Espagne, les Catholiques étaient beaucoup plus forts que les Protestants. Ces derniers sont peu à peu parvenus à un équilibre. Ils deviennent tous les jours plus riches et plus puissants, et les Catholiques, plus faibles.

Les pays protestants doivent être, et sont réellement plus peuplés que les catholiques. D'où il suit, premièrement, que les tributs y sont plus considérables, parce qu'ils augmentent en proportion du nombre de ceux qui les payent; secondement, que les terres y sont mieux cultivées; enfin, que le commerce y fleurit davantage, parce qu'il y a plus de gens qui ont une fortune à faire, et qu'avec plus de besoins on a plus de ressources pour les remplir.

Quant aux pays catholiques, non seulement la culture des terres y est abandonnée, mais même l'industrie y est pernicieuse : elle ne consiste qu'à apprendre cinq ou six mots d'une langue morte [le latin]. Dès qu'un homme a cette provision par-devers lui, il ne doit plus s'embarrasser de sa fortune : il trouve dans le cloître une vie tranquille, qui, dans le monde, lui aurait coûté des sueurs et des peines.

Ce n'est pas tout : les prêtres ont en leurs mains presque toutes les richesses de l'État; c'est une société de gens avares qui prennent toujours et ne rendent jamais; ils accumulent sans cesse des revenus pour acquérir des capitaux. Tant de richesses tombent, pour ainsi dire, en paralysie : plus de circulation, plus de commerce, plus d'arts [dans le sens de métiers], plus de manufactures.

Il n'y a point de prince protestant qui ne lève sur ses peuples beaucoup plus d'impôts que le Pape n'en lève sur ses sujets; cependant ces derniers sont pauvres, pendant que les autres vivent dans l'opulence. Le commerce ranime tout chez les uns, et le monachisme [l'institution des monastères] porte la mort partout chez les autres.

Montesquieu, *Lettres persanes*, **lettre CXVII.**

Montesquieu se penche ensuite, sans complaisance aucune, sur le sort de l'Afrique et sur le traitement infligé aux esclaves, qui travaillent à cet époque sous ce régime colonial dans des conditions indignes de l'être humain :

Peuples et cultures

[...] Quant aux côtes de Guinée, elles doivent être furieusement dégarnies depuis deux cents ans que les petits rois ou chefs des villages vendent leurs sujets aux princes de l'Europe pour les porter dans leurs colonies en Amérique.

Ce qu'il y a de singulier, c'est que cette Amérique, qui reçoit tous les ans de nouveaux habitants, est elle-même déserte et ne profite point des pertes continuelles de l'Afrique. Ces esclaves, qu'on transporte dans un autre climat, y périssent par milliers, et les travaux des mines, où l'on occupe sans cesse et les naturels du pays et les étrangers, les exhalaisons malignes qui en sortent, le vif-argent [le mercure, utilisé dans les opérations de raffinage du minerai], dont il faut faire un continuel usage, les détruisent sans ressource.

Il n'y a rien de si extravagant que de faire périr un nombre incalculable d'hommes pour tirer du fond de la terre l'or et l'argent : ces métaux d'eux-mêmes absolument inutiles, et qui ne font des richesses que parce qu'on les a choisis pour en être les signes [*Lettres persanes*, lettre CXVIII].

[...] Les Juifs, toujours exterminés et toujours renaissants, ont réparé leurs pertes et leurs destructions continuelles par cette seule espérance qu'ont parmi eux toutes les familles, d'y voir naître un roi puissant qui sera le maître de la Terre.

Si la Chine a dans son sein un peuple si prodigieux [comprendre : si nombreux], cela ne vient que d'une certaine manière de penser : car, comme les enfants regardent leurs pères comme des Dieux; qu'ils les respectent comme tels dès cette vie; qu'ils les honorent après leur mort par des sacrifices, dans lesquels ils croient que leurs âmes reprennent une nouvelle vie : chacun est porté à augmenter une famille si soumise dans cette vie et si nécessaire dans l'autre.

D'un autre côté, les pays des Musulmans deviennent tous les jours déserts à cause d'une opinion qui, toute sainte qu'elle est, ne laisse pas d'avoir des effets très pernicieux lorsqu'elle est enracinée dans les esprits. Nous nous regardons comme des voyageurs qui ne doivent penser qu'à une autre patrie : les travaux utiles et durables, les soins pour assurer la fortune de nos enfants, les projets qui tendent au-delà d'une vie courte et passagère, nous paraissent quelque chose d'extravagant. Tranquilles pour le présent, sans inquiétude pour l'avenir, nous ne prenons la peine ni de réparer les édifices publics, ni de défricher les terres incultes, ni de cultiver celles qui sont en état de recevoir nos soins : nous vivons dans une insensibilité générale, et nous laissons tout faire à la Providence [*Lettres persanes*, lettre CXIX].

[...] Les pays habités par les Sauvages sont ordinairement peu peuplés, par l'éloignement qu'ils ont presque tous pour le travail et la culture de la terre. Cette malheureuse aversion est si forte que, lorsqu'ils font quelque imprécation contre quelqu'un de leurs ennemis, ils ne lui souhaitent autre chose que d'être réduit à labourer un champ; croyant qu'il n'y a que la chasse et la pêche qui soit un exercice noble et digne d'eux [*Lettres persanes*, lettre CXX].

[…] L'effet ordinaire des colonies est d'affaiblir les pays d'où on les tire, sans peupler ceux où on les envoie.

On peut comparer les empires à un arbre dont les branches trop étendues ôtent tout le suc du tronc et ne servent qu'à faire de l'ombrage [*Lettres persanes*, lettre CXXI].

Montesquieu, *Lettres persanes.*

Quelles causes pouvons-nous dès lors attribuer à ces débordements, à ces inclinaisons de l'âme, tantôt vers des sentiers où domine l'ambition personnelle, la sophistication des mœurs et la toute-puissance de l'État, tantôt dans une voie qui valorise la morale personnelle, la simplicité et la fidélité envers la tradition? C'est sans nul doute le climat qui occasionne une telle diversité des comportements devant des problèmes qui, nul n'en disconvient, sont tout à fait communs aux sociétés et aux régimes politiques qui en émergent.

La théorie des climats

S'il est vrai que le caractère de l'esprit et les passions du cœur soient extrêmement différents dans les divers climats, les lois doivent être relatives et à la différence de ces passions, et à la différence de ces caractères.

L'air froid resserre les extrémités des fibres extérieures de notre corps; cela augmente leur ressort, et favorise le retour du sang des extrémités vers le cœur. Il diminue la longueur de ces mêmes fibres; il augmente donc encore par là leur force. L'air chaud, au contraire, relâche les extrémités des fibres, et les allonge; il diminue donc leur force et leur ressort.

On a donc plus de vigueur dans les climats froids. L'action du cœur et la réaction des extrémités des fibres s'y font mieux, les liqueurs sont mieux en équilibre, le sang est plus déterminé vers le cœur, et réciproquement le cœur a plus de puissance. Cette force plus grande doit produire bien des effets : par exemple, plus de confiance en soi-même, c'est-à-dire plus de courage; plus de connaissance de sa supériorité, c'est-à-dire moins de désir de la vengeance; plus d'opinion de sa sûreté, c'est-à-dire plus de franchise, moins de soupçons, de politiques et de ruses. Enfin cela doit faire des caractères bien différents. Mettez un homme dans un lieu chaud et enfermé, il souffrira, par les raisons que je viens de dire, d'une défaillance de cœur très grande. Si, dans cette circonstance, on va lui proposer une action hardie, je crois qu'on l'y trouvera très peu disposé; sa faiblesse présente mettra un découragement dans son âme; il craindra tout, parce qu'il sentira qu'il ne peut rien. Les peuples des pays chauds sont timides comme les vieillards le sont; ceux des pays froids sont courageux comme le sont les jeunes gens. Si nous faisons attention aux dernières guerres, qui sont celles que nous avons le plus sous nos yeux, et dans lesquelles nous pouvons mieux voir de certains effets légers, imperceptibles de loin, nous sentirons bien que les peuples du nord, transportés dans les pays du midi, n'y ont pas fait d'aussi belles actions que leurs compatriotes qui, combattant dans leur propre climat, y jouissaient de tout leur courage.

Dans les pays du midi, une machine délicate, faible, mais sensible, se livre à un amour qui, dans un sérail, naît et se calme sans cesse; ou bien à un amour qui, laissant les femmes dans une plus grande indépendance, est exposé à mille troubles. Dans les pays du nord, une machine saine et bien constituée, mais lourde, trouve ses plaisirs dans tout ce qui peut remettre les esprits en mouvement : la chasse, les voyages, la guerre, le vin. Vous trouverez dans les climats du nord des peuples qui ont peu de vices, assez de vertus, beaucoup de sincérité et de franchise. Approchez des pays du midi, vous croirez vous éloigner de la morale même : des passions plus vives multiplieront les crimes; chacun cherchera à prendre sur les autres tous les avantages qui peuvent favoriser ces mêmes passions. Dans les pays tempérés, vous verrez des peuples inconstants dans leurs manières, dans leurs vices mêmes, et dans leurs vertus; le climat n'y a pas une qualité assez déterminée pour les fixer eux-mêmes.

Montesquieu, *De l'esprit des lois.*

Ayant ainsi discouru sur un mode mi-humoristique, mi-philosophique sur les vertus et les travers des peuples, qu'il rapporte généralement à leur morale et à leur religion, Montesquieu montre ainsi son peu d'estime pour le colonialisme et l'esclavagisme. La démonstration est ici éclatante : les supersitions, le clergé, le pouvoir absolu ou le système colonial, surtout quant il est érigé sur la servitude, n'engendrent nulle richesse. Son esprit frondeur est bien caractéristique de l'époque des Lumières, et la profondeur de son esprit, éveillée par les leçons de la Glorieuse Révolution et la décadence des pays soumis au despotisme, s'exprime sans fard, toujours par Persan interposé, avec ces dernières réflexions sur l'abondance et l'égalité.

Éloge de la liberté d'action

La douceur du gouvernement contribue merveilleusement à la propagation de l'Espèce. Toutes les républiques en sont une preuve constante et, plus que toutes, la Suisse et la Hollande, qui sont les deux plus mauvais pays de l'Europe, si l'on considère la nature du terrain, et qui cependant sont les plus peuplés.

Rien n'attire plus les étrangers que la liberté et l'opulence, qui la suit toujours : l'une se fait rechercher par elle-même, et nous sommes conduits par nos besoins dans les pays où l'on trouve l'autre.

L'Espèce se multiplie dans un pays où l'abondance fournit aux enfants, sans rien diminuer de la subsistance des pères.

L'Égalité même des citoyens, qui produit ordinairement de l'égalité dans les fortunes, porte l'abondance et la vie dans toutes les parties du corps politique et la répand partout.

Montesquieu, *Lettres persanes*, **lettre CXXII.**

L'héritage britannique

L'œuvre de Montesquieu est, à cet égard, emblématique. On peut y mesurer le cheminement de l'idée de raison depuis Thomas Hobbes. Celui-ci incarnait la raison politique dans le cadre d'un État centralisateur. Locke transformait la raison en *reasonableness*. On aboutit ainsi à une nouvelle configuration intellectuelle du politique : la raison raisonnable entraîne une révision des valeurs; désormais, l'idée de liberté s'impose tout autant que celle d'autorité comme concept politique. L'une et l'autre sont des modalités de l'État de justice.

Même s'il est difficile de mesurer l'influence réelle de la pensée de Locke sur Montesquieu, on peut tout de même conclure de son évaluation de la constitution britannique de 1689 qu'il contribue à la diffusion des idées de Locke en France. L'Angleterre lui paraît à cet égard le pays d'Europe le plus avancé et la liberté politique dont jouit le peuple anglais comme le bien qui fait jouir de tous les autres biens. Montesquieu s'oppose par ailleurs à Hobbes sur la question du pacte social. Contrairement à Hobbes, il va soutenir que l'être humain est foncièrement voué à la vie en société. Celle-ci, loin d'être une construction artificielle, permet seule l'accomplissement des lois de la nature. Le point de départ de la réflexion de Montesquieu ne doit donc rien à la mécanique contractualiste de Hobbes et se rapproche de l'idée lockienne de sociabilité naturelle. Cela explique pourquoi le concept central chez Montesquieu est celui de liberté et non pas de souveraineté. En cela, les auteurs des Lumières et Montesquieu en particulier rejoignent pleinement Aristote. Montesquieu n'éprouve pas le besoin d'expliquer les origines du pacte social. Continuateur en cela du Stagirite, l'obéissance à la loi naturelle de sociabilité est l'expression originaire de la société civile.

Tout au plus doit-on reconnaître que des accords sociaux ont été conclus, pendant une longue période et par un grand nombre de gens et
d'institutions, afin de renforcer la loi naturelle. De là à décrire l'État civil
comme la réunion des volontés particulières, il n'y a qu'un pas, vite
franchi.

Voilà pourquoi l'idée du lien social chez Montesquieu prend la
forme d'une intelligence de la loi vue comme garante de la liberté et
comme juste rapport entre les choses. Il y a des principes de droit naturel qui servent de fondements aux lois positives. On est sur les traces de
Thomas d'Aquin; la loi est l'expression même de la raison. Si la raison
est universelle, elle n'en varie pas moins dans ses applications particulières. Le rapport est très étroit entre, d'une part, ce qui existe et, d'autre
part, ce que prescrivent les lois. Entre, d'un côté, la réalité positive du
monde naturel et, de l'autre, les règles normatives du monde institutionnel. La vision d'un monde en perpétuel équilibre permet d'établir
une influence de la physique newtonienne sur Montesquieu, qui se fait
plus visible encore dans sa théorie des climats.

La typologie des régimes politiques

À la multiplicité des voies pour lesquelles opte la raison correspondent
divers régimes politiques qui sont classés sur un mode ternaire, non en
fonction d'une logique abstraite, mais tels qu'ils s'observent concrètement. Ce sont les régimes républicain, monarchique et despotique.
Cette typologie des régimes politiques s'articule sur deux concepts opé-
ratoires : la nature et le principe. La nature renvoie à l'essence alors que
le principe réfère à l'agir. Ainsi, la république, qu'elle soit démocratique
ou aristocratique, a pour nature de reposer sur le peuple souverain — en
tout ou en partie — et pour principe la vertu. Dans la monarchie, le détenteur de la souveraineté importe moins que son exercice; la valeur de
la monarchie repose sur le respect de lois fixes et établies; l'honneur en
est donc le principe. Quant au despotisme, il incarne le mal politique absolu en tant que régime contre nature puisqu'il est arbitraire et que son
mode de fonctionnement est l'usage systématique de la contrainte et la
peur qu'elle fait naître parmi les sujets. Rien de bon ne peut sortir d'un
tel régime.

L'analyse du despostisme nous éclaire, par l'absurde, sur la constitutionnalité du pouvoir. Quand un despote se prétend chef de l'État, il
s'agit d'une imposture, car sous un despote, il n'y a point d'État. De la
même manière, il n'y a pas de société, puisque l'arbitraire dissout le lien
social. Il n'y a que des sujets atomisés. Sa prétention à la souveraineté
est une duperie, car il n'y a pas de réalité politique sous le despotisme;

le pouvoir est une affaire privée et conduite de façon arbitraire. De sorte que Montesquieu insiste sur la nécessaire constitutionnalité du pouvoir. Entre monarchie et despotisme, il y a un gouffre. Cette utile distinction va inspirer son attitude politique par rapport au régime qui prévaut en France. Malgré les critiques qu'il adresse à la monarchie française, il n'appelle pas à la révolution, mais plutôt à la réforme. Il importerait de rétablir et de codifier institutionnellement les anciennes coutumes du royaume, de restaurer les libertés locales pour aboutir à une évolution comparable à celle qui a eu lieu en Grande-Bretagne. Pas étonnant qu'il appelle à la modération en politique; cette modération qui lui semble la clé de la protection des libertés. Rien d'étonnant non plus à ce que l'Angleterre lui serve de modèle politique. La liberté n'est pas un simple concept, mais doit devenir l'expérience quotidienne et concrète des citoyens. Montesquieu en fait un problème essentiellement juridique : la liberté est un droit défini par la loi. Le problème de la liberté se pose donc non dans le passage de l'état de nature à l'état civil, comme chez Spinoza ou Locke, mais à l'intérieur de l'état civil, comme frein au pouvoir. La liberté, c'est une catégorie résiduelle et pourtant en expansion. C'est tout ce qui échappe au pouvoir. Ici, Montesquieu n'est pas loin de David Hume; tous deux partagent un même enthousiasme pour les vertus de la liberté individuelle, surtout quand elle est sanctionnée par la loi. Voilà pourquoi il se fait le partisan de la distinction des pouvoirs. Le bicamérisme de la puissance législatrice et la collaboration sur une base autonome de chacune des institutions exécutives et législatives ont justement pour but d'empêcher le cumul du pouvoir entre quelques mains. Mais cette idée n'est pas celle d'un simple équilibre des pouvoirs. La distinction tripartite des pouvoirs, assortie de leur association polémique, est la condition essentielle d'un gouvernement modéré.

L'Esprit des lois

Venons-en maintenant à son œuvre maîtresse, L'Esprit des lois, qui incarne brillamment sa pensée, tout empreinte de modernisme et de libéralisme grand teint. Cet ouvrage traduit peut-être mieux que tout autre, en ce qui concerne le droit, l'esprit des Lumières. Son traitement du principe de la justice et de la constitution, même s'il demeure peu systématique, est original. Il l'amène à des observations et à des conclusions politiques qui représentent son legs philosophique à l'âge des Lumières.

L'Esprit des lois

Les lois, dans la signification la plus étendue, sont les rapports nécessaires qui dérivent de la nature des choses et, dans ce sens, tous les êtres ont leurs lois; la Divinité a ses lois; le monde matériel a ses lois; les intelligences supérieures à celle de l'homme ont leurs lois; les bêtes ont leurs lois; l'homme a ses lois.

Ceux qui ont dit qu'une fatalité aveugle a produit tous les effets que nous voyons dans le monde, ont dit une grande absurdité; car quelle plus grande absurdité qu'une fatalité aveugle qui aurait produit des êtres intelligents?

Il y a donc une raison primitive; et les lois sont les rapports qui se trouvent entre elle et les différents êtres et les rapports de ces divers êtres entre eux. [...]

Les êtres particuliers intelligents peuvent avoir des lois qu'ils ont faites; mais ils en ont aussi qu'ils n'ont pas faites. Avant qu'il y eût des êtres intelligents, ils étaient possibles; ils avaient donc des rapports possibles et, par conséquent, des lois possibles. Dire qu'il n'y a rien de juste ni d'injuste que ce qu'ordonnent ou défendent les lois positives, c'est dire qu'avant qu'on eût tracé de cercle, tous les rayons n'étaient pas égaux.

Il faut donc avouer des rapports d'équité antérieurs à la loi positive qui les établit; comme, par exemple, que supposé qu'il y eût des sociétés d'hommes, il serait juste de se conformer à leurs lois; que, s'il y avait des êtres intelligents qui eussent reçu quelque bienfait d'un autre être, ils devraient en avoir de la reconnaissance; que, si un être intelligent avait créé un être intelligent, le créé devrait rester dans la dépendance qu'il a eue dès son origine; qu'un être intelligent, qui a fait du mal à un être intelligent, mérite de recevoir le même mal, et ainsi du reste.

Mais il s'en faut bien que le monde intelligent soit aussi bien gouverné que le monde physique. Car, quoique celui-là ait aussi des lois qui, par leur nature, sont invariables, il ne les suit pas constamment comme le monde physique suit les siennes. La raison en est que les êtres particuliers intelligents sont bornés par leur nature, et par conséquent sujets à l'erreur; et d'un autre côté, il est de leur nature qu'ils agissent par eux-mêmes. Ils ne suivent donc pas constamment leurs lois primitives; et celles mêmes qu'ils se donnent, ils ne les suivent pas toujours. [...]

Avant toutes ces lois, sont celles de la nature, ainsi nommées parce qu'elles dérivent uniquement de la constitution de notre être. Pour les connaître bien, il faut considérer un homme avant l'établissement des sociétés. [...] L'homme, dans l'état de nature, aurait plutôt la faculté de connaître, qu'il n'aurait des connaissances. Il est clair que ses premières idées ne seraient point des idées spéculatives; il songerait à la conservation de son être, avant de chercher l'origine de son être. Un homme pareil ne sentirait d'abord que sa faiblesse. [...] Dans cet état, chacun se sent inférieur; à peine chacun se sent-il égal. On ne chercherait donc point à s'attaquer, et la paix serait la première loi naturelle.

Le désir que Hobbes donne d'abord aux hommes de se subjuguer les uns les autres n'est pas raisonnable. L'idée de l'empire et de la domination est si composée, et dépend de tant d'autres idées, que ce ne serait pas celle qu'il y aurait d'abord. [...]

Sitôt que les hommes sont en société, ils perdent le sentiment de leur faiblesse; l'égalité, qui était entre eux, cesse, et l'état de guerre commence. Chaque société particulière vient à sentir sa force; ce qui produit un état de guerre de nation à nation. Les particuliers, dans chaque société, commencent à sentir leur force; ils cherchent à tourner en leur faveur les principaux avantages de cette société; ce qui fait entre eux un état de guerre.

Ces deux sortes d'état de guerre font établir les lois parmi les hommes. Considérés comme habitants d'une si grande planète qu'il est nécessaire qu'il y ait différents peuples, ils ont des lois dans le rapport que ces peuples ont entre eux; et c'est le droit des gens. [...]

Outre le droit des gens, qui regarde toutes les sociétés, il y a un droit politique pour chacune. Une société ne saurait subsister sans un gouvernement. La force générale peut être placée entre les mains d'un seul, ou entre les mains de plusieurs. Quelques-uns ont pensé que, la nature ayant établi le pouvoir paternel, le gouvernement d'un seul était le plus conforme à la nature. Mais l'exemple du pouvoir paternel ne prouve rien. Car, si le pouvoir du père a du rapport au gouvernement d'un seul, après la mort du père, le pouvoir des frères, ou après la mort des frères, celui des cousins germains ont du rapport au gouvernement de plusieurs. La puissance politique comprend nécessairement l'union de plusieurs familles.

Il vaut mieux que le gouvernement le plus conforme à la nature soit celui dont la disposition particulière se rapporte mieux à la disposition du peuple pour lequel il est établi.

La loi, en général, est la raison humaine, en tant qu'elle gouverne tous les peuples de la terre; et les lois politiques et civiles de chaque nation ne doivent être que les cas particuliers où s'applique cette raison humaine.

Elles doivent être tellement propres au peuple pour lequel elles sont faites, que c'est un très grand hasard si celles d'une nation peuvent convenir à une autre.

Ils faut qu'elles se rapportent à la nature et au principe du gouvernement qui est établi, ou qu'on veut établir; soit qu'elles le forment, comme font les lois politiques; soit qu'elles le maintiennent, comme font les lois civiles.

Elles doivent être relatives au *physique* du pays; au climat glacé, brûlant ou tempéré; à la qualité du terrain, à sa situation, à sa grandeur; au genre de vie des peuples, laboureurs, chasseurs ou pasteurs; elles doivent se rapporter au degré de liberté que la constitution peut souffrir; à la religion des habitants, à leurs inclinations, à leurs richesses, à leur nombre, à leur commerce, à leurs mœurs, à leurs manières. Enfin elles ont un rapport entre elles; elles en ont avec leur origine, avec l'objet du législateur, avec l'ordre des choses sur lesquelles elles sont établies. C'est dans toutes ces vues qu'il faut les considérer.

C'est ce que j'entreprends de faire dans cet ouvrage. J'examinerai tous ces rapports : ils forment tous ensemble ce que l'on appelle l'esprit des lois.

Montesquieu, *L'Esprit des lois*, **« Prologue » dans Liebich,**
Le Libéralisme classique.

Ayant bien montré, dans son prologue, les liens de causalité qui existent entre les formes d'organisation sociale, le climat — cette caractéristique est importante chez les physiocrates de cette époque —, les ressources et la localisation du pays, Montesquieu passe en revue les différentes formes de régime qui en découlent. Nous évoquerons seulement, dans ce cadre forcément limité, le gouvernement populaire et les caractéristiques essentielles que le philosophe lui prête, et qui le distinguent des autres.

République et éducation

Il ne faut pas beaucoup de probité pour qu'un gouvernement monarchique ou un gouvernement despotique se maintienne ou se soutienne. La force des lois dans l'un, le bras du prince toujours levé dans l'autre, règlent ou contiennent tout. Mais, dans un État populaire, il faut un ressort de plus, qui est la vertu. [...]

C'est dans le gouvernement républicain que l'on a besoin de toute la puissance de l'éducation. La crainte des gouvernements despotiques naît d'elle-même parmi les menaces et les châtiments; l'honneur des monarchies est favorisé par les passions, et les favorise à son tour : mais la vertu politique est un renoncement à soi-même, qui est toujours une chose très pénible.

On peut définir cette vertu, l'amour des lois et de la patrie. Cet amour, demandant une préférence continuelle de l'intérêt public au sien propre, domine toutes les vertus particulières; elles ne sont que cette préférence.

Cet amour est singulièrement affecté aux démocraties. Dans elles seules, le gouvernement est confié à chaque citoyen. Or, le gouvernement est comme toutes les choses du monde; pour le conserver, il faut l'aimer.

Il ne suffit pas, dans une bonne démocratie, que les portions de terre soient égales; il faut qu'elles soient petites, comme chez les Romains. « À Dieu ne plaise, disait Curius à ses soldats, qu'un citoyen estime peu de terre, ce qui est suffisant pour nourrir un homme. »

Comme l'égalité des fortunes entretient la frugalité, la frugalité maintient l'égalité des fortunes. Ces choses, quoique différentes, sont telles qu'elles ne peuvent subsister l'une sans l'autre; chacune d'elles est la cause et l'effet; si l'une se retire de la démocratie, l'autre la suit toujours.

Il est vrai que, lorsque la démocratie est fondée sur le commerce, il peut fort bien arriver que des particuliers y aient de grandes richesses, et que les mœurs n'y soient pas corrompues. C'est que l'esprit de commerce entraîne avec soi celui de frugalité, d'économie, de modération, de travail, de sagesse, de tranquillité, d'ordre et de règle. Ainsi, tandis que cet esprit subsiste, les richesses qu'il produit n'ont aucun mauvais effet. [...]

Le principe de démocratie se corrompt, non seulement lorsqu'on perd l'esprit d'égalité, mais encore quand on prend l'esprit d'égalité extrême, et que chacun veut être égal à ceux qu'il choisit pour lui commander. Pour lors le peuple, ne pouvant souffrir le pouvoir même qu'il confie, veut tout faire par lui-même, délibérer pour le sénat, exécuter pour les magistrats, et dépouiller tous les juges.

Il ne peut plus y avoir de vertu dans la république. Le peuple veut faire les fonctions des magistrats; on ne les respecte donc plus. Les délibérations du sénat n'ont plus de poids; on n'a donc plus d'égard pour les sénateurs, et par conséquent pour les vieillards. Que si l'on n'a pas du respect pour les vieillards, on n'en aura pas non plus pour les pères; les maris ne méritent pas plus de déférence, ni les maîtres plus de soumission. Tout le monde finira par aimer ce libertinage; la gêne du commandement fatiguera comme celle de l'obéissance. Les femmes, les enfants, les esclaves n'auront de soumission pour personne. Il n'y aura plus de mœurs, plus d'amour de l'ordre, plus de vertu.

Montesquieu, *L'Esprit des lois*.

En s'interrogeant sur l'avenir des démocraties, entendre une forme très particulière de démocratie modérée, aristocratique et hiérarchique, en tous points conservatrice, Montesquieu prophétise la vague des révolutions qui sont à la veille de s'abattre sur le monde. On dirait qu'il ne suffit plus que les libertés, celles d'une classe de possédants, bien entendu, aient triomphé de l'absolutisme. La fin du xviiie siècle voit en effet se précipiter une série d'événements à la portée incalculable, et auxquels la démocratie libérale, pourtant dans la jeunesse de sa vie, se trouve précocement confrontée. Sans avoir atteint toute sa maturité ni donné tous les fruits qu'on pouvait en attendre, la république modérée des Lumières sera débordée par un courant de scepticisme devant le progrès « naturel » de la société et, dans son enthousiasme de départ, elle s'armera de certitudes tout aussi prématurées, au fondement plus scientifique, concernant la nature de l'homme, les finalités de son travail et le devenir même de la société.

Rousseau

Bien que certains philosophes de l'époque des Lumières aient déjà amorcé le virage de l'égalitarisme, ils n'en demeuraient pas moins des tenants inconditionnels du libéralisme économique et de la loi et l'ordre. Une expression simple et rassurante condense toute l'essence du libéralisme classique : c'est le « laisser-faire ». L'État laisse faire la société civile, et de la même façon la société civile laisse faire l'État. Chacun s'organise selon sa condition et ses moyens. Cette mutuelle indifférence est, cela va de soi, le résultat de l'histoire.

Le premier auteur qui, à cause de sa vie difficile, se soit démarqué de ce courant — Voltaire l'a bien senti, qui l'ostracisait ouvertement et le tenait à l'écart des grands salons — fut Rousseau. Dans son œuvre, un constant paradoxe habite Rousseau : d'une part, il souhaite faire écho aux tentatives de la science sociale de son époque pour créer les bases et les moyens d'une communauté humaine fondée sur la rationalité ; de l'autre, ses propres frustrations et son éducation protestante le rendent très exigeant quant aux formes que doivent emprunter ces réformes. On peut voir en lui le premier héros romantique des temps modernes, sorte d'homme révolté contre la société qui, du fait de cette révolte, préconise un plan hautement exigeant de redressement social. La figure de Jean-Jacques Rousseau est contradictoire en ce qu'elle allie le réformateur social et le misanthrope.

Rousseau a une conscience aiguë de l'inégalité des conditions et des fortunes. À cet égard, on pourrait être tenté d'en faire un précurseur de la pensée socialiste. Toutefois, une telle approche serait simpliste, puisque le projet rousseauiste demeure foncièrement individualiste ; il est d'ailleurs significatif que le principal reproche qu'il adresse à l'utopie

platonicienne soit de préconiser une existence collective pour l'élite sociale, ce qui entraînerait alors la disparition de la propriété privée et de
la famille.

Cette perspective radicale le force à reprendre à zéro l'analyse du
comportement humain et du contrat social, afin de comprendre la ge-
nèse de l'idée d'association et de ses diverses mutations à travers les
âges. Il le fait à partir de ce postulat purement individualiste, mais qui a
une connotation immédiatement collectiviste et réformiste : « L'homme
naît bon; c'est la société qui le corrompt. » L'audacieuse corrélation
établie par Rousseau n'est pas tout à fait nouvelle, puisque Montesquieu
l'avait mise en lumière sans trop l'illustrer, par pudeur. Il est bon de se
rappeler, par ailleurs, que cette conception va à contre-courant de ce
qu'avait prêché Hobbes tout en se démarquant des positions lockiennes
sur la sociabilité naturelle des êtres humains. De toute façon, Rousseau
s'apprête à lui consacrer un traitement qui ira beaucoup plus loin que les
énoncés de principe bien-pensants et les idéaux plutôt terre à terre de
son noble prédécesseur.

Ceux qui ont dépeint Rousseau comme un épouvantail totalitaire
ont soutenu que sa nature foncièrement déséquilibrée, son sentimentalisme et sa paranoïa — Rousseau serait une âme romantique apparue
deux générations avant son temps —, avaient biaisé sa perception du
monde et de la société, lui faisant condamner des traits de civilisation
qui allaient se soi pour ses contemporains. Voltaire observait avec malice
« qu'il s'insurgeait contre la moindre chose, qui faisait rire les autres ».
Il est vrai que la grande sensibilité, d'aucuns diraient artistique, de
Rousseau en fit le premier « cœur saignant » de l'époque moderne. Par
cœur saignant (*bleeding heart*), la langue anglaise vernaculaire désigne de
nos jours un syndicaliste, un communiste ou tout autre contestataire du
système.

Sa vie et sa carrière

Né à Genève en 1712 d'un père horloger et d'une mère qu'il ne connaîtra
pas, car elle mourut peu de temps après sa naissance, Jean-Jacques
Rousseau fut un enfant négligé, qui dut lui-même s'occuper de son
éducation. Ses lectures préférées étaient les romans et l'histoire; les *Vies
des hommes illustres* de Plutarque frappèrent son imagination, qui était
fertile, et ancrèrent son goût marqué pour la personnalité idéalisée des
héros de l'Antiquité. Leur stoïcisme l'impressionnait vivement; il y lisait
un détachement et un désintéressement qui semblaient faire défaut aux
politiciens de son temps. Son père fut exilé de Genève à la suite d'un
duel, et le fils se retrouva sans toit et sans fortune. Rousseau passa sa

jeunesse à errer d'une ville à l'autre et d'un emploi mal rémunéré à l'autre. Toujours inventif, il conçut à l'âge de vingt-neuf ans un nouveau système d'écriture musicale et vint à Paris dans l'espoir d'y faire fortune. Les succès financiers lui furent refusés, mais il réussit à se faire admettre auprès de grandes personnalités des Lumières. Diderot, en particulier, le protégea et lui demanda de participer au projet de l'*Encyclopédie*, dans les domaines de la musique et de l'économie politique, qu'il connaissait bien. Jusqu'en 1749, rien de remarquable ne sortit de ses multiples activités, jusqu'à ce qu'un jour, dans le bois de Vincennes, il eût — comme il l'a rappellé fréquemment par la suite — sa « révélation », qui n'est pas sans évoquer celle d'Augustin de Thagaste se convertissant à la religion chrétienne. Il s'en explique à la fois dans ses *Confessions* — encore Augustin — et dans ses lettres à Malesherbes, le grand-père maternel de Tocqueville. « Sous un arbre, j'eus soudain un éclair de conscience si violent qu'il me jeta dans un grand état d'agitation. J'eus pour la première fois pleinement conscience de la société et de l'état du monde. Si j'avais pu écrire à ce moment-là, ne serait-ce que le quart de ce que je voyais, il m'aurait été possible de mettre en lumière toutes les contradictions du système social, tous les abus auxquels se livrent nos sociétés, de quelle façon l'homme, qui naît bon, se corrompt au contact des diverses institutions. »

Le résultat de cette prise de conscience fut son *Discours sur les sciences et les arts*, qui lui fit gagner haut la main le prix littéraire de Dijon en 1750. Débuta alors une période féconde de son existence. Ses honnêtes talents de musicien lui gagnèrent une certaine célébrité, avec son opéra *Le Devin de village*. En 1755, il publia son fameux *Discours sur l'origine de l'inégalité* et, pendant les six ans qui suivirent, il se consacra, sous le patronage de Mme d'Épinay, qui le protégeait et le finançait, à divers ouvrages tels que *Émile ou De l'éducation* (1762), *Du contrat social* (1762) et enfin *Julie ou la Nouvelle Héloïse* (1764). Malheureusement, Jean-Jacques Rousseau fut bientôt en butte aux persécutions des hommes d'Église, à cause de certains passages iconoclastes de l'*Émile* sur la religion. Il fut exilé de Paris, puis de Genève, sa ville natale, et même de Berne. Le penseur visionnaire avait manifestement choqué les autorités de son temps. Toujours pourchassé, il se réfugia de place en place, obligé même de voyager sous une fausse identité. À partir de 1765, le philosophe se convainquit de plus en plus d'un complot universel contre sa personne, qui avait pour but de l'éliminer. Dès lors, sa paranoïa ne lui laissa plus aucun répit, et c'est un Rousseau moralement atteint, sinon brisé, qui revint s'installer à Paris en 1767 dans le plus grand dénuement. Jusqu'à sa mort, en 1778, il réussit tout de même à écrire plusieurs ouvrages d'une très haute élévation, à caractère personnel et autobiographique, tels que *Les Confessions*, *Les Rêveries d'un promeneur solitaire*, et les *Dialogues de Rousseau juge de Jean-Jacques*.

Les origines de l'inégalité

Dans son *Discours sur les sciences et les arts*, on observe déjà le pessimisme profond en même temps que la sensibilité visionnaire de Rousseau. Il y remet notamment en cause le paradigme du progrès, si cher aux Lumières. Il est faux de croire, dit-il, que les sciences et les techniques mises au service de la société se développeront en harmonie avec elle et parviendront à hausser également la qualité générale de la vie humaine. Une tension inévitable sépare la société, dont la fonction est de pourvoir aux besoins de la race humaine, des sciences de même que des arts, qui cherchent à dispenser aux individus les nourritures de l'esprit. Cette contradiction tient à celle, encore plus profonde, qui a toujours existé entre le corps et l'âme, les besoins de la chair et ceux de l'esprit. La satisfaction des premiers besoins passe par l'organisation sociale; or, les rapports entre le citoyen et la cité devraient en être gouvernés par la morale, ce que Rousseau appelle la vertu politique. C'est elle qui devrait animer les individus dans leur contact avec leurs semblables ainsi que dans les institutions, qui reflètent ces échanges sociaux. L'absence d'une telle vertu pervertit les institutions, qui se retournent dès lors contre l'individu et le persécutent. Rousseau s'en prend donc vertement aux philosophes libéraux, car, insiste-t-il, ils enseignent au peuple l'art de son intérêt particulier, et non l'appartenance à un organisme plus noble, la cité. Ce sentiment d'appartenance, conclut Rousseau, a pour nom patriotisme. On le retrouve un peu partout dans l'histoire : à Athènes, à Rome et surtout à Sparte. On voit ici tout le « collectivisme » de la pensée de Rousseau, qui séduira si profondément les révolutionnaires français de 1789, et d'autres à leur suite.

La conception rousseauiste de la science illustre dans le même temps toute sa critique de la modernité. Son argumentation est rigoureuse, difficilement réfutable. D'une part, grâce au développement de ces diverses disciplines, il est exact que le scientifique contribue à l'élévation du niveau de luxe et de confort. D'autre part, étant donné que scientifiques et artistes se hissent par leur travail à une certaine notoriété, leur amour-propre les fait s'attaquer aux principes de la société, qui entravent leur travail. Leur gloire leur paraît une valeur plus désirable que les intérêts de la société dans son ensemble; d'où leurs constantes attaques des valeurs sociales, attaques qui minent les fondements de la vie collective et empêchent l'éducation civique en tout ou en partie. De sorte que le scepticisme scientifique a pour conséquence d'éteindre la ferveur patriotique et le sentiment d'appartenance à la société.

D'autre part, l'activité scientifique comme telle a besoin de longues périodes de loisir pour être menée à terme. Ce loisir, pour le savant, n'est possible que par le retrait du monde, donc des activités proprement politiques. Ainsi, le scientifique est nécessairement au-dessus, ou, si l'on préfère, à l'écart de la mêlée, c'est-à-dire dans une position élitiste. Il est forcé, par sa condition, de se construire une tour d'ivoire; de sorte que son influence est forcément limitée, comme le souhaite l'ordre établi. La conséquence en est que le développement des activités scientifiques, surtout s'il est encouragé et financé par l'État, cautionne la reconnaissance d'une inégalité définitive entre les hommes, les uns formant une élite ou une caste, celle de « ceux qui savent », les autres se livrant à un dur labeur pour les entretenir. Comme on le voit, il est clair que Rousseau rejette tout d'une pièce la conception platonicienne du gouvernement des philosophes ou du pouvoir exercé par une élite, aussi éclairée et savante soit-elle, sur le peuple. Il y voit en particulier la source du conformisme citadin et des manières sophistiquées de son temps, qui ont chassé toute spontanéité et toute véritable amitié entre les êtres humains. Tout n'est plus que conventions, esprit de classe, ruses et manipulations en vue d'assurer son intérêt individuel, hypocrisie généralisée; toutes ces choses, comme on sait, dont le philosophe a souffert durant son existence malheureuse. Le principe d'inégalité résume et contient à la fois toutes ces déviations; il en est la source. On voit à quel point la critique de la modernité et de la société libérale de Rousseau est radicale. Rousseau a très bien cerné le problème du progrès dans un contexte d'inégalité. Il a montré que, sans réforme de la propriété, le progrès allait aggraver l'inégalité et la violence qui en découle. Dans son *Discours sur l'origine de l'inégalité*, il en retrace les origines historiques et énonce le rôle majeur de la propriété individuelle dans la mise en place d'une société de type inégalitaire. Ce n'est pas sans raison que certains philosophes du xixe siècle, au premier chef Hegel, verront chez Jean-Jacques Rousseau une analyse profonde de l'aliénation de l'individu dans le monde moderne. C'est cet aspect de la pensée rousseauiste qui permet également d'expliquer sa fortune littéraire auprès des socialistes et des anarchistes.

Le rôle de la propriété dans l'aliénation

Il faut que chacun puisse avoir quelque chose. De plus, les hommes commençant à porter leurs vues dans l'avenir, et se voyant tous quelque bien à perdre, il n'y en avait aucun qui n'eût à craindre pour soi la représaille des torts qu'il avait faits à autrui. Cette origine est d'autant plus naturelle qu'il est impossible de concevoir l'origine de la propriété naissante ailleurs que de la main-d'œuvre; car on ne voit pas ce que, pour s'approprier les choses qu'il n'a point faites, l'homme y peut mettre de plus que son travail. C'est le seul travail qui donnant droit au cultivateur sur le produit de la terre qu'il a labourée, lui en donne par conséquent sur le fond, au moins jusqu'à la récolte, et ainsi d'année en année, ce qui faisant une possession continue, se transforme aisément en propriété. Lorsque les Anciens, dit Grotius, ont donné à Cérès l'épithète de législatrice, et à une fête célébrée en son honneur, le nom de Thesmophories, ils ont fait entendre par là que le partage des terres a produit une nouvelle sorte de droit. C'est-à-dire le droit de propriété différent de celui qui résulte de la loi naturelle.

Les choses en cet état eussent pu demeurer égales, si les talents eussent été égaux et que, par exemple, l'emploi du fer et la consommation des denrées eussent toujours fait une balance exacte; mais la proportion, que rien ne maintenait, fut bientôt rompue; le plus fort faisait plus d'ouvrage; le plus adroit tirait meilleur parti du sien; le plus ingénieux trouvait des moyens d'abréger le travail; le laboureur avait plus besoin de fer, ou le forgeron plus besoin de charbon, et en travaillant également, l'un gagnait beaucoup tandis que l'autre avait peine à vivre. C'est ainsi que l'inégalité naturelle se déploie insensiblement avec celle de combinaison et que la différence des hommes, développées par celles des circonstances, se rendent plus sensibles, plus permanentes dans leurs effets, et commencent à influer dans la même proportion sur le sort des particuliers.

Les choses étant parvenues à ce point, il est facile d'imaginer le reste. Je ne m'arrêterai pas à décrire l'invention successive des autres arts, le progrès des langues, l'épreuve et l'emploi des talents, l'inégalité des fortunes, l'usage ou l'abus des richesses, ni tous les détails qui suivent ceux-ci, et que chacun peut aisément suppléer. Je me bornerai seulement à jeter un coup d'œil sur le Genre humain placé dans ce nouvel ordre de choses.

Voilà donc toutes nos facultés développées, la mémoire et l'imagination en jeu, l'amour-propre intéressé, la raison rendue active et l'esprit arrivé presque au terme de la perfection, dont il est susceptible. Voilà toutes les qualités naturelles mises en action, le rang et le sort de chacun établi, non seulement sur la quantité des biens et le pouvoir de servir ou de nuire, mais sur l'esprit, la beauté, la force ou l'adresse, sur le mérite ou les talents, et ces qualités étant les seules qui pouvaient attirer de la considération, il fallut bientôt les avoir ou les affecter. Il fallut pour son avantage se montrer autre que ce que l'on était en effet. Être et paraître devinrent deux choses tout à fait différentes, et de cette distinction sortirent le faste imposant, la ruse trompeuse, et tous les vices qui en sont le cortège. D'un autre côté, de libre et indépendant qu'était auparavant l'homme, le voilà par une multitude de nouveaux besoins assujetti, pour ainsi dire, à toute la Nature, et surtout à ses semblables dont il devient l'esclave en un sens, même en devenant leur maître; riche, il a besoin de leurs services; pauvre, il a besoin de leur secours, et la médiocrité ne le met point en état de se passer d'eux. Il faut donc qu'il cherche sans cesse à les intéresser à son sort, et à leur faire trouver en effet ou en apparence leur profit à travailler pour le sien : ce qui le rend fourbe et artificieux avec les uns, impérieux et dur avec les autres, et le met dans la nécessité d'abuser tous ceux dont il a besoin, quand il ne peut s'en faire craindre, et qu'il ne trouve pas son intérêt à les servir utilement. Enfin l'ambition dévorante, l'ardeur d'élever sa fortune relative, moins par un véritable besoin que pour se mettre au-dessus des autres, inspire à tous les hommes un noir penchant à se nuire mutuellement, une jalousie secrète d'autant plus dangereuse que, pour faire un coup plus en sûreté, elle prend souvent le masque de la bienveillance; en un mot concurrence et rivalité d'une part, de l'autre l'opposition d'intérêt, et toujours le désir caché de faire son profit au dépens d'autrui. Tous ces maux sont le premier effet de la propriété et le cortège inséparable de l'inégalité naissante.

Avant qu'on eût inventé les signes représentatifs des richesses, elles ne pouvaient guère consister qu'en terres et en bestiaux, les seuls biens réels que les hommes puissent posséder. Or quand les héritages se furent accrus en nombre et en étendue au point de couvrir le sol entier et de se toucher tous, les uns ne purent plus s'agrandir qu'aux dépens des autres, et les surnuméraires que la faiblesse ou l'indolence avaient empêchés d'en acquérir à leur tour, devenus pauvres sans avoir rien perdu parce que, tout changeant autour d'eux, eux seuls n'avaient point changé, furent obligés de recevoir ou de ravir leur subsistance de la main des riches, et de là commencèrent à naître, selon les divers caractères des uns et des autres, la domination et la servitude, ou la violence et les rapines. Les riches de leur côté connurent à peine le plaisir de dominer, qu'ils dédaignèrent bientôt tous les autres, et se servant de leurs anciens esclaves pour en soumettre de nouveaux, ils ne songèrent qu'à asservir et subjuguer leurs voisins; semblables à ces loups affamés qui ayant une fois goûté de la chair humaine rebutent toute autre nourriture, et ne veulent plus que dévorer des hommes.

C'est ainsi que les plus puissants ou les plus misérables, en faisant de leur force ou de leurs besoins une sorte de droit au bien d'autrui, équivalent selon eux, à celui de propriété, l'égalité rompue fut suivie du plus affreux désordre : c'est ainsi que les usurpations des riches, les brigandages des pauvres, les passions effrénées de tous étouffant la pitié naturelle, et la voix encore faible de la justice, rendirent les hommes avares, ambitieux, et méchants. Il s'élevait entre le droit du plus fort et le droit du premier occupant un conflit perpétuel qui ne se terminait que par des combats et des meurtres. La société naissante fit place au plus horrible état de guerre : le genre humain avili et désolé ne pouvant plus retourner sur ses pas, ni renoncer aux acquisitions malheureuses qu'il avait faites et ne travaillant qu'à sa honte, par l'abus des facultés qui l'honorent, se mit lui-même à la veille de sa ruine.

Il n'est pas possible que les hommes n'aient fait enfin des réflexions sur une situation aussi misérable, et sur les calamités dont ils étaient accablés. Les riches surtout durent bientôt sentir combien était désavantageuse une guerre perpétuelle dont ils faisaient seuls tous les frais, et dans laquelle le risque de la vie était commun et celui des biens, particulier. D'ailleurs, quelque couleur qu'ils puissent donner à leurs usurpations, ils sentaient assez qu'elles n'étaient établies que sur un droit précaire et abusif, et que, n'ayant été acquises que par la force, la force pouvait les leur ôter sans qu'ils eussent raison de s'en plaindre. Ceux mêmes que la seule industrie avait enrichis, ne pouvaient guère fonder leur propriété sur de meilleurs titres. Ils avaient beau dire : « C'est moi qui ai bâti ce mur; j'ai gagné ce terrain par mon travail. Qui vous a donné les alignements, leur pouvait-on répondre; et en vertu de quoi prétendez-vous être payé à nos dépens d'un travail que nous ne vous avons point imposé? Ignorez-vous qu'une multitude de vos frères périt, ou souffre du besoin de ce que vous avez de trop, et qu'il vous fallait un consentement exprès et unanime du genre humain pour vous approprier sur la subsistance commune tout ce qui allait au-delà de la vôtre? » Destitué des raisons valables pour se justifier, et de forces suffisantes pour se défendre; écrasant facilement un particulier, mais écrasé lui-même par des troupes de bandits; seul contre tous, et ne pouvant à cause des jalousies mutuelles s'unir avec ses égaux contre des ennemis unis par l'espoir commun du pillage, le riche pressé par la nécessité, conçut enfin le projet le plus réfléchi qui soit jamais entré dans l'esprit humain; ce fut d'employer en sa faveur les forces mêmes de ceux qui l'attaquaient, de faire ses défenseurs de ses adversaires, de leur inspirer d'autres maximes, et de leur donner d'autres institutions qui lui fussent aussi favorables que le Droit naturel lui était contraire.

Dans cette vue, après avoir exposé à ses voisins l'horreur d'une situation qui les armait tous les uns contre les autres, qui leur rendait leurs possessions aussi onéreuses que leurs besoins, et où nul ne trouvait sa sûreté ni dans la pauvreté ni dans la richesse, il inventa aisément des raisons spécieuses pour les amener à son but. « Unissons-nous, leur dit-il, pour garantir de l'oppression les faibles, contenir les ambitieux, et assurer à chacun la possession de ce qui lui appartient : instituons des règlements de justice et de paix auxquels ils soient tous obligés de se conformer, qui ne fassent exception de personne, et qui réparent en quelque sorte les caprices de la fortune en soumettant également le puissant et le faible à des devoirs mutuels. En un mot, au lieu de tourner nos forces contre nous-mêmes, rassemblons-les en un pouvoir suprême qui nous gouverne selon de sages lois, qui protège et défend tous les membres de l'association, repousse les ennemis communs et nous maintienne dans une concorde éternelle. »

Rousseau, *Discours sur l'origine de l'inégalité.*

La véritable nature humaine

C'est à partir du constat de l'inégalité sociale que Jean-Jacques Rousseau est amené à s'interroger sur la véritable nature des êtres humains. Postulant que toute relation sociale est le fruit d'une action liée à la volonté humaine, il est amené à définir théoriquement un état de nature qu'il oppose à la société. La référence à l'état de nature, chez Rousseau, est essentiellement une construction logique et elle ne constitue nullement la peinture d'un âge d'or auquel il faudrait revenir. Elle s'inscrit plutôt dans l'opposition entre nature et culture; en effet, si l'être humain civilisé est si corrompu, il faut dégager de cet « homme façonné par l'homme » l'« homme naturel », à savoir l'être hypothétique qui échappe à toute détermination sociale.

La caractéristique fondamentale de cet humain chimiquement pur, c'est l'isolement. La figure de Robinson Crusoé est d'ailleurs fort populaire au xviiie siècle. Cet être humain isolé est une espèce d'animal dont le comportement semble essentiellement déterminé par la satisfaction de ses besoins corporels. Son sens de la conservation l'amène à se procurer dans la nature qui l'entoure les éléments essentiels à sa subsistance et à sa protection. Son sens de la reproduction le conduit à des accouplements ponctuels qui ne sont générateurs d'aucun lien social stable. Rousseau va donc au-delà du mythe du « bon sauvage » cher à son époque, et dont Diderot s'était fait le chantre dans son *Supplément au voyage de Bougainville*, pour nous montrer un individu isolé, menant une vie presque animale.

Il se distingue cependant des autres animaux en ce qu'il est libre et non pas prédéterminé par son appartenance à l'espèce. L'être naturel reste l'artisan de son propre destin, quoique l'état de nature ne lui fournisse pas les conditions nécessaires à l'exercice de cette liberté. Cette liberté prend fondamentalement la forme de la connaissance intuitive de ce qui est le plus propre à assurer sa propre conservation.

C'est pour assurer sa propre conservation que l'être humain est amené à nouer des liens qui, quoique ponctuels au début, lui feront prendre conscience des avantages de la coopération. Et c'est en nouant ces liens qu'apparaîtront deux caractéristiques qui permettront d'expliquer le passage de l'état de nature à l'état de civilisation : la pitié et la perfectibilité.

La pitié pousse les êtres humains à compatir aux malheurs de leurs semblables en les amenant à s'identifier avec ceux-ci. C'est donc la pitié qui, selon Rousseau, explique une certaine stabilisation des rapports sociaux. L'instinct de conservation, d'individuel qu'il était au point de départ, s'étend aux individus avec lesquels l'être naturel est amené à tisser des liens.

La perfectibilité, quant à elle, permet d'expliquer le haut niveau de civilisation des sociétés européennes. Parce que l'être humain dispose de la capacité d'accumuler des connaissances, d'inventer de nouvelles techniques et de nouveaux outils, il peut atteindre un haut niveau de sophistication dans la vie matérielle et sociale. N'oublions pas toutefois que Rousseau est très critique par rapport à la sophistication et que la perfectibilité ne constitue pas pour lui un trait entièrement positif.

Ces deux éléments, la pitié et la perfectibilité, sont à l'origine d'une certaine « dénaturalisation » de l'être humain. N'étant plus des êtres solitaires, les individus nouent des relations de plus en plus durables entre eux, ce qui les amène à développer une seconde nature, entièrement artificielle celle-là, c'est-à-dire humainement fabriquée. De plus, leur perfectibilité les amène à accroître leurs besoins et à inventer toutes sortes d'artifices pour les satisfaire.

Ce passage de l'état de nature à l'état social implique que l'on doive trouver des règles de vie commune qui répondent au principe de la justice. Car, en développant sa sociabilité, l'être humain a également gagné en moralité. Et c'est cette moralité qui lui fait préférer la justice et l'amène à lutter contre l'injustice. Si, dans le *Discours sur l'origine et le fondement de l'inégalité parmi les hommes*, Rousseau s'attache à nous fournir une explication logiquement plausible, quoique historiquement peu vraisemblable, du passage de l'état de nature à l'état social prévalant en Europe occidentale du xviiie siècle, dans le *Contrat social*, il s'efforcera de nous indiquer les conditions de la justice dans le monde moderne.

Du contrat social

Ce livre de Rousseau eut un immense retentissement sur les générations qui suivirent et, au premier chef, sur les principaux protagonistes de la Révolution française. Dans un monde encore marqué par la monarchie absolue et un droit foncièrement inégalitaire, étaient énoncées la nécessité et la raison d'être de la liberté et de l'égalité, de même que la conviction de leur conquête irréversible de l'ordre social. Les régimes politiques de tous les temps établis par les hommes — entendre les riches — ont eu pour fonction première de justifier le pouvoir issu de la richesse acquise, aux dépens de la justice et de l'ordre naturel. L'égalité humaine a été sacrifiée sur l'autel de l'ambition de quelques-uns.

Souvenons-nous de la très vieille observation d'Aristote, selon laquelle certains hommes étaient nés libres et d'autres esclaves, certains riches et d'autres pauvres. Tel était, pour le Stagirite, l'ordre naturel des choses. N'oublions pas qu'en 1762 cette vieille maxime se vérifiait toujours dans les faits; d'aucuns pouvaient encore constater et affirmer à bon droit : telle est bien la réalité de notre temps. Il n'en est rien, réplique Rousseau; l'état actuel de la société ne peut en aucune façon justifier son maintien dans les formes qu'on lui connaît; de même la force, si elle donne du pouvoir à ceux qui la détiennent et qui en usent, ne peut conférer de légitimité à leur puissance ni de continuité à leur œuvre. C'est dans l'ordre moral des choses, dans l'énoncé de l'égalité foncière des hommes que Rousseau trouve la seule base respectable du contrat social qui doit associer les hommes en vue d'assurer leur bonheur commun. Tout le reste, argent, pouvoir, n'est que conjoncture, mythe. Telle est la leçon qui se dégage de la ruine de tant d'empires et de tant d'ordres antérieurs qui se prétendaient au-dessus de l'histoire et de la justice et dont il ne reste rien.

« L'homme naît libre, et partout il est dans les fers. Tel se croit le maître des autres, qui ne laisse pas d'être plus esclave qu'eux. Comment ce changement s'est-il fait? Je l'ignore. Qu'est-ce qui peut le rendre légitime? Je crois pouvoir résoudre cette question. » C'est ainsi que débute *Du contrat social*, dans lequel Rousseau, en se démarquant des positions défendues par Hobbes et par Locke concernant l'existence de la liberté et de l'égalité dans l'état de nature, essaie de voir comment ces valeurs essentielles peuvent se traduire politiquement, c'est-à-dire procéder d'une volonté consciente des êtres humains socialisés. Pour ce faire, il cherche à éclaircir quatre concepts centraux, le souverain, la souveraineté, la loi et le gouvernement.

Du contrat social

L'homme naît libre, et partout il est dans les fers. Tel se croit le maître des autres, qui ne laisse pas d'être plus esclave qu'eux. Comment ce changement s'est-il fait? Je l'ignore. Qu'est-ce qui peut le rendre légitime? Je crois pouvoir résoudre cette question.

Si je ne considérais que la force et l'effet qui en dérive, je dirais : « Tant qu'un peuple est contraint d'obéir et qu'il obéit, il fait bien; sitôt qu'il peut secouer le joug, et qu'il le secoue, il fait encore mieux; car, recouvrant sa liberté par le même droit qui la lui a ravie, ou il est fondé à la reprendre, ou on ne l'était point à la lui ôter. » Mais l'ordre social est un droit sacré qui sert de base à tous les autres.

[...] Or, comme les hommes ne peuvent engendrer de nouvelles forces, mais seulement unir et diriger celles qui existent, ils n'ont plus d'autre moyen, pour se conserver que de former par agrégation une somme de forces qui puisse l'emporter sur la résistance, de les mettre en jeu par le seul mobile de les faire agir de concert.

Cette somme de forces ne peut naître que du concours de plusieurs; mais la force et la liberté de chaque homme étant les premiers instruments de sa conservation, comment s'engagera-t-il sans se nuire et sans négliger les soins qu'il se doit? Cette difficulté, ramenée à mon sujet, peut s'énoncer en ces termes :

Trouver une forme d'association qui défende et protège de toute la force commune la personne et les biens de chaque associé, et par laquelle chacun, s'unissant à tous, n'obéisse pourtant qu'à lui-même, et reste aussi libre qu'auparavant. Tel est le problème fondamental dont le contrat social donne la solution. Ces clauses, bien entendu, se réduisent toutes à une seule : à savoir, l'aliénation totale de chaque associé avec tous ses droits à toute la communauté : car premièrement, chacun se donnant tout entier, la condition est égale pour tous; et la condition étant égale pour tous, nul n'a intérêt de la rendre plus onéreuse aux autres.

Si on écarte du pacte social ce qui n'est pas de son essence, on trouvera qu'il se réduit aux termes suivants : « Chacun de nous met en commun sa personne et toute sa puissance sous la suprême direction de la volonté générale; et nous recevons encore chaque membre comme partie indivisible du tout. »

À l'instant, au lieu de la personne particulière de chaque contractant, cet acte d'association produit un corps moral et collectif, composé d'autant de membres que l'assemblée a de voix, lequel reçoit de ce même acte son unité, son *moi* commun, sa vie et sa volonté. Cette personne publique, qui se forme ainsi par l'union de tous les autres, prenait autrefois le nom de *cité*, et prend aujourd'hui celui de *république* ou de *corps politique*, lequel est appelé par ses membres *État* quand il est passif, *souverain* quand il est actif, *puissance* en le comparant à ses semblables. À l'égard des associés, ils prennent collectivement le nom de peuple, et s'appellent en particulier *citoyens*, comme participant à l'autorité souveraine, et *sujets* comme soumis aux lois de l'État.

[…] Ce passage de l'état de nature à l'état civil produit dans l'homme un changement très remarquable, en substituant dans sa conduite la justice à l'instinct, et donnant à ses actions la moralité qui leur manquait auparavant. C'est alors seulement que, la voix du devoir succédant à l'impulsion physique et le droit à l'appétit, l'homme qui jusque-là n'avait regardé que lui-même, se voit forcé d'agir sur d'autres principes, et de consulter sa raison avant d'écouter ses penchants. Quoiqu'il se prive dans cet état de plusieurs avantages qu'il tient de la nature, il en regagne de si grands, ses facultés s'exercent et se développent, ses idées s'étendent, ses sentiments s'ennoblissent, son âme tout entière s'élève à ce point que, si les abus de cette nouvelle condition ne le dégradaient souvent au-dessous de celle dont il est sorti, il devrait bénir sans cesse l'heureux instant qui l'en arrachera pour jamais et qui, d'un animal stupide et borné, fit un être intelligent et un homme.

Réduisons toute cette balance à des termes faciles à comparer : ce que l'homme perd par le contrat social, c'est sa liberté naturelle et un droit illimité à tout ce qui le tente et qu'il peut atteindre; ce qu'il gagne, c'est la liberté civile et la propriété de tout ce qu'il possède. Pour ne pas se tromper dans ces compensations, il faut bien distinguer la liberté naturelle, qui n'a pour bornes que les forces de l'individu, de la liberté civile, qui est limitée par la volonté générale; et la possession, qui n'est que l'effet de la force ou le droit du premier occupant, de la propriété, qui ne peut être fondée que sur un titre positif.

Rousseau, *Du contrat social.*

L'obligation sociale ne saurait être légitimement fondée ni sur la force ni sur des préséances naturelles. Ce sont là des thèses absolutistes qui n'ont de sens que pour des institutions non fondées sur l'exigence de liberté et d'égalité, telle la famille, et qui ne sauraient régir la vie sociale. Le seul fondement légitime de l'obligation politique est par conséquent un contrat conclu entre tous les membres de la société. Il est à noter, cependant, qu'en excluant les relations familiales des rapports contractuels, Rousseau est conduit à exclure du contrat social les êtres dépendants à l'intérieur du cadre familial, à savoir les femmes et les enfants.

Ceci a pour effet que chaque membre du corps politique est, comme chez John Locke, à la fois citoyen et sujet. Citoyen en tant qu'il participe à la volonté du corps politique et qu'il concourt à la formation de la volonté générale. Sujet, dans la mesure où chacun est soumis à la loi. C'est à cette condition que la liberté peut être préservée dans l'état social.

Cette double nature de citoyen et de sujet fonde la volonté générale. Cette volonté générale ne consiste ni en l'addition des volontés particulières, ni dans la volonté de la majorité. Elle relève plutôt d'un consensus qui s'obtient rationnellement par l'abandon par chacun de ses particularismes et la prise en considération du seul intérêt collectif. Dans ce sens, son mode d'obtention s'inspire des principes du calcul différentiel, en ce que cette volonté générale est l'intégrale des volontés individuelles. La possibilité de parvenir à cette volonté générale relève de la faculté humaine de moralité que doit favoriser le corps politique. Cette idée de moralité qui implique l'abandon du point de vue particulier au profit du point de vue universel sera reprise par Kant et par Hegel. Une telle volonté générale est garante de la liberté justement parce qu'elle est dépersonnalisée et départicularisée. Au lieu de dépendre de ses congénères, le citoyen dépend de la loi à la formation de laquelle il concourt.

En même temps, le contrat social et le processus de formation de la volonté générale permettent à l'individu de retrouver un équivalent social de l'égalité naturelle. Comme la justesse de la volonté générale dépend de la participation généralisée à la chose publique, la distance s'estompe entre gouvernants et gouvernés, et l'égalité civique se traduit par la participation de tous à la chose publique. De même, la loi s'applique également à tous. Cependant cette égalité juridique et civique ne saurait être confondue avec l'égalité économique. Si Rousseau vitupère contre les effets corrupteurs de l'argent, il n'en demeure pas moins attaché à la propriété qui demeure à ses yeux, et c'est ce qui le rapproche des libéraux, un gage de moralité. Aussi l'État se doit-il de protéger les biens des particuliers.

Les caractères de la souveraineté découlent logiquement de l'origine contractuelle et de la définition du souverain. Celui-ci, constitué par le pacte social, est le peuple en corps édictant la volonté générale dont la loi est l'expression. Par conséquent, elle devient inaliénable, indivisible, infaillible et absolue, ce qui correpond aux attributs conférés à la volonté générale dans le texte du *Contrat social*.

Elle est inaliénable, puisque la volonté perdrait son caractère de volonté si elle impliquait la soumission. Les citoyens doivent donc être mis en présence les uns des autres, sous le mode d'une démocratie directe, et non devoir leur citoyenneté à l'élection périodique de représentants. C'est cet aspect de la pensée de Jean-Jacques Rousseau qui fait dire à Benjamin Constant qu'il développe une conception de la liberté inspirée des Anciens plutôt qu'adaptée aux conditions du monde moderne. D'ailleurs, Rousseau ne cache pas ses sources d'inspiration : ce qui le séduit, c'est le modèle spartiate ou la Rome républicaine.

Cette souveraineté est également indivisible. Vouloir la diviser, ce serait la tuer. Rousseau est donc étranger à toute position visant à faire reposer le pouvoir politique sur une mécanique complexe de poids et de contrepoids et à répartir l'exercice de la souveraineté entre plusieurs corps constitués. La seule base du contrat social, c'est le peuple en corps, et toute tentative de constituer des corps distincts à l'intérieur du corps politique signifierait l'instauration d'une césure entre gouvernants et gouvernés et, partant, une privation injustifiée de liberté.

Cette souveraineté est infaillible, du fait de l'instinct de conservation qui est à la base de l'existence humaine. Cet instinct est préservé dans l'état social où Rousseau estime que des êtres rationnels ne peuvent édicter une politique qui serait contraire à leurs intérêts bien compris. Toutefois, pour préserver son caractère d'infaillibilité, la souveraineté doit procéder de l'établissement d'une volonté véritablement générale. Pour ce faire, Rousseau préconise la disparition de toute société partielle comme les associations, les partis, les factions. C'est sur une base résolument individuelle, dans une situation où n'existe aucun corps intermédiaire entre l'individu et la collectivité que la volonté générale peut prévaloir.

Enfin, Rousseau soutient que cette souveraineté ne peut être qu'absolue. Cela ne saurait suffire à faire de Rousseau l'un des précurseurs du totalitarisme. Il prévoit que cette souveraineté se limite à l'espace défini comme public. Son individualisme foncier lui fait préserver un espace privé qui échappe à la détermination communautaire. C'est simplement dans ce qui relève de l'intérêt commun que la souveraineté trouve à s'exercer. Dans toutes les autres sphères de l'existence sociale, ce sont d'autres règles qui prévalent.

L'égalité du contrat social

> Par quelque côté qu'on remonte au principe, on arrive toujours à la même conclusion; savoir, que le pacte social établit entre les citoyens une

telle égalité, qu'ils s'engagent tous sous les mêmes conditions et doivent jouir tous des mêmes droits. Ainsi, par la nature du pacte, tout acte de souveraineté, c'est-à-dire tout acte authentique de la souveraineté générale, oblige ou favorise également tous les citoyens; en sorte que le souverain connaît seulement le corps de la nation, et ne distingue aucun de ceux qui la composent. Qu'est-ce donc proprement qu'un acte de souveraineté? Ce n'est pas une convention du supérieur envers l'inférieur, mais une convention du corps avec chacun de ses membres. Convention légitime, parce qu'elle a pour base le contrat social; équitable, parce qu'elle est commune à tous; utile, parce qu'elle ne peut avoir pour objet que le bien général; et solide, parce qu'elle a pour garant la force publique et le pouvoir suprême. Tant que les sujets ne sont soumis qu'à de telles conventions, ils n'obéissent à personne, mais seulement à leur propre volonté; et demander jusqu'où s'étendent les droits respectifs du souverain et des citoyens, c'est demander jusqu'à quel point ceux-ci peuvent s'engager avec eux-mêmes, chacun envers tous, et tous envers chacun d'eux.

[...] Si l'on recherche en quoi consiste précisément le plus grand bien de tous, qui doit être la fin de tout système de législation, on trouvera qu'il se réduit à deux objets principaux, la liberté et l'égalité. La liberté, parce que toute dépendance particulière est autant de force ôtée au corps de l'État; l'égalité, parce que la liberté ne peut subsister sans elle.

Résoudre le dilemme de la solidarité

La voix du plus grand nombre oblige toujours tous les autres; c'est une suite du contrat même. Mais on demande comment un homme peut être libre et forcé de se conformer à des volontés qui ne sont pas les siennes. Comment les opposants sont-ils libres et soumis à des lois auxquelles ils n'ont pas consenti?

Je réponds que la question est mal posée. Le citoyen consent à toutes les lois, même à celles qu'on passe malgré lui, et même qui le punissent quand il ose en violer quelqu'une. La volonté constante de tous les hommes de l'État est la volonté générale : c'est par elle qu'ils sont citoyens et libres. Quand on propose une loi dans l'assemblée du peuple, ce qu'on leur demande n'est pas précisément s'ils approuvent la proposition ou s'ils la rejettent, mais si elle est conforme ou non à la volonté générale, qui est la leur : chacun en donnant son suffrage dit son avis là-dessus; et du calcul des voix se tire la déclaration de la volonté générale. Quand donc l'avis contraire au mien l'emporte, cela ne prouve autre chose sinon que je m'étais trompé, et que ce que j'estimais être la volonté générale ne l'était pas. Si mon avis particulier l'eût emporté, j'aurais fait autre chose que ce que j'avais voulu; c'est alors que je n'aurais pas été libre.

Rousseau, *Du contrat social*.

Dans un tel contexte, la loi se voit conférer un caractère un peu spécial. Elle revêt des allures sacrées, quasi mystiques, et apparaît comme le reflet d'un ordre transcendant l'existence humaine. Etant donné, de plus, son mode d'élaboration, elle s'avère essentiellement générale quant à son objet. En fait, Rousseau distingue les lois positives d'un État donné et la loi organisatrice de la société politique, ce qu'en termes modernes nous appellerions une constitution.

Une constitution fait appel à un personnage extérieur à la communauté politique, une sorte de sage qui, à l'écart de la mêlée, serait à même de doter la communauté d'un ordre social durable. Ainsi, tel Lycurgue pour Sparte ou encore Moïse pour les Hébreux, le législateur roussseauiste ne fait pas partie du corps politique; il agit plutôt comme médiateur entre le divin et l'humain. Cependant, contrairement au Léviathan de Hobbes, il n'est pas souverain et, de ce fait, ne préjuge en rien de la liberté et de l'égalité des citoyens. Par ailleurs, Rousseau rejoint Montesquieu en ce qu'il affirme que la tâche fondamentale du législateur est de bien comprendre le caractère d'un peuple avant de lui conférer des institutions politiques. C'est d'ailleurs ce qu'il fera en soumettant des projets de constitution pour la Corse ou la Pologne.

De la même façon qu'en soustrayant la loi aux volontés des particuliers, Jean-Jacques Rousseau est amené à faire intervenir un tiers, le législateur, en voulant appliquer la loi à des objets particuliers, il doit faire intervenir le gouvernement, c'est-à-dire une puissance exécutrice de la loi. Dans ce domaine, il préconise trois modalités possibles de gouvernement légitime : la démocratie, l'aristocratie et la monarchie. La démocratie représente la fusion absolue du pouvoir exécutif et législatif. Une telle forme de gouvernement présuppose à la fois beaucoup de vertu, comme l'avait déjà souligné Montesquieu, mais également une petite communauté politique et une faible différenciation sociale. Aussi estime-il peu vraisemblable la mise en place d'un tel système politique dans les grands pays européens. L'aristocratie peut, quant à elle, être de plusieurs types, même si elle suppose nécessairement qu'on confie la gouverne politique à un petit nombre de citoyens. L'aristocratie naturelle est un indice de société primitive, elle engendre un système de castes. L'aristocratie élective semble préférable, quoiqu'elle introduise un paradoxe en opérant une sorte de hiérarchisation à l'intérieur du corps politique. C'est pourquoi Rousseau lui préfère la monarchie, qui respecte le principe d'unité déjà central dans le corps politique : à l'unité de la volonté générale correspond l'unité de la figure exécutante. Cependant, Rousseau précise que la monarchie qu'il appelle de ses vœux n'existe pas puisque les monarques s'appuient sur la soumission et non sur la liberté de leurs sujets.

On retrouve dans le *Contrat social* un mélange paradoxal d'individualisme et de communautarisme, et selon que l'on met l'accent sur l'une ou l'autre des composantes de la pensée rousseauiste, on peut parvenir à des résultats diamétralement opposés. On peut s'appuyer sur l'unité du corps politique pour justifier un projet de contrôle social extrêmement pointilleux, de même que l'on peut développer le versant individualiste pour justifier une prise de position anarchisante. Il n'en reste pas moins qu'en identifiant l'« homme » et le « citoyen » et en postulant que l'humanité de l'homme ne se réalise complètement que dans le corps politique, Rousseau rend possible l'abolition de la distance entre espace public et espace privé, abolition qui sera si lourde de dangers politiques. Et puisque la nature politique de l'homme est en quelque sorte artificielle, il s'interroge sur la transformation de l'homme social en citoyen.

Former des citoyens

Rousseau attache, plus que tous les autres auteurs de son siècle, beaucoup d'importance à la régénération des vertus civiques. Il n'a pas d'expressions trop héroïques pour montrer en quoi le pacte social a pour fonction de créer une véritable communauté des hommes, par-delà la fortune, les talents et les aptitudes de chacun. L'idéal rousseauiste du citoyen va bien au-delà de celui de l'honnête homme courtisan de l'Ancien Régime.

C'est pourquoi, parce qu'elle se situe comme un défi vis-à-vis des structures politiques existantes et parce qu'elle demande un haut niveau de conscience morale, la citoyenneté rousseauiste est très intimement associée à un projet pédagogique. Pour lui, on ne naît pas citoyen, on le devient. Aussi la seule façon de pallier la fragilité de la démocratie et d'enrayer la corruption des mœurs, les ambitions ou la prévalence des intérêts particuliers dans le corps politique est-elle d'éduquer les citoyens, de former des « hommes nouveaux » à la hauteur de l'idéal social qu'il développe.

Cette éducation vise à renforcer le sens de l'appartenance à la communauté politique et emprunte essentiellement deux voies. D'une part, elle repose sur le sentiment. D'autre part, elle fait appel au patriotisme comme modalité privilégiée de la cohésion sociale. Une telle vision de l'éducation civique se situe en parfaite concordance avec les idées que Rousseau avait émises concernant l'éducation individuelle.

L'appel au sentiment implique qu'il faut former l'âme d'un peuple plutôt qu'instruire la raison de chacun de ses citoyens. Il faut donc faire vibrer les cœurs à l'unisson. Pour ce faire, Rousseau préconise le développement de rituels civiques, sorte de grandes fêtes patriotiques, ce que l'on retrouvera au moment de la Révolution française avec la fête de

la fédération, les grands défilés, ou encore la fête de l'être suprême dont
le culte a été développé par Robespierre. Il faut développer des symboles et surtout fonder l'adhésion à la communauté sur un mode fu-
sionnel qui fasse appel au sentiment identitaire. Dans ce cadre, le patriotisme s'avère fort utile. Rejetant le cosmopolitisme des Lumières, Jean-
Jacques Rousseau préconise plutôt le développement de l'esprit national
de chaque peuple. Le citoyen rousseauiste est fortement territorialisé,
annonçant ainsi la montée du nationalisme qui accompagnera celle du
romantisme dans l'Europe du XIXe siècle.

Cinquième partie

Liberté, égalité et révolutions

La période qui va des grandes révolutions de la fin du XVIIIe siècle à la chute du mur de Berlin donne lieu à un foisonnement dans le domaine de la production des idées politiques, et le peu de recul que nous avons par rapport à celle-ci rend complexe le choix des thèmes à privilégier. Jamais auparavant dans l'histoire de l'humanité n'avions-nous assisté à un tel élargissement de la préoccupation pour le politique chez la population. Aussi devient-il malaisé de distinguer entre problématisation politique (philosophie politique) et justification d'une attitude politique militante (idéologie); la généralisation progressive des droits politiques et l'avènement de la civilisation de masse rendent cette distinction moins opérante.

L'une des principales caractéristiques de cette période, c'est la banalisation de l'idée de révolution. En effet, la transformation sociale se pense essentiellement en termes révolutionnaires, à savoir comme une rupture radicale avec un passé considéré comme lourd et embarrassant. Cette banalisation est partiellement le fait de la Révolution française, qui entraîne dans son tourbillon l'ensemble du monde européen.

La mise en place de la modernité

Lorsque les révolutionnaires français, après avoir tenté sans conviction entre 1789 et 1791 d'instaurer une monarchie constitutionnelle, traduisent Louis XVI devant le tribunal du peuple et l'exécutent à la guillotine le 21 janvier 1793, c'est toute l'Europe aristocratique qui déclare la guerre à la jeune république. Pour la France, le danger est mortel, car ses ennemis sont nombreux, puissants et unanimement opposés à la démocratie. L'Angleterre, la Prusse, l'Autriche, l'Espagne et la Russie ne veulent pas d'une république en Europe. Sans reprendre ici le fil des événements qui ont entraîné l'ascension de Napoléon Bonaparte et la proclamation de l'Empire français en 1802, rappelons qu'en face du danger, la France mobilise rapidement toutes ses ressources, qui sont nombreuses et variées. Des armées courageuses et motivées, menées par leurs jeunes généraux avides de gloire, écrasent contre toute attente les empires coalisés et portent les frontières de la république aux rives du Rhin et jusqu'en Italie du nord. Pendant ce temps, d'autres révolutionnaires s'agitent en Allemagne et en Italie, et joignent leurs partisans aux armées de la république. Sous Napoléon 1er (1802–1815), plus rien ne résiste à la France : l'Autriche, l'Espagne, le Portugal et la Prusse sont occupées, l'Italie, la Hollande et la Belgique, annexées. La lointaine Russie est même envahie. La défaite de Napoléon et la Restauration n'entraînent pas la remise en selle de l'Ancien Régime; désormais, une forte opposition gronde dans le peuple contre les monarchies absolues et la féodalité. D'autres révolutions paneuropéennes, en 1830 et en 1848, achèveront de ruiner l'édifice de l'Ancien Régime et lui substitueront un nouvel ordre politique qui, à ce jour, n'a pas encore trouvé son équilibre.

L'émergence du gouvernement représentatif

Une première transformation décisive dans l'univers politique, c'est le phénomène de l'extension sans précédent de la participation politique. Après la concentration énorme du pouvoir qui correspond à l'époque de la monarchie absolue, on assiste, sous la pression de celles et ceux qui y aspirent, à un élargissement considérable de l'assise sociale de la citoyenneté : la noblesse, les nouvelles élites industrielles, les pauvres et même les femmes ont désormais leur mot à dire dans la gouverne politique. Comment en est-on arrivé là ?

La première étape de l'émergence du gouvernement représentatif est sans contredit la révolution anglaise. Après une période d'agitation politique qui s'étend de 1640 à 1689, l'Angleterre du xviiie siècle apparaît comme le pays de la liberté politique, et il est vrai que le pouvoir politique n'y est pas détenu en propre par le monarque ; au contraire, celui-ci n'est roi qu'en son parlement et nous assisterons après 1689 à une série de mouvements qui viseront à instaurer une véritable suprématie parlementaire sur le pouvoir monarchique. À partir de 1689, on observe une résorption graduelle de la césure entre gouvernants et gouvernés : la population n'y est plus uniquement soumise à la volonté des gouvernants, elle participe désormais, par le biais de ses représentants, à la formation de la loi. Cet élargissement est d'abord modéré et des plus tempérés. Le Parlement britannique se compose de deux chambres : la Chambre des Lords, dont les sièges sont héréditaires, et la Chambre des communes, soumise à l'élection par un corps fort restreint : les nobles, le clergé et les grands propriétaires fonciers. En outre, on assiste à l'émergence d'un pouvoir judiciaire indépendant du pouvoir politique et, surtout, s'instaurent des protections juridiques comme la loi de l'*habeas corpus*, qui offrent des garanties aux personnes face aux abus possibles des autorités. Cet embryon de vie parlementaire est en outre soutenu par l'abolition de la censure, la liberté de la presse et la liberté de pétition.

Puis c'est la révolution américaine. À certains égards, son impact est moins grand que celui de la révolution anglaise, puisque les commentateurs politiques n'arrêtent pas de souligner le caractère exceptionnel des États-Unis, qui sont « nés démocratiques », selon l'expression de Tocqueville. L'idéal politique qui émane de la révolution américaine est double : d'une part, le pouvoir doit émaner du peuple, c'est-à-dire qu'on opère un retour à l'idéal antique où la séparation entre gouvernants et gouvernés était inexistante, à tout le moins dans les républiques ; d'autre part, le seul souverain légitime, c'est la loi.

Un autre trait innovateur de la révolution américaine, c'est qu'elle privilégie une constitution écrite, contrairement à la situation qui prévalait en Angleterre où les arrangements politiques relevaient de la coutume. L'écrit permet fort utilement d'énumérer les libertés et de les définir, ce qui rend plus aisée la lutte contre les empiètements du pouvoir. Par ailleurs, la constitution écrite permet de mieux délimiter les pouvoirs respectifs des divers organes de gouvernement. C'est là une des caractéristiques principales de la Constitution américaine, dont on estime qu'elle s'inspire très fidèlement des principes de Montesquieu en ce qui a trait à la démarcation des pouvoirs.

C'est cependant avec la Révolution française que surgira l'élan décisif permettant la formation de gouvernements représentatifs en Europe. Non pas que cette expérience ait immédiatement été couronnée de succès. Certes, l'Ancien Régime est renversé et ce de façon assez définitive, mais il faudra tout de même attendre la constitution de la IIIe République pour que se réalise de façon durable le gouvernement représentatif en France. Toutefois, la Révolution française aura un impact considérable, non seulement en France, mais dans l'ensemble de l'Europe. Cet impact s'explique, entre autres, par les facteurs suivants : d'abord, la France occupait une place de premier plan dans un monde européen où la foi en la monarchie absolue avait déjà été ébranlée par la fronde intellectuelle liée au mouvement des Lumières; ensuite, l'ensemble du continent européen a été entraîné dans l'épopée révolutionnaire française. En effet, les campagnes napoléoniennes ne se contentaient pas de conquérir de nouveaux territoires : elles essayaient également de les réorganiser « à la française ».

En France même, la Révolution imposa un vaste débat politique. Que ce soit autour de la *Déclaration des droits de l'homme et du citoyen* ou encore à propos de la Constitution, le débat fit rage et déborda rapidement les seules élites éclairées qui, au début du processus, avaient cru pouvoir conclure une entente avec la monarchie, entente calquée sur l'exemple britannique. Des clubs politiques se formèrent un peu partout dans le pays; la presse, dont la liberté à cette période est très importante, popularisa certains thèmes, une foule nombreuse se passionna de politique et suivit les travaux parlementaires. Le suffrage, qu'on aurait voulu réserver aux seuls détenteurs de propriété, s'étendit presque à l'ensemble des hommes et l'on vit poindre à l'horizon les premiers mouvements revendicatifs en faveur du suffrage féminin. Partant du principe que la chose publique ne l'est vraiment que si toutes et tous peuvent y participer, le mouvement démocratique se développa de façon décisive.

Cette extension de la participation au débat politique n'est pas sans incidence sur les thèmes mêmes qui le structurent. Avec le peuple, ce n'est pas seulement la question de la représentation politique qui est soulevée, mais aussi celle de la misère sociale. Les paysans réclament la terre et refusent d'être taillables et corvéables à merci. La population laborieuse des villes entend que le pain, le minimum vital, lui soit assuré par le nouveau régime. Surgit alors une nouvelle question : comment concilier la liberté politique et la réduction des inégalités sociales ? L'un des grands problèmes auquel sera confronté le xixe siècle sera donc celui de la conciliation de l'absence de contrainte étatique en matière économique, ce qui constitue un pan fondamental du credo libéral, avec une nécessaire solidarité sociale et la réduction des inégalités économiques. Cette question allait devenir d'autant plus lancinante que la révolution industrielle provoquera une nouvelle distribution de la richesse et sera à l'origine de nouveaux clivages sociaux.

La question du gouvernement représentatif allait ressurgir pour la dernière fois sur le plan des principes lors de la vague révolutionnaire de 1848. Si l'Europe des nations se soulève, elle le fait d'abord et avant tout pour obtenir un gouvernement représentatif de la nation. Certes, la question de l'indépendance ou celle de l'unification sur des bases nationales sont présentes en Europe centrale et orientale en 1848, mais ce qui fait la force et l'unité de cette vague révolutionnaire, c'est l'élan libéral qui l'anime. On ne parle pas tant de vengeance contre les tyrannies, que de charte et de gouvernements constitutionnels, comme le souligne Benedetto Croce, qui compare le mouvement à une vaste fête (*Histoire de l'Europe au* xixe *siècle*). Fête qui ne connaîtra pas toujours des lendemains roses, mais qui sapera définitivement la légitimité des gouvernements qui ne font aucune place à la représentation de la population. Des institutions parlementaires se développeront un peu partout, quoique l'étendue de leur pouvoir diffère d'un pays à l'autre.

Après 1848, ce qui retient le plus l'attention, ce n'est pas tant le principe de la représentation — puisqu'il est virtuellement admis — que son assise sociale. Deux mouvements contribueront fortement à démocratiser le paysage politique européen : le mouvement pour l'extension du droit de vote aux plus pauvres et celui qui militera en faveur de l'obtention du suffrage féminin. Dans certains pays, ces mouvements seront partiellement liés au mouvement socialiste naissant, mais, parce qu'ils ne procèdent pas des mêmes causes, ils méritent d'être examinés séparément.

Le pays où l'extension du droit de vote aux couches défavorisées de la population va susciter la plus grande mobilisation est l'Angleterre. Alors qu'au cours du xviiie siècle ce pays a constitué un modèle politique dont rêvaient les libéraux du continent, tout au long du xixe siècle elle est en proie à des revendications de réformes politiques allant dans le sens de la démocratisation. Le mouvement chartiste qui sera le principal animateur de ce courant démocratique insistera sur le suffrage universel masculin, sur le vote secret, sur la régularité des échéances électorales, sur la rémunération de la députation. Ses actions porteront des fruits puisque le *Reform Act* de 1832 rend possible la représentation politique des villes industrielles; en 1867, le cens électoral est abaissé, ce qui permet aux hommes des classes moyennes d'être représentés politiquement; en 1872, le vote à scrutin secret est établi et, en 1884, un nouvel abaissement du cens électoral permet à certaines fractions de la classe ouvrière d'être représentées. Ce n'est cependant qu'en 1918 qu'est introduit le suffrage universel tant masculin que féminin.

Si les pauvres rencontrent plusieurs obstacles dans la revendication d'une participation politique au nom de l'égalité, que dire du mouvement suffragiste féminin! Dans le cas des pauvres, il était possible d'invoquer les précédents historiques d'Athènes et de Rome pour soutenir l'idée démocratique, quoique la situation sociale des ouvriers au XIXe siècle fût en fait très proche de celle des esclaves de l'Antiquité. Mais, pour les femmes, aucun précédent historique ne pouvait être invoqué. La revendication du suffrage féminin apparaît donc comme un élément tout à fait nouveau qui trouve un fondement social dans le fait que la famille a, dans une large mesure, cessé d'être l'unité de production économique et que chacune de ses composantes a désormais un rapport individualisé au travail. Elle constitue par conséquent une entité juridique distincte. C'est au nom de leur appartenance à l'humanité que les femmes veulent être politiquement représentées. Le mouvement sera encore plus long à porter des fruits que le mouvement pour l'abolition du cens électoral : ce n'est qu'au lendemain de la Première Guerre mondiale, dans le meilleur des cas et au lendemain de la Seconde Guerre dans les pays latins de l'Europe qu'on pourra véritablement parler de suffrage universel.

La révolution industrielle

Le seconde transformation décisive qui va toucher l'Europe du XIXe siècle est la révolution industrielle. Celle-ci commence à la fin du XVIIIe siècle en Angleterre et s'étend, dans la seconde moitié du XIXe siècle, à l'ensemble de l'Europe occidentale. L'industrialisation est certes un phénomène économique de portée technique, mais elle mérite également d'être abordée sous ces aspects sociaux.

La révolution industrielle a été rendue possible par la réunion de trois conditions. D'abord, l'existence d'une grande masse de capitaux disponibles. Ces capitaux sont le fruit de la colonisation des Amériques et plus particulièrement de l'exploitation des mines d'or et d'argent de l'Amérique latine et du développement du commerce international. Ensuite, la présence d'une main-d'œuvre disponible pour le travail industriel. Ce phénomène est rendu possible en raison des transformations qu'ont connu l'agriculture et l'artisanat dans les siècles précédents : la productivité agricole s'est accrue plus rapidement que la population, de sorte qu'une part moins importante de celle-ci devait être consacrée aux travaux de champs. Quant à l'artisanat, il est devenu la proie de grands marchands qui ont réduit la main-d'œuvre artisanale à un statut quasi salarial. Enfin, les progrès de la science ont permis des applications techniques qui ont inauguré l'ère industrielle : qu'on songe à l'utilisation de la vapeur comme source d'énergie, dans l'industrie de la transformation du fer, etc.

Le nouvel ordre économique issu de la révolution industrielle se caractérise d'abord par une augmentation importante du volume de la production, augmentation rendue possible non seulement par les applications techniques de la science, mais également par l'introduction du machinisme et le développement de la division du travail. Ceci a pour effet le passage d'une pénurie relative à une abondance relative, ce qui permet de comprendre l'optimisme des chantres de l'industrialisation à qui elle apparaît comme moteur du développement social.

Une deuxième caractéristique de la société industrielle, c'est la généralisation des échanges. L'économie passe d'une structure de subsistance à une structure de marché, ce qui entraîne dans son sillage le développement des moyens de communication, une augmentation du volume du commerce international, la constitution de marchés nationaux et un rôle nouveau dévolu à l'État : la garantie des conditions juridiques d'existence de la propriété et de la monnaie.

Enfin, la révolution industrielle donne naissance à la civilisation du travail. Cette civilisation produit une double mutation : celle du rapport que les êtres humains entretiennent avec la nature, qui acquiert dès lors sur le plan pratique, et non plus seulement sur le plan théorique comme chez Galilée ou René Descartes, un statut purement instrumental; celle également du rapport que les êtres humains nouent entre eux, l'économie devenant le lieu principal du clivage social. Il se développe par ailleurs une éthique du travail pour laquelle, d'une part, le statut individuel est tributaire de la richesse et, d'autre part, la valeur des individus est fonction de leur aptitude au travail.

Si on examine maintenant les conséquences sociales de cette révolution industrielle, on peut constater qu'elle implique l'apparition de deux nouveaux groupes sociaux, en même temps qu'elle occasionne l'émergence d'enjeux sociaux inédits. En effet, dans le champ industriel, apparaissent d'un côté les bourgeois, qui en deviennent les principaux bénéficiaires, et de l'autre les prolétaires, dont le labeur n'engendre que la misère.

La bourgeoisie se caractérise non seulement par sa richesse, mais également par les efforts qu'elle fournit pour l'accroître. L'accumulation semble un processus sans limite et le maître mot de ce nouveau groupe est le progrès, un progrès conçu en termes purement quantitatifs. Tout doit être mis au service de la croissance et, si l'on peut parler de révolutions bourgeoises concernant les transformations politiques comme les révolutions anglaise, américaine ou française, c'est parce que l'ordre politique est effectivement modifié pour mieux permettre l'expansion de la bourgeoisie : l'abolition des privilèges, la disparition des corporations, l'unification du marché national, la représentation politique de la propriété concourent toutes à maximiser les possibilités d'expansion industrielle.

Quant au prolétariat, il se caractérise avant tout par son exclusion. Exclusion de la richesse d'abord, puisque les premières générations ouvrières de la révolution industrielle vivent dans un climat de dénuement difficilement justifiable dans un monde en pleine croissance économique. Exclusion politique ensuite, puisque la représentation politique est associée à la richesse. Exclusion sociale enfin, puisque le monde ouvrier est dans une large mesure en marge de la société au sein de laquelle il travaille. Au cours du xixᵉ siècle, ce groupe s'organisera d'abord sur le plan économique pour obtenir un relèvement des salaires, une diminution du temps de travail et une amélioration des conditions de travail. Il s'organisera également sur le plan politique pour accéder à la représentation politique et demander à l'État d'établir un cadre juridique de protection du travail : régimes d'assurances et lois sociales, mais aussi légalisation des syndicats.

À côté de ces nouveaux groupes sociaux, on voit apparaître de nouvelles questions sociales. Nous n'en mentionnerons que trois dont l'impact se fera sentir dans tous les débats politiques du xixᵉ siècle : l'urbanisation, la transformation du statut social des femmes et la paupérisation d'une partie considérable de la population.

L'urbanisation est en partie liée à la concentration des lieux de production caractéristiques de la révolution industrielle. La ville devient le principal pôle d'emploi, drainant ainsi une portion importante de la population rurale, d'autant que l'emploi agricole se restreint. Les villes anciennes, pôles administratifs ou commerciaux se développent en même temps que les hasards de la localisation industrielle font naître de nouvelles villes. Surgissent alors de nouveaux problèmes comme le logement, la santé publique, l'hygiène, la sécurité, le transport, pour n'en nommer que quelques-uns.

La paupérisation multiplie les problèmes liés à la croissance urbaine. En fait, la concentration de la population veut principalement dire la présence plus nombreuse de populations misérables dans les villes. Car si les bourgeois s'enrichissent du fait de la croissance industrielle, les prolétaires s'appauvrissent : les salaires ne correspondent pas toujours au minimum vital et les périodes de chômage sont importantes. La plupart des observateurs sociaux de cette période seront frappés par la misère qu'ils ne peuvent plus ignorer, parce qu'elle n'est plus dispersée dans des hameaux isolés, mais présente au cœur de toutes les grandes villes, formant un contraste des plus saisissants avec l'opulence bourgeoise.

Enfin, la situation des femmes connaît des modifications substantielles. Nous avons déjà mentionné le phénomène de l'individualisation du rapport au travail et celui de la disparition de bon nombre des fonctions économiques de la famille. Cela n'allait cependant pas entraîner la disparition de la famille en tant que telle, quoique celle-ci ait connu une crise liée à la transformation de son rôle social. L'institution familiale est préservée par des mesures législatives qui maintiennent les femmes dans une situation d'infériorité, les obligeant ainsi à trouver un médiateur, le mari, pour intervenir dans le champ social. En même temps, la codification essentiellement juridique des rapports sociaux de sexes allait permettre l'émergence d'un mouvement féministe faisant de l'égalité juridique entre les sexes son principal combat.

Les enjeux du débat politique au XIXᵉ siècle

Dans un tel contexte, quelles seront les grandes questions faisant l'objet du débat politique ? On peut, à cet égard, diviser le XIXᵉ siècle en deux. La première moitié du siècle sera marquée par un affrontement entre conservateurs et libéraux, alors que la seconde verra l'émergence de la question sociale et l'apparition de divers courants socialistes et anarchistes. Les débats de la fin du XIXᵉ siècle perdureront jusqu'à nos jours, alors que l'opposition entre libéralisme et socialisme marquera si fortement non seulement les débats d'idées, mais la dynamique des mutations sociales et des relations internationales.

La position des conservateurs est fort simple. Le monde ne devrait pas se transformer substantiellement, mais continuer de reposer sur trois principes : l'autorité, la tradition et la religion. Malgré leur puissance, ces trois piliers du traditionalisme seront singulièrement ébranlés tout au long du siècle. Les anciennes autorités sociales qu'étaient les nobles et le clergé sont remplacées par une élite de la richesse aux contours extrêmement fluides. Les transformations économiques, sociales et politiques sont si importantes et si radicales que le passé peut difficilement servir de point de repère pour l'avenir. Quant à la religion, elle devient une affaire privée, évacuée du champ politique. Les conventions héritées de l'Ancien Régime vont être remplacées par les aspirations nouvelles de liberté, d'égalité et de progrès, que fonde un rationalisme sûr de ses moyens.

L'idée de liberté telle qu'elle se développe à partir du xixe siècle est polysémique. Elle est perçue dans un sens positif, à savoir comme une extension de la volonté, une capacité de forger son propre destin. Chaque personne est ce qu'elle se fait. Mais elle comporte également un aspect négatif qui est l'absence de contrainte. Ainsi, on ne doit pas être limité par sa naissance ou encore par l'action arbitraire de l'État. C'est sous la bannière de la liberté que se rassembleront les mouvements de transformation politique, mais aussi la lutte contre l'esclavage et les mouvements en faveur de l'accès généralisé à l'éducation.

À cette idée de liberté se joint la conception, tout aussi vaste, de l'égalité. Pour les libéraux, elle se limite à l'égalité devant la loi : la loi doit être la même pour tous et s'appliquer également à tous. Sous la plume des socialistes ou des féministes, la notion d'égalité prend une autre tonalité. Il s'agit désormais de l'égalité sociale, à savoir une juste répartition des richesses, des ressources et des possibilités. Elle tend à se confondre avec l'identique. Partant de l'idée libérale de nature commune à l'ensemble de l'humanité, les socialistes revendiquent l'égalité de traitement et de participation au pouvoir; la mise en commun de la richesse sociale n'a d'autre fonction que d'en assurer la répartition équitable. Marx ne réclamait-il pas : « À chacun selon ses besoins, de chacun selon ses capacités »? Quant aux féministes, elles vont revendiquer, au nom de l'égalité, l'abolition des différences socio-économiques qui se sont creusées au détriment des femmes, de même que leur participation équitable à la vie politique, ce qui revient à leur conférer un statut de personnes à part entière et d'actrices sociales.

Quant à l'idée de progrès, elle prend deux directions tout au long du siècle : d'un côté, le binôme progrès-liberté — le développement des libertés individuelles — traduit l'accroissement des libertés politiques et de leur exercice, l'image d'une société qui tend vers la paix, tant chantée par Condorcet, Kant et Stuart Mill; de l'autre, le binôme progrès-pouvoir évoque un progrès associé à la légitimation du pouvoir, à l'idée de l'humanité en marche vers le bonheur, telle qu'on la voit chez Hegel, Auguste Comte ou Karl Marx. Dans les deux cas, l'idée de progrès est intimement associée à une théorie de l'histoire qui ne va qu'en s'améliorant.

Ce dernier groupe de conceptions est commun aux libéraux et aux socialistes, dont les pensées ne vont pourtant pas manquer de s'affronter dans la seconde moitié du xixe siècle. Ainsi, l'idée de liberté est principalement une idée libérale et elle sera au cœur de la réflexion politique d'un Tocqueville ou d'un Stuart Mill, mais on la retrouvera également chez des socialistes anarchistes comme Michel Bakounine ou Pierre Kropotkine, qui se feront les défenseurs du libre arbitre individuel face à toute forme de tyrannie, que ce soit celle de l'autorité politique ou encore celle de la communauté. L'égalité économique figurera au coeur de la pensée socialiste de Marx ou de Fourier, alors que l'égalité politique va colorer le projet libéral et que l'égalité entre les sexes constituera un thème majeur de la pensée féministe de Maria Deraismes. Finalement, ces courants feront de la progression de leur conception de la liberté et de l'égalité l'aune à laquelle il convient désormais de mesurer les avancées du progrès social.

Le conservatisme ou le rejet
de la modernité

Le vocable « conservateur » suit de peu la Révolution française. Il apparaît lorsque l'écrivain François René de Chateaubriand (1768–1848) fonde le journal *Le Conservateur*, dont la mission est de soutenir le rétablissement de la religion et la restauration de la monarchie en France. On peut affirmer sans peine que le conservatisme est une réaction contre les idéaux athées et égalitaristes des révolutionnaires qui dénonce les excès de la République et la nature irréaliste de son programme politique. Dès lors, le conservatisme prêche que la nature des choses impose des limites à ce que l'individu peut exiger et à ce que la société est en mesure de faire pour lui. Dans un contexte qui met en évidence l'imperfection de la vie, la seule création souhaitable est une forme de bonheur raisonnable, que seule une société stable, quels que soient ses propres limites ou ses défauts, peut garantir. De sorte que les politiques que prônent les conservateurs se prétendront forcément pragmatiques, limitées dans leurs objectifs comme dans les moyens qu'elles prétendent mobiliser, modérées par nature et habitées par un constant souci de permanence historique.

Il était naturel que le XIXᵉ siècle, époque de révolutions pratiquement continuelles, assiste à l'affrontement du libéralisme, philosophie individualiste, anticléricale, rationaliste, progressiste et perfectionniste, et du conservatisme, qui lui oppose la religion, les traditions, la famille et l'appartenance au groupe, en tant que protecteur des valeurs qui ont tendance à se perdre. Les Français De Maistre et Louis de Bonald voient le monde comme un ordre hiérarchique, créé par Dieu et soumis à ses lois intangibles. Ils réfutent la prétention à leurs yeux insoutenable des révolutionnaires à un monde terrestre fondé sur un homme nouveau; une telle conception est à leurs yeux une pure négation de la nature imparfaite de l'espèce. Un peu à l'écart, les conservateurs allemands, au premier chef le poète Novalis, se signalent par leur romantisme et leur mysticisme; ils se méfient du rationalisme triomphant et lui opposent la contemplation et le retour à la nature. D'où une caractéristique commune à la pensée de cette époque : le sentimentalisme de l'intelligence tournée, non vers de complexes raisonnements logiques mais vers de grandes vérités teintées de simplisme, l'unicité de la démarche personnelle qui ne se compare à rien d'autre, enfin le retour à l'histoire et à ses enseignements éternels. D'où l'accusation d'historicisme qu'on va leur faire du côté des libéraux et des socialistes.

Nous structurerons notre analyse de la pensée conservatrice à partir de la critique qu'Edmund Burke adresse à la Révolution française. Ce choix est dicté par le caractère extrêmement complet de l'argumentation de Burke, de même que par l'impact de ses idées jusqu'à nos jours. Dans son étude de la pensée réactionnaire, Hirshman effectue le même choix en arguant qu'on y retrouve les trois grands thèmes de la pensée réactionnaire, à savoir les effets pervers de toute révolution, la mise en péril et la critique de l'esprit de système.

Burke

Edmund Burke (1729–1797) est un homme politique et un puissant pamphlétaire d'origine anglo-irlandaise. Élu régulièrement à la Chambre des communes depuis 1765, il est l'une des personnalités *whig* ou libérale les plus influentes de son temps. Il commence par se faire remarquer en dénonçant la politique du cabinet Hastings, d'allégeance *tory* ou conservatrice, envers les Indes, où la décadence irrémédiable de l'Empire musulman favorise les intrigues des puissances européennes, au premier chef de l'Angleterre. Celle-ci est en passe de dominer directement ou indirectement la majeure partie de la péninsule. Il se signale également par ses positions très fermes en faveur de la tolérance vis-à-vis des catholiques et par son soutien aux revendications des colons américains, à l'époque de la montée des tensions entre l'Angleterre et les treize colonies. Aussi sa dénonciation de la Révolution française dès 1790 va-t-elle apparaître, dans un premier temps, tout à fait paradoxale. Rien d'étonnant à ce qu'elle l'entraîne alors dans une rupture avec ses anciens amis politiques *whigs*. À y regarder de plus près, il est possible de distinguer une grande cohérence dans l'œuvre de Burke, quoique son caractère « conjoncturel » ne favorise pas un tel type de lecture et doit nous mettre en garde d'en exiger trop de rigueur : ses ambitions sont moins d'ordre théorique que pratique. En effet, les deux grandes constantes de la pensée de Burke sont celles de l'utilité et de l'ordre politique. Il oppose son réalisme quelque peu désenchanté aux aspirations débridées des révolutionnaires.

Burke est d'autant plus enclin à entreprendre une critique en règle de la Révolution française que celle-ci trouve des partisans de plus en plus nombreux en Angleterre. Son intention est de démontrer jusqu'à quel point la Révolution française se distingue de la Glorieuse Révolution du siècle précédent en Angleterre. À cet effet, il écrit ses *Réflexions sur la Révolution en France* en 1790. Son premier réflexe l'amène à tenter de déligitimer les partisans anglais de la Révolution française en dénigrant les politiciens anglais radicaux qui y voient l'occasion de l'affaiblissement d'une puissance rivale, et aussi parce qu'il existe en Angleterre un courant radical et démocratique qui voit dans la France la quintessence de l'absolutisme en même temps qu'il lutte pour des réformes politiques en Angleterre. La démarche de Burke s'appuie sur deux procédés : d'une part, il souligne le caractère marginal de la *revolution society* anglaise, de l'autre il met en lumière sa naïveté politique.

Mais tout ceci n'est qu'un prélude à une interprétation explicitement conservatrice de la Glorieuse Révolution. Burke voit en elle moins une révolution qu'une restauration. Ce choix un peu réducteur l'entraîne à passer sous silence le fait que 1688 est l'aboutissement de tourmentes politiques qui ont duré près d'un demi-siècle et qui n'ont pas été exemptes d'épisodes sanglants. Parce qu'il vise à étayer sa thèse de l'ordre intangible de la société, vue comme une superposition d'acquis historiques et, de la part des particuliers, de concessions aux conventions, sa critique préfère se pencher sur trois présumés droits qui auraient résulté des événements de 1689.

Le premier « droit », celui de choisir ses gouvernants, ne résiste pas longtemps à l'analyse, selon Edmund Burke. Le *Bill of Rights* introduit non pas l'éligibilité des monarques, mais plutôt un ordre de succession très strict qui va lier au régime les générations à venir. La Constitution est de ce fait plus préoccupée d'ordre et de stabilité que d'innovations néo-politiques. Le deuxième « droit » autorise la destitution des monarques pour cause d'indignité. À cet égard, Burke souligne le caractère tout à fait exceptionnel du changement dynastique de 1689. Force est ici d'admettre qu'il distortionne quelque peu les faits pour consolider sa thèse, en laissant croire en la fiction juridique de la « démission » de Jacques II. C'est le dernier des Stuarts qui aurait, en quelque sorte, « choisi » d'abdiquer devant les représentations pressantes du Parlement anglais. Il y aurait donc eu une vacance du trône anglais jusqu'à la nomination de la reine Marie et de son époux hollandais Guillaume d'Orange.

Edmund Burke est mal à l'aise vis-à-vis ce dangereux précédent, qui rappelle par trop ce qui vient de se passer en France. S'il insiste tant sur le caractère exceptionnel de la situation de 1689, c'est qu'elle lui paraît contraire au principe d'ordre. Les institutions politiques doivent d'abord et avant tout se révéler stables. La transformation politique ne peut se situer que dans l'horizon du long terme, à travers une sorte de sédimentation du régime, qui apparaît comme la preuve même de sa légitimité auprès de la population et en regard de l'histoire. À cet égard, il est difficile de ne pas rapprocher Burke de Thomas Hobbes, qui a lui aussi défendu une vision organiciste et unanimiste de la société politique derrière la figure de son souverain.

Burke dispose ensuite du troisième droit, non sans à nouveau prendre quelques libertés : celui de choisir ses propres formes de gouvernement. Là encore, il insiste sur la continuité historique au sein de laquelle s'inscrit 1689. Par contre, ce qui lui apparaît « révolutionnaire », ce sont les tentatives d'instaurations d'une monarchie absolue des Stuarts, et non pas le fait que le monarque, contrarié dans ses projets, ait été obligé de partager à ce moment-là son pouvoir avec le Parlement avant de le perdre aux mains d'un autre, plus accommodant. À la limite, il n'admettra au titre de changement politique que l'idée d'adaptation graduelle d'un système donné à son environnement.

C'est à partir de cette base théorique un peu biaisée, il faut dire, que Burke entreprend ensuite de démontrer aux Français qu'ils font fausse route avec leur révolution violente et qu'ils se trompent du tout au tout quand ils estiment marcher sur les traces de la révolution anglaise. Sa critique comporte essentiellement trois éléments : faire table rase engendre des désordres; il y a alors perte de tout sens de la mesure — c'est le type de passions que l'éthique aristotélicienne appelait l'*ibris* (ὕβρεις) ou la démesure — et les révolutionnaires de la première Constituante en sont la parfaite illustration en se distinguant, dans la cohorte des politiciens, par leur totale inexpérience et leur grande prétention. À la révolution, il oppose la rénovation graduelle et prudente. Les deux autres arguments de Burke portent sur l'absence de qualités politiques chez les enfants de la patrie de 1789. Le premier touche la mesure; à cet égard, Burke est très classique et il prend acte des « débordements » populaires déchaînés à l'occasion de la Révolution française, pour montrer que l'absence de retenue au sommet entraîne inévitablement des outrances plus graves encore dans l'ensemble de la société. En découlent, sous couvert de zèle révolutionnaire, d'innombrables règlements de compte entre particuliers qui répugnent à l'esprit conservateur et ordonné de Burke. Un trait intéressant chez lui, c'est cette association qu'il établit entre l'*ibris* révolutionnaire et l'irréligion avouée de ses chefs de file, tels Danton, Marat, Philippe Égalité et Robespierre. Sur de telles bases, comment s'étonner que la Révolution française ne soit pas en mesure de construire. Elle ne pourra que tout détruire autour d'elle, pour se détruire elle-même à la fin. Cette thèse de Burke aura beaucoup d'impact sur les esprits, en Angleterre comme ailleurs. Encore de nos jours, elle inspire l'analyse la plus répandue de la Terreur, cette période particulièrement agitée qui va de la fin de 1793 à juillet 1794, pendant laquelle les leaders révolutionnaires se condamnèrent les uns après les autres à la guillotine, jusqu'au moment où Robespierre lui-même perdit le chef sous le couperet. Il faut bien admettre que toute une génération d'intellectuels idéalistes s'était en quelque sorte cannibalisée dans l'arène sanglante de la révolution qu'elle avait conçue et déclenchée.

Critique de la *Déclaration des droits de l'homme*

C'est davantage sous la forme d'un réquisitoire que d'une théorie que Edmund Burke entreprend ensuite de critiquer la notion de droits de l'homme qui se fait jour dans la *Déclaration des droits* de 1789. Il en dénonce d'une part l'abstraction et, d'autre part, l'absence de traduction pratique dans les faits. L'abstraction est son principal défaut. Pour Burke, les droits ne sauraient être désincarnés et se définir de la même manière dans toutes les époques et pour tous les peuples. L'homme jouissant de droits ne saurait exister en dehors d'une communauté politique concrète, qui a la charge de les faire respecter. Sans cette capacité, la communauté deviendrait plus ou moins inutile. La société politique ne peut se réduire à une imitation rationnelle de la nature; il s'agit plutôt d'une limitation de cette nature. Burke fait ici écho à une thèse centrale de David Hume, qui voit dans les droits de la personne une conquête graduelle, historiquement située, du style de vie des populations sous un régime donné. Hume parle alors de *refinement*, c'est-à-dire d'un niveau de civilisation supérieur atteint par un peuple à un moment donné de l'histoire, à la faveur de la stabilité de son régime politique et de l'enrichissement collectif que cette stabilité permet. Un tel état est le fruit de circonstances heureuses et, surtout, de l'obéissance de tous et chacun à une éthique conventionnelle qui fait se détourner les hommes de toute forme d'*ibris*, potentiellement destructrice. Le *refinement*, dont découlent les droits et surtout leur respect dans la collectivité, ne peut ni ne doit être réduit à quelques principes généraux incapables de lier les parties concernées, encore moins être imposé dans un texte de loi assorti de sanctions et de châtiments. C'est ainsi que les droits ne peuvent qu'être historiquement situés, en tenant compte de l'expérience concrète de chaque communauté politique. Le gouvernement est, de ce simple fait, la limite même de la liberté individuelle.

Edmund Burke entreprend ensuite de préciser à l'intention des générations futures ce qu'il considère être les « véritables » droits de l'homme, droits qu'il distingue toutefois des droits politiques. Contrairement à la *Déclaration* de 1789, l'individu et le citoyen ne se confondent pas chez Burke. Il est intéressant d'observer que cet aspect de sa critique a engendré une postérité relativement hétéroclite et sera repris à des fins qui auraient étonné au plus haut point le conservateur qu'il n'a jamais cessé d'être. Ainsi voit-on Karl Marx reprendre l'essentiel de son argumentation dans *La Question juive* pour souligner le caractère purement formel des libertés bourgeoises, tandis que, d'un autre côté, Hannah Arendt s'intéresse à établir le lien entre citoyenneté et liberté en se réclamant du réalisme de Burke.

Le deuxième volet de la critique burkienne, que les faits confirmeront, consiste en un décalage marqué entre théorie et pratique. On sait à quel point la liberté, l'égalité, la sécurité et le respect de la propriété sont loin d'aller de soi dans la France révolutionnaire. La liberté est mise en péril par la tension extrême et permanente entre la mobilisation populaire et la représentation politique. Le règne de la loi est constamment mis en cause par la foule déchaînée, qui s'exprime dans les rues de Paris, à l'Assemblée constituante et même en province. L'égalité est démentie par le caractère censitaire du suffrage, qui fait une place de choix aux propriétaires aux dépens des pauvres. La sécurité est ensuite mise en cause par les nombreuses exécutions sommaires. Enfin, la critique de la Révolution française nous vaut cet ultime commentaire dicté par les convictions religieuses et traditionalistes de Burke : comment un régime peut-il garantir la propriété alors qu'il s'acharne à mettre en vente les propriétés de l'État, notamment les richesses de Versailles, et celles de l'Église ?

Critique de la raison abstraite

Cette critique du caractère abstrait des déclarations révolutionnaires des droits de l'homme n'est que le prélude à une critique plus générale du rationalisme. En ce sens, Edmund Burke annonce un certain nombre de traits romantiques qui feront école au xixe siècle. Sa cible principale est l'esprit de géométrie. La politique ne lui semble pas le lieu de la construction abstraite en partant de principes peut-être justes mais qui ne trouvent pas nécessairement de répondant pratique. Utilisant Montesquieu et sa notion de prudence politique contre les révolutionnaires français, il met en garde le lecteur contre le constructionnisme social et le volontarisme. C'est pourquoi il fait constamment appel à la sensibilité et à la nécessité de maintenir les réseaux sociaux, anticipant en cela la critique que fera Alexis de Tocqueville de l'individualisme bourgeois, de même qu'il entreprend un éloge des préjugés, sorte de garde-fous moraux contre les dogmes néo-politiques issus du cerveau débridé de certains rêveurs. De la même façon que les institutions politiques doivent reposer sur un nécessaire équilibre entre passion et raison, de même les institutions doivent concilier ces deux principes.

C'est cet équilibre qui a été rompu par l'irruption intempestive de la modernité, qui se réclame d'un rationalisme optimiste tout en faisant œuvre de destruction. À l'instar de Rousseau, Burke déplore la disparition de l'esprit de chevalerie au profit de l'intérêt calculateur. Cette vision préromantique et passéiste de la société est liée chez lui à une certaine conception de la nature humaine et de l'anthropologie sociale. Mais, s'opposant à Rousseau sur le postulat audacieux de la bonté naturelle de l'homme que la société s'acharnerait à corrompre de mille façons, il voit dans la politique un principe d'ordre et donc de retenue contre les passions individuelles auxquelles, en bon augustinien, il n'accorde aucune propension à la moralité. Par ailleurs, la nature ne lui apparaît pas comme un phénomène concevable à l'état pur ; elle est plutôt une réalité conformée et mâtinée par la culture, qui lui sert de moule. Contre le rationalisme moderne, Burke fait donc appel à la sagesse des Anciens et principalement aux leçons de prudence et de réalisme d'Aristote. Nous nous souviendrons que c'est alors que la pensée conservatrice des temps modernes commence à se réclamer du Stagirite, disciple de Platon, dans sa recherche quasi obsessionnelle de l'ordre et de la sécurité.

Critique de la démocratie

En définitive, ce qui fait frissonner Burke dans la Révolution française et qu'il craint de voir se répandre en Angleterre, c'est la participation populaire au gouvernement. Il y voit une remise en cause fondamentale de l'équilibre sur lequel repose traditionnellement le système politique britannique. Là comme ailleurs, le pamphlétaire s'appuie sur une anthropologie qui lui est particulière, en même temps qu'il tente de définir les bases de la représentation politique sur un principe teinté de légitimité. Le volet anthropologique de l'argumentation de Burke, c'est l'inaptitude des masses, prises dans leur ensemble, à accéder à la raison. Il sera suivi dans cette direction par les théoriciens de l'élite sociale de la fin du XIXe siècle tels Le Bon, Mosca ou Michels. La possibilité de participation égalitaire à la nomination de la représentation politique requiert à cause de cela un patient travail d'éducation qui ne peut donner des résultats qu'à long terme. L'obéissance aux conventions en est le préalable, alors que le *refinement* humien, la tendance historique et la société victorienne sûre de ses valeurs en sont l'ultime résultat.

Enfin, il faut comprendre que les communautés humaines et même politiques forment comme un tout différencié, comportant d'innombrables niveaux de *refinement*. Aucune n'affiche les mêmes valeurs que les autres. À cause de cela, la hiérarchie doit y être maintenue telle qu'elle, de la façon dont elle fonctionne le mieux, car elle en est le principal principe d'ordre sur le plan politique et le seul garant de sa survie. Voilà pourquoi Burke estime nécessaire de fonder le pouvoir sur les intérêts différenciés qui se manifestent dans la société, tout en faisant la place à la fois à l'argent et au talent. Ainsi, Edmund Burke reste l'ardent partisan d'une aristocratie de fortune et de talent, entièrement ouverte, plutôt que d'une démocratie vulgaire. Les institutions doivent refléter les diverses formes de propriété et rien d'autre, car elles seules témoignent de la réalité du *refinement*. Tout le reste n'est que pure démagogie.

Le libéralisme

Le libéralisme du XIXᵉ siècle est assez différent de celui de l'époque classique, qui a fait partiellement l'objet de la partie précédente. Cette différence s'explique d'une part par les bouleversements politiques, économiques et sociaux dont nous avons parlé précédemment et, d'autre part, par l'expérience du pouvoir. De pensée critique qu'il était à l'origine, le libéralisme s'est soudainement vu propulsé au rang d'instance de légitimisation des nouveaux pouvoirs qui se mettaient en place. Désormais, ses principes fondateurs, la liberté et l'égalité, allaient présider au consensus social et surtout à la stabilité politique. Le libéralisme fera fort habilement sa marque en aménageant la notion d'égalité et en situant pour une large part à l'extérieur de l'État la sphère de la liberté.

Dans cette étude, nous ne ferons qu'évoquer l'évolution de la pensée libérale sur le plan économique. Non pas que cette dimension soit dénuée d'intérêt, puisque les économistes libéraux tentent de mieux cerner les paramètres permettant de comprendre le nouveau système de production qui se met en place dans la foulée de la révolution industrielle, mais parce qu'il nous semble plus approprié de diriger notre attention vers les développements spécifiquement politiques de la pensée libérale.

Pour ce faire, nous concentrerons notre attention sur quatre dimensions de la pensée libérale. D'abord, nous examinerons comment les libéraux français réagissent aux différentes phases de la Révolution française, en procédant à l'examen de l'évolution politique de Germaine Necker, dite Mme de Staël, et de Benjamin Constant. Par la suite, nous analyserons les tentatives d'Alexis de Tocqueville pour déterminer l'espace qui restait pour la liberté dans la nouvelle configuration sociale qu'il voyait s'ébaucher. Nous poursuivrons avec la conciliation de John Stuart Mill entre la liberté politique, l'élargissement de l'assise sociale de la représentation et la préservation des droits des minorités. Enfin, nous examinerons comment le féminisme du xixᵉ siècle et du début du xxᵉ siècle, par sa poursuite de la citoyenneté politique des femmes, présente des affinités avec la pensée libérale.

Avant de procéder à une telle analyse, il importe toutefois d'examiner ce qui constitue la trame centrale de cette pensée. À cet égard, on peut repérer trois grands points de consensus chez celles et ceux qui se rattachent à ce courant de pensée. Ce consensus s'établit en fait autour de ce qu'on peut appeler les « droits de l'homme », à savoir ce qui était défini à l'article II de la *Déclaration des droits de l'homme et du citoyen* comme les droits fondamentaux.

Le premier principe concerne donc l'égalité intrinsèque des êtres humains. Tous les êtres humains naissent libres et égaux. Certes, cette égalité se module : alors que les théologiens médiévaux s'interrogeaient sur l'existence de l'âme féminine, les libéraux auront quelques doutes sur l'humanité des femmes ou des noirs, puisque la race et le sexe constituent encore des motifs légitimes de discrimination. Cependant, tous les individus se voient reconnaître le même droit à la sûreté, celui d'exprimer leur opinion dans la mesure où elle ne nuit pas à celle de leurs semblables, ou encore le droit d'embrasser la profession de leur choix.

Dans un tel cadre, et c'est là le deuxième point de consensus, la responsabilité de l'État se limite à assurer la sûreté de chacun et à garantir les conditions de la prospérité individuelle. Pour le reste, ce n'est pas à l'État, mais à la société civile d'intervenir, l'« homme » se distinguant du citoyen. L'État doit réglementer le moins possible et surtout se garder de toute intervention, par définition désastreuse, dans la vie économique.

Sur le plan politique, l'État doit se caractériser par l'équilibre des pouvoirs. Tous les libéraux favorisent ce que Montesquieu appelait la délimitation des pouvoirs, à savoir la distinction claire entre les prérogatives d'un pouvoir législatif, préférablement réparti entre deux chambres, dont une seule procède de l'élection, d'un pouvoir exécutif et d'un pouvoir judiciaire. Cependant, le libéralisme demeure sceptique quant aux possibilités de réaliser un tel équilibre en faisant appel à une légitimation de type démocratique, c'est-à-dire en élargissant l'assise sociale du suffrage : l'égalité libérale s'accommode fort bien d'une distinction entre les citoyens quant aux droits politiques, et seuls ceux en mesure d'effectuer un choix raisonnable et éclairé devraient jouir de droits politiques.

L'économie politique libérale

Il était naturel que l'Angleterre de la fin du xviiie siècle, avec son développement économique basé sur la première industrialisation, soit le berceau de l'économie politique libérale. Ce chapitre est trop vaste pour que nous puissions, dans le cadre de cet ouvrage introductif, lui rendre justice. Trop de tendances diverses — utilitarisme, libéralisme, réformisme politique — s'y côtoient. Qu'il nous suffise d'en faire un bref tour d'horizon, ne serait-ce que pour faire le pont entre le libéralisme classique hérité des Lumières et la naissance du socialisme dans les générations qui suivent.

Le libéralisme anglo-saxon s'établit d'abord sur la base du scepticisme que prêchait David Hume (1711–1776). Convaincu de l'inutilité du rationalisme comme outil de libération et même d'expérimentation, Hume réduisit toute la question du bonheur humain à un système de conventions; il s'agissait de choisir — c'était la seule morale qu'il se permettait — les moins mauvaises conventions, si l'on souhaitait assurer l'équilibre social et la réduction des antagonismes néfastes à son maintien. Hume traduisait surtout, dans ses écrits, l'époque de changements brusques qui s'ouvrait avec l'industrialisation. Première parmi les nations européennes, l'Angleterre faisait l'expérience d'une crise de l'État. Si Locke confinait celui-ci à un rôle discret de gardien de la propriété, les réalités nouvelles du développement économique nécessitaient au contraire un interventionnisme de l'État de plus en plus poussé, une bureaucratie municipale qui devait s'accroître à la mesure même des besoins des citadins, des capacités nouvelles de coordination sociale et économique. Or les besoins changeaient rapidement, car les villes voyaient leur population doubler, voire tripler en quelques décennies. L'urbanisation aiguisait les antagonismes; les conflits de classes se multipliaient; le milieu du travail devenait de plus en plus inhumain, les rapports sociaux, de plus en plus agressifs. Le libéralisme devait se prononcer sur toutes ces mutations.

L'utilitarisme fut la réponse des libéraux à la montée des crises sociales de cette époque. Jeremy Bentham réfléchit longuement sur la nécessité de réformer l'État. Son œuvre la plus utile fut la réforme pénitentiaire, qu'il basait sur la pratique du confinement des prisonniers, dont la durée était proportionnelle à la gravité de la faute. Pour inhumaine qu'elle apparaisse aujourd'hui, cette réforme constitua à l'époque un réel progrès, en ce qu'elle soustrayait les prisonniers à l'arbitraire des geôliers et « systématisait » la peine en regard de l'offense. Sa pensée couvrit aussi d'autres domaines de la vie sociale; lui et ses disciples firent admettre au Parlement anglais le principe de la représentativité, que John Stuart Mill, en particulier, poussa très loin en prônant la représentation proportionnelle. En cela, le benthamisme apparaît comme le véhicule politique des nouvelles classes moyennes anglaises, qui s'en prenaient au pouvoir traditionnel de l'aristocratie terrienne des lords, représentée au sein du parti conservateur ou *Tory*.

Parmi les benthamistes, il faut faire une place particulière à David Ricardo, qui fut l'un des principaux fondateurs de la science économique libérale. Ricardo théorisa notamment sur la loi de l'offre et de la demande en démontrant que le niveau de salaires et celui des prix étaient la résultante de ces deux forces macro-économiques. Reprenons son argument. Dans un premier temps, une élévation de la demande de produits, par accroissement démographique ou de revenu, conditionne la mobilisation de facteurs de production, et donc stimule l'offre. La rareté conjoncturelle des biens « en demande » entraîne la hausse de leur prix, de la demande de main-d'œuvre et donc du niveau des salaires consentis sur le marché du travail. Les entrepreneurs embauchent davantage pour produire et se procurent les matières premières à un coût croissant. Dans un deuxième temps, l'accroissement incontrôlé de l'offre contribue à l'éventuelle saturation du marché pour ces produits, lorsqu'on atteint à la satisfaction des besoins antérieurement créés. Les stocks de marchandises invendues agissent à la baisse sur les prix. L'entrepreneur cherche à réduire ses coûts. Alors suivent les mises à pied massives et les baisses de salaire. Les entrepreneurs licencient le personnel et réduisent leurs achats de matières premières. Ce jeu de balancier permet au marché, par une adaptation invisible mais non moins réelle, de s'ajuster à l'état réel de la demande. Quand celle-ci reprend, l'expansion se manifeste ; le niveau des salaires s'élève, l'emploi également. De là, comme on peut voir, découle une théorie des cycles d'expansion et de récession économiques, dont Marx et ses disciples s'inspireront abondamment, même s'ils se feront un devoir de la critiquer. Adam Smith continuera l'école de l'économie politique anglaise en systématisant le rôle du marché, en indiquant la dynamique de la concurrence qui agit entre producteurs pour la conquête du marché, et même en évoquant les effets à plus long terme des récessions sur la restructuration du domaine de la production, alors que certains producteurs, tombant en faillite, sont rachetés par d'autres.

L'ambition de l'économie politique anglaise est par conséquent d'appliquer au domaine de la science économique les lois simples et la transparence de la méthode des sciences exactes, de prévoir et d'organiser le domaine de la production économique en vue d'assurer, insistent Adam Smith et John Stuart Mill, autre disciple de Jeremy Bentham, « le bonheur minimal des citoyens » et la « richesse des nations ». Les utilitaristes, avec l'optimisme scientifique de leur époque, étaient en effet convaincus qu'ils avaient trouvé les lois fondamentales de l'économie et de la société humaine, qu'il suffirait de les transposer dans la sphère du gouvernement pour atteindre à un idéal de justice concrète et utilitaire, sans autre connotation morale ou religieuse. Dès lors, l'économie dite classique deviendra et demeurera le credo privilégié des libéraux; elle poursuivra sa carrière, non sans accidents de parcours et remises en question, jusqu'à l'époque contemporaine. De la même façon, le modèle de démocratie tempérée libérale, avec son principe de représentativité élargie et sa séparation des pouvoirs — l'Église et l'État, l'exécutif, le législatif et le judiciaire —, se prétendra le meilleur des mondes possibles dans le domaine politique, compte tenu du scepticisme des libéraux envers les philosophies, qu'elles soient inspirées de dogmes néo-politiques comme le socialisme ou encore de la conscience religieuse et traditionnelle, comme le conservatisme.

Alors que les économistes libéraux du XIXe siècle essaient de trouver un compromis leur permettant de concilier le marché et la solidarité sociale, compromis qui allait déboucher, au cours du XXe siècle à la mise en place de l'État keynésien, on assiste à la fin du XXe siècle à un mouvement de retour du balancier et à la volonté de mise en place d'une politique économique tout entière axée sur la marché. Ce renouveau du libéralisme « pur et dur » est largement le fait de Friedrich von Hayek. Écrivant dès les années 1920, Hayek observe que l'on s'éloigne de plus en plus, dans la politique économique de ce siècle, des sains principes qui avaient permis l'instauration d'un marché et le développement de l'industrie mise au service des besoins d'une civilisation moderne. L'interventionnisme de l'État dans l'économie, la prolifération des idées et des politiques sociales, les contraintes au libre-échange et les pratiques protectionnistes ont fini par dénaturer le marché. Ici, Hayek éprouve le besoin de fonder une nouvelle théorie sur les vertus du marché et sur l'impact de cette structure sur le comportement humain.

Les siècles passés, observe-t-il, ont été marqués par l'oppression : les marchandises étaient créées et échangées en fonction de relations de domination-subordination qui légalisaient la spoliation des ressources humaines et des richesses par un ordre nobiliaire et des institutions despotiques. On observe que cette lecture ne s'éloigne pas vraiment des leçons du marxisme. Toutefois, continue Hayek, apparaît au XIXe siècle le marché, ce lieu de liberté où s'exerce sans contrainte l'imagination créatrice de l'individu, où chacun peut se révéler et prospérer économiquement. Friedrich von Hayek introduit alors le concept de catallaxie — du grec καταλαζω ou *katalazo : échanger* — pour décrire le processus dynamique d'échange des idées nouvelles et des richesses qui a lieu dans le cadre du marché capitaliste et qui permet à chacun de faire valoir ses talents, son sens de l'entreprise et de l'innovation, de même que sa capacité de concurrencer librement, sans référence hiérarchique ou mythique, ses semblables. Rien de plus naturel à ce que les bonnes idées détrônent les moins bonnes; à ce que les gagnants imposent des modes, des tendances et des conceptions novatrices qui transforment la société. Ainsi, pense Hayek, va le progrès. Or cette liberté chèrement conquise et sanctionnée dans des constitutions qui limitent le pouvoir de l'arbitraire et réduisent l'influence de la tradition dans la vie quotidienne est aujourd'hui remise en question par un retour en force de la mythologie égalitariste. L'État se met au service du mythe : il ordonne, organise, distortionne le marché et lui superpose sa logique bureaucratique qui ne sert, au fond, que lui-même et ses agents. Des classes entières se développent dans la société, nourries de subsides et maintenues dans une médiocrité stérile par les politiques sociales qui, sans en faire jamais des créateurs, en font néanmoins des parasites du marché. Vient un jour où le marché est épuisé, les entrepreneurs dégoûtés et décimés, l'économie vacillante, l'État omniprésent. Il faut réhabiliter le marché pendant qu'il en est encore temps.

Ces leçons de Hayek eurent un grand retentissement aux États-Unis, où le libéralisme classique avait des racines plus fortes qu'ailleurs. L'École dite de Chicago propagea ses enseignements et forma des disciples. Milton Friedman, né en 1912 et quoique Britannique d'origine, y œuvra et finit un jour par devenir le conseiller économique des gouvernements néoconservateurs. Dans *Capitalisme et liberté* (1962), Friedman puise dans la pensée des libéraux du siècle précédent des arguments qui confortent ses convictions en faveur du retrait de l'État et du laisser-faire économique. Pour lui, le capitalisme compétitif, fondé sur l'entreprise privée et le système du marché, est l'unique garantie historique pour les citoyens de jouir d'une certaine marge d'autonomie économique et bénéficier des libertés politiques fondamentales. Mais attention, ce n'est pas parce que les individus ont un droit théorique à l'égalité que l'État doit se sentir obligé d'intervenir dans l'économie pour redistribuer les richesses selon un principe général et finalement inapplicable de justice sociale. La liberté politique n'est pas synonyme d'égalité de fortune. Les droits de l'homme sont une chose importante, qui doit être assurée : liberté de parole, d'association, droit de vote, etc. La prospérité des citoyens résulte, quant à elle, de leur participation au marché; ces droits ne sont pas conquis de force, sans égard pour les talents des uns et des autres, et encore moins captés à même le fonctionnement du marché, sans respect pour ses lois. Forcer le marché, lui poser des entraves, le taxer indûment au nom de la justice, c'est le détruire. Or, il n'y a pas de liberté en dehors du marché.

La « liberté des modernes »

La situation des libéraux français du début du XIXe siècle est beaucoup moins confortable que celle des libéraux anglais. Ils sont coincés entre une tradition conservatrice qui prône la monarchie absolue et une tradition révolutionnaire démocratique, deux conceptions qu'ils rejettent partiellement. Aux premiers, ils opposent les acquis de la Révolution (régime représentatif, égalité civile, possibilités offertes à la classe moyenne), aux seconds ils reprochent la Terreur, l'interventionnisme de l'État pour résoudre le problème de la misère sociale et le non-respect des libertés individuelles. Ce qui les unit, c'est l'opposition à l'absolutisme, la compréhension du caractère nécessaire et irréversible de la Révolution française et le souci de s'insérer dans le monde nouveau que celle-ci a contribué à faire émerger. Ce libéralisme s'exprime d'abord chez Mme de Staël et chez Benjamin Constant. Il inspirera également l'action gouvernementale de Guizot et des doctrinaires.

La pensée politique de Mme de Staël se déploie tant dans son œuvre considérée comme littéraire que dans son œuvre politique proprement dite. Ceci lui vaudra d'ailleurs l'interdiction de plusieurs de ses livres. Sans être féministe, elle aura cependant certains accrochages avec Napoléon Bonaparte sur la question des femmes, puisqu'elle est partisane du droit au divorce et des droits civils des femmes, que le Code civil de 1804 leur décriera. Par ailleurs, elle se pose en défenseur de la liberté religieuse à une époque où Napoléon vient de signer le Concordat avec le pape. Fille de Necker, dont le renvoi par Louis XVI est à l'origine de la prise de la Bastille, elle accueille favorablement la Révolution dans laquelle elle voit un moyen d'en finir avec le dirigisme étatique, tant dans le domaine économique que dans celui de l'opinion.

Pour elle, la fin de l'ordre social doit être l'instauration de la liberté. C'est d'ailleurs à l'aune de la liberté qu'elle évaluera la Révolution française, ce qui explique qu'elle puisse être fort critique vis-à-vis de celle-ci. Cependant, sa critique diffère profondément des critiques conservatrices d'un Edmund Burke. Loin de récuser la Révolution et d'estimer que les résultats ne pouvaient en être que mauvais, elle en dresse un bilan plutôt mitigé. Lorsque la Révolution se concentre sur la lutte contre le despotisme, elle la salue. Là où les choses commencent à se gâter pour Mme de Staël, c'est lorsque le peuple commence à se mêler de politique et entrave l'action des « grands hommes ». Avec ce peuple surgit le fanatisme qui empêche tout dialogue entre gens bien élevés à défaut d'être bien nés.

Ainsi, c'est moins la démocratie que le fanatisme qu'elle récuse. Pour elle, la politique qui se confond avec la liberté implique la confrontation des points de vue, la diversité et le pluralisme. C'est en tant qu'incarnations du fanatisme et de l'obscurantisme qu'elle critiquera la République jacobine, la Terreur et le Premier Empire (1802–1815). Elle leur eût de beaucoup préféré une monarchie constitutionnelle, sur le modèle britannique. Elle insistera sur les droits des minoritaires, seule mesure véritable de l'existence de la liberté dans l'État. Son rejet du despotisme rappellera certains accents d'un Condorcet, surtout en ce qui concerne sa croyance au progrès et à la perfectibilité de l'humanité. Elle annonce d'ailleurs certains thèmes qui seront ultérieurement développés par Tocqueville.

L'insistance qu'elle confère à la notion de liberté laisse par ailleurs Mme de Staël relativement indifférente à toute forme de régime politique, ce qui fera la faiblesse des libéraux dans un XIXe siècle français où les clivages ont tendance à se constituer entre républicains, monarchistes ou partisans de l'empire plutôt que selon les grandes familles de pensée politique. Certes, ses préférences personnelles vont au régime britannique, qui assure un bon équilibre entre la domination d'une élite et la représentation politique tout en conservant une certaine autorité au pouvoir exécutif, mais elle refuse de condamner la république en tant que telle. Pour elle, l'opposition véritable n'est pas entre monarchie et république, mais entre despotisme et liberté. Cet aspect de sa pensée politique en fera souvent une intervenante politique à contretemps.

En plus de garantir la liberté, un bon régime politique doit produire ordre et stabilité. La base de cet ordre, c'est la propriété privée. Comme beaucoup de penseurs politiques de son époque, elle pense qu'on ne peut s'intéresser au bien public que dans la mesure où l'on a déjà fait preuve de ses capacités à gérer son bien privé. La Terreur lui paraît, *a contrario*, confirmer ses convictions. Cette position n'est pas sans rappeler certaines idées d'Aristote sur le rôle stabilisateur des classes moyennes pour les régimes politiques. C'est dans un tel cadre qu'il faut comprendre que, pour elle, la politique ne doit pas être l'affaire de tous, mais plutôt celle de notables. Elle ouvre cependant la notabilité autant à la fortune qu'au talent.

Elle se situe, en outre, dans la droite lignée de Montesquieu lorsqu'elle affirme que la stabilité des institutions réside d'abord et avant tout dans la séparation de leurs pouvoirs et la bonne organisation de leurs rapports. L'exécutif lui semble devoir être à la fois autonome et capable de collaborer avec le législatif, ce qui l'amène à soutenir le principe que le ministère doit être choisi parmi les membres des assemblées : par contre, elle ne se prononce ni sur le caratère individuel ou collectif de cet exécutif, ni sur son côté hériditaire ou non. Par ailleurs, le législatif lui semble devoir se décomposer en deux branches : d'une part, une assemblée élue (de préférence au suffrage censitaire) et, d'autre part, un sénat nommé, pouvant servir de contrepoids conservateur à l'assemblée élue. Quant à la magistrature, elle doit conserver sa pleine indépendance et se cantonner au respect et à l'exécution des lois.

À la fin de sa vie, dans la préface de ses *Mélanges de littérature et de politique*, Benjamin Constant déclarait : « J'ai défendu durant quarante ans le même principe : liberté en tout : en religion, en philosophie, en littérature, en industrie et en politique; et, par liberté, j'entends le triomphe de l'individualité : tant sur l'autorité qui voudrait gouverner par le despotisme que sur les masses qui réclament le droit d'asservir la minorité à la majorité. Le despotisme n'a aucun droit. La majorité a le droit de contraindre la minorité à respecter l'ordre, mais tout ce qui ne trouble pas l'ordre, tout ce qui n'est intérieur, comme l'opinion, tout ce qui, dans la manifestation de l'opinion, ne nuit pas à autrui, soit en provoquant des violences matérielles, soit en s'opposant à une manifestation contraire; tout ce qui, en fait d'industrie, laisse l'industrie rivale s'exercer librement, est individuel et ne saurait légitimement être soumis au pouvoir social. »

Constant croit que la perfectibilité indéfinie de l'espèce humaine est le seul système d'explication qui donne un but à l'existence. La source de la perfectibilité réside dans l'individu, elle s'étend ensuite à toute l'espèce, d'autant plus rapidement que l'opinion a la liberté de se répandre. Sa conception du politique est dominée par une préoccupation parallèle : le sentiment de justice sociale. Celui-ci, éternel dans l'âme humaine, entraîne la société vers l'égalité entre les êtres humains à travers des stades successifs : théocratie, esclavagisme, féodalité, aristocratie, qui ne sont que des étapes sur la route du progrès humain. Les institutions sociales et politiques sont donc historiques. Elle doivent être en concordance avec leur époque, sinon, on entre dans une période de convulsions politiques et d'instabilité sociale.

C'est dans un tel cadre qu'il opère sa célèbre distinction entre la liberté des Anciens et celle des Modernes. Critiquant Rousseau et sa volonté de faire revivre une notion antique de la citoyenneté — et, à travers Rousseau, ses partisans dans le paysage révolutionnaire français —, il prône plutôt un désintérêt du politique, à savoir un cadre politique qui se ferait oublier et qui laisserait pleine latitude aux individus pour vaquer à leurs affaires privées.

Quant à Guizot, son apport à la pensée libérale sera d'un ordre différent. Seul libéral français confronté concrètement à l'exercice du pouvoir, Guizot sera animé par la peur des masses et une vision essentiellement pessimiste de la nature humaine. Si Bonald voyait dans la faiblesse humaine la justification de la monarchie absolue, Guizot y voit, pour sa part, le fondement de la séparation des pouvoirs et de la représentation politique.

Si l'on peut trouver des mécanismes institutionnels qui pallient la fragilité humaine, il faut également intervenir sur celle-ci au plan individuel. Ici, la solution réside dans l'éducation, seule à même d'élever le genre humain au niveau de la droite raison. L'œuvre de Guizot se fera donc essentiellement sentir dans ce domaine. Il s'agit pour lui de faire de l'État le maître d'œuvre de l'instruction publique. L'État doit d'une part prendre en charge et généraliser l'instruction publique alors qu'en retour, celle-ci assure la légitimité du pouvoir représentatif et l'adhésion aux institutions.

Cette première génération de libéraux français en reste largement au plan des grands principes, sans trop se confronter à la tâche pratique d'implanter le libéralisme en France par d'autres moyens que la diffusion de leurs idées, ce qui leur vaut souvent l'appellation de « doctrinaires ». Dans ce sens, elle se situe dans le sillage de la pensée des Lumières et développe une conception de la liberté qui, sans être totalement aristocratique, n'est pas exempt d'élitisme. Mais on voit déjà s'esquisser quelques thèmes qui feront la fortune du courant libéral : primauté de l'individu; rôle des plus restreints de l'État; garantie institutionnelle des droits. C'est cependant à Tocqueville que reviendra la tâche de penser les conditions d'instauration durable de la liberté dans un monde marqué par la passion de l'égalité.

Tocqueville

La question qui traverse l'ensemble de l'œuvre d'Alexis de Tocqueville est celle des chances de la liberté dans le monde moderne. Conscient du fait que la démocratie, ou plutôt l'égalité des conditions, constitue une tendance irrépressible, il en voit aussi les faiblesses. Les États-Unis l'intéressent donc à titre d'exemple, ce qui apparaît on ne peut plus clairement dans la seconde partie de *La Démocratie en Amérique*, alors qu'il essaie d'expliquer en quoi un régime politique fondé sur les requêtes de la liberté est en quelque sorte en train de l'étouffer. Le monde moderne lui paraît animé par une logique complexe de la liberté et de l'égalité. À scruter la dialectique liberté-égalité, il découvre en Amérique l'antidote des malheurs de la démocratie. L'Europe, absorbée par l'antagonisme démocratie-aristocratie, est impuissante à réagir. Cet antidote est double : le refus de la centralisation administrative et la vigueur de la vie associative.

De la démocratie en Amérique

Parmi les objets nouveaux qui, pendant mon séjour aux États-Unis, ont attiré mon attention, aucun n'a plus vivement frappé mes regards que l'égalité des conditions. Je découvris sans peine l'influence prodigieuse qu'exerce ce premier fait sur la marche de la société; il donne à l'esprit public une certaine direction, un certain tour aux lois; aux gouvernants des maximes nouvelles, et des habitudes particulières aux gouvernés.

Bientôt je reconnus que ce même fait étend son influence fort au-delà des mœurs politiques et des lois, et qu'il n'obtient pas moins d'empire sur la société civile que sur le gouvernement; il crée des opinions, fait naître des sentiments, suggère des usages et modifie tout ce qu'il ne produit pas.

Alors je reportai ma pensée vers notre hémisphère, et il me sembla que j'y distinguais quelque chose d'analogue au spectacle que m'offrait le nouveau monde. Je vis l'égalité des conditions qui, sans avoir atteint comme aux États-Unis ses limites extrêmes, s'en rapprochait chaque jour davantage; et cette même démocratie, qui régnait sur les sociétés américaines, me parut en Europe s'avancer rapidement vers le pouvoir.

[...] Il est un pays au monde où la grande révolution sociale dont je parle semble avoir à peu près atteint ses limites naturelles; elle s'y est opérée d'une manière simple et facile, ou plutôt on peut dire que ce pays voit les résultats de la révolution démocratique qui s'opère parmi nous, sans avoir eu la révolution elle-même.

Les émigrants qui vinrent se fixer en Amérique au commencement du XVIIe siècle dégagèrent en quelque sorte le principe de la démocratie de tous ceux contre lesquels ils luttaient dans le sein des vieilles sociétés de l'Europe, et ils le transplantèrent seul sur les rivages du nouveau monde. Là, il a pu grandir en liberté et, marchant avec les mœurs, se développer paisiblement dans les lois.

L'État américain

Ce qui frappe le plus l'Européen qui parcourt les États-Unis, c'est l'absence de ce qu'on appelle chez nous le gouvernement ou l'administration. En Amérique, on voit des lois écrites, on en aperçoit l'exécution journalière; tout se meut autour de vous et on ne découvre nulle part le moteur. La main qui dirige la machine sociale échappe à chaque individu.

Il y a deux moyens de diminuer la force de l'autorité chez une nation. Le premier est d'affaiblir le pouvoir dans son principe même, en ôtant à la société le droit ou la faculté de se défendre en certains cas : affaiblir l'autorité de cette manière, c'est en général ce qu'on appelle en Europe fonder la liberté.

Le second moyen ne consiste pas à dépouiller la société de quelques-uns de ses droits, ou à paralyser ses efforts, mais à diviser l'usage de ses forces entre plusieurs mains; à multiplier les fonctionnaires en attribuant à chacun d'eux tout le pouvoir dont il a besoin pour faire ce qu'on le destine à exécuter.

[...] La révolution aux États-Unis a été produite par un goût mûr et réfléchi de la liberté, et non par un instinct vague et indéfini d'indépendance.

Elle ne s'est point appuyée sur des passions de désordre; mais au contraire, elle a marché avec l'amour de l'ordre et de la légalité. Aux États-Unis, on n'a point prétendu que l'homme, dans un pays libre, eût le droit de tout faire; on lui a au contraire imposé des obligations sociales plus variées qu'ailleurs; on n'a point eu l'idée d'attaquer le pouvoir de la société dans son ensemble, on s'est borné à le diviser dans son exercice.

[…] Ce que j'admire le plus en Amérique, ce ne sont pas les effets administratifs de la décentralisation, ce sont ses effets politiques. La patrie se fait sentir partout. Elle est un objet de sollicitude depuis le village jusqu'à l'Union entière. L'habitant s'attache à chacun des intérêts de son pays comme aux siens mêmes. Il se glorifie de la gloire de la nation; dans les succès qu'elle obtient, il croit reconnaître son propre ouvrage, et il s'en élève; il se réjouit de la prospérité générale dont il profite. Il a pour sa patrie un sentiment analogue à celui qu'on éprouve pour sa famille, et c'est encore par une sorte d'égoïsme qu'il s'intéresse à l'État.

Souvent l'Européen ne voit dans le fonctionnement public que la force; l'Américain y voit le droit. On peut dire que l'homme n'y obéit jamais à l'homme, mais à la justice ou à la loi.

Fondements de l'économie

[…] On rencontre toujours dans les démocraties une multitude de citoyens dont les besoins sont au-dessus des ressources et qui consentiraient volontiers à se satisfaire incomplètement, plutôt que de renoncer tout à fait à l'objet de leur convoitise. L'ouvrier comprend aisément ces passions, parce que lui-même les partage; dans les aristocraties, il cherchait à vendre ses produits très cher à quelques-uns; il conçoit maintenant qu'il y aurait un moyen plus expéditif de s'enrichir, ce serait de les vendre bon marché à tous. […] Quand il n'y avait que les riches qui eussent des montres, elles étaient presque toutes excellentes. On n'en fait plus guère que de médiocres, mais tout le monde en a. Ainsi, la démocratie ne tend pas seulement à diriger l'esprit humain vers les arts utiles, elle porte les artisans à faire très rapidement beaucoup de choses imparfaites, et le consommateur à se contenter de ces choses.

En Amérique, la passion du bien-être matériel n'est pas toujours exclusive, mais elle est générale. Le soin de satisfaire les moindres besoins du corps et de pourvoir aux petites commodités de la vie y préoccupe universellement les esprits. […] Je cherche une passion qui soit naturelle à des hommes que l'obscurité de leur origine ou la médiocrité de leur fortune excitent et limitent, et je n'en trouve point de mieux appropriée que le goût du bien-être. La passion du bien-être matériel est essentiellement une passion de la classe moyenne; elle grandit et s'étend avec cette classe. C'est de là qu'elle gagne les rangs supérieurs de la société et descend jusqu'au sein du peuple.

Ce n'est pas qu'aux États-Unis, comme ailleurs, il n'y ait des riches; je ne connais même pas de pays où l'amour de l'argent tienne une plus large place dans le cœur de l'homme, et où l'on professe un mépris plus profond pour la théorie de l'égalité permanente des biens. Mais la fortune y circule avec une incroyable rapidité, et l'expérience apprend qu'il est rare de voir deux générations en recueillir les faveurs.

Mais ce ne sont pas seulement les fortunes qui sont égales en Amérique; l'égalité s'étend jusqu'à un certain point sur les intelligences elles-mêmes. Je ne pense pas qu'il y ait de pays au monde où, proportion gardée, il se trouve aussi peu d'ignorants et moins de savants qu'en Amérique. L'instruction primaire est à la portée de chacun; l'instruction supérieure n'y est presque à la portée de personne. Comme il y a peu de riches, les Américains ont donc besoin d'exercer une profession. Or toute profession exige un apprentissage. Ils ne peuvent donc donner à la culture générale de l'esprit que les premières années de la vie: à quinze ans, ils entrent dans une carrière; ainsi leur éducation finit le plus souvent à l'époque où la nôtre commence.

En Amérique, la plupart des riches ont commencé par être pauvres; presque tous les oisifs ont été, dans leur jeunesse, des gens occupés. D'où il résulte que, quand on pourrait avoir le goût de l'étude, on n'a pas le temps de s'y livrer; et que quand on a acquis le temps de s'y livrer, on n'en a plus le goût.

Tocqueville, *De la démocratie en Amérique,* **dans Liebich.**

La caractéristique essentielle de la démocratie américaine lui semble être une démocratie locale qui laisse place à une responsabilisation des citoyens. L'esprit communal facilite l'épanouissement du sens civique, de la coopération et de la solidarité. On est loin de l'anonymat lourd de despotisme d'un pouvoir centralisateur sur lequel les citoyens n'ont aucune prise. Ceux-ci, en Amérique, ne forment pas encore des masses, alors qu'en Europe, la tendance à la massification est beaucoup plus forte.

C'est la raison pour laquelle Tocqueville s'oppose à l'idéalisme révolutionnaire, animé selon lui d'une passion rationalisante et unificatrice. Il lui oppose une démocratie de type fédéraliste, susceptible de sauvegarder les particularismes et leur action indépendante. C'et le seul moyen de donner un contenu effectif et stabilisateur à la notion de souveraineté du peuple.

On peut donc dire que, pour Tocqueville, la démocratie constitue un état d'esprit plutôt qu'une figure sociale ou institutionnelle. La démocratie, nous dit-il, est le fait marquant du monde moderne. Son avènement est inéluctable; on ferait donc fausse route en essayant de s'y opposer. Malgré toutes ses réticences vis-à-vis le fait démocratique, il se soucie donc de l'aménager pour que la liberté y soit possible.

Le premier obstacle à la liberté, c'est le nivellement des conditions. Contrairement à la société aristocratique où s'affirmaient rangs et différences, la société démocratique se caractérise par la disparition de ces traits. En tant que phénomène social, le développement de l'égalité semble normal à Tocqueville. Soulignons cependant que la notion d'égalité est employée ici dans toutes sortes de sens qu'il prend rarement la peine de distinguer. La conséquence la plus fondamentale du triomphe de l'égalité est de faire reculer la féodalité et les anciennes structures sociales. Elle est aussi inévitable que le mouvement des astres et, par conséquent, toute tentative réactionnaire est vouée à l'échec. S'opposer à l'égalité des conditions serait attenter aux libertés individuelles. L'avenir s'entrevoit donc à partir de celle-ci et non malgré elle.

Pour Tocqueville, si l'amour de la liberté anime le cœur des êtres humains et s'ils œuvrent à leur libération, cela ne peut se faire que par intermittences. En revanche, la passion de l'égalité est d'une constance redoutable. Le désir d'égalité prévaut et corrompt tout. Avant Nietzsche, Tocqueville affirme que l'égalité ne peut être qu'un nivellement par le bas : le besoin de sécurité engendre la médiocrité, le bien-être et l'inutile détrônent la grandeur et la beauté.

Au lieu du progrès attendu, c'est la dégénérescence qui résulte de la complexe dialectique de la liberté et de l'égalité. Celle-ci ronge la démocratie et fait peser sur elle, au contraire des promesses qu'elle laisse entrevoir, des menaces d'aliénation et d'agonie. Sur la voie de la paresse où l'amour de l'égalité a engagé les êtres humains, la démocratie est grosse d'un ferment matérialiste qui avilit la société et introduit partout l'esprit industriel. Arendt reprendra cet aspect de la réflexion tocquevillienne dans son analyse du social. L'égalité incite de plus en plus à accepter le règne de l'opinion commune et donc à verser dans le conformisme. La passion de l'égalité peut mener à l'esclavage, et c'est principalement cet aspect de la réflexion tocquevillienne qui inspire nos contemporains.

Cette passion a pour conséquence d'accroître l'autorité tutélaire de l'État. L'individu est écrasé sous le poids de l'État et la souveraineté du peuple se perd dans les dédales de la centralisation étatique. Bref, l'État moderne déresponsabilise les citoyens tout en en faisant la source de la légitimité de son pouvoir. En introduisant la liberté et l'égalité dans le domaine politique, on aggrave le despotisme de l'administration. Donner le pouvoir à la majorité est une attitude d'esclave et l'affreuse mécanique du zéro et de l'infini que Montesquieu prêtait au despotisme oriental devient bientôt la dialectique de la démocratie. Il n'est même plus nécessaire d'entraver la liberté puisque les êtres humains en ont même perdu le goût. Les seuls remparts qu'on puisse opposer à un tel avenir prévisible sont l'éducation et le débat qui résulte de l'existence d'une certaine vie associative.

Mill et la participation politique

Si Tocqueville voit dans le progrès de l'égalité l'enterrement de la liberté et recommande de réserver la chose publique à une certaine élite, John Stuart Mill essaiera de reprendre son analyse de la dialectique liberté-égalité en tentant d'envisager des modes d'instillation de la liberté à l'intérieur même de la problématique de l'égalité. Malgré ses craintes concernant la démocratie, il ne fait pas que s'y résigner, puisqu'il mène un certain nombre de combats pour l'élargissement du corps civique : implication dans le mouvement chartiste et prise de position en faveur du suffrage des femmes ne se trouvant pas dans des liens de dépendance personnelle.

En même temps, il développe une conception hiérarchisée et assez particulière du corps électoral. Il est le premier avocat de la représentation proportionnelle afin d'assurer une tribune parlementaire aux divers courants d'idées de la société. Mais du même souffle, il préconise un droit de vote associé au mérite (le poids électoral croissant avec l'instruction) et une large autonomie de l'administration publique dans l'élaboration des politiques.

Par ailleurs, John Stuart Mill adhère aux principes centraux de l'utilitarisme. D'abord, il reprend les idées de Jeremy Bentham concernant le droit naturel : les droits lui semblent dépendre de la seule loi positive et non du contrat social originel. Il n'y a de droit que politique et l'édifice légal doit être construit à partir du principe de l'utilité commune. L'utilité définit la tendance de tout acte à promouvoir le bonheur non seulement de l'agent individuel mais du plus grand nombre. Le principe d'utilité peut donc assurer la convenance mutuelle du politique et de l'éthique en fournissant à la fois le critère départageant le mal du bien et la finalité du gouvernement.

À la notion d'harmonisation naturelle des intérêts individuels dans l'espace strictement économique du marché, les utilitaristes superposent le projet d'une intervention rationnelle du pouvoir d'État qui produit artificiellement de l'ordre en favorisant l'éducation des citoyens ainsi que l'émergence de nouvelles élites en remplacement de la vieille aristocratie terrienne devenue incapable de défendre autre chose que des intérêts sectoriels. Seules la démocratisation de la vie politique et la réforme sociale sont à même de réaliser un tel projet.

Les utilitaristes chercheront donc dans les classes moyennes industrielles la médiation sociale entre le libéralisme politique qui laisse une place plus grande à l'administration de l'État, et le libéralisme économique d'Adam Smith et David Ricardo. C'est pourquoi il seront partisans à la fois de l'élargissement du corps électoral et du libre-échange.

Dans son essai sur la liberté, John Stuart Mill reprend les thèses de Tocqueville sur la médiocrité et la confusion qui risquent de s'installer dans les sociétés démocratiques et cherche à trouver des moyens de préserver l'individualité, ce qui peut à certains égards être assimilé à une tradition aristocratique, dans l'ordre social émergent. Pour ce faire, il détermine deux principes : la seule limite de la liberté individuelle doit être l'interdiction de faire du tort à autrui ; la liberté consiste à essayer d'atteindre le bonheur chacun à sa façon.

La liberté est essentiellement l'affaire des individus : liberté d'opinion, de diffusion de l'opinion et d'association avec ceux et celles qui partagent cette opinion. Mill s'inscrit par ailleurs dans la tradition libérale de limitation de la sphère d'intervention de l'État. Pour lui, la liberté prend politiquement deux formes : la proclamation solonnelle des droits des individus et un système institutionnel de *checks and balances*.

Ce qui est nouveau, c'est son insistance sur la nécessité du combat pour les libertés, y compris dans les démocraties, et pas seulement dans les sociétés despotiques, puisque l'histoire humaine n'en fait qu'un combat constant entre liberté et autorité. Dans les démocraties, ce combat prend la forme suivante : le suffrage universel ne garantit pas que le peuple sur lequel on exerce le pouvoir soit absolument identique au peuple qui a élu le gouvernement. Et il précise que « par conséquent, la limitation du pouvoir du gouvernement sur les individus ne perd aucunement de son importance lorsque les détenteurs du pouvoir sont redevables à la communauté, c'est-à-dire au parti majoritaire au sein de celle-ci (*La Liberté*) ». Il ira même plus loin et soutiendra qu'il faut protéger les minorités contre les exactions possibles des majorités, d'autant que les minoritaires se sentent dépourvus de tout recours légitime lorsqu'on invoque contre eux l'opinion publique, c'est-à-dire le conformisme majoritaire.

Aussi, alors que les libéraux de la Révolution française parvenaient mal à trouver leur place dans un monde démocratique et qu'un Alexis de Tocqueville en venait à regretter que dans les pays démocratiques il n'existe aucun frein rationnel, en sorte que « l'on ne s'arrête plus que quand on est arrivé au suffrage universel », Mill va au contraire tenter d'utiliser l'arme du suffrage universel comme mode de défense des minorités et exiger qu'il soit couplé à la représentation proportionnelle. Au lieu de prôner un élitisme tombé en désuétude, il cherchera dans l'extension du suffrage des moyens d'intégrer de nouvelles couches sociales aux structures politiques et de leur donner une part de liberté à défendre. C'est dans ce sens que, à l'encontre du pessimisme de Tocqueville, il concevra la liberté et l'égalité comme complémentaires.

L'argumentation de John Stuart Mill prend des accents bien contemporains. Sa défense des droits des minorités, le caractère central qu'il accorde à la dignité individuelle et son combat en faveur des droits de la personne en font l'inspirateur privilégié des mouvements qui, à l'heure actuelle, se dévouent à ces causes particulières. En outre, sa compréhension inclusive du corps politique le rapproche des thématiques féministes.

Le féminisme

La revendication féministe ne date certes pas du XIXe siècle. À toutes les époques historiques, on a vu des femmes revendiquer des transformations à leur situation sociale, que ce soit la leur ou celle des femmes dans leur ensemble. De même, toutes celles qui revendiquent de telles transformations ont à cœur de mettre en lumière l'apport des femmes à l'humanité, un apport qui ne se réduit pas à la procréation, mais qui se fait sentir dans les domaines politique, économique, philosophique, social, religieux, juridique, scientifique, artistique et même militaire. Ainsi, dans la *Cité des dames*, Christine de Pisan insiste-t-elle sur la multiplicité des réalisations des femmes du passé pour mieux souligner l'absurdité d'une société qui se refuse à faire appel à leurs talents. La conscience de l'injustice faite aux femmes n'a pas attendu la Révolution française pour apparaître, mais celle-ci lui donne une impulsion décisive en ce sens que le féminisme est alors porté par un mouvement social et politique. C'est au nom des principes révolutionnaires et dans le langage politique généralisé par la Révolution que les femmes revendiqueront une amélioration de leur statut, alors que la plupart des révolutionnaires, fidèles en cela comme en beaucoup d'autres choses à Rousseau, arrêteront leur mouvement de transformation sociale au seuil de la vie privée.

Une première influence qu'exerce la Révolution française sur le féminisme, quoiqu'elle ne lui soit pas exclusive, c'est qu'elle généralise, dans l'espace politique européen, la notion d'action politique. Par la mobilisation qu'elle suscite, le politique n'est plus simplement l'incarnation d'un pouvoir planant au-dessus de la société, hors d'atteinte de celle-ci, dont il est — au mieux — simplement possible de se prémunir, mais quelque chose qu'il faut organiser et qui émane de la société elle-même. En ce sens, la Révolution a une triple influence : elle fait apparaître la possibilité d'un changement radical et conscient de l'organisation sociale ; elle révèle la société à elle-même dans le mouvement de confection des cahiers de doléances qui la précède; finalement, elle offre l'occasion d'une action politique soutenue et parfois autonome des femmes.

En même temps, la Révolution française contribue de façon décisive à l'émergence des femmes comme catégorie sociale, puisque c'est désormais en grande partie sur la base du sexe que s'établira l'exclusion sociale. C'est dire que la Révolution française introduit une contradiction entre ses grands principes généraux (l'universalité des droits) et leur champ d'application. À travers le cheminement historique de la Révolution, il appert bien que l'« homme » des grands textes fondateurs est un terme spécifique plutôt que générique, puisque les femmes se voient dénier les droits politiques, puis les droits civils, tout en se faisant interdire toute activité politique, sur la base du vieux préjugé *tota mulier in utero* (la femme se réduit à son utérus; il s'agit d'une conception que Thomas d'Aquin fait remonter à Aristote). Cet élément sera particulièrement mis en lumière par Olympe de Gouges lorsqu'elle complétera la *Déclaration des droits de l'homme et du citoyen* d'une *Déclaration des droits de la femme et de la citoyenne*, proclamant l'égalité entre les sexes comme préalable à toute politique véritablement révolutionnaire.

Ceci se manifeste d'abord par l'abolition des privilèges, abolition parfois amère pour les femmes. Si, d'un point de vue androcentrique, l'abolition des privilèges est une mesure positive en ce qu'elle instaure l'égalité civile, du point de vue féministe, c'est un bilan beaucoup plus nuancé qu'il faut dresser. Les femmes n'y gagnent rien et certaines femmes y perdent même au change, puisque celles qui jouissaient de certains privilèges (corporations professionnelles, abbesses, douairières) les perdent sans contrepartie, ce qui n'est pas le cas pour les hommes de leur classe sociale. Dans une certaine mesure, ce simple fait peut expliquer l'attitude ambiguë de certaines penseuses féministes face à la Révolution.

Un deuxième aspect de l'œuvre révolutionnaire concernant les femmes, c'est leur naturalisation : elles sont réduites à l'espèce et à leur rôle procréateur. En dehors de la maternité, elles n'existent pas. Cette naturalisation correspond à l'idéal rousseauiste de la stricte séparation entre les sexes. Cet idéal de femmes qui se bornent à être mères se retrouve chez la plupart des révolutionnaires et permet de comprendre la hargne avec laquelle ils combattront celles qui ont osé transgresser les rôles sociaux qui leur étaient assignés : la Révolution, qui se préoccupe tant de l'éducation des citoyens, limite cette éducation aux garçons, malgré les tentatives d'un Condorcet d'offrir la même éducation aux enfants des deux sexes; les clubs politiques sont interdits aux femmes dès 1793; elles sont exclues des droits politiques dès 1789.

Un dernier aspect, c'est leur confinement au privé. Le XIXe siècle est le siècle par excellence de la vie privée bourgeoise, où seuls les hommes sont autorisés à faire le va-et-vient entre le privé et le public. Dans un tel contexte, l'influence sociale des femmes peut difficilement déborder le cadre de la famille. On voit donc disparaître une forme de sociabilité qui avait joué un rôle important dans les dernières années de l'Ancien Régime, le salon, où des femmes jouaient un rôle de premier plan. Si les exemples que nous avons donnés concernent la France, on pourrait tout aussi bien en trouver de similaires dans la plupart des pays occidentaux. La révolution américaine n'a pas été plus généreuse que la Révolution française pour les femmes, et la situation de celles-ci, dans l'ensemble du monde occidental au xixe siècle, consacre leur infériorité juridique, l'absence de droits politiques (le premier pays à accorder le droit de vote aux femmes, aux mêmes conditions que les hommes sera la Nouvelle-Zélande en 1893), de discrimination économique. Voyons maintenant comment cela se traduisait sur la plan social.

Sur le plan légal, le Code civil de Napoléon Bonaparte a essaimé dans plusieurs pays occidentaux — le code civil québécois de 1864 en est fortement inspiré — et règle l'existence des femmes tout au long du xixe siècle. Ce code — déjà restrictif au point de départ — est interprété légalement dans un sens très défavorable aux femmes. La seule vocation consentie aux femmes dans ce code, c'est le mariage et la maternité. Étant assimilées à des mineurs ou à des aliénés, c'est-à-dire étant juridiquement considérées comme irresponsables, les femmes n'ont qu'un accès restreint à la justice, ce qui pose un certain nombre de problèmes dans une société fondée sur le droit.

Certains moyens de contraception mécanique commencent à faire leur apparition, mais la maternité reste vécue comme une fatalité, surtout dans les milieux défavorisés. C'est l'époque des légendaires familles nombreuses du Canada français, celle où l'on pensait contrer la minorisation politique par la revanche des berceaux. Mais le phénomène se rencontre aussi ailleurs : la mortalité infantile reste donc élevée, de même que le taux d'infanticides et la mort en couches constituera longtemps une des principales causes de mortalité des femmes.

Sur le plan de l'éducation, les progrès sont également très lents. Puisque la principale fonction des femmes est de faire des enfants, un rôle qui leur serait naturel, à quoi bon les instruire? Si l'instruction publique est un désastre au xixe siècle, la situation est encore pire pour les femmes. Ce n'est qu'à la fin de ce siècle que dans la plupart des pays on consentira parcimonieusement à leur ouvrir la porte des écoles et encore, souvent pour leur donner une éducation différente de celle donnée aux garçons. Bien souvent, l'instruction des filles se limitera à l'école primaire, quoique l'on invente pour elles des écoles secondaires d'un genre spécial, les écoles ménagères. Le taux d'analphabétisme demeurera élevé, malgré le mythe qui veut que les filles québécoises aient été plus instruites que les garçons. Au Québec, la fréquentation scolaire ne deviendra obligatoire qu'en 1943 et ce n'est qu'en 1954 que les collèges classiques féminins seront admissibles aux subsides de l'État. Pas surprenant dans un tel contexte que l'accès des femmes aux professions libérales ait été tardif ou que la formation professionnelle concerne surtout les hommes; ce qui cantonnera, dans le milieu du travail, les femmes aux emplois les moins qualifiés et, par conséquent, les moins bien rémunérés.

Dans le domaine du travail, ce qui frappe, c'est la pauvreté des femmes. Une grande partie de la population ouvrière employée dans la grande industrie est composée de femmes. Elles occupent les emplois les moins bien payés et les moins qualifiés, mais souvent les plus durs physiquement. Les ouvrières ont beaucoup moins accès que les hommes aux sociétés de secours mutuels, ce qui contribue à accroître leur vulnérabilité économique. Leur journée de travail est aussi longue que la leur, cependant, entre douze et dix-sept heures. Pourtant, les salaires féminins correspondent, dans l'ensemble, à seulement la moitié des salaires masculins. Une telle situation encourage la prostitution qui constitue souvent un complément de salaire indispensable pour les travailleuses, surtout lors des périodes de chômage.

Les paysannes que rebute l'usine peuvent toujours se rabattre sur la domesticité, qui leur propose en plus un substitut de cellule familiale. Mais là encore, les conditions sont déplorables : mal logées, mal nourries, elles sont, en plus, souvent considérées comme les jouets sexuels des hommes de la famille. Les salaires des domestiques sont très bas et leur vie personnelle à peu près inexistante. Les grands magasins constituent un autre débouché professionnel pour les jeunes filles, mais là encore les conditions de travail sont déplorables, comme on peut le constater à la lecture de *Au bonheur des dames* de Zola : les salaires sont un peu plus élevés que dans l'industrie, mais les amendes fréquentes viennent souvent l'amoindrir et les dépenses liées au travail sont plus importantes (exigences vestimentaires, entre autres).

C'est en partie cette situation sociale déplorable qui va fixer les grands axes de la revendication féministe tout au long du siècle. Cette période est largement marquée du double sceau de l'égalité et de l'autonomie. Il s'agit à la fois de revendiquer que les droits appartiennent aux personnes, que le processus d'individuation ne s'arrête pas au seuil du foyer familial et que la société adhère au principe de l'interchangeabilité des rôles sociaux.

Cette idée d'interchangeabilité des rôles sociaux se base sur la nouvelle division du travail induite par les débuts du développement du capitalisme. L'unité de base du marché du travail n'est plus la famille, comme c'était le cas chez les paysans ou les artisans, mais l'individu. De ce rapport individué au marché du travail, il découle, du moins dans les milieux ouvriers, une dissolution relative des liens familiaux. Le travail étant devenu le lieu privilégié de l'inscription sociale, les femmes revendiquent, d'une part, l'accès à certains métiers et, d'autre part, un salaire égal à celui des hommes. Cependant, la création de ghettos d'emploi féminin allait faire en sorte que l'inégalité des revenus entre hommes et femmes allait se maintenir et même s'accroître tout au long du XIXe siècle.

C'est cependant la revendication de l'égalité des droits qui marquera le plus le féminisme. Le principal argument avancé en faveur de l'égalité des droits est celui de l'identité de la nature humaine. L'humanité ne tient pas à la morphologie sexuelle mais se définit plutôt par l'usage de la raison. À cet égard, les femmes sont perçues comme se situant sur le même plan que les hommes, que ce soit chez Condorcet, Wollstonecraft ou Olympe de Gouges. Le premiers textes féministes font donc appel à la raison des hommes et les invitent à appliquer les mêmes principes aux deux sexes. Le langage utilisé par les féministes est fortement marqué par la pensée des droits naturels. C'est ainsi que Mary Wollstonecraft mettra les révolutionnaires français en garde contre le danger de remplacer la tyrannie des rois par celle des maris et soulignera les parallèles entre l'absolutisme monarchique et l'autorité maritale.

Se fondant sur la raison, la thématique féministe privilégiera l'éducation. L'infériorité sociale des femmes ne reposant pas sur la nature, elle ne peut être attribuée qu'à leur éducation. On insiste donc sur le fait qu'on doive donner aux femmes une éducation appropriée qui leur permette à la fois de gagner convenablement leur vie et d'exercer judicieusement leurs droits politiques.

Dans la foulée de 1789, on voit par conséquent apparaître les femmes comme actrices et comme revendicatrices politiques. Actrices dans les révoltes frumentaires, dans les assemblées politiques et dans les cahiers de doléances. Revendicatrices dans la mesure où elles ne se contentent pas d'aider mais veulent participer de plein droit au mouvement historique. Rejetant la conception androcentriste des droits de l'homme, elles se considèrent comme faisant partie de l'humanité et revendiquent à ce titre les mêmes droits que les hommes. Il s'agit pour elles d'étendre à l'ensemble du genre humain les droits de l'homme et du citoyen. Elle n'y gagneront que le droit de monter sur l'échafaud.

Dans leurs tentatives ultérieures de conquête des droits politiques, les femmes ont fait alliance avec les autres exclus de la citoyenneté. C'est ce qui explique leur alliance avec les ouvriers en France et en Angleterre ou encore dans le mouvement anti-esclavagiste aux États-Unis. C'est dans ce cadre qu'il faut interpréter l'idée fouriériste que le sort fait aux femmes est un indicateur du degré d'émancipation sociale.

C'est pourquoi, en France, le féminisme est très lié aux milieux socialistes, d'une part parce que ceux-ci revendiquent la poursuite des objectifs égalitaires de 1789, d'autre part parce que les socialistes, surtout les utopistes, prônent un changement de l'ensemble des rapports sociaux, y compris les rapports familiaux, et qu'ils ne distinguent pas comme les milieux libéraux sphère publique et sphère privée.

En Angleterre, les femmes joueront un rôle important dans le mouvement chartiste qui vise la réforme électorale et l'élargissement de la base de la représentation. Cette expérience dans le mouvement chartiste se révélera cruciale pour les formes que prendra l'action des suffragistes britanniques. Parallèlement, les femmes joueront un rôle important dans le syndicalisme naissant.

Aux États-Unis, c'est le mouvement pour les droits civils, le mouvement anti-esclavagiste, qui fournira le lieu privilégié d'activité politique des femmes. Dans tous ces mouvements, les femmes essaieront de montrer comment un système politique basé sur l'exclusion est loin de mériter l'appellation de gouvernement libre. Dans le même temps, la participation des femmes à la citoyenneté est vue comme la condition sine qua non pour améliorer la place des femmes dans la société. Ceci est particulièrement évident en France, aux États- Unis et en Grande-Bretagne, où il règne un relatif consensus social sur la question du gouvernement représentatif.

Les mouvements révolutionnaires de 1848 susciteront chez les féministes les mêmes espoirs qu'en 1789. Cet espoir est entretenu, en France, du fait que, dans un premier temps, les mouvements socialistes disposent d'un poids politique non négligeable. Cependant, tout comme en 1789, ces espoirs seront déçus. L'année 1848 marquera à cet égard une dissociation entre féminisme et socialisme et même entre féminisme et libéralisme.

C'est sur la base de cette déception que surgira l'idée d'un mouvement de femmes autonome. Certaines femmes se rendent compte qu'elles ne doivent compter que sur elles-mêmes pour faire valoir leurs revendications et leurs intérêts. Dans l'immédiat, cela se traduit par des ruptures organisationnelles : aux États-Unis, les féministes forment une tendance à part au sein du mouvement des droits civils et rédigent la déclaration de Seneca Falls; en France, celles-ci se démarquent de plus en plus du mouvement socialiste; en Angleterre, elles prennent leurs distances vis-à-vis des chartistes qui refusent d'inscrire le vote des femmes au nombre de leurs revendications.

Les efforts féministes s'orientent à partir de ce moment dans trois directions fortement marquées par l'idéal égalitaire : les droits politiques, l'égalité juridique et le travail. Il y aura en même temps un effort d'élucidation théorique pour comprendre la situation des femmes. Ainsi, les saint-simoniennes ou Flora Tristan insisteront-elles sur le fait qu'un enjeu primordial de tout programme égalitaire concerne les femmes. De la même façon, on verra se développer des théories concernant l'égalité entre les sexes. Nous nous intéresserons plus particulièrement aux idées développées par Maria Deraismes.

Le mouvement pour les droits politiques est principalement connu sous l'aspect du mouvement suffragiste. Il se développe surtout dans les deux pays où le système parlementaire est stabilisé, l'Angleterre et les États-Unis, mais on peut parler d'un internationalisme féministe autour de la revendication des droits politiques. C'est ainsi qu'au Canada se développent, à partir de 1883, les diverses organisations qui allaient se fédérer sous le nom de la *Canadian Suffrage Association*, en même temps que le Parlement canadien entreprend ses premiers débats sur le vote des femmes.

Un deuxième thème qui retient l'attention des féministes, c'est l'égalité juridique. Leur lutte porte essentiellement sur la modification des lois qui régissent le mariage. Le Code civil français ayant influencé la législation de la plupart des pays occidentaux, les femmes mariées sont assimilées à des mineures, donc à des incapables juridiques. C'est à cette incapacité que s'attaqueront les féministes, se faisant également les championnes du célibat, du divorce et de l'égalité des enfants sans égard au statut matrimonial de leur mère.

Un troisième thème sera le travail. Il s'agira, d'une part, de contrer les effets déshumanisants de la révolution industrielle et les dangers qu'elle fait courir à la structure familiale, d'autre part, obtenir l'autonomie financière des femmes par le biais de l'accès à des emplois plus valorisés, ce qui entraînera des revendications concernant l'accès à l'éducation et aux professions libérales.

Si l'idée d'égalité est fortement présente dans le féminisme de la seconde moitié du xixe siècle, elle doit composer avec celle de différence. L'idée de différence, qui est davantage conforme aux mœurs de l'époque, est surtout marquée par le revendication de protections. Prenant appui sur les idées dominantes qui posent une nette césure entre les sexes, les femmes revendiquent des législations protectrices sur le plan du travail, se lancent dans la philanthropie et contribuent à l'éducation domestique. Il s'agit en fait d'une extension du rôle maternel sur le plan social. En effet, les féministes de la différence acceptent la définition des femmes en tant que mères. Elles estiment cependant que la société doit leur fournir les moyens d'assurer adéquatement ce rôle.

Maria Deraismes

Maria Deraismes (1828–1894) naît à Paris. Elle est la seconde fille d'une famille de commerçants aisés, voltairiens, républicains et libéraux, qui tiennent un salon littéraire assez prisé. Maria et sa sœur reçoivent une éducation non conformiste pour l'époque : grec, latin, philosophie. Elle choisit de rester célibataire et reprend l'animation du salon littéraire familial en compagnie de sa sœur, devenue rapidement veuve. En 1865, elle publie deux pamphlets où se profilent les thèmes qui seront les siens à partir de cete époque : éducation des femmes et importance de la participation féminine aux activités sociales, politiques, économiques et artistiques. Sur cette base, elle entreprendra sa carrière d'oratrice, une carrière favorisée par la relative libéralisation des dernières années du Second Empire en France.

À partir de 1868, elle prononce un série de conférences sur le féminisme, ressuscitant un type d'argumentation qui avait sombré dans l'oubli depuis 1848. Elle se fixe comme objectif de faire comprendre ce qui lui tient le plus à cœur, la nécessité d'instaurer l'égalité civile, familiale, économique et politique des sexes. C'est à ces conditions que les femmes pourront jouer un rôle dans le progrès social.

Au moment de la guerre de 1870, elle interrompt son activité politique pour se consacrer au soin des blessés, service civique qui avait été rendu licite pour les femmes suite au travail de Florence Nightingale lors de la guerre de Crimée. Elle ne participera pas à la Commune de Paris, récusant même l'identification du féminisme aux troubles politiques, mais elle protestera contre la sévérité des sentences qui seront prononcées contre les communards.

Elle profite de l'instauration de la République en 1871 pour se lancer dans la constitution d'un mouvement féministe réformiste, tout entier centré sur l'égalité des droits. Elle est cependant assez timide sur la question des droits politiques, qu'elle veut obtenir par étapes, afin de ne pas se couper du milieu républicain. Elle sera, avec Léon Richer, à l'origine de l'Association pour le droit des femmes, puis de la Société pour l'amélioration du sort des femmes. Ses principales idées féministes seront publiées dans une brochure qui reprend les textes de ses conférences sous le titre de *Ève dans l'humanité*.

Ève dans l'humanité

Si ces conférences ne sont pas à proprement parler des textes construits et laissent une large place à l'improvisation, il n'en reste pas moins qu'elles se fondent sur des lectures approfondies et sont l'occasion d'une argumentation serrée. Maria Deraismes y reprend les thèmes déjà abordés par les auteurs qui fondent leurs conceptions des rapports humains sur le respect de l'individu et l'affirmation de la raison. Poullain de La Barre et Condorcet, qui affirmaient le principe de l'égalité de nature entre les sexes, lui sont particulièrement chers.

Elle interroge de nombreux textes théoriques et historiques dans une perspective féministe, maniant avec talent l'humour, l'indignation et la menace. Maîtresse de son sujet, elle sait l'exposer avec clarté, rendant son explication à la portée de tous. Sa lecture du texte biblique sur l'origine de l'humanité est particulièrement éclairante à cet égard. Elle possède au plus haut point l'art de tourner en ridicule ses adversaires.

Le refus de l'angélisme

De tous les ennemis de la femme, je vous le déclare, les plus grands sont ceux qui prétendent que la femme est un ange : dire que la femme est un ange, c'est l'obliger, d'une façon sentimentale et admirative, à tous les devoirs, et se réserver, à soi, tous les droits; c'est sous-entendre que sa spécialité c'est l'effacement, la résignation, le sacrifice; c'est lui insinuer que la plus grande gloire, le plus grand bonheur de la femme, c'est de s'immoler pour ceux qu'elle aime; c'est lui faire comprendre qu'on lui fournira généreusement toutes les occasions d'exercer ses aptitudes. C'est-à-dire qu'à l'absolutisme elle répondra par la soumission, à la brutalité par la douceur, à l'indifférence par la tendresse, à l'inconstance par la fidélité et à l'égoïsme par le dévouement.

Devant cette longue énumération, je décline l'honneur d'être un ange. Je ne reconnais à personne le droit de me forcer à être dupe et victime.

Maria Deraismes, *Ève dans l'humanité.*

La société lui semble organisée en deux sphères spécifiques, privée et publique, où la place et le rôle sont fixés en fonction du sexe et non selon les affinités et les capacités des individus. Cette division, qui prétend s'appuyer sur la nature, cantonne la femme à l'espace privé, la famille. Elle n'y a aucun droit et reste soumise au pouvoir du père ou du mari. Elle n'a pas davantage prise sur l'organisation sociale, qui relève de l'espace public. Elle entreprend donc de démontrer, bien avant Simone de Beauvoir, que cette inégalité ne relève pas de la nature mais de l'organisation sociale. Elle résulte de la domination des hommes soutenue par des mesures juridiques et religieuses.

Cette domination, elle en retrace les modalités à la fois sur un plan thématique et historique. L'éducation, le mariage, la maternité, la vieillesse permettent de prendre la mesure de l'oppression des femmes. Le droit, la famille, la société et le travail sont passés au crible d'une analyse qui met en évidence leur fonction oppressive auprès du sexe féminin. La privation des droits et l'exclusion de la vie politique ne sont pas les seuls moyens pour maintenir les femmes dans une condition inférieure; les discours qu'on leur tient sur la beauté, l'amour, la maternité les enferment aussi dans une image d'elles-mêmes qu'elles n'ont pas choisie.

Les femmes vivent donc de mythes qui n'ont pour objet que de les maintenir en servage. Pis encore, les hommes les rendent complices de leur oppression. De plus, elles sont divisées entre elles, prises dans des querelles qui les empêchent de voir leur oppression commune. Pas plus que les institutions, les mœurs, la littérature, le théâtre et la science ne sont neutres ou honnêtes. Le propos de Maria Deraismes n'est pas seulement de dénoncer l'ordre patriarcal, mais aussi d'encourager son auditoire à se mobiliser pour obtenir l'égalité des sexes. L'égalité est la base de toute démocratie et seule la République est en mesure de la promouvoir. Le féminisme est donc une question politique dont la solution est résolument liée à l'instauration d'un régime égalitaire.

Le suffrage féminin

Le suffrage universel est, à l'heure présente, la base fondamentale et indestructible de toute société soucieuse du progrès. Le suffrage universel n'est que par la participation de tous à la gestion de tous, il n'est que l'application d'un droit naturel fondé sur l'égalité originelle des hommes. [...]

Présentement, le suffrage universel est admis; mais cette conquête, consentie à grands regrets par les réactionnaires de toute espèce et sur laquelle on revient sans cesse, n'a été obtenue qu'à moitié. De même qu'on trouvait qu'une fraction représentait une nation, de même on a trouvé qu'un sexe représentait l'humanité. Suivant des traditions qui rappellent trop leur origine masculine, la femme n'a jamais été qu'un duplicata de l'homme, un être complémentaire. [...]

La politique du suffrage universel est donc la clé de voûte de toute société soucieuse du progrès. Si elle n'a pas donné tous les résultats qu'on en espérait, c'est que le suffrage universel, amputé d'une moitié, n'a jusqu'ici fonctionné que sur un pied et en boîtant, laissant sans emploi une grande partie de ses forces, en ayant refusé la femme comme auxilliaire. [...]

Aujourd'hui la guerre est un anachronisme; l'essor de la civilisation, ses perfectionnements, exigent l'expansion générale de la sociabilité. Par quelle aberration les peuples les plus avancés continuent-ils à se défier les uns des autres et à s'entretuer au besoin? Ce que nous possédons de la terre n'est relativement rien en comparaison de ce qui reste à exploiter. N'est-il pas logique, la science nous fournissant les moyens de communications rapides et la possibilité des échanges, que les peuples les plus avancés s'unissent et combinent leurs efforts pour entreprendre cette conquête des régions lointaines et inexplorées, et d'y accomplir la grande œuvre d'initiation et de civilisation supérieure? Il y aura assez de difficultés à vaincre et de danger à courir pour satisfaire les courages les plus intrépides et les âmes les mieux trempées.

Mais ce plan grandiose ne pourra se réaliser qu'avec le concours égal des deux facteurs de l'humanité. Tant que l'expression du suffrage universel ne sera qu'un euphémisme déguisant la suppression de la moitié d'une nation dans le consentement public, les décisions des assemblées et des conseils n'auront qu'un sens incomplet. Et d'ailleurs, à quoi sert de lutter lorsque l'extension du suffrage universel jusqu'aux femmes s'impose?

Maria Deraismes, *Ève dans l'humanité.*

Maria Deraismes n'est pas la première à articuler féminisme et pensée politique. Certains socialistes utopistes avaient déjà lié émancipation sociale et émancipation féminine. Elle dissocie quant à elle la question ouvrière et la question des femmes et rompt avec la connotation révolutionnaire que les saint-simoniennes et les quarante-huitardes avaient donnée au féminisme. Son intention n'est pas de renverser l'ordre social, mais d'instaurer un féminisme républicain réformiste.

Les socialismes

Si l'idée de liberté résume une grande partie des idéaux des grandes révolutions modernes, elle leur associe pourtant l'idée d'égalité et, dans le cas français, celle de fraternité. Si la liberté politique chemine tout au long du siècle, l'égalité est loin d'être de mise. En fait, on est confronté rapidement aux limites des idéaux égalitaires des révolutions modernes. Par égalité, on entendait surtout l'égalité devant la loi. Cependant, l'ampleur de la misère sociale, tant celle de l'Ancien Régime que celle qui résulte de la révolution industrielle, allait rapidement conférer une autre signification au mot égalité : il sera de plus en plus question d'égalité sociale. Plusieurs pensées politiques chercheront à en déterminer la portée. Nous en retiendrons deux : l'anarchisme et le socialisme. À l'intérieur de ce courant, nous ferons une étude plus approfondie du marxisme, puisqu'il s'est avéré si marquant dans l'évolution politique des sociétés occidentales.

D'entrée de jeu, on se heurte à une ambiguïté lorsqu'on aborde la pensée égalitaire. Si celle-ci se réclame d'un moment fondateur, la Révolution française, elle n'en récuse pas moins l'individualisme identifié à la bourgeoisie et développe une conception de la solidarité sociale qui n'est pas sans rappeler certains traits de l'Ancien Régime. À l'individualisme bourgeois, elle oppose souvent une vision organiciste de la société. Ce n'est que chez certains anarchistes qu'on verra s'articuler un égalitarisme social et un très fort individualisme qui annonceront en quelque sorte certains thèmes repris par l'existentialisme de la seconde moitié de notre siècle, de même que par les mouvements sociaux qui sont issus des mouvements de Mai 68 et contre la guerre du Viêt-nam, comme l'écologie et le féminisme.

L'héritage égalitaire de la Révolution française

Les utopies socialistes s'avèrent intéressantes à plus d'un égard. Elles s'inspirent à peu près toutes du rêve d'une société égalitaire, perçu comme la poursuite de la Révolution française. Le rêve commence d'ailleurs au lendemain de la chute de Robespierre alors que Gracchus Babeuf (reprenant son prénom au tribun de la plèbe Caius Gracchus à l'origine des premières mesures d'État-providence, à savoir la distribution gratuite de vivres par l'État à Rome) faisait de la « sainte égalité » le fer de lance du discours révolutionnaire. Il appelait de ses vœux une république des égaux, sorte de seconde révolution à l'intérieur de la Révolution française. De même, dans *La Conspiration pour l'égalité* de Buonarotti, on voit se profiler le rêve d'une société qui ignorerait la propriété privée et donc l'opposition entre riches et pauvres. La propriété nationale fournit les moyens de vivre à ses citoyens qui travaillent. En ce sens, on retrouve là certains thèmes de Thomas More, dans *L'Utopie*, de même que des références aux projets de communisme agraire de Morelly ou de Mably au xviiie siècle. C'est la traduction de la notion de justice sociale comme complément à l'égalité devant la loi.

Ce complément de révolution était seul susceptible, selon les babouvistes, de faire reculer la contre-révolution. L'échec de la conspiration des égaux devait entraîner un infléchissement de la pensée sociale du côté d'une redécouverte du mythe communiste. Au lieu de songer à une réarticulation de liberté et d'égalité, cette pensée essaiera de penser la réconciliation et la transparence sociale, pour concrétiser la notion de fraternité.

En 1840, Étienne Cabet, dans *Le Voyage en Icarie*, se réfère explicitement à Platon, soulignant que le philosophe prônait l'égalité et la communauté, ce qui est une lecture à tout le moins déficiente de *La République*. Cette rencontre n'est pas fortuite. Le prophétisme politique qui se dessine chez Cabet, Saint-Simon et Fourier n'est pas véritablement un programme d'action politique, c'est plutôt un mythe consistant à opposer la société réelle, exécrable, à une société imaginaire idéale. Les utopies sont donc ambivalentes : elles désignent à la fois un idéal et quelque chose qui peut sembler inaccessible. Certes, les belles images d'Icarie ou du phalanstère visent à forger l'avenir, mais elles ne s'assortissent d'aucune stratégie de transition, même si le xixe siècle est marqué par des tentatives d'instaurer la société idéale en Amérique.

Si l'on peut incontestablement découvrir un bouillonnement intellectuel chez ces pionniers de la pensée égalitaire, leurs idéaux n'ont par ailleurs aucune vocation pratique ni aucune efficace. L'organisation du travail de Louis Blanc, la religion de l'humanité de Pierre Leroux, la démocratie économique des saint-simoniens, le coopératisme de Considérant reflètent des aspirations sincères et profondes en même temps que de forts accents passéistes. Elles séduisent la petite-bourgeoisie des commerçants et des artisans imbue d'idées démocratiques. C'est à partir du moment où elle tente de répondre à la misère sociale qui accompagne la révolution industrielle que la pensée socialiste revêt des aspects plus pratiques.

Dans un premier temps, on s'intéresse à la correction des méfaits de la société industrielle et de l'industrialisation dite sauvage. Dans l'ensemble, même si les courants égalitaires préconisent un meilleur partage entre industrie et agriculture, ils voient d'un œil assez positif le développement industriel et se démarquant donc des révoltes contre les machines. Cependant, ils estiment que les coûts sociaux de la révolution industrielle sont trop élevés.

Ce courant prendra donc, dans un premier temps, des allures de philanthropie ou de réforme sociale reposant sur la bonne volonté des patrons. Il s'agit, pour un Robert Owen, de montrer comment on devient plus concurrentiel à long terme lorsqu'on améliore la condition des ouvriers. C'est pourquoi il préconisera l'instruction plutôt que le travail en usine pour les jeunes enfants, la limitation de la journée de travail, le repos hebdomadaire et l'intéressement des ouvriers aux profits de l'entreprise. Il tente d'abord des expériences socialistes dans son usine de New Lanark, puis préside à la formation de communautés socialistes aux États-Unis.

Il prendra aussi la forme d'un approfondissement de la révolution industrielle. Pour Saint-Simon, l'amélioration de la condition ouvrière passe par un accroissement de la richesse sociale. C'est pourquoi il préconise une accélération du développement, qu'il situe l'opposition sociale non entre bourgeois et prolétaires, mais entre industriels et rentiers et qu'il voit dans le progrès de la science la marche de l'humanité vers le bonheur.

Ce n'est que vers les années 1840 que commence à se développer l'idée d'un antagonisme entre bourgeoisie et prolétariat et que se manifestent les premières pensées qui préconisent la solidarité ouvrière. Un rôle de pionnière doit être reconnu à cet égard à Flora Tristan, même si elle n'exclut pas, à priori, l'appui de patrons philanthropes et que sa pensée s'exprime encore dans une langue assez mystique.

L'idée centrale des pensées égalitaires, c'est que l'accroissement de la richesse sociale devrait profiter à tous. L'égalitarisme s'inspire des jacobins et de la *Déclaration des droits* de 1793. Il préconise un rôle redistributeur de l'État et une responsabilité sociale dans la distribution de la richesse. En fait, il serait plus exact de penser en termes de solidarité plutôt qu'en termes d'égalité, puisque ni Fourier ni *a fortiori* Saint- Simon ne préconisent un égalitarisme absolu. L'accent est donc mis sur la réforme sociale et entraîne une certaine méfiance vis-à-vis des « politiques ». Le droit et l'État sont perçus comme autant de masques idéologiques de la domination bourgeoise sur la société. Dans certains cas, on voudra carrément faire l'économie d'une transformation politique au profit d'une stratégie de contournement de l'État par la société civile.

Proudhon

Les tendances modernes ne tardèrent pas à germer dans l'humus épais de la révolution industrielle. C'est Pierre Leroux, comme le rappelle Armelle Le Bras-Chapard, qui fut en 1833 le père du mot « socialisme ». Ceux qu'on appellera à partir des années 1840 socialistes sont d'abord connus sous le nom de « novateurs » ou « réformateurs sociaux ». Le socialisme des origines apparaît simultanément en France, en Angleterre et en Allemagne et connaît un développement rapide, dans le climat des révolutions sociales du temps. Dans chacun de ces pays, il forme des groupes actifs de penseurs et d'activistes politiques. En France, cet élan est brisé par le coup d'État bonapartiste de 1851 et l'instauration du Second Empire (1851–1870), pour reparaître brutalement à l'aube de la IIIe République, avec la Commune de Paris. Au début assez indifférent à l'État comme superstructure, le socialisme fait une distinction entre réforme sociale et réforme politique. Par la suite, les deux volets réformistes sont de plus en plus indissociablement liés, surtout avec l'émergence du marxisme. Ainsi, Proudhon illustre surtout les réformes sociales et met l'accent sur l'auto-organisation économique des travailleurs, tandis que Marx, aussitôt après, se fait l'ardent défenseur d'une réforme sociale et globale qui passe d'abord par celle de l'État.

Le socialisme français compte comme premier grand animateur la figure de Pierre Joseph Proudhon (1809–1865). Edmond Orban rappelle dans ces termes les étapes de sa carrière et les points forts de sa pensée. « Autodidacte et humaniste, Proudhon est l'un des rares réformateurs sociaux qui soit vraiment d'origine ouvrière; il s'est d'autre part opposé, durant toute sa vie, à toute doctrine qui prétendait en arriver à une explication certaine, complète et définitive des phénomènes sociaux. En effet, s'en prenant à Karl Marx, un de ses contemporains, il écrit : Après avoir démoli tous les dogmatismes *a priori*, ne songeons point à notre tour à endoctriner le peuple. Ne nous posons pas en apôtres d'une nouvelle religion, fût-elle la religion de la raison. »

Dans un premier temps, Proudhon entreprend une critique en règle des structures sociales de son temps ; il les démolit si complètement qu'il sera considéré par la suite comme un anarchiste. En même temps, il se dit prêt à accueillir toute donnée ou opinion nouvelle, quitte à remettre à nouveau tout en question et même à se contredire. Cette démarche libre et curieuse fait contraste avec celle d'autres penseurs parfois trop sûrs d'eux-mêmes et de leur théorie. Cette caractéristique « créatrice » et fluide de la pensée proudhonienne ne va certes pas faciliter le travail des analystes ; d'autant que la pensée de Proudhon, extrêmement riche et nuancée, manque peut-être du fil conducteur qui faciliterait à la fois son analyse conceptuelle et l'identification de ses conclusions finales.

Pourtant, son influence fut considérable autant que durable. Cet auteur est à l'origine d'une multiplicité de courants de pensée dont plusieurs se retrouvent à la base de plusieurs projets de réforme de l'époque actuelle. Contentons-nous pour l'instant de les évoquer sous des vocables aussi généraux que le mutuellisme, le syndicalisme, le réformisme, le personnalisme, le pluralisme, le solidarisme, le laïcisme, ainsi que, dans la sphère proprement politique : le régionalisme, la décentralisation, enfin le fédéralisme.

Tout à la fois idéaliste et réaliste, Proudhon tente de réaliser une synthèse originale à partir de ces deux dimensions si différentes, qu'on oppose souvent, de la pensée humaine. Devant un tel écart méthodologique, il est littéralement pris entre deux feux et contraint de relever le défi de concevoir son « humanisme » en face du matérialisme avoué propre au capitalisme et au marxisme. Ces deux dernières philosophies présentent elles-mêmes tant de facettes et de variables distinctes, plus ou moins totalement digérées par leur paradigme respectif, qu'il serait à tout le moins fallacieux de leur appliquer un commun dénominateur de nature aussi réductrice, même à titre de simple hypothèse de départ.

De manière à bien cerner les propos qui vont suivre, il est opportun de déterminer sommairement et provisoirement un minimum de balises, et ceci à partir de trois approches. La première concerne sa philosophie dite pluraliste, la seconde s'incarne surtout sur le mutuellisme économique et social, tandis que la troisième débouche sur la pratique politique, par le biais d'une sorte de théorie du fédéralisme. Disons d'entrée de jeu que cette dernière n'a que peu de rapport avec les modalités de fonctionnement des États fédéralistes actuels, ne serait-ce qu'en raison de la tendance à la centralisation qui, toujours selon Orban, les caractérise. Les conceptions de base, chez Proudhon, gravitent autour de la notion de justice, force idéalo-réaliste reliée au personnalisme, et faite d'un équilibre entre les forces individuelles d'une part, et collectives d'autre part. Au sein de celles-ci, la personne humaine occupe une place primordiale. Dans cette perspective, Proudhon va rejeter la thèse de la lutte des classes, lutte qui ne peut déboucher que sur une révolution violente. Les droits de l'homme, chez Proudhon, priment donc la nécessité du renversement de l'ordre établi; à tout le moins, ils lui imposent une méthodologie plus scrupuleuse et sûrement plus démocratique.

Bien qu'anticatholique au plan personnel, Pierre Joseph Proudhon reste imprégné et toujours influencé par le christianisme. Pour cette raison, il rejette également, en toute logique, le matérialisme historique. Il critique par-dessus tout le « fatalisme historique » qui, pour lui, caractérise aussi bien les tenants de l'évolution matérialiste de l'histoire que les explications exclusivement religieuses. Pour lui, le progrès résulte de mouvements et de combinaisons diverses qui doivent allier justice et liberté. À bien des égards, il tente ainsi de concilier certains principes du libéralisme et du socialisme, mais il faudrait étudier ce problème à partir de questions précises, par exemple la place de la liberté individuelle face au despotisme de l'État, ou encore essayer de trouver ce qu'il entend par justice sociale au sens large du terme.

Il est significatif que, tout en se déclarant farouchement anticlérical, Proudhon ne nie pas la valeur intrinsèque du message de l'Évangile. Chose certaine, il rejette catégoriquement les institutions religieuses officielles. Selon lui, il est clair qu'elles ont trahi le message originel de la religion, qui était d'offrir aux plus démunis un havre moral devant les injustices du monde, et non pas une justification au pouvoir et à la richesse détenus par une minorité exploiteuse. On comprend aisément que pareille attitude lui ait valu d'être condamné sans réserve dans de nombreux milieux, parfois pour des raisons tout à fait différentes. Les chrétiens en ont fait un dangereux anarchiste athée, tandis que les marxistes et les communistes, après une première phase d'amitié et de respect pour sa contribution aux idéaux socialistes, ne tardèrent pas à voir en lui un « utopiste » aux conceptions brumeuses, idéalisantes et angéliques.

Ce fut, pour Proudhon, le prix à payer pour avoir tenté de développer une philosophie très complexe, non dogmatique et finalement assez englobante de la réalité sociale. Aujourd'hui, Proudhon redevient, cent vingt-cinq ans après sa mort, d'une actualité d'autant plus grande que le monde socialiste, qui avait prétendu refaire le monde sur la base du marxisme réductionniste, cherche désespérément les voies d'une démocratisation et d'une régénération de ses structures, et que le capitalisme hésite devant des formes hybrides de libéralisme et de social-démocratie qui, on ne peut pas le nier, doivent beaucoup à sa conception du travail et de la responsabilité sociale.

L'un des aspects les plus originaux de sa pensée découle du concept de mutuellisme économique. L'auteur construit la philosophie mutualiste autour d'un concept clé, celui de plus-value qui résulte de l'« erreur de compte ». En d'autres termes, le détenteur des moyens de production, « l'homme aux écus », comme dira Marx, s'approprie la force de travail collective qu'il utilise pour son gain personnel. Cette force de travail est le véritable moteur de l'activité économique et la base de l'accumulation du capital. En tirant du travailleur, par le biais du processus productif, une valeur plus grande que celle qu'il lui remet par le biais du salaire, le capitaliste s'enrichit aux dépens de son employé. D'où, pour Proudhon, la nécessité de reconnaître la valeur-travail comme la véritable source et la mesure du capital, celui-ci n'étant en fin de compte que du travail accumulé. Si une partie essentielle de sa problématique économique origine de ces prémisses, il débouche, contrairement à Karl Marx, sur d'autres formes d'organisation sociale des travailleurs. Il prône notamment le mutuellisme, qui constitue un rapport de solidarité entre travailleurs, de réciprocité, privilégiant la notion de contrat synallagmatique et commutatif. Dans ce type de relation sociale, l'État se réduira à sa plus simple expression, au profit de l'essor du coopératisme, du syndicalisme au sens large et du régionalisme. Cette organisation « à la base » et ce spontanéisme interactif et créateur vont ensemble caractériser le monde proudhonien.

La prédilection de Pierre Joseph Proudhon pour la liberté d'association et les formes autogestionnaires de vie collective qui en découlent va séparer durablement le courant socialiste proudhonien du courant marxiste. En rejetant l'étatisation des moyens de production et de distribution, Proudhon s'éloigne manifestement de la conception d'une « révolution par le haut », *a fortiori* d'une dictature des masses qui s'exercerait par l'entremise d'un État populaire armé et coercitif ainsi que d'une bureaucratie élitiste. Par contre, et là-dessus il est plus proche du marxisme, Proudhon prône une socialisation fédérative de même que la propriété collective des entreprises, avec pour corollaires la copropriété et la cogestion d'ateliers autonomes et fédérés. Tout cela implique, bien entendu, une participation de tous les instants de la part des citoyens, qui sont entièrement responsables de leur champ propre d'activités ou de leur parcelle de la propriété collective. Les citoyens doivent aussi se sentir responsabilisés par rapport aux revendications des autres horizons de la société. Proudhon imagine alors, pour faciliter cet effort d'intervention maximale de la communauté, une structure politique décentralisée et peu hiérarchique. L'État central, celui de la monarchie des Capétiens, renforcé et centralisé à outrance par la Révolution et encore davantage par le Premier Empire (1802–1815), doit reprendre sa juste place; il ne disposera que des pouvoirs que les assemblées de la base auront choisi librement de lui concéder, de manière provisoire et de façon très limitative. Il n'est pas étonnant qu'on trouve chez Proudhon des pages particulièrement éloquentes où il accable l'État central despotique, son administration hautaine et tracassière, son fisc gourmand et son élite politique aristocratique, sans contact avec les besoins et les soucis de la population. Proudhon voit dans la permanence de l'État centralisé un vestige majeur et complètement anachronique de l'ordre ancien, impérial romain, puis tour à tour césaro-papiste et monarchique.

D'où son intérêt, on le comprend, pour le fédéralisme politique de Proudhon. L'État proudhonien est une multiplicité de regroupements et de fédérations; on voit apparaître et se multiplier dans la société les fédérations agricoles et industrielles, les fédérations de consommateurs et de producteurs, répartis et distribués selon leur secteur d'activités respectifs et leur région. D'autres regroupements sont des coopératives de services, de crédit, d'assurances, de logement, de loisir et d'intérêts communs. La prise en charge communautaire est donc au centre de la pensée proudhonienne; elle seule peut faire sortir le peuple de sa misère et de son ignorance; elle seule peut instaurer un ordre dans lequel l'usage de la contrainte sera réduit au minimum. On voit ici tout ce que Proudhon doit à Rousseau; il est évident que Proudhon croit foncièrement à la bonté de l'homme; il souhaite appliquer le message philosophique de Rousseau en créant des structures d'association sociale et économique qui soient à leur tour bonnes, pour conforter la qualité humaine et non la pervertir. D'autre part, Proudhon s'éloigne de Rousseau et devient un authentique socialiste lorsqu'il proclame la primauté de l'organisation économique sur le droit et qu'il voit en lui — ce qui est assez juste — la formalisation universelle mais toujours empirique des normes et des valeurs reçues dans une époque précise, qui correspondent à une organisation économique ancienne encore que toujours vivante. Or, pour le socialiste, seules l'évolution de la base économique de la société et la reconnaissance de la valeur-travail comme principe de son développement sont en mesure de rendre possibles la réforme et l'humanisation du droit.

Le mutuellisme et les principes du fédéralisme

J'ai donc affirmé que toutes les causes d'inégalité se réduisent à trois : 1° l'appropriation gratuite des forces collectives; 2° l'inégalité dans les échanges; 3° le droit de bénéfice ou d'aubaine.

Et comme cette triple façon d'usurper le bien d'autrui constitue essentiellement le domaine de la propriété, j'ai nié la légitimité de la propriété et j'ai proclamé son identité avec le vol (2e Mémoire sur la propriété).

L'appropriation de la force collective et de la plus-value.

Le travailleur conserve, même après avoir reçu son salaire, un droit naturel de propriété sur la chose qu'il a produite...

Des ouvriers sont employés à dessécher ce marais, à en arracher les arbres et les broussailles, en un mot à nettoyer le sol; ils en accroissent la valeur, ils en font une propriété plus considérable; la valeur qu'ils y ajoutent y est payée par les aliments qui leur sont donnés et par le prix de leurs journées; elle devient la propriété du capitaliste.

Ce prix ne suffit pas; le travail des ouvriers a créé une valeur; or cette valeur est leur propriété. Mais ils ne l'ont ni vendue ni échangée; et vous, capitaliste, vous ne l'avez point acquise.

Le capitaliste a, dit-on, payé les journées des ouvriers; pour être exact, il faut dire que le capitaliste a payé autant de fois une journée qu'il a employé d'ouvriers chaque jour, ce qui n'est pas du tout la même chose. Car, cette force immense qui résulte de l'union, et de l'harmonie des travailleurs, de la convergence et de la simultanéité de leurs efforts, il ne l'a point payée. Deux cents grenadiers ont hissé en quelques heures l'obélisque de Louksor sur sa base; suppose-t-on qu'un seul homme, en deux cents jours, en serait venu à bout? Cependant, la dépense du capitaliste, la somme des salaires eût été la même...

Dans les deux cas, il s'adjuge le bénéfice de la force collective...

Dans toute exploitation, l'entrepreneur ne peut revendiquer légitimement, en sus de son travail personnel que l'*idée*; quant à l'exécution résultant de nombreux travailleurs, c'est un effet de puissance collective.

Par l'effet du monopole, le travailleur collectif doit racheter son propre produit pour un prix supérieur à celui que ce produit coûte. Le travailleur est trompé tant sur le montant de son salaire que sur les règlements. Le progrès dans le bien-être se change pour lui en progrès incessant dans la misère. Toutes les notions de Justice commutative sont perverties et l'économie sociale, de science positive, devient une véritable utopie [...] La valeur n'est plus une conception synthétique qui sert à exprimer le rapport d'un objet particulier d'utilité avec l'ensemble de la richesse, la valeur perd son caractère social et n'est plus qu'un rapport vague, contraire.

Si, comme on le prétend, et comme nous l'avons accordé, le travailleur est propriétaire de la valeur qu'il crée, il s'ensuit :

Que le travailleur acquiert aux dépens du propriétaire oisif;

Que toute production étant nécessairement collective, l'ouvrier a droit, dans la proportion de son travail, à la participation des produits et des bénéfices;

Que tout capital accumulé dans une propriété sociale, nul n'en peut avoir la propriété exclusive.

La mutualité, rapport de réciprocité

Le mot français mutuel, mutualité, mutation, qui a pour pseudonyme réciproque, réciprocité, vient du latin *mutuum*, qui signifie prêt, et dans un sens plus large, échange. De là toutes les institutions du mutuellisme : assurances mutuelles, crédit mutuel, secours mutuel, enseignement mutuel, garanties réciproques de débouché, d'échange, de travail, de bonne qualité, et de juste prix des marchandises. Voilà ce que le mutuellisme prétend faire, à l'aide de certaines institutions, un principe d'État, une loi d'État.

La mutualité, principe de solidarité

Le principe de mutualité, en ce qui concerne l'association, est de n'associer les hommes qu'autant que les exigences de la production, le bon marché des produits, les besoins de la consommation, la sécurité des producteurs eux-mêmes, le requièrent. Les chemins de fer, les mines, les manufactures, sont dans ce cas. Ici donc, de deux choses l'une; ou bien le travailleur, nécessairement parcellaire, sera simplement le salarié du propriétaire-capitaliste-entrepreneur; ou bien il participera aux chances de gain ou de pertes de l'établissement, il aura voix délibérative au conseil, en un mot, il deviendra associé [...]

Ainsi, nous n'avons point à hésiter, car nous n'avons pas le choix. Là où la production nécessite une grande division du travail, une force collective considérable, il y a nécessité de former entre les agents de cette industrie, une association.

Telle est donc la règle que nous devons nous poser si nous voulons conduire avec quelque intelligence la Révolution.

Toute industrie, exploitation ou entreprise, qui par sa nature exige l'emploi combiné d'un grand nombre d'ouvriers de spécialités différentes, est destinée à devenir le foyer d'une société ou compagnie de travailleurs [...] Lorsque l'entreprise requiert l'intervention combinée de plusieurs industries, professions, spécialités différentes, lorsque de cette combinaison ressort une œuvre nouvelle, impraticable à toute individualité, où chaque homme s'engrène à l'homme comme la roue à la roue, l'industrie à exercer, l'œuvre à accomplir, sont la propriété commune et indivise de tous ceux qui y participent.

Reconstitution : la théorie mutuelliste et fédérative de la propriété

[...] Reconstituer la propriété selon les principes de la mutualité et du droit fédératif. Donner la théorie mutuelliste et fédérative de la propriété dont j'ai publié il y a vingt-cinq ans la critique (*Capacité politique*, livre I, et II, chap. xiii). C'est dans l'énergie combinée de ces deux principes, l'association et la mutualité, que se trouve le système auquel la civilisation aspire. Le *Code Napoléon* est aussi incapable de servir la société nouvelle que la république platonicienne : l'élément économique substituant partout le droit relatif et mobile de la mutualité au droit absolu de la propriété, il faudra reconstruire de fond en comble ce palais de carton. (La *Révolution sociale*, chap. viii).

Conférer au peuple des droits politiques; il eût fallu seulement commencer à lui donner la propriété. L'État, constitué de la manière la plus rationnelle, la plus libérale, animé des intentions les plus justes, n'en est pas moins une puissance énorme, capable de tout écraser autour d'elle, si on ne lui donne un contrepoids. Avec la tenure féodale ou l'ancienne possession germanique ou slave encore en vigueur en Russie, la société marche comme une armée en bataille.

Une fonction politique

Où trouver une puissance capable de contrebalancer cette puissance formidable de l'État? Il n'y en a pas d'autre que la propriété. Pour qu'une force puisse tenir en respect une autre force, il faut qu'elles soient indépendantes l'une de l'autre. Servir de contrepoids à la puissance publique, balancer l'État, par ce moyen assurer la liberté individuelle : telle sera donc, dans le système politique, la fonction principale de la propriété […]

La propriété est le contrepoids naturel, nécessaire de la puissance publique. La puissance de l'État est une puissance de concentration; donnez-lui l'essor, et toute individualité disparaîtra bientôt, absorbée dans la collectivité. Là où manque la propriété, ou elle est remplacée par la possession slave ou le fief, il y a despotisme dans le gouvernement.

Une république qui laissera tomber l'alleu en fief, qui ramènera la propriété au communisme slave […] se convertira en autocratie.

Une fonction personnelle

La propriété ne se pose pas *a priori* comme droit de l'homme et du citoyen, ainsi qu'on l'a cru jusqu'à ce jour et que semblent le dire les déclarations de 1789, 1793 et 1795 : tous les raisonnements qu'on ferait pour établir *a priori* le droit de propriété sont des pétitions de principe, et impliquent contradiction. La propriété se révèle comme une *fonction*; et c'est parce qu'elle est une fonction à laquelle *tout citoyen* est appelé comme il est appelé à posséder et à produire, qu'elle devient un droit : le droit résultant ici de la destinée, non la destinée du droit… Elle est accordée à l'homme en vue de le protéger contre les atteintes du pouvoir et les incursions de ses semblables […]

Cela revient à dire que les citoyens sont tous de même droit et de même dignité dans l'État [...] en donnant à tous et chacun les mêmes garanties (*La Théorie de la propriété*, chap. vi).

Rendre l'ouvrier copropriétaire de l'engin industriel et participant aux bénéfices au lieu de l'y enchaîner comme un esclave, qui oserait dire que telle ne soit pas la tendance du siècle?

Si le lecteur a compris ce qui vient d'être dit, au point de vue politique, de la propriété, savoir : qu'elle ne peut être un droit que si elle est une fonction... il n'aura pas de peine à saisir ce qui me reste à dire des fins de la propriété au point de vue de l'économie politique et de la morale. Il faut bien le comprendre : l'humanité n'est même pas propriétaire de la terre.

Vis-à-vis des personnes et des familles dont le travail fait l'objet de l'association, la compagnie aura pour règles : Que tout individu employé dans l'association, ait un droit indivis dans la propriété de la compagnie. Qu'il ait le droit d'en remplir successivement toutes les fonctions, d'en remplir tous les grades, suivant les convenances du sexe, de l'âge, du talent, de l'ancienneté.

Que les fonctions soient électives, et les règlements soumis à l'adoption des associés. Que le salaire soit proportionné à la nature de la fonction, à l'importance du talent, à l'étendue de la responsabilité.

Que tout associé participe aux bénéfices comme aux charges de la compagnie, dans la proportion de ses services.

Que chacun soit libre de quitter à volonté l'association, conséquemment de faire régler son compte et liquider ses droits.

Ces principes généraux suffisent à faire connaître l'esprit et la portée de cette institution, sans précédents, comme sans modèles. Ils fournissent la solution de deux problèmes importants de l'économie sociale : celui de la force collective, et celui de la division du travail.

L'application : les structures fédéralistes

Au développement de l'État autoritaire, patriarcal, monarchique ou communiste, s'oppose le développement de l'État libre, contractuel et démocratique.

Tous les articles d'une constitution peuvent se ramener à un article unique, celui qui concerne le rôle et la compétence de ce grand fonctionnaire qu'est l'État. La délimitation du rôle de l'État est une question de vie ou de mort pour la liberté collective et individuelle [...] Le contrat de fédération [...] dont l'essence est de réserver toujours plus aux citoyens qu'à l'État, aux autorités municipales et provinciales qu'à l'autorité centrale pourrait seul nous mettre sur le chemin de la vérité. Les attributions fédérales ne doivent jamais excéder en nombre et en réalité celle des autorités communales et provinciales. S'il en était autrement, la république fédérative deviendrait unitaire [...] Elle serait sur la route du despotisme. Tout le mystère consiste à distribuer la nation en provinces indépendantes souveraines ou du moins qui s'administrant elles-mêmes, disposent d'une force d'initiative et d'une influence suffisante.

Proudhon, *La Révolution au XIXe siècle, 6e étude*, dans Bancal.

Dans l'avenir, on opposera souvent les thèses associationnistes de Pierre Joseph Proudhon au socialisme marxiste, plus dogmatique et rigide. Leur influence sera particulièrement grande en France, où le chef du parti républicain Gambetta reconnaîtra en Proudhon celui qui a formé sa pensée et développé sa culture sociale, et se fera sentir en Allemagne, puis ailleurs en Europe et même au Brésil. Son impact sera particulièrement grand dans les pays où le rôle et le poids de l'État étaient moins évidents, soit parce que ces pays étaient encore les provinces d'empires traditionnels : Tchécoslovaquie, Hongrie, Pologne, soit parce qu'ils étaient encore peu développés, émergeant à peine du régime colonial (Brésil). Bancal a une belle conclusion sur Proudhon, que nous reproduisons telle quelle, à cause de sa clarté et de sa pertinence pour le contexte actuel de crise du capitalisme et du socialisme : « Homme de la troisième voie, il est celui qui écrit, dès 1848 dans la *Solution du problème social :* ''Entre la propriété et la communauté, je bâtirai un monde.'' En fait, chaque fois qu'il est question d'ouvrir le socialisme et de transformer le libéralisme, que ce soit d'une façon directe ou indirecte, c'est toujours à Proudhon et à sa doctrine qu'on a fait appel. Et il semble peu probable que le troisième millénaire puisse faire l'économie de cette pensée incontournable. »

Marx

Né en 1818 à Trèves, dans l'ouest de l'Allemagne, Karl Marx oriente sa pensée, comme les socialistes français ont entrepris de le faire avant lui, sur une critique en règle de la « ploutocratie ». Le pouvoir des riches est celui d'une bourgeoisie marchande et désormais capitaliste, c'est-à-dire détentrice de cet outil de l'industrialisation qu'est le capital. Si Marx s'inscrit dans le vaste courant de remise en cause de la propriété privée et des excès du machinisme, cet allemand est aussi le disciple de la philosophie hégélienne qui a commencé à façonner les mentalités de la nouvelle génération romantique dans son pays.

La culture allemande de cette époque avait pour horizon non pas le pragmatisme anglais ou le scepticisme philosophique des Français, mais l'idéalisme néoplatonicien de Kant et Fichte, qui partageait le monde entre une réalité tangible et la réalité vraie, dont dépendaient deux ordres éthiques différents. Friedrich Hegel, et Karl Marx à sa suite, rejetèrent cette fausse dichotomie, qui à leurs yeux justifiait tous les abus du présent et perpétuait l'illusion stoïcienne de l'impossibilité de l'action. D'ailleurs la jeunesse étudiante allemande, exaltée par l'héroïsme de la Révolution française, était avide d'action et demandait à la philosophie rationaliste de la fourbir en munitions. C'est ce que Hegel s'attachera à faire, en prêchant du haut de sa chaire la libération et l'unification de l'Allemagne dans une perspective morale mais également patriotique.

Dans son ouvrage de jeunesse *La Constitution de l'Allemagne de Hegel*, dont l'écriture se situe dans le contexte troublé des guerres napoléonniennes et de l'occupation de son pays, Hegel retourne volontiers à Machiavel. Comme le Florentin avant lui, le philosophe réhabilite la politique contre ceux qui, au nom de la morale, s'en sont faits les détracteurs. À l'instar de Machiavel, il veut inscrire l'étude de la politique dans le contexte plus général de l'histoire : celle qui forme les esprits et les nations, les États et les systèmes économiques. Prônant l'émancipation de son pays déchiré et assujetti à une puissance étrangère, et traçant un parallèle avec l'Italie renaissante de l'époque du Florentin, il recherche la figure du leader héroïque — une trace de rousseauisme — qui parviendra à mettre en marche l'idée de l'unification allemande. À ce titre, ses commentateurs voient en lui un Machiavel allemand, mais c'est d'un nouveau Machiavel que le philosophe se fait dans ses écrits le défenseur. À cette époque, les monarchistes utilisent bien volontiers le Florentin pour faire l'apologie du despotisme éclairé, qu'incarnait à la perfection, dans son temps, Frédéric II de Prusse. Les rousseauistes, de leur côté, se plaisaient à citer leur maître, qui écrivait, dans le *Contrat social* : « En feignant de donner des leçons aux rois, Machiavel en a donné de grandes aux peuples. » Dans ce conflit d'interprétation se retrouve l'éternel différend entre traditionalistes et révolutionnaires, monarchistes et républicains.

Toutefois, et à la différence du Florentin, Hegel présente une vision idéaliste de l'histoire ; il invoque le droit, qui doit donner à l'entreprise de libération une moralité qui manque à son modèle. De sorte que le réalisme politique que l'un emprunte à l'autre n'est plus teinté de cynisme. L'État moderne, dont Hegel réclame la création pour encadrer la cité des hommes devenue entretemps une tyrannie, apparaît plus que jamais comme une nécessité et le but du processus historique de la civilisation. L'histoire en devenir, qui met ainsi en relation l'individu et un nécessaire État, peut dès lors être qualifiée de sociale. Dans ce nouveau contexte, le social est *holistique* — du grec *olos* : le tout —, mais aussi évolutif et progressiste. L'État, dont la raison d'être avait été entrevue par Machiavel puis par Rousseau, a désormais pour mission de rétablir l'égalité entre les hommes, présente dans l'état de nature et que les cheminements abrupts de la civilisation ont par la suite fait disparaître au profit d'une minorité avec l'instauration de la propriété et la restauration du despotisme.

La méthode de Hegel est dialectique — du grec διαλέζω ou *dialezo* : dialoguer — car elle conçoit l'évolution de l'histoire comme le choc et la synthèse de deux réalités distinctes, l'une étant les apparences concrètes, ou phénomènes, et l'autre leur « réalité » en devenir. S'opposent alors comme deux forces antagonistes : un mouvement vers la formalisation et la conservation des choses antérieurement acquises et un autre mouvement en faveur de l'instauration de phénomènes nouveaux et inédits. Bien entendu, les deux tendances coexistent et s'opposent en apparence tandis qu'en fait la seconde est issue de la première, dont elle constitue une tentative d'expansion et de modernisation historique.

La méthode dialectique, pour être intéressante, n'est pas vraiment nouvelle. Pour les Grecs anciens, la dialectique était au cœur du fonctionnement du discours; lequel présente un argument, puis se plaît à le contredire et à le mettre en relief en exposant un autre argument, qui lui est contraire. Le dialogue, où deux interlocuteurs se contredisent, est donc l'expression classique de la dialectique. Tous deux tendent cependant à une conclusion finale, à laquelle les deux souscriront, qui fera le tri des arguments les plus pertinents et réalisera la synthèse du dialogue.

Dans la tradition hégélienne et plus tard marxiste, la dialectique va devenir une véritable méthode. Dans une réalité donnée, historique ou synchronique, on observe des phénomènes qui illustrent telle tendance, et dans le même temps d'autres phénomènes, issus d'un contre-système, et qui en illustrent une autre. La première tendance obéit à un principe, l'autre à son contraire apparent. Pendant un laps de temps plus ou moins long, les deux coexistent, se mesurent puis se combattent, et enfin la tendance progressiste prend le dessus sur la première et la subjugue. L'ampleur, la durée et la férocité de ce combat sont du domaine très large de l'interprétation, mais le principe reste simple. Toute l'histoire du monde est alors faite de systèmes et de pensées politiques nés des conditions prévalant sous un système antérieur, qui coexistent avec lui plus ou moins harmonieusement avant de le supplanter. D'où, au niveau pratique, des concepts tels que la lutte des classes, où des groupes sociaux, économiquement déterminés, se concurrencent dans l'arène de l'histoire, l'une pour conserver et l'autre pour conquérir le pouvoir.

Il n'y a pas de doute que l'intérêt philosophique de la dialectique au début de la modernité tient en grande partie aux conquêtes de la physique moderne, qui s'est développée avec Newton et par la suite sous l'égide du mouvement des Lumières. Chaque réalité présente ainsi deux tendances opposées, qui en expliquent l'existence et l'évolution. Ce sont ces leçons de physique moderne que la philosophie cherche à adapter à la compréhension de la vie sociale et politique. Ce n'est pas un hasard si la thèse de doctorat de Marx a justement porté sur la théorie des atomes de Démocrite et la philosophie individualiste et sensualiste d'Épicure.

Pendant ses années d'étude et de formation (1838–1844), Karl Marx appartient encore au courant hégélien de gauche; ceux de ses disciples qui ont, peu après la mort de Hegel, conservé la méthode du maître tout en embrassant l'athéisme. Dans ses premiers écrits, datant de cette époque, Marx met en place une première phase de sa pensée où émerge, selon les mots de Löwy, un modèle politico-philosophique qui oppose deux sphères fondamentales — la seconde est la « vérité » de la première : d'un côté, matière-passivité, société civile et intérêt privé et bourgeois — de l'autre, esprit, activité, État, intérêt général et citoyens. Comme les jeunes hégéliens de sa génération, Marx a rompu avec son maître, en se dissociant de son interprétation religieuse et morale de l'histoire et en joignant les rangs de l'athéisme social. Il retient toutefois de Hegel sa conception de la conscience universelle en voie de formation, qu'il appliquera à l'analyse de la conscience prolétarienne.

Le prince moderne

Si la méthode dialectique a ses avantages, elle ne résout pas la question du sujet, c'est-à-dire des acteurs de l'histoire. Hegel et Marx sont tous deux à la recherche du prince moderne. Est-ce qu'il sera, à la suite de Machiavel, un brillant général, un condottiere des temps modernes, un philosophe pragmatique, ou plutôt un nouveau Bonaparte qui aura plus de chance que son prédécesseur? Pour Hegel, ce sera l'État de droit. Pour Marx, ce sera la classe ouvrière ou le prolétariat. C'est au niveau de cette identification de l'acteur principal que les deux penseurs se sépareront irrémédiablement. De plus en plus, Marx qualifiera d'idéaliste la démarche de Hegel. En effet, comment aspirer à une révolution qui mettra un terme à l'Ancien Régime ou encore au capitalisme fondé sur la propriété, par le seul attrait des principes, l'exposé hégélien des convictions qui doivent guider son avènement et l'évolution naturelle des mentalités? Marx va ajouter à l'idéalisme hégélien une méthodologie précise d'organisation sociale et d'intervention ou, si l'on préfère, d'action sur l'histoire, par l'identification des acteurs, leur organisation en parti de masse et la pratique politique de ce parti en vue de la conquête du pouvoir.

Le caractère novateur de la révolution prolétarienne

Les hommes font leur propre histoire, mais ils ne la font pas arbitrairement, dans les conditions choisies par eux, mais dans des conditions directement données et héritées du passé. La tradition de toutes les générations mortes pèse d'un poids très lourd sur le cerveau des vivants. Et même quand ils semblent occupés à le transformer, eux et les choses, à créer quelque chose de tout à fait nouveau, c'est précisément à ces époques de crise révolutionnaire qu'ils évoquent craintivement les esprits du passé, qu'ils leur empruntent leurs noms, leurs mots d'ordre, leurs costumes, pour apparaître sur la nouvelle scène de l'histoire sous ce déguisement respectable et avec ce langage emprunté. C'est ainsi que Luther prit le masque de l'apôtre Paul, que la Révolution de 1789 à 1814 se drapa successivement dans le costume de la République romaine, puis dans celui de l'Empire romain, et que la Révolution de 1848 ne sut rien faire de mieux que de parodier tantôt 1789, tantôt la tradition révolutionnaire de 1793 à 1795. C'est ainsi que le débutant qui apprend une nouvelle langue la retraduit toujours dans sa langue maternelle, mais il ne réussit à s'assimiler l'esprit de cette nouvelle langue et à s'en servir librement que quand il arrive à la manier sans se rappeler sa langue maternelle, et qu'il parvient même à oublier complètement cette dernière.

[...] Les partis et la masse de la première Révolution française accomplirent dans le costume romain, et en se servant d'une phraséologie romaine, la tâche de leur époque, à savoir l'éclosion et l'instauration de la société *bourgeoise* moderne. S'ils brisèrent en morceaux les institutions féodales et coupèrent les têtes féodales qui avaient poussé sur ces institutions, Napoléon, lui, créa à l'intérieur de la France les conditions grâce auxquelles on pouvait désormais développer la libre concurrence, exploiter la propriété parcellaire du sol et utiliser les forces productives industrielles libérées de la nation, tandis qu'à l'extérieur il balaya partout les institutions féodales dans la mesure où cela était nécessaire pour créer à la société bourgeoise en France l'entourage dont elle avait besoin sur le continent européen.

[...] La révolution sociale du XIXe siècle ne peut pas tirer sa poésie du passé, mais seulement de l'avenir. Elle ne peut pas commencer avec elle-même avant d'avoir liquidé complètement toute superstition à l'égard du passé. Les révolutions antérieures avaient besoin de réminiscences historiques pour se dissimuler à elles-mêmes leur propre contenu. La révolution du XIXe siècle doit laisser les morts enterrer leurs morts pour réaliser son propre objet. Autrefois, la phrase débordait le contenu, maintenant, c'est le contenu qui déborde la phrase.

[...] Les révolutions bourgeoises, comme celles du XVIIIe siècle, se précipitent rapidement de succès en succès, leurs effets dramatiques se surpassent, les hommes et les choses semblent être pris dans des feux de diamants, l'enthousiasme extatique est l'état permanent de la société, mais elles sont de courte durée. Rapidement, elles atteignent leur point culminant, et un long malaise s'empare de la société avant qu'elle ait appris à s'approprier d'une façon calme et posée des résultats de la période orageuse. Les révolutions prolétariennes, par contre, comme celles du XIXe siècle, se critiquent elles-mêmes constamment, interrompent à chaque instant leur propre cours, reviennent sur ce qui semble déjà être accompli pour le recommencer à nouveau, raillent impitoyablement les hésitations, les faiblesses et les misères de leurs premières tentatives, paraissent n'abattre leur adversaire que pour lui permettre de puiser de nouvelles forces de la terre et se redresser à nouveau, formidable en face d'elles, reculent constamment à nouveau devant l'immensité infinie de leurs propres buts, jusqu'à ce que soit créée enfin la situation qui rende impossible tout retour en arrière, et que les circonstances elles-mêmes crient : *Hic Rhodus, hic salta*[*] !

Karl Marx, *Le 18 Brumaire de Louis Bonaparte*, Éditions sociales, 1969.

---

[*] Proverbe latin, qui signifie littéralement : « Voici Rhodes, il faut sauter! » Ce qui revient à dire en langage moderne : voici l'occasion, c'est le moment de montrer ce dont tu es capable.

Machiavel n'eût pas répugné à cette leçon d'histoire, où Karl Marx fait la part entre les changements sociaux de l'époque ancienne, qui se réclamaient de manière presque obsessionnelle de modèles antérieurs, qui constituaient autant de références connues et rassurantes, comme si elles craignaient leur fureur et leur désir de transformations. Le siècle de la modernité sera celui d'une réflexion lucide sur l'histoire, vue comme un mouvement conscient de lui-même, à travers ses acteurs. La perspective de Marx n'est pas, à cet égard, absolument nouvelle. Elle accompagne le courant rationaliste doublé d'une connaissance plus précise de l'évolution inéluctable, donc linéaire, du monde et des êtres qui l'habitent, qui trouvera bientôt sa traduction scientifique dans l'important ouvrage *De l'origine des espèces par voie de sélection naturelle* (1859) de Charles Darwin. Les Lumières, et le mouvement scientifique en général, avaient ouvert la voie à une interprétation progressiste de l'histoire. Marx part de cette prémisse mais souligne le caractère transitoire de la société bourgeoise. Le débordement se fera bientôt en faveur d'un monde dont l'animateur sera le prolétariat. On avait l'analyse, il manquait l'action.

L'événement marquant de la carrière de Marx sera, à cet égard, sa rencontre en 1847 avec Friedrich Engels, autre socialiste allemand d'une érudition supérieure à la sienne et, comme on verra plus tard à l'occasion de sa rencontre avec Mary Burns, moins conventionnel. De cette amitié naîtront des textes aussi puissants que le *Manifeste du parti communiste* (1848) et une complicité sans faille au milieu de tous les combats que les premiers communistes livreront aux socialistes utopistes comme aux bourgeois radicaux, leurs grands rivaux sur le terrain de l'organisation ouvrière. C'est ainsi que la rédaction de cet ouvrage marquant, quoique que fort bref, donnera naissance au parti communiste. La nouvelle Athéna matérialiste va surgir toute casquée de la substance même du système capitaliste européen, qui va lui servir tout à la fois d'incubateur et de terrain d'exercice pour ses futures et nombreuses conquêtes.

Le Capital

Il est évident que, dès cette époque, Marx a tourné le dos aux conceptions idéalistes de Hegel, fondées sur le droit et la norme, et voit dans l'instance économique son objet d'étude privilégié et dans le même temps son terrain majeur d'intervention politique. Cette pensée va tourner autour de la notion de capital, comme le révèle le titre de son ouvrage majeur *Le Capital* (1867). Le capital est davantage qu'un montant considérable d'argent; c'est cette partie de la richesse, de la propriété privée, qui sert au processus d'accumulation capitaliste proprement dit. L'histoire a montré que, grâce au capital marchand, les richesses pouvaient venir de la mise en valeur des mines, du commerce avec l'étranger, de la vente des produits de la terre; c'était le capital marchand ou mercantile. La fortune des nobles des siècles passés provenait de ce type de rentes.

Mais ce qui distingue le capital de la rente marchande, c'est qu'il est cette fraction de la richesse qui sert à mobiliser la force de travail des ouvriers, de manière à en capter la plus-value, qui est la valeur ajoutée par ce travail au produit en cours de production. L'enrichissement du capitaliste, c'est-à-dire l'accumulation du capital, provient essentiellement de la marge qui existe entre le prix payé à l'ouvrier pour son travail, le salaire, et le rendement supérieur de ce travail dans le processus de production. Cette marge a aussi pour nom bénéfice, quand elle désigne la part de profit qui revient au propriétaire, et plus-value, quand elle désigne la participation de cet effort à l'enrichissement social. Celui qui capte ce bénéfice, parce qu'il est propriétaire à la fois de la force de travail par le biais du salaire, et des produits de ce travail à titre d'entrepreneur industriel, s'enrichit inévitablement en conquérant une fraction du marché, où il vend les produits qu'il a volés à l'ouvrier. Pendant ce temps, les conditions de vie de l'ouvrier stagnent, à cause de son salaire médiocre qui le maintient au bas de l'échelle sociale, et de la perte de contrôle du fruit de son travail, dont il pourrait s'enrichir. L'artisan est devenu ouvrier, il travaille pour un autre et vit de la location de sa force de travail. Il n'est plus le propriétaire de rien, si ce n'est de sa propre progéniture. D'où l'expression fameuse, particulièrement vénérée par Karl Marx et ses disciples, de prolétaire — du latin *proles* : la progéniture.

Dans ces conditions spécifiques, le capitalisme tend alors à se généraliser. L'industrialisation, rendue possible par l'évolution des techniques et la forme particulière de propriété privée sous laquelle elle est lancée vont donner naissance au capitalisme moderne. L'intérêt de Marx, cependant, va davantage aux rapports sociaux qui s'établissent entre les êtres humains, à la faveur de cette évolution, qu'aux progrès techniques ou matériels rendus possibles par l'industrialisation.

Le rôle progressiste de la bourgeoisie

La bourgeoisie a joué dans l'histoire un rôle éminemment révolutionnaire. Partout où elle est parvenue à établir sa domination, la bourgeoisie a détruit toutes les relations féodales, patriarcales et idylliques. Tous les liens bigarrés qui unissaient l'homme médiéval à ses supérieurs naturels, elle les a brisés sans pitié pour ne laisser subsister d'autre lien, entre l'homme et l'homme, que l'intérêt tout nu, le « paiement au comptant », sans sentiment aucun. Elle a noyé les frissons sacrés de l'extase religieuse, de l'enthousiasme chevaleresque, de la mélancolie petite-bourgeoise dans les eaux glacées du calcul égoïste. Elle a dissous la dignité personnelle dans la valeur d'échange et, aux innombrables libertés dûment garanties et si chèrement conquises, elle a substitué l'*unique* et impitoyable liberté de commerce. En un mot, à l'exploitation que masquaient les illusions religieuses et politiques, elle a substitué une exploitation ouverte, directe, brutale.

La bourgeoisie a dépouillé de leur auréole toutes les activités considérées jusqu'alors, avec un certain respect, comme vénérables. Le médecin, le juriste, le prêtre, le poète, l'homme de science, elle en a fait des salariés à ses gages.

La bourgeoisie a déchiré le voile de sentimentalité touchante qui recouvrait les rapports familiaux et les a réduits à de simples rapports d'argent.

Karl Marx et Friedrich Engels, *Le Manifeste du parti communiste*.

En ce sens, la pensée marxiste s'éloigne une fois pour toutes de l'économie politique libérale. Les avancées économiques, les progrès techniques et le triomphe — tout relatif — du droit sur l'ordre médiéval n'ont de signification que dans la mesure où ils sous-tendent la mutation, majeure celle-là, qui s'est opérée dans les rapports humains, et qui font désormais des productions humaines de simples marchandises qu'on échange en vue d'un profit et de la force de travail elle-même une marchandise parmi d'autres, qu'on emploie et qu'on congédie selon les besoins du marché. Cette mutation a son histoire, qui se dessine déjà à des époques fort anciennes, que Marx évoque dans ses écrits, et notamment dans *Le Capital*.

Le matérialisme historique

Marx interprète toute l'histoire comme une dialectique, ou mouvement dynamique des forces historiques contraires. Le capitalisme n'est que le dernier-né de plusieurs modes de production qui se sont succédé en superposant aux formes antérieures de développement des structures sociales marquées par des phénomènes nouveaux, tels que le travail, la science et la technique, le droit et même la politique. La communauté primitive était basée sur cette division des rôles. Dans cette matière, Marx s'appuyait sur les thèses audacieuses du Britannique Charles Darwin qui, dans les années 1830, parcourait l'écosystème terrestre, observait la nature encore vierge et développait contre vents et marées la théorie de l'origine des espèces.

La théorie des modes de production est centrale dans l'analyse historique du *Capital* de Marx. Cette insistance sur une chronologie englobante des grandes époques de l'histoire n'est pas nouvelle; elle est héritée de Rousseau, de Turgot, de Condorcet et enfin de Hegel. Mais sa caractéristique majeure, c'est qu'elle fait une place centrale à des modes d'organisation économiques et non plus aux philosophies dominantes à chaque époque. Pour Karl Marx, le monde des idées n'est qu'une résultante, une production intellectuelle d'un univers économique donné. Lorsque émerge, au début de l'Antiquité, une société plus complexe avec la domestication des animaux domestiques et le développement de l'agriculture, les modes de production sont de grands systèmes organisant le travail et divisant les habitants d'une communauté en classes sociales, dont au moins deux sont en opposition historique l'une par rapport à l'autre. Selon la méthode dialectique, on dit que l'une est dominante : elle incarne le système antérieur, alors au sommet de sa puissance, tandis que l'autre est en devenir et incarne le mode de production embryonnaire, en voie d'affirmation. Quel rôle pourrait jouer le prolétariat ou la classe ouvrière, acteur politique et prince moderne, dans cet essor spectaculaire et en apparence irréversible de la civilisation moderne?

Le parti communiste

Le rôle du prolétariat ne peut se concevoir que dans le cadre d'une organisation consciente d'elle-même, dotée d'objectifs précis et d'une certaine méthode d'intervention. Marx se propose alors de mettre en place une organisation ouvrière militante. Contrairement à Proudhon, qui se cantonnait, ce qui était déjà beaucoup, à la société civile, Marx vise la conquête d'une certaine fraction du pouvoir politique officiel; il faut fonder un parti, le parti communiste.

Un manifeste communiste

Un spectre hante l'Europe : le spectre du communisme. Toutes les puissances de la vieille Europe se sont alliées pour une sainte chasse à courre contre ce spectre : le pape et le tsar, Metternich et Guizot, les radicaux allemands et les policiers français.

Où est le parti d'opposition qui n'a pas été accusé de communisme par ses adversaires au pouvoir? Où est le parti d'opposition qui n'a pas renvoyé à ses opposants, plus avancés, tout comme à ses adversaires réactionnaires le reproche infamant de communisme?

Le communisme est désormais reconnu par toutes les puissances européennes comme une puissance.

Il est grand temps que les communistes exposent ouvertement, à la face du monde entier, leurs conceptions, leurs buts et leurs tendances et qu'ils opposent aux fables du spectre communiste un manifeste du parti lui-même.

C'est à cette fin que des communistes de nationalités les plus diverses se sont réunis à Londres et qu'ils ont ébauché le manifeste suivant, qui sera publié en anglais, français, allemand, italien, flamand et danois.

Karl Marx et Friedrich Engels, *Le Manifeste du parti communiste*.

Il faut retenir que, dès sa fondation, le communisme courtise la reconnaissance officielle des autorités et la participation aux institutions, qu'il prétend imposer par l'établissement d'un rapport de forces mesuré avec l'ordre établi. À ce titre, ce mouvement sera inlassablement pourchassé par les autorités conservatrices au pouvoir dans les différents pays d'Europe, à l'exception de l'Angleterre victorienne (1837–1901) et de la France républicaine d'après 1870. Il sera à peine mieux considéré au début du siècle, surtout après la sanglante révolution russe de 1917. En France, le communisme jouera un rôle important dans les années 1940, en orientant les politiques sociales et la propriété publique des moyens de production; il reprendra bien vite le chemin trop connu de l'opposition, dans le sens général, qui en fait une opposition parmi d'autres. Il partage l'autre moitié de l'hémicycle avec les partis chrétiens, agraires, radicaux de tout poil et avec les vestiges du passé, bonapartistes et monarchistes. Son pouvoir d'attraction sur les esprits et notamment sur la jeunesse ne se démentira pas, cependant, auprès de toutes les générations et dans tous les pays modernes.

Dans cet extrait du *Manifeste du parti communiste* (1848), laissons Karl Marx et Friedrich Engels s'exprimer sur les motivations du jeune mouvement communiste, sa ligne d'action, sa forme de leadership et ses objectifs, comme avant-garde du prolétariat politiquement organisé et conscient de lui-même.

La lutte des classes

L'histoire de toute société jusqu'à nos jours est l'histoire de la lutte des classes.

Homme libre et esclave, patricien et plébéien, baron et serf, maître de jurande et compagnon, bref oppresseurs et opprimés, en constante opposition les uns aux autres, ont mené une lutte ininterrompue, tantôt dissimulée, tantôt ouverte, une lutte qui, chaque fois, finissait par une transformation révolutionnaire de la société tout entière ou par la disparition commune des classes en lutte.

À des époques plus reculées de l'histoire, nous trouvons presque partout une complète structuration de la société en corps sociaux distincts, une hiérarchie variée de positions sociales. [...] La société bourgeoise moderne, issue du déclin de la société féodale, n'a pas aboli les antagonismes de

classes. Elle n'a fait que substituer de nouvelles classes, de nouvelles conditions d'oppression, de nouvelles formes de lutte à celles d'autrefois.

L'ordre bourgeois

Notre époque, l'époque de la bourgeoisie, se distingue toutefois par
une simplification des antagonismes de classes. La société entière se scinde
de plus en plus en deux vastes camps ennemis, en deux grandes classes qui
s'affrontent directement : la bourgeoisie et le prolétariat. [...]

Le pouvoir étatique moderne n'est qu'un comité chargé de gérer les
affaires communes de la classe bourgeoise tout entière.

Dépassement de l'ordre bourgeois

Les rapports bourgeois de production et de circulation, les rapports
bourgeois de propriété, la société bourgeoise moderne, qui a fait surgir de
si puissants moyens de production et de circulation, ressemblent au sorcier
qui ne sait plus dominer les puissances infernales qu'il a invoquées. Depuis
des décennies, l'histoire de l'industrie et du commerce n'est plus autre
chose que l'histoire de la révolte des forces productives modernes contre les
rapports modernes de production, contre les rapports de propriété qui con-
ditionnent l'existence de la bourgeoisie et de sa domination. Il suffit de
mentionner les crises commerciales qui, par leur retour périodique, remettent en question, de manière de plus en plus menaçante, l'existence de
toute la société bourgeoise. Dans ces crises commerciales est détruite régulièrement une grande partie non seulement des produits fabriqués, mais
même des forces productives déjà créées. Dans ces crises éclate une
épidémie sociale qui, à toute autre époque, eût semblé une absurdité — l'é-
pidémie de la surproduction. La société se trouve soudain ramenée à un état
de barbarie momentanée; on dirait qu'une famine, une guerre d'extermina-
tion généralisée lui ont coupé tout moyen de subsistance; l'industrie, le
commerce semblent anéantis. Et pourquoi? Parce que la société a trop de civilisation, trop de moyens de subsistance, trop d'industrie, trop de commerce. Les forces productives dont elle dispose ne favorisent plus le
développement de la civilisation bourgeoise et des rapports bourgeois de
propriété. Au contraire, elles sont devenues trop puissantes pour ces rapports qui lui font obstacle; et dès qu'elles triomphent de cet obstacle, elles
précipitent dans le désordre la société bourgeoise tout entière et menacent
l'existence de la propriété bourgeoise. Les rapports bourgeois sont devenus
trop étroits pour contenir les richesses qu'elles créent. — Comment la bourgeoisie surmonte-t-elle ces crises? D'un côté, en imposant la destruction
d'une masse de forces productives; de l'autre, en conquérant de nouveaux
marchés. Comment, par conséquent? En préparant des crises plus générales et plus puissantes et en réduisant les moyens de les prévenir.

Les armes dont la bourgeoisie s'est servie pour abattre la féodalité se
retournent à présent contre la bourgeoisie elle-même.

Le Prince moderne, le prolétariat

Mais la bourgeoisie n'a pas seulement forgé les armes qui la mettront à mort; elle a produit aussi les hommes qui manieront ces armes — les ouvriers modernes, les *prolétaires*.

Dans la même mesure où la bourgeoisie, c'est-à-dire le capital, se développe, se développe aussi le prolétariat, la classe des ouvriers modernes qui ne vivent que tant qu'ils trouvent du travail et qui n'en trouvent que tant que leur travail accroît le capital. Ces ouvriers, contraints de se vendre à la pièce, sont une marchandise au même titre que tout autre article de commerce; ils sont donc exposés de la même façon à toutes les vicissitudes de la concurrence, à toutes les fluctuations du marché [...] Une fois achevée l'exploitation de l'ouvrier par le fabricant, c'est-à-dire lorsque celui-ci lui a compté son salaire, l'ouvrier devient la proie d'autres membres de la bourgeoisie : du propriétaire, du boutiquier, du prêteur sur gages, etc.

Les petites classes moyennes de jadis, les petits industriels, les petits artisans et paysans, toutes les classes tombent dans le prolétariat; en partie parce que leur faible capital ne leur permettant pas d'employer les procédés de la grande industrie, ils succombent à la concurrence avec les grands capitalistes; en partie parce que leur habileté est dépréciée par les méthodes nouvelles de production. De sorte que le prolétariat se recrute dans toutes les classes de la population. [...]

Le prolétariat s'organise en fonction de lui-même

Or, avec le développement de l'industrie, le prolétariat ne fait pas que s'accroître en nombre; il est concentré en masses plus importantes; sa force augmente et il en prend mieux conscience [...] La concurrence croissante des bourgeois entre eux et les crises commerciales qui en résultent rendent le salaire des ouvriers de plus en plus instable. Les luttes individuelles entre l'ouvrier et le bourgeois prennent de plus en plus le caractère de collisions entre classes. Les ouvriers commencent à former des coalitions — mouvements de revendications et grèves — contre les bourgeois; ils s'unissent pour défendre leurs salaires. Ils vont jusqu'à former des associations permanentes, pour s'assurer l'approvisionnement en cas de soulèvements éventuels. Çà et là, la lutte éclate en émeutes. [...]

L'heure décisive

Enfin, au moment où la lutte des classes approche de l'heure décisive, le processus de décomposition à l'intérieur de la classe dominante, au sein de la vieille société tout entière, prend un caractère si violent et si âpre qu'une petite fraction de la classe dominante se détache de celle-ci et se rallie à la classe révolutionnaire, à la classe qui porte l'avenir en ses mains. De même que, jadis, une partie de la noblesse passa à la bourgeoisie, de nos jours une partie de la bourgeoisie passe au prolétariat et, notamment, cette partie des idéologues bourgeois qui se sont haussés jusqu'à l'intelligence théorique de l'ensemble du mouvement historique.

De toutes les classes qui, à l'heure actuelle, s'opposent à la bourgeoisie, seul le prolétariat est une classe vraiment révolutionnaire. Les autres classes périclitent et disparaissent avec la grande industrie; le prolétariat en est le produit le plus authentique [...]

Les prolétaires ne peuvent s'emparer des forces productives sociales qu'en abolissant le mode d'appropriation qui leur était particulier et, par la suite, tout le mode d'appropriation en vigueur jusqu'à nos jours.

Le mouvement prolétarien est le mouvement autonome de l'immense majorité dans l'intérêt de l'immense majorité. Le prolétariat, couche la plus basse de la société actuelle, ne peut se mettre debout, se redresser, sans faire sauter toute la superstructure des couches qui constituent la société officielle.

Bien qu'elle ne soit pas, quant au fond, une lutte nationale, la lutte du prolétariat contre la bourgeoisie en revêt cependant d'abord la forme. Le prolétariat de chaque pays doit, bien entendu, en finir avec sa propre bourgeoisie [...] La bourgeoisie produit avant tout ses propres fossoyeurs. Sa chute et la victoire du prolétariat sont également inévitables. [...]

Les alliances politiques

En France, les communistes se rallient au Parti démocrate-socialiste (républicain et antibonapartiste) contre la bourgeoisie conservatrice et radicale, tout en réservant le droit de critiquer les phrases et les illusions léguées par la tradition révolutionnaire.

En Suisse, ils appuient les radicaux (anticléricaux et favorables au renforcement des pouvoirs de la Confédération au détriment de ceux des cantons), sans méconnaître que ce parti se compose d'éléments contradictoires, moitié de démocrates socialistes, dans l'acception française du mot, moitié de bourgeois radicaux.

Chez les Polonais (alors annexés à la Russie ou à la Prusse), les communistes soutiennent le parti qui voit dans une révolution agraire la condition de la libération nationale.

En Allemagne, le parti communiste lutte en commun avec la bourgeoisie, dès que celle-ci adopte un comportement révolutionnaire, contre la monarchie absolue, la propriété foncière féodale et la petite bourgeoisie.

Mais à aucun moment, il ne néglige de développer chez les ouvriers une conscience aussi claire que possible de l'antagonisme violent qui existe entre la bourgeoisie et le prolétariat, afin que, l'heure venue, les ouvriers allemands sachent convertir les conditions politiques et sociales [...] afin que, sitôt renversées les classes réactionnaires de l'Allemagne, la lutte puisse s'engager contre la bourgeoisie elle-même. C'est vers l'Allemagne que se tourne principalement l'attention des communistes, parce que l'Allemagne se trouve à la veille d'une révolution bourgeoise, parce qu'elle accomplira cette révolution dans les conditions les plus avancées de la civilisation européenne et avec un prolétariat infiniment plus développé que l'Angleterre du xviiᵉ et la France du xviiiᵉ siècle, et que la révolution bourgeoise allemande ne saurait être que le prélude immédiat d'une révolution prolétarienne.

En un mot, les communistes appuient en tous pays tout mouvement révolutionnaire contre l'ordre politique et social existant.

PROLÉTAIRES DE TOUS LES PAYS, UNISSEZ-VOUS!

Karl Marx et Friedrich Engels, *Le Manifeste du parti communiste*.

Tout le monde sait à quel point le langage incisif et le message héroïque de Marx et d'Engels vont connaître un retentissement considérable dans toute l'Europe, comme à l'étranger. La philosophie normative et volontariste des fondateurs du communisme réunit, pour la première fois, l'énoncé d'un objectif simple, faisant largement consensus dans les milieux populaires, et une méthode de fonctionnement politique tout entière dirigée vers l'éclosion des lendemains qui chantent, dans un monde idéal qui n'est pas sans rappeler le mythe de la caverne de Platon. Les premiers communistes, émergeant de la caverne où le mirage de la vie n'est qu'une exploitation de l'homme par l'homme, sont les premiers à entrevoir la lumière d'un monde en devenir, où le développement des forces de production irait de pair avec la montée de l'éducation sociale — toute collective d'ailleurs, comme dans *La République*.

Comme le prisonnier libéré et transfiguré de Platon, ceux-ci n'ont d'autre souci que de redescendre au fond de l'antre et d'instruire leurs semblables de leur condition actuelle ainsi que des possibilités qui leur sont offertes. À ce vieux mythe, les communistes joignent toutefois une analyse historique solide, bien documentée, de même qu'une pratique politique qui se traduit par la mise en place d'un parti et l'éducation de ses membres, dans la perspective de la conquête du pouvoir à l'échelle, non seulement nationale, mais d'abord et surtout mondiale. L'appel de Karl Marx et de Friedrich Engels n'aurait pas mobilisé toute l'époque moderne jusqu'à ce jour, dans les deux camps, s'il n'avait eu une profonde résonance à travers son précepte de l'internationalisme prolétarien. Contre lui, le traditionalisme et le libéralisme, qui jusque-là se combattaient, devront consentir à un mariage de raison et joindre leurs forces pour repousser ses assauts de plus en plus menaçants.

Au xxᵉ siècle, la pensée de Marx n'a pas fini d'inspirer les penseurs et d'enflammer les imaginations. Son optimisme rationnel, nourri de certitudes scientifiques et de hauts faits d'armes, contribue à son succès international. Son influence est trop multiple, et aussi trop diffuse parce que souvent admise et intégrée au sein de l'idéologie officielle — qu'on pense seulement à la social-démocratie —, pour qu'on s'essaie, ne serait-ce que sommairement, à une tentative de classification. Qu'il suffise d'évoquer trois courants majeurs issus de la réflexion marxiste. D'abord, le courant léniniste, qui va donner lieu à la fondation d'empires prolétariens en Russie et en Chine et à de multiples tentatives en Asie du Sud-Est, en Afrique de même qu'en Amérique latine. Ensuite, le courant tiers-mondiste, qui va se développer plus modestement autour du concept de développement inégal. Enfin, le néo-marxisme occidental, issu de la pensée d'Antonio Gramsci (1868–1936) et qui connaît de beaux développements théoriques avec l'École de Francfort.

L'anarchisme

À la méthodologie scientifique et matérialiste du marxisme, l'anarchisme oppose une conception personnaliste de la révolution populaire. Son programme est tout entier contenu, au départ du moins, dans son libellé — qui vient du grec αν-αρχη ou *an-arki*, c'est-à-dire sans commandement. Ses racines sont au moins aussi anciennes que celles de son rival : inspiré de l'*Encyclopédie*, le premier anarchiste français est la figure mal connue de Morelly, qui veut mettre en commun les moyens de production, dans le *Code de la nature*, publié en 1755. Il y critique les institutions parce qu'elles oppriment les passions humaines, et admet dans le même temps le mariage et la famille traditionnelle. Cette contribution a de puissantes racines rousseauistes. Fourier et Saint-Simon illustrent et continuent le mouvement au début du XIXe siècle. En Angleterre, la *Justice politique* de William Godwin, parue en 1793, expose pour la première fois de façon systématique les principes qui guideront le développement de l'anarchisme. Pour atteindre à la « vertu », montre Godwin, l'abolition des institutions politiques et sociales actuelles est essentielle; seule l'auto-éducation des individus permettra de fonder de nouvelles relations sociales, basées sur les idées de justice et de vérité. Grâce à l'homme nouveau, un concept qui sera repris dans le marxisme, la société pourra évoluer vers une répartition plus égalitaire des produits du travail commun.

On voit tout de suite le lien entre ces idéaux humanitaires et la pensée de Proudhon. Au début, anarchisme et communisme naissants se connaissent et se fréquentent, dans la cohorte encore un peu indifférenciée des conceptions anti-aristocratiques. Ainsi, Friedrich Engels, collaborateur principal de Marx, installé à Manchester en Angleterre, y fréquente Mary Burns, ouvrière et révolutionnaire. Celle-ci, encore qu'elle soit très attachée à Engels, refuse de se laisser entretenir par lui et, selon Dominique Tarizzo, peut être considérée comme la première féministe; en ce qu'elle revendique l'autonomie économique des femmes, leur liberté de pensée de même que la reconnaissance, au sein de la lutte sociale, de cette forme particulière d'exploitation qu'est le sexisme. Cette réalité est bien présente, non seulement dans les modalités d'attribution des tâches dans le milieu du travail, mais aussi au niveau des rôles sociaux principaux, dans le cadre de la famille et de la communauté. Ce message féministe n'aura pas l'heur de plaire à Karl Marx, qui trouve le moyen d'être à la fois traditionaliste au plan culturel et révolutionnaire au plan social.

L'anarchisme ne cherche pas au départ un « modèle » holistique, encore moins hiérarchique, d'organisation politique. Des philosophes idéalistes comme Proudhon et Pierre Kropotkine y coexistent avec des tenants de l'action directe : les terroristes, qui seront particulièrement actifs entre 1886 et 1914, et les anarcho-syndicalistes, qui fleuriront en Angleterre et en France dans la génération suivante, surtout lors de la tourmente de la guerre civile espagnole (1936–1939). Si on doit aux premiers des réflexions puissantes et inspirées, qui n'ont souvent rien perdu de leur actualité, aux seconds de multiples et spectaculaires assassinats politiques — le président français Sadi Carnot en 1894, l'impératrice Élisabeth d'Autriche en 1896, le roi d'Italie Humbert Ier en 1900 —, les troisièmes ont fait œuvre utile en implantant un syndicalisme militant et distinct du mouvement communiste.

L'espace manque pour rendre compte des multiples facettes de la pensée libertarienne et anarchiste. Dominique Tarizzo, dont l'ouvrage sur la question est si rafraîchissant, identifie l'anarchisme comme un mouvement de défense contre les abus déshumanisants du monde moderne, auquel manquerait la compréhension des mécanismes profonds de l'aliénation. De là une identification confuse des objectifs et des cibles d'intervention, les uns, tels Cafiro et Pisacane — qui évoluent de toute évidence dans un univers intellectuel hautement symbolique — croient faire oeuvre utile en assassinant de hauts personnages politiques, tandis que d'autres envisagent les associations ouvrières comme la pépinière de « cohortes de courageux », dont le destin sera de fomenter dans leur milieu respectif soulèvements, grèves sauvages et insurrections. Le spontanéisme et l'héroïsme, autres réminiscences rousseauistes, y sont partout présents.

On discerne plusieurs époques dans l'histoire de l'anarchisme. Les premiers écrits sont des appels au messianisme prolétarien; proudhoniens et premiers marxistes y puisent leurs certitudes. La seconde époque, après 1848, est marquée par la philosophie de l'autoémancipation. La société civile, par le biais de ses associations, doit tourner le dos à l'ordre établi et structurer ses propres institutions. Proudhon, comme on l'a vu plus haut, illustre parfaitement ce courant qui cherche, davantage que par le passé, à lier théorie et pratique. C'est là que le divorce est consommé avec les marxistes; ceux-ci aspirent à la création du contre-État prolétarien. Les anarchistes n'y croient pas; ils y voient une compromission, une tentative de mimétisme de l'ordre établi et une récupération de leurs idéaux qui ne peut mener qu'à l'institution-nalisation — donc à l'embourgeoisement — de la révolution.

Stirner

Avec l'Allemand Max Stirner (1806–1856), les anarchistes se séparent à leur tour des proudhoniens. Esprit romantique, fortement individua-liste, Stirner dénonce l'État populaire, qui veut pousser le libéralisme jusqu'à ses dernières conséquences et ne peut s'affirmer qu'aux dépens de la personne. Réactionnaires et révolutionnaires se réclament tous d'un « droit », traditionnel chez les uns, naturel et moral chez les autres. Dans un cas comme dans l'autre, c'est un droit qui ne regarde que l'uni-versel, non le singulier et l'individuel. Il est vrai que l'homme ne peut vivre seul; la vie sociale lui est aussi nécessaire que l'air qu'il respire. Pour exprimer ce qu'il entend, Stirner utilise le concept d'Union (*Verein*), et le distingue de celui d'État : l'Union est créée par ses membres et ne se situe pas au-dessus d'eux, encore moins contre eux. D'où le principe de non-solidarité avec les décisions collectives; ce qui va à contre-courant de Hobbes, même de Rousseau, et va se révéler tout à fait in-compatible avec la pratique révolutionnaire des socialistes, marxistes ou non. Stirner refuse enfin tout aussi bien la conception sacrée de la pro-priété privée, chère aux bourgeois, que les solutions mutuellistes à la Proudhon, selon lesquelles l'individu serait possesseur, plus exactement dépositaire, d'un bien appartenant à la société.

L'attitude très individualiste de Max Stirner le conduit à exalter la ré-volte, qui est un refus personnel de l'ordre, au détriment de la révolu-tion, organisation sociale de renversement de l'ordre. Son négativisme lui devra d'être renié de tous et de mourir dans l'oubli. Une génération plus tard, Nietzsche le redécouvrira et le continuera à travers ses écrits personnalistes, dont le plus connu demeure *Ainsi parlait Zarathoustra*. Entre-temps cette vague de personnalisme anarchiste cède le pas, dans les années 1860, à la tendance proprement collectiviste et révolution-niare, basée à la suite de Stirner sur l'idée de révolte individuelle, mais qui aspire à des modalités d'organisation collective auxquelles l'anar-chisme s'était jusque-là refusé.

Bakounine

Ce courant dominant de l'anarchisme est représenté par Michel Bakounine (1814–1876). Fils de noble de nationalité russe, mais en rupture de ban avec sa classe sociale et son pays, Bakounine connaît jeune les horreurs du bagne et est finalement forcé de s'exiler. À Paris, il subit l'influence de Proudhon et collabore avec Marx, dont il partage l'athéisme des marxistes et les idéaux insurrectionnels. Il est le premier, avant Lénine, à privilégier la solution révolutionnaire chez les peuples slaves, qu'il considère moins civilisés, donc moins corrompus par les conventions et moins aliénés. Il est mêlé à la tentative de soulèvement de la Pologne contre la Russie, en 1863, qui se solde par un échec. Réfugié à Florence, il met en place dans l'Italie alors secouée par la lutte pour son unité nationale, que mène Giuseppe Garibaldi, la Fraternité internationale. Anticléricale, anti-étatique, la Fraternité est fortement redevable de la théorie proudhonienne. Elle est aussi fortement hiérarchisée et, la seule parmi les diverses formations anarchistes, elle se dote d'un programme politique qui prévoit l'abolition de la propriété privée, l'éducation et les services de santé gratuits, l'égalité absolue des citoyens. À cette époque, Bakounine collabore de près avec Karl Marx au sein de la Ire Internationale des travailleurs, fondée en 1864 à Londres. Mais déjà Marx se méfie de lui et de son immense popularité auprès des travailleurs, qu'il enflamme de son magnétisme dans ses discours. Marx n'apprécie surtout pas les centres locaux de pouvoir populaire, surtout quand il ne les contrôle pas lui-même. Après divers accrochages, la rupture est consommée entre les deux hommes en 1872, ce qui entraîne la fin de la Ire Internationale, dont Marx transfère une section à New York.

Apparaît alors aux côtés de Bakounine la figure courageuse mais fantasque du jeune Netchaïev, un autre Russe partisan celui-là de la manière forte. Marx s'en méfie d'autant plus et cela contribue à l'éloigner définitivement de Bakounine, qui protège Netchaïev ; les coups de main se multiplient sous son instigation, et les communistes sont accusés par le pouvoir de fomenter le terrorisme. Lorsque Michel Bakounine meurt à Berne en 1876, la section européenne de l'Internationale est fortement discréditée ; Marx s'empresse d'en rassembler les débris et fonde la IIe Deuxième Internationale. Mais les idéaux de liberté et de solidarité de Bakounine ne disparaîtront pas pour autant. Ils connaîtront un grand retentissement dans l'Espagne républicaine des années 1920 et 1930, où le mouvement anarchiste sera, aux côtés des communistes, un acteur central de la lutte contre le franquisme. On en trouvera même des échos tardifs chez André Malraux, dans ses ouvrages *La Condition humaine* et *L'Espoir*, ainsi que chez Hemingway et Camus. Le fol idéalisme de Bakounine fera le pont entre la première période du socialisme européen et l'existentialisme du xxe siècle. Par la suite, l'anarchisme éclate en groupuscules et ne cesse d'évoluer vers une tendance libertarienne et héroïque, qui privilégie l'action directe et les coups de main contre des personnalités en vue de l'époque. Quant au mouvement populaire organisé, l'Espagne mise à part, il se retrouve de plus en plus sous le contrôle des marxistes et notamment d'Engels, après la mort de Karl Marx en 1883 (Dominique Tarizzo, *L'Anarchie*).

Kropotkine

Pierre Kropotkine (1842–1921), penseur libertaire russe et scientifique éminent, appartient au grand mouvement, multiforme s'il en est, du communisme anarchiste. Il entre jeune dans le mouvement révolutionnaire russe et, renonçant à une vie confortable, peut être considéré comme l'un des rares rebelles authentiques de ce pays. Après avoir parcouru l'Europe en tous sens, Kropotkine s'établit à Genève, où s'est formé un cénacle d'anarchistes réfugiés de tous les pays autoritaires de l'époque. Il fonde, avec le médecin français Paul Brousse, le journal anarchiste *L'Avant-garde*. Avec l'arrestation de Brousse en 1878, Kropotkine publie *Le Révolté*, plus radical encore. Dans cette revue, il tente un rapprochement entre les marxistes de la IIe Internationale et les libertaires, au départ réfractaires à toute idée de parti prolétarien, qu'ils jugent trop dogmatique. On retrouve là tout le débat entre Marx, qui prône la construction du socialisme à partir du Parti communiste, fortement intégré et centralisé, et Michel Bakounine, partisan d'un socialisme anti-autoritaire, plus spontanéiste. Bakounine et ses idées néo-proudhoniennes avaient donné des sueurs froides à Marx, qui n'eut de cesse de les combattre dans les dernières années de sa vie; de même Pierre Kropotkine en donnera à Engels et à Lénine. Ses principaux ouvrages sont *La Conquête du pain* (1895), d'une inspiration très proudhonienne, *L'Aide mutuelle: facteur d'évolution* (1903) et *L'État: son rôle historique* (1903). Dans ce passage, il défend ainsi sa perspective anarcho-syndicaliste :

> Toutes choses sont à tous les hommes, parce que tous les hommes en ont besoin, parce que tous les hommes ont contribué selon leurs forces à les produire, parce qu'il n'est pas possible d'évaluer la part de chacun dans la production des richesses du monde. Si l'homme et la femme accomplissent leur juste part de travail, ils ont droit aussi à leur juste part de tout ce qui est produit par tous, et cette part suffit à assurer leur bien-être.
>
> **Kropotkine, *La Conquête du pain*.**

De manière plus explicite, dans les extraits qui vont suivre, Kropotkine livre l'essentiel de sa pensée sur le soulèvement tant attendu des masses européennes à la fin de son siècle. On voit à quel point son communisme se teinte d'individualisme et de spontanéisme héroïques.

Le libertarisme de la révolution

Le plus puissant développement de l'individualité, de l'originalité individuelle, ne peut se produire que lorsque les premiers besoins de nourriture et d'abri ont été satisfaits, lorsque la lutte pour l'existence contre les forces de la nature a été simplifiée, et que le temps n'étant plus pris par les petits côtés mesquins de la subsistance individuelle, l'intelligence, le goût artistique, l'esprit inventif, le génie entier peuvent se développer à leur aise.

Tel étant notre idéal, que nous importe qu'il ne puisse entièrement se réaliser que dans un avenir plus ou moins lointain.

Notre devoir est de dégager d'abord, par l'analyse de la société, les tendances qui lui sont propres à un moment donné de son évolution et de les mettre en relief. Ensuite, mettre ces tendances en pratique dans nos rapports avec tous ceux qui pensent comme nous. Et enfin, dès aujourd'hui, mais surtout dans la période révolutionnaire, démolir les institutions, ainsi que les préjugés qui entravent le développement de ces tendances.

[...] Le communisme est le meilleur fondement de l'individualisme, non pas celui qui pousse l'homme à la guerre de chacun contre tous et qui est le seul qu'on ait connu à ce jour, mais celui qui représente la pleine éclosion de toutes les facultés de l'homme [...] J'ai déjà remarqué que, autant que nous pouvons en juger par l'observation, la grande question à ce moment pour l'ensemble du parti socialiste, c'est d'accorder son idéal de société avec le mouvement libertaire qui germe dans l'esprit des masses. C'est aussi, c'est surtout, de réveiller en elles l'esprit d'initiative populaire qui a manqué dans les révolutions populaires.

[...] Or, c'est précisément l'initiative du travailleur et du paysan que tous les partis — le parti socialiste autoritaire y compris les marxistes — ont toujours étouffée, sciemment ou non, par la discipline du parti. Les comités, le centre ordonnant tout, les organes locaux n'avaient qu'à obéir, afin de ne plus mettre en danger l'unité de l'organisation. Tout un enseignement, toute une histoire fausse, toute une science incompréhensible furent élaborés dans ce but.

Eh bien, ceux qui travailleront à briser cette tactique surannée, ceux qui sauront réveiller l'esprit d'initiative dans les individus et dans les groupes, ceux qui arriveront à créer dans leurs rapports mutuels une action et une vie basées sur ces principes, ceux qui comprendront que la variété, le conflit même, sont la vie, et que l'uniformité c'est la mort, travailleront non pour les siècles à venir, mais bel et bien pour la prochaine révolution.

Kropotkine, *L'Anarchie, sa philosophie, son idéal.*
(Conférence destinée à la salle populaire
Tivoli-Vauxhall du 6 mars 1896;
écrite mais non prononcée)

Que ces paroles paraissent aujourd'hui prémonitoires, à la lumière de l'échec actuel du marxisme-léninisme qui, en Union Soviétique et en Europe de l'Est, n'a eu d'autre ambition que de substituer à l'autoritarisme féodal ou nationaliste un autoritarisme fondé sur le parti et la personnalité charismatique du leader, qu'il s'appelle Lénine, Joseph Staline, Leonid Brejnev, Nicolae Ceaucescu ou encore Erich Honecker. On sait comment cette forme particulière de socialisme élitiste a justement eu pour conséquences deux phénomènes très graves que prédit, dans cet extrait, Pierre Kropotkine : d'une part, l'uniformisation des initiatives révolutionnaires et sa conséquence inévitable, la déresponsabilisation des citoyens; d'autre part, une lecture fausse et réductrice de l'histoire. Déjà, pour Kropotkine, un grand souffle libérateur a commencé à se manifester par toute l'Europe; ce mouvement va plus loin que les tentatives de récupération auxquelles les mouvements autoritaires voudraient bien le confiner. Il y fait une large place aux martyres individuels.

L'existentialisme

La pensée existentialiste est née, au début de ce siècle, d'un sentiment de désenchantement vis-à-vis de la philosophie scientifique comme du socialisme. En face de la polarisation du monde entre libéralisme et communisme, de même qu'entre le totalitarisme fasciste et ces deux philosophies, un courant d'individualisme refait à nouveau surface, comme à la fin de l'Antiquité. Depuis quelques siècles, les hommes se sont-ils améliorés parce qu'ils ont participé aux institutions sociales et livré le meilleur d'eux-mêmes aux entreprises communes? S'il en était ainsi, le monde n'en serait pas là. Ces entreprises, quand on pense aux tribulations et aux rébellions de la fin du XIXe siècle — anarchisme et impérialisme — et aux terribles guerres qui déchirent l'Occident de 1914 à 1918 et de 1939 à 1945, jouissent-elles encore d'une quelconque crédibilité?

L'existentialisme va réhabiliter, à contre-courant de la conscience sociale moderne, plus ou moins teintée de socialisme ou de libéralisme, la primauté de la démarche individuelle sur l'action collective. Les premiers existentialistes sont à cet égard Sören Kierkegaard (1813–1855) et Friedrich Nietzsche (1844–1900). Tandis que le premier insiste sur la dimension personnelle du choix et la libre-pensée en face des conventions, le second esquisse, dans *Ainsi parlait Zarathoustra* (1889), un profil idéalisé de la personnalité dans toute son exaltation créatrice. Pourtant individualiste, la pensée de Nietsche va ressusciter d'une manière inattendue les instincts grégaires des hommes.

Dans la grande confusion des idées politiques au début du vingtième siècle, la jeunesse européenne se divise en deux grands groupes. Un courant moins instruit mais avide de salut et de renouveau bâtit son intervention politique sur le legs putride du nationalisme conservateur de la fin du siècle précédent. L'antisémitisme y fleurit dans les classes moyennes de pays vaincus qui subissent les suites de la guerre malheureuse de 14–18. Confrontés à la misère et à l'humiliation, ils rêvent de revanche et alimentent leurs lectures de penseurs personnalistes et de racistes réactionnaires, s'abreuvant de tentatives de conceptualisation scientifique à caractère eugéniste. Ils réclament le pouvoir pour la seule « race pure » génétiquement contrôlée et la solution finale en ce qui concerne les Juifs, Tziganes et autres peuples « inférieurs ». Des enseignements aussi terrifiants connaîtront même un écho tardif aux États-Unis, où le mouvement raciste blanc Ku Klux Klan connaîtra ses heures de gloire dans les années 1920.

Tout autre est la pensée des existentialistes modernes. Leur position procédera nécessairement, vu le contexte élitiste, massifiant et impersonnel du fascisme, d'un à priori individualiste et anticonformiste. Faisant eux aussi le constat de la fin des certitudes tranquilles du siècle précédent, brillamment rappelées par Stefan Zweig dans *Le Monde d'hier*, et témoins involontaires de tant d'illusions perdues, tant du côté des libéraux que des socialistes, les penseurs individualistes souhaitent retourner à l'expérience individuelle et réhabiliter la vertu pédagogique de la solitude et de l'accomplissement personnel, en l'absence d'autres certitudes. On est bien proche, chez les existentialistes, d'Épicure et des stoïciens, reprenant l'attitude irrévérencieuse et détachée du solitaire devant la société corrompue, posture morale s'il en est. Devant l'amour de la nature comprise comme une grande force tranquille, chez Albert Camus surtout, qui mène à une exaltation cosmique créatrice de bonheur mystique.

Camus

La culture française sera particulièrement féconde en personnalités existentialistes. Albert Camus est à cet égard, comme le rappelle Jean Daniel, davantage un homme de principe que de dogme. Né en Algérie et participant de cette belle culture méditerranéenne éprise de lumière et d'absolu, il réhabilite avec *Noces* et *L'Été* (1936), à partir de l'expérience de son heureuse jeunesse passée en Algérie, un sensualisme hédoniste renouant avec l'Antiquité païenne et notamment épicurienne, que son éducation catholique rigoriste lui avait jusque-là interdit.

Comme bien des Algérois, Camus aime pique-niquer le dimanche sur ce site antique d'une sauvage beauté qui exalte le contraste entre l'austère désenchantement de l'histoire passée et la splendeur triomphante de la nature présente. À Tipasa, au bout du village aux odeurs familières, envahi par les fleurs, un promontoire flanqué d'une haute montagne et paré de ruines nostalgiques se jette dans la mer sous un soleil éclatant.

L'été à Tipasa

La colline qui supporte la basilique Sainte-Salsa est plate à son sommet et le vent souffle plus largement à travers les portiques. Sous le soleil du matin, un grand bonheur se balance dans l'espace. Bien pauvres sont ceux qui ont besoin de mythes. [...] Est-il même à Déméter ce vieil hymne à quoi plus tard je songerai sans contrainte : Heureux celui des vivants sur la terre qui a vu ces choses. [...] Je comprends ici ce qu'on appelle gloire : le droit d'aimer sans mesure. Il n'y a qu'un seul amour dans ce monde. [...] Sur la mer, c'est le silence énorme de midi. Tout est beau à l'orgueil naturel de sa beauté et le monde aujourd'hui laisse son orgueil suinter de toutes parts. Je ne peux m'empêcher de revendiquer l'orgueil de vivre que le monde tout entier conspire à me donner. À Tipasa, je vois équivaut à je crois, et je ne m'obstine pas à nier ce que ma main peut toucher et mes lèvres caresser. [...]

À présent, l'incessante éclosion des vagues sur le sable me parvenait à travers tout un espace où dansait un pollen doré. Mer, campagne, silence, parfums de cette terre, je m'emplissais d'une vie odorante et je mordais dans le fruit déjà doré du monde [...] Non, ce n'était pas moi qui comptais, ni le monde, mais seulement l'accord et le silence qui de lui à moi faisait naître l'amour. Amour que je n'avais pas la faiblesse de revendiquer pour moi seul, conscient et orgueilleux de le partager avec toute une race, née du soleil et de la mer, vivante et savoureuse, qui puise sa grandeur dans sa simplicité et, debout sur les plages, adresse son sourire complice au sourire éclatant de ses ciels.

Camus, *L'Été*.

Son vaste essai *Le Mythe de Sisyphe* évoque davantage le dilemme de l'individu aux prises avec un destin impossible à accomplir. La difficulté de concilier la recherche de liberté absolue avec la mort de toute certitude conduit à une réflexion portant sur le suicide, « la seule vraie question qui confronte l'individu aux prises avec le mystère de la vie ». L'argument de Camus dans ce livre, c'est qu'il existe une disproportion totale entre la condition qui est celle de l'humanité souffrante et ce que l'individu peut effectivement faire pour améliorer les choses tout en cherchant à être heureux grâce à son travail et sa vie personnelle. De ce paradoxe émerge une attitude de révolte philosophique et de parti pris viscéral en faveur des principes perpétuellement bafoués de liberté et de justice. La révolte constructive est à cause de cela le seul choix crédible face au suicide, qui lui paraît aussi comme un acte de courage. Elle ne peut souffrir ni compromis ni mensonges. Le philosophe de l'absurde, qu'il évoque dans *L'Homme révolté* (1951), accepte de faire de sa vie un témoignage constant et personnel en faveur des déshérités. Il le fait d'autant plus que les dogmes trop faciles et élastiques du christianisme et du marxisme, avec leurs simplifications abusives et leurs hypocrisies bienpensantes, ne sont plus d'aucun secours pour justifier, encadrer ou orienter cette attitude proprement individualiste et pourtant tout à fait altruiste.

C'est sur cette conviction d'un homme de principes, pour qui c'est la logique qui est au service du sentiment humaniste, que Camus se séparera de Jean-Paul Sartre en 1948. Nulle valeur de société, nul engagement politique, nulle institution ne pourront venir à bout de cet intraitable et honnête scepticisme qui va prôner, au-delà du rayonnement conjoncturel des philosophies, un sain détachement en face des dogmes du siècle. Il sera d'ailleurs toujours du côté des droits de la personne, dénonçant le nazisme, la condition des Arabes en Algérie, et surtout la peine de mort. D'abord homme de conviction, il sera un partisan actif de la Résistance antifasciste, mais non pas homme de parti. Il exprime mieux que tout autre la démarche existentialiste, sereine en face de l'absurde, tendre devant la dureté de la condition humaine, intransigeante à l'endroit des compromissions de toutes sortes.

Comme on le voit, la vie des existentialistes n'est donc pas uniquement faite de repli sur soi-même et d'expérimentation sensualiste. L'attitude de combat politique et social procède d'une intuition d'appartenance au monde des sens, par qui passe la seule vraie connaissance, comme chez Épicure. On qualifie souvent Camus de poète de l'absurde, tant il est vrai que la seule certitude dont découle son scepticisme, c'est la conviction que seuls le contact avec la nature, au départ impersonnelle et pourtant extraordinairement présente — *Noces, L'Été* —, et la pratique d'une lucidité sans attrait vont lui permettre de trouver la sérénité et le détachement du philosophe existentiel. Disparu trop tôt dans un accident de voiture en 1960, Camus n'aura pas eu le temps de développer les thèses extraordinaires qu'on retrouve dans ses livres, notamment dans *Le Mythe de Sisyphe* et *L'Homme révolté*.

Sartre

Jean-Paul Sartre (1905–1980) croit pouvoir expliquer l'angoisse existentielle et les tendances destructrices, en regard de l'histoire qui se fait et dont le siècle a offert de si terribles exemples, par le jeu complexe des contradictions dont la conscience individuelle est le fruit, avant de se refléter sur la sphère du politique et du social. Le déplacement, ou, si l'on préfère, le glissement par rapport à Karl Marx, est ici total entre d'une part la contradiction qui agit au niveau de l'organisme social — la classe historiquement déterminée — et d'autre part la contradiction personnalisée.

On voit à quel niveau d'individualisation, le seul qui compte à ses yeux, est parvenu Sartre quand il manifeste, en même temps que son credo communiste, un tempérament antisocial qu'il ne cherchera même pas à combattre, puisqu'il lui apparaît comme la manifestation la plus contemporaine de la *praxis* elle-même. Dans le même ouvrage, il opposera toujours et de manière presque obsessionnelle, en évoquant les différentes époques et les diverses civilisations, les institutions existantes — l'État, les religions, les appareils de domination — à la liberté individuelle perpétuellement persécutée et toujours renaissante. La lecture philosophique de Sartre, c'est que le développement de la conscience individuelle au contact de la pratique sociale est l'unique conquête véritable de l'histoire. En ce sens, le socialisme de Sartre est davantage un moyen, un tremplin d'intervention, qu'une fin en soi ou, pire encore, un dogme à défendre. De toute façon, ses romans et ses pièces présentent toujours une situation bloquée, symbole de l'inévitable fatalité, au sein de laquelle les individus se débattent — par exemple dans sa pièce *Les Séquestrés d'Altona* —, inconscients du scénario que la vie leur fait jouer, *a fortiori* du déroulement de l'intrigue. La perspective sartrienne, souvent décrite comme pessimiste par les commentateurs les plus influents, n'est que la dernière-née des tentatives stoïciennes, mais elle s'inscrit dans un contexte postmoderniste. L'individu sartrien ne cherche pas une solution, seulement une attitude, en même temps sensuelle et détachée des buts à atteindre. Seuls les moyens importent. Il renonce donc à toute la contribution utilitariste.

Jean-Paul Sartre prenait acte du glissement imperceptible du citoyen appartenant à sa cité à l'individu dépersonnalisé et isolé par la chute des valeurs dans le magma dérouté de l'après-guerre. Si Camus exalte la nature dans sa pureté, Sartre est le chantre du quidam contemporain dans sa médiocrité quotidienne. Si la révolution existentialiste conduite par Sartre souhaitait passer par la démarche sociale offerte dans le marxisme, il faut admettre que, dès le départ, elle ne se faisait pas d'illusion. Toutes les philosophies du siècle se valaient, comme en témoigne cette citation.

L'Âge de raison

« C'était un ciel de fête villageoise, piqueté de cocardes, qui sentait les vacances et les bals champêtres. Mathieu vit disparaître Daniel et pensa : « Je reste seul. » Seul, mais pas plus libre qu'avant. Il s'était dit, la veille : « Si seulement Marcelle n'existait pas. » Mais c'était un mensonge.

« Personne n'a entravé ma liberté, c'est ma vie qui l'a bue. » Il referma la fe-
nêtre et rentra dans la chambre. L'odeur d'Ivich y flottait encore. Il respira
l'odeur et revit cette journée de tumulte. Il pensa : « Beaucoup de bruit pour
rien. » Pour rien : cette vie lui était donnée pour rien et cependant il ne
changerait plus : il était fait. [...] Il bâilla : il avait fini sa journée, il en avait
fini avec sa jeunesse. Déjà des morales éprouvées lui proposaient discrète-
ment leurs services : il y avait l'épicurisme désabusé, l'indulgence souriante,
la résignation, l'esprit de sérieux, le stoïcisme, tout ce qui permet de dégus-
ter minute par minute, en connaisseur, une vie ratée. Il ôta son veston, il se
mit à dénouer sa cravate. Il se répétait en bâillant : « C'est vrai, c'est tout de
même vrai : j'ai l'âge de raison. »

Sartre, *L'Âge de raison.*

Dans toute la théorie existentialiste — s'il en est une —, il est
manifeste qu'on pousse la plainte de Rousseau à ses ultimes limites.
L'homme n'est pas seulement la victime individuelle, voire solitaire, de
l'aliénation et des structures sociales; il en est lui-même à la fois le résultat et l'expression. Ici, on n'est pas si loin de la conscience platonicienne,
brouillée et imparfaite, du captif enfermé dans la caverne. Sauf que cette
fois, il n'y a même pas d'issue, car il n'existe rien à l'extérieur de la caverne. L'histoire est un processus qui agit essentiellement de l'intérieur
de nous-mêmes et auquel nous devons nous abandonner, avec bien sûr
des éclairs de lucidité, sans en connaître la direction mais avec la révélation que la nature accorde à nos sens par l'intermédiaire de la vie, et que
l'intelligence nous accorde lorsque nous comprenons l'état du monde,
tel qu'il s'offre à notre regard.

Toutefois, l'expérience de vie de Jean-Paul Sartre, et les engage-
ments politiques aussi bien que féministes de Simone de Beauvoir
indiquent que cette attitude n'est nullement incompatible avec une conscience nette et engagée en faveur de certains principes — donc avec une
reconnaissance implicite d'un bien et d'un mal — et le dévouement consacré à des actions sociales et politiques ponctuelles. L'existentialisme est là aussi une synthèse de la pratique anarchiste et de la pensée égalitaire, dans une perspective essentiellement matérialiste. Pas
dans le sens de l'amour des richesses, bien entendu, mais dans le sens
d'un idéalisme, comme disait Marx, qu'on aurait remis sur ses pieds.
Pour tout dire, on ne compte plus les courants de pensée auquel emprunte le personnalisme existentialiste contemporain. À ce titre, il est
purement épigonal. À moins, bien sûr, qu'on ne s'attache à découvrir
dans la théorie de l'absurde le point de départ d'une philosophie nouvelle, vidée de toute connotation idéaliste ou traditionnelle. Nous n'en
sommes pas encore là.

On peut cependant entrevoir une certaine similitude entre la pensée anarchiste et les pensées sociales anti-autoritaires qui se sont développées à la fin du XXe siècle. Ainsi, la pensée écologique cherche à envisager un monde à ce point exempt de domination que même la domination des êtres humains sur la nature disparaîtra. De même, certains courants du féminisme, en luttant contre toutes les formes de domination et surtout les manifestations sociales de l'autoritarisme masculin, renouent avec un idéal libertaire d'autonomie des sujets sociaux.

Conclusion

Le siècle actuel a-t-il tourné le dos aux idéaux et aux écoles de pensée du siècle précédent? Que non; il y avait longtemps dans l'histoire humaine qu'un siècle s'était à ce point ingénié à mettre en pratique et à réaliser avec une ampleur et une vigueur nouvelle ses programmes économiques et politiques, programmes dictés cette fois par les penseurs libéraux ou marxistes de l'époque précédente. Ce premier trait doit amener à réfléchir sur la réalité et surtout l'originalité du xxᵉ siècle. Il est, à ce titre, possible d'établir un parallèle entre l'époque actuelle et la période romaine. Dans les deux cas, les pensées politiques se sont bien plus attachées à appliquer et à adapter aux nécessités d'un monde aux frontières toujours plus vastes les principes conçus à l'origine dans un horizon plus étroit — la Grèce pour l'Antiquité, la petite Europe pour l'époque moderne, et auxquels elles souscrivaient. On est en effet frappé par la similitude des situations : la généralisation du principe de la cité grecque par les Romains, d'une part, la mondialisation des systèmes politiques issus du marxisme et du libéralisme dans le monde moderne, d'autre part.

On est manifestement à une époque où le nombre et la taille des défis à relever sont d'une échelle incomparable par rapport à ceux des temps anciens — la croissance démographique phénoménale, l'urbanisation et l'organisation économique des zones sous-développées, la frontière sociale constamment reculée, davantage ici que là-bas, le risque de brusques retours en arrière, la guerre toujours endémique et quelquefois horrible, puis le défi plus menaçant encore et à plus long terme de la qualité de l'environnement terrestre. Cette œuvre utile, qui est de harnacher les éléments au lieu des êtres humains, ainsi que les leçons de scepticisme du siècle précédent ont clairement axé la vie intellectuelle de notre siècle vers des conceptions plus pragmatiques qui, si elles ne sont plus très riches en innovations purement philosophiques, nous ont orientés vers la recherche de solutions pratiques dans le domaine du bien-être, cher à Tocqueville et de façon plus générale, aux libéraux. Il n'est donc pas surprenant que c'est dans les aléas de cette recherche obsessionnelle de l'ordre et de la sécurité des États, dont certains comptent désormais des centaines de millions de citoyens et citoyennes, que vont justement surgir les nouvelles interrogations et les conceptions originales de notre siècle qui, sans rompre vraiment avec le paradigme dont elle relève — c'est un autre trait à retenir, qui découle du premier — vont multiplier les analyses. Aristote, comme on l'a vu au début, avait très bien compris et hiérarchisé la contribution des diverses sciences au bien-être général de l'espèce. Il est vraisemblable que notre époque, dans un effort d'organisation systématique des compétences et des organisations, ait fait mieux encore, sans rompre avec cet utilitarisme benthamiste qui, de nos jours, s'est fort heureusement panaché de bien des influences, à commencer par celle des théories sociales. L'effort de pragmatisme et de scientificité est partout dominant et toujours présent, ce qui disqualifie une fois pour toutes l'utopie créatrice et peut-être aussi, à plus long terme, l'idéalisme. Toutefois, un solide instinct de justice a jusqu'ici survécu, quant à lui, aux héroïsmes brisés de la révolution ou aux dogmes usés des Églises. Il commande à présent un système juridique gigantesque, d'abord mis au point aux États-Unis, comme l'avait bien observé Tocqueville, et partout implanté, imité, enfreint. Les tendances révolutionnaires ont été graduellement repoussées vers le tiers monde tandis que le libéralisme, fortement teinté de social-démocratie et de principes autogestionnaires proudhoniens, triomphe dans l'Occident développé, tout en se vidant peu à peu de sa substance, avec la société de consommation et le retour en force de l'individualisme.

Le marxisme reste une province de la pensée occidentale particulièrement féconde qui donne lieu à d'innombrables et fructueuses exégèses, révisions et hétérodoxies. Sa prestation intellectuelle est incontestablement supérieure à ses accomplissements pratiques. En effet, le marxisme paraît jusqu'ici incapapble d'une application efficace dans la réalité quotidienne; en un mot, il est privé de succès réels sur le terrain. Son destin semble d'être le complément obligé et nécessaire, l'ange gardien d'une autre philosophie, peut-être le précurseur d'un paradigme que l'on n'a pas encore trouvé.

Le libéralisme poursuit, de son côté, une trajectoire sans grande surprise, ne serait-ce que parce que les prémisses sur lesquelles il repose impliquent nécessairement la grande faculté d'adaptation que commande la recherche quasi obsessionnelle de l'équilibre. Adaptation au personnel en place, adaptation aux sociétés diverses au sein desquelles il est supposé s'implanter, adaptation enfin par rapport aux droits de la personne qu'on y pratique. Le message philosophique que clame le libéralisme moderne est le même que par le passé. Ce qui a changé, c'est son niveau de tolérance. Capable il y a deux siècles de défendre l'esclavage, on le trouve de nos jours enclin à consentir des avantages sociaux à tous ceux qui tombent sous son autorité; chacun selon sa condition, bien entendu. Il est vrai que conservatisme et libéralisme, longtemps divisés par une haine séculaire, ont fini par s'allier, non sans quelque répugnance, en face du péril socialiste.

Ils ne se sont pourtant pas confondus. Les uns, autour de Keynes, ont poursuivi le vent des réformes dans le cadre libéral et démocratique. Leur succès fut grand dans l'après-guerre. On leur doit les premières politiques natalistes, avec les allocations familiales, les politiques sociales ordinaires comme le soutien du revenu des classes démunies, l'assurance-chômage, les pensions au troisième âge et même l'accès à l'éducation. Toutes ces politiques eurent à cœur d'assurer un certain renouvellement du personnel en poste, des mentalités et elles assouplirent en règle générale le fonctionnement des droits démocratiques, en mitigeant les conflits. Ce modèle connut ses limites dans les années 1970, avec la crise de l'énergie et, de manière plus générale, la fin de la croissance économique.

Ces transformations irréversibles imposèrent de nouvelles charges aux nations occidentales et réduisirent les profits des entreprises capitalistes dans le tiers monde, d'où elles tiraient de vastes revenus. De là une remise en question, qui affaiblit les bases de l'État-providence et prépara le terrain au retour des penseurs politiques d'obédience conservatrice. De nos jours en Occident, on voit les sociaux-démocrates détrônés par d'authentiques conservateurs qui ne sont même pas libéraux. C'est peut-être pour cela qu'ils auront senti le besoin de se dire néolibéraux. Il y a certainement là un changement d'orientation qu'ils cherchent à traduire. Les pensées néolibérales contemporaines, qui ont longtemps médité leur revanche dans l'ombre du keynésianisme, feront des années 1980 le champ d'essai de leurs convictions puritaines et simplistes.

La critique du totalitarisme

Le phénomène nouveau auquel a été confrontée la pensée politique au cours du xxe siècle est fondamentalement celui du totalitarisme. Il donnera lieu à une série de réflexions parmi lesquels nous privilégierons celle développée par Hannah Arendt. Ce choix est justifié, à notre sens, par le fait que cette auteure a vécu le phénomène totalitaire de très près, comme Allemande, juive et femme.

Avant d'entreprendre une telle analyse, il importe cependant de préciser les conditions dans lesquelles s'est développée la réflexion politique sur la question. On peut déceler à cet égard trois grandes phases de problématisation du totalitarisme. La première est contemporaine de la mise en place des régimes totalitaires. Au cours des années 1930, des critiques se développent concernant d'une part la Russie stalinienne et d'autre part le régime nazi en Allemagne. Les critiques du stalinisme décrivent la terreur comme un instrument de domination et y voient une constante du système politique russe et soviétique : du tsarisme à Joseph Staline, le système est resté fondamentalement autoritaire. Des auteurs au départ sensibles à l'idéal libérateur que formule le marxisme doivent alors opérer une critique des moyens utilisés par le stalinisme dans la mise en place d'une société communiste, principes qui guident dans la théorie cette tentative d'applicabilité au réel de l'utopie égalitaire. Terrible dilemme, quand les moyens mobilisés par le régime communiste trahissent les fins, et notamment le souhait d'affranchissement de l'espèce — la fin de l'exploitation de l'homme par l'homme —, que s'étaient donnés les marxistes. C'est sans doute pourquoi plusieurs hésiteront longtemps à remettre en cause toute l'utopie, à la lumière des excès du stalinisme. Telle est, en grande partie, la limite d'Arendt.

Les critiques, plus unanimes il faut dire, du nazisme s'entendent pour dénoncer la pensée raciste du régime hitlérien et le système des camps de concentration. Cependant, dès la fin des années 1930, on voit apparaître des critiques qui soulignent les similitudes entre les régimes stalinien et hitlérien, en insistant déjà sur l'utilisation systématique de l'idéologie, mise au service d'un ordre nouveau, et de la terreur. Toutefois, on ne dispose pas encore de terme spécifique pour nommer le phénomène : certains parlent de bureaucratisation du monde, alors que d'autres insistent sur le caractère foncièrement expansionniste de ce type de régimes et en font par conséquent une variante de l'impérialisme.

La fin de la Deuxième Guerre mondiale, la chute du nazisme et le début de la guerre froide suscitent une deuxième vague de réflexion sur la question. Reprenant le parallèle entre nazisme et stalinisme, on voit émerger la notion de totalitarisme comme arme idéologique dans la lutte du « monde libre » contre le communisme, celui-ci étant le mal absolu qui guette les sociétés modernes. Il y a alors une tendance marquée à identifier le totalitarisme avec un type particulier de régime politique existant. Ce sera évident dans l'ouvrage collectif publié sous la direction de Friedrich et de Brzezinski, mais également dans l'ouvrage plus nuancé de Raymond Aron, *Démocratie et totalitarisme*. À la même époque, on verra des ouvrages de fiction se préoccuper du phénomène, tels que *1984* de George Orwell ou *Le Zéro et l'infini* d'Arthur Koestler.

C'est dans ce cadre intellectuel que se situe l'analyse arendtienne, bien qu'elle ne souscrive absolument pas à l'apologie de type guerre froide des « démocraties occidentales ». En effet, sa critique porte sur la modernité dans son ensemble, et le libéralisme devenu progressivement démocratique de même que le marxisme lui apparaissent comme les deux faces du même projet, donc comme les deux pôles qu'il faut également rejeter si l'on veut revenir à une compréhension fondamentalement politique, c'est-à-dire civique, de la liberté.

La dernière vague de réflexion sur la question se manifeste au début des années 1980, sous le double impact de la publication des ouvrages d'Alexandre Soljenitsyne sur *L'Archipel du Goulag* et de l'émergence de Solidarnosç en Pologne. Cette troisième vague est en outre fortement marquée par la crise du marxisme comme projet politique. Dans ses grandes lignes, elle emprunte beaucoup à la réflexion arendtienne, puisqu'elle situe le totalitarisme dans l'horizon de la modernité. Cependant, elle est intimement associée au débat actuel sur la démocratie.

Chez Arendt, le totalitarisme est dangereux en ce qu'il s'oppose, en tant que tel, à la capacité humaine d'action, à savoir la capacité humaine d'entreprendre du neuf. Condamnant l'humanité à un processus, il en vient à réifier l'existence humaine elle-même, dans la mesure où elle doit se contenter de se poursuivre selon une orbite prédéfinie. C'est pourquoi sa critique politique comporte deux volets : celle du totalitarisme, mais également celle du libéralisme démocratique.

On l'a dit, Arendt, contrairement à d'autres penseurs, n'oppose pas démocratie et totalitarisme. Tous deux sont des produits de la société de masse et représentent des configurations semblables de la modernité. C'est d'ailleurs selon elle ce qui explique les difficultés des « démocraties libérales » de résister au totalitarisme. Tous deux procèdent des mêmes causes que sont la massification et la valorisation de l'animal *laborans*.

L'ouvrage *Les Origines du totalitarisme* est la première œuvre publiée par Hannah Arendt, en 1951. Elle a été pour l'essentiel composée entre 1945 et 1949, comme tentative de comprendre ce qui avait été afin de pouvoir continuer à vivre. En même temps, ce livre représente une tentative de régler ses comptes avec l'Europe et toute la tradition bourgeoise du xixe siècle. C'est l'œuvre d'une juive allemande qui a expérimenté, avec la montée du totalitarisme, son exclusion et qui cherche à saisir ce qui a pu rendre possible pareil événement. Philosophe de formation, elle est amenée à déserter le terrain purement philosophique pour se consacrer plutôt à la réflexion politique, en faisant de l'événement totalitaire le point de départ obligé de la pensée nouvelle.

Son livre présente une certaine forme de déséquilibre. D'abord sur le plan méthodologique, puisqu'elle est peu diserte sur le concept de cristallisation et que la notion d'origine peut prêter le flanc à des interprétations ambiguës. Ensuite et plus fondamentalement parce que sa logique, si elle s'applique très bien au nazisme, est beaucoup plus contestable en ce qui concerne le stalinisme.

Cela s'explique par la lenteur du processus qui l'a amenée à saisir l'originalité du totalitarisme. Jusqu'en 1948–1949, c'est-à-dire jusqu'à la guerre froide, ce qui préoccupe Arendt, c'est la question du nazisme, qu'elle continue à définir, suivant en cela Franz Neumann, comme un impérialisme racial. Ce n'est qu'avec la découverte du rôle crucial des camps de concentration dans le régime nazi qu'Arendt est amenée à infléchir ses positions et à s'intéresser à l'Union soviétique.

C'est à travers le recours au système concentrationnaire qu'elle est donc amenée à comprendre ce qui réunit le nazisme et le stalinisme. Ce qui la conduit à interpréter la fascination qu'exerce l'URSS sur les intellectuels occidentaux et à sa capacité à monopoliser le projet révolutionnaire, en même temps que sur l'insuffisance de l'antistalinisme qui lui était contemporain.

Le thème central qui unifie les trois parties des *Origines*, c'est probablement la dissolution des sociétés nationales en agrégats d'êtres dépersonnalisés. L'antisémitisme peut ainsi se comprendre dans la logique du développement de l'État-nation en Europe au xixe siècle, alors que l'impérialisme fait émerger sur l'État-nation la pression du nationalisme tribal que représentent les mouvements pangermanique et panslave. Le totalitarisme représente l'éclatement de l'État-nation sous la pression de mouvements à vocation mondiale. Le fondement social de l'État-nation se décomposant, celui-ci ne pouvait, avec le temps, que s'effriter.

L'interprétation que donne Arendt de l'antisémitisme mérite qu'on s'y arrête. Récusant tant l'explication de l'antagonisme séculaire entre chrétiens et juifs que celle qui fait des juifs les boucs émissaires par excellence, c'est-à-dire des victimes désignées, elle souligne le caractère essentiellement moderne et laïque de l'antisémitisme qui se développe en Europe à partir de la fin du xixe siècle. Montrant comment l'hostilité envers les Juifs se greffe à l'hostilité envers l'État, elle fait de l'antisémitisme une manifestation supplémentaire de l'invasion du politique par le social, si caractéristique des sociétés modernes.

D'autre part, il faut admettre que son interprétation de l'impérialisme est beaucoup moins originale. Reprenant en gros les thèses de la gauche marxiste (Hilferding, Hobson et Luxemburg), elle l'interprète, dans un premier temps, comme la nécessité pour le capitalisme de trouver un terrain d'expansion pour arriver à se reproduire, reprenant ainsi le parallèle que trace Luxemburg entre l'exportation de capital et le développement du militarisme. Mais ensuite, elle va plus loin en liant l'impérialisme à la récupération de l'État-nation par les intérêts privés du capitalisme. L'impérialisme introduit donc deux notions nouvelles qui viendront contaminer l'espace politique européen : la race se substitue à la nation comme base de l'organisation politique et la bureaucratie prend une ampleur que ne vient plus baliser le règne de la loi.

C'est ce qui l'amène à caractériser le totalitarisme comme un régime où la capacité d'action individuelle est totalement annihilée. C'est le parachèvement du triomphe de l'animal *laborans*, de l'être devenu superflu parce qu'ayant, du fait de l'égalisation, perdu sa singularité. Sa base de développement, c'est l'apparition de l'individu de masse.

L'individu de masse trouve une figure exemplaire chez Eichmann, dont elle fait le portrait à l'occasion de son procès, et qui incarnera pour elle la banalité du mal. Elle soulignera : « Le problème avec Eichmann, c'était qu'il y en avait tant d'autres comme lui, qu'ils n'étaient ni pervers, ni sadiques, qu'ils étaient et qu'ils demeurent terriblement et dangereusement normaux. Du point de vue de nos institutions légales et de nos critères de jugement moral, leur normalité est bien plus terrifiante que toutes les atrocités qu'ils ont pu commettre, car cela évoque l'existence d'un nouveau type de criminels qui sont amenés à commettre un crime dans des circonstances où ils ne peuvent savoir ou sentir qu'ils en commettent un. » Il rappelle le personnage du conformiste dans le roman du même titre de Moravia.

Le premier élément qui définit l'individu de masse, c'est son isolement. Pour Arendt, l'isolement renvoie à l'impuissance, à l'impossibilité d'influer sur le cours des affaires publiques. En tant que tel, ce phénomène n'est pas propre au totalitarisme et guette également les démocraties modernes fondées sur la représentation. Par ailleurs, l'isolement est l'une des caractéristiques des tyrannies.

Ce qui singularise l'isolement totalitaire, c'est qu'il se fonde à la fois sur le déracinement et la désolation. Le déracinement correspond à l'expérience du déplacement de populations qui suit la Première Guerre mondiale et les privations de nationalité de l'entre-deux-guerres. Quant à la désolation, elle correspond à l'expérience de non-appartenance au monde et par conséquent à l'impossibilité de pouvoir se situer par rapport à celui-ci. L'individu de masse est « traversé » par la société, il devient transparent par rapport à celle-ci. Il est donc amené à faire corps avec ses semblables sans distance critique. À cet égard, les masses se distinguent donc des classes sociales, qui ont en commun des référents sociaux et un monde. Les classes ont un projet alors que les masses sont la « majorité silencieuse ».

Pour Arendt, le totalitarisme est l'horizon possible de la société de masse. Son avènement signale l'écroulement d'une tradition politique inaugurée avec la Révolution française. Ses traits distinctifs sont les suivants : substitution d'un mouvement au système des partis, développement d'une structure politique originale marquée du sceau de l'idéologie, volonté de domination totale qui se manifeste dans le recours systématique à la terreur et finalement le mouvement comme règle du jeu politique.

Ce qui distingue le totalitarisme des autres régimes autoritaires, c'est sa volonté d'organiser les masses, et pas seulement de les dominer. À l'encontre des partis traditionnels, il prétend représenter la société tout entière et pour cela, il exige le contrôle absolu de tout le tissu social. Rien ne doit se dérouler en dehors de lui puisqu'il est le tout. Il y a dans le totalitarisme une fascination de l'Un qui conduit à l'éradication de l'altérité.

Par ailleurs, le mouvement totalitaire se distingue des régimes autoritaires traditionnels ou des tyrannies. Un régime autoritaire est gouverné par des lois qui balisent les actes des gouvernants et est organisé sur un mode pyramidal, d'où une limitation draconienne de la liberté plutôt que son élimination. Par ailleurs, la tyrannie, pouvoir non limité par la loi, place le tyran au-dessus de la société. Dans les régimes totalitaires, le chef, loin d'être au-dessus, est en dedans. Le symbole du totalitarisme, c'est l'oignon : le noyau central y est recouvert de couches concentriques qui le protègent.

Quant à la domination totale, elle ne se satisfait pas de l'apathie des gouvernés, elle implique leur participation active au processus totalitaire. À cet égard, la terreur joue un rôle décisif. Le mouvement s'incarne d'abord dans l'idéologie qui est structurée selon un modèle dynamique. Les lois de la nature ou celles de l'histoire sont mouvantes, introduisant constamment de nouveaux éléments pouvant justifier n'importe quelle pirouette politique. Elle s'incarne également dans la mobilisation générale. La domination totalitaire s'accompagne d'une série de « campagnes » qui culminent dans la terreur, celle-ci permettant l'accélération de l'histoire.

La nature du totalitarisme

Le gouvernement totalitaire est sans précédent parce qu'il défie toute comparaison. Il a fait éclater la distinction sur laquelle faisaient fond toutes les définitions de l'essence du gouvernement depuis les débuts de la pensée politique occidentale : la distinction entre gouvernement selon des lois, constitutionnel ou « républicain », et le gouvernement sans lois, arbitraire ou tyrannique. Le gouvernement totalitaire est « sans lois » en ce qu'il se joue de toutes les lois positives, mais il n'est pas arbitraire car il obéit, selon une logique rigoureuse, à ces lois de l'Histoire ou de la Nature dont toutes les lois positives sont supposées provenir, et il les met à exécution dans un esprit d'obligation scrupuleux. Telle est la prétention monstrueuse, et pourtant apparemment impossible à contester de ce régime : il n'est pas « sans lois » mais s'alimente, bien au contraire, aux sources de l'autorité dont toutes les lois positives — fondées sur la « loi naturelle », les mœurs, la tradition ou bien sur cet événement historique qu'est la révélation divine — ont reçu leur ultime légitimation. Ce qui paraît sans lois au monde non totalitaire constituerait, en réalité, une forme supérieure de légitimité qui, puisqu'elle tire son inspiration des sources mêmes, peut faire bon marché du légalisme étroit des lois positives qui ne sauraient faire advenir la justice dans la moindre affaire singulière, concrète et donc imprévisible, mais peuvent simplement empêcher l'injustice [...]

Le rôle du mouvement

À la différence de la source de l'autorité, Nature ou Histoire, les lois positives des hommes sont considérées comme changeantes et modifiables selon les circonstances [...] Dans l'interprétation qu'en fait le totalitarisme, les lois deviennent toutes, au contraire, des lois du mouvement. La Nature et l'Histoire ne sont plus les sources d'autorité stabilisatrices qui règlent les actions des mortels, elles sont, en elles-mêmes, mouvement, et leurs lois n'ont rien à voir avec la permanence ou avec la raison, bien qu'il faille de l'intelligence pour les appréhender et les comprendre. [...]

La centralité de la terreur

En conséquence, si la loi est l'essence du gouvernement constitutionnel ou républicain, la terreur constitue celle du gouvernement totalitaire. Les lois ont été instituées comme des sortes de frontières (pour reprendre une des plus anciennes comparaisons que Platon, déjà, avait employée, invoquant Zeus, le dieu des limites), et elles demeurent immobiles afin que les hommes puissent évoluer à l'intérieur de l'espace qu'elles délimitent; en situation totalitaire, au contraire, tout est fait pour « stabiliser » les hommes, pour les rendre statiques, pour empêcher tout acte imprévu, libre, spontané, de sorte que la terreur comme loi du processus puisse se déployer sans obstacle, sans se trouver entravée par ces hommes. C'est la loi du processus lui-même, naturel ou historique, qui désigne les ennemis de l'humanité, et aucune démarche humaine, aucune action libre, des hommes n'est autorisée à s'ingérer dans celle-ci. Culpabilité ou innocence deviennent des notions dénuées de sens : est « coupable » celui qui fait obstacle au processus de la terreur, c'est-à-dire qui entrave, volontairement ou non, le mouvement de la Nature ou de l'Histoire. En conséquence, les dirigeants n'appliquent pas les lois mais accomplissent le mouvement selon sa loi interne : ils ne prétendent pas faire œuvre de justice ni de sagesse, mais détenir la connaissance « scientifique ».

La terreur fige les hommes de manière à libérer la voie pour le processus naturel ou historique. Elle élimine les individus pour le bien de l'espèce;

elle sacrifie les hommes pour le bien de l'humanité : non seulement ceux qui deviendront finalement les victimes de la terreur, mais tous, dans la mesure où ce processus, qui possède son commencement et sa fin propres, ne peut être entravé que par le nouveau commencement et la fin individuelle que constitue en fait la vie de chaque homme. Les lois instituent les limites, ainsi que les modes de communication entre les hommes, qui vivent ensemble et doivent agir de concert. Avec chaque naissance, un nouveau commencement se fait jour dans le monde, un monde nouveau est virtuellement parvenu à l'existence. La stabilité des lois enserre ce commencement neuf, et elle garantit en même temps sa liberté de mouvement, la potentialité inhérente à ce qui est entièrement nouveau, ainsi que la préexistence d'un monde commun, la réalité d'une certaine continuité transcendante qui absorbe toutes les origines différentes et en tire sa substance. La terreur commence par effacer les limites instituées par la loi des hommes, mais elle ne le fait pas au profit d'une volonté tyrannique quelconque, du pouvoir despotique d'un homme contre tous les autres, et moins encore pour permettre la guerre de tous contre tous. La terreur substitue aux limites et aux modes de communication entre individus un carcan qui maintient ces derniers si étroitement serrés qu'ils sont fondus ensemble, comme s'ils ne faisaient qu'un. La terreur, auxilliaire obéissante de la Nature et de l'Histoire, et maître d'œuvre omniprésent de leur processus prédéterminé, réduit les hommes à l'unité en abolissant les limites créées par les lois qui assurent à chaque individu son espace de liberté. La terreur totalitaire n'ampute pas certaines libertés politiques pas plus qu'elle n'abolit certaines libertés fondamentales; elle ne réussit pas non plus, autant que nous sachions, à enlever l'amour de la liberté du cœur des hommes. Elle se contente simplement de serrer sans relâche les uns contre les autres les hommes tels qu'ils sont, de sorte que le champ même de l'action libre, c'est-à-dire la réalité de la liberté, disparaît.

Cette terreur est constitutive du corps politique totalitaire, tout comme l'est la légalité pour le corps politique républicain. En ce sens, dans une situation totalitaire, la terreur est aussi indépendante de la réalité de l'opposition que, dans un contexte constitutionnel, l'existence des lois l'est des violations des lois ou de l'absence de celles-ci.

Ce n'est ni pour les hommes, ni contre eux que la terreur se trouve instituée. Son existence a pour fonction de fournir au processus naturel ou historique un instrument d'accélération incomparable. Si l'on comprend le mécanisme incontestable des phénomènes historiques ou naturels comme constituant le cours de la nécessité, dont la signification n'est autre que la loi du processus et est donc tout à fait indépendante de tout événement qu'on tiendrait, au contraire, pour l'expression superficielle et éphémère d'une loi plus profonde et plus durable, la liberté tout aussi incontestable de l'homme équivaut au fait que chaque homme constitue *effectivement* un nouveau commencement et ainsi, en un sens, commence le monde à neuf. Cette liberté ne peut être considérée que comme une ingérence infondée et arbitraire dans le domaine des forces supérieures, qu'une si dérisoire impuissance ne saurait bien évidemment affaiblir de manière permanente et définitive, mais dont elle peut néanmoins entraver et freiner le plein accomplissement. L'humanité, organisée de telle manière qu'elle avance avec le processus de la Nature ou de l'Histoire, comme si tous les hommes n'en faisaient qu'un, donne à ce mouvement mécanique une vitesse qu'il ne saurait atteindre seul. Pour parler concrètement, la terreur exécute toujours sans délai les sentences de mort prononcées par la Nature à l'encontre des races et des individus inaptes ou par l'Histoire contre les classes et les institutions vouées à disparaître, sans attendre l'élimination plus lente et moins efficace que ces deux entités sont supposées faire advenir, de toute manière, au cours de leur processus.

Hannah Arendt, *La Nature du totalitarisme.*

Le renouveau de la philosophie politique

Avec le déclin des idéologies politiques, la crise des modèles de transformation sociale et l'apparition de ce qu'on a appelé le postmodernisme, la philosophie politique, qui avait été caractérisée, au mieux, par un déclin, durant une bonne partie du xxᵉ siècle, commence à relever la tête. Il n'est pas possible de donner un aperçu complet des recherches qui se font actuellement, au sein des milieux universitaires et ailleurs, mais il appert que de plus en plus de personnes se préoccupent de problématiser le monde dans lequel nous vivons et de chercher des moyens de mieux organiser notre existence collective. Ces recherches se déploient fondamentalement dans quatre directions.

Une première interrogation porte sur la question de la démocratie. Cela peut sembler à première vue paradoxal, puisque la démocratie semble faire consensus. En fait, c'est d'abord ce consensus qu'il faut interroger : nos démocraties libérales, débarrassées de toute concurrence sur le plan des modèles politiques depuis l'effondrement du monde soviétique, peuvent-elles légitimement prétendre épuiser l'hypothèse démocratique ? Plusieurs questions ressortissent de ce que Lefort a qualifié d'« interrogation démocratique ». Pour n'en citer que quelques-unes, mentionnons celles qui concernent les modalités de la participation politique, celles qui font état d'une distinction nécessaire entre le droit et les intérêts, et enfin celles qui s'interrogent sur le sens de la citoyenneté dans les sociétés actuelles.

La démocratie est un terrain de questionnement extrêmement fécond. Nous avons déjà vu que tout au long du xixᵉ siècle et même au cours d'une bonne partie du xxᵉ, la notion de liberté avait eu quelque difficulté à s'accorder avec celle d'égalité. Désormais, alors qu'il n'est plus possible de prétendre exclure qui que ce soit de la participation politique, quoique le pluralisme politique soit loin de concerner la majeure partie des systèmes politiques de la planète et qu'un certain nombre de

pays continuent à nier aux femmes et aux minorités leurs droits politiques (sans parler des autres), la question de la démocratie soulève
toute celle de la résistance à l'uniformisation et à la standardisation.
Réfléchir à la démocratie, c'est, préventivement, chercher des moyens
pour que la massification totalitaire ne soit plus possible et faire en sorte
que la valorisation du différent n'implique pas de nouvelles exclusions.
Notons enfin que cette interrogation démocratique qui essaie de concilier l'inclusion et la différence doit beaucoup à la réflexion sur les
femmes et sur les minorités qui s'est manifestée au cours des années
1970.

Une deuxième interrogation concerne l'idée de justice. Avec la parution de *A Theory of Justice* de John Rawls, qui essaie de ne plus poser la
question de la justice selon la perspective utilitariste de la satisfaction
optimale des besoins mais plutôt selon les termes de la théorie jusnaturaliste et du contractualisme, nous avons assisté à une polémique importante. Ainsi, Sandel a mis en question le libéralisme de Rawls et cherché
à construire l'idée de la justice autour d'une approche communautariste
du politique, tandis que Michael Walzer a de son côté, plutôt insisté
pour la fonder sur une compréhension du pluralisme et de l'égalité, rejoignant en cela le premier débat sur la démocratie.

La question de la justice est un vieux problème en philosophie politique qui n'a jamais vraiment été résolu. Elle figurait déjà au centre des
préoccupations de Platon dans *La République,* et on la retrouve encore et
toujours chez les auteurs modernes. Il reste à se demander si nous devons envisager la justice fondamentalement comme une question sociale. Les développements qu'a connu l'État-providence depuis la fin de
la Seconde Guerre mondiale ont certes atténué le développement des
inégalités dans les pays les plus avancés sur le plan économique, mais ils
n'ont pas atténué de façon décisive les différents clivages sociaux.
Malgré les politiques sociales, les espérances sociales des enfants de la
classe ouvrière sont loin d'être les mêmes que celles des enfants issus de
groupes sociaux plus favorisés. Marginalité et criminalité en sont les
conséquences toutes naturelles. Il reste donc à découvrir des modalités
qui permettraient d'orienter la réflexion sur la justice dans le sens d'une
redistribution du pouvoir, tout en ne perdant pas de vue les injustices
sociales qui se perpétuent et, dans certains domaines — sinon dans la
plupart des régions —, s'accroissent tragiquement. Il n'en reste pas
moins que la justice sociale ne saurait se réduire à une simple panoplie,
aussi bien intentionnée soit- elle, de chartes ayant pour objet d'intervention ce que nous appelons, de manière encore quelque peu réductrice,
les droits sociaux.

Un troisième champ d'interrogation concerne la notion de liberté.
Plus précisément, il s'agit de voir comment peuvent s'articuler les liber-

tés individuelles, les libertés collectives et la liberté publique. La question de la liberté a d'abord été remise à l'ordre du jour par les critiques libertariennes de l'État-providence, mais elle a rapidement donné lieu à un élargissement du débat dans le sens de l'harmonisation des droits individuels et des droits collectifs. Bref, quand il s'agit de la liberté, c'est toujours le vieux débat entre individu et société qui refait surface.

Tous et chacun de ces débats, pris individuellement, sont loin d'être purement abstraits. Les sempiternels débats constitutionnels canadiens ont à tout le moins le mérite de nous faire voir qu'autour de la question des libertés et du champ d'application d'une charte des droits et libertés, par exemple, c'est de toute la répartition du pouvoir au sein de la société dont il s'agit. Mais il importe également de se demander si la conception essentiellement négative de la liberté qui a dominé le monde occidental depuis deux siècles est encore suffisante aujourd'hui. Peut-on continuer à envisager une liberté qui soit totalement extérieure au politique? Ne faudrait-il pas plutôt la combiner à un pouvoir réel d'initiative des citoyens dans le domaine politique, c'est-à-dire une forme de liberté publique où cette dernière représenterait la capacité d'agir de concert avec les autres?

On ne saurait compléter ce tour d'horizon des grandes questions en philosophie politique sans aborder celle de la modernité. Celle-ci avait certes été soulevée par les postmodernes, mais l'interrogation postmoderne conduit à une certaine réévaluation de la modernité. C'est le projet de Habermas, lorsqu'il essaie de voir ce qui peut être sauvé de la modernité face aux critiques postmodernes. C'est également le projet de Luc Ferry, lorsqu'il souligne qu'il faut dépasser la fausse querelle des Anciens et des Modernes pour revenir à un criticisme fortement inspiré de Kant. De façon plus générale, si la modernité a été d'abord et avant tout pensée sous le double sceau de l'unité et du progrès, devons-nous rompre radicalement avec la modernité, sous prétexte que ce projet s'est avéré politiquement dangereux et a donné lieu à un grand nombre d'abus contre la personne?

Cette question de la modernité est au cœur de la réflexion et de l'action de ce qu'on a appelé, à la suite d'Alain Touraine, les nouveaux mouvements sociaux. C'est ainsi que cet auteur français interprète le nouvel espace ouvert aux représentations démocratiques des groupes constitués derrière une bannière susceptible de cimenter leurs rangs et construire un discours cohérent et militant, en face des idéologies dominantes. On prend ici volontiers pour exemple les mouvements écologistes, apparus depuis une vingtaine d'années, autour de revendications étrangères à la sphère politique. Touraine leur prête la capacité d'influencer les valeurs et même de tranformer à la longue les grandes orientations du modèle de développement économique contemporain.

C'est que les nouveaux mouvements sociaux rencontrent des alliés ines-
pérés du côté des minorités laissées pour compte par les valeurs dominantes et les élites qui les véhiculent. Si bien que la théorie encore
embryonnaire des nouveaux mouvements sociaux se veut le symptôme
des manifestations d'un paradigme socio-politique éventuel, encore imprécis mais déjà armé en vue d'une lutte à laquelle ne manquent, pour
une mobilisation plus affirmée de ses membres, qu'une claire identification des interlocuteurs en place — firmes multinationales, monopo-
les, bureaucraties ou décideurs publics — comme des objectifs à long
terme, objectifs dictés par le réalisme plutôt que par une mythologie
prérationnelle.

Il n'est pas fortuit que la modernité soit également liée à toute la
question de la rationalité. La réflexion politique, depuis la Renaissance à
tout le moins, s'est voulue foncièrement rationnelle. Aujourd'hui, alors
que nous assistons à la fois au triomphe et aux avatars de la raison ins-
trumentale, peut-on encore se réclamer de la rationalité, dans un combat
à la fois politique et théorique? C'est au nom d'une rationalité froide,
sûre de ses moyens, que les expériences totalitaires ont été réalisées,
avec les résultats que l'on connaît. C'est derrière la figure de la Raison
que les révolutions ont mobilisé leurs membres et débordé sur les voies
d'un sentimentalisme héroïsant. C'est en défense d'un pragmatisme
teinté de raison conformiste que le laisser-faire s'est de plus en plus justifié dans les cercles libéraux, aveugle aux conséquences souvent désas-
treuses, à plus long terme, de l'incurie et de la routine dans la gestion
des institutions et de l'écosystème naturel.

Il ne nous appartient évidemment pas de résoudre toutes ces
épineuses questions, qui sont la mesure de la complexité des enjeux du
monde contemporain. Leur existence témoigne cependant de la pertinence d'une interrogation philosophique sur le politique, qui débordera
toujours le champ bien balisé des conventions et des idées reçues. La
question du choix se pose, en des termes qui débordent de beaucoup le
simple processus électoral; elle souligne la dimension plus complexe et
plus créatrice des attitudes individuelles en face du collectif. S'intéresser
à la philosophie politique, ce n'est pas simplement se donner les moyens
de juger les caractéristiques du monde qui nous entoure, mais c'est
également se réserver la possibilité d'agir en tant que femme, en tant
qu'homme et comme membre de la communauté politique, pour faire en
sorte que ce monde aux innombrables imperfections se transforme et
puisse jouir dans l'avenir de toute la latitude pour continuer à le faire en
toute légitimité, puisque plus personne désormais n'osera plus proclamer la fin de l'histoire. Réfléchir implique aussi et plus que jamais qu'on
coure le risque de cette intervention plus que jamais essentielle à la
poursuite des idéaux de bonheur individuel et collectif qui n'ont cessé
d'animer l'esprit humain depuis les origines des temps.

Bibliographie

Première partie

La Cité grecque

EHRENBERG, Victor, *L'État grec*, Maspéro, Paris, 1982.

FINLEY, Moses I., *Les anciens grecs*, Maspéro, Paris, 1973. *L'invention de la politique*, Flammarion, Paris, 1985.

GLOTZ, Gustave, *La cité grecque*, Albin Michel, Paris, 1988.

LORAUX, Nicole, *Les enfants d'Athéna*, Maspéro, Paris, 1984.

ROMILLY, Jacqueline de, *La Grèce antique à la découverte de la liberté*, de Fallois, Paris, 1989.

Sur Platon

BARKER, Ernest, *The Political Thought of Plato and Aristotle*, Dover Publications, New York, 1959.

CHATELET, François, *Platon*, Gallimard, Paris, 1965.

HARE, Richard M., *Plato*, Oxford University Press, Oxford, 1982.

KOYRÉ, Alexandre, *Introduction à la lecture de Platon*, Gallimard, Paris, 1962.

MANON, Simone, *Platon*, Bordas, Paris, 1980.

POPPER, Karl, *La société ouverte et ses ennemis*, Seuil, Paris, 1979.

SCHUHL, Pierre-Marie, *L'œuvre de Platon*, Vrin, Paris, 1971.

STRAUSS, Leo, *la cité et l'homme*, Agora, Paris, 1987 (comprend également un chapitre sur Aristote).

VOEGELIN, Eric, *Plato*, Louisiana State University, Baton Rouge, 1981.

De Platon (427–347 av. J.-C.) (textes disponibles en français)

La République
Les lois
Le politique

Sur Aristote

ARENDT, Hannah, *Condition de l'homme moderne*, Calmann-Lévy, Paris, 1961.

AUBENQUE, Pierre, *La prudence chez Aristote*, Presses Universitaires de France, Paris, 1963.

BOUTROUX, Émile, *Leçons sur Aristote*, Éditions universitaires, Paris, 1990.

CROISSANT, Jeanne, *Études de philosophie ancienne*, Ousia, Bruxelles, 1986.

DUMONT, Jean-Paul, *Introduction à la méthode d'Aristote*, Vrin, Paris, 1980.

JAEGER,Werner, *Aristotle*, Oxford University Press, Oxford, 1962.

ROBIN, Léon, *Aristote*, Presses Universitaires de France, Paris, 1944.

WEIL, Raymond, *La politique d'Aristote*, Armand Colin, Paris, 1962.

Entretiens sur l'Antiquité classique, tome XI, « La Politique d'Aristote », Fondation Hardt, Vandœuvres-Genève, 1965.

D'Aristote (384–322 av. J.-C.) (textes disponibles en français)
La Politique
La constitution des Athéniens
Éthique à Nicomaque

Deuxième partie

La Cité romaine

CRISTOL, Michel, *Des origines de Rome aux invasions barbares*, Hachette, Paris, 1985.

GRIMAL, Pierre, *La civilisation romaine*, Arthaud, Paris, 1960. *Les erreurs de la liberté*, Les Belles Lettres, Paris, 1989.

LE GLAY, Marcel, *Histoire romaine*, Presses Universitaires de France, Paris, 1991.

NICOLET, Claude, *Le métier de citoyen dans la Rome républicaine*, Gallimard, Paris, 1989.

Sur Cicéron

GRIMAL, Pierre, *Cicéron*, Fayard, Paris, 1986.

LACEY, Walter K., *Cicero and the End of the Roman Republic*, Hodher and Stoughton, Toronto, 1978.

NICOLET, Claude et Alain Michel, *Cicéron*, Seuil, Paris, 1961.

STOCKTON, David, *Cicero. A Political Biography*, Oxford University Press, 1982.

De Cicéron (106–43 av. J.C.) (textes disponibles en français)
La République
Les lois

Sur Augustin

ARENDT, Hannah, *Le concept d'amour chez Saint-Augustin*, Tierce, Paris, 1991.

CALLOT, Émile, *Les trois moments de la philosophie théologique de l'histoire*, La pensée universelle, Paris, 1974.

Deane, Herbert, A., *The Political and Social Ideas of St-Augustine*, Columbia University Press, New York, 1963.

Fraisse, Jean-Claude, *Saint-Augustin*, Presses Universitaires de France, Paris, 1968.

Marrou, Henri-Irénée, *St-Augustin et l'augustinisme*, Seuil, Paris, 1978.

D'Augustin (354-430) (texte disponible en français)

La Cité de Dieu (413–427)

Troisième partie

Le Moyen Âge

Burns, J.H. (ed.), *The Cambridge History of Medieval Political Philosophy*, Cambridge University Press, Cambridge, 1988.

Gierke, Otto, *Political Theories of the Middle Ages*, Cambridge University Press, Cambridge, 1987.

Morrall, John B., *Political Thought in Medieval Times*, University of Toronto Press, Toronto, 1980.

Ullman, *Law and Politics in the Middle Ages*, Cambridge University Press, Cambridge, 1975.

Sur Thomas d'Aquin

Brown, Oscar, J. *Natural Rectitude and Divine Law in Aquinas*, Pontifical Institute of Medieval History, Toronto, 1981.

Gilson, Étienne, *Le thomisme*, Vrin, Paris, 1965.

Piclin, Michel, *Philosphie et théologie chez St-Thomas d'Aquin*, Klincksieck, Paris, 1983.

Villey, Michel, *Questions de Saint-Thomas sur le droit et la politique*, Presses Universitaires de France, Paris, 1987.

De Thomas d'Aquin (1228–1274) (texte disponible en français)

Somme théologique

Sur Marsile de Padoue

Lagarde, G. de, *La naissance de l'esprit laïque au déclin du Moyen Âge*, Nauwelaens, Bruxelles, 1970.

Quillet, Jeanine, *La philosophie politique de Marsile de Padoue*, Vrin, Paris, 1970.

De Marsile de Padoue (1275–1342) (texte disponible en français)

Le défenseur de la paix (1324)

Quatrième partie

La Renaissance

Anderson, Perry, *Lineages of the Absolutist State*, Verso, Londres, 1979.

CASSIRER, Ernst, *The Myth of the State*, Yale University Press, New Haven, 1946.

MESNARD, Pierre, *L'essor de la philosophie politique au XVIe siècle*, Vrin, Paris, 1951.

SKINNER, Quentin, *The Foundations of Modern Political Thought* (2 tomes), Cambridge University Press, Cambridge, 1978.

Sur Machiavel

DUVERNOX, J.-François, *Pour connaître Machiavel*, Paris, Bordas, 1986.

LARIVAILLE, Paul, *La pensée politique de Machiavel, Les Discours sur la Première Décade de Tite-Live*, Presses de l'Université de Nancy, 1982.

LEFORT, Claude, *Le travail de l'œuvre*, Gallimard, Paris, 1972.

MACHIAVEL, *Le Politique*, textes choisis, Presses Universitaires de France, Collection SUP, 1968.

PITKIN, Hannah, *Fortune was a woman*, University of California Press, Berkeley, 1984.

SKINNER, Quentin : *Machiavel*, Seuil, Paris, 1989.

STRAUSS, Leo, *Pensées sur Machiavel*, Payot, Paris, 1982.

De Machiavel (1469–1527) (textes disponibles en français)

Le Prince (1513)
Discours sur la première décade de Tite-Live (1513–1520)
Histoires florentines (1520–1526)

Sur Hobbes

GOYARD-FABRE, Simone, *Le droit et la loi dans la philosophie de Thomas Hobbes*, Klincksieck, Paris, 1975.

LESSAY, Frank, *Souveraineté et légitimité chez Hobbes*, Presses Universitaires de France, 1988.

MALHERBE, Michel, *Thomas Hobbes*, Vrin, Paris, 1984.

OAKESHOTT, Michael, *Hobbes on Civil Association*, Blackwell, Oxford, 1975.

De Hobbes (1588–1679)

Le Léviathan (1651)
Le citoyen (1642)

Sur Locke

ASHCRAFT, Richard, *Revolutionnary politics and Locke's two treatises of government*, Princeton University Press, Princeton, 1986.

DUNN, John, *La pensée politique de John Locke*, Presses Universitaires de France, Paris.

FRANKLIN, Julian H., *John Locke and the Theory of Sovereignty*, Cambridge University Press, 1978.

GOYARD-FABRE, Simone, *John Locke et la raison raisonnable*, Vrin, Paris, 1986.

MACPHERSON, C.B., *La théorie politique de l'individualisme possessif*, Gallimard, Paris, 1971 (contient également un chapitre sur Hobbes).

TULLY, James, *A Discourse on Property. John Locke and his Adversaries*, Cambridge University Press, Cambridge, 1980.

De Locke (1632–1704) (textes disponibles en français)

Traité de gouvernement civil (1690)
Essai philosophique concernant l'entendement humain (1690)
Lettre sur la tolérance (1689)

Sur Montesquieu

ALTHUSSER, Louis, *Montesquieu, la politique et l'histoire*, Presses Universitaires de France, Paris, 1964.

ERHARD, Jean, *Politique de Montesquieu*, Armand Colin, Paris, 1965.

GOYARD-FABRE, Simone, *La philosophie du droit de Montesquieu*, Klincksieck, Paris, 1973.

PANGLE, Thomas, *Montesquieu's Philosophy of Liberalism*, University of Chicago Press, Chicago, 1973.

STAROBINSKI, Jean, *Montesquieu*, Seuil, Paris, 1979.

De Montesquieu (1689–1755) (textes disponibles en éditions récentes)

L'Esprit des lois (1748)
Les lettres persanes (1721)
Considérations sur les causes de la grandeur des Romains et de leur décadence (1734)

Sur Rousseau

CASSIRER, Ernst, *Le problème Jean-Jacques Rousseau*, Hachette, Paris, 1987.

DERATHÉ, Robert, *Jean-Jacques Rousseau et la science politique de son temps*, Vrin, Paris, 1985.

PHILONENKO, Alexis, *Rousseau et la pensée du malheur*, Vrin, Paris, 1984.

SHKLAR, Judith N., *Men & Citizens*, Cambridge University Press, Cambridge, 1985.

STAROBINSKI, Jean, *La transparence et l'obstacle*, Gallimard, Paris, 1971.

TODOROV, Tsevan, *La pensée de Rousseau*, Seuil, 1984.

De Rousseau (1712–1778) (textes disponibles en éditions récentes)

Du Contrat social (1762)
Discours sur l'origine et le fondement de l'inégalité parmi les hommes (1755)
Considérations sur le gouvernement de Pologne (1772)
Discours sur l'économie politique (1755)

Cinquième partie

Les révolutions modernes

CROCE, Benedetto, *Histoire de l'Europe au XIXe siècle*, Gallimard, Paris, 1973.

GROETHUYSEN, Bernard, *Philosophie de la révolution française*, Gallimard, Paris, 1982.

POLANYI, Karl, *La grande transformation*, Gallimard, Paris, 1983.

RIOUX, Jean-Pierre, *La révolution industrielle 1780–1880*, Seuil, Paris, 1971.

Le conservatisme

CIORAN, E.M., *Essai sur la pensée réactionnaire*, Fata Morgana, Paris, 1977.

DREYER, Friedrich A., *Burke's Politics. A Study in Whig Orthodoxy*, Wilfrid Laurier University Press, Waterloo, 1979.

FREEMAN, Michael, *Edmund Burke and the Critique of Political Radicalism*, University of Chicago Press, Chicago, 1980.

GANZIN, Michel, *La pensée politique d'Edmund Burke*, Librairie générale de droit et de jurisprudence, Paris, 1972.

HIRSCHMAN, Albert O., *Deux siècles de rhétorique réactionnaire*, Fayard, Paris, 1991.

Le libéralisme

BURDEAU, George, *Le libéralisme*, Seuil, Paris, 1979.

JARDIN, André, *Histoire du libéralisme politique, de la crise de l'absolutisme à la constitution de 1875*, Hachette, Paris, 1985.

LAMBERTI, Jean-Claude, *Tocqueville et les deux démocraties*, Presses Universitaires de France, 1983. *Les libéraux*, Hachette-Pluriel, Paris, 1986.

MANENT, Pierre, *Histoire intellectuelle du libéralisme*, Calmann-Lévy, Paris, 1987.

De Tocqueville (1805–1859)

De la démocratie en Amérique (1835–1840)
L'Ancien régime et la révolution (1856)

Le féminisme

ADLER, Laure, *Les premières journalistes*, Payot, Paris, 1979.

FAURÉ, Christine, *La démocratie sans les femmes*, Presses Universitaires de France, Paris, 1985.

FRAISSE, Geneviève, *La muse de la raison*, Alinéa, Paris, 1989.

GODINEAU, Dominique, *Citoyennes tricoteuses*, Alinéa, Paris, 1988.

KLEJMAN, Laurence et Florence Rochefort, *L'égalité en marche*, « Des femmes », Presses de la FNSP, Paris, 1989.

ROBOWTHAM, Sheila, *Féminisme et révolution*, Payot, Paris, 1973.

Les socialismes

ALEXANDRIAN, Sarane, *Le socialisme romantique*, Seuil, Paris, 1979.

ARVON, Henri, *L'anarchisme*, Presses Universitaires de France, Paris, 1974.

ANSART, Pierre, *Proudhon*, Librairie générale française, Paris, 1984.

BANCAL, Jean, *Proudhon et l'autogestion*, Fédération anarchiste, Anthony, 1980.

DROZ, Jacques, *Histoire générale du socialisme*, tome 1, Presses Universitaires de France, Paris, 1972.

HALEVY, Élie, *Histoire du socialisme européen*, Gallimard — Idées, Paris, 1971.

KORSCH, Karl, *Karl Marx*, Champ libre, Paris, 1971.

MANDEL, Ernest, *Introduction au marxisme*, La Brèche, Paris, 1983.

TARIZZO, Dominique, *L'Anarchie, Histoire des mouvements libertaires dans le monde*, Paris, Seghers, 1978.

De Proudhon (1809–1865)

Qu'est-ce que la propriété? (1840)
Philosophie de la misère (1847)
Du principe fédératif et de la nécessité de constituer le parti de la révolution (1863)
De la capacité politique des classes ouvrières (1865)

De Marx (1818–1883)

Le Manifeste communiste (1848)
Le dix-huit Brumaire de Louis Bonaparte (1852)
L'idéologie allemande (1846)
Le Capital (1867, premier tome. Œuvre inachevée)

Bibliographie générale

CARATINI, Roger, *Histoire critique de la pensée sociale* (2 tomes), Seghers, Paris, 1986.

CHABOT, Jean-Luc, *Histoire de la pensée politique*, Masson, Paris, 1987.

CHATELET, François, Olivier Duhamel et Evelyne Pisier-Kouchner, *Histoire des idées politiques*, Presses Universitaires de France, Paris, 1982.

CHATELET, François (dir.), *Dictionnaire des œuvres politiques*, Presses Universitaires de France, Paris, 1984.

CHEVALLIER, Jean-Jacques, *Les grandes œuvres politiques de Machiavel à nos jours,* Armand Colin, Paris, 1970.

CHEVALLIER, Jean-Jacques, *Histoire de la pensée politique* (3 tomes), Payot, Paris, 1984.

GOYARD-FABRE, Simone, *Philosophie politique XVIe-XXe siècle*, Presses Universitaires de France, Paris, 1987.

IMBERT, Jean, Henri Morel et Jean-René Dupuy (dir.), *La pensée politique des origines à nos jours*, Presses Universitaires de France, Paris, 1969.

LIEBICH, André, *Le libéralisme classique*, Presses de l'Université du Québec, 1985.

LIPSON, Leslie, *Les grands thèmes de la pensée politique*, Presses de la Fondation nationale de science politique, Paris, 1977.

ORY, Pascal (dir.), *Nouvelle histoire des idées politiques*, Hachette, Paris, 1987.

PAQUET, Léonce, *Les Cyniques grecs. Fragments et témoignages*, Presses de l'Université d'Ottawa, Philosophica, 1988.

PRELOT, Marcel et Georges Lescuyer, *Histoire des idées politiques*, Dalloz, Paris, 1959.

ROBIN, Maurice, *Histoire comparative des idées politiques*, Économica, Paris, 1988.

ROUVIER, Jean, *Les grandes idées politiques* (2 tomes), Plon, Paris, 1978.

SABINE, George H., *A History of Political Theory*, Holt & Co., New York, 1937.

STRAUSS, Leo et Joseph Cropsey (ed.), *History of Political Philosophy*, University of Chicago Press, Chicago, 1987.

TOUCHARD, Jean, *Histoire des idées politiques* (2 tomes), Presses Universitaires de France, Paris, 1959.

WISER, James L., *Political Philosophy. A History of the Search of Political Order*, Prentice Hall, 1983.

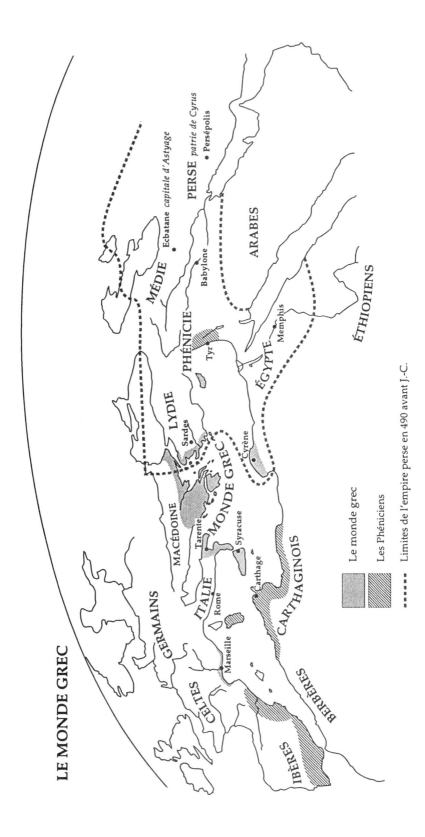

LE MONDE GREC

GERMAINS

CELTES

IBÈRES

Marseille

ITALIE

Rome

MACÉDOINE

Tarente

MONDE GREC

Syracuse

Carthage

CARTHAGINOIS

BERBÈRES

LYDIE

Sardes

MÉDIE

Ecbatane *capitale d'Astyage*

PHÉNICIE

Tyr

ÉGYPTE

Cyrène

Memphis

PERSE *patrie de Cyrus*
• Persépolis

Babylone

ARABES

ÉTHIOPIENS

Le monde grec

Les Phéniciens

•••••• Limites de l'empire perse en 490 avant J.-C.

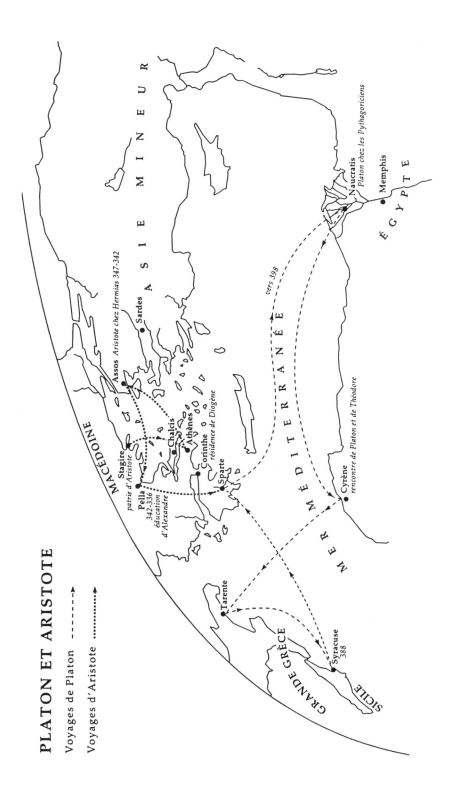

PLATON ET ARISTOTE

Voyages de Platon - - - ▸

Voyages d'Aristote ·······▸

MACÉDOINE

Stagire
patrie d'Aristote

Pella
342-336
éducation
d'Alexandre

Chalcis

Athènes

Corinthe
résidence de Diogène

Sparte

Assos Aristote chez Hermias 347-342

Sardes

A S I E   M I N E U R

M E R   M É D I T E R R A N É E

vers 398

Naucratis
Platon chez les Pythagoriciens

Memphis

E G Y P T E

Cyrène
rencontre de Platon et de Théodore

Tarente

GRANDE GRÈCE

Syracuse
388

SICILE

LE MONDE ROMAIN

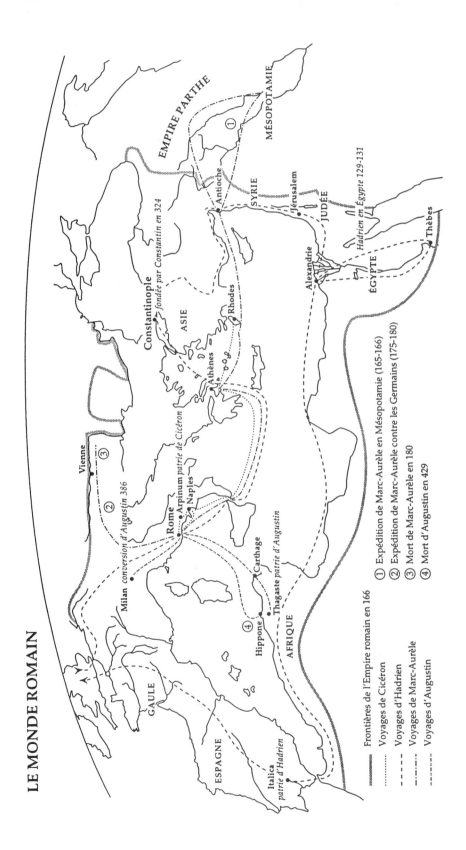

EMPIRE PARTHE

MÉSOPOTAMIE

SYRIE

Antioche

Jérusalem

JUDÉE

Hadrien en Égypte 129-131

Alexandrie

Thèbes

ÉGYPTE

Constantinople
fondée par Constantin en 324

ASIE

Rhodes

Athènes

Vienne

③

Milan *conversion d'Augustin 386*

②

Rome

Arpinum *patrie de Cicéron*

Naples

Carthage

Thagaste *patrie d'Augustin*

④

Hippone

AFRIQUE

GAULE

ESPAGNE

Italica
patrie d'Hadrien

Frontières de l'Empire romain en 166

Voyages de Cicéron

Voyages d'Hadrien

Voyages de Marc-Aurèle

Voyages d'Augustin

① Expédition de Marc-Aurèle en Mésopotamie (165-166)

② Expédition de Marc-Aurèle contre les Germains (175-180)

③ Mort de Marc-Aurèle en 180

④ Mort d'Augustin en 429

Index

D

Q

R

Achevé d'imprimer
en février 1993 sur les presses
des Ateliers Graphiques Marc Veilleux Inc.
Cap-Saint-Ignace, Qué.